KB140730

천하의 바다 에서

**해양의 시각으로 본
근대 중국의 형성**

국가의 바다 로

천하의 바다
에서
국가의 바다
로

해양의 시각으로 본
근대 중국의 형성

조세현 지음

일조각

이 저서는 2012년 정부(교육부)의 재원으로
한국연구재단의 지원을 받아 수행된 연구임(NRF−2012S1A6A4016602).

인사말

필자가 몸담고 있는 대학은 해양수산 분야가 특성화된 학교여서 평소 동아시아 근현대 사상사를 공부하면서도 자연스레 해양문제에 관심을 가지게 되었다. 이 과정에서 한국학계의 중국 해양사 연구가 많이 부족하다는 사실을 실감하였다. 그런 까닭에 최근 몇 년 동안 중국 해양사 관련 자료를 수집하면서 시론적 성격의 논문을 몇 편 썼다. 예를 들어, 국경조약과 조차조약에서 해양 관련 조항 분석, 『만국공법』에 나타난 해양법 조항 분석, 해양 관련 몇 가지 근대개념의 형성에 관한 시론 연구 등이 그것이다. 그리고 이번에 한국연구재단의 인문사회분야 저술출판사업의 지원을 받아 꾸준히 연구성과를 발표하면서 이를 묶어 제법 두툼한 연구서로 출간하게 되었다.

몇 년 전 모 출판사에서 책을 출판하면서 부족한 글이라서 다음에 좀 더 나은 책을 써 고마운 분들께 인사를 드리겠다고 말한 적이 있다. 하지만 그동안 절감한 것 가운데 하나는 시간은 사람을 기다려 주지 않는다는 사실이었다. 이번 연구서도 본래 전공분야를 다소 벗어난 부족한 글이지만 기회가 주어졌을 때 짧게나마 주변의 고마운 분들께 인사를 드려야 될 듯싶다. 같은 실수를 반복하고 싶지 않아서이다.

우선, 서강대학교 사학과의 선생님들, 선배들, 동료들, 후배들께 감사의 마음을 전하고 싶다. 필자가 중국사를 공부하는 데 많은 도움과 추억을 안겨 준 분들이기 때문이다. 특히 은사이신 김한규 선생님께 존경하는 마음을 전하고 싶다. 선생님의 대저 『천하국가』를 표절해 '천하의 바다에서 국가의 바다로'라고 책 제목을 정했노라고 말씀드렸을 때 껄껄 웃으시던 모습이 지금도 눈앞에 선하다. 언제나 선생님은 나에게 학문의 모범이셨다. 근래에는 은퇴하셔서 사모님과 함께 시골의 촌부로 사시는 모습까지. 내가 도저히 따를 수 없는 길을 걸으시지만 항상 보이지 않게 든든한 힘이 되어 주셨다. 부디 오래도록 건강하셔서 제자들의 버팀목이 되어 주셨으면 좋겠다.

다음으로, 필자가 재직 중인 부경대학교 사학과의 선생님들과 학생들에게 고마움을 전하고 싶다. 부족한 사람이 좋은 직장에서 착한 제자들과 함께 시간을 보낼 수 있다는 것은 그리 흔한 행운은 아니다. 물론 이런저런 소소한 사연이 없지 않았지만 따뜻한 관계임에는 틀림없다. 게다가 인사모(인문학을 사랑하는 모임)와 같은 공부친구 겸 술친구를 만날 수 있었던 것도 큰 기쁨이었다. 연구실 옆방 동료이자 동네 친구인 박원용 선생님, 원고를 꼼꼼히 읽어 주신 김문기 선생님, 그리고 언제나 따뜻하고 친절하신 이경화 선생님의 권유가 없었더라면 이 책은 아마도 세상에 나오지 못했을 것이다. 그 밖에 나를 아는 주변 선생님들께 감사의 마음을 전하고 싶다.

이 책은 무엇보다 삼가 아버님의 영전에 바치고 싶다. 이 책을 쓰면서 이번에는 꼭 부모님께 감사의 마음을 전하고 싶었다. 하지만 무엇이 급하셨던지 아버님은 자식의 마음을 헤아려 주질 않고 너무나 빨리 세상을 떠나셨다. 아버님을 보내 드리고 기억과의 힘겨운 싸움으로 하루하루를 보내시는 어머님을 생각하면 가슴이 무척 아프다. 부디 즐거운 마음으로 좀 더 건강하게 사셨으면 좋겠다. 모진 인연으로 시어머님을 모시는 집사람 강순보와 잠시 이곳을 떠나 공부하는 사랑하는 딸 유진에게도 고마움을 전하고 싶다. 가족이란 참 묘한 인연이라는 생각이 든다.

끝으로 일조각의 안경순 편집장님과 교정을 담당해 준 이주연 씨에게도 감사의 인사를 드린다. 출판사의 명성에 걸맞은 좋은 의견과 꼼꼼한 교정은 어설픈 글을 그래도 제법 그럴싸한 한 권의 책으로 만들어 주었다. 이렇듯 인사말을 하다 보니 내가 쓴 책이 내가 쓴 책만은 아닌 듯싶다.

동아시아 해양길 답사를 마치고

부경대 연구실에서

2016년 2월 조세현

차례

인사말 …… 5
책머리에 …… 15

서론 청대의 해금海禁과 해방海防 …… 31
   1. '해海'와 '양洋' …… 31
   2. 해금정책과 해관의 설치 …… 36
   3. 해방체제와 해강海疆의 범주 …… 42

제1편 해양질서의 재편: 1840～1894

제1장 통상조약에 나타난 해양 관련 조항과 해금의 해체 …… 49
   1. 통상조약에 나타난 해운 관련 조항 …… 52
      (1) 연해항행권과 연안무역권 …… 52
      (2) 인수권 …… 60
      (3) 해관의 해사海事 관련 업무 …… 67

   2. 통상조약에 나타난 해군 관련 조항 …… 71
      (1) 해난구조와 해도海盜 체포 …… 71
      (2) 군함정박권 …… 77

제2장 해양질서의 재편과 근대 해운업의 흥기 ······ 83

1. 해도의 발흥과 영국 해군의 진압 ······ 86
　(1) 중국 해도와 호항護航선대의 출현 ······ 86
　(2) 영국 해군의 동남 연해 해도 소탕 ······ 91

2. 외국 해운업의 진출 ······ 96
　(1) 범선에서 윤선으로 ······ 96
　(2) 외국 윤선회사: 기창旗昌, 태고太古, 이화怡和 ······ 103

3. 중국 해운업의 출발 ······ 112
　(1) 하운에서 해운으로 ······ 112
　(2) 윤선초상국輪船招商局의 설립과 운영 ······ 117

제3장 『만국공법』을 통해 본 해양법 ······ 124

1. 『만국공법』의 번역과 출판 ······ 127
　(1) 하트와 마틴 ······ 127
　(2) 『만국공법』의 대강 ······ 132

2. 평시 해양 관련 기본법률 ······ 135
　(1) 영해와 공해 ······ 136
　(2) 해적 ······ 141
　(3) 선점과 정복 ······ 145

3. 전시 해양 관련 세부 법률 ······ 147
　(1) 항구 봉쇄 ······ 147
　(2) 포획물과 전시금지품 ······ 148
　(3) 임검권臨檢權과 포획면허장 ······ 150

제4장 양무운동 초기 동북아 해양분쟁과 만국공법 ······ 155

1. 만국공법의 수용과 전파 ······ 157
　(1) 대고구大沽口선박 사건 ······ 157
　(2) 앨라배마阿拉巴馬호 사건 ······ 162

2. 만국공법과 동북아 해양분쟁 사례 ······ 170
　(1) 유구琉球 표류민 사건 ······ 170
　(2) 강화도 사건 ······ 177

제5장 수사에서 해군으로 ⋯⋯ 185

  1. 근대 해군의 출발 ⋯⋯ 188
    (1) 수사와 해군 ⋯⋯ 188
    (2) 레이-오스본 함대 사건 ⋯⋯ 192

  2. 해양 수사의 건설 ⋯⋯ 202
    (1) 근대적 해방론의 전개 ⋯⋯ 202
    (2) 문포선蚊炮船 구매 ⋯⋯ 210

  3. 북양해군의 성립 ⋯⋯ 213
    (1) 순양함 구매와 북양수사의 발전 ⋯⋯ 213
    (2) 철갑선 구매와 『북양해군장정』의 제정 ⋯⋯ 218

제6장 청프전쟁과 청일전쟁에서의 해전 ⋯⋯ 229

  1. 청프해전에서의 국제법 분쟁 ⋯⋯ 231
    (1) 마강해전 ⋯⋯ 231
    (2) 대만봉쇄 ⋯⋯ 238
    (3) 제3국의 중립문제 ⋯⋯ 242

  2. 청일해전에서의 국제법 분쟁 ⋯⋯ 247
    (1) 풍도해전과 고승高陞호 사건 ⋯⋯ 247
    (2) 황해해전과 위해해전 ⋯⋯ 255

제2편 영해의 탄생: 1895~1911

제7장 중외조약 체결을 통해 본 영해의 탄생 ⋯⋯ 263

  1. 내양과 내하에서의 위기 ⋯⋯ 265
    (1) 영해 개념의 출현 ⋯⋯ 265
    (2) 청-프랑스「속의계무전조」에서의 해계海界 문제 ⋯⋯ 269
    (3) 열강의 내하항행권 침범 ⋯⋯ 272

  2. 조차조약을 통해 본 영해 관념의 형성 ⋯⋯ 276
    (1) 청-독일「교오조계조약」 ⋯⋯ 276

　　(2) 청-러시아 「여대조지조약」과 청-영국 「정조위해위전조」 …… 279
　　(3) 청-프랑스 「광주만조계조약」과 청-영국 「전척향항계지전조」 …… 283

　3. 내양에서 영해로 …… 286
　　(1) 청-멕시코 「통상조약」에 나타난 영해 …… 286
　　(2) 20세기 초 영해 관념의 발흥 …… 290

第8장　해양 관련 국제회의 참가와 국제조약 체결 …… 296

　1. 해양 관련 국제회의 참가와 「항해충돌방지장정」 체결 …… 299
　　(1) 중외조약에서의 항해충돌방지규정 …… 299
　　(2) 워싱턴회의 참가와 「항해충돌방지장정」(1889) 가입 …… 304

　2. 두 차례 헤이그평화회의와 해전 관련 국제조약 …… 311
　　(1) 제1차 헤이그평화회의(1899) …… 311
　　(2) 제2차 헤이그평화회의(1907) …… 320

第9장　해군의 중건과 해권海權 인식의 고양 …… 330

　1. 광서光緒 말기(1895~1908) 해군의 회복 …… 332
　　(1) 청일전쟁 직후 …… 332
　　(2) 청말신정과 해군개혁 …… 337

　2. 선통宣統 시기(1909~1911) 해군의 중건 …… 346
　3. 해권론의 전파와 영향 …… 352

第10장　어업·해계·도서 분쟁과 해양인식의 변화 …… 362

　1. 외국 어륜의 진출과 어업교섭 …… 365
　　(1) 장건과 중국 어업의 근대화 …… 365
　　(2) 발해만 어업분규사건 …… 369

　2. 다쓰마루 사건과 마카오해계 문제 …… 376
　　(1) 다쓰마루 사건의 전개과정 …… 376
　　(2) 청-포르투갈 마카오감계협상 …… 381

　3. 동사도 분쟁과 섬의 주권 …… 385

제3편 바다를 둘러싼 근대 한중관계

제11장 1880년대 북양수사와 조선 ⋯⋯ 397

  1. 북양수사의 성립과 조선 문제의 개입 ⋯⋯ 399

    (1) 초용과 양위 ⋯⋯ 399

    (2) 첫 번째 대외 군사행동: 임오군란 ⋯⋯ 406

  2. 북양수사와 조선해방정책 ⋯⋯ 411

    (1) 장패륜과 이홍장의 조선해방론 ⋯⋯ 411

    (2) 두 번째 대외 군사행동: 갑신정변 ⋯⋯ 421

  3. 북양함대의 발전과 조선을 둘러싼 해양분쟁 ⋯⋯ 425

제12장 19세기 후반 해운과 어업을 통해 본 조청朝淸 관계 ⋯⋯ 435

  1. 해금의 해제와 청국 선박의 진출 ⋯⋯ 438

    (1) 조청무역장정의 해운 관련 항목과 초상국의 해운활동 ⋯⋯ 438

    (2) 범선무역에서의 분쟁사례 ⋯⋯ 443

    (3) 청일 해운업 경쟁과 청국 군함 ⋯⋯ 450

  2. 황해를 둘러싼 한청 어업분쟁 ⋯⋯ 458

    (1) 청일전쟁 이전 ⋯⋯ 458

    (2) 청일전쟁 이후 ⋯⋯ 464

결론 해양과 근대 중국 ⋯⋯ 473

참고문헌 ⋯⋯ 481

용어 찾아보기 ⋯⋯ 497

인명 찾아보기 ⋯⋯ 502

서명 찾아보기 ⋯⋯ 506

조약 및 법령 찾아보기 ⋯⋯ 508

표 차례

표 1__ 중국에서 연해항행과 무역특권을 얻은 각국 조약현황 …… 59

표 2__ 국내와 해외를 왕래하는 중국과 외국의 선박 수와 톤수 …… 108

표 3__ 중국에 온 외국 선박의 윤선과 범선의 비교(1870년과 1876년) …… 110

표 4__ 추상국, 태고, 이화의 윤선 비교(1873~1894) …… 121

표 5__ 영중연합해군함대Anglo-Chinese Fleet(일명 레이-오스본 함대) …… 195

표 6__ 북양수사가 영국 암스트롱 조선소에서 구매한 문포선(1876~1881) …… 212

표 7__ 1880년대 북양수사가 영국과 독일로부터 구매한 주요 함정 …… 222

표 8__ 19세기 말 중국 내 열강의 조차지 …… 277

표 9__ 『외교보』에 실린 영해 관련 기사 …… 292

표 10__ 『외교보』에 실린 제2차 헤이그평화회의 관련 기사 …… 325

표 11__ 순양함대, 장강함대의 주요함선 …… 348

별표 1__ 『만국공법』(1864)에 나타난 해양 관련 국제법 용어의 비교 …… 153

별표 2__ 『공법신편』(1903)에 나타난 해양 용어 중 영어와 중국어 비교 …… 154

별표 3__ 강남제조국과 복주선정국에서 만든 군함(1868~1874) …… 226

별표 4__ 북양해군 함선 현황 …… 227

별표 5__ 청 말 중국이 참가한 국제조약 …… 328

별표 6__ 조선이 체결한 주요 통상조약 가운데 해양 관련 항목 …… 470

책머리에

　이 저술은 해양의 시각으로 근대 중국의 형성과정을 실증적으로 고찰하면서 해양과 국가 간의 길항관계를 밝히는 것을 1차적인 목적으로 삼는다. 그리고 이 과정에서 만들어진 근대적 해양이 어떻게 오늘날 동아시아 국제질서에 작동하는가를 알아봄으로써 해양에 대한 새로운 시각을 제시하는 것을 목적으로 삼는다. 제목을 빌려 말하자면 전통적 '천하天下'의 바다가 근대적 '국가國家'의 바다로 바뀌는 과정을 역사적으로 추적하려는 것이다. 이는 전통시대의 바다는 왕조의 관점에서 불온한 대상이었든, 연해지역의 거주민에게 삶의 공간이었든 간에 열린 공간이었으므로 사실상 무국적에 가까웠으나, 서양 열강과의 접촉과 그에 따른 충격으로 근대국가가 만들어지면서 과거와는 전혀 다른 바다의 영토화가 진행되었다는 역사사실에 근거한다.

　동아시아의 근세가 해금海禁의 시대였다면 근대는 기본적으로 해양에서 시작되었다. 이에 따라 근세와 근대에 걸쳐져 있는 청조의 해양에 대한 인식도 크게 달라졌다. 19세기 이전의 청조는 이른바 중국적 세계질서를 축으로 비교적 안정적 국제관계를 유지하였다. 특히 명·청대에 시행된 해금정책에 의하여 동북아 지역 간의 해양교류는 억제되었고 그 결과 해적의 활동 등 일부문제를 제외하고 해양분쟁은 거의 발생하지 않았다. 19세기 중반은 서구열강의 동아시아 진출이 본격화된 시기로, 영국과 프랑스를 필두로 제국주의 세력은 동남아를 넘어 동북아로 물밀듯이 밀어닥쳤다. 이런 추세는 19세기 후반부터 서구열강이 동북아 지역에서 식민지 쟁탈을 벌이면서 더욱 격화되었다. 중국의 근대는 기본적으로 서양 열강이 해양을 통해 전통적 해금체제를 붕괴시키는 것에서 시작되었다. 그리고 근대적인 국가관이 들어오면서 육지에서 국경과 영토에 대한 인식 전환이 일어났듯이, 바다에서도 해양의 경계와 영역에 대한 새로운 인식이 나타났다. 물론 청조의 해양 경계는 내해內海, 내양內洋 등으로 불리며 존재했지만 현재와 같은 엄격한 의미의 영해領海 관념은 아니었다. 전근대시기에도 해양 경계가 없었다고 말하기는 어렵지만 주로 어민들의 어장영역이나 연근해 방위상의 관할영역 등에 제한되었으며, 요즘과 같은 영유권 관념은 희박하였다.

1840년부터 100여 년 동안 영국, 미국, 프랑스, 러시아, 일본, 독일, 이탈리아, 오스트리아 등의 군함이 수없이 중국 연해지방을 침범하면서 많은 해양분쟁이 발생하였다. 그런데 전통적인 해양 경계 의식이 제국주의 침략시기인 19세기 후반에 어떠한 형태로 변화했는가에 대한 연구는 의외로 부족하다. 뿐만 아니라 아시아의 근대가 기본적으로 해양에서 시작되었음에도 불구하고, 해양사의 시각에서 전통적 중국 중심의 세계질서가 붕괴하고 근대적 구미 중심의 국제법 체제가 만들어지는 과정을 탐색한 연구도 부족하다. 한국의 인문학에는 바다가 없다는 사실을 다시금 확인할 수 있는 대목이다. 이와 관련해 동아시아 각국의 근대 중국 해양사 연구 현황을 간단히 정리하면 다음과 같다.

해양사는 '해양과 내륙 역사의 상호관계'에 초점을 맞춘 역사학의 한 분야로 해방사, 해군사, 해전사, 해권사, 해관사, 해운사, 어업사 등 다양하게 나누어 볼 수 있다. 이런 주제들을 연구하는 목적은 이제까지 역사학이 간과한 해양이라는 공간을 복권시킴으로써 인간의 역사를 전체적으로 파악하는 데 있다. 본래 해양사는 대외관계사나 사회경제사 분야에 포함시켜 논의해 왔지만 근래에 들어 독립 분야로 다루고 있다. 페르낭 브로델Fernad Braudel의 고전 『펠리페 2세 시대의 지중해와 지중해 세계The Mediterranean and the Mediterranean World in the Age of Philip II』는 역사를 이끈 동력을 지중해라는 자연환경에서 찾음으로써 세계 해양사 연구에 큰 자극을 주었다. 그의 유럽지중해 개념은 아시아에도 적용되어 '아시아지중해'라는 개념이 만들어졌고, 한국학계에서도 '동아지중해'나 '황해지중해' 등과 같은 용어가 등장하였다.

브로델 이후 이매뉴얼 월러스틴Immanuel M. Wallerstein은 『근대세계체제론The modern world-system』을 통해 근세와 근대의 관련성을 지적하였다. 이 책에서는 자본주의의 역사적 출현을 유럽사의 맥락을 넘어 세계사적 구도에서 파악하였다. 그는 자본주의는 근대유럽에서만 등장한 역사적으로 특이한 현상이라고 보았다. 이에 대해 안드레 군더 프랑크Andre Gunder Frank는 『리오리엔트Reorient』에서 월러스틴의 세계체제론에 내재된 서구중심주의를 비판하면서, 유럽의 세계지배는 지금부터 길어야 200년 전인 대략 1800년 이후에나 나타난 일시적 현상에 불과하다고 하였다. 그는 이전에는 세계경제의 중심이 중국을 핵심으로 하는 아시아 세계였다고 주장했다.[1] 이런 서양학계의 연구 성과로 말미암아 아시아의 근대가 근세로부

---

1 안드레 군더 프랑크 지음, 이희재 옮김, 『리오리엔트』, 이산, 2003, 옮긴이의 말. 미국 캘리포니아 학파의 Kenneth Pomeranz 등은 국가의 틀로 규정되지 않는 지역들의 비교를 중시하여, 1750년경까지 세계의 중심 지역이던 중국의 장강유역과 일본, 서유럽의 경제발전 정도가 거의 같았다고 주장했다. 그들은 동아시아를 중심으로 세계사를 다시 쓰면서 동아시아와 유럽의 역

터 시작한, 장기간에 걸친 과정의 일부로 이해하기 시작했다. 특히 1990년
대 이후부터는 유럽중심사관 경향이 강했던 세계체제론을 아시아에 정당
한 위치를 부여하는 세계사로 개혁하려는 노력이 나타났다.

일본학계에서는 일본사 전공자를 중심으로 국제관계사의 하나로 해양
연구가 진행되었으며, 1990년대부터 동중국해는 물론 인도양과 아시아 해
역 전체를 연구대상으로 삼는 이른바 '해역海域연구'가 활발해졌다. 일본
학계의 해양사 연구의 대표적 인물 중 한 사람인 하마시타 다케시濱下武志
는 근대 중국의 국제화 계기를 서양의 충격이라 불리는 유럽과 아시아만
의 관계가 아니라 전통적 조공관계를 중심으로 동아시아와 중국, 동남아
시아와 중국 간의 무역관계 속에서 탐구하였다. 그는 국민국가를 기본적
인 분석단위로 삼는 전통적 역사 해석에 회의를 가지고 아시아 내부의 국
제질서와 지역경제권이란 범주를 중시하는 새로운 이론 틀을 제시하였다.
제1차 아편전쟁이 청조의 관점에서 보면 지방에서 일어난 사건에 불과하
므로 중국 근대사의 출발점이 될 수 없다고 보았다. 하마시타는 경제관계
의 국제화라는 측면에서 보면 중국의 근대는 19세기 초이며, 중국 내부의
구제도의 해체와 신제도의 탄생이라는 측면에서 보면 중국의 근대는 19세
기 후반으로 잡아야 한다고 생각했다.[2] 하지만 그는 조공무역체제와 아시
아근대경제권이란 역사주제만을 논의했을 뿐 동아시아의 현재와 미래에
대해서는 언급하지 않았다.

국내에도 번역 소개된 『바다의 아시아海のアジア』(총 6권, 2000~2001) 시
리즈는 1990년 이후 일본학계의 경향을 잘 보여 준다. 이 총서의 서문은

전은 19세기 초반에야 뚜렷해졌다고 본다. 캘리포니아학파의 연구는 일본학계의 杉原 薫, 川
勝平太, 濱下武志 등의 연구 성과와 상호 영향을 주고받은 것으로 알려져 있다.
2 일본학계의 아시아교역권론이 유명한데, 특히 조공무역시스템을 제기해 근대와 전근대의 아
시아 역내교역권의 연속성을 문제 삼은 濱下武志의 연구가 대표적이다(濱下武志 著, 朱蔭貴·
歐陽菲 譯, 『近代中國的國際契機—朝貢貿易體系與近代亞洲經濟圈』1990年作, 中國社會科學
出版社, 1999年, 서문).

『바다의 아시아』 시리즈가 세 가지 메시지를 담고 있다고 설명한다. 첫째, 아시아의 세계, 자연, 역사, 문화의 관계를 바다라는 관점에서 재조명한다. 둘째, 그동안 육지를 중심으로 바라본 '아시아'에 대한 이해를 바다를 중심으로 재해석한다. 셋째, 바다와 육지의 환경구조를 더 큰 의미에서 연구한다.[3] 『바다의 아시아』는 새로운 해양 전략 실현을 위한 인문학적 기초 작업의 성격이 엿보이는데, 중국과 일본의 바다에 대한 범주를 넘어 동남아 해역까지 논의의 범위를 포괄하였다. 그리고 일본학계는 아시아 해양사 연구현황을 총정리한 『해역아시아사 연구 입문』이라는 책도 출판하였다.[4] 해역사 연구가 과거 육지 중심의 관점에서 해양 중심의 관점으로 각도가 변화한 것은 해양문화 연구의 중요한 발전이지만, 여전히 일본의 해역사 연구에는 섬나라島國에서 해양국가로 나아가려는 국가이데올로기의 흔적이 남아 있다는 지적이 있다.[5]

위와 같은 동서양의 연구 성과들은 중국학계의 해양사 연구에도 적지 않은 영향을 미쳤다. 하지만 기억해야 할 점은 중국의 경우 적어도 양적인 측면에서는 여전히 국가주의적인 관점에서 해양사에 접근하는 연구가 많다는 사실이다. 근대해양사 연구의 경우 주로 기존의 해운사, 해방사, 해군사, 해강사海疆史 등 정치경제 관련 범주를 가지고 연구하는데, 제국주의 침략

---

3 『바다의 아시아』 1권 '바다의 패러다임' 서문, 다리미디어, 2003년, 6~9쪽. 이 『바다의 아시아』 총서는 모두 6권(다리미디어, 2003~2005년)으로 구성되었다. 각 권의 제목은 1권 '바다의 패러다임', 2권 '몬순 문화권', 3권 '섬과 사람들의 활력', 4권 '월리시아의 세계', 5권 '국경을 넘는 네트워크', 6권 '아시아의 바다와 일본인' 등이다.

4 『해역아시아사 연구 입문』은 국내에도 번역되었다. 여기서 해역사란 항해, 무역, 해적, 해상민 등과 같은 바다의 세계 그 자체의 역사만이 아니라 바다를 둘러싸고 있는 육지들 사이의 교류와 투쟁, 해상과 육상의 상호과정 등을 포함한다. 이 번역서는 시대구분을 중세, 근세 전기, 근세 후기로 나누어 연구 현황을 정리하였다. 편집자는 해역아시아사에 대한 연구 입문으로 최초의 출판물이라고 자부하는데, 아쉽게도 전근대시기 아시아 해양사 연구 성과만을 담고 있어 근대 부분은 부족하다(모모키 시로 엮음, 최연식 옮김, 『해역아시아사 연구 입문』, 민속원, 2012년, 10~14쪽).

5 葛兆光, 「從'西域'到'東海'——個新歷史世界的形成, 方法及問題」, 『文史哲』, 2000年 第1期.

을 받았던 중국인의 역사경험으로 미루어 보면 이는 어느 정도 납득할 수 있다. 그런 까닭에 해양경제사, 해양사회사, 해양문화사, 해양생태사, 해양과학사 등과 같은 학문융합 연구는 충분히 이루어져 있지 않다.

중국의 해양사 연구는 1980년대부터 시작되었는데, 보통 「유엔해양법조약」(1996)이 정식 발효되자 국가차원에서 해양발전전략을 제안하면서 해양사 연구가 본격적으로 발전했다고 본다. 중국학계에서는 하문대학廈門大學의 양국정楊國楨을 대표적인 해양사 연구자로 뽑는다. 그가 주편한 『해양과 중국총서』(총 8책, 1998~1999)[6]와 『해양중국과 세계총서』(총 12책, 2004~2005)[7] 시리즈에서 이른바 '해양사학'이 출발하면서 해양역사문화 연구가 활성화되었다. 이 시리즈는 중국역사상 해강정책, 해양경제관리, 해양신앙, 해상밀수, 해상재해, 동남해양구역, 산동연해지역, 환황해·발해경세권의 생태환경과 경제개발 및 사회문화 변천, 환중국해 침몰선, 남중국해분쟁과 해상권익, 동남아 화교 이민, 싱가포르 중국인 사회와 문화 등 다양한 주제를 다루고 있다. 이런 연구들은 1920~1930년대의 '남해교통' 연구에서 1980~1990년대의 '해상 실크로드' 연구를 잇는 해양사 연구의 맥락 위에 놓여 있었다.

6　楊國楨이 주편한 『海洋與中國叢書』(총 8책, 江西高校出版社, 1998~1999年)은 『閩在海中―追探福建海洋發展史』, 『東洋海路移民―明淸海洋移民臺灣與菲律賓的比較硏究』, 『走向海洋貿易帶―近世世界市場互動中的中國東南商人行爲』, 『海上人家―海洋漁業經濟與漁民社會』, 『海洋迷思―中國海洋觀的傳統與變遷』, 『陸島綱路―臺灣海港的興起』, 『喧鬧的海市―閩東南港市興衰與海洋人文』, 『天子南庫―淸前期廣州制度下的中西貿易』 등으로 이루어졌는데, 주로 박사학위논문을 출판한 것으로 제12회 중국도서상을 받았다.
7　역시 楊國楨이 주편한 『海洋中國與世界叢書』(총 12책, 江西高校出版社, 2004~2005年)은 『環中國海沈船―古代帆船·船技與船貨』, 『海洋神靈―中國海神信仰與社會經濟』, 『東溪水土―東洋中國的海洋環境與經濟開發』, 『越洋再建家園―新加坡華人社會文化硏究』, 『東渡西進―淸代粤移民臺灣與四川的比較』, 『海上山東―山東沿海地區的早期現代化歷程』, 『南海波濤―東南亞國家與南海問題』, 『水客走水―近代中國沿海的走私與反走私』, 『海洋天災―中國歷史時期的海洋災害與沿海社會經濟』, 『北洋之利―古代渤黃海區域的海洋經濟』, 『西洋航路移民―明淸閩粤移民荷屬東印度與海峽植民地的硏究』, 『海國孤生―明代首輔葉向高與海洋社會』 등으로 이루어졌다.

중국 정부와 학계는 2005년에 정화鄭和함대의 출항 600주년 기념행사를 하면서 해양 강국의 희망을 부각시킨 바 있다. 정화가 남해원정을 시작한 7월 11일에 국가적인 기념행사를 진행하면서 정화의 업적을 중국 정부의 개혁개방 정신과 연결시켰다. 정화란 인물의 해양영웅으로서의 상징성은 다양한 출판물로 쏟아진 것은 물론 역사교과서에도 반영되었다. 국내 방송국에서도 2007년에 방영한 바 있었던 다큐멘터리『대국굴기大國崛起』(12부작, 2006년) 시리즈에서도 세계근현대사에서 해양 강국의 역사를 조망한 바 있다.[8] 해양을 통해 국부를 축적한 강대국들, 포르투갈, 스페인, 영국, 네덜란드, 프랑스, 미국, 일본 등을 해양제국으로 보아 그들의 해양으로의 진출과정에 주목하였다.

21세기에 들어오면서 중국 해양사 연구의 굴기를 가장 상징적으로 보여주는 사건은 대형해양문화 다큐멘터리『주향해양走向海洋』(총 8편)[9]의 방영이다. 2011년 12월 중국 CCTV를 통해 전국에 방영된『주향해양』은 중국 정부의 바다에 대한 집념을 엿볼 수 있는 주목할 만한 다큐멘터리이다. 국가해양국과 해군정치부가 함께 5년에 걸쳐 촬영한 이 프로그램은 2011년 말뿐만 아니라 다음 해에도 몇 차례 더 방영되었다.『주향해양』에서는 은殷

---

8 『大國崛起』는 총 12편으로 이루어졌는데, 제1편 海洋時代: 포르투갈과 스페인, 해양의 시대를 열다, 제2편 小國大業: 유럽의 작은 나라 네덜란드, 세계를 움직이다, 제3편 走向現代: 영국, 현대화의 선봉에 서다, 제4편 工業先聲: 영국, 세계 최초의 공업화 대국, 제5편 激情歲月: 프랑스, 혼돈 속에서 일어서다, 제6편 帝國春秋: 독일, 유럽제국을 이루다, 제7편 百年維新: 일본, 아시아 강국을 향한 백년간의 유신, 제8편 尋道圖强: 러시아, 강대국을 향한 피의 항해, 제9편 風雲新途: 소련, 풍운 속의 새로운 길, 제10편 新國新夢: 미국, 새로운 나라의 새로운 꿈, 제11편 危局新政: 미국, 세계 제1강국을 이룬 새로운 도전, 제12편 大道行思: 21세기 대국의 길 등이다.

9 『走向海洋』은 제1편 海陸鈞沉, 제2편 海上明月, 제3편 潮起潮落, 제4편 倉惶海防, 제5편 雲帆初揚, 제6편 長風大浪, 제7편 走向大海, 제8편 經略海洋 등 8편으로 구성되었다. 제1편부터 제3편까지는 전통시대 중국의 해양문화에 대해 소개하며, 제4편과 제5편은 청 말 해방과 북양수사 및 중화민국해군과 중화인민공화국 초기해군의 역사를 다룬다. 제6편부터 제8편까지는 중화인민공화국 시기의 해양과학기술과 군사기술 등의 발전과정을 소개한다. 이 방송은 해양은 중화민족의 미래이며 짙은 남색은 중화민족의 바탕색이라며, 『河殤』(1988년 CCTV 방영)에서 황색은 중국문명으로 남색은 서양문명으로 대비시키던 방식과는 다른 구도를 가지고 있다.

(=상商)대의 해양활동을 회고하는 것에서 출발하여 송宋대 해외무역의 성취와 근대 북양수사北洋水師의 붕괴 및 현대중국의 해양전략 등을 묘사하면서 중국의 해양문명을 전체적으로 조망하였다. 독특한 역사시각과 선명한 해양관으로 시청자들의 관심을 얻었는데, 이 다큐멘터리는 해양 전략이 없는 민족은 희망이 없는 민족이라고 역설했다. 『주향해양』은 모두 여덟 편으로 앞의 세 편은 전근대시기를 다루고, 뒤의 다섯 편은 1840년을 경계로 삼아 근현대시기를 다루었다. 『주향해양』을 20여 년 전에 큰 사회적 충격을 불러일으킨 다큐멘터리 『하상河殤』과 비교하면, 중국 두 세대의 해양 인식을 상징적으로 보여 준다는 점에서 흥미롭다.[10] 과거 『하상』에서 세계 문명을 황색(대륙)문명과 남색(해양)문명으로 비교한 방식을 놓고 중국공산당과 주류 학계에서 민족허무주의라고 비판했다면, 『주향해양』은 이른바 이성적 민족주의에 기초해 "해양이 흥해야 국가가 흥한다"는 논리로 바다에 중화민족의 미래가 있다고 적극 주장한 것이다. 대륙 중심에서 벗어나 해양 강국을 추구하는 모습은 다큐멘터리 『주향해양』의 메시지에서도 잘 나타난다.

중국학계는 근대해운과 해관사, 근대해방과 해군사 분야 등에서 괄목할 만한 연구 성과를 내고 있다. 최근 근대해양사 연구와 관련해 두 권의 개설서, 『중국 해양문화사장편中國海洋文化史長篇』(근대권近代卷)과 『해양과 근대 중국海洋與近代中國』[11]이 출판된 사실은 중국학계의 근대해양문화 연구가 비록 독창적인 관점을 제시하진 못했지만 일정한 수준에 올랐다는 사실

---

10 楊國楨은 중국에는 황토문화만 있고 해양문화는 없다는 『河殤』의 주장에 큰 자극을 받아 자신이 중국 해양사회경제사 연구를 하게 되었다고 회고했다(楊國楨, 『瀛海方程: 中國海洋發展理論和歷史文化』, 海洋出版社, 2008년, 서문).

11 曲金良 主編(本卷主編 閔銳武)의 『中國海洋文化史長篇』(近代卷)(中國海洋大學出版社, 2013年)은 '中國海洋文化史長篇'시리즈 총 5권 가운데 마지막 권인데, 기존 연구서에서 주제별로 한 장씩을 뽑아내어 편집 출판한 것이다. 그리고 楊文鶴의 『海洋與近代中國』(海洋出版社, 2014年)은 '海洋戰略與海洋强國論叢'시리즈의 하나로 출판한 것으로 개설서의 성격을 띤다.

을 보여 준다. 그런데 유럽중심주의를 비판하며 탈국가적인 관점에서 연구하는 외국학계의 해양사 관련 시각이 중국에 들어와서는 동아시아중심주의, 혹은 중국중심주의로 변형되면서 주로 애국주의적인 관점에서 연구되고 있다는 사실에 주목할 필요가 있다. 실제로 중국학계에서는 국가이익에 부응하기 위해 해군 소속 연구자나 변강사지연구중심邊疆史地硏究中心 등과 같은 연구단체를 중심으로 해강사와 영해·도서문제에 대한 관심이 뜨겁다. 특히 해권사 연구의 고조와 더불어 알프레드 머핸Alfred Thayer Mahan의 해권론의 유행현상에서 나타나듯 중국의 해양인문 연구는 자국의 해양 진출을 위한 기초 연구라는 성격이 적지 않다. 이는 국가가 바다를 포섭하는 연구에 치중하여, 상대적으로 바다가 국가를 포섭하는 연구가 부족한 현상과 연관이 있다.

대만학계의 경우, 중앙연구원소속 인문사회과학연구중심에서 이미 1983년부터 '중국 해양발전사 연구계획'을 준비하여 중국 해양사 연구의 서막을 열었으며, 『중국 해양발전사 논문집』 시리즈를 꾸준히 발간하였다. 그런데 대만의 역사는 중화문화의 연장이라고 한때 주장하던 저명학자 조영화曹永和가 1990년 '대만도사臺灣島史'라는 개념을 제안하면서, 대만사의 해양성 특색을 강조하고 대만은 일종의 해양문명을 대표한다고 주장했다. 그의 해양문명론은 학계에 적지 않은 영향을 주었는데, 정치문제와 관련시키지 않으면서도 해양사와 다족군多族群 사회의 특징을 결합해 연구하려는 시도가 새로웠기 때문이다.[12] 근래에는 재단법인조영화문교기금회財團法人曹永和文敎基金會의 지원으로 『대만사와 해양사臺灣史與海洋史』 시리즈가 출판되고 있다.[13]

---

12 曹永和, 「多族群的臺灣島史」, 『歷史月刊』, 1998年 10月, 93~95쪽.
13 이 시리즈 가운데 해양사 관련 연구서로는 陳國棟, 『臺灣的山海經驗』, 遠流出版公社, 2005年; 陳國棟, 『東亞海域一千年』, 遠流出版公社, 2005年 등이 있다.

해양사와 식민지사 연구논문을 모은 주완요周婉窈의『해양과 식민지 대만논집海洋與殖民地臺灣論集』[14]이나, 해양의 관점에서 대만의 역사와 문화를 묘사한 대보촌戴寶村의『대만의 해양역사문화臺灣的海洋歷史文化』[15] 등은 대만과 해양의 밀접한 관계를 밝히려는 대만학계의 특징을 잘 보여 준다. 그 밖에 대만해양대학 해양문화연구소에서는『해양문화학간』이라는 학술지와『해양문화연구총서』와 같은 논문집을 출판하고 있으며, 대만연구기금회에서도『해양과 대만』시리즈를 출판하고 있다. 이곳은 대만독립론과 관련해 '해양대만'을 주장하며 대륙과 차별성을 띤 연구가 이루어지는 경향이 있다는 점도 기억할 만하다.[16]

한편 국내학계의 경우 해양사 연구는 1990년대부터 시작되었는데, 한국사의 연구범주를 확대하려는 동기에서 출발하였고, 초기에는 주로 해양의 시각에서 한국사를 살피는 데 치중하였다. 근래에 해양인문학, 해양문화학, 해항도시학 등의 이름을 걸고 대학연구소를 중심으로 체계적인 해양사 연구가 시작되었다.[17] 한국의 해양사 연구는 과거에는 국제관계사 차원에서 연구되거나, 장보고나 이순신과 같은 특정 인물에 한정되거나, 혹은 선박사, 해운사, 수산업사 등과 같은 특정 주제에 머물렀다. 게다가 연구가 주로 영토 중심의 관점에서 진행되어 폐쇄적인 민족주의, 국가주의 관점에 한

---

14 周婉窈,『海洋與殖民地臺灣論集』, 聯經出版公司, 2012.

15 戴寶村,『臺灣的海洋歷史文化』, 玉山社, 2011.

16 林滿紅은『河殤』과 같은 프로그램에서 나타나듯이 황하를 중심으로 하는 내륙문명은 중국을 해양문명으로 발전하기 어렵게 만들었다고 보았다. 하지만 대만은 매우 다행스럽게도 해양문명에 속하지 내륙문명은 아니라고 한다. 게다가 대만은 중국 동남 연해의 해양문명뿐만 아니라 대만 원주민을 계승한 동남아로부터 이입된 해양문명이기도 하다는 것이다. 저자는 대륙문명이 대만문화의 근원 가운데 하나임을 기꺼이 인정하지만 동시에 중국 위주의 역사 사고에서 벗어날 것도 강조한다. 그리고 세계를 틀로 삼아서 중국문화에 빠진 대만인의 역사기억을 중건하자고 주장한다(林滿紅,『晚近史學與兩岸思維』, 麥田出版, 2002年, 157~158쪽).

17 한국학계의 해양사 연구동향에 대해서는 한임선,「한국해양사 연구의 현황과 전망」,『동북아문화연구』제21집, 2009년; 하세봉,「한국의 동아시아 해양사 연구」,『동북아문화연구』제23집, 2010년 등을 참고할 수 있다.

24

정된 측면이 없지 않았다. 21세기 들어와 이런 한계를 벗어나면서 해양사에 관한 몇 권의 저서가 나왔다. 강봉룡의 『바다에 새겨진 한국사』, 주강현의 『제국의 바다, 식민의 바다』, 주경철의 『대항해시대─해상 팽창과 근대 세계의 형성』 등[18]이 대표적이다. 비록 동아시아 해양사에 대한 번역서는 몇 권 있지만 아직까지 본격적인 연구서는 거의 없으며, 중국 해양사 연구는 겨우 걸음마단계에 있다.

요컨대, 한중일 모두 해양사 연구자 대부분 자국사 연구자가 압도적 다수를 이루고 있는 현상에 주목할 필요가 있다. 외견상 자연스런 현상으로도 볼 수 있지만 문제는 자국 중심의 시각에서 해양을 해석할 가능성이 높다는 사실이다. 유럽 중심의 역사관에 문제가 많듯이 자국 중심의 역사관도 문제점이 있는데, 왜냐하면 자기중심적인 역사기술은 객관적이지 못하기 때문이다. 해양을 배경으로 동북아시아 각국이 대립과 갈등을 이루는 현재 상황과 관련하여, 무조건적으로 자국 이익만을 앞세우기보다 공동의 바다를 만들려는 노력이 필요하다. 역사학계의 경우도 좀 더 냉정한 시각으로 유럽중심사관뿐만 아니라 동아시아중심사관에도 치우치지 않는 균형감 있는 해양사 연구가 요청된다고 할 것이다.[19] 브로델은 『지중해』에서 지리사적 지향으로 국가를 역사의 핵심에서 몰아냈지만, 이 책은 근대시기에 초점을 맞추어 여전히 해양과 국가의 관계를 중심으로 삼아 대청제국의 바다가 중화민국의 바다로 바뀌는 과정에 주목할 것이다. 지리로써 역사를 설명하는 순

---

18 강봉룡, 『바다에 새겨진 한국사』, 한얼미디어, 2005년; 주강현, 『제국의 바다, 식민의 바다』, 웅진씽크빅, 2005년; 주경철, 『대항해시대─해상 팽창과 근대 세계의 형성』, 서울대학교출판부, 2008년.

19 한 연구자에 따르면, 유럽이 중심이요 우월했다는 것이 사실이 아니라 유럽인들의 편견이라면 극복되어야 한다. 그러나 그것이 사실이라면 아무리 심정적으로 거부하고 싶더라도 거부해서는 안 된다. 만물에 밝음과 어두움이 있음을 밝히는 것은 바람직하지만 근대를 어두움으로 단정하는 것은 공정하지 못하다고 지적한다(김응종, 「서평: 주경철, 『대항해시대─해상팽창과 근대 세계의 형성』(서울대학교출판부, 2008년) 폭력은 근대 유럽의 상품인가?」, 『서양사론』 제97호, 2008년, 219쪽, 222쪽).

수한(?) 해양사 책이라기보다는 역사에서 정치사는 여전히 중요하다는 관점에서 기술한 책인 것이다. 필자가 '해양의 시각으로 본 근대 중국의 형성'이란 부제로 이 책을 쓰는 이유도 여기에 있다.

이 저술은 정치(해금, 영해, 해권), 경제(해관, 해운, 어업), 군사(해방, 해전, 해군), 문화(해양관, 해양문화) 등을 두루 포괄할 것이다. 여기서는 서양열강에 대항하는 동아시아의 민족(국가)주의라는 관점에서 해양을 설정하려는 것은 아니며, 주로 해양을 중심으로 근대국가의 형성과정을 설명하면서 그 상호관계에 주목할 것이다. 나아가 오늘날 해양분쟁의 역사적 기원을 밝혀 그 문제점을 지적하고 새로운 해양인식의 가능성을 상상해 보고자 한다. 이를 위해 조약, 국제법, 해운, 해군, 번역어 등의 다양한 키워드를 가지고 여러 가지 해양 관련 문제들을 다룰 것이다.

이 책은 서론과 결론을 제외한 본문을 크게 제1편, 제2편, 제3편의 세 부분으로 구성하였다. 청말시기(아편전쟁阿片戰爭부터 신해혁명辛亥革命까지)를 분석대상으로 삼았으나, 필요한 경우 아편전쟁 이전이나 민국 초의 내용들도 일부 추가하였다. 제1편은 여섯 개의 장, 제2편은 네 개의 장, 제3편은 두 개의 장으로 구성되는데, 각 장들은 서로 일정 정도 대응하는 구조를 이루고 있으며, 결론에서 전체적으로 종합하였다.

서론에서는 청대의 해금과 해방에 대해 설명하면서 전통적인 해양 관련 용어들이 근대적인 해양 개념으로 바뀌는 과정을 간단히 언급할 것이다. 해양 관련 자료들에 내재된 근대적 특징을 살펴보기 위해서는 해양 관련 용어의 번역어나 신조어에 대한 분석이 무엇보다 필요하다. 19세기 중반은 동아시아 사회에 서구의 사회과학 개념이 이식된 시기로 구미의 이질적인 문명이 기존 관념과 충돌하였다. 이 과정에서 전통에서 근대로의 해양 개념의 변화가 어떻게 이루어졌고, 현재의 해양인식에 어떤 결과를 초래했는지 알아볼 것이다. 여기서는 본래 바다에는 국경이 없었으나 근대국가의 형성

26

과정 중에 해양이 국가 권력에 포섭되어 재인식되었다는 사실을 언급할 것이다. 바다가 영해라는 이름으로 국가의 영토에 편입되는 근대는 19세기 이전과는 무척 달랐다.

제1편은 '해양질서의 재편'이란 제목으로 양무운동洋務運動 전후(아편전쟁부터 청일전쟁淸日戰爭까지)의 해양과 국가에 대해 다루었다. 여기서 양무운동 전후란 잠정적으로 중서법률이 혼재된 시기로 이른바 만국공법萬國公法시기를 상징한다. 제1장에서는 두 차례의 아편전쟁을 통해 중국과 열강이 맺은 통상조약에서 해양 관련 조항에 주목하였다. 조약문 가운데 해운, 해관, 해군 등 해양과 직접 관련된 내용을 중점적으로 분석하였다. 제2장에서는 근대적 해운업이 활성화하게 된 몇 가지 역사적 배경에 초점을 맞추었다. 영국 해군의 해도 소탕, 신식 윤선의 출현, 조량해운으로의 변화 등과 같은 해양질서의 재편이 근대 해운업의 발전을 가져왔다는 사실을 설명하였다. 제3장에서는 『만국공법』에 나타난 평시와 전시의 해양 관련 국제법을 분석하였다. 이 책에는 해양 관련 법 규정이 적지 않은데, 여기에는 영해조항뿐만 아니라 근대 해양에 관련된 여러 규정이 망라되어 있다. 제4장에서는 청과 외국과의 해양분쟁에서 만국공법이 어떻게 적용되었나를 분석하였다. 대고구大沽口선박 사건, 앨라배마호 사건, 유구琉球 표류민 사건, 강화도 사건 등을 다루었다. 이를 통해 만국공법의 수용과정에서 발생한 동북아 국제분쟁에서 해양이 어떤 역할을 담당했는지 밝힐 것이다. 제5장에서는 청 해군의 건설과정과 관련해 레이Lay-오스본Osborn함대 사건, 문포선, 순양함과 철갑선 구매과정 등을 살펴보았다. 서양 군함과 대포의 구매과정에 주목하여 전통적 수사에서 근대적 해군으로 발전하는 과정을 분석한 것이다. 제6장에서는 청프전쟁과 청일전쟁에서의 해전을 비교하면서 특히 해양 관련 국제법 분쟁을 다루었다. 두 해전의 경과를 소개하면서 해전 중에 발생한 분쟁의 변화양상에도 주목하였다.

제2편은 '영해의 탄생'이라는 제목으로 청말신정清末新政 전후(청일전쟁부터 신해혁명까지)의 해양과 국가에 대해 다루었다. 청말신정 전후란 서구적 근대법을 적극적으로 받아들인 시기로 이른바 국제법國際法시기를 상징한다. 제7장에서는 중외조약의 체결을 통해 영해의 탄생을 살펴보았는데, 주로 청일전쟁 직후 맺어진 조차조약에 주목하여 영해 관념의 형성과정을 정리하였다. 그리고 청말신정시기 영해 관념이 발흥하여 내해가 영해가 되는 과정에 주목하였다. 제8장에서는 국제조약 가운데 해운과 해군에 관련된 중요한 두 가지 국제회의 사례, 즉「항해충돌방지장정航海避碰章程」의 제정과 제1·2차 헤이그평화회의의 해전 관련 조약을 분석하였다. 이를 통해 전통적인 해방체제를 벗어나 근대적 해양질서를 받아들이는 과정을 알아보았다. 제9장에서는 청일전쟁 후 해군의 중건과정을 광서 말기와 선통시기로 나누어 소개하였다. 청일해전에서 북양해군의 몰락은 기존 해방론의 실패를 드러냈으며, 새로운 해권인식의 고양을 가져왔다는 사실을 밝혔다. 제10장에서는 청말신정시기에 일어난 발해만 어업분규 사건, 다쓰마루二辰丸 사건과 마카오해계협상, 남해제도의 동사도東沙島분쟁 등 대표적인 어업, 해계, 도서분쟁 사례를 통해 중국인의 근대적 해양관 수용과 이에 따른 해양인식의 변화를 살펴보았다.

제3편은 '바다를 둘러싼 근대 한중관계'란 제목으로 19세기 후반 조청관계를 해군, 해운, 어업의 관점에서 살펴본 글로 본문의 내용을 보완하는 성격을 지닌다. 제11장에서는 1880년대 북양수사와 조청관계를 분석하였다. 이 시기가 조청관계에서 획기적인 시대라는 사실에 주목하여 북양수사의 역할이 조청관계의 근본적인 변화를 가져오는 데 결정적인 역할을 했다는 사실을 여러 역사사건들을 통해 추적하였다. 제12장에서는 조청 간 해운과 어업의 개방과정 속에서 한중관계가 어떻게 전환되는가 살펴보았다. 우선 조청 간 맺어진 통상조약 가운데 해운과 어업에 대한 내용을 분석하고, 다

음으로 통상조약이 맺어진 후 발생한 해양분쟁 사례를 소개하였다.

결론에서는 전체적인 내용의 특징을 요약하면서 전통적 해양관에서 근대적 해양관으로의 전환의 의미를 살펴보았다. 근대적 국가관과 영토관이 청제국에 충격을 주면서 내륙에서 국경이 만들어졌듯이 바다도 영토화한 사실을 확인하고, 그 역사적 혹은 현재적 의미를 헤아려 볼 것이다. 전통왕조에 의해 방기되어 만인에게 열려 있던 어쩌면 닫혀 있던 바다가 근대국가에 의해 영해라는 이름으로 영토화된 사실은 반드시 긍정적으로 평가할 수 있는 것만은 아니다. 왜냐하면 오늘날 해양수송로와 해양자원의 확보라는 이름으로 동아시아의 바다에서 긴장이 고조되고 있는 현실이 바로 바다의 영토화에서 기인하기 때문이다.

이 저술은 자연으로서의 해양이 아닌 인문으로서의 해양에 초점을 맞추어 앞서 언급했듯이 국가 권력이 해양에 침투하는 과정을 추적해 근대국가가 바다를 어떻게 지배했는가를 알아보려는 것이다. 특히 근대 중국의 형성을 해양의 관점에서 고찰하여 국가의 해양에 대한 인식과 지배형태가 사회와 국가, 나아가 국제관계에 어떠한 영향을 미치는가를 추적할 것이다. 한마디로 해양을 통해 중국의 근대사를 재구성하려는 것이다.

19세기 말 20세기 초의 세계화 시대에 동아시아의 바다가 영토화되었듯이, 20세기 말 21세기 초의 세계화 시대에 동아시아의 바다는 새로운 위기를 맞고 있다. 현재 한국과 일본 사이에 외교적 마찰로 이어지고 있는 독도 문제는 물론 중국과 일본의 조어도釣魚島 분쟁, 일본과 러시아의 쿠릴열도 Kuril Islands 분쟁, 남해제도를 둘러싼 중국과 동남아 각국 간 분쟁 등 도서 분쟁과 영해 분쟁이 어떻게 해결되느냐에 따라 동아시아의 미래는 평화공존으로 갈 수도 있고 반대의 길로도 갈 수 있다. 필자는 역사학 분야에서도 개방적 해양인식에 바탕을 둔 해양인문학적 접근이 필요한 시점이며, 이를 통해 국가 간 충돌을 해결할 포괄적 논리의 개발에 주목해야 한다고 생각한다. 그런 까닭에 무엇보다 기존 해양사 연구에 나타나는 지나친 민족주의적 특색에서 벗어나 보편적인 역사로의 회귀를 통해 미래에 대한 전망을 제시하고자 한다.

청대의 해금海禁과 해방海防

1. '해海'와 '양洋'

근대 중국에서 해양 관련 용어의 성립과 관련해서는 16세기 중반과 19세기 후반, 두 차례의 큰 변화가 있었다. 16세기 가정대왜구嘉靖大倭寇의 영향으로 해금海禁, 해방海防, 해강海疆 등과 같은 전통적인 해양 관련 개념이 정착했다면, 다시 19세기에 접어들어 서구열강의 침략에 따라 이런 전통적인 용어들이 점차 해체의 과정을 걷고 근대적인 해양 개념인 해군海軍, 해권海權, 영해領海 등이 출현했던 것이다. 여기서는 우선 해海와 양洋, 해금과 해관海關, 해방과 해강 등 전통시대의 해양 관련 주요 개념들로 제한해 청대를 중심으로 한 바다 이미지의 변화를 알아볼 것이다. 이런 변화는 책봉조공체제라는 천하관의 붕괴와 더불어 새로운 서구적 국가관과 영토관이 바다에도 투영되면서 일어나게 된다.[1]

---

1 전통시대 중국 해역의 상황을 알려 주는 사료로는 鄭若曾 撰·李致忠 點校의 『籌海圖編』(中華

'해'라는 글자가 언제 나타났는지 그 역사적 근거를 찾기는 쉽지 않다. 하지만 주나라 때나 춘추전국시대 문헌에 이미 '해'라는 글자는 자주 보인다. 『설문해자說文解字』에는 "해는 천지天池이다. 많은 하천이 모이는 곳이다[海, 天池也. 以納百川者]"라고 기록되어 있다. 이처럼 '해'는 사전적인 의미에서는 모든 강이 모이는 곳으로, 고대 중국인들은 바다를 물의 연장선상에서 파악해 수천 갈래의 물을 받아들이고 천지만물을 포용하는 대상으로 여겼다.[2] 지리적인 측면에서 '해'란 지역을 나누는 대상이었지만, 물이라는 개념에 중점을 두어 바다를 육지의 끝자락으로 여겼다. 이런 사고방식은 중국의 옛 문헌에서 쉽게 찾아볼 수 있는데, 그들은 '해'를 지역적 경계로 보았다.

널리 알려진 바와 같이 고대 중국인들은 육지의 사방을 바다가 에워싸고 있다고 여겼다. 방위와 합쳐진 바다는 사해四海라는 개념을 창출하였다. 중국인들은 넓은 장소를 부를 때 물이 있든 없든 '해'라는 글자를 쓰는 데 주저하지 않았다. 특히 북해北海는 옛 사람들의 상상을 자극한 신화의 바다였

書局, 2007年)이 있으며, 서양 여러 나라와 교통에 대해서는 張星烺 편주·朱傑勤 교정의 『中西交通史料匯編』(中華書局, 2003年)이 유명하다. 최근 중국인의 항해 활동에 대한 주목할 만한 대형 자료집으로는 孫光圻가 주편한 『中國航海史基礎文獻彙編』(제1권, 제2권, 제3권)이 있다. 이 자료집의 제1권(5책)은 2007년에 출판한 '正史券'으로 『史記』부터 『清史稿』까지 25사에 실린 항해 관련 활동과 사건, 항해 지구와 지역, 항해도구, 항해관리 및 잡록 등의 역사문헌을 시대순으로 담고 있으며 마지막 책은 색인이다. 제2권(5책)은 2009년에 출판한 '別史券'으로 『今本竹書紀年』부터 『清經世文編』까지 다양한 별사에 실린 항해 관련 인물, 지명과 수역, 항해도구, 항해지식과 기술, 항해관리, 잡록 등의 역사문헌을 시대순으로 담고 있으며 마지막 책은 색인이다. 그리고 제3권(7책)은 2012년에 출판한 '雜史券'으로 『周易』부터 『夷氛聞記』까지 사고전서 등에 실린 각종 문헌 중에서 해양활동, 해양사건, 운송도구, 항해기술, 항해관리 및 항해정책 등의 역사문헌을 모은 것이며 역시 마지막 책은 색인이다[孫光圻 主編, 『中國航海史基礎文獻彙編』(제1권, 제2권, 제3권, 총17책), 海洋出版社, 각각 2007年, 2009年, 2012年 출판]. 이 사료집은 방대한 양의 항운사 관련 자료를 담고 있어 근대 해양사 연구의 기초문헌으로서 높은 가치를 지니지만 구성에 있어서는 약간의 아쉬움이 있다.

2 고대 중국인들은 '海'를 인간 세상과 유리된 아무것도 보이지 않는 어두운 세계, 또는 명확하지 않은 세계로 여겼다(김창경, 「중국 고전문헌에 보이는 '바다[海]' 의미」, 『동북아문화연구』 제12집, 2007년, 251쪽).

는데, 이 신화의 바다는 현재의 바이칼Baikal 호라고 여겨진다.[3] 이런 중국인들의 인식으로 인해 '해'라는 개념은 나중에 실제적 방위나 지리적 범위에서 벗어나 공간적 의미를 창출하기에 이르렀다. 반드시 그런 것은 아니지만 육지에 가깝게 인접한 바다를 가리키는 경우가 많았다. 특히 '해'라는 글자는 다른 글자와 합쳐져 바다와 관련한 다양한 의미를 나타내었다. 지리와 관련해 몇 가지 예를 들어보자. 해구海口는 옛 사람들이 중국의 사방 끝을 바다라고 여겼기에 변경을 가리켰으나, 지금은 바다로 통하는 출구의 의미로 주로 쓰인다. 해내海內는 국경의 안쪽을 가리키므로 전국을 의미하며, 해외海外는 사해의 바깥이므로 변경을 벗어난 먼 곳을 가리킨다. 해이海夷는 변경의 소수민족이나 해외로부터 온 외국인을 말한다.[4]

'양'이란 글자는 '해'가 처음부터 바다의 의미였던 것과는 달리 강 이름의 하나에 불과하였다. 본래 넓고 많은 것을 묘사하는 한자(예를 들어, '양양洋洋' 등)였다가 시간이 흘러 한없이 펼쳐진 물을 가리키는 해역이란 의미로 확대되었다.[5] 바다라는 뜻으로 쓰기 시작한 것은 당나라 때부터이다. '양'이란 글자는 "오늘날 해海의 중심을 양洋이라 하는데, 역시 수水가 많은 곳을 이른다"[6]라는 옛 기록에서 알 수 있듯이 '해'의 중심을 가리킨다. 그래서 흔히 해는 육지를 낀 바다, 양은 해보다 너른 바다를 가리킨다고 알고 있는 것이다. 하지만 이런 구분은 원양遠洋을 통해 무역을 하던 송나라 이후에야 생겼으며, 엄격하게 구분되어 쓰인 것은 아니다.

근대시기에 들어와서 이 글자는 원래 의미인 바다에서 '바다로부터 온 외국의 (물건)'을 가리키는 형용사 기능이 추가되면서 외국이거나 외국으로

---

3 임형석, 「한자 박물지(113) 瀚海」, 『국제신문』 2009년 5월 13일자.
4 근대시기 신조어의 어원에 대해서는 香港中國語文學會가 펴낸 『近現代漢語新詞詞源詞典』(漢語大詞典出版社, 2001年)이 도움이 된다(이하 『近現代漢語新詞詞源詞典』으로 약칭).
5 王穎, 「漢語"洋"字略說」, 『中國海洋文化研究』, 文化藝術出版社, 1999年, 115쪽.
6 (宋) 趙令時의 『侯鯖錄』 卷三 참고.

부터 온 물건을 의미하는 경우가 잦았다.[7] 예를 들어 양화洋火(성냥)처럼 서양 물건을 나타내기 위한 신조어를 만드는 데 접두어로 사용된 경우가 많았다. 이는 서양 열강이 자신들과 관련한 호칭에 대해 더 이상 '이夷'라는 글자를 사용하지 못하도록 하고, '양'이라는 글자를 사용하도록 요구하면서 점점 보편화되었다. 근대시기 동안 '양洋'은 점차 옛 형용사 '번番'을 대체했으며, 최근에는 양이나 번 모두 조어력을 상실하고 이들로 이루어진 합성어는 거의 사라졌다.[8]

'해양'은 해와 양을 통칭한 것으로 보통 우리는 바다라는 말과 동의어로 쓴다. 해양의 해는 깊고 어두운 바다 빛깔을 나타내며, 양은 바닷물이 넓고 길게 이어져 있는 모양을 나타낸다. 앞서 언급했듯이 해는 육지를 끼고 있는 부분을 말하는 경우가 많고, 먼 바다의 대부분은 양(정반대의 경우도 있다)이라 하여 해양은 해와 양의 두 부분으로 구성되었다. 일반적으로 해는 면적이 좁고 수심이 얕은데, 육지와 가까워 그 영향을 많이 받는다. 이와 상대적으로 양은 면적이 넓고 수심이 깊어, 나름대로 바닷물 흐름이 있으며 육지의 영향을 적게 받는다. 해양이라는 용어는 송대부터 광범위하게 사용되어 원, 명, 청까지 일반 명사가 되었고, '양해洋海'라고 쓴 경우도 있었다.[9] 송대 이전에는 사용된 사례를 거의 찾을 수 없는 것으로 보아 해상무역의 발달과 더불어 해양이란 단어가 일상적인 용어로 정착한 것으로 보인다.

전통시대 중국인들에게 해양은 생선과 소금의 이익이 나는 곳이었으며, 선박이 통하는 편리한 곳이어서 교통로로 이용되었다. 해양은 이런 자연으로서의 바다뿐만 아니라 인문으로서의 바다로도 존재하였다. 예를 들어, 해양은 고대 문학작품 속에서 탈정치적인 공간, 관조적인 공간, 이채로운 공

---

7 漢語大詞典編纂委員會·漢語大詞典編纂處, 『漢語大詞典』 5, 漢語大詞典出版社, 1990年, 1181
    ~1182쪽(이하 『漢語大詞典』 5로 약칭).
8 페데리코 마시니 지음, 이정재 옮김, 『근대 중국의 언어와 역사』, 소명출판, 2005년, 281~282쪽.
9 『漢語大詞典』 5, 1185쪽; 『漢語大詞典』 5, 1224쪽.

간, 힘든 삶의 터전이자 풍요로움을 제공하는 공간 등으로 그려졌다. 그리고 관리와 어민처럼 신분의 차이에 따라 바다에 대해 갖는 정서가 달랐다.

동양東洋과 서양西洋이란 용어는 원래 아시아의 바다를 양분하는 개념이었다. 이런 구분은 중국인이 해양 활동을 확대하면서 아시아의 바다(주로 동남아)를 동서로 나누는 것에서 시작되었는데, 당나라 말기에 이르러서야 두 단어가 생겨났다. 동서양 개념의 분화와 관련해서는 명 말 장섭張燮의 『동서양고東西洋考』를 참고할 수 있는데, 이 책은 서양 15개국과 동양 7개국의 상황을 소개한 문헌이다.[10] 하지만 책에서 의미하는 동양과 서양의 의미는 현재에 쓰이는 의미와 일치하지 않았고, 점차 중국 남해南海를 기준으로 그 동쪽을 동양으로, 그 서쪽을 서양으로 각각 지칭하였다.[11] 여기서 남해는 대체로 지금의 동남아를 말하는데, 엄격한 의미에서는 중국의 남쪽 해역을 가리키다가 범위가 요즘처럼 확대된 것이다.[12] 동양에서는 일본의 지위가 중요했으며, 서양의 범주는 세월이 흐르면서 크게 확대되었다. 서유럽인들이 세계사를 주도하면서 중국인은 지구가 둥글다는 사실을 인지했고, 그들의 지리 인식에 따라 다시 아시아의 바다(동양)와 유럽의 바다(서양)로 나뉘었다.[13]

'바다의 아시아'는 외부로 열린 아시아, 교역 네트워크로 연결된 자본주의적 아시아이며, 그것은 '육지의 아시아', 내부로 향한 아시아, 향신과 농민의 아시아, 농본주의의 아시아와 대치된다는 주장이 있다. 그렇다고 바다의 아시아가 중국 이외의 아시아를 의미하고, 육지의 아시아가 중국이라는 뜻은 아니다. 아시아에서 근대적 지역질서는 바다의 아시아에서 만들어졌다.

---

10 (明) 張燮, 『東西洋考』(총 12권) 참고.
11 劉迎勝, 「"東洋"與"西洋"的由來」, 『走向海洋的中國人』, 海潮出版社, 1996年, 120쪽, 131쪽.
12 동남아 지역은 唐代 이전에는 南海라고 불렸고, 元明代에는 東·西洋이라 불렸으며, 淸代에는 南洋이라고 불렸다는 것이 통설이다. 그리고 제2차 세계대전 이후에 東南亞라고 불렸다(邱炫煜, 「中國海洋發展史上'東南亞'名詞溯源的研究」, 『中國海洋發展史論文集』 第4輯, 中央研究院, 1991年, 311쪽, 329쪽).
13 강봉룡, 「해양인식의 확대와 해양사」, 『역사학보』 제200집, 2008년, 88~89쪽.

대체로 영국이 해군력으로 지금 동남아시아라고 불리는 지역의 바다를 식민화시키면서부터이다.[14] 동남아시아 지역에 식민지가 세워진 후 영국 등 서양열강은 일본과 중국 등으로 진출했는데, 바깥세계에 굳게 빗장을 건 이들 나라를 열기 위해 전쟁과 조약을 통해 영사재판권, 조계, 연안무역권, 내하항행권, 군함상주권 등을 얻어 중국 연해의 요충지에 군사·경제적 근거지를 만들고 주변을 세력범위로 만들었다.[15]

2. 해금정책과 해관의 설치

중국은 송대에 대형 정크junk를 만들어 해양 진출을 적극적으로 모색한 바 있으며, 특히 남송대에는 해양 강국이라고 말할 수 있다. 원대와 명대 초기에는 무장 함대를 보유하기도 했고 유명한 정화鄭和의 원정도 있었다. 하지만 이 위대한 원정에도 불구하고 명조는 건국 초기부터 유교 지배이데올로기의 통제 아래 자급자족적 경제를 추구하면서 해양으로의 진출을 금했다. 대항해의 시대가 열릴 무렵 중국은 오히려 '해금'의 시대가 전개되어 바다와 멀어졌다. 해금이란 '바다로 나가 오랑캐와 교통하는 것을 금지함下海通番之禁'의 약칭으로 명청시대에 중국인이 해외에 나가 무역하는 것을 금지하거나 외국 상선의 수출입무역을 제한하는 조치를 가리킨다. 해금정책은 명초 홍무洪武 30년(1397)에 일반 중국인의 해외 도항 및 해상무역을 금지하는 것을 법률로 공포하면서 시작되었다.[16] 이 해양통제정책은 각 시대마다 그 의미가 변화했는데, 일반적으로 사용된 것은 16세기 중반의 일이다.

---

14 시라이시 다카시 저, 류교열·이수열·구지영 역, 『바다의 제국』, 선인, 2011, 152~153쪽.
15 위의 책, 155~156쪽.
16 『大明律』 중 兵律 「私出外境及違禁下海」조 참고.

좀 더 설명하자면, 원말명초 시기에 중국 연근해 주변의 해상에 왜구라고 불린 해적선단이 횡행하여 연해지역에 상륙해 소요를 일으키거나 연해주민과 밀무역을 하는 등 여러 가지 문제를 일으키자 새롭게 등장한 왕조가 질서유지의 차원에서 취한 조치에서 비롯되었다. 16세기 후반 편찬된 『대명회전大明會典』에 처음으로 해금이란 항목이 설정되었는데, 이것은 국가에 의해 해금이란 개념이 공인되었음을 의미한다. 청대 『대청회전大淸會典』에도 해금이라는 항목이 있다.[17] 당시 "나뭇조각도 바다에 띄울 수 없다"는 말에서 나타나듯 해금정책은 해상교통, 해상무역, 어업 등 일체의 해상활동을 규제하였다. 그 후 잠시나마 개해開海정책을 펴는 황제도 없지 않았으나 대체로 해양에 대한 소극적인 태도에서 벗어나지 못하였다.

해금정책이 해양 관념의 발전에 부정적인 영향을 미쳤지만 국내적으로는 연해지역의 치안을 확보하고 밀무역을 단속하며, 대외적으로는 중국을 중심으로 한 책봉조공체제를 보완하는 기능을 하였다.[18] 조선도 고려 말부터 왜구에 대한 대처를 위해 그리고 책봉조공관계에 있던 명·청의 영향으로 인해 일찍부터 해금을 단행하면서 해방을 강화하는 방향으로 정책을 펼쳤다. 일본 역시 명·청과 조선 및 일부 서양 국가와의 한정적인 교역을 제외하고는 대체로 해금정책의 기조를 유지하였다. 이 시기는 바다의 폐쇄성을 활용하여 각 정권이 대외관계를 자기 주도로 재편해 가는 시기라고 볼 수 있다.[19]

---

17 『欽定大淸會典』, 卷65 關禁, 「海禁」조 참고.
18 홍성구, 「청조 해금정책의 성격」, 『한·중·일의 해양인식과 해금』, 동북아역사재단, 2007년, 159쪽.
19 일본의 경우 ① 민중의 해외도항 엄금, ② 크리스트교 금지의 엄밀함, ③ 강고하게 구축된 연해 방비 체제 등의 몇 가지 특징에서 청조의 해금과 명확한 차이가 있고, 또한 철저한 무역통제를 통해 자국경제의 완결성을 유지하려고 한 점에서도 청조와 다르다. 일본의 쇄국은 "국가가 자기의 화이질서에 기초한 국제관계를 해금에 의하여 실현한 것"으로 해석한다. 다만 널리 국내외에서 인정되었던 중국의 국제질서(=화이질서)에 비하여 일본의 질서는 국내를 중심으로 제한된 범위에서밖에 통용되지 않았다(모모키 시로 엮음, 최연식 옮김, 『해역아시아사 연구 입문』, 민속원, 2012년, 172쪽).

중국이 외부세계에 문을 닫은 것이 조공무역시스템이 19세기까지 남은 이유이기도 했다. 이와 달리 동남아시아는 이미 포르투갈, 네덜란드 동인도회사東印度會社의 세력이 침투한 상황에서 외부세계에 문을 닫지 않았다.[20]

그런데 명과 청은 동일한 성격의 제국이 아니므로, 두 왕조의 바다에 대한 관점을 섬세하게 구분해 볼 필요가 있다.[21] 대체로 청조는 명의 정책을 이어받아 해금을 통해 선박의 입출항 관리를 했으며 여러 금령을 통해 바다의 교류를 감시 억제하는 방향으로 나아갔다. 청 초에는 엄격한 해금정책을 실시해서 사사로이 외국으로 나가 무역하는 자는 일률적으로 사형에 처했으며 화물은 전부 몰수하였다. 해금정책의 요점을 정리하면 다음과 같다. 첫째, 청조는 백성들이 바다로 나가는 것을 제한하고 해양 상인들에 대한 방범을 엄격히 하여 선박의 크기를 통제하였다. 둘째, 비단 등의 생산품 수출을 엄금하고 나중에는 외국 상인들이 선호하기 시작한 차 역시 수출금지 품목에 넣었다. 셋째, 바다로 나가는 선박은 돛을 두 개 이상 단 대형 선박의 제조를 허가하지 않았고, 내지 상인들이 외국에서 선박을 제조하는 것도 엄금하였다. 넷째, 바다로 나가는 선박들이 무기를 휴대하는 것을 제한하여 어떤 면에서는 해도들이 활동하기에 쉽도록 만들었다.[22]

특히 청조는 대만에서 반청운동을 펼쳤던 정성공鄭成功 집단에 대항하기 위해 두 차례에 걸쳐 해금령을 내려 조그만 배도 바다로 나가지 못하게 했다. 원래 기대했던 효과를 거두지 못하자, 1661년 더욱 강력한 천계령遷界令을 내려 해상교통을 봉쇄하고 어업과 무역을 금지시켰을 뿐만 아니라,

---

20 시라이시 다카시 저, 류교열·이수열·구지영 역, 『바다의 제국』, 선인, 2011년, 54쪽.
21 당의 멸망으로 고대의 국제질서는 무너지고, 송대에 시박사市舶司의 설치에서 보이듯이 교역권이 만들어졌으며, 명대에는 책봉조공체제와 감합무역勘合貿易이 결합되어 동아시아 질서의 재편이 이루어졌다. 이는 청대에도 계승 발전하였다. 청대의 책봉조공체제는 중국의 대외관계를 모두 설명하기에는 무리가 있지만, 조선을 비롯하여 유구나 베트남 등을 고찰하기에는 여전히 유효하다(川島眞, 『中國近代外交の形成』, 名古屋大學出版會, 2004, 23~24쪽).
22 楊文鶴, 『海洋與近代中國』, 海洋出版社, 2014年, 6쪽.

강소江蘇·절강浙江·복건福建·광동廣東 등 연해주민을 강제로 내륙 10~30
리 이내로 이주시켰으며 어기는 자는 참형에 처하였다. 특히 복건 동부 지
역에 대해서는 세 차례의 내륙 이주가 이루어졌다. 정성공 집단도 장기적으
로 항청운동을 벌이기 위해 대만의 네덜란드 세력을 밀어내고 근거지를 구
축한 후 저항하였다. 1683년에 대만이 평정되면서 다음 해 천계령의 철회
로 제한적이나마 바다에서의 무역과 어업을 허용했지만 해금의 완화가 해
금의 해제를 의미하는 것은 아니었다.[23]

　해금이 완화되면서 해외무역은 뚜렷한 발전이 있었고 많은 중국인들이
동남아 지역으로 나가 거주하였다. 하지만 이 해역에 해도들이 들끓고 반청
세력이 부흥할 가능성이 제기되자 다시금 무역을 통제하였다. 연해와 해양
의 치안 확보를 위한 조치가 유지되었을 뿐 아니라, 중국인의 해외 이민과
국내 미곡의 해외 유출을 금지하는 조치는 강화되었다. 결국 1717년에는
남양무역南洋貿易이 중지되었다가 1728년에 다시 해제되었다. 그런데 겉으
로 해금을 풀었다고는 하나 실제로는 폐관정책을 고수하였다. 해금정책을
무시하고 해외로 나간 중국인들, 즉 화교는 국가의 보호를 받지 못했으며
해외의 중국 상인들은 국가의 전폭적인 지원을 받은 유럽의 해양세력에 밀
렸다. 또한 해외이민 금지령을 내려 외국에 오래 머물거나 체류기한을 넘겨
돌아오지 않는 사람들을 처벌했으나 말라카Malacca(현재의 믈라카Melaka)
의 중국인 이민은 오히려 급증하는 기이한 현상이 나타났다. 이것은 중앙의
해양 정책의 개방과 폐쇄 여부가 지방의 해양경제에 그대로 반영되는 것은
아니라는 사실을 반증한다.[24]

　해금과 개해의 반복 과정에서 주목할 정부기구로 해관이 있다. 해관의 기
원은 고대시기의 '관關'으로 연해가 아닌 내륙 변경의 출입구에서 왕래하는

23　安京, 『中國古代海疆史綱』, 黑龍江敎育出版社, 1999年, 245쪽.
24　歐陽宗書, 『海上人家―海洋漁業經濟與漁民社會』, 江西高校出版社, 1998年, 185쪽.

행인과 물건을 검사하는 일에서 출발해 후에 징수를 담당하기 시작했다. 당 개원開元 2년(714) 광주항廣州港에 처음으로 시박사市舶使를 설치해 대외무역을 관리하였다. 송대 시박사제도는 더욱 발전해 전문 관리로서의 시박사가 전문기구로서의 시박사市舶司로 바뀌었다. 원명대에도 연해 항구도시에 시박사제도가 있었다. 시박사는 비록 근대의 해관과 그대로 비교할 수는 없으나 해관의 기본성격, 즉 관세를 징수한다든지 선박을 검사하는 등의 임무를 수행하는 것은 비슷하였다.[25]

청대에 바다를 통해 조공한 나라는 유구琉球, 술루Sulu, 시암Siam, 네덜란드, 영국, 포르투갈 등이 있었으며, 각각 정해진 항구를 통해 들어와 공물을 헌상하고 청조로부터 회사품回賜品을 얻었다. 또 조공사절에게는 입국한 항구도시와 북경에서의 무역이 허가되었다. 이런 관계는 청조의 해금 기간 중에도 계속되었다. 대만을 수복한 후 해금정책을 완화했을 때 중국과 해상무역 관계에 있는 곳은 주로 남양南洋과 일본이었다. 해금을 완화한 후 강희제는 동남 연해의 장주漳州(후에 하문廈門으로 옮겨 감), 광주廣州, 영파寧波, 상해上海 등 네 곳에 해관을 설립하여 민해관閩海關, 월해관粵海關, 절해관浙海關, 강해관江海關이라고 불렀다. 거의 천 년 가까이 유지되었던 시박사는 그 기능을 마감하고 중국 해관 역사상 처음으로 '해관'이란 명칭을 가진 공식기구가 만들어진 것이다. 이로써 청조는 개국 이래 40년간 유지한 폐관쇄국정책을 끝내었다.[26]

청 해관의 가장 큰 특징은 특정 중국 상인에게 대외무역을 허가하고 관세 징수를 맡기는 것이다. 다시 말해 상거래와 징세가 일체화된 관리를 실시한 것인데, 이러한 방법 자체는 명대에 도입되어 있었다. 해외로 향하는 중국 상선은 배의 규모, 승선자 수, 금지품목 등에 관한 여러 규제를 통해 관리

25 李育民,『近代中國的條約制度』, 湖南師範大學出版社, 1995年, 118쪽.
26 張輝華 編著,『舊中國海關歷史圖說』, 中國海關出版社, 2005年, 34~35쪽.

되었고, 각 지방정부가 발급한 도항증명서를 얻은 다음 각 항구의 기관에서 검사를 받은 후에 출항이 허가되었다. 정성공 집단 이후 일부 해도들의 출현이 없지 않았으나 백수십 년 동안 청조를 위협할 정도의 강력한 외국세력이나 군사 집단이 출현하지 않아 바다는 비교적 평화로운 공간으로 여겨졌다.[27] 그런데 해금을 완화한 지 오래지 않아 청 건륭乾隆 22년(1757)부터 청조는 사소한 무역분쟁을 빌미로 광주 한 곳에서만 외국 상선이 항구를 출입하도록 허가하였다. 비록 다른 몇 곳에도 해관은 있었지만 중국 선박이 외국으로 화물을 수출입하거나 연해무역 목적으로 중국 상선이 출입하는 용도로만 활용하였다. 따라서 대외무역에 있어서 광주해관이 가장 중요했는데, 중앙에서는 감독을 파견해 이곳을 관리하였다. 이 해관은 다른 해관들과는 달리 해관의 대외무역을 독점하면서 수출입관리가 공행제도와 긴밀히 연결되어 있었다. 잘 알려져 있다시피 공행제도는 행상제도가 발전해서 만들어진 것이다. 비록 청조의 통제 아래 독립적으로 운영되었다지만 실제로 광주해관은 상당히 부패하였다.

19세기 영국제국이 추구한 자유무역은 육지든 바다든 국경으로 이루어진 국가 간의 무역질서를 의미하였다. 해양제국을 건설한 영국은 전통국가에서 근대국가로의 전환을 강요하며 청을 바다로부터 압박하여 해금체제를 무너뜨렸다. 해금의 해체를 상징하는 대표적인 변화 가운데 하나는 바로 광주해관의 독점적 지위가 무너지고 여러 개항장에 근대적 해관이 성립한 것이다. 그 후 해관은 총리각국사무아문總理各國事務衙門(이하 총리아문總理衙門으로 약칭) 소속의 행정기관으로 외국인 세무사의 관리 아래 대외무역이나 관세업무가 이루어지면서 징세의 범주를 넘어 청조 외교의 많은 부분을 관할하였다. 중국 해관은 오랫동안 영국인의 통제 아래 있었기에 주요 업무는 대부분 영어로 썼다. 따라서 해관에서 사용하던 전문용어는 영어를

---

27 모모키 시로 엮음, 최연식 옮김, 『해역아시아사 연구 입문』, 민속원, 2012년, 169~171쪽.

번역한 중국어가 많았다. 해관은 자본주의라는 새로운 시스템이 중국에 들어오는 데 중요한 기능을 했으며, 동시에 영국 및 열강의 대청관계 기초를 마련한 기관이었다.

3. 해방체제와 해강海疆의 범주

'해방(sea guard)'이란 용어는 말 그대로 바다를 지켜 막는다는 의미로, 국가의 안전을 보호하기 위해 연해지역 내에서 이루어지는 일체의 군사조치를 가리킨다. 해방은 '양방洋防'이라고도 한다. 해방이라는 용어는『송사宋史』와『원사元史』에도 그 용례가 나타나지만 명대 중기 이후에 본격적으로 사용되었다. 이것은 16세기 왜구가 연해지역에 자주 출몰한 상황과 관련이 깊다. 왜구의 침략은 해방의 주요 목적을 왜구 방어로 바꾸었으며, 이때 일어난 사건들에 대한 기억은 바다에 대한 이미지를 고정시켜 훗날 상대적으로 양이洋夷에 대한 미흡한 대책으로 이어졌다. 임진왜란 시기에도 해방사상이 다시 중시되면서 주로 해안을 공고히 하는 전략을 폈다. 청대의 해방은 기본적으로 명대의 정책을 계승한 것이지만 특히 반청세력을 막기 위한 정치, 군사적 조치에서 출발하였다. 명·청대에는 다양한 해방론 저작이 나타났는데,[28] 청대에 만들어진『경세문편經世文編』에서 바다에 관한 내용은 병정兵政 부분의 해방 항목에 주로 나와 있다. 이에 따르면, 해방은 수사水師와 해안포대의 이중구조로 나뉜다.

해방은 곧 수사와 불가분의 관계를 가진다. 청대 수사의 건립은 비교적

---

28 鄭若曾,『籌海圖編』13卷(1562); 鄭若曾,『江南經略』8卷(1568년); 鄧鍾 重編,『籌海重編』12卷(鄭若曾 編, 1592); 謝廷傑,『兩浙海防類考』10卷(1575); 范來,『兩浙海防類考續編』10卷(1602); 李如華,『溫處海防圖略』2卷(萬曆刊本); 王在晉,『海防纂要』13卷(1613) 등.

이른데, 내하 수사內河水師와 외해수사外海水師의 구분이 있었다. 내하 수사는 청 숭덕崇德 원년(1636)에 만들어졌다. 입관入關 이후 순치順治 8년(1651)에 명대의 옛 제도를 본받아 외해수사를 편성하였다. 외해수사의 임무는 연해 각지 '해구海口를 방어하고, 해적海賊을 잡는 데' 있었다. 비록 해양 경계를 구분했으나 외부의 침략에 대항하기 위한 것은 아니었다. 청대 수사의 관제는 명대 제도를 따라 제독提督, 총병總兵, 부장副將 등 육군의 편제에 따랐으며, 팔기八旗·녹영綠營의 병종에 부속되었다. 팔기 수사는 총 병력이 만 명을 넘지 않아 청대 해방에서 그리 중요하지 않았고, 해방의 주요 임무는 녹용 수사가 담당하였다. 팔기와 녹용 수사는 성으로 나뉘어 관할했기 때문에 통일적으로 지휘하는 함대가 없었으며, 연해 각지의 분산된 전선과 병력을 모으기 어려웠다.

청대 수사의 전선戰船 종류는 매우 번잡해 30여 종이 넘었다. 1732년의 규정에 따라 전선의 크기는 제한이 있었으며, 실을 수 있는 병력도 대략 100명을 넘지 못하였다. 따라서 전선은 연안을 순찰할 수 있었을 뿐 먼 바다로 나갈 수 없었다. 수사 전선은 크건 작건 모두 목재로 만들어졌으며 그 동력도 인력이나 돛에 의존해 속도가 느렸다. 수사의 무기는 주로 명대의 것을 이어받았다. 전선 위의 화기로는 화포와 화총이 있었다. 화포의 사정거리는 100~110장丈 정도에 불과하고 정확도가 떨어졌으며, 화포의 재질이 불량해 종종 폭발하기도 했다. 포탄은 실심탄이어서 화포의 위력은 지극히 낮았다. 매 전함마다 보통 2~4문, 최대 10여 문의 화포를 갖추었다. 대포는 배 위에 고정되어 있어서 평온한 바다가 아니면 제대로 발사할 수 없었고, 갑판에는 별다른 방호시설이 없었다. 화총이나 일반 병기는 근접거리에서만 사용할 수 있었으므로 근대 해전에서는 거의 쓸모가 없었다.[29]

청대에 중국 연해의 관할권에 도전한 세력으로는 베트남 해도가 유명하

---

29 史滇生 主編, 『中國海軍史槪要』, 海潮出版社, 2006年, 100~101쪽.

며, 중국인 해도들도 적지 않았다. 해금이 해제된 후부터 아편전쟁이 일어나기까지 160여 년 동안 청조의 해방은 기본적으로 외적의 침입을 막는 것이 아니라 이런 해도를 방비하고 체포하여 해상무역을 보호하는 것이었다. 청조가 부패하면서 건륭제 후기부터 해도들이 들끓기 시작하였다. 당시 양도洋盜라고 불리던 해도는 베트남에서 바다로 흘러나온 세력으로 광동 연해에 자주 출몰해 해상무역을 위협하였다. 게다가 이들은 현지 해도들과 결합한 후 복건과 절강 연해까지 진출하여 동남 연해의 무역을 위협하였다. 가경嘉慶연간은 중국 해도가 가장 창궐하던 시기 중 하나이다. 청 수사는 인력과 장비가 열악하여 해도의 활동을 막을 수 없었고, 심지어 해도는 육지에 상륙하여 청군과 충돌하기도 했다. 가경연간에 유명한 해도로는 채견蔡牽이 있는데, 1809년 채견이 청 수사와의 전투에서 죽자 점차 해도 세력은 약화되었다. 그 후 서양 열강이 남방해로로부터 중국으로 다가와 새로운 위협이 되었다.[30] 어쩌면 19세기 초반 이후 한참 동안 바다가 평화로웠기 때문에 중국 수군의 발전은 멈췄고, 그로 인해 영국 해군을 막을 수 없었던 것일 수도 있다.

근대 중국의 전쟁은 아편전쟁부터 러일전쟁에 이르기까지 자주 해상에서 벌어졌다. 영국, 프랑스, 일본 등이 해상으로부터 청조를 위협하자 육방이 아닌 해방의 중요성이 꾸준히 강조됐으며 이는 해군의 강화로 나타났다. 이에 따라 해구를 방어하고 해적을 소탕하는 소극적 해방정책은 아편전쟁에 따른 개항과 더불어 점차 적극적인 해방정책으로 바뀌었다. 전통적인 수사가 근대적인 해군으로 바뀌는 것도 같은 맥락에서이다. 초기에 청조는 서양의 군함과 대포를 모방하여 만들거나 중국 주재 외국인의 도움으로 거액을 들여 구매했지만, 해양인식의 한계로 인해 기대했던 성과에 미치지 못하

---

30 다이앤 머레이 지음, 이영옥 옮김, 『그들의 바다: 남부 중국의 해적, 1790~1810』, 심산, 2003년 참고.

면서 청조의 위기를 가속화시켰다. 이를 만회하기 위해 직접 해외에서 신식 군함을 구매하거나 군항, 조선소를 건설하거나, 해군 인재를 육성하는 방향으로 나아갔다. 무엇보다 1874년 일본의 대만출병(혹은 목단사 사건牧丹社事件)으로 충격을 받은 청조는 '해방은 오늘날 결코 늦출 수 없는 정책'이라고 생각하고 근대적 해군의 건립을 결심하였다.

한편 명·청 시대에는 조공무역과 해금정책을 폈기 때문에 해양 경계의 획정에 대해 구체적으로 언급하지 않았다. 그런데 일부 연구자들은 고대에도 국경으로서의 해계海界가 존재했다면서 지방관청이나 수군이 관할하는 지역 가운데 해역의 구분이 있었다고 본다.[31] 대체로 군사적 통제 범위 안에 있는 바다를 '내양'(내해)이라고 하고, 그 밖의 바다를 '외해'(외양)라고 인식한 듯하다. 하지만 외국인의 눈에 이런 구분은 실제적인 내용이 없는 유명무실한 글자로 보아 중국에는 사실상 영해가 없다고 생각하였다.[32] 청조의 내양을 관할하는 제도는 서양 국제법상의 영해제도와 일부 유사성이 있으나, 중국이 영해 주권 관념을 갖고 있었던 것은 아니다.[33] 이 시기 중국인들은 근해의 항구와 섬을 중심으로 해방체제를 갖추는 데 중점을 두었을 뿐이다.

전통적으로 영해와 유사한 용어로는 내양이 있었으나 그 의미에 차이가 있었고, 오히려 영해 개념에 비해 폭넓은 '해강海疆'이라는 통치영역에 좀 더 관심이 있었던 듯하다. 전통시대에는 해양을 국가 영토의 영역에 넣지 않았지만 해강이란 이름으로 모호하게나마 인식하고 있었는데 이때의 해

---

31 楊國楨·周志明,「中國古代的海界與海洋歷史權利」,『雲南師範大學學報』, 2010年 第42卷 第3期, 26~32쪽.

32 郭衛東,『不平等條約與近代中國』, 高等敎育出版社, 1993年, 157쪽.

33 청조는 해강과 관련해 바다를 內洋으로 外洋으로 나누었다. 내양은 왕조가 관할하는 영역으로 국제법상의 내해 혹은 영해의 일부분이기도 하고 어떤 경우에는 영해를 벗어나기도 한다. 외양의 경계를 규정하는 것은 더욱 어려운데 내양 이외의 해면이 모두 외양에 속하며, 이론적으로는 해양 쪽으로 뻗어나간 해역이다(劉利民,『不平等條約與中國近代領水主權問題研究』, 湖南人民出版社, 2010年, 36쪽).

강이란 대부분 연해의 영토를 말한다. 게다가 해강은 정확한 뜻을 가진 명사는 아니어서 어떤 경우에는 연해육지를 가리키고, 어떤 경우에는 육지와 접한 해역을 가리켰다.[34] 해강은 해역과 유사한 말이기도 하다. 명대 이후부터 해강이란 단어는 고유명사로 자리 잡았는데, 왜구의 침략이 잦아지면서 해강이란 단어가 굳어진 듯 보인다. 청대 국가문서에는 해강이란 용어가 비교적 풍부하게 나타나는데 "청대 도광道光, 함풍咸豊 이래 해강에서 일이 많아서 청조는 이를 걱정하였다"라는 유명한 구절이 등장한다. 한 연구자에 따르면, "당시(청대) 해강이 가리키는 것은 여전히 주로 동남의 해방구역으로, 동남 연해의 부현府縣으로 해구海口 연해반도沿海半島와 크고 작은 도서 등을 포괄한다. 해양 국토의 영해 관념은 청조 말기까지도 형성되지 않았다"[35]고 한다. 전통적인 해계 관념과 근대적인 영해 관념의 차이에 대해서는 좀 더 엄밀한 분석이 필요하다. 사실 중국인들이 영해 관념을 하나의 제도로 받아들이는 데는 상당히 오랜 시간이 걸렸다.

---

34 중국의 해강은 일찍부터 존재했는데, 해안선 개념이 아니라 일종의 구역개념이었다. 해안선 이내의 연해지구와 육지와 가까이 있는 도서로 구성된 이른바 '연해강역'을 의미하였다. 이런 해강사의 연구 분야는 해양과 육지의 관계 및 해양과 사람과의 관계를 다룬다. 이 주제는 역사학의 분야이자 역사지리학의 분야에도 속한다(張煒,「中國海疆史硏究幾個基本問題之我見」,『中國邊疆史地硏究』, 2001年 6月, 2쪽).

35 何瑜,「淸代海疆政策的思想探源」,『淸史硏究』, 1998年 第2期.

제1편

해양질서의 재편: 1840~1894

제1장
통상조약에 나타난
해양 관련 조항과 해금의 해체

중국인의 해양인식이 근본적으로 바뀌게 된 계기가 서양 열강의 침략과 그 과정에서 일어난 두 차례 아편전쟁이라는 사실은 여전히 부정하기 어렵다. 포르투갈, 스페인에서 네덜란드, 영국, 프랑스 등으로 이어지는 유럽의 해양제국이 동아시아로 진출할 때, 중국은 선박의 엄격한 입출항 관리를 통해 해양무역을 통제하였다. 널리 알려져 있다시피 청대의 대외관계는 화이질서華夷秩序와 해금을 근간으로 삼았다. 물론 해금시기에도 바다를 통한 조공무역은 유지되었으며, 해금정책이 이완된 시기에는 민간 선박에 대한 무역 관리와 관세 징수를 위해 해관이 나름대로 운영되었다. 두 차례 아편전쟁에 따른 근대적 조약체제의 출현은 곧 해금체제의 해체를 의미하였다. 전통적으로 금해禁海에서 개해開海로의 정책 변화, 즉 개항이나 개국을 근대사의 출발로 삼아 왔다. 근래에는 19세기 동아시아의 국제관계를 중국을 중심으로 하는 조공시스템과 구미를 중심으로 하는 조약시스템이 상호 대립 갈등하면서 전개되다가 조공시스템이 조약시스템에 포섭되는 과정으로

설명하기도 한다.[1]

대체로 근대 중국의 해양사 연구는 크게 해운과 해군 등 몇 가지 분야로 나눌 수 있다. 그 가운데 중국과 일본학계에서는 주로 대외무역과 관련한 해관을 중심으로 한 연구가 비교적 활발하다.[2] 이와 달리 국내학계에서는 근대 중국의 해양사 관련 연구는 거의 없다. 이 장에서는 제1차 아편전쟁시기부터 양무운동 초기까지 중국과 열강이 맺은 통상조약에서 해양 관련 조항에 주목하고자 한다. 조약문 가운데 해양과 직접 관련된 내용으로 제한해 분석하여 청 말 해양에 대한 인식이 근대적으로 바뀌는 배경을 살필 것이다. 비록 중국이 서양의 만국공법 체제를 제대로 이해하는 것이 제2차 아편전쟁 이후라고는 하지만, 두 아편전쟁 사이에 맺어진 여러 조약들이 중국인

---

1 濱下武志는 근대 중국의 국제화 계기를 서양의 충격이라 불리는 유럽과 아시아만의 관계가 아니라 전통적 조공관계를 중심으로 동아시아와 중국, 동남아시아와 중국 간의 무역관계 속에서 탐구한다. 여기선 '국가'보다 '지역권'이란 범주를 중시한다(濱下武志 著, 朱蔭貴·歐陽菲 譯, 『近代中國的國際契機―朝貢貿易體系與近代亞洲經濟圈』, 中國社會科學出版社, 1999年, 서문). 19세기에 영국이 이미 존재하고 있던 화교네트워크, 조공무역시스템 위에 올라탔다는 濱下武志의 견해에 동남아시아 연구자인 白石隆는 이견을 제시한다. 시라이시는 조공무역시스템이 16~17세기 무렵에는 있었을지 모르지만 19세기 초 무렵에는 이미 존재하지 않는다고 보았다(시라이시 다카시 저, 류교열·이수열·구지영 역, 『바다의 제국』, 선인, 2011, 39쪽).

2 근대해관사 연구는 오래 전부터 국내외 학자의 주목을 끌어 광범위한 연구가 이루어졌다. 여기서 해관이란 외국인 세무사 관리 아래에 있던 근대해관을 말하는데, 중국학계는 1980년대부터 연구가 시작되어 중국 해관학회와 같은 학술단체는 물론 중국 해관출판사도 만들어졌다. 일찍이 '帝國主義與中國海關資料叢書'시리즈가 나왔고, 그 후 '中國舊海關史料(1859~1948)'(170책) 등이 출판되어 좋은 연구 환경을 제공하였다. 陳詩啓는 근대해관사 연구의 개척자로『中國近代海關史問題初探』(中國展望出版社, 1987年),『中國近代海關史(晚清部分)』(人民出版社, 1993年),『中國近代海關史(民國部分)』(人民出版社, 1999年) 등을 저술하였다. 그를 이어 戴一峰의『近代中國海關與中國財政』(廈門大學出版社, 1993年), 陳霞飛·蔡渭州의『海關史話』(社會科學文獻出版社, 2000年), 姚梅林의『中國海關史話』(中國海關出版社, 2005年) 및 張耀華 편저의『圖說舊中國海關歷史』(中國海關出版社, 2005年) 등이 나왔다. 특히 장요화의 책은 중국 해관의 역사를 사진자료와 함께 실어 쉽게 이해할 수 있도록 한 개설서이다.
일본학계에는 濱下武志의『中國近代經濟史研究―淸末海關財政與開放港口市場區域』(東京大學東洋文化研究所, 1989)와 岡本隆司의『近代中國與海關』(名古屋出版社, 1999) 등과 같은 뛰어난 연구가 있다[강진아,「(서평)『近代中國と海關』岡本隆司(名古屋大學出版會, 1999년 1월)」,『동아시아역사연구』제5집, 1999년 참고].

에게 전혀 무감각하게 다가왔다고 보기는 어렵다. 즉 양무운동 이전에도 중서절충적인 해양인식의 변화가 부분적으로 나타났을 것이다.

보통 대륙학계의 연구는 조약에서의 불평등을 부각시키면서, 특히 서양 열강의 영해 주권의 침략을 강조한다. 물론 대부분의 통상조약은 정전, 강화, 화의, 우호, 동맹, 호조互助 등 아름다운 명칭을 달고 있어서 형식상 국제법에 맞는 평등한 조약으로 보이지만, 이런 형식을 걷어 내고 내용을 자세히 들여다보면 강자가 약자에게 강요한 불평등조약인 경우가 대부분이었다.[3] 한편 어떤 연구자는 중국의 개항장이 부정적인 영향을 미쳤다는 견해에 반대해, (특히 1895년 이후) 비단이나 차와 같은 전통적인 수출품 생산이 크게 늘어나 중국의 산업이 급격하게 발전했다는 주장을 편다.[4] 근대조약이 기본적으로 폭력의 생산물이라는 주장에 공감하지만, 여기서는 불평등과 침략이라는 측면보다는 해양 관련 조항을 통해 전근대적 해금이 어떻게 해체되는가에 주목할 것이다.

연해 다섯 항구의 개방(광주廣州, 복주福州, 하문廈門, 영파寧波, 상해上海)은 중국과 서양 열강 간의 조약을 통해 이루어졌다. 제1차 아편전쟁 후 양광총독兩廣總督 기영耆英은 영국 전권대사 헨리 포틴저Henry Pottinger와 「남경조약南京條約」(청영강녕조약淸英江寧條約, 1842년 8월 29일), 「호문조약虎門條約」(청영오구통상부점선후조관淸英五口通商附粘善後條款, 1843년 10월 8일) 및 「청영오구통상장정淸英五口通商章程: 해관세칙海關稅則」(1843년 10월 8일)을 맺었고, 미국과는 「망하조약望廈條約」(청미오구통상장정淸美五口通商章程: 해

---

3 중국에서 출판된 劉利民의 『不平等條約與中國近代領水主權問題硏究』(湖南人民出版社, 2010年)는 근대 중국의 불평등조약과 영해문제를 주로 다루었기 때문에 도움이 되었다. 단지 이 연구는 조약의 '불평등'에만 너무 집착하는 경향이 있다.

4 지푸르는 중국의 개항장이 오히려 유럽과 미국의 중국으로의 상업 진출에 장애로 작용했다고 본다. 중국의 복잡한 세금제도와 정교한 상업방식이 외국인의 침투를 허락하지 않았다는 것이다(프랑수아 지푸르 지음, 노영순 옮김, 『아시아 지중해: 16~21세기 아시아 해항도시와 네트워크』, 선인, 2014, 216~217쪽).

관세칙해關稅則, 1844년 7월 3일), 프랑스와는 「황포조약黃埔條約」(청프오구통
상장정淸法五口通商章程: 해관세칙海關稅則, 1844년 10월 24일)을 맺었다. 이 세
나라와의 조약은 상호보완하며 조약체제의 원형을 이루었다. 여기에는 통
상항구, 치외법권, 협정관세, 항해, 주거, 선교 등의 권리가 고루 담겨 있다.
다시 10여 년 후에 벌어진 제2차 아편전쟁의 결과 청조는 미국, 영국, 프랑
스 등과 「천진조약天津條約」(1858년 6월)을 차례로 맺었고, 다시 「북경조약
北京條約」(1860년 10월 24일)을 맺어 조약체제의 기본골격을 완성하였다.

여기에서는 근대 중국의 불평등조약의 역사 가운데 1840년대 초부터
1860년대 초까지 조약체제가 형성되는 단계에 주목하면서, 대표적인 조약
집인 『중외구약휘편中外舊約彙編』을 이용해 조약문을 비교 검토할 것이다.[5]
특히 조난구조, 연해측량, 해운, 해군, 해관 등의 키워드를 중심으로 다룰 것
이다.[6]

1. 통상조약에 나타난 해운 관련 조항

(1) 연해항행권과 연안무역권

청 말 해상항행권의 상실은 크게 세 부분을 포괄한다. 첫째는 연해항행권
沿海航行權, 둘째는 연안무역권沿岸貿易權, 셋째는 인수권引水權이다. 그 밖
에도 해관관리권, 항무 및 해사 관리권 등도 있다. 본래 영해 주권은 광범한
개념이지만 근대 시기에는 주로 연해지역의 항행권리를 가리켰다. 연해항

---

5 王鐵崖 編, 『中外舊約彙編』(第一册)[三聯書店, 1957年, 이하 『中外舊約彙編』(第一册)으로 약칭].
6 제국주의에 의한 중국해강 침략에 대한 연구는 민국시기부터 활발하였다. 사회주의 중국 건립
    후에도 이른바 帝國主義侵華史라는 주제로 연구가 활발하였다. 대체로 영해 관념과 제도, 조약
    체제하에서의 영수주권 상실 등을 다루었는데, 세부적으로는 외국 군함의 중국정박, 연안무역
    권과 내하 운항권의 상실, 인수주권문제, 연해항만과 도서 침탈, 어업자원의 침탈 등을 분석하
    였다(劉利民, 『不平等條約與中國近代領水主權問題硏究』, 湖南人民出版社, 2010年, 3~9쪽).

행권은 각국이 중국의 연해에서 항운에 종사할 수 있는 특권을 말한다. 국제법에 따르면, 연해와 내하는 국가 영토의 일부분으로 연해국은 "외국 선박이 연근해를 항행하거나 무역하는 것을 금지하는데, 이른바 연해항행은 본국 선박을 위해 이런 연해무역을 보류하는 것"이다. 제1차 아편전쟁 후 체결된 통상조약에는 비록 연해항행권에 관한 뚜렷한 규정은 없으나, 암묵적으로 외국 선박의 항행권을 인정하였다. 중외조약 가운데 청미 「망하조약」에 가장 먼저 외국 선박이 연해에서 양화洋貨를 판매할 수 있다는 규정이 있다. "(미국) 선박은 다섯 항구에서 화물을 싣고 서로 왕래하며 그 편의를 들어 준다"(제3관)[7]라고 하였다. 청프 「황포조약」에서도 유사한 규정이 있다. 제2차 아편전쟁 후 청영, 청미, 청프 간 맺은 「천진조약」에서도 이 권리를 확인하면서 새롭게 개항하는 항구에도 적용했는데,[8] 이것은 사실상 외국 선박의 항행권을 허락한 것이다. 1842년 이후 조약을 통해 직접 중국 해상에서 항행권을 취득한 나라는 11개국으로 영국, 미국, 프랑스, 덴마크, 스페인, 벨기에, 러시아, 이탈리아, 오스트리아, 일본, 스웨덴 등이다. 최혜국대우最惠國待遇를 통해 간접적으로 항운권을 취득한 나라는 5개국이었는데, 독일, 페루, 브라질, 포르투갈, 스위스 등이었다. 당시 각국이 얻은 권리는 연해에서 양화를 운송하는 것이었지 연해에서 토화土貨를 운송할 특권을 얻은 것은 아니었다. 이것은 완전한 의미의 연해항행권을 획득한 것이 아니므로 이른바 토화판운권土貨販運權을 기정사실로 만든 다음 청조의 암묵적인 동의를 얻어 이후의 조약에 반영하였다.[9]

---

7 『中外舊約彙編』(第一冊), 51쪽.

8 李育民, 『近代中外條約關係趨論』, 湖南人民出版社, 2011年, 69~70쪽.

9 한 연구에서는 열강이 중국에서 연해와 내하항행권을 얻는 전 과정을 대략 세 단계로 나누었다. 첫 번째 단계는 제1차 아편전쟁부터 제2차 아편전쟁까지로 이 시기 연해항행권을 빼앗았다. 먼저 합법적으로 연해에서 양화를 운송하는 특권을 얻었고, 곧이어 토화를 운송하는 특권도 얻었다. 두 번째 단계는 제2차 아편전쟁부터 청일전쟁까지로 열강은 주로 중국의 대표적인 하천인 장강항행권을 획득하였다. 먼저 장강 중하류 항행의 조약특권을 얻었고, 1890년대에는

연해항행권에서 한 걸음 더 나아가 내하항운권內河航運權의 경우 제2차 아편전쟁 중 1858년 6월에 체결한 청영「천진조약」에서 가장 먼저 언급했는데, "장강일대 각 항구에서 영국 상선은 통상할 수 있다"(제10관)[10]고 규정했다. 그 후 청과 덴마크 간에 맺은「천진조약」에서도 외국 선박이 장강 각 항구에서 현지 화물을 운송 판매할 수 있다는 권리에 동의하였다. 이처럼 제2차 아편전쟁 이후 주요 내하항로는 외국 선박에 개방되어, 외국 윤선이 중국 연해는 물론 내하운송업에 참여하는 계기를 마련하였다. 얼마 후 열강은 장강 말고도 다른 하천의 항행권도 빼앗았다. 예를 들어, 청일전쟁 후 일본과 맺은「시모노세키조약馬關條約」(1895)에서 일본 상선이 "상해에서 오송강이나 운하로 진입해 소주부나 항주부로 갈 수 있다"[11]고 규정했고, 영국도「속의면전조약부관續議緬甸條約附款」(1897)에서 주강항행의 특권을 얻었다. 이처럼 1890년대 과분의 열풍 속에서 열강은 내하항행권을 빼앗았으며 비통상항구인 내지의 항행권조차 빼앗아 자국 선박에게 개방하였다.[12]

한편 연해항행 과정에서 중국과 외국 간 선박 충돌사건 등으로 인한 소송

장강과 다른 하천의 항행 관련 특권을 얻었다. 세 번째 단계는 청일전쟁 후 瓜分 상황에서 중국의 모든 내하, 이른바 '內港'의 항행권을 빼앗았다(李育民,『近代中國的條約制度』제6장, 湖南師大學出版社, 1995年). 다른 연구에서는 항행권의 탈취 과정을 두 번의 아편전쟁에서 외국윤선의 중국에서 세력팽창 과정과 연결해 고찰했다. 이 연구에서는 "중국 영수주권의 파괴와 외국의 재중윤선 운수세력의 팽창은 동시에 진행되었을 뿐만 아니라, 모두 폭력과 약탈이라는 수단으로 실현되었다"고 했다. 열강은 제1차 아편전쟁 전후로 폭력으로 중국의 연해항권, 토화판운권을 빼앗았고, 제2차 아편전쟁 이후 조약을 통해 합법적인 보장을 받았다. 聶寶璋은 "항운, 토화판운권, 인수권부터 항구행정권에 이르기까지 전체 중국의 영수주권이 이미 전면적으로 파괴되었으며, 이로부터 외국의 재중윤선 운수세력들이 팽창할 수 있는 길이 열렸다"고 보았다(聶寶璋,「十九世紀中葉中國領水主權的破壞及外國在華輪運勢力的擴脹」,『中國經濟史研究』, 1987年 第1期).

10 『中外舊約彙編』(第一冊), 97쪽.

11 『中外舊約彙編』(第一冊), 616쪽.

12 1902년과 1903년에 영국과 일본은 청조와「通商行船續約」을 맺어 더욱 확실한 권리를 얻었다. 이처럼 연해에서 장강, 다시 내항까지 중국의 領水가 완전히 개방되면서 사실상 모든 항행권을 상실하였다(李育民,『近代中外條約關係趨論』, 湖南人民出版社, 2011年, 70쪽).

사건은 피할 수 없는 일이었다. 이런 사건 처리는 당연히 해당 주권국의 관할이지만 청영 「호문조약」과 청미 「망하조약」을 시작으로 중국의 해상사법권은 열강의 치외법권 범주 안으로 들어갔다. 따라서 외국 선박이 중국 해상에서 어떤 사건을 일으키더라도 청조는 책임을 물을 수 없었고, 외국 선박과 중국 선박 간에 발생한 소송사건 역시 청조의 결정권이 없었다.[13]

다음으로 통상조약에서 연안(항구)무역권과 관련한 내용을 살펴보면 아래와 같다.[14] 조약을 체결하면서 청조가 희망한 것은 과거 영국인이 광주에서 국제무역한 것처럼 원양에서 화물을 운송해 항구로 가져오고 항구에서 화물을 운반해 원양으로 가지고 나가는 것이었다. 서양 선박이 중국 항구에서 무역하는 것을 원했던 것은 아니었다. 그러나 영국인들은 연안무역의 범주에 항구 간 무역도 포함된다고 보았다. 제1차 아편전쟁 후 청영 간의 무역통상회의에서 영국의 전권대표 포틴저는 중국 대표 기영에게 광주에서 홍콩과 마카오에 대한 이른바 소선무역小船貿易을 개방할 것을 요구하였다. 이때 소선무역의 권리를 획득한 것은 열강이 중국 연해의 항구무역권을 침범한 첫 번째 사례라고 한다. 청영 「호문조약」 제17관에는 광주와 홍콩·마카오를 오가는 소선무역 문제를 언급하였다. 엄격한 의미에서 홍콩과 마카오 간의 무역은 연해항행에 속하며, 마카오와 광주 간의 무역은 내하항운에 속한다. 따라서 이 규정은 중국의 연해항행권과 내하항운권을 동시에 파괴한 것으로 볼 여지가 있다.[15] 이 조약으로 말미암아 광주와 홍콩·마카오 간

---

13 열강의 중국 연해와 내하항행권에 대한 침범이 중국 사회에 어떤 영향을 미쳤는가라는 부분에는 이견이 있다. 일반적으로 중국 항운업의 발전에 부정적인 영향을 미쳤다는 주장이 많지만, 한편으로는 중국 항운업의 근대화에 기여했다는 주장도 적지 않다. 중국 사회의 반식민화를 가져왔다는 주장과 근대화의 기능이 있었다는 주장은 동전의 양면일 것이다(李育民·李傳斌·劉利民, 『近代中外條約研究綜述』, 湖南人民出版社, 2011年, 257~258쪽).

14 연안무역권에 대한 연구는 비교적 많은데, 汪敬虞 編, 『中國近代經濟史』(上冊)(人民出版社, 1998年); 樊百川, 『中國輪船航運業的興起』(四川人民出版社, 1985年); 李育民, 『近代中國的條約制度』(湖南師範大學出版社, 1995年) 등을 참고할 수 있다.

15 郭衛東, 『不平等條約與近代中國』, 高等教育出版社, 1993年, 157~158쪽.

의 소선무역은 신속하게 발전했다. 특히 영국이 광동지역으로 상품을 보낼 때 대부분 홍콩을 경유했는데, 홍콩에서 하역한 화물을 범선이나 소형 윤선으로 광주로 운반하였다.[16]

열강이 중국의 연안(항구)무역권을 빼앗은 사례는 토화판운권을 통해 잘 드러나는데, 어떤 의미에서 연안무역은 곧 토화판운을 의미한다. 토화판운이란 원래 중국 상인들이 범선으로 국내화물을 운송해 무역하는 것을 말한다. 제1차 아편전쟁 후 맺은 조약에는 중국과의 무역은 서양화물에 제한하고 장소도 다섯 개항장과 홍콩·마카오에 제한하였다. 그런데 서양화물은 한 항구에서 모두 판매하기 어려웠으므로 항구 간에 오가는 판운에 의존해야만 화물을 소화시킬 수 있었다. 청영「남경조약」제2관에서 연안무역을 언급하는데 영국인에게 판운권을 주었는지 명백한 규정이 없다. 이 조관에는 단지 영국인이 광주, 복주, 하문, 영파, 상해 등 다섯 항구에서 무역 통상하는 데 지장이 없도록 한다는 내용만 담겨 있다.[17] 이 모호한 규정은 영국인이 해외에서 화물을 운송해 와서 다섯 항구에서 통상무역을 할 수 있다는 것인지, 아니면 영국인도 다섯 항구를 오가며 통상무역을 할 수 있다는 것인지가 불분명하였다. 중국인의 해석은 전자였고, 영국인의 해석은 후자였다. 청조는 연안무역의 중요성을 알지 못했기 때문에 영국인의 해석에 굳이 이의를 제기하지 않았다. 이에 영국 선박은 자유롭게 다섯 항구 간을 오가며 동남 연해 무역에 종사하였다. 그들은 동남 연해의 무역뿐만 아니라 밀수, 해도 측량 등 각종 합법적, 불법적 활동을 벌였다. 하지만 조약을 통해 연안무역의 권리를 충분히 보장받은 것은 아니었다.[18] 그 후 미국이나 프랑스 등에 의해 연안무역권이 좀 더 분명해졌다.

---

16 강진아, 「(서평) 『近代中國と海關』 岡本隆司(名古屋大學出版會, 1999년 1월)」, 『동아시아역사연구』 제5집, 1999년, 127~128쪽.

17 『中外舊約彙編』(第一冊), 31쪽.

18 劉利民, 『不平等條約與中國近代領水主權問題研究』, 湖南人民出版社, 2010年, 45~46쪽, 59쪽.

당시 열강은 연해무역이 조약권리가 아니라는 사실을 알고 있었지만 청조가 금지하지 않자, 외국 선주들은 암묵적인 동의가 있는 것으로 이해하였다. 청미 「망하조약」 제5관에는 중국이 금지하는 수출입 화물을 제외한 나머지 "화물이 완전히 판매되지 않으면 다시 싣고 다른 항구에 가서 판매한다"[19]는 규정이 있었다. 청영 「남경조약」의 모호한 내용을 분명히 한 것으로, 외국 선박이 동남 연해를 돌아다니며 양화를 팔 수 있는 조약규정이다. 청프 「황포조약」에도 이와 유사한 규정이 있다. 화물을 실고 "다시 항구로 들어올 수 있으며" 다섯 항구에서 "서로 왕래할 때 그 편의를 보아 준다"는 구절은 화물에 다시 관세를 붙이지 않겠다는 의미였다. 1847년 홍콩총독이 양강총독 겸 흠차대신인 기영에게 이런 사실을 확인하자, 기영은 동의를 표시하면서 단지 토화의 세금은 중국 상인이 납부하도록 했다. 기영의 허락은 열강의 연해무역이 완전히 합법적이었기 때문이 아니라, 무력을 앞세운 그들의 요구를 암묵적으로 받아들인 것이다. 외국 상인은 외국화물은 물론 중국화물도 거래했으며 심지어 개방하지 않은 항구에도 외국화물을 운송하였다. 이를 막으려는 중국 관리에 대해서 서양 상인들은 오히려 관례를 무시한다며 으름장을 놓아 마음대로 운송판매 사업을 계속하였다.

그럼에도 불구하고, 제2차 아편전쟁까지 연안무역권은 한계가 있었다. 우선 연안무역의 범위가 광주에서 상해까지의 해역에 제한되어, 외국 선박은 다섯 항구에 정박해 무역을 할 수 있었을 뿐이었다. 이런 특권을 향유하는 국가는 영국, 미국, 프랑스, 스웨덴 등 몇 개국에 한정되었다. 게다가 이런 연해항행무역은 기본적으로 양화의 운송에 한했고, 토화운송의 권리는 여전히 조약에 반영되지 않은 상황이었다.[20] 시간이 지날수록 외국인들의 입장에서는 토화판운을 불법으로 하는 것이 불편했고, 청조도 이런 행위를

---

19 『中外舊約彙編』(第一册), 52쪽.
20 劉利民, 『不平等條約與中國近代領水主權問題研究』, 湖南人民出版社, 2010年, 60쪽.

종종 단속하자 제2차 아편전쟁을 계기로 영국 상인들은 영국 공사에게 토화판운권을 조약문에 명확하게 넣을 것을 요구하였다.

청영「천진조약」제11관에는 기존 다섯 곳의 개항장말고도 "우장牛莊, 둥주登州, 대만臺灣, 조주潮州, 경주瓊州 등의 항구에서 앞으로 모든 영국 상인은 마음대로 어떤 사람과도 무역할 수 있으며, 선박을 수시로 왕래할 수 있다"[21]고 하였다. 아울러 제45관에는 각 항구를 오가며 양화를 매매하는 것에 대한 납세방법을 비교적 자세하게 규정하였다.[22] 게다가 청영「천진조약」에서는 무역범위를 더욱 확대해 중국의 연해는 물론 장강유역까지 포함시켰다. 하지만 영국 공사가 자국 상인들의 요청을 그대로 받아들인 것은 아니다. 왜냐하면 이 조약에서 항구 간을 오가는 토화판운에 대해서는 언급하지 않았기 때문이다. 같은 시기에 체결된 청미·청프 간의「천진조약」에서는 연안무역권을 확인하여 새롭게 개항한 항구에서의 토화판운권을 포함시켰다. 결국 1861년에 이르러 영국 공사도 사실상 토화무역을 인정하였다. 외국 선박의 연해에서 토화무역은 이미 되돌릴 수 없는 추세였으며, 연해의 지방관이나 중앙정부도 기정사실화하여 금지하기 힘들었다.

결국 1863년 덴마크정부가 청조와 통상조약을 맺을 때(「청덴마크통상조약」), 토화무역권 내용을 조약에 분명하게 집어넣는 데 성공하였다. 이 조약의 제44관에 덴마크 상민이 통상 각 항구 간에 "토화를 실어 운반한다"[23]는 규정을 삽입한 것이다. 이에 따라 각 조약국은 최혜국대우 조관에 따라 이 특권을 함께 향유하였다. 그 후 외국 선박이 연해에서 토화판운하던 행위가 합법화되면서 서양 상인들은 중국 연해에서 공개적으로 토화무역을 하게 되었다.[24] 외국 상선이 연해무역에 참가하면서 전통적인 중국 사선沙船의

---

21 『中外舊約彙編』(第一册), 98쪽.
22 李育民, 『近代中國的條約制度』, 湖南師範大學出版社, 1995年, 176쪽.
23 『中外舊約彙編』(第一册), 203쪽.
24 劉利民, 『不平等條約與中國近代領水主權問題研究』, 湖南人民出版社, 2010年, 63~65쪽.

표 1__ 중국에서 연해항행과 무역특권을 얻은 각국 조약 현황

국가명	조약 연도	조약 명칭	특권 조관	권리획득 방법
미국	1844년	망하조약	제3관	조약명문규정
프랑스	1844년	황포조약	제2관	조약명문규정
영국	1903년	청영무역조약	內港行輪章程	영국은 사실상 1843년 호문조약 제8관을 통해 이미 특권을 획득
덴마크	1863년	청덴천진조약	제11관	조약명문규정
네덜란드	1863년	청네천진조약	제2관	조약명문규정
스페인	1864년	우호무역조약	제5관	조약명문규정
벨기에	1865년	청벨통상조약	제21관	조약명문규정
이탈리아	1866년	청이통상조약	제11관	조약명문규정
오스트리아	1869년	청오통상조약	제8관	조약명문규정
일본	1903년	통상행선조약	제5관	조약명문규정
스웨덴	1908년	통상행선조약	제6관	조약명문규정
러시아	1858년	청러천진조약	제3관	이익균점조관
독일	1861년	청독통상조약	제40관	이익균점조관
페루	1874년	청페통상조약	제8관	이익균점조관
브라질	1881년	청브통상조약	제5관	이익균점조관
포르투갈	1887년	청포통상조약	제11관	이익균점조관
스위스	1918년	청스통상우호조약	附件	이익균점조관
멕시코	1899년	청멕북경조약	제11관	호혜조관

* 王鐵崖 編, 『中外舊約滙編』(第一冊, 第二冊), 三聯書店, 1957年
劉利民, 『不平等條約與中國近代領水主權問題研究』, 湖南人民出版社, 2010年版, 63쪽.

이익에 막대한 타격을 입혔다. 아울러 토화판운 사업의 증가는 외국 회사의 중국 내에서의 해운업 확장을 가져왔다. 영국, 미국, 일본, 독일 등은 차례로 윤선회사를 세우면서 중국 연해 정기항선을 열었다.

요컨대, 청조가 아편전쟁 이전 광주 한 곳에서만 외국 상선이 항구를 출입하도록 허가한 것과 달리, 두 차례의 아편전쟁을 통해 맺은 통상조약에서

는 연해항행권과 연안무역권을 점차 보장해 주면서 근대적 해관의 설치로 나아갔으며, 그 과정에서 인수권의 큰 변화가 있었다.

(2) 인수권

서양 열강이 중국의 해상항행권을 침범한 또 다른 대표사례로는 이른바 인수권引水權(선로안내권)을 들 수 있다.[25] 국제법에 따르면, 인수권은 국가의 주권범주에 들어가는데, "각국은 일반적으로 모든 외국 선박의 강제인항을 규정하고"[26], 외국인 인수원을 거절할 수 있으며, 인수원은 국가의 주권과 국방의 비밀을 가지고 항구와 선박의 안전을 보장한다고 규정하고 있다. 그리고 인수원引水員(도선사)은 인항원이라고도 하는데, 항구의 항도나 내하의 항도에 익숙한 전문 인력으로 선박을 항구로 출입시키는 기사이다. 아편전쟁 이전에도 중국에는 유사한 인수관리제도가 있었는데, 청조가 인수에 관한 절대적인 권한이 있었다. 당시 외국 상선은 반드시 중국의 인수인이 인도해야만 광주항을 출입할 수 있었다.[27]

청조가 광주에 파견한 정식 인수인 이외에 다른 항구에는 정식 인수인이 없었다. 따라서 인수업무에 종사하던 사람들은 보통 현지 선주나 경험 많은 선원이나 어민이었다. 비록 인수라는 용어는 청대에 이미 존재했지만 인수원이란 직업은 근대시기에 새롭게 등장한 직업이라고 볼 수 있다. 개항 후 외국 상선이 많이 들어오면서 인수원의 수요가 급증했지만, 자격증도 없이

---

25 중국어로 引水(pilot)란 引水員, 引水人이라고도 하며, 혹은 領港, 領航, 領航員이라고도 한다. 중국의 인수주권에 관한 연구는 비교적 풍부하여 전문연구서도 있는데, 徐萬民·李恭忠의 『中國引航史』가 그것이다. 이 책은 중국 인항사업의 역사과정을 자세하게 정리했으며, 아편전쟁 이전부터 현재까지를 다루고 있다(徐萬民·李恭忠, 『中國引航史』, 人民交通出版社, 2001年). 陳詩啓의 『中國近代海關史』의 일부 장절에서도 해관과 중국 인수관할권 문제를 해관이 제정한 「中國引水章程專條」를 중심으로 설명한다(陳詩啓, 『中國近代海關史』, 人民出版社, 2002年, 204~211쪽).

26 王鐵崖 編, 『國際法』, 法律出版社, 1995年, 170쪽.

27 李育民, 『近代中國的條約制度』, 湖南師範大學出版社, 1995年, 329쪽.

인수업무를 하면서 제대로 관리가 되지 않아 많은 문제가 발생하였다. 당시 인수업무에 종사하던 중국인은 소형 목선을 사용해 선박을 인항했기 때문에 날씨가 좋지 않거나 큰 바람이 불면 인항이 어려웠다. 이런 경우 외국 선박은 인수원을 구하지 못해 무작정 항구 밖에서 대기해야 했다. 게다가 항구에는 인공항로표지가 없어서 선박의 인항은 기본적으로 인수원 개인의 경험에 의존해야 했다. 결국 선박의 출입이 지체되거나 선박사고가 나는 등 문제가 심각해졌다.[28]

영국 선주와 영국 회사들은 오래 전부터 중국의 인수제도에 대해 불만이 많았다. 예를 들면, 오랜 시간을 기다려서야 겨우 인수원이 배에 오르거나, 인수원이 본인 마음대로 인항비용을 결정하거나, 일부 인항할 능력이 없는 사람이 인수원으로 나타나기도 했다. 그래서 개항장의 영국 영사는 인수원에게 지급할 비용을 합리적으로 결정하고 인수원이 영국 영사가 발급한 인수증명서를 가지고 일하기를 원했다.[29] 영국 정부는 인수관리의 부패와 인수비의 강탈 및 인수원의 낮은 효율성 등의 폐단을 명분으로 자신들이 인수원을 고용할 권리를 얻고자 했다.

제1차 아편전쟁 직후부터 열강은 인수권을 획득하기 시작했는데, 통상조약 가운데 인수권 조항은 불평등항목의 하나였다. 영국의 전권대표 포틴저는 중국 대표 기영과의 담판 과정에서 자신들이 영국 선박을 인수할 권리를 요구하여 오구통상장정 중에 명기하였다. 그는 "인수인의 경우 적어도 세 사람의 선주가 인수업무를 담당할 능력이 있다는 사실을 증명한 사람이 맡도록" 했다. 그리고 "영국 영사의 증명을 얻은 다음 영문과 중문 허가증을 발급받은 후, 그들이 영국 선박(기타 외국 선박)을 인수하도록"했다.[30] 영국

28 徐萬民·李恭忠,『中國引航史』, 人民交通出版社, 2001年, 28쪽.

29 위의 책, 22~23쪽.

30 魏爾特,『赫德與中國海關』, 廈門大學出版社, 1993年, 305쪽.

인이 청조에 요구한 인수권에 대해 사안의 중요성을 인지하지 못한 기영은 별다른 반발 없이 동의하였다.

　1843년 10월 8일에 맺은 청영 「오구통상장정: 해관세칙」 제1관에 규정하기를, "무릇 통상을 허락한 광주, 복주, 하문, 영파, 상해 등 다섯 항구에 매번 영국 상인의 무역선이 도착하면, 인수에게 명하여 즉각 배를 데리고 들어오도록 한다. 영국 상선이 무역세를 완납한 후 귀국하려면 역시 인수가 수시로 데리고 나가 지체되는 일이 없도록 한다. 인수를 고용하는 인항비는 각 항구의 원근이나 위험성 여부를 고려해 정하는데, 영국 측이 파견한 관사관管事官이 공정하게 정하도록 한다"[31]라고 했다. 이 조관에는 영국 상선은 자유롭게 통상항구를 출입할 수 있다는 사실과 영국 선박의 자유항행권을 보장하기 위해 인수원을 자유롭게 고용할 수 있으며, 아편전쟁 이전처럼 청조의 관련 부서에서 관리를 파견할 필요가 없다는 의미를 담고 있다. 단지 조약문 안에 이런 사실을 명확하게 표현하지 않고 모호하게 처리했을 뿐이다. 이 조관은 인항비를 영국 영사가 정한다는 것이 주요 내용이었지 인수권 자체는 아니었다. 이때까지는 아직까지 스스로 인수원을 고용할 특권이 주어지지 않았다. 그러나 중국관할권의 제약을 담은 내용이 엿보이는데, "즉각 배를 데리고 들어오도록", "수시로 데리고 나가" 등의 표현이나 인항비는 영국 영사가 결정한다는 구절 등이 그러하다.

　전통적인 인수권 제도를 진정으로 타파한 나라는 미국이었다. 미국 전권대표 케일럽 쿠싱Caleb Cushing은 1844년 2월 미국 군함을 타고 중국에 와서 영국의 「남경조약」과 비슷한 조약을 맺으려 했다. 그는 북방으로 항해하려는 시도나 황포에 진입하려는 사건 등을 일으키며, 무려 5개월간의 교섭 끝에 1844년 7월 3일 청미 「망하조약」을 체결하였다. 여기에서는 "무릇 합중국 국민의 무역선박이 항구에 들어올 때 스스로 인수를 고용해 해관이 정

---

31 『中外舊約彙編』(第一冊), 40쪽.

한 곳에 들어와 등록하고 정박한다. 세금을 완전히 납부한 후에는 인수를 데리고 수시로 나갈 수 있다. … (모든 인항비는) 해당 상민이 스스로 협의해 정하거나 혹은 각 영사관에 요청해 처리하되, 중국지방관은 경리를 고용할 수 없다"(제8관)[32]고 했다. 이 내용은 청영「호문조약」과 대체로 유사하지만 영국인이 비교적 점잖게 표현했다면 미국인은 직설적으로 표현했다는 차이가 있다. 인항비에 대해 지방관이 간섭할 수 없다는 부분 등이 그러하며, 특히 "스스로 인수를 고용한다"는 대목은 중국인은 물론 외국인도 인수원으로 고용할 수 있다는 의미로 해석되었다. 이것은 인수업아 대외에 개방되었음을 뜻하며, 이 조약으로 미국은 독자적으로 인수원을 고용하는 특권을 얻었다.

1844년 10월 24일 맺은 청프「황포조약」에서는 외국인의 인수권을 완전히 확립하였다. 여기서는 "무릇 프랑스 선박이 다섯 항구에 오면 스스로 인수를 고용해 항구로 들어올 수 있다. 모든 세금을 완납한 후에 출항하려면 인수로 하여금 신속히 항구를 나가도록 해서 지체하지 않도록 한다. 사람들이 프랑스 선박을 인수하려 할 경우, 만약 선주 세 사람의 허가증이 있으면 영사관은 인수를 허가할 수 있으며, 다른 나라와 일률적으로 일을 처리한다. 인수에게 지급하는 비용은 다섯 항구에 있는 영사 등의 관리가 원근과 위험 정도를 공정하게 고려해 그 가격을 정한다"(제11관)[33]라고 했다. 여기서 추가된 권리라면 프랑스 영사가 인수원의 자격을 판단하고 인수원의 자격증을 발급하는 권리를 가진다는 점이다. 이것은 최혜국대우의 '일체균점'의 원칙에 따라 영국과 미국에도 적용되었다.[34] 청조가 아편전쟁 이전 광주에서 인수인을 반드시 중국인으로 하던 관례가 이 세 번의 조약을 통해 무

---

32 『中外舊約彙編』(第一册), 52쪽.
33 『中外舊約彙編』(第一册), 59쪽.
34 徐萬民·李恭忠 主編, 『中國引航史』, 人民交通出版社, 2001年, 24~25쪽.

력해졌다. 그 후 다른 나라들도 유사한 통상조약을 맺으면서 중국인의 인수
권은 사라졌다.[35] 예를 들어, 1847년 3월 20일에 체결된 청과 스웨덴·노르
웨이와의 「오구통상장정: 해관세칙」에도 인수에 관한 특권이 고루 반영되
었다. 즉 외국 선박이 통상항구를 출입할 때 자유롭게 인수원을 고용할 수
있다는 점, 어떤 사람도 중국에서 인수원을 신청할 수 있다는 점, 항구에서
의 인수업무는 외국 영사의 손에 좌우된다는 점 등이다. 이런 조약에서는
인수인의 국적에 대해 명확한 제한을 두지 않았다.

　1840년대 중반부터 인수업을 외국인에게 개방했을 때 상해는 그 중심지
였다. 물론 상해는 전근대시기에도 나름대로 활발한 상업항구로 면 수출입
의 중심지로 기능하였다. 하지만 개항 이후에는 도시의 발전은 물론 조약체
제의 여러 가지 실험실로 기능했다. 1844년 말 상해 주재 영국 영사는 처음
자국인에게 상해항 인수허가증을 발급하였다. 영국 영사는 상해에 거주하
던 영국 선원이자 퇴직한 선장인 토머스 링클래이터Thomas Linklater에게
상해항 인수허가증을 발급했으며, 그는 1847년부터 1848년까지 상해항에
서 인수업무를 하였다.[36] 이것은 서류상의 조약 내용이 실천에 옮겨진 출발
점이었다. 곧이어 미국과 프랑스 영사들도 영국의 방식에 따라 인수허가증
을 자국인에게 발급하였다. 그런데 외국인 인항원이 상해를 중심으로 중국
인항업에 진출하는 과정에서 혼란과 무질서 현상이 나타났다. 이 문제를 해
결하기 위해 영국, 프랑스, 미국 상해 주재 영사들은 1855년 12월 「상해항

35　한 연구자는 「황포조약」의 체결은 법률상 프랑스와 서방국가가 중국 영수에서 자기의 인수원
　　을 고용할 권한을 규정했을 뿐만 아니라, 이 조약으로 자국민을 중국 영수의 인수원으로 충당
　　할 권리가 있다고 보아 외국인이 인수원이 될 권리를 얻었다고 생각했다(徐萬民·李恭忠 主編,
　　『中國引航史』, 人民交通出版社, 2001年, p.25). 이에 대해 다른 연구자는 각 관련 조약에 인수
　　인을 충당하는 국적에는 모두 명확한 규정이 없다면서, 「황포조약」 제11관의 내용이 프랑스인
　　으로 중국 인항원을 충당하는 것을 허락하는 것으로 해석할 수 없다고 평가했다(李育民, 『近代
　　中國的條約制度』, 湖南師範大學出版社, 1995年, 439쪽).
36　李恭忠, 「晚清的引水業和引水人」, 『浙江海洋學院學報』, 2005年 第1期, 54쪽 인용.

인수장정上海港引水章程」을 체결해 인항업을 안정시키려 했으나 상해 인항원들의 불만을 사면서 장정은 유명무실화했다. 다시 몇 년 후인 1859년 12월 23일 이들 세 나라 영사들은 영문으로 된 「상해항외적인수원관리장정上海港外籍引水員管理章程」을 공포하였다. 곧이어 1860년 1월 외국 선장과 외국 보험공사 직원 등 여섯 명의 위원으로 구성된 인수원고시위원회가 만들어져 상해 영국 영사관에서 제1차 회의를 열고 인수원 고시규칙을 제정하였다. 이에 따르면 인수원은 어떤 국적의 이주민도 모두 고용할 수 있고, 별도의 위원회를 두어 인수원에게 자격증을 발급하도록 했다. 그 결과 학력이 높은 외국인은 유리하고 상대적으로 학력이 낮은 중국인은 대부분 탈락하여 중국 선박조차 외국인 인수원에게 의존하는 현상이 나타났다.[37] 그해 4월에는 처음으로 상해인수공사上海引水公司가 만들어졌다.

제2차 아편전쟁 후 청조가 미국, 영국, 프랑스 등 열강들과 맺은 「천진조약」에서는 다시금 인수에 관한 권리가 명문화되었다. 특히 양무운동이 한창이던 1866년 청과 이탈리아 간에 맺어진 「통상조약」에서는 "이탈리아 선박이 각 항구로 들어오려면 인수인을 고용한다. 세무를 완전히 정산한 다음에는 역시 인수인을 고용해 항구를 나간다. 인수인에게 주는 비용 및 인수인에 대한 규정은 지방관이 각국 영사관과 함께 상의한 뒤 결정한다"(제34관)[38]고 했다. 인수원에 대한 규정은 지방관과 각국의 영사관이 상의하여 정한다는 내용을 담은 이 조관은 각국 영사가 외국인 인수원을 고용할 뿐만 아니라, 인수원에 대한 각종 사무를 담당한다는 것을 의미했다. 그런데 인수원 고용 업무가 모두 본국 영사의 관할 아래 놓이면서 각국의 인수인들 간에 격렬한 인수권 쟁탈이 있었고 이런 인수업무의 혼란 상황을 통일적으로 관리할 필요가 대두되었다. 결국 1867년 북경 주재 외국 공사단은 청조에 정식으로

---

37 郭衛東, 『不平等條約與近代中國』, 高等教育出版社, 1993年, 160쪽.
38 『中外舊約彙編』(第一册), 251쪽.

전국적인 인수법규의 제정을 요청하였다. 총리아문은 해관총세무사海關總稅務士 로버트 하트Robert Hart(赫德)에게 이 임무를 맡겼다. 하트는 외교사절단이 동의한 조문을 정리해 10관으로 이루어진「인수장정引水章程」을 제정했으며, 총리아문은 별다른 의견을 제시하지 않고 그냥 비준해 주었다.

1867년 4월「인수장정」을 반포한 후 천진, 우장 등지에서 시행했으나 오래지 않아 정지되었다. 왜냐하면 이 장정에서 인수권의 관리를 대부분 해관 이선청에서 하도록 했기 때문에 각 항구의 영사, 외국 상인, 외국인 인수원의 강렬한 반대에 부딪쳤다.[39] 특히 가장 큰 통상항구인 상해에서는 상당한 저항이 있었다. 하트가 이 문제의 조정을 담당한 후, 1년여의 수정기간을 거쳐「각해구인수총장各海口引水總章」을 제정하고 세부적인 규정을 마련히였다. 1868년 10월 27일「인수총장」을 각 항구에 반포하고 다음 해부디 시행하였다. 본래 이 장정은 조약의 형식을 띨 필요까지는 없었으나 청조가 인수권을 상실했기 때문에 각국의 동의를 얻어 일을 추진하였다.[40]「인수총장」총10관에는 인항의 주관기구, 인수원의 시험기구, 인수원의 업무자격과 허가과정, 인수원의 양성, 인수원의 작업방식과 일상관리, 선박을 인항하는 규정 등을 담고 있었다.[41]

「인수총장」의 선포는 인수업이 외국인에게 장악되었고, 인수업이 직업화, 규범화, 조직화되었으며, 해관에 의해 인수관리체제가 확립되었다는 사실 등을 보여 준다. 특히「인수총장」제2관에서 명확하게 "무릇 중국인과 조약을 맺은 각국의 인민 등에서 인수원을 충당하고자 한다면, 고루 그 충당을 허락한다"[42]고 규정했다. 이는 외국인 인항원의 존재를 합법적으로 완전히

---

39 하트가「引水章程」을 제정한 원인, 과정, 실시, 현황, 영향 및 장정의 내용에 대해서는 陳詩啓,「中國海關與引水問題」,(『近代史研究』, 1989年 第5期); 李恭忠,「"中國引水總章"及其在近代中國的影響」(『歷史檔案』, 2000年 第2期) 등 참고.

40 侯中軍,『近代中國的不平等條約』, 上海書店, 2012年, 148쪽.

41 徐萬民·李恭忠 主編,『中國引航史』, 人民交通出版社, 2001年, 38~45쪽.

42 『中外舊約彙編』(第一册), 265쪽.

승인한 것이다. 장정반포 후 외국 국적 인수원에게 유리한 환경이 조성되자 중국인 인수원은 배척당해 오랫동안 인수업무에 대해 권한이 없었다. 청프 전쟁 중에 외국 국적의 인수원이 프랑스 군함을 중국 항구에 인항하여도 막을 수 있는 법률조항이 없어서 해전에서 대패하는 상황에 이르렀다.

(3) 해관의 해사海事 관련 업무

해금의 해체를 상징하는 대표적인 변화 가운데 하나는 바로 근대적 해관의 성립이다. 근대적 의미에서 해관이란 자국의 무역보호를 실현하기 위해 통상항구에 국가가 설치한 행정감독기관이다.[43] 만약 항구가 한 국가의 문이라면, 해관은 그 문을 여는 열쇠로 비유할 수 있을 것이다. 해관에 대한 기존 연구가 방대하므로 여기서는 연안무역과 관련된 조약 항목에 대해서만 간단히 언급하고자 한다.

1843년 10월에 맺은 청영「호문조약」제3관에 규정하기를, "무릇 영국 상인이 화물을 운반해 항구에 들어오면 사흘 동안 화물을 내리고, 화물을 판 후 항구를 떠날 때 먼저 영국 관리에게 통보하고 영국 관리는 자신들이 고용한 통사를 통해 해관에 보고한다"[44]고 했다. 선박이 항구에 도착해서 직접 해관에 신고하는 것이 아니라 영사를 통해 해관과 관계를 맺는 방식이다. 이 조약의 다른 조항에서는 외국 선박이 영사에게 보고한 후 영사의 동의를 거친 후에야 비로소 항구를 떠날 수 있다는 내용도 있다.[45] 여기에 따르면 외국 선박의 중국 항구로의 출입은 사실상 중국 측의 허가를 필요로

---

43 대체로 조약으로 만들어진 해관의 성립에 대해 그 중요성을 높이 평가하는 데 반해, 어떤 학자는 해관은 단순한 세수의 출처로 대외무역은 중국에 근대화의 도구가 될 정도로 필수적이지는 않았다고 본다. 서양인에게 조약은 중국의 개방을 위한 첫걸음이었지만 결코 새로운 체제를 도입하지는 못했다는 것이다(프랑수아 지푸르 지음, 노영순 옮김, 『아시아 지중해: 16~21세기 아시아 해항도시와 네트워크』, 선인, 2014, 226~229쪽).

44 『中外舊約彙編』(第一册), 401~402쪽.

45 中國航海學會, 『中國航海史』(近代航海史), 人民交通出版社, 1989年, 36쪽.

하지 않았다. 그런데 "영국 상선이 항구에 들어온 후 즉각 각종 서류를 해당 항구의 영국 영사에게 보낸 다음, 영사는 다시 중국 해관에 통지하여 중국 해관이 징세한다"[46]는 제도는 실제적인 효과가 없어서 시행이 중지되었다. 그 대신에 영사가 징세하는 방식으로 바뀌었으나, 이 방법 역시 반발이 적지 않아 오래지 않아 폐지되었다.

1844년 7월에 맺은 청미 「망하조약」에서는 "합중국 무역선박이 중국의 다섯 항구에 정박할 때, 각 영사와 선주 등이 결정하며, 중국은 통제하지 않는다"(제26관)[47]라고 했으며, 그해 10월에 맺은 청프 「황포조약」에서는 "프랑스 선박이 다섯 항구에 도착하면 중국 관리는 이를 통제할 수 없으며, 모두 프랑스 관리와 해당 선주가 스스로 처리한다"(제28관)[48]라고 했다. 이것은 외국 선박에 대한 항무관리권을 넘긴 것으로, 외국 선박의 중국 항구에서의 사무는 모두 영사가 관리하였다.[49] 이처럼 제1차 아편전쟁 후 체결한 여러 조약에서 중국 해관의 주권, 특히 관세자주권은 심각하게 훼손되었다.

그 후 열강의 해관행정에 대한 간섭이 이어지던 중 중국 해관을 완전히 장악하기 위해 외적세무사제도外籍稅務士制度가 도입되었다. 널리 알려졌듯이 얼마 지나지 않아 근대 중국 해관의 상징인 해관총세무사제도가 만들어져 하트에 의해 관리가 이루어졌다. 이른바 '하트체제'는 과학적인 규범을 중국 해관에 도입하여 무역뿐만 아니라 항구관리업무에서도 서구적 근대화를 촉진시켰다. 여기서는 바다와 직접 관련된 해사海事 업무에 대해서만 간단히 소개하면 다음과 같다.

해관은 순수한 해관 업무(수출입화물 감독, 세비 징수, 밀수조사 및 체포, 해관통계 등) 말고도 항구관리 업무를 오랫동안 담당하였다. 해관의 항구관리 업

---

46 『中外舊約彙編』(第一册), 40~41쪽.
47 위의 자료집, 55쪽.
48 위의 자료집, 63쪽.
49 中國航海學會, 『中國航海史』(近代航海史), 人民交通出版社, 1989年, 39쪽.

무는 ① 선박의 정박 시설관리, 선박의 정박 질서유지, 선박장정의 제정 등 항구업무, ② 등대 부표의 설치와 유지, ③ 기상예측, ④ 항로정비, ⑤ 검역 등을 포함한다. 이를 위해 해관은 선박들로부터 선박비를 징수하여 항해보조설비를 만들었다. 중국은 원래 항해보조설비를 전담하는 부서가 없었으나, 아편전쟁 후 외국 선박이 증가하고 항운업이 발전함에 따라 이를 담당하는 인력이 필요해졌다. 항해보조설비에 먼저 관심을 가진 사람들은 외국인이었다. 외국 영사와 외국 상인들의 요구로 1846년 상해도대上海道臺는 장강 입구 부근에 간단한 항행표지를 설치하였다. 이 설비만으로는 실제 수요를 만족시킬 수 없어서 영국 영사 로버트슨Robertson은 직접 노동자를 고용해 오송구五松口 밖에 스스로 표지를 설치하였다. 1858년에 이르러 상해항 주변은 어느 정도 항해표지가 만들어져 왕래하는 선박에 적지 않은 도움을 주었다. 외국인들은 상해항에 만족하지 않고 항해보조설비를 다른 개항장이나 근해 수역에 설치할 것을 요구하여, 통상조약 등에 이를 반영하였다.[50]

청영 「통상장정선후조약: 해관세칙」 제10관에는 "총리대신이 임명한 영국인 방판세무幇辦稅務는 탈세를 엄격히 조사하고, 구계口界를 판정하며, 사람을 파견해 선박의 정박지를 지정하여 부장浮樁, 호선號船, 탑표塔表, 망루望樓 등을 나누어 설치한다. 그 부장, 호선, 탑표, 망루 등을 설치하는 비용은 선박으로부터 받아서 쓴다"[51]고 했고, 청영 「천진조약」 제32관에는 "통상 각 항구에 부장, 호선, 탑표, 망루 등을 설치하는 것은 영사관과 지방관이 함께 만나 설치하는 것을 나누어 결정한다"[52]고 했다. 이런 규정들은 제도적으로 해관 관련 부서에서 항구보조설비의 정상화를 책임지고, 해관의 선박세에서 경비를 지원하도록 한 것이다. 청조는 1866년부터 선박징수세의

---

50 徐萬民·李恭忠 主編, 『中國引航史』, 人民交通出版社, 2001年, 51쪽.
51 『中外舊約彙編』(第一册), 100쪽.
52 위의 자료집, 118쪽.

70%를 총세무사가 관리하도록 하여 연해 각 항구의 항해보조설비를 만드는 경비로 사용하도록 했다. 하트도 영국 공사의 지지 아래 이런 청조의 결정에 찬동하였다. 따라서 연해 각 항구의 항해보조설비의 관리권은 해관 계통에 귀속되었다.[53] 1868년 설립한 선초부船鈔部가 항구관리 업무를 전문적으로 담당했는데, 우선 항해보조설비를 만들고 계속 신식설비를 추가하였다. 그 후 1894년 무렵 연해 항해보조설비의 상황은 등탑燈塔 11좌, 부통浮筒 89구, 표장標桩 67구 등에 이르렀다.

해관총세무사 하트가 중국 해관의 실권을 장악한 후, 중국 연해에 신식 등대를 설치했는데, 이를 계기로 등대의 근대화가 시작되었다. 1868년 해무과海務科가 만들어졌을 때, 중국 연해의 등대는 일부에 설치되었으나 여전히 많은 곳에서는 전통적인 방법으로 대낮에 민간 선박을 이용해 항로를 표시하였다. 연해항구가 개방되면서 선박의 왕래가 잦아지자 기존의 단순한 항로표지로는 항해의 안전을 보장할 수 없었다. 이에 해무과에서는 체계적인 등대 건립계획을 세웠다. 1869년 장강 입구에 등대를 세웠고, 여산과 오송구 등에도 등대를 세웠다. 곧이어 대만해협臺灣海峽이나 화동해안華東海岸의 위험한 곳에도 차례로 등대를 세웠다. 1871년에는 하문 입구의 한 섬에다 등대를 세웠고, 복주 입구 등에도 등대를 세웠다.[54] 이와 동시에 해관에서는 중국 연해의 항해 표지를 통일적으로 관리하기로 결정하고, 총세무사 안에 연해항행표지의 건립, 항구의 항도 정리, 항구 내 정박 등의 업무를 전담하는 부서를 만들었다. 중국 연해를 남, 중, 북 세 구역으로 나누어, 북방은 연대煙臺에 본부를, 중앙은 상해에 본부를, 남방은 복주에 본부를 각각 설치하였다.

그리고 하트는 연해와 강변에 기상관측소를 설치하고 기상예측시스템을

---

53 徐萬民·李恭忠 主編,『中國引航史』, 人民交通出版社, 2001年, 51쪽.
54 張輝華 編著,『舊中國海關歷史圖說』, 中國海關出版社, 2005年, 69쪽.

만들어 각 지역에 기상서비스를 제공하였다. 기상 관련 연락시스템의 구축은 선박의 항해 안전에 큰 도움을 주었다. 나아가 해로를 측량하는 대규모 사업을 진행하여 중국 연해와 내하에 대한 항로를 측량하여 대량의 항로지도를 만들었다. 앞서 언급한 인수업무 역시 해관이 담당하였다. 그 밖에도 중국 해관은 위생검역, 우정사업, 세계박람회 참가, 상표등록, 화공華工의 출국사무 등 폭넓은 사업들을 관장하였다. 이렇듯 해관은 근대화의 과정이나 바다의 영토화 과정에서 중요한 기능을 담당하였다. 청조가 멸망하기 직전인 1910년에는 해관의 총수가 49곳에 달하였고, 2만여 명의 직원을 거느리는 전국적인 해관망이 만들어졌다.

2. 통상조약에 나타난 해군 관련 조항

(1) 해난구조와 해도海盜 체포

통상조약의 해양 관련 규정 가운데 청조에게 일방적으로 불리한 것만이 아닌 서구적 특색을 갖춘 우량한 규정들도 도입되었다. 예를 들어, 해난구조는 서양에서 오래된 제도로 각국의 공통된 인식이 있었다. 해양재난으로 인해 표류한 선원에 대한 인도적 구조는 국제법상 규정으로 유럽 국가들의 의무로 명문화되었는데, 제1차 아편전쟁 후 영국은 이 제도를 청영조약에 반영하였다.

청영「남경조약」제3관에는 "영국 상선은 먼 길을 바다로 건너오므로 종종 손상을 입어 수리해야 하는 경우가 있어 연해 한 곳을 제공받아 선박의 수리와 필요한 물자를 공급하도록 한다"[55]고 규정했다. 이 구절은 곧바로 홍콩 섬의 할양 내용으로 이어졌다. 그리고 청미「망하조약」제27관에는

---

55 『中外舊約彙編』(第一册), 31쪽.

"만약 합중국의 무역선박이 중국의 바다에서 바람을 만나거나 암초에 부딪히거나 얕은 물에 갇히거나 해도를 만나 파손이 되었을 경우 연해 지방관이 알게 되면 마땅히 방법을 세워 구호하고 구휼해야 한다. 나아가 배를 움직여 항구에서 수리하거나 일체의 식량을 구매하고 담수를 구하는 데 고루 막지 말아야 한다. 만약 이 상선이 외양外洋에서 파손되어 중국 연해지방으로 표류하면 관리가 조사한 후에 역시 일체의 구휼을 하고 적절히 처리해야 한다"[56]고 했다. 이 항목은 전형적인 조난구조 항목으로 조선과 같은 주변 국가와 통상조약을 맺을 때에도 유사하게 반영되었다. 두 조약에서 알 수 있듯이, 해난구조항목이 담긴 청영조약의 규정은 다소 모호하게 기술되었지만 청미조약의 규정은 비교적 상세하게 언급되었다. 대체로 본국의 무역상선과 상민을 보호하려는 것이 목적이었다.[57] 한편 청프「황포조약」에는 구체적인 조난구조 항목이 보이지 않으나 이미 영국과 미국의 특권을 동등하게 향유하므로 앞의 조항이 자동으로 적용되었다.

그 후 제2차 아편전쟁의 결과, 청과 열강 간 맺은「천진조약」에서도 해난구조에 대한 내용은 자세히 담겨 있다. 예를 들어, 청영「천진조약」에는 영국 선박이 중국 연근해에서 파손되거나 바람을 만나 항구에 왔을 때 지방관이 이를 알면 즉각 구조해야 하며 주변 영사관에 사실을 알리도록 하였다.[58] 이에 따라 중국은 해난을 당한 영국 선박을 구조해야 하는 조약의무를 가지게 되었으며, 지방관은 법정 구조인으로 해난구조업무의 전권을 책임지고 반드시 관할 구역 내의 영국 선박에 필요한 조치를 취하도록 하였다. 그 후 해난구조의 경제적 문제점을 해결하기 위해 복주 영국 영사는 구조보상제도를 도입해「수상실사양선장정酬賞失事洋船章程」을 만들어 민절총독閩浙

---

56 『中外舊約彙編』(第一册), 55쪽.
57 李育民, 『近代中國的條約制度』, 湖南師範大學出版社, 1995年, 272쪽.
58 『中外舊約彙編』(第一册), 98쪽.

總督을 통해 총리아문으로 보냈다. 총리아문은 1869년 각 성 연해의 지방관과 각 항구 영사관에게 이 사실을 알렸다. 이에 따라 중국인의 구조 활동에 따른 보상의 취득과 분배에 관한 합리적인 규정이 만들어졌다.[59] 같은 「천진조약」 제52관에서는 "영국의 군함이 별다른 뜻 없이 혹은 도적을 잡아 중국에 올 때 어떤 항구를 막론하고 일체 음식물과 식수를 살 수 있고 선박을 수리할 수 있도록 지방관이 살펴 주어야 한다. 군함의 해군장교는 중국 관원과 평등하게 대우한다"[60]고 하여 해난구조 항목을 해도 체포 문제와 결부시키는 등 더욱 구체화시켰다. 이것은 구미열강이 중국 해양의 불안정성으로 인해 해난구조에 대해 무척 관심을 가지고 있었다는 사실을 잘 보여 준다.

위와 같이 19세기 후반 청조와 외국 간에 해상조난 구조와 송환이 조약으로 규정되면서 전통적인 표류민 송환제도는 종언을 맞이하였다. 과거 청조의 해난대책은 외국인 표류민의 송환에 집중되었으나, 개항 후에는 해난사고로 난파한 외국 선박의 재산이 연해민에게 약탈되는 사태를 막고 조난자의 생명을 안전하게 확보하는 것으로 바뀌었다. 이를 위해 영국은 개항장에 있는 영사관을 통해 자국 해군을 파견해 영국인의 생명과 재산을 보호하려 했다.[61] 그러다가 제2차 아편전쟁 후 해관에서 해난구조 관련 업무를 담당하면서 「보호중외선척우험장정保護中外船隻遇險章程」, 「해선피팽장정海船避碰章程」, 「유관인선우험구호有關人船遇險救護」 등 해난구조장정을 만들어 시행하였다.

한편 해난구조와 간접적인 관련을 가지는 것으로 해양지도 측량문제가 있다. 19세기에 들어오면서 영국과 프랑스 군함이 중국의 바다에 자주 나타났지만 항로에 익숙하지 않아서 중국 주변 항구와 도서를 측량하였다.[62]

---

59 「酬賞失事洋船章程」(1869년)(『中外舊約彙編』(第一冊), 314쪽.
60 『中外舊約彙編』(第一冊), 102~103쪽.
61 村上衞, 『海の近代中國』, 名古屋大學出版會, 2013, 225쪽.
62 제1차 아편전쟁 전 영국인들은 아편무역 등을 하면서 중국 연해의 많은 곳을 측량하고 해양지

해양지도 측량은 해방건설과 군사항해에서 불가결한 업무였지만 청조는
자국의 연해지형, 수심, 조석, 기상 등에 별로 관심을 기울이지 않았다. 이
와 달리 영국은 자국 함대를 이용해 대량의 해양지도를 제작하였다. 아편전
쟁 당시 군함이 사용한 해도는 대부분 외국인이 그린 것이다. 연해의 많은
지명에 중국 명칭이 적고, 외국인이 명명한 지명이 많다는 사실에서도 알
수 있다.[63] 열강이 마음대로 중국의 해양지도를 작성할 수 있는 법적 근거는
없었다. 단지 선박의 항해에 반드시 필요하다는 논리에다가 조약문에 측량
을 금지하는 규정이 없다는 것은 암묵적인 허락이라는 해석이었다. 열강이
정식으로 측량권을 요구한 때는 1843년이었다. 그해 1월 19일 영국 대표
포틴저가 절강순무浙江巡撫에게 영국 군함이 진행 중이던 해양측량에 대해
조회를 했는데, 청조 지방관은 별다른 문제를 인지하지 못하고 오히려 공감
하는 태도를 보이며 허락하였다.[64] 그 후에도 해양지도의 작성권리는 조약
체결 과정에서 요구하지 않아서 조약문에 나타나지 않았다.[65]

군함의 중국 방문 목적과 관련해 흥미로운 조약 항목으로는 청미, 청영
「천진조약」에 모두 '포도捕盜(해도 체포)'라는 규정이 실렸다는 사실이다. 제
1차 아편전쟁 후 「남경조약」을 체결할 때만 하더라도 영국 해군의 해도 체

도를 그렸다. 아편전쟁 직전의 대표적인 사례로는 Lord Amherst호 사건이 있다. 1832년 2월
말 영국 동인도회사에서 파견한 밀무역선 애머스트호가 중국 연해항구의 항도를 조사하고 해
역도를 작성하여 중국 연해의 방어 상태를 정탐한 사건이다.

63 劉利民, 『不平等條約與中國近代領水主權問題研究』, 湖南人民出版社, 2010年版, 143쪽.

64 齊思和 等 整理, 『籌辦夷務始末(道光朝)』(五), 中華書局, 1964年, 2579∼2580쪽, 2589쪽.

65 1890년대 이전까지도 열강의 측량활동은 주로 통상항구 주변과 항로에 제한되었다. 1890년
미국 군함은 미개항 항구에 대한 측량활동을 요청했으나 청조의 반대에 직면하였다. 미국 공
사는 청미 「천진조약」 제9관을 인용하며 미국 군함이 바람의 위험을 피하거나 해도를 체포하
는 경우 연해 각처에 머무를 권리가 있다는 사실을 근거로 삼고, 미개항 항구에 대한 항행의 위
험성을 부각시키며 측량활동을 합리화하려고 했다. 그 후 외국 군함은 중국 해양을 측량할 때
합법적인 허가를 받은 후 진행하는 경우도 있었지만, 불법적으로 진행하는 측량활동이 더욱 많
았다(劉利民, 『不平等條約與中國近代領水主權問題研究』, 湖南人民出版社, 2010年版, 145∼
147쪽).

포활동에 대해 청의 지방 당국은 반대했는데, 이는 중국 연해가 중국인의 바다였기 때문이었다. 그런데 청조가 미국과 맺은 청미 「망하조약」 제26관에서 "만약 합중국 상선이 중국이 관할하는 내양에서 도적들에게 약탈을 당하면, 중국 지방 문무관이 이 소식을 들으면 반드시 엄히 강도를 잡아서 법에 따라 처벌해야 한다"[66]고 했으며, 특히 제2차 아편전쟁이 끝나고 맺어진 청미 「천진조약」 제9관에서는 "대합중국 선박이 대양 등지에서 파괴 약탈되거나 혹은 파괴되지 않았어도 약탈당하거나 인질이 되면, 대합중국 관선은 도적을 추적해 잡을 수 있고, 지방관에게 넘기면 신속하게 재판을 진행한다"[67]고 규정했다. 이 조항은 미국 군함이 해도를 체포할 권리를 규정한 것이다. 그러나 이 조관은 대양 등지에서 해도를 체포한다고 규정해 중국의 바다에 대해서는 구체적으로 언급하지 않았다.

영국은 열강 가운데 해도의 진압에 가장 적극적으로 나선 국가이기 때문에 조약에도 그 의지가 고스란히 반영되었다. 청영 「천진조약」에는 명확하게 중국의 바다에서도 해도를 체포하는 것을 규정하였다. 이 조약 제52관과 제53관에는 다음과 같은 내용이 있다. 제52관에서는 "영국의 군함이 별다른 뜻 없이 혹은 도적을 잡아 중국에 올 때 어떤 항구를 막론하고 일체 음식물과 식수를 살 수 있고 선박을 수리할 수 있도록 지방관이 살펴 주어야 한다. 군함의 해군장교는 중국 관원과 평등하게 대우한다"고 했으며, 이어서 제53관에서는 "중화해면에서 매번 도적의 약탈이 있는데, 청국과 영국은 내외 상민에게 큰 손실을 끼친다고 보고, 회의에서 뜻을 모아 없앨 방법을 강구한다"[68]고 했다. 그 후 다른 나라들도 위의 제52관과 유사한 규정이 조약에 들어갔다.

---

66 『中外舊約彙編』(第一冊), 55~56쪽.
67 『中外舊約彙編』(第一冊), 91쪽.
68 『中外舊約彙編』(第一冊), 103쪽.

그리고 청영「천진조약」제19관에는 "영국 선박이 중국이 관할하는 해양海洋에서 강제로 약탈당할 경우 지방관은 이 소식을 들으면 즉각 대책을 강구해 조사, 추적, 체포해야 한다. 추적해 얻은 적의 물건은 영사관에 보내 원주인에게 돌려주어야 한다"[69]고 규정했다. 또한 청영조약보다 며칠 일찍 체결된 청미「천진조약」제13관에는 "상선이 중국이 관할하는 내양에서 해도에게 약탈당하면 지방 문무관원은 소식을 듣는 즉시 도적을 체포해 처벌한다"[70]는 규정이 실려 있다. 이는 영국과 미국이 "중국이 관할하는 해양", 혹은 "중국이 관할하는 내양"에서는 청조가 해적을 체포할 책임을 지도록 규정한 것이다. 여기서 영해를 암시하는 '내양'이란 표현이 나타나 주목할 만하다.

포도 조관을 통해 영국 해군을 비롯한 외국 군함은 단독으로, 혹은 중국과 합작해 해도를 체포할 권리를 획득하였다. 국제법상 해도를 체포할 권리는 단지 공해상에서 제한을 받지 않는 것이지, 특정국가의 영해상에서는 외국 군함이 해도를 체포할 권한이 없었다. 비록 "중화해면中華海面"이나 "대양등처大洋等處"에서 포도한다고 했으나, 실은 중국의 바다에서 포도하겠다는 의미였다. 이 시기의 조약에서는 중국의 내수內水에서 포도하겠다는 규정은 없었지만, 점차 중국의 장강이나 서강과 같은 내하유역에서도 해도를 체포하는 경우가 나타났다.[71] 그럼에도 불구하고 해도의 위협으로부터 외국 선박과 외국인의 생명, 재산을 보호하기 위해 영국 해군이 개입하는 데는 한계가 있었다. 결국 해로의 안전을 확보하기 위한 체계적인 안전시스템을 구축하는 것이 매우 중요해졌다.

요컨대, 전통적인 표류민 송환제도를 대신해 해상조난 구조와 송환을 통

---

70 『中外舊約彙編』(第一册), 92쪽.

71 劉利民,「試論外國軍艦駐華特權制度的形成與發展」,『貴州文史叢刊』, 2010年 第4期, 5쪽.

상조약 항목에 규정한 것, 연해측량을 통해 안전한 해로를 확보한 것, 연안 무역의 발전을 막은 해도 체포를 의무화한 것 등은 바다로 나가는 것을 통제하던 상황에서 벗어나 근대적 해운업의 본격적인 발전을 가져왔다.

(2) 군함정박권

서양 열강은 중국에 군대를 주둔시킬 때 보통 바다에 군함을 주둔시켰다. 따라서 외국 군함의 해상 운항과 항구 정박의 권리는 무척 중요한 사안이었다. 국제법상 연해국가의 영해에 외국 상선이 해를 끼치지 않을 경우, 제지하지 않고 통과시키는 것이 관례이다. 그런데 이런 무해無害통항권을 외국 군함에게도 줄 수 있느냐의 문제는 논쟁거리이다. 보통 외국 군함이 연해국에게 먼저 허가를 받아야 하는 것이 보통이며, 외교사절이 탑승한 군함의 경우는 예외이다. 하지만 조약을 맺기 전에 중국의 바다에 진입한 서양 군함은 대부분 청조의 허가를 받지 않았다. 장기간 허락을 받지 않고 한 나라에 머무르는 것은 국제법에 위배된다. 국제법이 군함의 무해통과권을 부정하는 것은 아니지만, 그렇다고 영해 내에 거류할 권리를 허가한 것은 아니다. 단 해난사고가 발생한 경우는 예외이다.[72]

아편전쟁 이전 처음 중국의 바다에 나타난 외국 군함은 영국 군함으로 1741년 중국에 왔으나 청조는 호문虎門에 입항하는 것을 허락하지 않았다. 그 후 중국에 온 외국 군함들은 항구에 진입하는 것이 청조의 법률에 어긋난다는 사실을 잘 알았다. 그래서 열강은 항구 내에 정박할 수 없어 모두 마카오나 호문항의 바깥에 머물렀다.[73] 영국인들은 해군이 상선을 보호한다는 점을 들어 중국에 군함을 파견하는 목적이 영국 상민이 중국에서 무역을 할 때 자국 화물을 보호하기 위해서라고 했다. 이런 목적으로 군함이 항구

---

72 劉利民, 「試論外國軍艦駐華特權制度的形成與發展」, 『貴州文史叢刊』, 2010年 第4期, 19~21쪽.
73 李育民, 『近代中國的條約制度』, 湖南師範大學出版社, 1995年, 269~270쪽.

에 진입할 때 종종 청조의 허락을 받지 않았기 때문에 그 후에도 관습적으로 잠시 정박하곤 했다. 청조는 화물을 보호하는 군함이 무역선과 함께 돌아갈 것이라고 생각했지만 아편전쟁 후 상황이 바뀌었다.

제1차 아편전쟁이 끝난 후 영국은 오랫동안 꿈꾸던 군함정박권을 얻었다. 포틴저가 체결한 청영「오구통상장정: 해관세칙」제14관에는 "무릇 통상하는 다섯 항구에서 매 항구마다 영국 관선 한 척의 정박을 허가한다. 관사관과 그 직원들은 엄격하게 선원들을 단속하여 문제 발생을 피한다. 관선은 화물선이 아니고 무역을 하러 오는 것이 아니므로 초세鈔稅 등의 비용을 고루 면제한다. 관선이 항구에 들어오거나 나갈 때 영국 관사관은 마땅히 일찍 해관에 통보하여 허락을 받는다"[74]고 했다.[75] 곧이어 청영「호문조약」제10관에서도 "무릇 통상하는 다섯 항구에는 반드시 영국 관선 한 척이 정박하는데, 각 화물선의 선원들을 엄격히 단속한다. 이 관사관은 동인도회사 상인과 속국 상인도 단속한다. 관선의 선원 등은 중국 주재 영국 관리의 단속을 받는다. 모든 내지 장거리 여행을 불허하는 장정규정은 관선의 선원이나 화물선의 선원 모두 준수한다. 장차 관선이 떠날 때 반드시 다른 한 척과 교대하는데, 해당 항구의 관사관이나 영사관이 반드시 먼저 중국 지방관에게 보고하여 문제 발생을 피한다. 무릇 서로 교대하는 관선이 중국에 올 때 중국 병선은 방해하지 않는다. 영국 관선은 화물을 싣지 않고 무역을 하지 않으므로 선박세를 납부하는 것을 면제한다"[76]고 했다. 이 규정이 만들어지면서 영국은 제한적인 수준이지만 공식적으로 중국 항구에 군함을 주

---

74 『中外舊約彙編』(第一册), 42~43쪽.
75 열강이 군함을 중국에 파견할 경우 보통 통상을 보호한다는 것이 명분이었다. 각 조약의 군함 관련 규정은 모두 이를 중심으로 만들어졌다. 예를 들어, 1843년의 청영「五口通商附添先後條款」제10관에 규정한 바에 따르면, 처음에 군함이 정박할 수 있는 범위는 통상을 개방한 상해, 영파, 복주, 하문, 광주 등 다섯 항구로 제한했으며, 다섯 항구의 영국 관선(군함)은 반드시 영국 선박의 선원을 엄격히 통제한다는 내용이 있다. 이것이 군함정박권에 관한 초기 규정이다.
76 『中外舊約彙編』(第一册), 36쪽.

둔시키는 조약특권을 얻었다. 여기서 관선이 병선인가라는 문제가 있는데, 상식적으로 당시 관선이 무장하지 않았을 가능성은 거의 없으며, 오히려 관선이란 명목으로 면세의 특권을 얻었다. 이어 열강이 군함정박권을 얻는 과정에서는 미국 전권대표인 쿠싱의 역할이 컸다. 그는 청미 「망하조약」을 체결하는 과정에서 청조와 잦은 갈등을 빚었고 결국 청영 「호문조약」보다 유리한 내용을 담았다. 특히 군함문제와 관련한 내용이 그러한데, 「호문조약」에서 한 척으로 제한했던 규정을 없앤 것이나 군함의 예우문제를 분명히 한 것 등이 그러하다.[77] 청미 「망하조약」에서는 "앞으로 합중국의 병선이 무역을 순찰하기 위해 중국의 각 항구에 왔을 때, 그 병선의 수사 제독과 수사대원은 중국 현지 항구의 문무대관과 평등한 예로 대우하여 우호의 뜻을 보인다. 해당 병선이 음식물을 구매하거나 음료수 등을 구할 때 중국은 고루 이를 막지 않는다. 혹은 병선이 훼손되어 수리하는 경우도 마찬가지이다"(제32관)[78]라고 했다. 이런 조관은 청영 「호문조약」의 관련 내용과 비교해 볼 때 몇 가지 차이가 나타난다. 첫째, 군함의 숫자에서 「호문조약」에는 매 항구마다 병선 한 척이 주둔할 수 있다고 규정했지만, 「망하조약」에는 이 규정이 없다. 군함의 주둔 숫자에 대해 미국 측이 주동적이 된 것이다. 둘째, 군함의 정박 목적에서 「호문조약」에는 병선의 주둔 목적이 "선원을 단속하는" 것이라고 규정했지만, 「망하조약」에는 이 점에 대해서 언급하지 않았다. 미국 병선이 중국에 오는 목적은 "무역을 조사 감독하는" 것이었다. 셋째, 출입수속과 관련한 규정에서 「호문조약」에는 영국 관선이 출입할 때 반드시 중국 지방관에게 알려야 한다고 했지만, 「망하조약」에는 이 규정이 없다. 이 조항이 사라지면서 미국 병선은 수시로 왕래하며 청조에 보고할 의무가 없어졌다. 넷째, 군함의 예우규정에서 「망하조약」은 「호문조약」에 비

77　劉利民, 「試論外國軍艦駐華特權制度的形成與發展」, 『貴州文史叢刊』, 2010年 第4期, 2~4쪽.
78　『中外舊約彙編』(第一册), 56쪽.

해 두 가지 규정이 추가되었다. 하나는 외교상의 예우규정이며, 다른 하나는 생활상의 예우규정이다. 앞의 네 가지 차이점 말고도 「망하조약」은 군함의 운행범위가 「호문조약」과는 조금 달랐다. 「호문조약」에서는 군함의 정박지점이 통상 다섯 항구에 제한되었지만, 「망하조약」에서는 "중국의 각 항구"로 바뀌어 해석의 여지를 남겼다.[79] 게다가 청미 「망하조약」 제32관에서 관선의 실체가 군함으로 분명해졌다.[80]

한마디로 군함정박권과 관련해 쿠싱은 포틴저의 수준을 훨씬 넘어섰는데, 이 조약은 일체균점의 원칙에 따라 영국인들도 향유할 수 있었다.

한편 프랑스 역시 청프 「황포조약」을 맺으면서 영국과 미국이 획득한 권리를 함께 향유하였다. 「황포조약」에는 "대프랑스국 황제가 임명한 병선을 다섯 항구에 정박시킬 수 있다"(제5관)[81]고 하여 프랑스 정부가 원하면 피견하고, 원하지 않으면 파견하지 않을 수 있다고 했다. 앞의 「호문조약」에서 매 항구마다 반드시 관선 한 척씩 정박시킨다는 속박에서 벗어날 여지를 남긴 것이다.[82] 이 조약에서 군함문제와 관련해 크게 달라진 내용은 없지만, 당시 프랑스 군함의 수가 그리 많지 않은 현실을 고려한 측면이 있다.[83]

---

79 劉利民, 「試論外國軍艦駐華特權制度的形成與發展」, 『貴州文史叢刊』, 2010年 第4期, 4~6쪽; 劉利民, 『不平等條約與中國近代領水主權問題研究』, 湖南人民出版社, 2010年版, 110~111쪽.

80 청미 「망하조약」에서 미국 군함이 중국에서 받는 대우를 좀 더 살펴보면, 첫째는 외교상의 예우이다. 「망하조약」에는 "병선의 水師提督과 水師大員은 중국의 현지 항구의 文武大憲과 평등한 예로 대우하여 우호의 뜻을 보인다"[『中外舊約彙編』(第一冊), 56쪽]고 했는데, 이것은 중국 관헌이 소홀이 대우하지 말라는 뜻이며 다른 나라와의 조약에도 유사한 규정이 있다. 둘째는 면세권을 향유하는 것이다. 「호문조약」에서 영국이 처음 이 특권을 향유했는데, 군함은 화물을 싣지 않아 무역하러 온 것이 아니므로 세금을 면제해 주어야 한다는 논리였다[『中外舊約彙編』(第一冊), 42쪽]. 셋째는 생활방면으로 청조가 반드시 살펴 주어야 한다는 것이다. 처음 「망하조약」에 병선은 "음식물을 구매하거나 음료수 등을 구할 때 중국은 고루 이를 막지 않는다"거나, "병선이 훼손되어 수리하는 경우도 마찬가지이다"[『中外舊約彙編』(第一冊), 56쪽]고 규정했다(李育民, 『近代中國的條約制度』, 湖南師範大學出版社, 1995年, 272쪽 참고).

81 『中外舊約彙編』(第一冊), 58쪽.

82 劉利民, 『不平等條約與中國近代領水主權問題研究』, 湖南人民出版社, 2010年版, 112쪽.

83 각국이 청조와 자국 군함의 항구정박 관련 조약을 맺을 때, 군함의 정박범위는 대체로 세 가지

제2차 아편전쟁이 끝나고 맺어진 조약에서 군함정박 문제와 관련해 두 가지 측면에서 큰 변화가 있었다. 첫째, 통상항구의 증가에 따라 군함의 정박범위 및 활동범위가 확대되었다. 「천진조약」과 「북경조약」을 통해 통상항구가 남북으로 훨씬 넓어졌는데, 사실상 봉천奉天일대를 제외한 나머지 지역이 모두 개방되었다. 둘째, 외국 군함의 정박 목적이 자유로워졌다. 청미 「천진조약」 제9관에 따르면, 과거 「망하조약」에서는 병선 왕래의 목적이 무역을 조사, 감독하는 것이었지만, 이번 조약에서는 무역을 보호하는 일 말고도 "견문을 넓힌다[增廣才識]"[84]고 규정해 사실상 미국 군함은 어떤 목적이든 중국에 올 수 있었다. 청영 「천진조약」 제52관에서는 앞의 표현이 "별다른 목적 없이[別無他意]"[85]란 용어로 바뀌었다.[86] 결국 군함의 정박특권은 청영 「천진조약」 제52관과 청미 「천진조약」 제9관에서 대체로 완성되어, 그 후 기본적으로 큰 변화가 없었다. 이처럼 제2차 아편전쟁 후에는 외국 군함의 중국 정박과 관련한 제반조치는 더 이상 중국의 허가사항이 아니라 오히려 의무사항으로 바뀌었다.

군함정박권은 영국, 프랑스, 미국, 러시아 4개국이 일찍부터 권리를 획득했고, 나머지 국가들도 점차 이 권리를 얻어 청말에 이르러서는 모두 18개국이 이 특권을 누렸다. 군함정박특권을 얻은 18개 국가 중 12개가 모두 유럽 국가였고, 나머지 6개국은 조선과 일본을 제외하면 미주국가들이었다.

었다. 첫째, 러시아, 미국과 같이 "通商海口"에 제한하는 경우로 연해지역의 통상항구에만 정박할 수 있었다[『中外舊約彙編』(第一冊), 87쪽, 91쪽]. 둘째, 영국과 같이 "영국 군함은 별다른 이유 없이 혹은 해도를 체포하기 위해 중국에 들어올 수 있는데 어떤 항구도 가능한" 경우이다[『中外舊約彙編』(第一冊), 102쪽]. 셋째, 프랑스의 경우 "병선은 통상 각 항구지방에 정박할 수 있다"[『中外舊約彙編』(第一冊), 110쪽]. 여기서 통상항구란 연해와 내하의 통상항구를 모두 말한다. 다른 나라들도 대체로 위의 범주를 벗어나지 않았다(李育民, 『近代中國的條約制度』, 湖南師範大學出版社, 1995年, 271쪽).

84 『中外舊約彙編』(第一冊), 91쪽.
85 『中外舊約彙編』(第一冊), 102쪽.
86 劉利民, 『不平等條約與中國近代領水主權問題研究』, 湖南人民出版社, 2010年版, 113쪽.

그 가운데 중국 병선이 상대국에 대해 같은 권리를 행사할 수 있는 나라는
페루, 브라질, 멕시코, 조선, 스웨덴 등 5개국이었다.[87] 결국 청 말에는 외국
군함이 조약상의 특권에 따라 자유롭게 중국 연해와 하천을 드나드는 일을
쉽게 볼 수 있으며, 심지어 조약규정을 벗어나 미통상 항구에도 출입하는
일이 한두 번이 아니었다.[88]

　요컨대 청조가 두 차례 전쟁의 패배로 인해 맺은 통상조약을 통해 해양의
거의 모든 분야에서 불평등성이 강화되었다. 하지만 중국인들은 동시에 해
양 주권에 대한 자각의 기회를 가지게 되었다.

87　劉利民, 『不平等條約與中國近代領水主權問題研究』, 湖南人民出版社, 2010年版, 117쪽.
88　두 번의 아편전쟁 중 영국 군함이 중국에 왔을 때, 청조가 이런 군함들을 어떻게 처리했는가의
　　문제는 중국학계에서 약간의 논쟁이 있다. 우선 군함정박 문제는 몇 차례의 교섭 후 「남경조
　　약」에서 해결을 보았다는 郭衛東의 견해가 있다. 그는 "병선의 駐華 특권은 청조의 입장에서
　　보면 모호한 상황 아래 방기했으며, 영미의 경우 어정쩡한 상황에서 서서히 침투했다"며, 耆英
　　이 실제상 열강의 군함을 주둔하도록 허가한 것은 1842년 9월 20일 조회에서라고 하였다. 그
　　는 기영 등이 영국 측과 교섭할 때 이미 영국 군함의 장기정박을 허락한 것으로 보았다(郭衛東,
　　「近代外國兵船攫取在華航行權的歷史考察」, 『社會科學研究』, 1998年 第2期, 106~108쪽). 이
　　에 대해 劉利民은 이의를 제기하며 이 조약에는 외국 군함의 중국 영해에서의 장기정박에 대
　　한 내용은 없다고 보았다. 그는 기영이 영국 병선의 중국 통상항구에서의 정박에 동의하지 않
　　았다고 보면서, 이런 특권이 나타나는 때는 1843년의 청영 「호문조약」 제10관에서라는 것이
　　다. 그리고 「호문조약」에 등장하는 官船이라는 용어야말로 兵船을 대신한 용어로 보아도 무방
　　하다고 보았다. 그 후 영국의 병선이 수시로 중국을 방문하는데 시간제한을 받지 않았으며 상
　　시 주둔하였다. 그는 "군함의 정박특권제는 내용에서 제2차 아편전쟁 시기에는 이미 완성되어
　　서 그 후에는 기본적으로 큰 변화가 없었다"고 보았다(劉利民, 『不平等條約與中國近代領水主
　　權問題研究』, 湖南人民出版社, 2010年, 95~97쪽, 117쪽).

해양질서의 재편과 근대 해운업의 흥기

19세기 이전에는 아시아교역망에 유럽인이 편입되었다는 표현이 맞을지 모르지만, 19세기 중반 이후에는 이전과 다른 형태인 전쟁으로 인한 개방과 불평등조약을 통해 개항장을 중심으로 무역이 전개되었다. 제1차 아편전쟁의 결과 맺어진 청영 「남경조약」과 「호문조약」, 청미 「망하조약」, 청프 「황포조약」 등은 만국공법에 기초한 조약체제의 원형을 구성하여 해관, 해운, 해군 분야 등 여러 방면에서 새로운 해양질서를 만들기 위한 기본조건을 마련하였다. 다시 제2차 아편전쟁의 결과 청미, 청영, 청프 간에 동시에 맺어진 「천진조약」 및 「북경조약」은 조약체제를 구체화하며 해양질서의 재편을 가져왔다. 특히 통상무역 분야에서 큰 변화를 일으키며 근대 해운업이 발전하는 계기가 되었다.[89]

---

[89] 근대 중국의 대외관계와 해양이라는 주제를 다룬 초기 저작으로는 청의 해관 업무에 직접 몸 담았던 미국인 Hosea Ballou Morse가 쓴 『中華帝國對外關係史』가 있다[馬士 著, 張匯文 等 合 譯, 『中華帝國對外關係史』(1918년 제1권, 1926년 제2,3권), 上海書店, 2000年]. 근대 중국 해운 사의 대표적인 연구 성과로는 樊百川의 『中國輪船航運業的興起』(四川人民出版社, 1985年, 中

전통 해양관의 근대적 전환 가운데 하나가 서양과의 해운경쟁에 따른 항해권의 자각일 것이다. 해운은 옛날에는 주로 바닷길을 통해 세곡을 수도에 옮기는 일을 말하지만, 근대시기에는 그 범위가 크게 넓어져 여객과 물자를 운송하는 사업으로 확대되었다. 근대 해운업에 관한 기존 연구는 중국과 서양 열강의 해운경쟁, 외국해운회사의 중국으로의 침투, 윤선초상국輪船招商局과 같은 중국 항운업의 발전 등에 주목하였다. 이 시기 해운업은 중국과 외국 범선의 경쟁에서 범선과 윤선의 상호경쟁으로, 다시 중국과 외국 윤선의 경쟁 순으로 발전하였다. 보통 개항 후 대외무역이 증가하면서 외국 윤선이 출현했고, 이들이 해운업을 독점하면서 중국의 전통적인 범선무역이 쇠퇴했다는 것이 일반론이다.

여기서는 개항장을 중심으로 한 해관 통계를 기초로 해운업을 분석하기보다는, 근대 중국 해운 관련 자료집을 살펴 근대적 해운업이 활성화하게 된 몇 가지 역사적 배경을 알아볼 것이다.[90] 우선 청 말 사회적 불안정으로 인해 연

國社會科學出版社에서 2007年 재판), 王志毅의『中國近代造船史』(海洋出版社, 1986年), 王大勇 編의『招商局史』(人民交通出版社, 1988年), 中國航海學會의『中國航海史』(近代航海史)(人民交通出版社, 1989年) 등이 있으며, 대체로 외국 윤선이 해운업을 독점하면서 중국 범선무역이 쇠퇴한다는 일반론에 따른 구성을 하고 있다. 해운사 연구는 (뒤에서 언급할) 해군사 연구와 마찬가지로 애국주의 교육을 목표로 저술된 것이 많다. 그밖에 郭松義·張澤咸의『中國航運史』(文律出版社, 1997年), 陳尙勝·陳高華의『中國海外交通史』(文律出版社, 1997年), 鄭廣南의『中國海盜史』(華東理工大學出版社, 1998年), 張后銓의『航運史話』(社會科學文獻出版社, 2000年), 席龍飛의『中國造船史』(湖北敎育出版社, 2000年), 徐萬民·李恭忠 주편의『中國引航史』(人民交通出版社, 2001年), 張后銓의『招商局史—近代部分』(中國社會科學出版社, 2007年) 등의 연구서 중에서도 한두 장을 할애해 근대항운사를 소개하였다.
최근 일본에서 출판된 村上衛의『海の近代中國』은 청 말 동남 연해의 복건인의 활동과 영국·청조와의 관계에 주목하였다. 이 책은 송대 이후 일관되게 중국'바다의 역사'의 주요 무대인 화남연해에서 복건성 남부지역의 복건인 활동에 주목하여 무역, 해적, 해난, 이민 등을 중심으로 한 바다의 역사를 다각도로 검토하였다(村上衛,『海の近代中國』, 名古屋大學出版會, 2013, 4쪽). 저자는 이 책을 근대 중국의 해양사에 대한 본격적인 연구서라고 자부한다.
90 근대 중국 해운사 관련 자료집으로는 聶寶璋가 주편한『中國近代航運業資料』(第一輯, 上·下) 두 권이 대표적이다. 이 자료집은 시간 순에 따라 중국에서 제국주의 열강의 윤선 항운업, 중국 최대의 윤선항운기업인 윤선초상국, 민족자본의 윤선 항운업 등 세 부분으로 이루어졌다. 그 후 속편인『中國近代航運業資料』(第二輯, 上·下) 두 권이 출판되었는데, 제1집과 유사한 구

해지역에 출몰한 해도海盜의 존재가 있다. 그들은 상선을 나포하여 사람을 죽이고 화물을 빼앗는 등 범법행위를 일삼아 해운업 발전의 장애요인으로 작용하였다. 영국 해군은 청조의 협조 아래 해도를 소탕하고 중국의 항구를 자유롭게 드나들면서 외국 상인의 진출에 유리한 환경을 조성했고, 이는 해운업이 활성화되는 배경이 되었다. 다음으로 서양 열강의 선박이 대량으로 중국에 들어오는 시기에 초점을 맞추려 한다. 이 시기는 전 세계적으로 범선에서 윤선으로 바뀌는 시점과 일치한다는 사실에 주목할 것이다. 특히 외국 윤선의 경우 장비가 좋고, 속도가 빠르며, 화포도 장착되어 있어 중국의 바다를 마음대로 왕래할 수 있었는데, 이것은 신식 윤선이 중국 범선을 압도할 수 있는 유리한 조건을 조성하였다. 외국 윤선의 등장은 곧이어 외국 해운회사의 대규모 중국 진출을 가능하게 만들었다. 끝으로 운하에서 바다로 조운漕運의 중심이 이동한 사실이 중국 해운업의 발전을 가져온 중요한 계기였다는 사실을 다루면서, 중국 사선沙船과 서양 윤선이 조운무역 등을 놓고 경쟁하는 상황을 살펴보려 한다. 그리고 중국의 해운 이권이 외국 기업의 손에 넘어가는 것을 막기 위해 양무관료들의 지지 아래 만들어진 윤선초상국에 대해 알아볼 것이다.

성으로 만들어졌다. 이 자료집들은 중국 사회과학원 경제연구소의 '中國近代經濟史參考資料叢刊' 시리즈의 하나로 외국 해운업의 진출과 중국 해운업의 출발을 잘 보여준다(聶寶璋 主編, 『中國近代航運業資料』 第一輯(1840~1894)上·下冊, 上海人民出版社, 1983年; 『中國近代航運業資料』 第二輯(1895~1927)上·下冊, 中國社會科學出版社, 2002年). 근대항해사와 관련해서는 上海市航海學會 主編의 『中國近代航海大事記』(海軍出版社, 1999年)도 참고할 만하다.

1. 해도의 발흥과 영국 해군의 진압

(1) 중국 해도와 호항護航선대의 출현

본래 해도海盜(=해적)는 상선에게 가장 위험한 존재이다. 대개 중국 바다의 해도는 직업적인 사람들은 아니었다. 해상의 어민과 선민船民, 혹은 내하의 농민들이 고기잡이를 할 수 없거나 실업상태에 놓여 경제적 위기에 처했을 때, 다른 사람들을 약탈하여 자신의 허기진 배를 채우곤 했다. 왕조의 치안능력이 약화되면서 이런 수로 주변의 강도들이 조직적인 해도로 탈바꿈해 해적질하는 사건이 발생하곤 하였다.[91] 그런데 중국에서 근대적 해운업이 발전하는 데에 역설적으로 중요한 기여를 한 존재 가운데 하나가 바로 그런 해도였다.

서양의 해적은 보통 외국 선박을 약탈하지 자국 선박은 손대지 않는다. 그래서인지 해적집단은 종종 본국 정부의 보호를 받았고, 어떤 경우에는 국가의 명령을 받아 대외팽창의 선봉에 서기도 했다. 이와 달리 중국의 해도는 자국의 선박을 약탈하면서 왕조와 대립하였다. 19세기 초 청의 수사水師는 한때 남중국해를 배경으로 왕성하게 활동하던 해도 무리를 여러 차례 전투 끝에 겨우 잠잠하게 만들었다.[92] 그런데 해도와 수사는 동전의 양면이기도 했다. 수사가 해산되면 그 일부는 해도가 되었고, 수사를 모집하면 해도가 가담하는 경우가 잦았다. 심지어 수사 제독이 해적 출신인 경우도 있었다. 따라서 수사를 이용해 해도를 근본적으로 소탕하는 일은 어려웠으며, 초무招撫정책으로 해도를 통제하는 것도 한계가 있었다.[93] 게다가 통상항구

---

91 馬士, 『中華帝國對外關係史』(第1卷), 上海書店, 2000年, 454쪽; 村上衛, 『海の近代中國』, 名古屋大學出版會, 2013, 138~139쪽.

92 다이앤 머레이 지음, 이영옥 옮김, 『그들의 바다: 남부 중국의 해적, 1790~1810』, 심산, 2003년 참고.

93 村上衛, 「十九世紀中葉華南沿海秩序的重編: 閩粵海盜與英國海軍」, 『중국사연구』 제44집, 2006년, 135쪽.

는 물론 비통상항구를 오가며 아편밀수나 불법무역을 하던 외국 상선들도 청의 수사에 체포될 위험에 처하면 이를 거부하는 것은 물론 해도처럼 무력으로 저항하는 경우가 나타났다.

아편전쟁으로 말미암아 청의 수사가 괴멸되자 다시 해도들이 출현하였다. 산동연해에서 남중국해까지 도처에서 무장한 해도들이 중국 상선과 어선들에게 재난을 안겼다. 특히 동남 연해에 해도가 왕성하여 오고가는 선박에 큰 위협이었는데, 해도의 활동 지역은 처음에는 해남, 광동, 복건에서 나중에는 절강, 강소로 넓어졌다. 이런 현상은 연해와 내하 주변에서 발생한 백성들의 반란과도 깊은 관련이 있었다. 당시에는, "전체 광동과 복건의 연해는 사실상 해도 무리들의 관할 아래 놓여 있어 상선과 어선 모두 그들에게 통행세를 납부한다"는 말이 있을 정도였다. 해도는 광동인과 복건인이 많았는데, 광동 해도는 광동과 절동浙東 해양을 장악하고, 복건 해도는 복건과 절서浙西 해양을 장악하였다.[94]

개항 후 무역은 개항장 주변에 집중되었다. 하문 등 주요항구에서 무역이 이루어지자 19세기 초부터 아편무역이 성행하던 소항구의 기능은 점차 쇠퇴하였다. 이 때문에 아편 등 불법무역을 하던 어민과 선원 등 연해주민이 생계유지를 위해 해도가 되었다.[95] 청의 수사가 해도 진압을 게을리하고 돈벌이에만 연연하자 선박과 무기가 부실해져 치안유지가 어려웠을 뿐만 아니라 해도에게 패배하는 경우도 적지 않았다. 따라서 초무정책을 펴서 해도를 수사에 편입시키는 전통적인 방법에 의존하였다.[96] 해도의 발흥으로 인해 중국 상선이 심각한 손실을 입은 것은 물론 외국 선박도 종종 습격을 받았다. 아편전쟁 중 필요에 의해 청조는 "병민兵民이 승리의 근본"이라며 무

---

94 馬士 著, 張匯文 等 合譯, 『中華帝國對外關係史』(第1卷), 上海書店, 2000年, 454~455쪽.
95 村上衛, 「十九世紀中葉華南沿海秩序的重編: 閩粤海盜與英國海軍」, 『중국사연구』 제44집, 2006년, 134쪽; 村上衛, 『海の近代中國』, 名古屋大學出版會, 2013, 179쪽.
96 村上衛, 『海の近代中國』, 名古屋大學出版會, 2013, 142~145쪽.

기를 대량으로 민간에 방출했는데, 이런 민병들이 전쟁 후에는 해도들이 즐겨 모집하는 대상이 되었다. 그래서인지 해도활동에는 배외정서가 수반되기도 해서 청조를 위한다는 미명 아래 대담하게 서양 선박을 공격했는데 아편선이 주요 표적이었다.

1841년 3월 26일 중국 해도들이 영국 상선 블레넘Blenheim호를 공격해 세 명의 영국인 선원을 살해한 사건은 영국 교민사회에 큰 충격을 주었다. 그리고 1844년 5월부터 7월까지 3개월 동안 해도들은 세 차례나 영국 선박을 공격하였다. 비록 서양 상선의 방비가 만만치 않아 쉽게 약탈당하지는 않았지만, 영국인들에게 공포심을 안겨 주기에는 충분하였다. 또한 해도의 출현은 홍콩을 왕래하는 중국 선박에도 엄중한 타격을 입혔으나 그들을 제어할 마땅한 방법이 없었다. 홍콩 총독은 영국 함대 사령관에게 편지를 보내 중국 해안의 어민들은 모두 무뢰배, 해적, 밀수업자들이라면서, 처음에는 선량한 척 나타나서는 선박의 방비가 허술하거나 자신보다 무장이 약하다고 판단되면 기회를 틈타 행동한다고 했다. 만약 무기가 없다면 절대로 중국인들이 있는 곳에 가지 말고 그들이 배에 오르지 못하도록 해야 한다고 알렸다.

청영 「남경조약」에 따라 해도의 오랜 근거지였던 홍콩이 영국에 할양되자 홍콩 당국의 첫 번째 난제가 바로 해도 처리문제였다. 당시 영국인은 대규모로 아편을 밀무역하면서 막대한 이윤을 취하고 있었는데, 홍콩은 이런 밀수업자와 해도의 천국이었다. 1843년 무렵 홍콩 주변 해상에는 해도의 소란이 끊이지 않았는데, 식민지 자체가 그들의 공급기지 역할을 하고 있었다. 1844년 홍콩의 해도는 스스로 150척의 전선으로 무장한 함대를 이루어 무역과 약탈을 번갈아가며 자행했으며, 심지어 호문요새 등의 청군을 공격하기도 했다. 1847년의 기록에는 "이 식민지의 해상에 해도들이 충만하였다"고 쓰여 있는데, 해도들은 중국 선박은 물론이고 영국 선박도 공격하였다. 영국 정부는 홍콩에 새로운 감옥을 세우고 해도를 체포 감금하였다. 하지만 홍콩 당국이 해도를 유배형과 같은 낮은 처벌로 방기하는 동안 해적질은 나날이 전문화되었다. 영국인들은 해도를 단속하는 범위를 홍콩 해역과 공해에 한정했으며, 해도가 중국 해안 3해리 안으로 도망가면 당시의 국제법에 따라 중국 영해로 인정하여 추적하지 않았다.[97]

아편전쟁 중 영국 해군은 해도를 소탕하는 경우가 있었지만 해적선과 상선, 어선의 구분이 모호해 어려움을 겪었다. 전쟁 후에는 해도를 만났다고 해도 눈 가리고 아웅하는 식으로 회피하였다. 비록 청조는 해도를 잡으면 극형에 처했지만 그들을 제압하기에는 현실적인 힘이 부족했고, 영국은 강력한 해군이 있었지만 해도 체포에 무관심해서 바다에서 힘의 공백이 나타났다. 해도가 창궐하는 지역은 해상뿐만이 아니라 연해 도시까지 영향을 미쳤다. 그 세력이 나날이 팽창하여 승객과 화물이 공격당하자 무장한 선박이 호위하지 않으면, 중국 상인들은 바다로 나가는 것을 두려워했다. 이에 일부 서양의 모험가들은 '항해를 보호한다'는 명분으로 이른바 호항護航선대를 만들었다. 그것은 국가의 주도 아래 조직한 함대가 아니라 민간이 나서서 각종 선박으로 조직한 선대였다. 유럽인들이 백인종의 위엄을 내세워 만든 것으로, 주로 서양식 범선으로 구성되었으며 그중에는 작은 윤선도 있었다. 이들은 자신의 선박에다 화포를 비롯한 각종 무기를 탑재하여 출항하였다.

1850년 8월 범선 알파Alpha호를 중심으로 만들어진 호항선대는 중국 사선을 호송하던 중 해도무리를 만나 격렬한 전투를 벌여 5척의 해적선을 잡아 영파로 끌고 왔다. 그 후 호항하는 외국 선박의 뒤를 따라 중국 사선이 줄이어 해상을 운항하거나 항구에 정박하였다. 호항선대의 시작은 영국인과 네덜란드인이었는데, 나중에는 포르투갈인들이 뛰어들었다. 특히 포르투갈인들은 영파항 주변의 해상에서 무역하는 선박을 보호하였다. 그들은

---

97 唐建光 主編, 『大航海時代』, 金城出版社, 2001年, 200~202쪽.

이 항구를 출입하는 모든 무역선과 주변을 항행하는 선박과 어선에 대해 보호증을 발급하며 보호비를 거두었다.[98] 이는 마카오 주재 포르투갈 영사의 비호 아래 이루어졌으며, 마카오를 기지로 삼은 이들은 영파항의 호항업무를 독점하였다. 당시 포르투갈인들은 매우 탐욕스러웠다고 알려져 있는데, 그들이 한 해에 거두어들인 보호비가 어선은 연 5만 원, 목범선과 무역선은 연 20만 원, 기타 각종 배는 연 50만 원 등 무려 75만원에 다다랐다고 전한다.[99] 그 후 호항선대는 해도가 자주 출몰하는 광동, 복건, 절강 연해와 장강 입구에서도 활동하였다. 문제는 호항선이 해적선과 구분되지 않을 정도로 불법행위를 일삼았다는 점이다.

1858년 중국에 온 영국 전권대표 엘긴Elgin은 영국 외교부에 보낸 보고문에 "이 시기 동안 나는 복주 부근에서 몇 척의 쾌속정을 보았는데, 각자 10문에서 12문의 중포로 무장하였다. 이런 선박들은 우리가 알기로는 대부분 중국 사선의 호항에 종사한다. 표면적으로는 사선을 보호하고 해도를 방지하기 위해서라지만, 그들은 많은 사례들이 증명하듯 자신들이 가장 폭력적인 해적선이라는 점을 보여 준다. 이것은 이미 악명이 자자한 사실이다"라고 썼다.[100] 실제로 호항선대는 오가는 선박에게 보호비를 요구했을 뿐만 아니라 경우에 따라 해도로 돌변하여 중국 상선을 약탈하기도 했다. 중국 상인들은 해도의 위협에 시달리면서 한편으로는 호항선대 때문에 골치가 아팠다. 이렇듯 호항제도가 말썽을 일으키자 서구열강은 이 문제에 간섭할 필요를 느꼈다. 결국 1859년 영프 영사법정에서 호항선대를 불법화하면서 호항제도는 정지되었다.[101]

---

98 馬士 著, 張匯文 等 合譯, 『中華帝國對外關係史』(第1卷), 上海書店, 2000年, 457~458쪽.

99 唐建光 主編, 『大航海時代』, 金城出版社, 2001年, 199~200쪽.

100 萊特, 『中國關稅沿革史』, 商務印書館, 1963年, 247쪽.

101 上海市航海學會, 『中國近代航海大事記』, 海軍出版社, 1999年, 59쪽.

(2) 영국 해군의 동남 연해 해도 소탕

청조는 창궐하는 해도를 막을 방법이 없어, 나중에는 외국 함대의 도움을 빌려 해도를 통제하려 했다. 외국 함대 가운데 가장 강력했던 영국 해군은 처음에는 해도를 소탕하는 데에 별로 관심이 없었다. 그러나 1847년 2월 7일 천주 부근에서 아편무역을 하던 영국 선박이 광동 해도의 습격을 받아 선원이 피살되는 사건이 발생하자, 영국 해군은 하문 부근에서 활동하는 해도를 체포하기 시작했다. 그해 3월 영국 군함 스카우트Scout호는 광동 해안에서 해도 집단을 제압해 세 척의 해적선을 노획하고 다수의 해도를 청조에 넘겼다. 이때부터 영국 해군은 불개입정책을 바꾸어 개항장을 중심으로 본격적인 해도 소탕에 나섰다. 1848년 영국 해군부는 청조 지방관과 함께 해도를 소탕하기로 방침을 정하고, 우선 복건 연해의 해도를 차례로 진압하였다.[102]

당시 중국 대외무역의 상당 부분은 하문을 중심으로 이루어졌다. 영국 해군은 청조 지방관과 하문에서 협력체제를 만들고, 복건지역 중국 상인들과도 합작하여 그들이 제공한 정보로 해도를 소탕하였다. 영국 군함이 하문에 정박하자 해도가 해상에서 하문을 공격하는 것이 불가능해졌다. 그 결과 개항장의 안전이 보장되면서 해도는 더 이상 외국 선박에 영향을 미칠 수 없게 되었고, 외국 선박의 무역은 개항장을 중심으로 활발해졌다. 영국 해군이 하문을 중심으로 해도를 압박하자 복건 연해의 해적세력이 점차 약화되어 1840년대 말에는 거의 사라졌다.[103] 비록 대규모의 해적세력은 사라졌으나, 여전히 소규모의 해도는 활동하였다.[104]

---

102 村上衛, 「十九世紀中葉華南沿海秩序的重編: 閩粤海盜與英國海軍」, 『중국사연구』 제44집, 2006년, 136쪽; 村上衛, 『海の近代中國』, 名古屋大學出版會, 2013, 146~148쪽.
103 위의 논문, 138쪽; 위의 책, 179쪽.
104 당시 浙東 해양에서 세력이 가장 강한 해도는 布興有였다. 그는 광동 潮州人으로 천여 명의 해도를 모아 28척의 배에 나누어 타고 절동 바다를 노략질하였다. 1851년 9월 포흥유는 갑작스레 海門港을 습격해 주변지역을 약탈하고 항구에 10여 일간 머물다 철수하였다. 그는 사람

영국 해군의 대표적인 해도 소탕사건으로는 1849년 10월 광동 해안에서 64척 사선으로 구성된 해도집단을 공격해 58척을 궤멸시킨 일이다. 당시 영국 해군은 남중국 해역의 최대 양대 해도 세력으로 사오자沙吳仔(음역: Shap-ng-tsai)와 최아포崔阿圃(음역: Chui-Apoo)를 지목하였다. 최아포는 본래 사오자의 부하였지만 후에 독립해 두목이 되었으며, 이 두 집단은 서로 협력하는 관계였다. 청의 수사는 여러 차례 이들을 포위해 제거하려 했지만 오히려 대패하고 관군이 포로로 잡혔으며, 청조는 어쩔 수 없이 많은 돈을 지불해 관군을 석방시킨 경우도 있었다. 해도를 수사에 편입시키려는 전통적인 회유책도 수포로 돌아갔다.

1849년 2월 최아포가 두 명의 영국 장교를 살해한 사건은 영국군의 격분을 샀다. 게다가 사오자의 부대가 해남 부근에서 영국 선박을 공격하자 영국인들은 군대를 동원하기로 결심했다. 영국 해군은 그해 5월 두 차례의 해전을 통해 최아포의 해적선 23척을 불사르고 1,800명의 해도 중 400여 명을 사살하였다. 이 과정에서 영국군은 겨우 1명이 경상을 입었을 뿐이었다. 그 후 영국 해군은 청군이 보낸 8척의 전선과 함께 사오자를 추격하였다. 10월 18일 사오자의 기선을 공격했으나 그는 체포를 피해 겨우 탈출할 수 있었다. 이틀 후 쌍방은 베트남Vietnam의 바다 위에서 격전을 벌였는데, 영국군과 청군은 27척의 해적선을 불살랐다. 최종적으로 64척의 배, 1,200여 문의 포, 3,000명의 병력을 가진 사오자의 해적선대 가운데 58척을 불사르고 1,700여 명을 사살하였다. 반면 영국군의 손실은 거의 없었다. 최아포는 중국 내지로 도망갔으나 영국군이 파견한 부대에 체포되어 홍콩 감옥에 갇혔다. 재판에서 종신형을 받고 호주의 한 감옥에 이송될 예정이었으나 홍콩 감옥에서 목을 매서 자살하였다. 이와 달리 사오자는 운이 좋아 8척의 작은 배와 400여 명을 이끌고 도망간 후 청조에 투항하여 관군으로 변신할 수 있

을 살해하고 재물을 약탈하는 데 두려움이 없었다고 전한다.

었다.[105]

 태평천국운동太平天國運動(1851~1864년)이 일어나자 이 기회를 틈타 해도가 다시 발호하였다. 동남 연해에 해도가 창궐하여 여러 차례 해운 선박이 약탈당했으나 청조 수사는 어찌하질 못하였다. 지방 관청이 반란세력에 대항하기 위해 선박을 마음대로 징용했는데, 민간의 해도 못지않게 관방의 강도 행위는 중국 목선업 몰락의 한 원인이 되었다.[106] 민간 차원에서 해도에 대항하기 위해 1854년 겨울 영파 상인들의 제안과 청조 관리의 지지 아래 은 7만 량을 들여 광동에 있던 서양 상인으로부터 윤선 한 척을 사서 '보순寶順호'라고 명명하였다. 다음 해 여름과 가을, 보순호는 바다로 나가 해도를 잡아들이기 시작했는데 여러 차례 해적선과 싸워 뛰어난 전과를 얻었다. 이런 성과에 고무되어 다른 상인들도 보순호를 모방한 무장 윤선을 만들었다. 여기서 무장 윤선이란 증기동력의 상선에 무장을 한 것으로 신식 군함과는 다르다. 무장 윤선의 출현은 청 해군의 근대화 과정에서 과도기에 위치하는데, 해도 소탕은 물론 전쟁 중에도 구식 전선과는 비교할 수 없는 효과를 발휘하였다. 청조도 태평천국군을 진압하기 위해 윤선을 구매해 사용했고, 거꾸로 태평천국군도 적들의 윤선을 빼앗아 전투에 활용하였다.[107]

 태평천국운동이 남중국 전역에 확대되자 광동의 내하항운은 완전히 마비되었으며, 상해에서조차 중국인 해도 집단이 외국 상선을 습격하는 일이 발생하였다. 영국 해군은 청군과 연합하여 광동, 복건, 절강 지역에서 해도와 전투를 벌였다. 복건의 해도 세력이 쇠퇴하는 것과 반비례해서 광동의 해도 세력은 확대되어 1850년대 중엽에는 최대의 해도 세력이 되었다. 이는 서양인들이 해도에게 선진기술과 군용물자를 제공한 것과 관련이 있다. 유

---

105 唐建光 主編, 『大航海時代』, 金城出版社, 2001年, 204~205쪽.
106 晶寶璋 主編, 『中國近代航運業資料』(第一輯, 下册), 上海人民出版社, 1983, 1258쪽.
107 吉辰·陳峰, 「咸豐同治年間武裝輪船初探」, 『唐都學刊』, 2008年 5月, 73~74쪽.

럽인들은 광동의 해도에게 기술과 물자를 주었을 뿐만 아니라 직접 광동 해적선에 오르기도 했는데, 특히 포르투갈 선박은 광동 해적선과 함께 약탈을 벌이기도 했다고 한다. 광동 해도는 종종 외국 선박으로 위장하거나, 외국인과의 관계를 이용하기도 했다. 또한 청조 관리와도 밀접한 관계를 맺어 개항장 주변에 안전한 근거지를 확보한 후 연해 전 지역으로 진출하였다.[108]

1858년 10월 16일 광동 산두汕頭의 작요포勺凹浦라는 어촌에 무장한 영국 군함이 나타났다. 이 어촌은 '해도의 고향'으로 알려진 곳으로, 영군 해군은 한 달 전 이화양행怡和洋行(Jardine Matheson&Co.) 소속의 영국 상선을 해도들이 습격해 설탕 2,200포를 약탈한 사건이 일어나자 이를 되찾기 위해서 출동하였다. 작요포처럼 연해의 많은 어촌민은 무기를 들면 해도이고, 무기를 내려놓으면 어민인 경우가 흔했다. 해적질이 어민의 부업이라고 할 수도 있고, 혹은 고기잡이가 해도의 부업이라고 할 수도 있는 상황이었다. 영국 해군은 마을 주민에게 약탈한 화물을 돌려줄 것을 요구했으나 이를 거부하자 전투가 벌어졌다. 이 과정에서 다수의 해도가 죽고 영국군은 두 명이 부상을 당했는데, 결국 영국군의 압도적인 화력에 굴복한 해도들은 화물을 돌려주었다. 이와 같은 풍경은 1840년대부터 1860년대까지 중국 연해의 해도마을에서 흔히 볼 수 있는 풍경이었다.[109]

청조는 영국 해군의 도움으로 복건 해도를 소탕하고 나중에는 광동 해도를 제압하여 연해 질서를 회복했다. 제2차 아편전쟁 후 청영「천진조약」을 체결하면서 해도문제를 처음으로 조약문에 삽입하여 해도 소탕을 위한 청과 영국 간 실질적 협조관계를 구축하였다.「천진조약」제19관에서는 중국 정부가 해도를 체포할 책임을 지도록 규정했으며, 제52관에서는 구체적으

---

108 村上衛,「十九世紀中葉華南沿海秩序의 重編: 閩粤海盜與英國海軍」,『중국사연구』제44집, 2006년, 140쪽; 村上衛,『海の近代中國』, 名古屋大學出版會, 158∼159쪽.
109 唐建光 主編,『大航海時代』, 金城出版社, 2001年, 197∼198쪽.

로 "영국 군함이 별다른 이유 없이 혹은 해도를 체포하기 위해 중국에 들어왔을 때, 어떤 항구를 막론하고 일체의 음식물과 식수를 구입하거나 선박을 수리할 경우 지방관은 마땅히 협조해야 한다. 선상의 해군 각 관리는 중국 관원과 동등하게 대우한다"[110]고 규정했다. 이 항목은 영국 해군이 마침내 반反해적의 명분으로 자유롭게 중국 항구를 출입할 수 있도록 하였다. 그 후 청조는 미국, 프랑스, 독일, 덴마크, 네덜란드, 에스파냐, 오스트리아, 이탈리아, 헝가리 등과 조약을 맺을 때 모두 반해적조항을 넣었다.

영국 외교관들은 해도를 없애려면 결국 무엇보다 청조 수사의 역량이 강화되어야 한다고 판단했다. 영국의 지지 아래 청조는 1863년 영국 해군으로부터 소규모 함대를 구입해 해도와 태평천국군을 진압하려 했는데, 이것이 유명한 레이Lay-오스본Osborn 함대이다. 이 함대에 대해서는 제5장에서 별도로 다룰 것이다. 그런데 1865년 7월과 10월 영국 군함이 장강에서 중국 관용 선박과 여행 선박을 해도로 오인해 조사한 사건이 발생했고, 이는 서로에게 불쾌한 사건이었다. 그 후 영국 해군은 영국 상선이 직접 공격받은 사건이나 영국 영사 혹은 중국 관리가 공식 요청한 사안이 아니면 자국 군함이 중국 내하에서 해도 혐의의 선박을 조사하지 말도록 지시하였다. 군사작전 중 해도로 보이는 범인을 체포하더라도 중국 관리에게 신변을 넘겨 처리하도록 했다. 태평천국운동이 끝난 후 정세가 안정되면서 영국이 중국의 해도 문제에서 과거와 같은 불간섭정책으로 돌아갔음을 알 수 있다.[111] 그리고 청조는 양무운동의 일환으로 만든 기업인 강남제조국江南製造局, 복주선정국福州船政局 등에서 근대적 군함을 제조하고 신식 해군을 만들면서 해도에 대한 우위를 확립하기 시작했다. 그 결과 청조 스스로 자국의 연해

---

110 王鐵崖 編, 『中外舊約彙編』(第一册), 三聯書店, 1957年, 102~103쪽.
111 唐建光 主編, 『大航海時代』, 金城出版社, 2001年, 207~209쪽.

질서를 안정시킬 수 있었다.[112]

　한편 홍콩 식민지 당국은 중국인의 모든 선박에 대해 등록을 의무화하고 통행증을 발급함으로써 선박으로부터 해도를 격리시켰다. 당국의 허가를 받은 선박에는 영국 국기를 달도록 해서 제대로 보호받을 수 있도록 조치했다. 제2차 아편전쟁의 빌미를 제공한 애로Arrow호도 실제로는 홍콩의 중국인 소유였지만, 영국인이 배의 선장을 맡고 있었다.[113] 1868년부터 홍콩 당국은 해도에게 어떤 형식의 도움도 주는 것을 금지하는「해도진압법海盜鎭壓法」(The Ordinance for the Suppression of Piracy)을 실시하였다. 이 법은 해도를 돕거나 해도와 무역하는 자는 5년 이상 10년 이하의 노역형이나 추방형에 처하도록 엄격하게 규정해서 해도의 보급로를 끊으려는 의도로 만들어졌다. 그 후 홍콩 당국은 어선이 무기를 휴대하는 것을 금지시켰고, 이 규정을 위반한 사람은 1년의 감금형에 처하였다. 그 결과 자기 자신을 보호한다는 명목으로 무기를 휴대해 상대방을 약탈하는 범죄가 크게 감소하였다. 이와 같은 해도 소탕을 위한 노력의 결과 18세기 말부터 오랫동안 이어져온 해도의 시대가 종말을 맞이하였다.

2. 외국 해운업의 진출

(1) 범선에서 윤선으로

　근대 중국의 항해사는 범선항해에서 윤선항해로 바뀌는 역사이다. 19세기 초 중국 연해를 항해하던 범선으로는 강남의 사선沙船과 복건의 오선烏船 말고도 절강의 단선蜑船, 민해의 삼불상선三不象船 등이 대표적이다. 중

112　村上衛,『海の近代中國』, 名古屋大學出版會, 180쪽.
113　馬士 著. 張匯文 等 合譯,『中華帝國對外關係史』(第1卷), 上海書店, 2000年, 460~462쪽.

국의 북양北洋은 물이 얕고 암초가 많아 배의 밑바닥이 평평해야 하는데, 사선이 이에 적합한 선박이다. 북양을 오가는 배는 사선 말고도 위선衛船이 있다. 위선은 본래 천진 부근의 위하衛河에서 운항하던 범선인데, 산동이나 하북 등에서 범선으로 만들어 발해와 황해 일대를 오가던 배의 총칭이다. 이와 달리 남양南洋은 도서와 암초가 많고 수심이 깊어서 단선, 오선, 삼불상선 등이 적당하다. 이런 배들은 배의 밑바닥이 둥글고 높으며 용골龍骨이라는 큰 목재가 받치고 있다. 그 밖에도 영파에서 이용하는 영선寧船과 복건에서 이용하는 남선南船 등이 있다.[114] 이렇듯 중국 범선의 종류는 다양하지만 보통 목재로 만들어진 이런 범선을 사선이라고 통칭하기도 한다.

외국 상선이 중국 시장에 들어오기 전 중국에는 독자적인 범선항운업이 있었다. 중국 고대에는 조선기술이 뛰어나 이미 12세기에 천 톤 이상의 해선을 건조할 수 있었고, 17세기에 이르러서도 여전히 선진적인 조선기술을 가지고 있었다. 청대에는 해금령에 따라 선박건조의 규모에 제한을 받았지만 나름대로 항운업이 번성했는데, 강희 23년(1684) 해금이 개방되었을 때 항운업은 큰 발전이 있었다. 도광연간의 상해를 보더라도 거대한 수백 척의 목선이 오송강을 메웠다고 전한다.[115] 목범선은 중국과 남양 및 동양으로 항운 무역하는 주요 교통수단이었다. 해외통상을 허락한 후 상인들 가운데 남양으로 가는 자가 열에 아홉으로 원양항운업의 주류였으며, 동양으로 가는 사는 열에 하나로 그 수가 적었다. 목범선으로 이루어진 원양선대는 광동, 복건, 절강, 강소 4성에서 출발하였다. 그런데 청조가 다시 남양무역에 대한 금지령을 내려 중국 범선의 해외무역을 막으면서 외국 상선은 중국의 바

---

114 중국 고대 해선 선형 가운데 대표적인 것은 沙船, 鳥船, 福船, 廣船 등이 4종이 있다. 그 가운데 복선과 광선은 명청시대 복건과 광동 주민들이 선박을 전선으로 개량한 것의 총칭이다. 광선은 복선에 비해 큰데 원양 항해에 적합한 선박이다(中國航海學會, 『中國航海史』(近代航海史), 人民交通出版社, 1989年, 4~6쪽).
115 李育民, 『近代中國的條約制度』, 湖南師範大學出版社, 1995年, 196쪽.

다로 진입할 수 있는 기회를 얻게 되었다.

중국과 서양 간의 교통은 1830년을 기점으로 구식 범선과 신식 범선의 시기로 나눌 수 있다. 1820년대 말 당시 서양 상인들은 아편을 신속하게 운송 판매하기 위해 비전선飛剪船(Clipper Ship)이라 부르는 신형 쾌속범선을 만들었다. 이 선박은 길이는 길고 폭은 좁으며 배수량은 적고 돛은 많았다. 운전하기가 쉽게 만들어져 순풍이든 역풍이든 모두 항해가 가능했다. 1829년 12월 2일 영국인이 인도에서 첫 번째 비전선 홍해적紅海盜(Red Rover)호를 만들어 중국으로 아편상품을 왕복 86일 만에 실어 나르는 기록을 세웠다. 이는 이전의 구식 범선이 왕복했던 기간을 대폭 단축시키는 큰 전진이었다. 목재로 만든 범선 역사의 최고단계이자 마지막 정점인 '비전선의 시대'가 열린 것이다. 이 선박의 빠른 속도는 아편무역의 오랜 어려움을 단번에 해결해 주었으며, 중국에 아편을 팔고 본국으로 돌아갈 때 백은을 실어 날랐다. 비전선으로 중국에서 영국까지 항해하는 시간은 대략 100일에서 112일 정도 걸렸다. 이 신형 선박은 속도가 빠른 것 말고도 총과 대포 및 인원을 많이 실을 수 있다는 장점이 있었다.[116] 비전선은 아편을 운반하는 용도 외에도 차를 운반하는 용도로도 쓰였는데, 영국과 미국은 차 무역을 놓고 경쟁을 벌였다. 외양이 아름답기로 소문난 비전선은 1830년대 초부터 1870년대 중반까지 40여 년간 유행했으며, 중서무역의 중요한 교통도구로 기능하였다.

서양 윤선은 산업혁명의 산물로 항해의 동력은 증기기관이었다. 윤선은 바람에 의존해야 하는 범선의 낮은 효율성을 넘어서는 장점이 있었다. 증기기관을 사용하기 때문에 선원들의 노동 강도도 줄일 수 있었다. 1823년 유럽 윤선이 처음으로 인도에 도착하였다. 몇 년 후인 1830년 영국 윤선이 인도를 출발해 광동의 앞바다에 나타났는데, 161톤 크기의 윤선 포브스

---

116 中國航海學會, 『中國航海史』(近代航海史), 人民交通出版社, 1989年, 14쪽.

Forbes(福士)호였다. 이 배는 중국 연해에 나타난 첫 번째 윤선으로 인도에서 중국까지 오는 데 38일이 걸렸는데, 속도로 보면 비전선보다 그리 뛰어나지 못했다. 게다가 화물을 싣기에 적절하지 못했고, 기술적으로도 장거리여행에는 불리하였다. 중국에서 상용화된 첫 번째 윤선인 자딘Jardine(査甸)호는 아편전쟁 이전인 1835년 5월에 등장해 광동과 마카오 사이를 오갔다.[117] 1840년대 윤선은 아직 그 역사가 짧아 항운업이 발달한 영국에서조차 주도적인 위치를 차지하지 못했다. 그때까지 영국 해군에서 사용한 증기선 대부분은 공문서 전달용 쾌속선이나 예인선으로만 사용되었다. 아편전쟁 기간 동안 영국 해군은 중국 연해에서 대략 20척의 소형 윤선을 운용했는데 전투를 위해서가 아니라 주로 연락용이었다.[118]

제1차 아편전쟁의 결과 다섯 항구에서 통상이 이루어진 후 중국의 바다에 들어온 외국 선박은 여전히 비전선이었으며, 이런 신식 범선은 중국식 범선에 비해 "속도나 안전 면에서 모두 절대 우위를 점했다".[119] 영국 소형 윤선이 광주 주변에서 해상운수 활동을 했지만 비전선이 윤선에 비해서 가격이 저렴했으므로 경쟁력이 있었다. 초기 윤선은 엄청난 석탄 수요, 빈번한 고장, 화재의 위험 등에 노출되어 단번에 범선을 대체하지는 못했다.[120] 이 시기만 하여도 동서양 모두 범선이 주요 운송수단으로 상해와 같은 큰 항구에는 중국 연해에서 모여든 대형 범선들로 가득 차 있었다. 동남아에선 중국인의 범선무역이 여전히 발전하였지만 1850년대 이후 서양 신식 윤선이 동남아 각 항구를 운항하면서 중국 대형 범선의 동남아무역이 무너졌

---

117 中國社會科學院經濟硏究所 編, 『中國近代航運史資料』[第一輯(1840~1895)上册], 上海人民出版社, 1983, 35~37쪽.
118 아편전쟁 시기 영국 함대 가운데 중국인을 공포에 떨게 한 전투용 윤선으로는 復仇女神(Nemesis)호가 있다(위의 자료집, 39~40쪽).
119 中國社會科學院經濟硏究所 編, 『中國近代航運史資料』[第一輯(1840~1895)下册], 上海人民出版社, 1983, 1273쪽.
120 이에인 딕키 등 지음, 한창호 옮김, 『해전의 모든 것』, 휴먼앤북스, 2010년, 247~248쪽.

다.[121] 중국 연해에서의 중소형 범선의 활동도 타격을 받았는데, 특히 동남 연해에서는 아편무역 등에 종사하는 범선무역이 상대적으로 활발했지만 머지않아 영국과 미국의 범선과 윤선이 서로 경쟁하며 시장을 잠식하였다. 대체로 영국의 선박이 원양과 근해항선을 장악하고, 미국이 연해와 내하에서 우위를 점하는 형국으로 정리되었다.[122] 이런 남양과 달리 북양은 물이 얕고 모래가 많아 외국 선박이 상대적으로 늦게 진출하였다.

1869년 11월 수에즈운하Suez Canal가 개통되기 전에 유럽과 아시아의 바닷길은 희망봉을 돌아야 해서 항로가 길었을 뿐만 아니라 희망봉 부근은 폭풍우로 유명한 곳이라 선박이 침몰하는 경우가 많았다. 과거에는 유럽에서 희망봉을 돌아 상해로 오는 데 성능 좋은 비전선도 90일 정도 걸렸으며, 일반 비전선은 130일에서 150일 정도 걸렸다. 신식 윤선으로 항해하면서부터는 77일까지 시간이 단축되었다. 1859년부터 공사를 시작해 1869년에 완공한 수에즈운하의 출현은 동서 문명의 왕래에 획기적인 변화를 가져왔다. 이운하의 개통으로 동서양 간에 5,500~8,000킬로미터 정도 거리가 단축되면서 운항시간도 10일에서 12일 정도 크게 단축되었다.[123] 1870년 3월 19일 수에즈운하를 이용해 이집트를 경유한 첫 번째 윤선이 중국에 도착하는 획기적인 사건이 있었다. 이 운하를 이용하면서 국제무역이 확대되어 외국에서 중국으로 직접 오는 선박이 크게 증가하였다. 수에즈운하 이전의 해상항해는 선박이 전적으로 바람에 의존했다면, 그 이후에는 바람과 상관없는 윤선의 시대가 찾아왔다. 즉 운하의 개통은 비전선 시대의 종말을 암시하였다.[124]

서양 윤선은 중국 범선의 대명사인 사선보다 여러모로 뛰어났다. 우선 속

---

121 田汝康, 『17-19世紀中葉中國帆船在東南亞洲』, 上海人民出版社, 1957年, 41~42쪽.
122 劉素芬, 「近代北洋中外航運勢力的競爭(1858-1919)」, 『中國海洋發展史論文集』(第5輯), 1993年, 347쪽.
123 中國航海學會, 『中國航海史』(近代航海史), 人民交通出版社, 1989年, 99쪽.
124 中國社會科學院經濟硏究所 編, 『中國近代航運史資料』[第一輯(1840-1895)上册], 上海人民出版社, 1983年, 165쪽.

도가 빨랐다. 윤선은 매월 두 차례 정도 중국의 남·북양을 왕복할 수 있어서 다양한 상품을 운송할 수 있었다. 사선은 자주 운항을 할 수가 없고, 일단 부서지면 수리하기가 힘들어 파산할 수밖에 없었다. 그리고 안전했다. 무장한 윤선은 속도의 우월은 물론 화력으로 해도를 압도할 수 있었다. 큰 바람을 만나도 사고가 나지 않았으며 갑작스런 기후 변화에도 신속히 안전한 항구로 대피할 수 있었다. 윤선의 속도와 안정성은 빠르게 사람들에게 인정받았다.[125] 한편 서양 자본주의의 보험제도는 중국 범선의 화물 운반 경쟁력을 크게 약화시켰다. 당시 중국에선 보험업이 겨우 시작한 단계였는데 외국보험회사는 범선의 보험 가입을 거부했고, 윤선의 승객과 화물만 보험에 가입할 수 있었다. 요컨대 윤선의 장점은 곧 사선의 단점이었다.

1859년 새로운 해관이 만들어질 무렵부터 이미 주요 개항장에서는 모든 양화洋貨와 일부 토화土貨를 외국 선박이 운송하였다. 외국 윤선은 대략 1850년대부터 들어오기 시작해 1850년대와 1860년대가 교차할 무렵에는 중국 범선을 대신하기 시작했다. 이런 변화된 상황에서 중국 상인들은 자신의 화물을 외국 상선을 고용해 운반하기 시작했다. 1860년대 중반에는 연해를 넘어 하천에서도 대형화물 운송의 경우 윤선이 범선을 대체하는 현상이 두드러졌다. 이런 외국 상선들은 처음에는 대부분 영국과 미국 선박이었으며 나중에는 다른 유럽국가 선박들도 참여하였다. 윤선은 무역뿐만 아니라 군사용으로도 사용되었는데, 앞서 잠시 언급했듯이 중국의 민간과 정부에서는 무장 윤선을 고용하거나 구매하여 호항선대를 꾸리거나 해도를 체포하거나 혹은 반란진압 등에 활용하였다.

중국인들 사이에 초기에는 윤선을 만드는 데 반대가 없지 않았지만 곧 직

---

125 조선기술의 발달로 목질의 윤선이 철재의 윤선으로, 다시 강철재질로 바뀌었다. 증기기관의 개량으로 외륜이 사라지고 연료의 효율성도 높아져 선박화물은 물론 승객운송 능력도 높아졌다(中國社會科學院經濟硏究所 編, 『中國近代航運史資料』[第一輯(1840~1895)上册], 上海人民出版社, 1983, 651~652쪽).

접 윤선을 만들어 서양인과의 경쟁에 나섰다. 1865년 이홍장李鴻章은 상해에서 강남제조국의 간판을 걸었는데, 이곳에서는 주로 창포탄약을 만들었지만 윤선도 건조하였다. 1866년 4월 중국번曾國藩이 건의해 만든 금릉내군기소金陵內軍機所에서 서도徐壽 부자에 의해 황학黃鶴호라는 윤선을 만드는 데 성공하였다. 이 선박은 중국인이 스스로 설계하고 제작한 최초의 대형 윤선이었다. 서도 부자는 1869년 강남제조국에서 윤선 조강操江호 등을 다시 만들었다. 한편 좌종당左宗棠이 만든 복주선정국에서는 1869년 첫 번째 목재 윤선 만년청萬年靑호를 만든 후, 1905년까지 모두 40척의 선박을 건조하였다. 복주선정국에서 만든 배들은 주로 병선으로 상선은 8척에 불과하였다.[126]

그런데 윤선이 등장했다고 해서 범선의 수가 하루아침에 감소한 것은 아니다. 비록 중국 범선은 태평천국운동 이전 시기처럼 많지는 않았지만, 외국 윤선이 항해를 시작할 초기에는 통계상 오히려 다소 증가하는 추세를 보였다.[127] 1870년을 전후한 시점까지도 상해와 같은 큰 개항장을 제외하고 연해와 장강유역의 교통과 무역에는 여전히 범선이 주류를 이루었다.[128] 범선의 수가 점차 줄어들긴 했지만 일부 항로와 화물에서는 여전히 경쟁력이 있었다. 왜냐하면 범선은 개방되지 않은 항구나 내하 및 윤선이 다다르기 힘든 곳을 마음대로 출입할 수 있었고, 항구에 정박하거나 출항하는 데 아무런 제약이 없어서 유리한 측면이 있었다. 그리고 윤선은 비교적 고가의 물건을 운반하지만, 범선은 땔나무, 기름 등과 같은 생활용품을 운반할 수 있었다. 윤선과 범선 사이에 나름대로 역할 분담이 이루어졌던 것이다. 게다가 윤선의 운임 비용이 오를 경우, 일부 화주들은 범선을 이용하기도 했

---

126 郭松義·張澤咸, 『中國航運史』, 文律出版社, 1997年, 325쪽.
127 中國社會科學院經濟研究所 編, 『中國近代航運史資料』[第一輯(1840~1895)下册], 上海人民出版社, 1983, 1301쪽.
128 위의 자료집, 1268쪽.

다. 특히 19세기 말까지 범선의 화물관세는 윤선의 3분의 1정도였으므로 경제적으로 유리하였다.[129] 그런데 중국 범선과 서양 윤선이 공존하면서 선박 간의 충돌로 인한 선체 파괴와 인명사고 등이 빈번하게 발생하였다.

(2) 외국 윤선회사: 기창旗昌, 태고太古, 이화怡和

서양 열강이 중국의 바다에서 연해항행권과 연안무역권과 같은 특권을 얻자 항운업에 커다란 영향을 미쳤다. 광주항이 개항하기 전에도 이미 소형 윤선들은 주강 입구를 오가고 있었다. 제1차 아편전쟁 후 다섯 항구가 열리자 외국 상인들이 중국 연해와 장강에 몰려와서 무역운수업에 뛰어들었다. 처음에는 한두 척의 선박으로 운항을 시작하였다. 전쟁 후 가장 일찍 중국 연해를 항행한 상용 윤선은 아마도 영국의 메두사社Medusa(魔女)호일 것이다. 이 배는 홍콩과 광주를 정기적으로 오가는 항로를 운항하다가 1842년 6월 상해항에도 들어왔다. 메두사호는 이 항구에 가장 일찍 들어온 외국 윤선이기도 하다.[130] 이미 1840년대 말부터 열강의 대중국무역과 항운의 중심은 광주에서 상해로 이동하고 있었다. 1845년에 첫 번째 미국 상선이 상해항에 들어왔으며, 1848년에는 러시아 선박이 상해에 도착하였다. 상해로 오는 선박은 급격히 증가하여 1844년 개항 초기에 133척 5만 2,547톤이었다가 1855년에는 437척 15만 7,191톤으로 늘었다.[131] 불과 10년 사이에 외국 선박이 몇 배 폭증한 것이다. 처음에는 외국 선박은 대부분 범선이었으나 윤선의 비중이 점차 증가하였다.

1848년 이화양행과 홍콩의 일부 상인들이 만든 성항소륜공사省港小輪公司(Hongkong & Canton Steam Packet Co.)가 윤선 광주호(139톤)와 홍콩호

---

129 中國航海學會, 『中國航海史』(近代航海史), 人民交通出版社, 1989年, 89~90쪽.
130 樊百川, 『中國輪船航運業的興起』, 四川人民出版社, 1985年, 88쪽.
131 馬士, 『中華帝國對外關係史』(第1卷), 上海書店, 2000年, 401~402쪽.

(140톤) 두 척으로 홍콩과 광주 간 운행을 시작했다. 이것이 외국 상인이 만든 윤선공사가 중국에서 영업한 첫 번째 사례라고 알려져 있다.[132] 1850년에는 영국 대영윤선공사大英輪船公司의 메리우드Lady Mary Wood(瑪麗伍德)호가 홍콩 상해 간 정기노선을 열었는데, 이 배는 홍콩을 오가며 유럽과 아시아를 연결했다. 1860년 이전 10여 개의 외국 윤선회사가 20~30척의 윤선을 중국의 바다에 투입했으며, 1860년대 초 무렵에는 윤선이 이미 주도적인 지위를 차지하였다. 이 무렵 상해에는 적어도 20개 이상의 양행이 있었으며, 매 회사마다 한 두 척의 윤선이 있어서 주로 장강무역에 투입되었다.[133] 이처럼 외국 윤선, 특히 영국 윤선이 연해항로를 독점하자 중국 상인들은 300~400톤 급의 윤선을 임대하였다. 중국인들은 외국 선박을 빌려 화물을 운반할 경우 외국 국기를 배에 걸고 운항하는 것을 선호했는데, 이것은 해도의 위협으로부터 상대적으로 안전했기 때문이다.[134]

제2차 아편전쟁이 끝난 1860년대 이후 개항장이 북방과 장강유역으로 확대되자 외국 윤선기업이 진출하기 좋은 조건이 만들어졌다. 그 가운데 미국 상인의 기창양행旗昌洋行(Russell & Co.)이 설립한 기창윤선공사旗昌輪船公司(상해윤선항업공사Shanghai Steam Navigation Co.), 영국 상인의 태고양행太古洋行(Butterfield & amp; Swire)이 설립한 태고윤선공사太古輪船公司(China Steam Navigation Co., 혹은 중국항업공사)와 이화양행怡和洋行(Jardine Matheson & Co.)이 설립한 이화윤선공사怡和輪船公司(Indo China Steam Navigation Co.) 등이 가장 규모가 컸다.[135] 이런 대형 윤선공사들을 간단히 소

132 樊百川, 『中國輪船航運業的興起』, 四川人民出版社, 1985年, 70쪽.
133 中國社會科學院經濟研究所 編, 『中國近代航運史資料』[第一輯(1840~1895)上册], 上海人民出版社, 1983, 263쪽.
134 中國社會科學院經濟研究所 編, 『中國近代航運史資料』[第一輯(1840~1895)下册], 上海人民出版社, 1983, 1272쪽.
135 외국 윤선공사의 현황에 대해서는 中國社會科學院經濟研究所 編, 『中國近代航運史資料』[第一輯(1840~1895)上册], 上海人民出版社, 1983, 437~583쪽을 참고.

개하면 아래와 같다.

첫째, 기창양행은 미국 상인 러셀Russell이 1818년 광주에서 러셀양행
이라는 이름으로 창립했으나, 1824년 1월 1일자로 다시 기업을 창업하면
서 기창양행으로 이름을 바꿨다. 이 회사는 원래 아편 밀무역을 하면서 부
를 축적했는데, 오래지 않아 중국내 외국 상인 중 거상이 되었다. 많은 이윤
을 짧은 기간 내에 남길 수 있었던 비결은 바로 아편 비전선이었다. 기창양
행 소속의 에드워드 커닝햄Edward Cunningham(金能亨)이 1846년 상해 부
영사로 발령을 받자 현지사업에 유리한 환경이 조성되었으며, 곧이어 그는
기창양행의 상해 책임자를 맡게 되었다. 1854년 무렵부터 상해에서 이른바
'기창양행의 시대'가 열리게 된 것이다.[136]

1861년 기창양행은 항운업에 투자하여 다음 해인 1862년 3월 27일 정식
으로 상해윤선항업공사를 성립했는데, 외국인이 전문적으로 만든 최초의
윤선공사였다. 기창양행이 상해윤선항업공사에 투자한 지분은 1/3에 불과
했지만, 당시 '영원한 대리인'이란 명망으로 윤선공사의 일체 권력을 장악하
여 사람들은 그냥 '기창윤선공사'라고 불렀다. 이 회사는 여러 외국 윤선공
사 가운데 가장 먼저 만들어졌고 가장 이윤이 높았으며 가장 실력이 막강하
였다. 기창윤선공사는 제2차 아편전쟁 후 장강이 개방되자 장강항운에 진출
했는데, 처음에는 미국에서 457톤 급 윤선 한 척을 구매해 장강운항에 투입
했는데 이윤이 많이 남자 선박을 확충하였다. 몇 년 지나지도 않아 기창윤선
공사는 장강 운수업에서 우위를 점했는데, 1866년 6월의 통계에 따르면 장
강 전체 운수량의 1/2~2/3를 장악하였다.[137] 기창윤선공사의 전성시대는
1867년부터 1872년까지로 튼튼한 경제력과 매판상인의 강력한 지지를 받

---

136 張后銓, 『航運史話』, 社會科學文獻出版社, 2000年, 43쪽.
137 中國社會科學院經濟研究所 編, 『中國近代航運史資料』[第一輯(1840-1895)上冊], 上海人民出
     版社, 1983, 444쪽.

제2장 해양질서의 재편과 근대 해운업의 흥기 105

으며 괄목할 만한 성장을 하였다. 1867년에는 선박이 12척 1만 7,388톤에 이르렀으며, 1872년에는 19척 2만 7,769톤으로 증가하였다.[138] 이 회사는 장강항선을 독점하는 동시에 내해항선으로 계속 확장하였다.

둘째, 태고양행은 1816년 영국에서 건립한 대회사로, 그 역사는 기창보다 오래되었다. 1850년대 초 중국시장에 모직과 면직물을 수출하였다. 1860년대부터 태고양행 원동총분점遠東總分店을 설치해 직접 중국무역을 주도 했으며, 1867년 1월 1일부터 상해에서 태고양행 원동분점을 만들어 영국산 모직과 면직물을 판매하고 중국의 비단과 차를 구매하였다. 항운업 방면에서 기창공사가 장강노선에서 큰 이익을 얻는 것에 주목하다가, 몇 년의 준비 끝에 1872년 영국에서 거액의 자본을 모집해 태고윤선공사를 창립하였다. 이 회사는 런던에 본부를 두고 홍콩과 상해에 지부를 만든 후 기창윤선공사와 경쟁하였다.[139] 장강과 주강의 내하 운항과 상해와 홍콩 등 각 항구 도시를 오가는 연해 운항을 하였다. 1874년부터 1894년까지 20년 동안 태고윤선공사의 선박은 6척에서 29척으로 늘었는데, 중국의 항운업 가운데 외국자본으로는 가장 큰 규모에 도달하였다. 선박명은 대부분 중국의 항구 이름을 따서 광주호, 복주호, 남경호, 무창호, 중경호 등이었다.[140]

셋째, 이화양행은 본래 1832년 광주에서 개업했는데, 일찍부터 비전선을 이용해 아편무역으로 성장한 기업이었다. 이화양행은 1842년 홍콩으로 옮긴 후 상해, 광주, 천진 등에서 영업을 했으며, 1843년 11월 정식으로 상해에도 회사를 만들었다. 오랜 역사를 가진 이화양행을 당시 사람들은 '양행의 왕'이라고 불렀다. 이 회사는 거대한 선대를 기초로 각 항구마다 분배시

---

138 中國社會科學院經濟研究所 編, 『中國近代航運史資料』[第一輯(1840-1895)下册], 上海人民出版社, 1983, 1409쪽.

139 위의 자료집, 1411쪽.

140 1892년에는 윤선 29척 34,540톤이었고, 1908년에는 48척 61,574톤으로 늘었다(張后銓, 『航運史話』, 社會科學文獻出版社, 2000年, 61~62쪽).

스템을 갖추고 있어서 합법이든 불법이든 아편판매에 관한 한 선두에 서 있었다.[141] 중국에서는 경제력으로 태고공사에 필적할 만한 회사였다.

이화양행은 1856년 항운업에 진출하여 윤선 헬레스폰트Hellespont호 한 척으로 상해와 홍콩 간을 오갔다. 그 후 사업을 확장하며 연해항로를 확장하다 장강항운에 뛰어들었다. 1867년 기창윤선공사와 협의하여 향후 10년간 장강노선에 대한 기창의 독점권을 인정하는 대가로 연해항행의 독점권을 얻었다.[142] 그러나 이화양행의 막강한 자본력으로 인해 장기적으로는 기창양행의 위협적인 존재로 성장했다.[143] 1881년 11월 다른 두 윤선회사의 선박 12척 1만 3,000여 톤을 인수한 후 이화양행은 이화윤선공사를 열었다. 원양과 연해를 항운하는 윤선 가운데 임대하는 배에는 주로 '승陞'자를 붙여서 고승高陞호, 부승富陞호 등으로 불렸고, 스스로 운영하는 배에는 주로 '생生'자를 붙여서 덕생德生호, 귀생貴生호 등으로 불렸다. 한편 내하를 항행하는 윤선에는 주로 '화和'자를 붙여서 이화怡和호, 덕화德和호 등으로 불렸다.[144]

외국 상선은 1840년대 중국의 바다에서 항행권을 얻은 후 30년도 지나지 않아 원양과 연해 및 장강의 항운업을 독점하였다. 1860년대부터 1895년까지 외국 선박 현황통계에 따르면, 외국 상선이 중국 상선에 비해 항운업에서 압도적인 우위를 차지하였다.[145] 외국 상선은 처음에는 주로 범선이었다가 1870년대 초부터 윤선의 총 톤수가 범선을 크게 추월하였다. 1874년 해관에 기록된 범선은 122만 85돈에 불과했지만, 윤선은 808만 5,716톤으

141 中國社會科學院經濟硏究所 編, 『中國近代航運史資料』[第一輯(1840-1895)上冊], 上海人民出版社, 1983, 105쪽.

142 中國航海學會, 『中國航海史』(近代航海史), 人民交通出版社, 1989年, 70~71쪽.

143 中國社會科學院經濟硏究所 編, 『中國近代航運史資料』[第一輯(1840-1895)上冊], 上海人民出版社, 1983, 485쪽.

144 1883년부터 1893년까지 선박은 22척 2만 3,953톤으로 늘었고, 다시 1903년에는 37척 8만 356톤으로 늘었다(張后銓, 『航運史話』, 社會科學文獻出版社, 2000年, 62~63쪽).

145 李育民, 『近代中國的條約制度』, 湖南師範大學出版社, 1995年, 199~200쪽.

표 2__ 국내와 해외를 왕래하는 중국과 외국의 선박 수와 톤수

연도	중국		외국		총계	
	선박 수	톤수	선박 수	톤수	선박 수	톤수
1864	1,021	64,588	16,945	6,570,897	17,966	6,635,485
1874	1,646	494,237	13,976	8,811,564	15,622	9,305,801
1884	4,625	2,993,613	19,130	15,813,175	23,755	18,806,788
1895	13,014	5,220,121	24,118	24,516,957	37,132	29,737,078

* 中國社會科學院經濟研究所 編, 『中國近代航運史資料』 第一輯(1840-1894)上冊, 上海人民出版社, 1983年, 324~325쪽; 李育民, 『近代中國的條約制度』, 湖南師範大學出版社, 1995年, 199쪽.

로 전체의 86%를 차지하였다.[146] 당시 윤선공사는 기본적으로 모두 외국인이 경영했으며, 그들은 부두창고업, 보험업, 항구 내 소형 윤선업에도 진출해 많은 이윤을 남겼다.

청조가 외국 윤선공사에 두석운수豆石運輸를 개방한 일은 중국 항운업에 큰 타격을 준 사건이었다. 두석은 동북과 산동 지방에서 주로 생산되는데, 북방의 우장牛莊항과 등주登州항을 통해 사선으로 상해로 운송된 뒤 다시 동남 각 성으로 판매되었다. 이를 두석운수라고 불렀는데, 전통적인 연해무역의 중심이었다. 두석을 운반하던 사선은 도광道光연간에 대략 3,000여 척이었고, 함풍咸豊연간에는 2,000여 척이었으며, 이에 종사하는 선원이 10여만 명이었다.[147] 기록에 따르면 "산동 등주와 우장 두 도시는 두석 두병豆餠의 주요 산지로 모두 강소, 절강, 복건, 광동 지역에 선박으로 운반되어 동남 각 성에서 판매되었는데, 그 이익이 막대하였다. 이런 선박들이 2,000여 척이었으며 해운 조량漕粮도 이 항로를 통해 북쪽으로 운송하였다. 이것에 기대어 생활하는 자들이 1,000만 인 이상이었다"[148]라고 했다.

---

146 中國社會科學院經濟研究所 編, 『中國近代航運史資料』[第一輯(1840-1895)上冊], 上海人民出版社, 1983, 332쪽.
147 王大勇 編, 『招商局史』, 人民交通出版社, 1988年, 9쪽.
148 中華書局編輯部, 『籌辦夷務始末』(咸豊朝), 卷32, 中華書局, 2008年版, 16쪽.

서양 상인들은 예로부터 연해해운을 대표하는 두석운수에 관심을 가졌다. 외국 선박은 북방으로 아편과 양포洋布를 운송한 후 돌아올 때 가져올 수 있는 화물이 별로 없었다. 이에 1862년 2월 영국 공사는 총리아문에 외국인의 두석운송 금지령을 철회하라고 요구하면서, 외국 선박이 우장과 등주에서 두석을 운반할 수 있도록 압박하였다. 당시 청조는 태평천국 군대와 강남지역에서 격전을 벌이고 있었기 때문에 서양 열강의 도움을 받고자 두석시장을 결국 개방하였다.[149] 이때부터 외국 해운업자들은 우장과 연대로부터 두석을 운송하기 시작했다.

　한편 외국 윤선은 청조의 금령을 어기고 미통상 항구에서 불법밀수를 하였다. 예를 들어, 식염은 본래 정부의 전매품으로 일반 상인들이 마음대로 매매 과정에 참여할 수 없었다. 하지만 서양 상인의 소금 운송으로 인한 사건이 끊이질 않았다. 지방 관리들이 불법행위를 조사해서 단속하고자 해도 각국 공사들이 자국 상인을 비호하여 근절할 수 없었다. 기존에 소금 운송을 하던 중국 염선은 운반할 소금이 없을 지경에 이르렀다.[150] 소금 운송은 그나마 불법행위에 속했지만, 조운운송의 경우에는 아예 청조의 허가 아래 이루어졌다. 함풍-동치 연간에 황하의 범람이나 태평천국군의 봉기로 운하를 통해 조운할 길이 막히자 남방의 곡식을 북경으로 운송하는 일이 어려워졌다. 특히 1859년부터 1860년 사이에 북경에 도착한 조량은 절반에도 미치지 못하였다. 이에 해운을 통한 조량을 고려했는데, 이 분야를 서양 상인에게 잠시나마 허용한 것이다.[151]

　본래 외국 상인들은 조약 규정에 따라 국내무역에는 참가할 수 없음에도 불구하고, 시간이 흐르면서 밀수나 불법수단을 동원해 대두, 소금, 곡식 등

149　中國航海學會, 『中國航海史』(近代航海史), 人民交通出版社, 1989年, 28쪽.

150　中國社會科學院經濟研究所 編, 『中國近代航運史資料』[第一輯(1840-1895)上冊], 上海人民出版社, 1983, 201쪽.

151　위의 자료집, 207~218쪽 참고.

표 3_ 중국에 온 외국 선박의 윤선과 범선의 비교(1870년과 1876년)

연도	1870년			1876년		
중국에 온 상선의 척 수와 톤수	척 수 14,136	톤수 6,907,828	100%	척 수 17,946	톤수 10,226,421	100%
윤선	7,724	5,058,528	73.22%	12,041	8,712,997	85.21%
범선	6,412	1,849,300	26.78%	6,412	1,513,424	14.79%

* 中國航海學會, 『中國航海史』(近代航海史), 人民交通出版社, 1989年, 102쪽
  (백분율의 수치는 실제 계산과는 차이가 있으나 원서 그대로 인용한다).

상품을 해운으로 운송하였다. 그 활동 범위도 넓어져 남으로 홍콩에서 북으로 천진과 연대에 이르렀다. 대부분의 토화운수土貨運輸가 외국 윤선에 의해 장악되면서, 중국 사선들은 점점 일감을 잃고 몰락의 길에 들어섰다.

외국 윤선공사들은 상호경쟁하면서 원양정기노선을 개발하였다. 본국과 중국 사이에 정기항로를 가지고 있던 대표적인 원양윤선공사로는 대영윤선공사大英輪船公司(Peninsular & Oriental Steam Navigation Co.), 법국우윤공사法國郵輪公司(Messageries Imperials Co.), 미국태평양우윤공사美國太平洋郵輪公司(Pacific Mail Steamship Co.) 등 세 곳이 유명하다.

우선 대영윤선공사가 시기적으로는 가장 빨리 출발했는데, 이 회사는 1837년에 만들어져 1840년에는 영국 정부와 동인도회사가 매년 일정한 보조금을 준다는 약속 아래 영국과 인도 간 정기항선을 만들어 우편물을 운송하였다. 1844년 대영윤선공사는 영국 정부와, 수에즈운하에서 홍콩으로 연결되는 우편계약을 맺었다. 다음 해 영국과 홍콩 간에 매월 정기 항로를 개설했으며, 홍콩에 지사와 부두 및 선박창을 만들었다. 다시 1850년에 이 항선이 홍콩과 상해 간의 정기항로와 연결되어 매월 한 차례 운항하였다. 당시 윤선은 초창기라서 선박 크기가 작았는데, 이 항선의 첫 번째 윤선인 메리우드호는 겨우 296톤에 불과하였다.[152] 그리고 법국우윤공사는 1862년에

---

152 中國航海學會, 『中國航海史』(近代航海史), 人民交通出版社, 1989年, 79쪽.

국제항선을 프랑스령 베트남에서 중국으로 연장하여 상해의 기창양행이 이 업무를 대리하도록 했다. 1863년에는 홍콩에 회사를 만들어 매월 상해를 한 차례 왕복했는데, 윤선의 크기는 대략 800∼900톤 정도였다.

미국의 태평양우윤공사는 화기윤선공사花旗輪船公司 혹은 만창윤선공사萬昌輪船公司라고도 불렸다. 1867년 미국 캘리포니아와 홍콩을 오가는 태평양항선을 만들었는데, 첫 번째 윤선이 콜로라도Colorado호로 그해 2월 홍콩에 도착하였다. 이로써 지구를 한 바퀴 도는 여행객이 생겨났으며, 중국의 차, 비단, 아편 등을 미국의 태평양 연안으로 운반하였다. 1868년부터 상해의 기창양행이 이 회사의 업무를 대리하였다.[153] 중국에 가장 일찍 진출한 세 원양윤선공사들은 모두 본국 정부의 지원을 받고 있었다. 그 후 영국해양윤선공사英國海洋輪船公司, 미국범태평양윤선공사美國汎太平洋輪船公司 등도 참여하여 영국 런던과 홍콩, 미국 샌프란시스코와 상해 등을 원양 항해하였다. 그 후 독일, 일본, 이탈리아, 러시아의 원양윤선공사들도 중국에 들어왔다.[154] 외국 윤선은 원양, 연해, 내하의 주요 노선 가운데 특히 원양항선에 절대적인 우세를 보였다. 19세기 말에는 각국의 윤선기술이 비약적으로 발전하고 윤선의 크기도 커지면서 국제노선이 더욱 발전하였다.[155]

한편 1871년 유럽과 홍콩 상해 간 해저전선의 부설 역시 국제무역의 활성화에 적지 않은 영향을 미쳤다. 예를 들어, 상해에서 생사를 구입하려 할 경우 이제는 런던시장에서 곧바로 매입할 수 있게 되어 무역상들은 약간의 이익이라도 더 챙길 수 있었다. 중국의 차와 같은 상품을 수출할 경우에도

---

153 中國航海學會, 『中國航海史』(近代航海史), 人民交通出版社, 1989年, 80∼81쪽.
154 郭松義·張澤咸, 『中國航運史』, 文津出版社, 1997年, 321쪽.
155 통계에 따르면, 19세기 후반부터 1920년대까지 중국의 근해 항운업의 80% 이상이 외국의 통제 아래 있었으며, 원양의 6대 항선 가운데 화교가 운영하는 남양항선의 일부 노선을 제외하고는 유럽, 미주, 아프리카, 오세아니아, 시베리아 등 5대 항선은 모두 외국인의 수중에 있었다(郭衛東, 『不平等條約與近代中國』, 高等敎育出版社, 1993年, 162∼163쪽).

마찬가지였다.[156] 특히 상해야말로 해상운송이 정기화되고 동아시아 해저 전신망이 개통되는 등 해운과 통신 분야에서 혁명이 일어나면서 가장 혜택을 받은 도시로 동아시아의 주요 허브가 되었다.[157]

3. 중국 해운업의 출발

(1) 하운에서 해운으로

청 말 해운으로 조량을 옮기는 문제는 정치적으로 큰 사건이었다. 청대의 조량은 왕조의 핵심 사업으로 강남 6성에서 징수한 조량을 운하를 통해 운반하는 것이 일반적이었다. 그런데 가경연간에 황하가 여러 차례 범람해 운하의 물길이 막히는 일이 발생하였다. 하지만 청은 명의 전통을 이어받아 동남의 조량을 하운河運으로 운반했다. 하운에는 문제가 많았지만 쉽사리 조량 방법을 바꿀 수 없었다. 그러다가 1824년 홍수로 제방이 무너져 일정 구간의 하도가 끊기자 정상적으로 조량을 운송하지 못해 청조는 곤혹스러운 상황에 빠졌다. 이에 도광道光 5년(1825)에 해운으로 조량을 운송하자는 첫 번째 논의가 있었다. 대학사 영화英和 등이 하운이 오래도록 막혀 조운을 할 수 없으니 바다의 선박을 통해 운반하는 것이 목전의 급선무라고 제안한 것이다.[158] 하지만 하운을 해운으로 바꿀 경우 기존의 운수업에 종사하던 많은 사람들에게 심각한 영향을 끼칠 것을 염려해 정부 내에서 격렬한 논쟁이 일어났다.

---

156 中國社會科學院經濟研究所 編, 『中國近代航運史資料』[第一輯(1840-1895)上册], 上海人民出版社, 1983, 635쪽, 638쪽.
157 프랑수아 지푸르 지음, 노영순 옮김, 『아시아 지중해: 16~21세기 아시아 해항도시와 네트워크』, 선인, 2014, 224쪽.
158 趙爾巽 等撰, 「食貨三」, 『淸史稿』, 中華書局, 1998年版.

해운 반대론자들은 바다를 통해 조량을 운반할 경우 '도적'들이 날뛸 것이고, '바람과 파도' 때문에 어려움이 있으며, '곰팡이와 습기' 때문에 문제가 발생할 것이라며 반대하였다.[159] 위원魏源은 이를 조목조목 반박했는데, 우선 도적 문제와 관련해 해도는 모두 민절閩浙지방에서 나오는데, 그들이 타는 선체는 그 모양이 뾰족하고 깊다. 그런데 "북양의 바다는 낮고 암초가 많아 선박이 평평하고 물길에 익숙하지 않으면 운항할 수 없기 때문에 남양의 해도는 감히 오송의 북쪽으로 넘어올 수 없다. 지금 남양에도 해도가 없는데, 하물며 북양에 있겠느냐?'고 반문했다. 바람과 파도 문제와 관련해서는 "대양의 큰 바람이 가을과 겨울에 부는 것을 모르기 때문인데, 봄과 여름의 동남풍은 순조로워 위험이 없다"면서 상인들이란 재산을 생명처럼 여기는데 설마 해운 안전에 최선을 다하지 않겠느냐고 반박했다. 그리고 곰팡이와 습기 문제에 관해서도 반대론자들의 생각이 부족하다고 했다. "무릇 운하를 통해 몇 개월 간 운항하면 적재한 지 오래되어 부패해 많이 버린다. 그러나 사선으로 천진에 운반하면 불과 열흘이면 된다"면서, 콩이나 쌀 등은 해풍에 쉽게 곰팡이가 피거나 소금물에 쉽게 젖는 곡물이 아니라고 하였다.[160] 그의 반박은 상당히 합리적이었다.

그러나 도광제道光帝는 영화 등의 제안에도 불구하고 관례에 따라 하운을 통한 조량을 시도했으나 막대한 경제적 손실을 입었다. 200만 석의 곡식 가운데 겨우 10만 석을 운반하는 데 그쳤으며, 비용도 원래보다 3배가 늘어나 400여 만 냥이 소요되었다. 이에 영화는 다시 해운을 제안하였다. 그때서야 도광제는 해운을 받아들여 다음 해부터 일부 지역의 조량을 해운으로 운송하도록 비준했다. 이에 새로 부임한 강소순무江蘇巡撫 도주陶澍 등이 하운

---

159 魏源, 『魏源集』(上册), 中華書局, 1983年版, 420쪽.
160 위의 자료집, 415쪽.

이 아닌 해운으로 조량을 운반하는 계획을 실행에 옮겼다.[161] 조량해운이 시작되면서 사선, 영선, 단선, 위선 등 목범선木帆船이 중요시되었고, 특히 사선으로 대표되는 범선은 조운은 물론 남북 간 물자교류를 위한 대규모 선단을 이루었다. 당시 상인이 고용한 선박은 전부 목범선이어서 사선업의 비약적인 발전이 있었다. 따라서 도광연간에 사선업이 번영한 것은 바로 조량해운과 불가분의 관계였다. 사선으로 조량을 천진으로 운반하고 돌아오는 길에 다시 북방의 두석을 실으면 왕복 모두 물자를 실어 나를 수 있었다.[162] 해운을 통한 조량이 부단히 증가하자 1847년 상해에 해운총국을 만들어 조량해운을 전문적으로 담당하도록 했다. 함풍시기에 이르러 다시 하운이 시도되었지만 겨우 10만 석 정도의 운송에 그쳤고, 1855년 황하제방이 여러 차례 붕괴하자 해운은 하운을 대신해 조량의 주요 방법으로 자리 잡았다.

조량해운이 일반화되면서 전통적으로 관청이 운영하던 조량하운체제는 종말을 맞았다. 특히 태평천국 군대가 하운조선河運漕船을 징발하고 전쟁 중에 이런 배들이 파괴되면서 강절지역의 조선漕船은 대부분 사라졌다. 청조가 반란을 진압한 후 하운을 부분적이나마 회복했을 때에도 항행할 수 있는 배가 크게 부족해 대부분 민간 선박을 고용할 수밖에 없었다. 그런 가운데 조량을 하운에서 해운으로 바꾼 조치는 단순히 강에서 바다로 항행노선을 바꾼 것을 넘어 조량선박에 중대한 변화를 가져왔다. 즉 내하항행에 적합한 조선이 해양항행에 적합한 목범선으로 바뀐 것이다.[163] 이런 범선도 계절풍의 영향을 받았기 때문에 얼마 후 바닷길에 더욱 적합한 윤선으로 바뀌게 되었다. 그리고 외국 상인의 해운업 진출은 범선운수가 윤선운수로 바뀐 중요한 계기가 되었다. 외국 윤선회사들은 주요 개항장에 윤선수리창을 만

---

161 鄭師渠,「道光五年試行海運漕糧述略」,『歷史檔案』, 1999年第3期, 100쪽.

162 王大勇 編,『招商局史』, 人民交通出版社, 1988年, 10쪽.

163 倪玉平,「漕糧海運與淸代運輸業的變遷」,『江蘇社會科學』, 2002年第1期, 125쪽.

들어 중국 연해에서 윤선의 항행에 어려움이 없도록 조치하였다.

1860년대 전후 중국인들은 외국 상인을 고용해 병력이나 식량을 운반하거나 조운선의 호위를 맡기는 일이 증가하였다. 그 가운데 유명한 사건으로는 1862년 초 이홍장이 영국 윤선 7척을 고용해 7,000명의 회군淮軍을 안경安慶에서 태평천국의 수도 천경(남경) 부근을 지나 상해로 비밀리에 이동시킨 일이 있다. 청조는 이런 경험을 통해 윤선의 중요성을 실감했으며, 태평천국 군대가 연해지역을 점령하자 외국 윤선을 고용해 반란세력의 확산을 막으려 했다. 1860년대 초부터 청조 내 일부 양무관료들은 윤선이 시대의 대세임을 간파하고 해운업에 뛰어들고자 했다. 중국번은 1861년 윤선과 포선을 구매할 것을 요청하는 상주문에서 "불과 1~2년 내에 화륜선은 분명히 중외관민이 사용하는 기물이 될 것"이라고 예측하였다. 이홍장도 중국번에게 보낸 편지에서 "윤선과 병선을 건조하는 것은 실로 자강의 첫 번째"[164]라고 하였다. 좌종당 역시 1864년에 작은 윤선 한 척을 만들어 항주 서호에서 시험 운행하였다.

1865년 10월 8일 이홍장은 상주문에서, "오늘날 조운선박이 모두 파괴되어 전부 수리하여 회복하려면 대략 은 3천만 냥이 듭니다. 만약 선박을 바꾸는 방법을 택하면 반드시 먼저 창고를 만들어야 하는데 … 단번에 이런 거액은 없습니다"[165]라면서 다행히 절소浙蘇해운은 역대로 안정되어 있으니 해운이 좋겠고 제안하였다.[166] 다음 해, 강해관도江海關道 응보시應寶時는 정부가 사선이나 비전선을 매입해 조량을 담당하자는 의견을 제시했다. 이에 대해 호부와 총리아문은 긍정적인 반응을 보였지만, 양강총독 중국번은 선원 노동자의 입장 등을 고려해 반대하였다. 그 후 강소순무 정일창丁日昌도 비

---

164 李鴻章 撰, 吳汝綸 編,『李文忠公全集』, 朋僚函稿 11,「復曾相」(文海出版社, 1962年版).

165 李鴻章 撰, 吳汝綸 編,『李文忠公全集』, 奏稿 9, 61쪽(文海出版社, 1962年版).

166 中國社會科學院經濟硏究所 編,『中國近代航運史資料』[第一輯(1840-1895)下冊], 上海人民出版社, 1983, 744쪽.

전선이나 윤선을 만들어 조량을 운송하자고 제안했으나 성공하지 못했다.

1867년 중국번은 총리아문에 공문을 올려 사선을 대신해 협판선夾板船으로 조운할 것을 주장하면서, "만약 조량을 운반하는 데 이익이 있다면, 장차 소주와 상해의 사선을 모두 협판선으로 바꿀 수 있을 것이며, 점차 확충하면 될 것입니다"라고 했다.[167] 얼마 후 중국번의 제안대로 윤선을 대신해 협판선으로 쌀 3만 석을 상해에서 대고구大沽口로 해운을 시도했으나 일부 구간의 수심이 너무 얕아 4천 석의 쌀을 내려놓고 나서야 겨우 운항할 수 있었다.[168] 이렇듯 시험운행이 성공하지 못하면서 윤선의 필요성이 다시 제기되었다. 응보시는 협판선을 구매하는 계획은 비용 때문에 어렵다면서 도중에 중지시켰다. 오히려 서양 선박으로 대체하면 이익이 크고 폐단이 적다면서 중국번의 입장과 대립하였다.

외국 윤선회사가 제한적이나마 조운무역에 끼어들자 일부 중국 상인들이 청조에 윤선해운을 활성화시킬 것을 요청하였다. 중국번 등에게 윤선을 여러 척 매입해 조운에 사용하면 사선의 부족을 메울 수 있을 것이라 했으나 받아들여지지 않았다.[169] 이 무렵 중국번이 미국에 유학을 보냈던 용굉容閎은 외국 윤선공사가 장강항행을 독점하는 것을 보고는 중국인이 모집한 자본으로 윤선공사를 설립해 "조량을 운송하고 승객과 화물도 실어 나르자"[170]고 건의했다. 그의 제안은 응보시를 거쳐 총리아문에 전달되었으나 서양 상인이 참여할 것을 염려해 회의적인 반응을 보였다. 중국번도 외국기업의 방식을 따를 필요는 없다고 생각하여 결국 이 계획은 수포로 돌아갔다.

외국 윤선업의 발전과 중국 범선업의 몰락은 신식 윤선 항운업에 대한 중

---

167 中國社會科學院經濟研究所 編,『中國近代航運史資料』[第一輯(1840~1895)下冊], 上海人民出版社, 1983, 746쪽.
168 曾國藩 撰,『曾文正公全集』, 批牘 6,「華商吳南記等稟集貲購買輪船運漕由」(東方書店, 1963年版).
169 中國史學會 編,『洋務運動』(第6冊), 上海人民出版社, 1961年, 79~80쪽.
170 李鴻章 撰, 吳汝綸 編,『李鴻章全集』, 奏稿 20,「試辦輪船招商局」(文海出版社, 1962年版).

국인들의 투자를 이끌었다. 구식 범선의 쇠락은 민족해운업이 탄생하는 계기를 마련하였다. 1860년대에 이미 외국 국기를 꼽고 항해하거나 외국인의 배를 빌려 항해하는 방식은 상당히 보편화되었다. 그러나 중국인 스스로 민족해운업을 시작하는 일은 쉽지 않았다. 우선 일반 중국인이 윤선을 구매하는 것을 엄격히 금지했기 때문에 초기에는 중국 상인이 외국 상인의 윤선업에 투자하거나 윤선을 구매하더라도 외국 상인에게 대리 운영시키는 경우가 있었다. 중국 상인들이 윤선회사를 만들려는 시도는 해운을 통한 조운의 필요성이 강조되면서 더욱 진전되었다. 총리아문은 조운 문제를 해결하기 위해 상인의 윤선 구매에 호의적인 입장을 보였지만, 중국번은 여전히 상인들에 의한 조운에 대해서는 회의적인 입장이었다.[171] 그 후 양무파 관료들이 양무사업의 하나로 직접 윤선항운기업을 설립하는 것을 심각하게 고려하였다.

(2) 윤선초상국輪船招商局의 설립과 운영

양무파 관료들은 중국 근대 윤선업의 창립 과정에서 중요한 역할을 하였다.[172] 그들은 윤선초상의 필요성을 해방, 경제, 조운 방면에서 설명하였다.

---

171 1867년 「華商買用洋商火輪船夾板等項船只章程」을 반포해 중국 상인이 윤선을 매입해 항운업을 하는 것을 허가하였다. 장정에 따르면 중국 상인의 윤선은 서양 상인과 동일한 노선을 운행하고 동일한 세금을 납부하지만 그들보다 좋은 조건을 향유할 수는 없었다. 뿐만 아니라 이런저런 이유를 들어 제약을 가했는데, 결국 이 장정은 제대로 시행되지 못했다(中國社會科學院經濟研究所 編, 『中國近代航運史資料』[第一輯(1840~1895)下册], 上海人民出版社, 1983, 1369쪽).

172 근대 중국의 해운업에서 초상국이 차지하는 위치는 매우 높다. 이와 관련한 최근 연구 성과로는 虞和平·胡政이 주편한 국제학술대회 논문집 『招商局與中國現代化』(社會科學文獻出版社, 2008)와 朱耀斌·朱玉華의 『招商局與中國港航業』(社會科學文獻出版社, 2010) 등이 있다. 뿐만 아니라 대기업인 招商局 그룹의 지원으로 풍부한 연구가 이루어지고 있다. 招商局 그룹의 지원으로 '招商局 역사총서'가 나왔는데, 陳潮, 『晚清招商局新考: 外資航運業與晚清招商局』(上海辭書出版社, 2007); 湯照連 主編, 『招商局與中國近代化』(廣東人民出版社, 1994, (2005 重印)]; 朱耀斌·李亞東, 『招商局與上海』(上海社會科學院出版社, 2007) 등 10여 종이 넘는 간행물이 기획 출판되었다.

자강을 하려면 먼저 식량이 넉넉해야 하고 식량이 넉넉하려면 경제 부흥만 한 것이 없다면서 스스로 윤선 항운업을 해서 외국 상인이 독점한 이윤을 조금이라도 가져오면 중국의 재부가 축적될 것이라고 했다. 특히 조운문제를 단번에 해결하는 방법은 직접 윤선업을 하는 것이라고 했다.[173] 중국번도 기존의 입장을 조금 바꾸어 1872년 2월 총리아문에 보낸 공문에서 "상선을 많이 만들어 상인들에게 화물비를 거두자"며 조운을 겸할 것을 언급하였다. 이를 윤선초상輪船招商의 첫걸음으로 볼 수 있을 것이다. 중국번이 사망하자 북양통상대신인 이홍장이 신식 윤선공사를 만드는 실질적인 책임자가 되었다. 그는 윤선초상 사업에 참여할 투자자를 모았다.[174] 이홍장을 비롯한 양무관료들의 오랜 준비와 총리아문의 전폭적인 지지 아래 1873년 1월 17일 상해에서 윤선초상국을 정식 개국하였다. 이것은 상업항운의 각도에서 보면, 진정한 의미에서 중국 윤선업의 시작이었다. 초상국은 첫 번째 대형 중국윤선기업으로 관영 색채가 농후한 주식회사이기도 했다. 윤선초상국의 투자형태는 관과 민이 고루 지분을 가졌고, 관독상판官督商辦의 운영방식을 채택하였다. 청조는 윤선초상국 설립을 비준하는 동시에 일반 윤선회사의 건립을 제한하는 정책을 만들어 초상국의 이익을 보호하였다.[175]

윤선초상국 선박은 대부분 외국에서 구매하거나 혹은 외국 상인에게 매입하였다. 처음 영업을 시작할 때에는 이돈伊敦호, 복성福星호, 영성永星호 등 세 척의 윤선으로 출발하였다. 1872년 11월 30일 윤선 이돈호가 화물을 싣고 상해에서 선두汕頭로 항해를 했는데, 이것이 중국 윤선이 처음으로 연근해를 운행한 사건이었다. 이돈호는 1873년 1월 19일 상해에서 홍콩으로, 다시 2월 23일 홍콩에서 상해로 돌아왔다. 오래지 않아 초상국 선박은 북양

---

173 中國航海學會, 『中國航海史』(近代航海史), 人民交通出版社, 1989年, 117쪽.
174 張后銓, 『航運史話』, 社會科學文獻出版社, 2000年, 54쪽.
175 李育民, 『近代中國的條約制度』, 湖南師範大學出版社, 1995年, 198쪽.

항로도 개척했는데, 같은 해 3월 22일 영국에서 구입한 영청永淸호는 상해에 온 며칠 후 조운미 9,000석을 싣고 천진으로 향하였다. 그 후 초상국은 장강항로도 운행하기 시작해 같은 해 7월 10일 영녕永寧호가 상해에서 출항해 진강鎭江, 구강九江, 한구漢口로 항행하였다. 이로써 중국 소속 상업윤선이 처음으로 내하를 항운한 것이다.[176] 특히 윤선초상국의 조량 20만 석 북방 운반이 성공한 후 사선을 통한 조운의 비중은 점차 감소하고 윤선의 비중은 높아졌다. 결국 20세기로 넘어가는 세기의 교체기에는 조운업에서 범선은 사라졌고 대부분 초상국의 윤선으로 대체되었다.

윤선초상국이 창립된 후 해운업 분야에서 치열한 경쟁이 일어났는데, 기창윤선공사와 태고윤선공사의 도전이 만만치 않았다. 이 두 공사는 서로 연합해 염가경쟁을 통해 초상국을 압박하였다. 1873년 7월 두 공사는 비공식으로 운임을 협의하여 기존 운임의 반가 혹은 2/3 가격으로 내려 초상국이란 새로운 경쟁사를 위협하였다. 1874년 3월에는 기창, 이화, 태고 세 회사가 협의하여 장강노선에서 다른 공사(즉 초상국)와 동행을 허락하지 않는다고 선언했다. 초상국은 영미공사의 염가 공세로 말미암아 잠시 어려움에 직면했으나 청조와 중국 상인들의 전폭적인 지지 아래 안정되었다. 오히려 경쟁회사인 기창윤선공사가 누적되는 적자로 말미암아 주식이 폭락하는 등 위기에 직면하였다. 1876년 초 기창윤선공사는 구식 목재윤선으로는 더 이상 태고윤선공사의 신식 철재윤선과는 경쟁이 되지 않는다는 사실을 깨달았다. 실제로 강해노선을 장악했던 기창의 주도적 위치가 붕괴될 위기에 놓였다. 결국 기창은 태고와의 경쟁 과정에서 손해가 누적되자 항운업에서 손을 떼기로 결정하였다.

1876년 말 윤선초상국은 기창윤선공사를 매입하는 협의를 마치고 기창의 16척 선박을 포함한 기반 시설 일체를 200여 만 냥에 인수하기로 했다.

---

176 張后銓, 『航運史話』, 社會科學文獻出版社, 2000年, 56쪽.

1877년 초 청조가 초상국의 기창 구매를 승인하자, 그해 2월 12일 초상국의 당정추唐廷樞와 서윤徐潤이 기창 대표와 정식계약을 맺었다. 『신보申報』 3월 2일자 기사에는 "이로부터 중국의 강과 바다에 떠다니는 화선火船 중에 절반이 초상국의 깃발을 달게 되었다"고 보도했다.[177] 기창을 매입하면서 초상국은 괄목할 만한 발전을 하게 되었는데, 1881년에는 자본이 100만 냥을 넘어섰고, 1883년에는 자본이 200만 냥을 넘어서는 등 급속한 팽창을 보였다. 초기에는 청조의 지원금이 밑천이었으나 얼마 지나지 않아 상인 투자금이 초상국 자본의 주류를 이루어 자본총액의 80%에 다다랐다. 1880년대 중엽부터 윤선초상국은 운송의 중심을 장강 내하로까지 확대했으며, 더 나아가 원양항선을 개발하기 시작했다.

기창을 매입한 후 초상국은 태고, 이화와 더불어 3대 공사가 되어 새로운 경쟁관계에 들어섰다. 특히 태고윤선공사는 염가경쟁을 통해 초상국을 압박했는데, 초상국은 기창을 구매한 비용을 갚느라 어려움을 겪었다. 결국 세 회사는 자신의 살을 깎는 염가정책을 버리고 담판을 통해 가격을 균일화하는 합의를 맺었다. 세 회사는 운임 비용을 각각 초상국 38%, 태고 35%, 이화 27%로 나누어 분배하기로 결정했다.[178] 이런 계약은 연장과 중단을 반복하며 한참 동안 지속되었다. 외국 윤선의 운임료가 높아지자 위기에 처했던 중국 범선은 나름의 경쟁력을 갖추며 생존할 수 있었다. 범선은 윤선의 흥기로 인해 주요 무대에서는 물러났지만 여전히 범선의 수요는 존재했다. 윤선이 등장한 지 수 십 년이 지난 후에도 중국 범선은 여전히 연해항구 간에 혹은 넓은 내하에서 운항하고 있었다.

윤선초상국은 시대에 따라 변화는 있지만 대체로 북양통상대신 이홍장이

---

177 미국의 남북전쟁이 끝난 지 10여 년이 지나 자국 내에 투자 분위기가 고조되어 미국 상인의 눈에 중국이라는 시장은 더 이상 황금의 국가가 아니었다. 오히려 미국이 투자하기에 더욱 유리한 국가였다(張后銓, 『航運史話』, 社會科學文獻出版社, 2000年, 57~58쪽, 60쪽).

178 張后銓, 『航運史話』, 社會科學文獻出版社, 2000年, 64쪽.

표 4__ 초상국, 태고, 이화의 윤선 비교(1873~1894)

연도	초상국		태고윤선공사		이화윤선공사	
	선박 수	총 톤수	선박 수	총 톤수	선박 수	총 톤수
1873	6	2,999	4	4,347	7	3,364
1877	31	22,494	8	6,893	9	5,191
1883	27	22,957	20	22,151	15	13,651
1894	26	22,900	29	34,543	22	23,953

* 中國航海學會, 『中國航海史』(近代航海史), 人民交通出版社, 1989年, 130쪽.
‡ 각 윤선회사의 선박 수와 총 톤수는 도중에 합병한 회사의 수량도 합산
  (실제 계산과는 차이가 있으나 원서 그대로 인용한다).

직접 관할하는 관독상판의 기업이었다. 조운 독점권과 정부로부터의 차관
은 초상국이 가진 강력한 특권이자, 청조가 초상국을 통제하는 강력한 수단
이었다. 이홍장이 초상국의 영업방침으로 규정한 "조량을 운반하고 아울러
승객과 화물을 운반한다"는 구절에서도 알 수 있듯이 조량해운은 초상국의
영업이익을 보장하는 결정적인 위치를 차지하였다. 외국 상인들은 여러 차
례 조운사업에 합법적으로 참여할 기회를 노렸으나 청조와 초상국의 거부
에 직면하였다. 당시 "중국 선박은 관염官鹽, 조미漕米 두 분야에서만은 이
권을 잃지 않았다"고 볼 수 있었는데, 1895년에 이르러선 초상국 내 조운을
담당하는 전문부서가 만들어졌다.[179] 그 밖에 정부 물자도 초상국 초기에 운
송한 대표적인 화물이었다.

초상국 소속 윤선은 장강항로를 중심으로 시장을 넓혀 갔으며, 내하 말고
도 근해 항로를 북양과 남양으로 나누어 항로를 넓혀 나갔다. 그런데 이 회
사의 경영방침 가운데 하나는 국제항로를 개척하는 일이었다. 우선 초상국
은 일본과 동남아항로를 개척하였다. 1873년 총판 당정추는 진수당陳樹棠
을 일본으로 파견해 화물운송 업무를 준비시켰다. 그해 8월 초 윤선 이돈호

179 王大勇 編, 『招商局史』, 人民交通出版社, 1988年, 165쪽.

가 처음 일본의 고베와 나가사키로 항행했는데, 중국 상업윤선이 처음으로 국제항로를 운행한 것이다.[180] 그해 말 이돈호는 고베神戸, 나가사키長崎와 (필리핀의) 루손섬Luzon 등지를 오가며 초상국의 영업 범위를 동남아로 확대하였다. 남양군도는 오래전부터 화교들의 집단거주지였기 때문에 초상국은 이곳에서 사업을 준비하여 1879년 무렵 초상국 분국을 세우고 해운업을 시작하였다. 초상국은 일본, 필리핀, 싱가포르, 인도 등 여러 항로를 개척하려 했으나 일본과 필리핀은 자국의 항운업 보호정책을 추진하여 실패하였고, 싱가포르는 유럽항운회사의 요충지였기 때문에 경쟁하기 어려웠다. 결국 1880년 초상국 광주 분국은 베트남에 대표를 보내 베트남 국왕과 대신들을 만나 항운 업무를 상담했으며, 쌍방이 계약을 체결한 후에는 베트남 노선에 주력하였다.

유럽-미주 노선은 초상국의 오랜 바람으로 호놀룰루, 샌프란시스코 등에는 화교들이 많아 중국 선박이 항해하기를 희망하였다. 1879년 10월 19일 초상국 윤선 화중和衆호는 400여 명의 승객을 싣고 호놀룰루로 시험운행하였다. 1880년 7월 20일 화중호는 다시 태평양을 건너 북미로 향했는데, 8월 15일 호놀룰루를 거쳐, 8월 30일 샌프란시스코에 도착하였다. 같은 해 초상국은 해군아문海軍衙門의 명령을 받아 윤선 해탐海探호에 북양수사를 싣고 영국으로 실습을 떠나기도 했다. 1881년 10월 4일 윤선 미부美富호는 차를 싣고 수에즈운하를 통과해 영국으로 항해하여 10월 중순 런던에 도착하였다. 이와 같이 초상국의 원양항해는 근대 중국의 항해사에서 한 획을 긋는 사건이었다.[181] 한편 1881년 3월 19일 복건 부근의 해상에서 윤선 화중호가 영국 군함과 충돌하여 크게 파괴되었는데, 이 사건으로 초상국의 원양운

---

180 윤선초상국 기선이 일본 연해에 진출한 사건은 일본 정부의 주목을 받아 일정한 제재조치를 취하게 만들었는데, 기선 왕래가 몇 차례에 그쳐 일본 해운업에 별다른 영향을 미치지 못한 채 끝이 났다(松浦章, 「淸末輪船招商局汽船和日本」, 『學術硏究』, 2011年 第10期).

181 張后銓, 『航運史話』, 社會科學文獻出版社, 2000年, 66~68쪽.

송 능력은 약화되었다. 게다가 오래지 않아 청과 프랑스 간에 전운이 감돌자 초상국은 싱가포르 등 일부 지역만 겨우 국제항로를 유지할 수 있었다. 결국 1884년 청프전쟁이 발발하자 초상국의 해외항선은 모두 중단되었다.

덧붙이자면, 윤선초상국은 해운뿐만 아니라 청조의 해군정책에도 적지 않은 도움을 주었다. 초상국은 병사를 이동해야 하거나 군 장비를 이동해야 할 경우 회사 선박을 임시 군용운반선으로 제공하였다. 예를 들어, 1874년 일본이 대만을 침공했을 때 초상국 선박은 병력을 태워 대만으로 이동시키는 업무를 수행하였다. 1879년 러시아와 이리伊犁에서 분쟁이 발생하여 중국 연해 항구에서 러시아 군함이 무력시위를 벌이자 초상국은 병력을 실어 산해관 등지로 보내는 임무를 수행하였다.

요컨대 영국 해군의 해도 소탕, 신식 윤선의 출현, 조량해운으로의 변화 등과 같은 해양질서의 재편은 근대 해운업 발전을 가져왔다. 그 과정에서 항해권의 침범에 따른 권리의식의 각성이 중국인의 해양인식을 변화시키게 된 것이다.

제3장

『만국공법』을 통해 본 해양법

동아시아의 국제관계를 설명할 때, 흔히 전통시대에서 근대시기로 넘어오는 것을 '책봉조공체제에서 만국공법체제로의 전환'이라고 표현한다. 동아시아 사회에서 오랜 세월에 걸쳐 고도의 연속성을 향유하던 책봉조공체제가 19세기에 들어와 이른바 '서양의 충격'을 통해 근대 유럽 국제법질서로 대체된 것은 중대한 의의를 지니는 사건이었다. 여기서 '만국공법萬國公法'은 좁은 의미에서 책 제목이기도 하고, 넓은 의미에서 국제법의 또 다른 명칭이기도 하다.

널리 알려졌듯이, 『만국공법』(1864)이란 책은 중국에서 활동하던 미국인 선교사 윌리엄 마틴William A. P. Martin(丁韙良, 1827~1916)이 미국의 저명한 국제법 학자 헨리 휘턴Henry Wheaton(惠頓, 1785~1848)의 『국제법 원리 Elements of International Law』(로렌스 판본, 1855)를 중국어로 번역하여 그 제목을 『만국공법』이라고 붙인 것이다.[182] 휘턴의 저서는 당시 미국에서 널

---

182 『만국공법』의 번역 원본은 휘턴의 『국제법 원리』로 여러 판본 가운데 1855년 미국 보스턴에

124

리 사용되던 국제법 개설서였으며, 그 번역서인 『만국공법』은 중국인에게 근대 국제법을 체계적으로 소개한 최초의 책이었다. 『만국공법』은 출간된 다음 해 일본에도 전래되어 대단한 인기를 끌어 후쿠자와 유키치福澤諭吉의 『서양사정西洋事情』과 더불어 막부 말기의 양대 베스트셀러가 되었다. 청의 경사동문관京師同文館에서 『만국공법』이 번역되어 나온 것은 1864년(동치 同治 원년)인데, 이것이 일본에 수입되어 막부의 가이세이쇼開成所에서 같은 제목의 번역본이 출간되어 나온 것은 바로 그 이듬해였다. 그 후 일본은 청 보다도 빨리 국제법 관련 서적을 번역 소개하면서 적극적으로 국제관계에 활용하였다.[183]

『만국공법』은 단순히 국가 간 교류사를 보여 주는 책이라는 차원을 넘어 동아시아 각국의 대외인식의 변화는 물론 세계관의 변화까지 살펴볼 수 있는 중요한 책이라고 평가받는다. 무척 유명한 책이니만큼 기존 연구는 적지 않으며, 그 평가도 다양하다.[184] 대체로 만국공법에 대한 한·중·일 연구는

서 출판한 영문 제6판을 썼다. 일부 잘못 알려진 1836년의 제1판이나 1846년의 제3판은 아니다(傅德元, 「丁韙良『萬國公法』飜譯藍本及意圖新探」, 『安徽史學』, 2008年 第1期).

183 한상희, 「서평: 김용구 저, 『만국공법』(소화, 2008)」, 『서울국제법연구』 제16권 1호, 2009년, 351~352쪽. 국내의 한 출판사에서 10년 기획으로 출간한 '한국개념사 총서'시리즈의 첫 번째 책이 『만국공법』이라는 사실도 이 번역서가 한·중·일에 얼마나 큰 충격을 주었는지 단적으로 보여 준다.

184 한·중·일에서 『만국공법』에 대한 연구사를 간단히 소개하면 아래와 같다.
일본 연구자들은 유교적 화이사상이 지배적이던 일본 열도에 만국공법이 받아들여질 수 있었던 것은 전통적인 도리와 만국공법의 자연법사상과의 친화력 때문이었으며, 이런 이유로 이적으로 간주되던 서구가 문명으로 인식되었다고 보았다. 반면 국제법에 스며 있는 유럽 기독교 문명의 편견과 그 국제정치적 측면을 간파한 후에는 만국공법이 '실력상응의 원리'에 따라 다시 문명으로 해석되었다고 했다. 川島眞는 「중국에서 만국공법의 수용과 적용」이라는 글에서, 일본은 주로 자국의 근대 국제법 수용에 주목하느라 주변국에 대한 관심이 적다면서, 대체로 사상사와 정치외교사 방면에서 접근한 연구라고 분석했다. 사상사의 각도에서는 청 관료와 지식인들이 국제법 질서관에 동요, 변화하면서 질서관을 형성하는 과정에 주목하며, 정치외교사 각도에서는 청 후기에 어떻게 전통제국에서 근대주권국가로 나아가는지에 주목한다고 평가했다(林學忠, 「從萬國公法到公法外交」, 上海古籍出版社, 2009年, 7쪽).
중국학계는 국제법의 중국으로의 수용시기, 임칙서가 번역한 국제법, 마틴이 번역한 국제법, 청 말 지식인의 국제법에 대한 인식과 태도, 국제법이 청 말 외교에 미친 영향 등을 주로 다룬

다음과 같은 특징을 지닌다. 우선 동아시아 사회에 각 나라별로 구미의 국제법이 언제 누구에 의해 어떻게 전래되었는지에 관한 연구가 많다. 다음으로 마틴의『만국공법』을 비롯한 구미의 국제법 저작을 번역하게 된 배경이나 동기, 번역상의 어려움 등에 관한 연구가 제법 있다. 그리고 불평등조약 체결과정에서의 수용, 분쟁의 처리과정을 통한 수용, 개혁과정에 보이는 수용 등 만국공법을 수용한 다양한 루트에 주목한다.[185]

그런데 연구사를 정리하다 보면 한 가지 중요한 사실을 알 수 있다. 다수의 연구가『만국공법』의 전파 및 그 영향에 초점을 맞추고 있어, 실제로 이 책의 주요 부분을 구성하는 국제법의 실제 내용은 상대적으로 소홀히 다루어지고 있다는 점이다. 기존 연구는 마틴 번역서들의 출판 배경과 의의에 관해서는 여러 가지 설명을 하고 있지만 정작 그 내용에 관해서는 거의 분석하지 않는다. 그래서인지 한 연구자는 왜『만국공법』의 내용은 별로 소개

다. 그리고 마틴이 서양의 국제법을 번역한 의도는 청조의 쇄국정책을 타파하여 중국의 대외정책을 서양의 궤도에 맞추기 위한 것이라는 비판적 시각이 지배적이지만, 만국공법이 청조의 대외정책 등에 적극적인 영향을 미쳤다는 견해도 있다. 張衛明에 따르면 중국대륙의 연구는 다음 몇 가지 문제에 주목한다. ① 근대 국제법의 수용문제, ② 임칙서가 번역한 국제법, ③ 마틴과 국제법의 한역, ④ 만청 지식인들의 국제법에 대한 인식과 태도, ⑤ 국제법의 청 말 외교에 대한 영향 등이다(林學忠,『從萬國公法到公法外交』, 上海古籍出版社, 2009年, 8쪽). 국내학계의 경우 주로 법사학이나 정치외교사 분야에서 연구하는 양상을 띠며, 상대적으로 역사학 분야에서는 연구가 미흡한 편이다. 최근 국내의 한 연구에 따르면, 청조의 만국공법의 활용은 어디까지나 현상유지책(서양 열강을 견제하기 위한 도구)의 차원에 머물렀다고 보았다. 또한 일본이 외교뿐만 아니라 국내의 정책에도 실정법으로 활용한 것과는 달리, 조선은 강대국 사이에서 살아남기 위해 세력균형 조항에 주목했다고 평가했다(백영서,「21세기에 다시 보는 동아시아 3국의 근대이행 경로」(제1부),『동아시아 근대이행의 세 갈래』, 창비, 2009년, 33~41쪽).

185 최근 만국공법에 대한 대표연구로는 王爾敏의『中國近代思想史論續集』가운데「十九世紀中國國際觀念之演變」(社會科學文獻出版社, 2005年); 佐藤愼一의『近代中國の知識人と文明』가운데「文明と萬國公法」(東京大學出版會, 1996); 田濤의『國際法輸入與晚淸中國』(濟南出版社, 2001年); 汪暉의『現代中國思想的興起』가운데 上卷 第2部의「帝國與國家」(三聯書店, 2004年); 劉禾의『跨語際實踐』(三聯書店, 2002年)과『帝國的話語政治』(三聯書店, 2009年) 등이 있다.

되지 않았을까라는 사실에 의문을 제기한다.[186] 따라서 여기에서는 『만국 공법』에 나타난 해양 관련 국제법을 정리 분석할 것이다. 왜냐하면 『만국공 법』의 내용 가운데 해양 관련 법 규정이 방대함에도 불구하고 해양의 관점 에서 이 책을 주목한 연구가 거의 없기 때문이다. 실제로 『만국공법』의 제 2권 제4장, 제4권 제2장과 제3장 대부분은 해양 관련 법 규정이며, 그 밖에 다른 권의 장절에도 관련 내용이 적지 않다. 여기에는 영해조항뿐만 아니라 해적에 대한 심판, 항해에서의 예절, 연해지역을 관리할 권리, 고기잡이에 관한 권리, 대양을 공유하는 문제, 해전에 관한 조항 등 근대 해양에 관련된 거의 모든 규정들이 망라되어 있다. 본문에서는 우선 『만국공법』을 간단히 소개하고 번역서에 나타난 해양에 관한 법률을 평시와 전시로 나누어 정리 분석할 것이다.

1. 『만국공법』의 번역과 출판

(1) 하트와 마틴

아편전쟁 직전 흠차대신으로 광주에 갔던 임칙서林則徐는 아편무역의 금 지를 서양인에게 설득하기 위한 논리를 찾기 위해, 그리고 영국과의 전투가 불가피할 경우 서양인들이 어떻게 반응할지 미리 대비하기 위해, 안과의사 인 피터 파커Peter Parker와 원덕휘袁德輝에게 에머리히데 바텔Emmerich de Vattel(瓦泰爾, 1714~1767)이 쓴 『국제법』(1758)의 일부를 번역하도록 했다. 파커 등의 번역은 후에 위원魏源의 『해국도지海國圖志』 제83권에 「각국율례 各國律例」라는 제목으로 들어갔다. 보통 이 간략한 번역문이 중국에 소개된

---

186 한상희, 「서평: 김용구 저, 『만국공법』(소화, 2008)」, 『서울국제법연구』 제16권 1호, 2009년, 376쪽.

최초의 국제법 기사였다고 여긴다.

그 후 1863년 여름 청조가 프랑스와 외교교섭에 난항을 겪자 그해 7월 14일 총리아문에서는 해관총세무사 로버트 하트Robert Hart에게 서양 국제법 서적의 일부 내용을 번역해서 외교 분쟁 처리를 도와 달라고 하였다. 하트는 영국 주중공사인 프레더릭 브루스Frederick Bruce에게서 미국의 법학자 휘턴의 저서 『국제법 원리』를 빌렸다. 그리고 그는 3주 동안 이 책의 통사권과 조약에 관한 내용(원서의 제3권 제1장)과 미국의 『영사수책領事手冊』 및 영국세관조규의 부분 내용을 번역한 것으로 보인다.[187] 그 과정에서 하트는 "각 조약체결국에 상주하는 사절을 설립할 필요가 있다"고 청조에 건의하면서 휘턴의 『국제법 원리』 가운데 사절권에 관한 24절의 내용을 정리해 총리아문이 해외사절을 파견할 때 참고하도록 했다.[188] 현재 이 24절의 상세한 내용은 확인되지 않지만, 대체로 『만국공법』 제3권 제1장의 내용일 것으로 추측하는데, 여기에서는 외교사절의 특권문제에 대해 기술하고 있다.

그런데 한 연구에 따르면, 하트는 휘턴의 책에서 공사관 권리를 비롯해 해사법이나 조약 등과 관련한 내용도 선역해 책으로 만든 후 '이십사관二十四款'이라고 불렀다는 지적이 있다. 실제로 1863년 7~8월경 하트는 천진에 새로운 해관을 여는 문제에 집중하고 있었고, 이 일은 장강유역과 연해를 개방하는 무역문제, 외국 상선이 연해로 중국 상품을 운송하는 문제, 세금문제, 아편의 처리문제 등과 관련되어 있었다. 외국 상선이 연해로 중국 상품을 운송할 때 어떤 관세대우를 할 것인가를 총리아문 측과 토론할 때, 하트는 조약에서 무시한 문제, 즉 해적과 밀수 문제를 언급하였다. 당시 해상에 해도가 횡횡하여 외국 선박을 약탈하자 열강함대의 호위를 받았다. 일부 외국인은 조약과 장정을 무시하고 범선을 이용해 대량으로 밀수와 불

---

187 赫德, 『步入中國淸廷任途—赫德日記(1854-1863)』, 中國海關出版社, 2003年, 375~391쪽.
188 魏爾特 著, 陸琢成 等譯, 『赫德與中國海關』, 廈門大學出版社, 1933年, 491쪽.

법무역에 종사했으며, 혹자는 중국 상인과 공모해 외국 깃발의 보호 아래 세금을 내지 않고 중국 화물을 장강 내의 여러 지방으로 운송하였다. 이 때문에 휘턴의 국제법 가운데 가장 중요한 부분이 해사법규海事法規였다는 주장이 있다.[189] 여기서 원저자인 휘턴이 해양법정 재판관을 역임하고 최고재판소의 판례집을 편찬한 경험이 있다는 사실을 기억할 필요가 있다.[190]

하트가 순수하게 외교사절 부분만을 번역했는지 아니면 해사법과 같은 다른 내용도 함께 다루었는지 현재로서는 모호하지만, 분명한 사실은 그가 휘턴의 『국제법 원리』 일부를 처음으로 번역했고, 특히 이십사관을 통해 청조가 서양 국제법 저작의 내용을 처음으로 이해한 점이다. 현재 남아 있는 기록에 따르면, 이 번역물이 공식 출판된 것으로는 보이지 않으며 총리아문 내부에서 사용한 것으로 보인다. 또한 하트가 번역한 24절의 내용이 마틴의 번역에 직접적인 영향을 미쳤을 가능성은 확인되지 않는다. 마틴이 1862년 여름 상해에서 휘턴의 『국제법 원리』를 번역하기 시작했기에 엄격한 의미에서 시간적으로 하트보다 빨리 시작했다고 볼 수 있다.

1862~1863년 사이 중국과 프랑스는 귀주, 강서, 호남 등지의 교안敎案에 따른 오랜 마찰 끝에 프랑스 공사가 북경을 떠나려하자 청프 관계는 자못 긴장되었다. 게다가 1863년 봄, 베트남 문제를 둘러싸고 청조와 프랑스 사이에는 외교적 문제가 일어났다. 이때 총리아문 대신 문상文祥은 미국의 신임공사 앤슨 벌링게임Anson Burlingame(蒲安臣, 1820~1870)에게 서구 국가들이 인정하는 국제법에 관한 권위 있는 책을 추천해 달라고 요청하였다. 이에 벌링게임은 상해 주재 조지 수어드George Seward 영사에게 이 사실을 알렸는데, 수어드는 마침 마틴이라는 미국인 선교사가 휘턴의 저서를 번역

---

189 洪燕, 『同治年間『萬國公法』在中國的傳播和應用』, 華東師範大學碩士學位論文, 2006年, 14
     ~15쪽.
190 加藤周一 丸山眞男 校注, 『飜譯の思想』, 岩波書店, 1991, 402쪽.

한다는 사실을 알려 주었다. 1863년 9월 10일 벌링게임은 휘턴의 『국제법원리』를 추천하면서 마틴을 총리아문의 대신들에게 소개하였다. 마틴과 총리아문 대신과의 만남에 대해서는 다음과 같은 회고가 남아 있다.

(마틴의 기록에 따르면) "11일, 벌링게임은 나를 데리고 총리아문을 방문하였다. 그 가운데에는 1858년 조약(청미 간의 천진조약을 말함)을 협상할 때 내가 알던 몇 사람이 있었다. 나는 아직 번역을 완성하지 못한 휘턴의 법률저작을 책상 위에 놓았다. 중국의 판사대신들은 그 책의 본질과 내용에 대해서는 아는 것이 거의 없었음에도 불구하고 매우 기뻐하였다. 문상이 나에게, '책 가운데 이십사절이 포함되었는가?'라고 물었다. 그것은 하트선생이 그들을 위해 조약에 관한 중요 장절을 뽑아 번역해 준 것을 말한다. 나는 그것이 책의 부분 내용이라고 알려 주자, 그는 '해외공사를 파견할 때, 이 책이 우리들에게 참고가 되었다'고 말하였다. 나는 아직 번역이 완성되지 않았지만 빨리 완성할 수 있다고 말했다. 나는 그들이 유능한 관원을 한 사람 보내 주어 내가 진행하는 마지막 교정을 도와줄 것과 공비로 인쇄해 줄 것을 요청하였다. '당신들은 나에게 당연히 감사하겠지만, 나는 다른 대가를 바라지 않는다'고 말했다 … 공친왕恭親王은 네 사람의 고관을 보내어 나의 수정작업을 협조하도록 했으며, 그 가운데는 한림원의 관원도 한 사람 있었다. 일은 총리아문에서 완성되었는데, 신임 해관총세무사 하트 선생의 건의에 따라 이 책은 청조에서 출판해 사용하였다."[191]

마틴이 『만국공법』을 번역한 까닭은 우선 중국인이 국제법을 잘 이해하여 중외외교, 특히 청미 양국 간 관계에 긍정적인 영향을 주길 바랐을 것이

---

191 (美)丁韙良, 『華甲憶記――一位美國傳敎士眼中的晚淸帝國』, 廣西師範大學出版社, 2004年, 159쪽.

다. 그리고 자신이 앞으로 중국에서 장기간 생활하기 유리한 환경을 만들고
자 했을 것이라는 추측이 가능하다. 특히 선교사였던 마틴은 번역서가 자신
의 선교사업과 중국 내 기독교의 전파와 발전에 이득이 되기를 희망했을 것
이다.[192] 위의 기록처럼 마틴의 번역 최종 마무리 작업을 도와주기 위해 총
리아문의 최고 책임자였던 공친왕은 문장 능력이 뛰어난 네 명의 중국 관리
(何思孟, 李大文, 張煒, 曹景榮)를 선임하였다. 마틴과 그의 중국인 조력자들이
구체적으로 어떤 방식으로 작업을 진행했는지에 대해서는 자세한 기록이
남아 있지 않다. 하지만 마틴의 중국인 조력자들은 번역 과정에서 지금까지
일반적으로 알려진 것보다 더욱 중요한 역할을 수행했을 것으로 보인다.[193]
왜냐하면 『만국공법』에서 사용되는 번역어의 상당수가 중국 고유의 문헌,
특히 『대청률大淸律』을 비롯한 중국 법률문헌이나 유교경전으로부터 차용
되었기 때문이다.

　『만국공법』은 처음에 300부가 인쇄되었는데 지방관의 수요에 크게 부족
하였다. 후에 『만국공법』을 재발행할 것을 요청하는 공문이 있는 것으로 보
아 이 책은 총리아문에서 더 인쇄되었을 가능성도 없지 않다. 비록 『만국공
법』의 출판이 일본처럼 국가적인 차원에서 관심 대상이 된 것은 아니었으
나,[194] 이 번역서는 동아시아에서 첫 번째 국제법 서적이 되었다.

192　傅德元,「丁韙良『萬國公法』飜譯藍本及意圖新探」,『安徽史學』, 2008年 第1期, 53쪽.

193　이근관,「동아시아에서의 유럽 국제법의 수용에 관한 고찰—『만국공법』의 번역을 중심으로」,
　　　『서울국제법연구』 9권 2호, 2002년, 25~29쪽 참고.

194　1868년에 堤毅士志가 휘튼의 국제법 저서를 번역한 『萬國公法譯義』가 나왔고, 1870년에도 重
　　　野安繹가 『和譯萬國公法』이라는 제목으로 번역하였다. 이 두 책은 중국어판을 일본어로 번역
　　　한 것인데 원저는 참조하지 않은 것 같다. 『만국공법역의』는 제2권 제2장까지만 번역되었으
　　　며, 역자인 堤毅士志의 경력은 알 수 없다. 그리고 『화역만국공법』은 제1권 제2장에서 끝난다
　　　(마루야마 마사오·가토 슈이치 저, 임성모 역,『번역과 일본의 근대』, 이산, 2000년, 116쪽).

(2) 『만국공법』의 대강

　『만국공법』(1864)에는 근대 서양 국제법에서 다루는 거의 모든 내용이 골고루 반영되어 있다. 국제법의 주체, 객체, 연원, 국제법과 국내법의 관계, 조약, 외교와 영사관계, 영토와 해양법, 국제분쟁의 평화적 해결, 전쟁법, 전시중립법 등의 내용들이 총망라되었다. 비록 원서의 완역은 아니었으나 주요 내용을 고루 담고 있었다.

　『만국공법』의 첫 구절에는 "천하에 법령을 정하여 만국이 준수하도록 하고, 옥사를 판결하여 만국이 반드시 따르도록 만들 수 있는 사람은 없다. 그러나 만국에 공법이 있다면, 그 일을 다스리고 그 송사를 판단할 수 있을 것이다. 혹자는 이 공법이 군주에 의해 정해진 것이 아니라면, 과연 어디로부터 나온 것이냐고 묻는다. 대답하건대, 여러 국가들의 교섭에 관한 일들에 있어서, 그 사정을 살피고, 이치를 따지며, 공의公義의 대도大道를 깊이 헤아린다면, 그 연원을 알 수 있을 것이다"[195]라고 쓰고 있다. 여기서 공법이란 곧 유럽 공법을 의미하며 이것은 나폴레옹 전쟁을 전후하여 대두된 실정법주의의 산물이다. 즉 공법은 유럽 국가들 간에만 적용되는 법규범이라는 것으로 이 용어 속에 19세기 유럽문화의 특징과 유럽인의 자만심이 압축적으로 잘 표현되어 있다. 그런데 '만국공법'이라는 용어는 이런 유럽적인 공법이 온 세계의 만국에 적용되는 것으로 착각하게 만들었으며 이런 오해가 특히 중국과 조선에 오랫동안 지속되었다.[196]

　『만국공법』의 본문은 모두 4권으로 이루어져 있다. 제1권은 '공법의 의미를 해석하고 그 기원과 큰 뜻을 밝힘[釋公法之義明其本源題其大旨, Definition, Sources, and Subjects of International Law]'으로 만국공법의 뜻과 기원 및

195　(美)惠頓 著, 丁韙良 譯, 『萬國公法』, 上海書店出版社, 2002年版, 제1권 1장 1절(이하 이 판본을 『萬國公法』으로 약칭).

196　김용구, 「조선에 있어서 만국공법의 수용과 적용」, 『서울대학교 세계정치』 23, 1999, 2쪽.

형성과정 등을 설명하고 있다. 제2권은 '여러 국가의 자주의 권리를 논함[論諸國自主之權, Absolute International Rights of States]'으로 국가의 기본권, 국가의 자치자주권, 국가의 평등권 등을 설명하고 있다. 제3권은 '여러 국가의 평시 왕래의 권리를 논함[論諸國平時往來之權, International Rights of States in their Pacific Relations]으로 외교특권, 통상과 조약 등을 설명하고 있다. 제4권은 '교전규칙을 논함[論交戰條規, International Rights of States in their Hostile Relations]'으로 전쟁 개시의 의미, 교전 시의 국제법, 중립 관련 내용, 강화조약 등을 설명하고 있다. 특히 제2권과 제4권에 해양 관련 법률조항들이 많다. 『만국공법』의 내용은 국제법의 기본원칙, 즉 각국의 주권을 존중하는 원칙, 나라와 나라 사이의 평등한 왕래 원칙, 국제공약과 규약을 준수하는 원칙 등을 포함하였다. 그리고 이 책은 서양 국제법의 여러 관념을 중국에 소개했는데 기본적으로는 법치의 관념인 자연법의 관념, 민주공화의 관념, 삼권분립의 관념 등이 그것이다. 그 과정에서 만국공법, 성법性法(자연법), 주권, 영사 등과 같은 주요 법률 개념들이 소개되었다. 그 밖에도 중국인들에게 중국이 세계의 일부분에 불과하다는 사실을 일깨웠다.[197]

『만국공법』 출판 후 중국 중심의 전통적 책봉조공 질서는 서서히 무너졌다. 『만국공법』 서문에 그려진 지도는 이런 당시의 상황을 암시한다. 『만국공법』 권두에는 동반구와 서반구가 그려진 두 장의 지도가 있다. 지구의 운행과 오내주의 주요 국가들을 개술했으며, 세계지도의 각도에서 간단하게 당시의 세계상황을 서술하여, 번역한 공법의 조항에 필요한 자료로 삼았다. 이는 새로운 세계질서를 기술한 것으로 어떤 국가든 세계의 중심이 아닌 단지 세계를 구성하는 부분에 불과하다는 생각을 담았다.[198] 주목할 사실은 휘

---

197 何勤華, 「『萬國公法』與清末國際法」, 『法學研究』, 2001年 第5期, 140~141쪽.
198 洪燕, 『同治年間『萬國公法』在中國的傳播和應用』, 華東師範大學碩士學位論文, 2006年, 27쪽.

턴의 원서에는 이 두 장의 지도가 없으며, 마틴이 의도적으로 집어넣었다는 점이다. 아마도 마틴은 당시 중국인의 세계관에 충격과 변화를 주기 위해서 지도를 넣었을 것이다.

『만국공법』에는 중국 관련 내용이 두 대목 나타난다.[199] 첫째, 제1권 제1장 10절에 "유럽과 아메리카의 여러 나라는 예수를 받드는 신자들의 나라로, 중국과 평화협정을 맺어 중국은 이미 옛 금지조치를 풀고 각 국가들과 교류 왕래하니, 평시와 전시를 막론하고 모두 인정하여 평등한 자주의 국가가 되었다.…" 이것은 아편전쟁 이후 중국이 개항과 더불어 열강과 여러 조약을 맺은 사실을 반영한다. 둘째, 제2권 제2장 11절에 "1844년 미국과 중국은 통상장정을 맺었다.…"라면서 제21조, 제25조의 내용을 소개한다.[200] 여기서 말하는 통상장정은 1844년의 청미 「망하조약」이다.

『만국공법』은 출판되고 얼마 지나지 않아 외교관 사이에 보급되기 시작해 1870~1880년대에는 중국 개항장의 지방관이나 일부 관리들에게도 필독서가 되었다. 만국공법이 경사동문관京師同文館의 학과목으로 만들어진 것은 1867년으로, 그 후 국제법을 공부한 인재들이 꾸준히 배출되었다. 1869년 11월 총리아문은 하트의 추천으로 마틴을 경사동문관의 총 교습으로 임명하였다. 동문관은 8년제 과정과 5년제 과정이 있었는데, 8년제 과정에서는 7년 차에, 5년제 과정에서는 5년 차에 만국공법 과목을 공부하였다.

서양 열강은 중국이 국제법을 제대로 이해하여 중국에서의 특권을 통제할까 두려워했다. 처음 『만국공법』이 번역되어 소개될 때에도 프랑스 공사 등은 "누가 중국인으로 하여금 우리 유럽의 국제법을 이해하도록 했는가?

---

199 傅德元, 「丁韙良『萬國公法』飜譯藍本及意圖新探」, 『安徽史學』, 2008年 第1期, 47~48쪽.
200 제21조는 중국인과 미국인 간에 소송이 일어났을 때, 중국인은 중국 법률에 따라 지방관이 심판하고 미국인은 미국 법률에 따라 영사 등이 처리한다는 내용을 담고 있다. 제25조는 미국인이 중국의 여러 개항장에서 재산과 관련한 소송이 일어나면 미국 영사 등이 처리한다는 내용을 담고 있다[王鐵崖 編, 『中外舊約章彙編』(第一冊), 三聯書店, 1957年, 54~55쪽].

그를 죽이든지 목매달아야 한다. 그는 장차 우리를 매우 골치 아프게 할 것이다"[201]라고 하였다. 하지만 국제법에서 조약은 반드시 지켜야 한다는 원칙은 중국이 조약제도를 존중하게 만드는 면도 있었다.[202] 청조가 처음 『만국공법』을 번역한 이유는 유럽의 국제법을 이용해 외교 교섭에 활용하려던 목적이었지, 중국이 서양의 국제법에 구속되려던 것은 아니었다. 실제로 총리아문이 성립한 후 해외 사절단을 파견하는 데 『만국공법』을 참고했으며, 그 후 외교사절을 맞이하는 예절도 변화하였다. 나아가 열강과의 분쟁과 전쟁 중에 공법을 이용했는데, 양무파 관료들은 처음에는 『만국공법』이 시시비비를 따지는 데 쓸 만하다고 생각하였다. 그럼에도 1870년대 중반 이전까지 청조가 국제법을 노골적으로 언급하는 경우는 드물었다.[203]

2. 평시 해양 관련 기본법률

본래 해양법이란 국가와 국가 간의 이해충돌 등 상호관계를 규율하는 기준이 되는 규범이란 뜻에서 국제법의 일종이며, 이 규범들은 특히 바다에서의 인간 활동과 관련된 것이라는 점에서 '(해양)국제법' 혹은 '(국제)해양법'이다.[204] 17세기 초, 신흥 해양국가인 네덜란드의 법학자 휴고 그로티우스Hugo Grotius가 자유해론을 발표함으로써 '해양자유의 원칙'은 학문적인 체계를 갖춘 이론으로 확립되고 근대 국제법의 중요한 원칙으로 자리 잡았다. 그로티우스의 이론에 의하면 바다란 너무나 광대하므로 인간이 실효적

---

201 王鐵崖 編, 『國際法』, 法律出版社, 1995年, 18쪽.
202 李育民, 『近代中國的條約制度』, 湖南師範大學出版社, 1995年, 337쪽.
203 마틴의 3대 번역이라 할 수 있는 『萬國公法』(1864), 『公法便覽』(1877), 『公法會通』(1880)은 번역되자마자 일본에 소개되어 큰 영향을 미쳤다.
204 김영구, 『한국과 바다의 국제법』, 효성출판사, 1999년, 3쪽, 7쪽.

으로 점유할 수 없고 그렇기 때문에 어떤 형태의 영유권도 주장할 수 없다. 또 바다의 자원은 무진장하므로 누구나 아무 제약 없이 그 자원을 채취할 수 있다. 따라서 바다란 모든 인류가 똑같이 그 혜택을 누릴 수 있는 공유물이라는 것이다.[205] 17세기 이래 확립된 이 해양자유의 원칙은 전통국제법의 대원칙으로 적어도 20세기 중엽 제2차 세계대전이 끝날 때까지 존중되었다. 19세기 중엽에 만들어진 『만국공법』에는 자유해의 원칙이 잘 반영되어 있는데, 그 대표적인 개념들을 소개하면 아래와 같다.

(1) 영해와 공해

『만국공법』에서 해양과 관련해 언급한 가장 중요한 내용 가운데 하나는 '영해'에 대한 조항이다. 영해는 근대 국가에서 명확한 국경이 만들어지면서 해양에서도 국가의 이익을 옹호하기 위해 일정한 통제권을 행사하려는 의도에서 출현하였다.[206] 국가의 주권이 육지 영토를 지배하는 것처럼 해양도 지배할 수 있다는 생각이다. 이 책의 제2권 제4장 「논각국장물지권論各國掌物之權」에서 영해와 공해에 대해 기술한다. 특히 제4장 6절 「관연해근처지권管沿海近處之權」에는 "각국이 관할하는 바는 해면海面 및 해구海口, 오澳, 만灣, 장기長磯로 둘러싸인 바다이다. 그 밖에 연해 각 처의 해안에서 10리里 떨어진 곳은 관례에 따라 또한 그 (국가의) 관할에 속한다. 대개 포탄이 미치는 데는 국권이 미친다. 무릇 이러한 곳은 그 나라 관할에 전부 속하고 다른 나라는 함께 공유하지 않는다"라는 유명한 영해 관련 조항이 있

---

205 김영구, 『한국과 바다의 국제법』, 효성출판사, 1999년, 5쪽.
206 국제법에 따르면 內水와 領海 모두 국가 영토의 조성 부분으로 완전히 소속국의 주권 영역 안에 들어 있다. 비록 내수와 영해는 한 쌍의 개념으로 같이 등장하지만 사실상 뚜렷한 차이가 있다. 국제법에서 영해를 정의할 때 "영해란 원래 領水라고도 부르는데, 한 국가가 해안과 접하는 해수의 연장지대로 해당국의 해만, 항만 및 해협수역 내의 일부분을 포괄한다. 연해국의 주권은 해안, 영해 밑의 땅과 자원 및 영해의 영공을 포함한다"고 하였다.

다.[207] 영해 10리의 원칙을 "대개 포탄이 미치는 데는 국권이 미친다"라고 설명하는 것은 당시의 Cannon Shot이론이다. 이런 '착탄거리설' 말고도 '가시거리설' 등 다양한 견해가 존재하였다. 19세기에 연안포대의 사정거리 증가와 무관하게 영국을 비롯한 다수의 국가가 3해리 영해 범위를 지지한 까닭은 무역선이나 군함이 공해에서 최대한 항해의 자유를 보장하는 것이 국가 이익과 합치되었기 때문이다.[208]

곧이어 제4장 7절 「장탄응수근안長灘應隨近岸」에 "연해에는 긴 모래톱[長灘]이 있는데 모두 모래라서 사람이 살 수 없지만 이 또한 근안近岸에 따라 해당국의 관할에 속해야 한다. 다만 수심이 얕은 곳은 이 규정에 따르지 않는다. 공법을 살펴보니 이를 제정한 것은 오직 이 규정뿐이다. 곧 앞에서 포탄이 미치는 곳에 국권 또한 미친다고 했기 때문이다"[209]라고 하여 해안의 모래사장을 무주지가 아닌 영토로 인정한다는 보충규정이 있다. 그리고 제4장 9절 「관소해지권管小海之權」에서는 "오·만·해협·항구를 제외한 해면海面 여러 곳은 각국 스스로 독점적으로 주관할 수 있는데, 오래전부터 이러

---

207 중국에서 영해 개념이 확립된 것을 『萬國公法』이 번역 출판된 1864년으로 잡는 견해가 있는데, 당시에는 '內洋'라는 용어를 사용했고, '領海'라는 개념을 정식으로 사용하지는 않았다(곡금량 편저, 김태만 등 역, 『바다가 어떻게 문화가 되는가』, 산지니, 2008년, 552쪽).

208 영해의 법적 지위와 관련된 유명한 판례는 Franconia호 사건(1876)이 있다. 이는 영국 영해 내에서 충돌한 독일 선박에 대해 영국 법원의 재판관할권이 있느냐 여부에 관한 분쟁이 있는데, 잉국 고등법원에서는 결국 영국 법원의 재판관할권을 부인하였다. Franconia호 사건은 당시 영국 정부로서는 의외였을 것이다. 이 사건이 있은 2년 후에 영국은 영해관할권법(Territorial Waters Jurisdiction Act, 1878)을 제정하였다. 이 법률에서는 국제법상 영국 여왕의 영토적 주권에 속하는 것으로 인정되는 적법한 국가 관할권 등이 영해에 적용되는 것임을 확인하였다(김영구, 『한국과 바다의 국제법』, 효성출판사, 2002년, 107~108쪽).

209 『萬國公法』의 초기 일본어 번역본인 『惠頓萬國公法』에는 다음과 같은 구절이 있다. "원래 海岸이라는 말뜻은, 사람이 살고 건물을 지을 수 있는 곳으로, 해안 근방의 도서를 포괄한다. 그러나 항상 물에 잠겨 있어 수심이 얕은 곳을 이르는 것은 아니다. 총포를 쏘아 해상을 관할할 수 있는 권리가 해안에서 3리 떨어진 곳까지임을 규정으로 한다. 이에 따라 근해의 도서를 해안으로 인정하는 규정이 있다"(惠頓 著·大築拙藏 訳, 『惠頓萬國公法』, 司法省藏收, 明治 15年 6月, 210쪽).

한 권리가 있었다고 한다"며 작은 바다에 대한 권리를 언급하였다. 이런 조항들은 앞서 영해와 관련한 권리를 추가 설명한 것으로 볼 수 있다.

제2권 제4장 8절「포어지권捕魚之權」에는 "각국 인민은 연해나 본국의 관내 등에서 독점적으로 고기잡이[捕魚]할 권리가 있다. 타국의 백성은 함께 할 수 없다"라고 규정해 이른바 어업권을 언급하였다. 근대 중국에서 어업권·갈등은 19세기 말부터 본격적으로 나타난다.

『만국공법』에는 국가 영토에 대한 규정 가운데 해양뿐만이 아니라 내수에 대해서도 비교적 상세하게 언급한다. 내수는 기본적으로 육지 영토 내부에 존재하는 각종 수역, 즉 운하·강·호수 등을 의미하지만, 해양의 특징을 지니는 만·하구·섬 주변의 수역 등도 포함하므로 바다와 관련이 있다. 제2권 제4장 11절「강내강호역위국토疆內江湖亦爲國土」에는 "각국 영토 내에 있는 호수·바다·하천은 모두 국토로 여기며 그 나라의 전관專管에 속한다. 하천이 국외에서 발원하여 흘러내려 강역을 지난다면 바다로 들어가는 오·만 등도 또한 국토로, 그 나라 전관에 속한다. 하천이 두 나라 사이에 있을 경우에는 강 중간을 경계로 하여 두 나라는 그 수리水利를 함께 향유한다. 만약 한 나라가 선점하여 빨리 전할專轄을 행사했다면, 이치를 살펴서 곧 그 나라 관할에 속해야 한다"고 썼다.[210] 이처럼 국가 영토의 규정 중에는 영역 내의 강江, 하河, 호湖, 해海가 모두 영토로 주권을 가진다고 규정했다. 하지만 열강은 아편전쟁 이전에 불법적으로 중국 주변의 해양을 측량하면서 영해를 침범하기 시작했으며, 아편전쟁 이후 영국 등은 이미 중국의 내하 운항권 등을 침범하고 있었다.

만과 내해와 같은 내수도 육지 영토의 일부로 간주되어 해당 국가의 배타적 주권이 여기에 미쳤다. 그러나 어떤 국가의 강역 내에 협해狹海가 있거나 대해大海를 통과하거나 인접국의 국경을 지나는 경우, 타국이 손해를 끼

---

210 王爾敏,『弱國的外交』, 廣西師範大學出版社, 2008年, 192쪽.

치지 않으면 왕래하는 것을 금지할 수 없었다.[211] 이것은 영해와 관련해 이른바 "손해를 끼치지 않으면 이용할 수 있다"는 원칙[212]을 적용한 것이다. 이미 1758년에 발간된 바텔의 『국제법』에는 모든 국가의 선박은 타국의 영해 내에서 무해통항권無害通航權을 갖는다고 명시하였다. 이것은 영해 개념의 형성과 함께 광범위하게 인정되었다. 그러나 '무해'의 의미가 명확하게 정의되지 않았기 때문에 군함도 무해통항권을 가지는가 등의 여러 문제에 대해서는 불명확한 것이 많았다.[213] 바텔은 스위스의 국제법 학자로 해양 자유의 원칙을 주장한 그로티우스학파의 전통을 잇는 대표학자였다. 1856년 이른바 「해상법에 관한 선언(파리선언, 혹은 파리해전선언)」 이전에는 실질적으로 일반 선박과 군함의 구별이 뚜렷하지 않았고 군함 건조의 기술혁신은 1880년대에 와서야 비로소 이루어졌으므로 일반 선박과 군함의 무해통항권이 구별되어 논의된 것은 19세기 말엽 이후였다.[214] 따라서 『만국공법』에는 이에 대한 원칙적인 언급만이 나타날 뿐이다. 영해에서는 일반 선박의 무해통항권이 보장되지만 군함에 대해서는 해당국이 거부할 가능성이 있었다.

『만국공법』에는 영해에 이어서 '공해high sea(大海)'에 대한 규정이 나온다. 그로티우스의 자유해론 이후 공해자유의 원칙이 정립되었는데, 한마디로 공해는 모든 국가에 개방되어 있다는 것이다. 그 원칙의 핵심적인 내용은 첫째 항해의 자유, 둘째 통상의 자유, 셋째 어업의 사유이다. 이 가운데 가장 오래되고 중요한 것은 항해의 자유를 보장하는 것이다. 제2권 제4장 10절 「대해불귀전관지례大海不歸專管之例」[215]에서 "진실로 대해大海는 본래

---

211 『萬國公法』제2권 제4장 12절 「無損可用之例」
212 일본어 번역본 『惠頓萬國公法』의 224쪽에서는 "이른바 '無害의 公用'이 바로 이것이다"라고 되어 있다.
213 김영구, 『한국과 바다의 국제법』, 효성출판사, 2002년, 106쪽.
214 위의 책, 159쪽.
215 일본어 번역본 『惠頓萬國公法』에는 이 10절 부분의 내용이 풍부하다(『惠頓萬國公法』, 司法

만국 공용으로 공기나 햇빛의 이치와 같은 것이다. 사람이 사사로이 의론하여 만국이 통래·왕래하는 것을 막을 수 없다"라고 하였다. 이 번역서에서 나타나는 '대해'란 용어는 대륙으로부터 거리가 먼 해양을 지칭하는 것으로 얼마 후 '원양遠洋'이란 용어 등으로 바뀌어 지금까지도 통용된다. 대해와 원양은 결국 주권이 미치지 않는 '공해'와 거의 같은 의미로 쓰였다. 이 시기에는 영해와 내수를 제외한 모든 바다가 대해, 즉 공해라고 보아도 무방하였다.

『만국공법』에는 "각국의 선박은 공사를 막론하고 대해에서나 각국의 국외에서나 모두 그 본국의 관할에 속한다"[216]라는 조항이 있다. 이것은 어떤 선박이 대해에 나가거나 다른 나라의 항구에 정박하더라도 그 선박 자체는 본국의 영토로 여긴다는 의미이다. 수사水師 역시 바다에 있을 때에는 본국의 권리가 미친다. 이 시기 군함 내에서는 완전한 치외법권이 보장된다는 군함영토설이 존재하였다. 그렇다고 민간 선박이나 군함이 먼 바다까지 관할할 수 있다는 의미는 아니었으며, 만국이 이용하는 바다는 잠시 사용하는 것일 뿐이었다.

같은 절에 따르면, 공해에서 평시에는 "만약 공선公船이 타국의 군주에게 속해 있다면, 어떠한 이유를 막론하고 모두 조사할 수 없다. 이 통례는 이설이 없다. 그러나 사선私船이 타국의 인민에게 속해 있을 경우, 영국은 조사할 수 있다고 하고 미국은 항상 조사할 수 없다고 한다" 혹은 "요즈음 대해를 항해하는 상선은 공법에 의하면 본국의 영토라고 할 수 있다. 타국이 교전하여 배에 올랐다면 곧 억지로 굴복시킨 것이 된다. 공법이 허락하는 중대한 이유가 아니라면 (타국의 상선을 수색)할 수 없다" 혹은 "지금 양해洋海

省藏收, 明治 15年 6月, 218~224쪽). 기본적으로 해양은 만국의 공용이나, 한 나라가 관할할 수 있는 예외조항이 관습에 따라 몇 가지 경우가 있다는 등의 내용과 사례를 들고 있다.

216 『萬國公法』제2권 2장 10절 「船隻行於大海均歸本國管轄」

는 곧 만국공법이 시행되는 구역이다. 그러므로 상선이 대해에 있으면 공법에 근거하여 본국의 보호를 기대할 수 있다"[217] 등의 구절이 보인다. 대체로 공해에 떠 있는 선박은 해당 국가의 영토이므로 함부로 임검권臨檢權, 즉 자국의 군함이 공해에서 만난 타국 상선의 진정한 성격 및 적재화물의 성질 등을 알기 위해 조사할 권리가 없다는 점을 강조하였다. 그럼에도 경우에 따라 공해상 군함의 임검권을 제한적으로 인정했는데 주로 일반 선박이 해적의 혐의가 있거나 국기 남용의 혐의가 있을 때 허락하였다.

그 밖에도 『만국공법』 제2권 제3장 7절 「항해예관航海禮款」에는 "여러 나라의 관례에는 대해를 항해할 때나 각국의 협해를 항해할 때에 해야 하는 항해예관이 정해져 있다. 만약 해당국의 병선이 해구의 초소에 입항하는 경우, 깃발을 내리거나 돛을 내리거나 포를 쏘는 것 등을 통해 상대에게 경의를 표해야 한다"고 하여 항해예절에 관해 언급한 항목이 있다.

앞서 언급했듯이, 19세기만 하더라도 해양질서는 비교적 단순해 자국의 연안에 인접한 일정한 수역을 영해로 설정한 후 그 바깥지역은 모두 공해로 인정하였다. 게다가 자국의 영해에 대해서도 외국의 무해통항을 승인하였다. 하지만 영해와 공해로 이루어진 해양질서는 20세기 제2차 세계대전이 끝난 후 미국이 대륙붕 제도를 제기하자 영해의 폭이 크게 확대되어 흔들리기 시작했다. 나아가 해양에 대한 배타적 관할권이 확대되는 경제수역제도의 도입으로 자유해의 시대가 끝나고 다시 패쇄해의 시대가 도래하였다.[218] 이 점이 19세기와 20세기 해양질서의 가장 큰 차이일 것이다.

(2) 해적

'해적'은 해양이나 연해지구에 출몰하는 도적을 말한다. 중국어에서는 보

---

217 『萬國公法』 제2권 2장 10절 「他國之船不可稽察」
218 한국해로연구회 편, 『해양의 국제법과 정치』, 도서출판 오름, 2011년, 21쪽.

통 '해도'라고 하여 해상이나 해안에서 재물을 약탈하는 불법 활동을 하는 사람을 가리킨다. 『삼국지三國志』「위지魏志」 등에서는 '해구海寇'라고도 일 컬어진다. 본래 명·청 시대 해도 간에는 세력범위를 나누는 해계海界라는 민간 경계가 있었으며, 자신들이 통제하는 해역에서 도적질을 하거나 왕래 선박에 대한 보호비, 즉 보수報水를 받았다. 그런데 해적을 통념상 바다에 서 다른 배를 강탈하는 자들로 이해하지만, 사실 서양의 근대 국제법상 해 적에 대한 정확한 개념 정의는 쉽지 않다. 국가가 폭력을 독점적으로 장악 한 것이 근대국가의 특징이라고 흔히 이야기하는데 해적은 국가에서조차 완벽하게 통제하는 것이 쉽지 않았다. 근대의 해상 세계에서는 각 선박이 스스로 무장한 채 서로 충돌했는데, 국가를 대신해서, 혹은 국가를 무시하 고, 더 나아가서는 국가에 대항하여 폭력을 행사하는 해적들이 창궐하였다. 서양에서는 해적선이 따로 있다기보다는 모든 선박들이 어느 정도는 해적 선의 성격을 띠고 있었다.[219] 다시 말하자면 공권력이 해상을 완전히 장악하 지 못했던 상황에서 사적인 폭력을 휘두르는 집단이 해적인 것이다. 심지어 선원과 해적, 해군이 모두 같은 뿌리에서 출발했다고 보는 시각도 있다.

휘턴은 자신의 국제법 저서에서 "해적은 문명국가 공통의 적"이라면서 해적에 대해 자세히 언급하고 있다. '국가의 정의'에 대해 설명하는 제1권 제2장 2절에서 휘튼은 자발적 조직과 국가의 차이에 대해 설명하면서 "도 적 또는 해적이 자발적으로 모인 조직은 국가라는 이름으로 부를 수 없다" 라고 하였다.[220] 그런데 유럽의 경우, 민간 선박에 허가증을 주어 바다를 순 찰하게 하거나 적국의 화물을 빼앗도록 한 것은 오래된 전통이었다. 사략선 私掠船이라고 불리는 경무장한 상선은 포획과 몰수로 많은 이익을 남겼는 데, 이는 사실상 해적행위를 공인한 것이다. 이처럼 근대 초기 해적은 처음

---

219 주경철,『대항해시대—해상 팽창과 근대 세계의 형성』, 서울대학교출판부, 2008년, 181~182쪽.
220 마루야마 마사오·가토 슈이치 저, 임성모 역, 『번역과 일본의 근대』, 이산, 2000년, 139~140쪽.

에 국가로부터 적국의 선박을 강탈할 권리를 인정받아 국가 대신 공격행위를 할 수 있었다. 해적이 활개를 칠 수 있었던 근본적 이유 중의 하나는 국가가 모든 바다를 다 통제할 수 없었기 때문이다.[221]

『만국공법』을 보더라도 당시 구미사회의 특수한 상황이 반영된 사실을 알 수 있다. 제2권 제2장 15절 「심단해도지례審斷海盜之例」에는 "공사公師가 논하는 바를 살펴보면, 선박이 해상에 있을 때 자주국이 발급한 증명서[憑照]를 아직 받지 못했거나, 두 나라가 교전하고 있을 때 (두 나라의) 증명서를 모두 가지고서 사사로이 인민과 재물을 약탈하는 것이 곧 해도이다"라고 해적을 규정한다. 여기서 언급한 '해도'는 우리가 일반적으로 알고 있는 해적에 대한 이미지와는 거리가 있다. 이처럼 어떤 나라의 증명서[牌]를 가지고 있으면 그 병선은 자신의 판단에 따라 행동할 수 있으며, 이를 심판하는 일은 증명서를 내린 나라만이 할 수 있었다. 이런 해도들은 나중에는 국가의 통제와 금지에도 불구하고 약탈 행위를 계속하였다.

19세기 중반은 이미 근대적 국가가 완성되는 시점이라 『만국공법』에는 "해도의 경우 만국의 구적仇敵이므로 능히 잡아서 토벌하는 것은 만국의 공통된 염원이다. 그러므로 각국의 병선이 해상에 있으면 (해도를) 모두 나포해서 영토 내로 끌고 와서 법원으로 넘겨 심판할 수 있다"[222]며 해적에 대한 명확한 처리 규정이 나타난다. 이것은 19세기에 들어와 유럽 제국들이 식민지 경영의 생명선이던 상선들을 보호하기 위해 내세운 절박한 이해를 반영한 것이다. 그런데 어떤 국가가 해도에 대해 규정한 법률을 이미 만들었다면 굳이 공법을 적용하지 않는다고 했다. 왜냐하면 "어떤 일이 발생했을 때, 어떤 국가의 법률에서는 그 일을 해도로 보아 처벌할 수 있는 경우가, 공법에

---

221 주경철, 『대항해시대—해상 팽창과 근대 세계의 형성』, 서울대학교출판부, 2008년, 163쪽.
222 『萬國公法』 제2권 제2장 15절 「審斷海盜之例」

서는 해도로 보지 않아 처벌할 수 없는 경우"[223]가 나타났기 때문이다.[224]

흥미로운 사례는 아프리카 흑인에 대한 노예무역과 관련해서다. 구미의 여러 나라는 자국의 법률로 노예무역선을 해적으로 규정해 처벌했으나, 공법에서는 꽤 오랫동안 해적으로 간주하지 못했다. 왜냐하면 기존 공법에 따르면 전시가 아닌 평시에는 특별한 경우가 아니면 대해를 항해하는 선박을 조사할 수 없어서 해적 여부를 판단하기 어려웠기 때문이다. 노예무역이 금지된 19세기 초반 이후에도 여전히 서양 열강은 노예무역을 범죄로 여기지 않았으며, 오히려 그 이익을 얻기 위해 전쟁을 하거나 조약을 맺기도 했다. 해적 행위가 인류 전체에 대한 범죄로 간주되어 모든 국가가 공통의 의무이자 권리로 처벌할 것을 강조한 것에 반해, 노예매매의 금지는 이와 달리 소극적인 차원에서 다루어졌다. 이 사실은 초창기 제국주의의 본질을 잘 보여준다. 이후 미국, 영국 등이 점차 자국민의 노예무역을 금지하고 다수의 국가들이 이에 동참하면서 노예무역선을 해적으로 간주해 법률을 적용하기 시작했다.[225]

---

223 『萬國公法』제2권 제2장 15절「各國或另有海盜之例」

224 예를 들어, "각국의 선박은 公私를 막론하고 大海를 항해할 때는, 그 (선박의) 본국이 모두 그 專權을 잡고 통제할 수 있다. 그러나 이 例는 단지 그 본국의 법률로 통제하는 안을 언급한 것일 뿐이다. 海盜 등 공법을 어긴 경우에는 어떤 한 나라에 죄를 짓는 것이 아니라 만국에 죄를 짓는 것으로, 어느 국가에서 체포했든지 혹은 대해에서 체포하여 어떤 국가에 도착했든지 막론하고, 그 나라의 법원이 일을 관장할 수 있다면 곧 심판할 권한이 있다" 그리고 "각국이 海盜 등의 범죄자를 잡았을 때의 사례를 살펴보면, 법원이 있어 일을 관장할 수 있다면 곧 심판할 권리가 있는 것이다. 다만, 평화 시에는 모두 (타국의 배를) 조사 통제할 권리가 없다. 만약 조약에 의거한 特許가 없다면 이 권리를 믿고 대해를 항해하는 타국의 선박과 사람을 조사 통제함으로써 무역을 금지해서는 안 된다"라고 하였다(『萬國公法』제2권 제2장 10절「海外 犯公法之案各國可行審辦」).

225 "아프리카 해안에서 흑인을 사서 싣고 와서 다른 나라의 노예로 파는데 많은 나라에서 이것을 엄금하고 있다. 또한 영국, 미국, 오스트리아, 프로이센, 러시아 제국은 모두 법률을 제정하여 海盜로 규정하여 처결하고 있다. 그러나 공법을 적용하면 여전히 海盜로 간주할 수 없다. 조사 통제의 규정에 의거해서 이를 금지할 수 없는 것이다"(『萬國公法』제2권 제2장 15절「公禁販賣人口」).

중국의 경우 바다의 도둑 떼를 의미하는 '해도', 즉 해적이라고 하면 우선 왜구나 정성공 집단을 떠올리지만 청대에도 남중국해에서는 해적들의 활동이 활발하였다. 절강, 복건의 해적은 대만이나 유구열도를 중심으로 활동했고, 광동의 해적들은 광주, 마카오, 베트남 등에 관심이 많았다.[226] 해적을 반체제적인 세력으로 볼 것인가 아니면 단순히 해상海商 등을 위협해 착취하는 세력으로 볼 것인가는 논쟁이 있다. 한때 청의 수군이 해적들에게 패배한 사례가 나타나지만 어떤 경우에는 국가 권력과의 타협을 통해 자신들의 조직을 해체하기도 했다. 게다가 아편전쟁 이전에는 서양인의 아편무역이 활성화되자 영국과 해적의 관계가 긴밀해지기도 했다.

(3) 선점과 정복

『만국공법』에서 흥미로운 대목 가운데 하나는 근대 국제법의 특색으로 현대 국제법과는 달리 선점과 정복을 인정하고 있다는 사실이다. 여기서는 '무주지無主地'에 대한 정복이나 발견 혹은 이민 등에 의한 영유가 정당하다고 본다. 국제법상 무주지란 반드시 '무인無人'의 땅일 필요는 없으며 그 점유의 권한을 인정받을 수 있을 만한 정치적 조직을 가진 인민이나 정부에 의해서 점유되어 있지 않은 땅을 말한다.[227] 이 주제는 해양법과 직접적인 관계는 적지만 도서분쟁 등과 관련이 깊어 주목할 만하다.

근대 국제법에서는 전 세계 국가를 문명국, 반미개국, 미개국(야만국)으로 삼분하였다. 미개인의 나라는 국제법상 무주의 땅으로 간주하여 정복의 대상이 되었으며 선점의 원칙에 따라 문명국 가운데 먼저 정복한 나라의 영토가 될 수 있다고 보았다. 예를 들어, 유목민이 거주하는 대지는 국제법상 무

---

226 다이앤 머레이 지음, 이영옥 옮김, 『그들의 바다: 남부 중국의 해적, 1790~1810』, 심산, 2003년, 14쪽.
227 김영구, 『한국과 바다의 국제법』, 효성출판사, 2002년, 598쪽.

주의 땅이라고 규정하였다. 유목민이 노동으로 개척한 땅임에도 불구하고 무주지라고 정당화하여 문명국의 선점 대상이 되었다. 이 경우 선점은 발견, 이민, 개척과 같은 정복과 점령으로 합법화되었다. 이것이 근대국가의 선점이론이다.[228] 중국이나 일본은 개항(개국)할 때에 주권국가로 인정받은 것이 아니라 '반미개의 국가'로 대접을 받았다. 이런 나라에는 이른바 영사재판권領事裁判權 등 불평등조항을 만들어 주권을 제한했는데, 미개국에 비해 정교하게 침략적 본질을 은폐한 것이다.

중국에서는 19세기 말 도서분쟁을 통해 선점과 정복의 문제가 나타났으며, 19세기 중반까지는 이 문제에 그리 주목하지 않았다. 따라서 『만국공법』에는 도서에 관한 자세한 언급은 찾아보기 어렵다. 오히려 무관심으로 방치되어 온 섬에 대한 영유권이나 그 실효적 지배에 대해서는 맹아적인 의식만이 있었다고 볼 수 있다. 하지만 20세기를 전후해 영해와 해권에 관한 각성이 이루어지면서 청조의 지방관들은 국제법의 관련 규정을 가지고 열강과 교섭하여 일본이 점령한 동사군도東沙群島의 주권을 회수하고, 대외에 서사군도西砂群島의 영유권을 선포하였다. 이와 동시에 국제법과 각국의 사례를 이용해, 수계구, 어업구 등의 해역 주장을 제시하였다. 청조가 이런 주장을 편 것은 근대 국제법의 '자호지권自護之權'과 조약에서 규정한 영토경계 및 영토 소유권 등의 기준에 따른 것이었다.[229] 섬은 20세기 중반 이후에야 해양자원 개발의 전진기지로 인식되어 해양법에서 중요성이 커졌다.

---

228 『만국공법』에는 '선점'이란 말 대신 '取有'라고 번역하였다[田中彰, 『近代國家への志向』(제18권, '日本の近世' 시리즈), 中央公論社, 1994, 90쪽].

229 郭淵, 「晩淸政府的海權意識與對南海諸島的主權雜護」, 『哈爾濱工業大學學報』, 2008年 1月, 89쪽.

3. 전시 해양 관련 세부 법률

전근대 시기의 바다는 오직 강자의 법이 지배하는 공간이었다. 하지만 1856년 '해상법에 관한 선언'[파리(해전)선언]을 시작으로 해전에 관한 법규가 제정되었다. 크리미아 전쟁이 끝난 후 강화회의 결과로 만들어진 파리해전 선언에는 관습적으로 인정되던 사략선의 폐지, 중립국 선박 내의 적국 또는 중립국 화물(전시금지품 제외)의 나포 금지(자유선 자유화물 원칙) 및 봉쇄의 유효성 요건 등을 규정하였다.[230] 실제로 육지에서의 교전과 해상에서의 교전은 동일한 전시 규정이 적용될 수 없었다. 『만국공법』에는 전시 해양 관련 법률조항이 상세한데, 몇 가지 주요 사항을 소개하면 아래와 같다.[231]

(1) 항구 봉쇄

『만국공법』에는 "선박이 풍랑의 위험이 있을 때나 부득이하게 어떤 이유가 있을 때, 문명국은 상호조약을 맺고 각각 조관을 두어서 그들이 입항하는 것을 허가한다. 군주가 이미 이러한 선박이 입항하는 것을 허락할 경우, 허락이나 금지의 변동이 잦아서는 안 된다"[232]는 규정이 있다. 그리고 수사가 우호국의 항구에 진입할 때에는 항구의 봉금封禁을 행하지 않은 경우에는 정박을 허가한다고 했다. 이것은 육군이 다른 나라를 통과하는 경우와는 달리 해군의 경우는 위험이나 피해가 없기 때문이다. 『만국공법』에서는 이

---

230 이민효, 『해상무력분쟁법』, 한국학술정보, 2010년, 12~14쪽.
231 藤田隆三郎이 쓴 『海上萬國公法』(博文館, 1894)이란 책이 있다. 이 책은 해전에 관한 전쟁법규에 대해서 미국 해군사관학교의 강의록 『Marine International Law』(1885)를 토대로 해군대학교에서 강연한 강의록이다(강상규, 「근대 일본의 『만국공법』 수용에 관한 연구」, 『진단학보』 87, 주42). 『해상만국공법』의 목차는 제1편 封港, 제2편 戰時禁制品, 제3편 搜査權, 제4편 船舶證書와 船籍, 제5편 捕獲物捕獲과 保安料, 제6편 海賊 등이다. 이 강의록은 주로 해상포획에 관한 국제법규를 해설한 것이다. 책의 목차에 근거해 『만국공법』에 나타난 전시 해양 관련 법률을 정리해 보면 거의 모든 항목이 언급되고 있음을 알 수 있다.
232 『萬國公法』 제2권 제2장 9절 「兵船另歸一例」

에 대한 설명이 비교적 풍부하다.

제4권 제3장 28절 「봉항범봉封港犯封」에는 '봉항封港'이란 항구를 봉쇄해 그 내부와 외부가 서로 통해 타협하지 못하도록 하는 것이다. 이 경우 반드시 충분한 병력이 갖춰져 있어야 한다는 전제 아래 거짓으로 봉쇄했다고 하면서 봉항을 행하지 않는 경우를 엄격히 통제하였다. 따라서 봉항이 이미 실행되었다고 알렸다면 반드시 실제로 행해져야 했다. 이때 범봉犯封이라는 것은 항구봉쇄 후에 화물을 싣고 배를 몰아 항구를 출입하는 것이다. 번역서에는 항구봉쇄에 대한 다양한 사례를 들며 한 법학자의 말을 빌려 "무릇 사람이 봉항을 위반했다면, 그 사람을 고발할 때에는 반드시 세 가지 조건을 충족시켜 확실하게 증명해야 죄를 확정할 수 있었다. 그 봉항이 실로 거짓이 아님이 그 첫째이고, (봉항을) 알고도 고의로 범한 것이 그 둘째이며, 봉항한 후 그 사람이 실제로 화물을 싣고 출입한 것이 그 셋째이다"[233]라고 하였다.

(2) 포획물과 전시금지품

파리해전선언은 전시금지품과 관련해 제2조와 제3조에서 중립국의 기를 게양한 선박에 적재한 적국의 화물은 전시금지품을 제외하고는 이를 포획할 수 없으며, 적국의 기를 게양한 선박에 적재한 중립국 화물은 전시금지품을 제외하고는 이를 나포할 수 없다고 규정했다. 이처럼 파리해전선언은 중립선 내의 전시금지품인 적국 화물과 적선 내의 전시금지품인 중립국 화물의 포획을 허용하였다.[234]

---

233 『萬國公法』제4권 제3장 28절 「封港犯封」
234 파리해전선언 제2항 중립국의 기장을 게양한 선박에 적재한 적국의 화물은 전시금지품을 제외하고는 포획되지 아니한다. 제3항 적국의 기장을 게양한 선박에 적재한 중립국의 화물은 전시금지품을 제외하고는 나포되지 아니한다(이민효, 『해상무력분쟁법』, 한국학술정보, 2010년, 13~14쪽 인용).

『만국공법』에서 포획물과 관련한 내용은 제4권 제2장과 제3장에 비교적 상세하다. 제4권 제2장 7절 「수륙포나부동일례水陸捕拏不同一例」에는 "육지에서 교전하면 그 법은 과거의 전쟁에 비해 더욱 관대해져서, 적국 인민의 재물을 협박하여 빼앗는 것은 허락하지 않는다. 수사가 교전하면 그 규정은 엄격한데, 적국 인민의 재물이 항구의 배 위에 있다면 모두 나포할 수 있다. 곧 해상전과 육지전은 규정이 동일하지 않다"고 하였다. 그리고 제2장 11절 「피포지화가토여부被捕之貨可討與否」에도 "전시의 규정에 따라 화물을 압류했으면, 압류한 후에 그 화물은 원주인과 이미 떨어졌으므로 오직 나포한 자에게 속하는 것이 대체적인 규정이다"라고 했다. 이처럼 적국 상선에 있는 화물은 포획물로 나포할 수 있다는 것은 파리해전선언의 제2항과 제3항 규정에 따른 것이다. 그리고 포획물의 처리 규정은 해적의 경우, 병선이나 무장사선의 경우, 적에게 나포되어 빼앗긴 경우, 중립국 화물의 경우, 나포한 선박이나 화물을 본국으로 가져온 경우, 중립국으로 가져온 경우 등으로 나누어 상세히 규정한다.[235] 나아가 적국의 화물을 나포했을 때 상대가 대가를 지불하고 돌려받고자 할 때의 경우에 대해서도 언급한다.

전시금지품과 관련해 제4권 제3장 24절 「전시금물戰時禁物」에는 "국외局外(중립)의 나라가 전쟁하는 나라와 통상하는 것은 진실로 당연하다. 또한 전시에 금지되는 화물이 있는데 사사로이 적국에 팔 수 없는 것으로 이는 공법을 위반하는 깃이다"라는 규정이 있다. 여기서 전시에 금지하는 물품은 무기, 화약 등 교전에 필요한 것인데, 양식 등과 같이 확정하기 어려운 것도 있었다. 곧이어 25절 「기신재병등寄信載兵等」에는 "적국을 위해 공신公信을 보내고 병사를 싣는 것은 모두 금지품을 싣고 운반하는 예에 속한다"라고 하였다. 하지만 중립국의 선박이 본의 아니게 적국의 병사를 싣는

---

235 『萬國公法』 제4권 제2장 12절 「奪回救貨之例」, 13절 「審所捕之艘歸捕者本國之法院」, 14절 「局外之法院審案」 등.

애매한 상황이 없지 않았으나, 적국에게 공신을 보내는 행위는 중요한 문제로 중립국의 배를 나포하여 몰수할 수 있었다. 그리고 26절 「재금물지간계載禁物之干係」에는 "선박이 금지품을 실었다면 그 선박과 그 화물이 같은 주인의 것이 아니라도 금지품을 나포하여 몰수할 수 있다. 실린 다른 물품이 가령 적의 화물이라면 또한 몰수할 수 있다"고 전시금지품에 대해 설명하였다. 이와 관련해서 "병마와 선박을 징발하는 일은 모두 전쟁 사무에 속하므로 중립국의 땅에서 행할 수 없다"[236]는 규정도 참고할 만하다.

(3) 임검권臨檢權과 포획면허장

평화 시의 임검권에 대해서는 앞서 이미 언급하였다. 전시의 임검권에 대해서 『만국공법』에는 제4권 제3장에 선박 나포 행위와 관련해 비교적 상세하게 나와 있는데, 제3장 29절 「왕시계사지권往視稽查之權」에는 "전쟁 당사자가 대해에서 국외局外(중립)의 선박을 만나면 가서 조사할 수 있다. 전쟁 당사가가 아니면 적선 및 봉쇄를 범한 선박과 아울러 전시에 금한 적의 화물을 실은 선박 모두를 나포할 수 없다"는 규정이 있다. 적국의 화물이 국외의 선박에 있으면 억지로 나포할 수 있을 뿐 아니라 화물을 실은 배 또한 반드시 몰수할 수 있으나,[237] 단지 적선에 우방의 화물이 실려 있다는 이유로 무조건 빼앗을 수는 없었다.[238]

나아가 "대개 전쟁 당사자는 적의 화물을 나포할 수 있는 권한이 있고, 우

---

236 『萬國公法』 제4권 제3장 8절 「經過局外之疆」
237 "대개 로마의 옛 법은 항상 (적의) 화물을 실은 선박, 차량은 모두 몰수토록 하였다. 그러므로 프랑스가 처음 항해장정을 정할 때 그 장정의 한 조관에서 '敵貨를 실은 배는 나포하여 전리로 삼을 수 있다'고 하였다. 나중에 새롭게 규정을 정하기를, '敵貨가 局外의 배에 있으면 나포할 수 있다. 다만 그 배는 반드시 원주인에게 돌려주어야 한다'라고 하였다. 지금 각국의 상례는 오로지 敵貨만 나포할 뿐이다"(『萬國公法』 제4권 제3장 20절 「載敵貨之船有時捕爲戰利」) 라고 설명한다.
238 『萬國公法』 제4권 제3장 21절 「捕擊友貨在敵國之船有人行之」

방의 화물을 나포할 수 있는 권한이 없는 것은 공법의 분명한 규정이다. 그러나 적의 화물을 나포하는 권한은 그 장소 외에는 다른 제한이 없다. 가령 장소가 국외라면 그 땅에서는 보호받을 수 있고 나포할 수 없다. 그러나 국외의 선박이 대해에 있어서 국외의 땅으로 볼 수 없다면 또한 나포해도 아무런 지장이 없다"[239]고 하였다. 다음 절에는 "국외의 선박에 적의 화물을 실은 경우와 적선에 국외의 화물을 실은 경우를 논하면, 여러 나라가 행한 바는 한결같지 않고 그 규정 또한 상례가 없다. 그러나 약관을 세운 이후 대부분 국외의 선박에 실린 것은 국외의 화물로 한다고 정하였다. 따라서 적선이 실은 것이 적의 화물이라고 정하는 경우도 다소 있다"[240]고 하였다. 특히 임검권은 중립국 선박과 관련한 내용이 많은데, 한마디로 "전쟁과 깊은 관련이 없다면 국외의 땅에서 행할 수 없고 또한 국외의 땅에서 일어나서도 안 된다"[241]는 것이 핵심이다.[242] 타국 선박에 대한 임검권은 『만국공법』이 번역될 무렵 발생한 대고구선박 사건, 즉 중국에서 프로이센 군함의 스웨덴 선박 억류사건과 관련이 깊은 항목이라 주목할 만하다. 이에 대한 내용은 다음 장에서 다룰 것이다.

전쟁 중 군함이 적국의 상선을 포획하는 것은 현대 국제법에서도 합법이다. 그런데 근대 국제법에서는 국가가 민간의 무장한 배[私掠船]에 적국 상선의 포획면허장을 발행하는 것이 상당기간 합법화되어 있었다.[243] 사략선

239 『萬國公法』 제4권 제3장 22절 「二規非不可相離」
240 『萬國公法』 제4권 제3장 23절 「局外者裝載敵貨」
241 『萬國公法』 제4권 제3장 9절 「沿海轄內捕船」
242 『만국공법』의 여러 곳에서 "무릇 戰事에 속하는 일은 모두 局外의 땅에서 행할 수 없는 것은 진실로 통례이다"라며 국외의 영토에서 전쟁하는 것은 공법을 범하는 것이라는 사실을 확인한다(『萬國公法』 제4권 제3장 10절 「追至局外之地而捕者」).
243 1853년 크리미아전쟁의 발발과 함께 모든 분쟁국은 사략선을 인정하지 않는다고 선언했다. 영국과 프랑스는 중립국 선박에 실린 적국 화물이나 적국 선박에 실린 중립국 화물에 대한 나포를 책임지지 않는다고 선언했다. 이런 선언들은 파리해전선언(1856)에서 조문화되었다(이민효, 『해상무력분쟁법』, 한국학술정보, 2010년, 139쪽).

이란 국가에 의해 적선 나포 허가를 받은 무장 사선으로 적국 상선 및 전시 금지품을 적재한 중립국 선박에 대해서 전쟁수행상의 국권을 행사하였다. 중립국 선박 내 적국의 일반 화물이나 적국 선박 내 중립국의 화물을 몰수하는 것도 이 시기에는 사실상 용인되었다. 18세기 초반까지는 사략선과 상선의 선원이나 해적 및 해군 사이에 별다른 복장의 차이도 없었다.

19세기에 이르러 해전에서 야만스런 해적행위가 금지되어서인지,[244] 『만국공법』에는 "옛날에 해선海船은 대부분 강도나 약탈과 구별이 없었다. 수사의 전쟁 규정에는 오늘날까지도 여전히 한 항목이 있는데 지난날의 유풍이다. 포획면허장[戰牌]을 받은 민간 선박뿐 아니라 포획면허장을 받지 않은 민간 선박이 적을 공격하여 그 화물을 나포하더라도 규정을 위반한 것이 아니다. 다만 그 나포한 화물은 몰수하도록 하고 자기 것으로 삼지 않을 뿐이다"[245]라고 하였다. 그리고 "병선이 어떤 나라를 공격하기 위해 포획면허장을 받았는데 후에 다른 나라와 전투 중에 기회를 틈타 공격한 경우, 위와 다를 바 없이 나포한 화물은 또한 몰수하고 나포한 자의 전리품을 주지 않는다"[246]라고 보완하였다. 비록 군함이나 무장한 민간 선박이 다른 국가의 화물을 약탈하는 관습을 고치려는 노력이 있었으나 현실적으로 그 효과는 미미하였다. 군함이 많지 않은 국가의 경우 민간 선박을 군함으로 변경해 해양 강국과 맞섰지만, 점차 각국은 독자적인 해군 역량을 갖추어 나갔다. 그 후 근대 해군은 폭력이 난무하는 바다에서 자국의 상선을 보호해야 하는 어려운 임무를 맡게 되었다.

마지막으로, 별표 1과 별표 2에서 양무운동 초기에 번역된 대표적인 국제법 번역서 『만국공법』(1864)과 청말신정 초기에 번역된 『공법신편公法新編』

---

244 田中彰, 『近代國家への志向』(제18권, '日本の近世' 시리즈), 中央公論社, 1994, 97쪽.
245 『萬國公法』 제4권 제2장 9절 「船無戰牌而捕貨者」
246 『萬國公法』 제4권 제2장 9절 「船無戰牌而捕貨者」

(1903)에 나타난 해양 관련 용어를 불완전하게나마 정리해 보았다.

별표 1__『만국공법』(1864)에 나타난 해양 관련 국제법 용어의 비교

영어	만국공법	일본어	중국어	한국어
bay	澳灣, 海灣	灣	海灣	灣
high seas	大海	公海	公海	公海
innocent passage, the right of	無損過疆之權	無害通航	無害航行, 無害通過	無害通航
island	海島	島	島嶼	島嶼
master	船主	船長	船長	船長
navigation	航海	航海	航海	航海
no man's land	無主之地	無主地	無人地帶	無主地
piracy, pirate	海盜, 盜賊, 強盜	海賊	海盜	海賊
port	海口	港, 港口	碼頭, 港口	港, 港口
ship	船隻	船舶, 船	船, 船舶	船舶, 船
straits	海峽, 狹港	海峽	海峽	海峽

* 이근관, 「동아시아에서의 유럽 국제법의 수용에 관한 고찰―『만국공법』의 번역을 중심으로」,
『서울국제법연구』9권 2호, 2002년, 부록1 참고.

별표 2 ___ 『공법신편』(1903)에 나타난 해양 용어 중 영어와 중국어 비교

영어	중국어	영어	중국어
Pirates ·	水寇	Mail ship	郵船
Seaports	海口	Commissioned privateers	領牌劫船
Navy	海軍	Immunity from search at sea	海外不可查拿之例
Warship	兵船	To detain ships	扣船
Hostile ship	敵船	Privateers	民艦
To hire privateers	雇民船助戰	Public vessels, National ships	公艦
Changes in seacoast or river	江海變遷	To sell at sea	洋面售貨
Unclaimed wilderness	無主荒地	When ships of the people take part in war	民船助戰
Pacific Ocean	太平洋	Companies that own ships	民船公司
Atlantic Ocean	大西洋	Torpedoes	水雷
Island	島	Admiral, Commodore	水師提督
Inland answering to the seacoast	內地以海岸爲比例	Things used on shipboard	船用各件
Control of waters	轄水	Materials for ship building	船料
Channel for navigation	船道	Navy rules	水師章程
Sandbanks and shallows	漲灘	General law of naval states	海國通律
To have a water boundary	界水	A ship's long book	船簿
Control of seas	轄海	Blockading ships or squadron	封堵之艦
Lord of the sea	海主	Goods follow the flag	貨隨船旗
Strait or passage	港	Search and capture of neutral ships	查拿局外船
Fleet of gun-boats	艦	A convoy of war ships	護送之艦
Black Sea	黑海	Ship's log	船冊
Mediterranean Sea	地中海	Ship's passport	本船護照
Public ships	官船	Ship's books	本船人簿
Navy	水師	Ship's journal	本船日記
Sailors	水手	Baltic Sea	波羅的海

* 劉禾, 『帝國的話語政治』, 三聯書店, 2009年, 322~342쪽 참고.

제4장
양무운동 초기 동북아 해양분쟁과 만국공법

청 말 국제법의 수용과정은 크게 두 단계로 나눌 수 있다. 1단계는 1864
년부터 19세기 말까지로 『만국공법』의 번역으로 상징되며, 2단계는 20세기
초부터 청조가 멸망할 때까지로 재일 중국 유학생이 일본의 국제법을 번역
해 소개한 일이다.[247] 광서 원년 이후 청조는 서양 국제법 저작을 16부 이상
번역했는데, 그 이전인 동치시기(1862~1874)에는 『만국공법』 한 부만이 있

---

247 佐藤愼一은 전통적 세계관(화이질서)과 근대적 세계관(국제법질서)을 분석의 축으로 삼아 청
   말 중국인의 국제법관과 문명관의 상호관계 및 중국인이 어떻게 국제법 규범을 받아들이는
   가라는 문제를 분석하면서, 문명관의 전변轉變이 곧 자아 해부의 과정이라고 주장한다. 그는
   양무, 변법, 혁명이라는 중국 근대사의 기본 발전과정에 따라 각 시기마다 만국공법에 대한
   이해가 심화된다는 논리를 전개하였다. 그리고 川島眞은 중국 국제법의 수용과정을 3단계로
   설명한다. 제1단계는 '文本의 접수'로 서양의 international law를 '만국공법'으로 번역해 총
   리아문에서 반포하고 출사대신이나 지방관원의 막료가 읽는 과정이다. 제2단계는 '程序의 수
   용'으로, 중국이 실제적인 교섭과정 중에 국제법의 원본 내용을 응용하여 맞추고 모색하는 과
   정이다. 제3단계는 '가치해석의 수용'으로 국제법의 배후에 있는 방법과 가치 취향을 생각하
   는 과정이다. 이 시기는 20세기 최초 20년간으로 전체적으로 서방의미의 '근대'와 '문명국화'
   가 목표였다고 본다(川島眞, 「中國における萬國公法の受容と適用」, 『東アジア近代史』 제2호,
   1999, 10~11쪽).

었기에 그 의미는 각별하다.[248] 이 책이 1864년에 공식 출판되어 얼마나 큰 영향을 미쳤는지는 19세기 후반에 국제법을 보통 '공법' 혹은 '만국공법'이라고 부른 사실에서도 알 수 있다. 조약체결과 국제법 수용을 통해 중국에 근대적인 '국가' 관념이 들어오면서 국경과 영토에 대한 인식 전환이 일어났는데, 해양에서도 해양 경계와 영역에 대한 새로운 인식체계가 나타났다.

기존 만국공법 연구는 외교사의 각도나 사상사의 각도에서 주로 이루어졌고, 혹은 서양 법률 개념의 번역과 수용에 초점이 맞추어져 있었다. 여기서는 시각을 달리하여 청 말 중국과 외국과의 해양분쟁에서 만국공법이 어떻게 적용되었는가를 분석할 것이다. 좀 더 정확하게 말하자면 만국공법의 수용과정이나 양무운동 초기 동북아 국제분쟁에서 해양이 어떤 역할을 담당했는지를 밝히려는 것이다. 책봉조공 체제 아래서의 해양과 국제법 체제 아래서의 해양이 어떻게 다른지 구분하기 위해 일단 만국공법의 수용, 전파와 관련된 해양분쟁 사례로 제한해, 1860~1870년대 특히 동치시기를 중심으로 다룰 것이다. 전반부에는 만국공법의 수용, 전파와 관련해 대고구선박사건과 앨라배마호 사건을 소개할 것이다. 후반부에는 유구 표류민 사건과 강화도 사건을 통해 초기 동북아 해양분쟁이 만국공법과 깊이 맞물려 있음을 확인할 것이다. 또한 청조가 근대적 조약 체제에 편입됨에 따라 해양 관련 국제법이 제국주의에 의해 어떻게 이용되었는가를 살펴보고, 이에 대한 중국 측의 대응논리에도 주목할 것이다.

---

248 1864년 William A. P. Martin이 번역한 『萬國公法』이 출판되기 전까지 청조는 외국과 24개의 불평등조약을 체결했는데, 이런 조약들은 영사재판권, 고정관세, 조계지협정을 비롯해 해관과 항해업무 등의 내용을 담고 있어 국제법 수용과 밀접한 관련이 있었다.

1. 만국공법의 수용과 전파

(1) 대고구大沽口선박 사건

『만국공법』의 번역과 출판은 우연한 기회에 총리아문의 지지를 얻으면서 손쉽게 이루어졌다. 그 우연한 기회란 것이 중국 연해를 배경으로 발생한 프로이센-덴마크 간 해양분쟁이어서 의미심장하다.[249] 따라서 이 사건의 진행과정과 『만국공법』의 해양 관련 법규와의 연관성을 살펴볼 필요가 있다. 대략의 줄거리를 정리하면 아래와 같다.

1864년 초 프로이센의 수상 오토 폰 비스마르크Otto von Bismarck는 슐레스비히Schleswig-홀슈타인Holstein 공국 문제로 오스트리아와 연합해 덴마크와 전쟁 중이었다. 전쟁이 한창이던 그해 봄 중국으로 발령받은 신임 프로이센 공사 레프스G. von Rehfues는 가젤Gazelle호 군함을 타고 천진을 경유해서 북경으로 올 예정이었다. 그런데 대고구에서 천진으로 가던 중 바다에 정박 중이던 덴마크 선박 3척을 발견하고는 이들을 나포하였다. 이 일로 말미암아 청조는 프로이센과 외교적인 마찰을 빚게 되었다.[250]

총리아문이 이 사건을 처리할 때 활용한 원칙 가운데 하나는 만국공법상의 법규였는데, 당시 『만국공법』은 갓 번역된 상태여서 총리아문의 고위관리들은 대략이나마 번역 원고를 읽은 상태였다. 문제의 핵심은 프로이센이 중립국인 중국의 영해에 있는 덴마크 선박을 나포할 권리가 있는가 여부였다. 당시 청조의 총리아문은 중국 해안에서 프로이센 공사가 탄 군함이 중립국의 선박인 덴마크 선박을 나포한 것은 주권 침해라고 『만국공법』의 법

249　王維檢,「普丹大沽口船舶事件和西方國際法傳入中國」(『學術研究』, 1985年 第5期)과 況落華, 「大沽口船舶事件: 晚淸外交運用國際法的成功個案」(『安慶師範學院學報』, 2006年 第1期) 등 이 대고구선박 사건을 다룬 대표 논문이다.

250　청조는 1861년에는 프로이센과 1863년에는 덴마크와 각각 통상조약과 해관세칙을 맺었다 [王鐵崖 編,『中外舊約彙編』(第一冊), 三聯書店, 1957年版, 이하『中外舊約彙編』(第一冊)으로 약칭, 163~175쪽, 197~207쪽].

률 조항을 이용하였다. 예를 들어, "중립국의 관할이 미치는 곳에서 전선이 적국의 선박·화물을 나포하였다면, 위법일 뿐 아니라 그 일은 반드시 행하지 말아야 한다. 또한 전선이 (중립국의) 항구에 정박해서 전쟁 때 근거지로 삼았다면, 그 나포한 선박·화물도 또한 대부분 온당하지 않다"[251]라든가 "전권戰權이 행해지는 장소는 세 곳으로, 전자戰者의 영토 내가 그 하나이고 해상이 그 둘이며, 무주지無主地가 그 셋이다. 이 세 곳 외에는 전권을 행사할 수 없다. 국외局外의 나라가 두 전쟁국과 모두 우호관계라면 피차를 구분하지 않는다. 그러므로 (국외의) 강내疆內에서 전쟁하는 것은 곧 공법을 범하는 것이다"[252] 등의 항목을 활용하였다. 실제로 중립국의 영해 내에서 적국의 선박과 화물을 나포하는 것이 만국공법을 어기는 것이라는 사실은 여러 곳에서 반복 강조한다.[253] 이런 조항들에 따라 프로이센 군함이 중국의 영해 내에서 적대국이던 스웨덴의 선박을 나포한 것은 명백하게 공법을 위반한 것이라는 사실을 증명할 수 있었다.

『만국공법』제2권 제4장 6절 '연해 근처를 관리하는 권리' 항목에는 영해에 관한 규정이 있다.[254] 당시 영해 3해리설은 구미 열강 간에 국제법상 합

---

251 『萬國公法』제4권 제3장 9절「沿海轄內捕船」. 『만국공법』에서는 이 조항과 관련해 "영국이 兵照를 민선에게 주어 미국 미시시피 강 하구 내의 局外의 땅에 정박했는데, 출입하여 소식을 전하는 편의가 있었다. 나중에 적선이 항구에서 나오자 沙頭 10리 안에서 나포했는데 영국 법원은 (나포한 것을) 반드시 반환하라고 판결했다"는 사례를 소개한다.

252 『萬國公法』제4권 제3장 7절「在局外之地不可行戰權」

253 예를 들어, "局外의 境에서 나포하여 화물을 얻으면, 나포한 자는 반드시 반환해야 한다"(제4권 제3장 11절「局外者討還」); "局外는 疆內에 나포된 화물은 가져올 수 없을 뿐 아니라 반환해야 한다"(『萬國公法』제4권 제3장 12절「犯局外之權而捕貨 局外者自必交還賠償」); "局外의 疆內에서 선박의 화물을 나포하면 이는 법을 범한 것이다. 여러 나라의 常例가 있고 명사들이 공론하여 天理의 마땅함을 증명했다"(『萬國公法』제4권 제3장 18절「局外之船於大海如何」).

254 (領海에 대해서) "각국이 관할하는 海面과 海口 澳灣 長磯所抱의 바다와, 그 밖에 연해 각처와 해안으로부터 10리 거리 떨어진 곳은 관례에 따라 역시 그 관할이다. 대체로 대포의 포탄이 미치는 곳은 국권도 미치는 곳으로, 무릇 전부가 그 관할에 속하며 타국에게 주지 않는다"(『萬國公法』제2권 제4장 6절「管沿海近處之權」). 한편 公海에 대해서도 "洋海가 해안으로부터 멀리 떨어져 있으면 각국은 專管을 할 수 없다…공법에서 이것을 논의하는 것에 이견

의가 있었는데, 영해 주권 원칙은 일반적으로 인정되었다. 3해리는 포탄이 미치는 거리로, 여기서 말하는 포탄의 거리는 산업혁명 전의 포탄의 거리를 일컫는다. 총리아문 측은 "중국이 각 바다를 나누는 데 전조專條가 있고, 각 국과의 화약和約에도 고루 이런 예가 있다. 귀국의 화약 중에도 중국양면中國洋面 글자가 실려 있을 것이니 각국의 아는 바와 비교하면 더욱 분명할 것인데 어찌 알 수 없다고 말할 수 있는가?"[255] 라고 주장했다. 실제로 프로이센 공사가 덴마크 선박을 나포한 일은 중국과 체결한 조약 준수 규정을 위반한 것이었다. 총리아문은 프로이센 공사가 나포한 덴마크 상선이 있던 수역은 중국의 '내양'이며, 국제법의 원칙에 따르면 중국 정부의 관할에 속한다고 주장하면서 프로이센 측을 압박하였다.

이에 대해 프로이센 측은, "이 선박을 구류한 것은 유럽에서 정한 군법에 따른 것으로, 그 구류한 장소의 해안으로부터의 원근 역시 만국율례萬國律例의 적선을 포획하는 거리에 따랐다"[256]고 반박하였다. 프로이센 공사 레프스는 자신의 행동이 국제법에 어긋나지 않으며, 선박을 구류한 곳은 공해이지 중국 영해가 아니라고 주장하였다. 하지만 선박을 구류한 장소인 대고구 인근은 의심할 바 없는 중국 관할의 내양으로 『만국공법』에서 규정한 폐해閉海에 해당하였다.[257]

총리아문의 공친왕 혁흔奕訢 등은 프로이센 공사를 비판하며, "귀 대신이 병선을 타고 와서 현재 중국의 양면洋面에 있고, 덴마크의 상선을 구류한 것은 매우 심각한 사건이다. 외국인이 중국의 양면에서 다른 나라의 선박을

이 없다. 진실로 '大海'(지금의 公海)는 본래 만국 공용으로 날씨나 태양과 같이 사람이 사사로이 가질 수 없는 것이니, 단지 만국의 통행과 왕래를 걱정할 뿐이다"(『萬國公法』 제2권 제4장 10절 「大海不歸專管之例」)라고 언급하였다.

255 中華書局編輯部, 『籌辦夷務始末』(同治朝), 卷26, 中華書局, 2008年版, 2626쪽.
256 위의 자료집, 2625쪽.
257 況落華, 「大沽口船舶事件: 晚淸外交運用國際法的成功個案」, 『安慶師範學院學報』, 2006年 第1期, 22~23쪽.

구류한 것은 분명하게 중국의 권리를 침탈하는 것으로 큰 문제가 있다. 귀대신은 귀국에서 파견한 것이니 장차 귀국과 중국 간에도 큰 관계가 있는 일이다. 먼저 문제를 매듭짓고 장차 기일을 정해 접대할 것이다"[258]라고 응수하였다. 이처럼 청조는 프로이센 공사가 덴마크 상선을 석방하지 않으면 외교사절로 접대하지 않을 것이라고 위협하였다. 실제로 총리아문은 영해 개념과 청프조약의 관련 조항을 들어 프로이센이 유럽의 분쟁을 중국까지 가져온 것에 항의하면서 신임 프로이센 공사를 인정하지 않았다. 프로이센 공사의 행위가 분명하게 국제법의 관련 규정을 위반한 것이 드러나자, 결국 청조의 주장에 따라 구류 중인 세 척의 덴마크 선박 가운데 두 척은 교섭 초기에 석방하였고, 세 번째 선박은 프로이센으로부터 1,500파운드의 배상금을 받고 풀려났다. 레프스는 그해 6월 중국을 떠나 프로이센으로 돌아갔으며 1865년 말 다시 돌아왔는데, 이때 비로소 총리아문은 정식 공사로 인정하였다.[259]

1864년 8월 30일 총리아문의 혁흔은 『만국공법』 번역 업무를 황제에게 보고하면서 말하기를, "신들이 이 외국 율례의 책을 조사하여 보니 중국 제도와 모두 합치되는 것은 아닙니다. 그러나 그중에는 역시 채택할 만한 것이 있습니다. 금년 프로이센이 천진 해구에서 덴마크 선박을 억류한 사건이 있어서 신들은 이 율례 중의 말을 몰래 채용하여 변론했더니 프로이센 공사는 곧 착오를 인정하고 말이 없었는데 이것이 하나의 증거입니다"[260]라고 하였다. 여기서 알 수 있듯이 총리아문은 이 사건을 처리할 때 『만국공법』을 공공연하게 이용한 것이 아니라 암묵적으로 활용했으며, 주로 양국 간

---

258 中華書局編輯部, 『籌辦夷務始末』(同治朝), 卷26, 中華書局, 2008年版, 2623~2624쪽.

259 프로이센-덴마크 전쟁의 결과는 덴마크의 패배로 끝나 관련 공국의 통치권을 포기하였다. 근대 유럽사에서 이 전쟁은 비스마르크가 무력으로 독일을 통일하는 첫걸음이었다(王維檢, 「普丹大沽口船舶事件和西方國際法傳入中國」, 『學術研究』, 1985年 第5期, 87쪽).

260 『籌辦夷務始末』(同治朝), 권26(김용구, 『만국공법』, 소화, 2008년, 69~70쪽; 田濤, 「丁韙良與 "萬國公法"」, 『社會科學研究』, 1999年 第5期, 111쪽 참고).

조약 내용에 근거해 논리를 전개하였다.[261]

프로이센 측은 덴마크와의 분쟁 중에 국제법을 준수하겠다는 의지는 보여 주었지만 그들이 항상 국제법에 따라 중국과 교류하겠다는 뜻은 아니었다. 그러나 이 사건은 결과적으로 청조 관리들에게 국제법의 의의를 인식시키는 시발점이었고, 양무파 관료들이 『만국공법』의 출판을 결심하는 계기가 되었다. 의외의 성과에 고무된 청조는 총리아문의 비준을 얻어 갓 번역이 끝난 『만국공법』을 300부 인쇄해 각 성의 독무에게 널리 활용하도록 하였다. 이 사건은 만국공법이 청조의 주목을 받게 된 사건이자, 해양분쟁의 해결에 처음 활용된 사례였다.

이 분쟁이 비교적 쉽게 해결된 원인에 대해서는 다음과 같은 견해도 있다.[262] 첫째, 프로이센의 입장에서 보면, 국내적으로 통일과 전쟁에 바쁘고 중국과의 교류가 영국, 프랑스, 러시아, 미국 등과 같은 열강과는 달리 아직 시작 단계라 영향력이 크지 않았으며 청조와 마찰을 일으키고 싶지 않았다. 둘째, 열강의 입장에서 보면, 이 사건은 자신들의 이익에 직접적인 관계가 거의 없었고 프로이센 공사는 열강의 지지를 별로 받지 못하였다. 오히려 열강은 프로이센의 영향력이 중국에서 확대되는 것을 원하지 않았고, 특히 영국과 프랑스는 덴마크와 가까웠다. 셋째, 청조의 입장에서 보면, 혁흔이 총리아문의 권력을 잡은 지 얼마 되지 않아 외교 등 여러 분야에서 의욕이 왕성해서 이 사건에 적극적으로 내처하여 중국의 수권을 수호했다는 것이다.

대고구선박 사건은 1868년 체결된 「청미속증조약淸美續增條約」(혹은 「벌

---

261 林學忠은 청조가 『만국공법』을 간행한 이유는 以夷制夷의 논리에 있다고 보았다. 열강의 무리한 요구를 막기 위해서는 외교 교섭에서 유럽국가의 국제법을 활용하는 것이 유리하다는 판단 아래 기술적 도구로 사용했다는 것이다(川島眞, 「中國における萬國公法の受容と適用」, 『東アジア近代史』 제2호, 1999, 10쪽).

262 況落華, 「大沽口船舶事件: 晚淸外交運用國際法的成功個案」, 『安慶師範學院學報』 2006年 第1期, 23쪽; 王維檢, 「普丹大沽口船舶事件和西方國際法傳入中國」, 『學術研究』, 1985年 第5期, 90쪽 재인용 참고.

링게임조약蒲安臣條約, the Burlingame Treaty」)에도 영향을 미쳤다. 청조는 이직하는 미국 공사 벌링게임을 흠차대신으로 삼아 서양처럼 외교사절단을 파견하였다. 벌링게임은 마틴이 『만국공법』을 번역하는 데 도움을 준 인물로, 청조에 국제법을 적극 추천한 사람이었다. 그는 대고구선박 사건 당시 중국인들이 만국공법에 관심을 가지길 기대하였다. 벌링게임사절단의 주요 성과는 「벌링게임조약」으로 나타났는데, 이 조약은 청조가 아편전쟁 이래 처음으로 평등한 주권국가 위치에서 미국과 맺은 것이었다.[263] 여기에는 국제법상의 영해 주권과 국외중립局外中立의 원칙이 반영되었고, 영사, 이민, 학교, 종교 분야 등에서 쌍방 대등한 권리와 의무를 부여하였다. 하지만 엄격한 의미에서 청조가 능동적으로 서양과 담판을 해서 얻어낸 것은 아니었으며, 최종 비준까지 이르지는 못하였다. 하지만 청조의 대외교섭에 중요한 국제법적 근거를 제공하여 1870년대 이후에도 영향을 미쳤다.[264] 그 밖에도 동치시기에 만국공법과 관련이 깊은 외교적 사건으로는 외국공사의 황제 알현문제나 중국의 해외공사관 설치문제 등이 있었다.

(2) 앨라배마阿拉巴馬호 사건

청조가 처음 만국공법을 받아들일 때, 미국과 영국 간에 벌어진 해양분쟁

---

263 「蒲安臣조약」 제1조는 "대청국 대황제는 조약에 따라 각국 상민에게 通商口岸과 水陸洋面에서 무역을 행하는 곳을 지정한다. 원래 조약 내의 이 조항의 뜻에 따르고, 아울러 없었던 관할지방 水面의 權도 함께 논의해 통합한다. 앞으로 어떤 나라가 미국과 혹시 평화를 잃고 전쟁에 이르면, 해당국의 관병은 중국 영토와 洋面이나 외국인이 거주하거나 이동할 수 있는 곳에서 미국인과 싸워 화물과 인명을 빼앗을 수 없다. 미국이 혹시 다른 나라와 평화를 잃으면 역시 중국의 영토와 양면이나 외국인이 거주하거나 이동할 수 있는 곳에서 쟁탈의 일을 할 수 없다"[『中外舊約彙編』(第一册), 259~260쪽].
264 1874년 페루와의 淸秘「通商條約」조약에서 상호 균등한 최혜국대우와 영사재판권을 얻어내었을 뿐만 아니라, 공사와 영사 파견, 양국 국민의 상대국 여행과 거주, 양국 병선의 상대국 왕래와 병선의 항구 입항, 양국 병선이 상대국 연해에서 재난을 만났을 때 상호 구제해 주는 등 기본적으로 평등한 내용을 담았다(田濤, 『國際法輸入與晚淸中國』, 濟南出版社, 2001年, 266~267쪽).

인 앨라배마호 사건The Alabama Case이 중국 내에 소개되었던 것이 중요한 계기가 되었다는 사실은 흥미롭다.[265] 비록 앨라배마호 사건은 앞의 사건과는 달리 중국과 직접적인 관련은 적었지만 19세기 국제법 역사상 매우 유명한 판례라 만국공법의 전파에 큰 영향을 미쳤다. 그 대략의 줄거리는 아래와 같다.

1861년 미국에서 남북전쟁이 발발하자 북군은 전함으로 남부의 여러 항구를 봉쇄하고 남군이 영국이나 프랑스로부터 군사 물자를 구입하는 것을 4년간 막았고 이는 전쟁의 승패를 결정짓는 중요한 요인이 되었다. 당시 영국은 미국 남부의 여러 주를 교전 단체로 승인하면서 중립을 선언하였다. 전쟁 중 남부동맹은 개인 명의로 영국으로부터 선박을 구매했는데, 그 가운데에는 1862년 5월 영국의 한 조선소에서 건조된 앨라배마호가 있었다. 이 배는 처음에는 이름이 없었고 단지 290호라고만 불리며 비무장으로 출항한 후 아조레스Azores 제도 부근에서, 런던에서 온 두 척의 영국 선박으로부터 함장, 사관, 무기, 제복, 식량 및 유류 등을 공급받아 인적이나 물적으로 완벽하게 무장하였다. 그 후 앨라배마호는 북군의 선박을 대량 나포하면서 미국의 통상을 위협한 가장 유명한 순양함 가운데 한 척이 되었다. 대서양과 인도양은 물론 심지어 중국 해안까지 돌아다녔는데, 2년 가까운 기간 동안에 약 70척의 북부동맹 소속 선박을 침몰시키거나 소각, 약탈하였다. 이처럼 남북전쟁 기간 동안에는 해군력이 열세였던 남군이 개인 선박으로 북군 측의 상선을 포획하는 경우가 잦았다. 결국 앨라배마호는 북군 군함의 추격을 받다 영프해협에서 1864년 6월 18일 침몰 당해 승무원들은 사장되었다.[266]

---

265 田濤의「阿拉巴馬號案與晚淸國人的國際法印象」(『天津師範大學學報』, 2002年 第3期)은 앨라배마호 사건을 다룬 대표논문이다.

266 영국인 선교사 J. Fryer와 중국인 학자 華衡芳이 공역한 『防海新論』(1874)은 중국에서 처음으로 서양의 해방사상 이론을 전면적으로 소개한 번역서이다. 본래 이 책은 독일인 해군장교 V. von Scheliha가 미국의 남북전쟁에 참전한 경험을 기초로 1868년에 쓴 책이다. 본문에서는 남북전쟁에 대해 상세히 소개하면서 해방은 반드시 병력을 집중하고 방어설비를 갖출 것,

남북전쟁 동안 미국 정부는 영국에 남부동맹을 위해 군함을 건조하는 행위를 항의했고, 앨라배마호가 몇 차례 영국 항구에 진입해도 나포하지 않자 영국 정부에 손해배상을 청구하였다.[267] 국제법상 전쟁 당사국이 외국의 도움(예를 들어, 무기를 구입하거나 병사를 모집하는 일 등)을 빌려 다른 우방국을 공격하는 것은 엄격히 금지하고 있었다.[268] 특히 런던 주재 미국 공사 애덤스를 통해 영국 정부에 항의한 일은 유명하다. 그는 영국의 중립의무 위반을 주장하면서 영국에서 건조되어 사용된 선박에 의한 손해배상을 청구했으나 거절당하였다. 여기에는 앨라배마호 말고도 영국에서 건조된 남부동맹 소속의 순양함 몇 척이 포함되었다.

전쟁이 끝난 후 1871년 5월 8일 미국과 영국은 「워싱턴규칙」을 맺으면서 이 분쟁을 해결하기 위한 중재법정을 제네바에 설립하기로 합의하였다. 이때 해전에 있어서 권리와 의무에 관한 3가지 규칙(워싱턴 3원칙)을 만들어 재판을 처리하기 위한 법률근거로 삼았다. 요점은 전시 중립국은 자국 영해 내에서 전쟁에 참여할 것으로 예상되는 선박들이 무장을 갖추어 출항하는 것을 금지해야 하며, 자국 항구나 수역이 다른 교전 당사국에 대한 작전 기지로 사용되거나 군사장비나 무기의 교체 및 증강에 사용되도록 허용하면 안 된다는 것이었다.[269] 이 원칙은 중립국의 방지의무에 관한 기준을 최

해방의 가장 적극적인 방안은 전함을 이용해 적국의 해구를 봉쇄하는 것이라는 주장을 폈다. 이 책은 중국인들이 남북전쟁을 이해하는 데에도 큰 영향을 미친 것으로 보인다(鄒振環, 『西方傳教士與晚清西史東漸』, 上海古籍出版社, 2007年, 172~188쪽).

267 이민효, 『해상무력분쟁법』, 한국학술정보, 2010년, 14쪽; 陳致中, 『國際法案例』, 法律出版社, 1988年, 479~483쪽(田濤, 「阿拉巴馬號案與晚清國人的國際法印象」, 『天津師範大學學報』, 2002年 第3期, 60쪽 재인용).

268 『公法便覽』 권4 제1장 제6절은 중립국 위반의 사례 중 앨라배마호 사건과 같은 경우를 설명한다(한국학문헌연구소 편, 『公法便覽』(한국근대법제사료총서 2), 아세아문화사 영인본, 1981년, 597~601쪽).

269 「워싱턴조약」에서 해전에서의 권리와 의무에 관한 세 가지 규칙은 다음과 같다. "첫째, 중립국은 그 국경 내에서 선박을 제조해 출항시켜 우호국과 교전하는 것을 엄금하며, 그 국경 내에서 만든 선박이 사사로이 경계 밖으로 나가는 것을 허락하지 않는다. 둘째, 교전국이 중립

초로 명백히 한 것이다. 영국, 미국, 스위스, 이탈리아, 브라질 등 5개국 대표로 구성된 중재법정은 1872년 9월 14일 최종적으로 영국 측이 중립의무를 위반했다고 판정했으며, 이에 따라 배상금 총액 1,550만 달러를 미국 측에 지급하도록 판결했다. 이 판례는 19세기 국제법 학계에 주목을 받으며 큰 영향을 미쳤는데, 국제법상 처음으로 간접손해가 문제가 된 사건이기도 하다.[270]

1864년 봄 청조가 앨라배마호의 존재에 대해 이미 알고 있었다는 사실은 흥미롭다. 그해 3월 8일 미국 공사 벌링게임이 총리아문에 미국 남부 반역자의 군대가 북부동맹의 상선을 약탈한다는 한 건의 조회를 제출하였다. 그 내용은 다음과 같다. 현재 미국이 추적하는 몇 척의 남부 반역자의 화륜선이 있는데, 그 가운데 한 척인 앨라배마호가 도주하여 장차 중국 연해에 나타날 것이라고 하였다. 현재 남양에서 미국의 화물 선박이 몇 척 불탔다고 하는데, 본 공사는 우선 예방 차원에서 중국 각 항구의 지방관에게 알려 앨라배마호를 조사하게 하고 어떤 경우라도 항구에 들어오지 못하도록 조치해 달라고 요청하였다. 아울러 남부 반역자는 자칭 동맹국이라고 하나 국가를 세운 적이 없으며 다른 국가들도 인정하지 않는다고 하였다.[271]

이에 대해 3월 16일 총리아문은 벌링게임에게 공문을 보내 연해 독무와 지방관에게 그런 사실을 알려 앨라배마호가 중국 항구에 진입하지 못하도록 했으며, 러시아, 영국, 프랑스 3국의 공사에게도 내용을 알렸다고 하였다. 이것은 청조가 국제법의 규범에 따라 움직였음을 보여 준다. 그 후 벌

국의 항구나 海中을 교전의 땅으로 빌리거나 국경 내에서 용병을 고용하거나 군수품과 식량을 구입하는 것을 모두 허락하지 않는다. 셋째, 중립국의 국경 내에 있는 사람들은 이상의 두 가지 항목을 침범하지 않는다'[『各國交涉公法論』二集序(田濤, 「阿拉巴馬號案與晚淸國人的 國際法印象」, 『天津師範大學學報』, 2002年 第3期, 32~33쪽 재인용)].

270　陳致中, 『國際法案例』, 法律出版社, 1988年, 479~483쪽.

271　中央研究院近代史研究所 編, 『中美關係史料』(同治朝上), 臺北, 1968年, 147쪽(田濤, 「阿拉巴 馬號案與晚淸國人的國際法印象」, 『天津師範大學學報』, 2002年 第3期, 31쪽 재인용).

링게임은 청조가 미국 남부 반군 선박의 항구 사용을 거절한 것에 대해 감사의 뜻을 전하였다. 미국 국무부 역시 만족을 표시하며 앨라배마호에 대한 외교교섭을 매듭지었다.[272] 이 교섭이 있을 당시 앨라배마호가 중국 연해에서 약탈한 기록은 없으며, 앞서 언급했듯이 앨라배마호는 프랑스 부근 바다에서 미국 정부의 군함에 의해 침몰되었다.[273] 벌링게임은 앨라배마호 사건으로 청조와 교섭하는 과정에서도 중국이 구미열강의 국제법 질서를 이해하기를 희망하였다. 이는 남부동맹의 반군이 각국의 승인을 받지 못했으며, 그들의 행동이 "만국의 예例"에도 위반한다는 외교상 표현에서도 엿보인다. 여기서 "만국의 예"란 곧 만국공법으로 청조가 국제법을 이해하는 한 계기가 되었다. 이 교섭이 있은 지 오래지 않아 앞서 소개한 대고구선박 사건이 발생하였다.

앨라배마호 사건은 비록 『만국공법』에는 소개되지 않았지만 1870년대 이후 대표적인 국제법 번역서에 이 사건에 대한 소개와 평론이 실리면서 청말 지식계와 외교계에 영향을 미쳤다. 앨라배마호 사건을 가장 먼저 언급한 국제법 역저는 1877년 동문관에서 출판한 『공법편람公法便覽』이다. 이 책의 원저는 미국 학자 울시T. D. Woolsey가 쓴 『국제법 연구서설A practical introduction to international law』로, 미국 뉴욕 태생인 저자는 철저한 기독교 국제법의 제창자였다. 당시 동문관 총교습이던 마틴이 그의 학생들과 함께 번역하였다. 울시는 이 책에서 앨라배마호 사건에 대한 유래와 경과에 대해 자세히 기술하면서 이 사건을 국제교섭의 유명한 판례라고 소개하였다.[274]

2년 후인 1880년에 출판한 『공법회통公法會通』 역시 마틴과 학생들이 독일 법학자 블룬칠리J. K. Bluntschli의 저서 『문명국가들의 근대 국제법Das

---

272 (美)芮瑪麗, 『同治中興―中國保守主義的最後抵抗』, 中國社會科學出版社, 2002年, 295쪽.
273 田濤, 「阿拉巴馬號案與晚淸國人的國際法印象」, 『天津師範大學學報』, 2002年 第3期, 31쪽.
274 한국학문헌연구소 편, 『公法便覽』 보론 제17절(한국근대법제사료총서 2), 아세아문화사 영인본, 1981년, 937~940쪽.

moderne Völkerrecht der civilisierten Staaten als Rechtsuch dagestellt』을 번역한 것이다. 블룬칠리는 당시 동아시아에 알려진 누구보다도 학문적 수준이 높은 법학자였다. 그런데 이 원서는 본래 1868년에 출판되었기 때문에 앨라배마호 사건에 대한 내용이 없었다. 하지만 마틴 등이 프랑스어 판본을 가지고 중국어로 번역하는 과정에서 이 사건을 추가 삽입하였다. 글 중에서 몇 차례에 걸쳐 앨라배마호 사건에 대해 언급하면서 국제법의 공정성을 선전하였다.[275] 청 말 중국 사회에 국제법을 소개한 마틴은 앨라배마호 사건을 매개로 국제법의 유용성을 널리 전파했다고 볼 수 있다. 그는 총리아문의 위탁을 받아 1880년부터 1882년간 서양 각국의 교육을 고찰한 후 귀국해 쓴『서학고략西學考略』(1883)이란 책에서도 이 재판의 경과에 대해 소개하였다.[276]

그 후 1894년 상해의 강남제조국江南製造局에서 출판한『각국교섭공법론各國交涉公法論』은 당시로서는 가장 내용이 풍부한 국제법 번역서였다. 이 책의 원저는 영국인 필리모어R. J. Phillimore가 쓴『국제법 해설 Commentaries Upon International law』로 프라이어J. Fryer(傅蘭雅)와 유세작兪世爵이 함께 번역하였다. 이 책에서도 앨라배마호 사건에 대한 내용을 언급했는데, 저자가 영국인이기 때문인지 "영국이 심히 불복했으나 미국에 우호적인 뜻을 분명히 보여 주고 장래에 이런 일들을 피하기 위해 각 항목에 따라 일을 처리하였다"라고 소금 다르게 기술하였다.[277] 책 중에는 「워싱

---

275 『公法會通』제489장에는 두 국가 간의 분쟁에 다른 국가를 초청해 그 판단에 맡기는 조항을 설명하면서 앨라배마 사건의 사례를 든다(한국학문헌연구소 편, 『公法會通』(한국근대법제사료총서3), 아세아문화사 영인본, 1981년, 317쪽).

276 국제법 소개로 유명한 마틴은『西學考略』과 『格物入門』이란 책을 통해 19세기 말 서양의 근대지식을 전면적으로 소개하는 역할도 담당하였다. 특히 '시학'이라는 용어가 서양 근대지식을 뜻하는 용어로 중국 사회에 보편화하는 계기를 마련하였다(한림과학원 편, 『동아시아 개념연구 기초문헌해제』, 선인, 2010년, 172~174쪽).

277 『各國交涉公法論』은 J. Fryer가 구술 번역하고 兪世爵이 받아 적은 것이다. 원래 영국인 R. J. Phillimore가 저자이며 원서명은 『Commentaries Upon International Law』이다. 번역본은

턴조약」에서 합의한 해전에 관한 권리와 의무에 대한 세 가지 규칙을 소개
하기도 했다.

마틴이나 프라이어 등은 앨라배마호 사건을 국제중재방식으로 해결한 것
은 중국이 국제법을 준수하도록 만드는 데 매우 좋은 사례라고 여겼다. 이
사건이 유난히 널리 선전된 까닭이 여기에 있다. 그래서인지 청 말 중국인
들에게 앨라배마호 사건은 비록 잠시나마 국제정치의 공리와 정의, 국제법
의 존재 의의를 설명한 것으로 이해되었다. 하지만 강권이 공리였던 시대
에 그 의미는 결국 퇴색될 수밖에 없었다. 1870년 천진교안天津教案을 사과
하기 위해 숭후崇厚와 동행해 프랑스로 건너간 장덕이張德彝는 일기에 파
리를 지날 때 한 미국인과 대화를 나누면서 앨라배마호 사건에 대해 언급한
일을 적고 있다. 그리고 1878년 첫 번째 해외공사인 곽숭도郭嵩燾의 출사
일기에도 앨라배마호 사건에 대한 언급이 있다. 또한 1880년 초 영국·프랑
스 공사에 부임한 증기택曾紀澤이 이리조약을 개정하기 위해 페테르부르크
Peterburg에 가는 도중 파리에서 총리아문에 건의하는 글 중에 앨라배마
호 사건이 나온다. 단, 증기택이 처음 읽은 국제법 책은 마틴의『공법편람』
이지『만국공법』은 아니었다.

덧붙이자면, 일본에서『만국공법』은 '경전과 같은 권위를 가지고' 유포되
었으며, 개국 이데올로기로서 메이지 정부의 개국 정책에 명분을 부여하였
다. 그런데 일본 역시 만국공법의 수용과 전파과정에서 시대의 영웅 사카모
토 료마坂本龍馬가 관련된 해양분쟁인 이로하마루伊呂波丸 사건이 중요한
영향을 미쳤다.

1867년 사카모토 료마는 오오즈번大洲藩으로부터 160톤 급 증기선 이로

제1집 4권, 제2집 4권, 제3집 8권, 별책 1권으로 제1집에는 공법교섭의 기원, 국가주권, 관할
권을 다루고, 제2집에서는 평시국제교류, 즉 조약, 공사, 영사 등의 문제를 다루며, 제3집에
서는 전시 국제법을 다루었다(田濤,「丁韙良與"萬國公法"」,『社會科學研究』, 1999年 第5期,
101쪽).

하마루호를 15일간 500량에 빌려 무기와 탄약을 가득 싣고 나가사키에서 오사카로 향하였다. 항해 도중 1867년 4월 23일 11시를 전후해 이로하마루호는 해상에서 기슈번紀州藩의 887톤 급 증기선 아카미스마루明光丸호와 충돌하여 배는 침몰하고 사카모토 료마를 비롯한 사람들은 겨우 아카미스마루호에 올라탔다. 해상충돌에 관한 예방규칙이 없는 상태에서 빌린 배가 침몰한 것이다. 쌍방은 이로하마루호의 손실배상을 놓고 담판을 벌였으나 별다른 진척이 없었다. 실질적인 성과가 없었던 까닭은 기슈번이 도쿠가와 막부德川幕府와 매우 가까운 친분이 있었기 때문이었다.

사카모토 료마는 사건의 교섭과정에서 매우 세밀한 담판준비를 하지 않을 수 없었다. 그는 아카미스마루호의 항해일지를 압수해 세부적인 사실들을 확인하였다. 그 과정에서 항해 시 갑판에 파수꾼을 배치해야 하는 것이 국제법규임에도 불구하고 선박이 해상에서 서로 충돌할 때 아카미스마루호에는 어떤 사관도 없었다는 사실을 확인하였다. 사카모토 료마는 이것은 만국공법의 위반이라고 주장해 기슈번을 궁지에 몰아넣었다. 쌍방은 이 문제를 놓고 여러 차례 논쟁을 거친 끝에 1867년 5월 29일 아카미스마루호 측이 배상금 8만 3천 냥을 지불해야 하는 것으로 결론 남으로써 사건은 일단락되었다. 이때 사카모토 료마가 주장한 세상의 공론이란 바로 『만국공법』의 해상항해에 관한 규정을 언급한 것으로 보인다.[278]

위와 같이 만국공법의 수용과 전파에 대고구선박 사건이나 앨라배마호 사건과 같은 해양분쟁이 직접, 간접적으로 관련되어 있음을 알 수 있다. 나아가 이로하마루호 사건을 통해서도 동아시아의 만국공법 수용과정에서 해양문제가 중요한 위치를 차지한다는 사실을 다시 한 번 확인할 수 있다.

---

278 陳秀武, 「坂本龍馬與『萬國公法』」, 『外國問題硏究』, 2010年 第2期, 53~54쪽; 유재곤, 「19세기 일본의 만국공법 수용과 인식」, 『淸溪史學』 13집, 311~312쪽 참고.

2. 만국공법과 동북아 해양분쟁 사례

(1) 유구琉球 표류민 사건

만국공법은 국내 외교 분쟁뿐만 아니라 전통적인 중국적 세계질서가 해체되어 근대적 국제질서로 바뀌는 데에도 영향을 미쳤다. 이것 역시 해양분쟁과 관련이 깊다. 아래에서는 이와 관련한 양무운동 초기 대표적인 동북아 분쟁 가운데 두 가지 사례를 해양적 관점에서 살펴보려고 한다.

청의 책봉조공체제에 처음으로 균열이 일어난 것은 유구와의 종속관계에서였다. 그 계기는 대만에서 발생한 이른바 '유구 표류민 사건'(대만 사건 혹은 목단사 사건) 때문이다. 1871년 12월 19일 유구 공물선의 선원들은 태풍으로 인해 대만 동남지역 해안가 암초에 부딪혀 표류하였다. 그때 육지로 올라온 66인 중 54인이 현지 원주민 부족인 고사불사高士佛社와 목단사牧丹社에게 피살되었다. 나머지 12인은 대만 거주민 유천보劉天保, 양우왕梁友旺 등의 도움으로 겨우 구출되어 대만 지방관의 보호 아래 대만부와 복주의 유구관을 거쳐 유구로 돌아갔다. 이런 유형의 사건은 대만해협에서 종종 발생한 조난 사고였다. 아편전쟁 후 오구통상이 이루어지면서 이 해역에서 외국 상선의 조난이 잦았는데, 유구 선박이 중국과의 무역교류 중에 대만에서 표류한 사건은 동치시기에만 무려 8차례나 있었다.[279]

유구가 중국의 종속국이란 사실은 유구와 통상조약을 맺은 미국(1854), 프랑스(1855), 네덜란드(1859) 등 서양 국가도 잘 알고 있었다. 일본은 이 특수한 관계를 무력화하기 위해 실제적 점유라는 『만국공법』 조항을 통해 유

---

279 同治시기 영국 선박이 대만에 표류한 경우가 29차례로 압도적으로 많았고, 그다음이 유구 선박이다[湯熙勇, 「淸代臺灣的外籍船難與救助」, 『中國海洋發展史論文集』(第7輯), 1999年, 551쪽 표]. 1873년 3월 초 일본 中州人 左藤利八 등 4명이 소형 어선에 소금을 운반하다 태풍을 만나 대만 鳳山에 표류했다가, 현지 관리의 도움으로 上海道衙門에 호송된 후 본국으로 귀환한 사건도 있었다.

구를 편입시키는 조치를 취하였다. 1868년 메이지 정부는 유구왕국을 일본 가고시마 현鹿兒島縣의 관할 아래에 두고, 얼마 후 정부의 직할지로 삼았다. 1872년 9월 일본은 유구의 외교, 조세, 행정, 형법 등을 자국의 통제 아래 두었다. 1873년 다시 유구를 일본의 부현府縣과 동급으로 놓아, 내무성의 관할을 받도록 했으며 조세를 대장성에 납부하도록 했다. 이처럼 일본은 유구에 관리를 파견해 통치하고, 세금을 징수하는 등 실제 관할권을 주장할 수 있도록 준비했는데, 이른바 『만국공법』을 응용한 조치였다.[280] 1873년 6월 일본 특명전권대사 소에지마 다네오미副島種臣와 야나기하라 사키미쓰柳原前光는 북경에 왔다. 대사인 소에지마 다네오미는 예부에 가서 「청일 수호조규清日修好條規」의 비준문제와 청황제 알현문제를 상의했고, 부사였던 야나기하라 사키미쓰는 총리아문에 가서 판사대신 동순董恂과 모창희毛昶熙를 만나 유구 표류민이 대만에서 피살된 사건을 질의하였다.

「청일수호조규」(1873)는 그해 우여곡절 끝에 체결되었는데, 서양 열강과 불평등조약을 맺지 않을 수 없었던 청과 일본으로서는 처음 맺은 대등한 조약이었다. 이 조규의 제1조에서는 "양국에 속한 영토는 각자 예로써 서로 대우하며 침략할 수 없다"고 규정해 서로의 국토를 침범하지 않을 것을 약속하였다. 그리고 연해 각 항구에서 자유로운 무역을 하는 조항 이외에 직접적으로 바다와 관련해 언급한 조항은 제14조와 제15조가 있었다. 제14조에서는 양국의 병신은 지정된 항구만을 왕래하며 사국의 상민을 보호할 수 있으나, 연해에 지정되지 않은 항구 등에는 들어갈 수 없다고 하였다. 이를 위반할 경우 처벌한다고 명시하면서도 태풍이나 위험을 피해 항구에 들어오는 것은 예외라고 하였다. 제15조에서는 양국이 다른 나라와 전시 상황에 놓이면 각 항구를 방어하는 사실을 서로에게 알리고 무역과 선박 출입을

---

280 楊秀芝, 「19세기말 유구의 멸망과 군주권」, 『동북아문화연구』 제19집, 2009년, 99쪽; 「琉球王國의 滅亡―왕국에서 오키나와현으로」, 『근대 중국연구』 제1집, 2000년, 22쪽.

잠시 중단해 오해로 인한 사고를 막는다고 하였다. 평시에 일본인은 중국의 지정된 항구나 주변 양면洋面에서, 중국인은 일본이 지정한 항구와 주변 양면에서 적대국과의 충돌을 허락하지 않는다고 하였다.[281] 당시 영해 관념이 명확하지 않아 각종 조약에서 중국의 해면海面 성질이나 넓이에 대한 구체적인 언급은 없었다. 또한 소에지마 다네오미는 동치황제를 접견하는 예절 문제도 또 다른 외교 사안으로 논의하였다.

한편 야나기하라 사키미쓰는 유구 표류민 사건과 관련해 "대만의 생번生蕃이 일본인을 살해했기 때문에 대만을 응징할 것이다. 왜 대만의 생번에게 일본 국민을 살해하도록 방치해 놓고도 청국은 이들을 처벌하지 않느냐?"고 물었다. 이에 청조는 "사람을 죽인 자들은 모두 번인蕃人으로 화외지민化外之民이어서 중국의 정교가 미치지 못한다"고 대답하였다. 일본 측은 권력이 미치지 못하면 무주의 땅이라는 논리를 펴자, 청 관리들은 "일본의 아이누나 미국의 인디언이나 모두 왕화에 복종하지 못한다"는 논리로 일본을 반박하였다. 하지만 『만국공법』의 국가주권의 정의 부분에는 자주自主, 반주半主의 구분은 있어도 생번, 숙번熟蕃의 문제에 대해서는 언급하지 않았다. 유구 표류민 사건의 처리 과정에서 청조는 일본이 대만을 침략하려는 진정한 의도를 간파하지 못하고 담판 중에 대만 생번의 귀속문제에 집착하였다. 일본 측은 이런 상황을 이용해 대만 출병의 근거로 삼았다.

대만은 중국의 고대 문헌에도 종종 나타나지만 본격적으로 역사에 등장한 것은 1543년 포르투갈 상선이 일본을 왕래하다 이 섬을 발견하여 포모사Formosa(美麗島)라는 명칭을 붙인 다음부터이다. 16세기 말 17세기 초 대외팽창을 시도하던 일본의 도요토미 히데요시豊臣秀吉가 조공을 요구하고 무역을 희망한 적이 있었으나 도쿠가와막부의 쇄국정책으로 실현되지 못했다. 1624년 네덜란드인들이 대만의 서남부에 정식으로 식민지를 건설

---

281 『中外舊約彙編』(第一冊), 319쪽.

하였다. 1646년 정성공이 네덜란드인을 몰아내고 반청복명의 이름을 걸고 대만을 기지 삼아 국제무역왕국으로 발전하면서 대륙과의 관계가 밀접해 졌다.

1874년 4월 27일 일본 정부는 대만생번탐험대를 조직해 5척의 군함과 13척의 선박에 3천 6백여 명의 군인을 실어 대만으로 향하였다. 이때 미국 인 장교를 고용하고 영국과 미국 선박을 빌려 군대와 탄약을 운반하였다. 5 월 8일 대만 남부에 상륙해 목단사를 점령하고 이곳에 기지를 만든 후, 일본 군은 청군이 적극적으로 대응하지 않은 상태에서 대만 원주민과 충돌하였 다. 이 사건은 메이지 정부 최초의 해외 파병이었다. 일본은 중국의 손길이 미치지 않는 생번을 교화해 주겠다는 논리로 대만을 침략했으며, 당장 이곳 을 차지할 가능성은 희박해도 유구만큼은 차지할 수 있다는 계산 아래 전투 를 벌였다. 여기에는 '정교불급政教不及'지역은 '야만무주野蠻無主'이니 문명 국이 식민지로 삼을 수 있다는 『만국공법』의 논리를 바탕에 깔고 있었다.[282] 보통 표류민 사건이 발생한 경우 피해자에 대한 배상을 요구하거나, 대표를 파견해 사건을 조사하고 실종된 선원을 구조하는 것이 관례였다. 이처럼 무 력으로 보복하는 경우는 극히 이례적이었다.[283] 일본이 대만에 출병하자 청 조는 일본 측이 「청일수호조규」 제1조를 위반했다면서 이는 『만국공법』을 부정한 것이라고 주장하였다.

이홍상은 일본의 침략에 분노했으며, 또한 "미국인이 자국 상선에 일본 병력과 무기를 실어 준 것은 모두 『만국공법』과 미국과의 조약 제1관을 위

---

[282] 양수지, 「琉球王國의 滅亡─왕국에서 오키나와현으로」, 『근대 중국연구』 제1집, 2000년, 23 ~24쪽.

[283] 유구 표류민 사건이 발생하기 몇 해 전인 1867년(同治 6年 2月)에도 미국 상선 로버호가 대만 해안에 좌초되어 해안에 오른 선장 부부와 선원 13인이 생번에게 피살된 사건이 있었다. 이 사건으로 미국 군함이 180여 명의 중무장한 군인을 데리고 대만 남부에 출병해 원주민과 충 돌한 사례가 있었다(陳在正, 『臺灣海疆史』, 揚智文化, 2003年, 146~150쪽).

제4장 양무운동 초기 동북아 해양분쟁과 만국공법 173

반한 것"[284]이라고 비난하였다. 그는 총리아문으로 하여금 미국과 교섭해 『만국공법』에서 전쟁 중의 국가를 도와줄 수 없는 원칙, 즉 "만약 기존 조약이 허가하지 않을 경우에는 병마, 군기와 화포 등을 도와줄 수 없다"[285]는 조항을 준수할 것을 요구하였다. 이에 일본 주재 미국 공사는 미국 정부가 일찍이 대만을 청국의 관할이라고 승인했기 때문에 일본 정부가 미국 선박과 미국인을 고용해 생번을 정벌한 사태를 방관할 수 없으며, 이는 미국과 청국이 맺은 조약을 위반한 것이라는 사실을 인정하였다.

　1874년 8월 초 일본 정부는 오쿠보 도시미치大久保利通를 특명전권대신으로 하여 20여 명의 수행원을 데리고 나가사키에서 출발해 천진을 거쳐 북경에 도착하였다. 이들은 40여 일 동안 머물면서 총리아문 대신들과 7차례 회담을 가졌다. 그 가운데 전반부 5차례 회담의 주요 내용은 대만이 중국의 판도에 속하느냐 여부의 논쟁이었다. 청과 일본이 북경담판할 때 오쿠보 도시미치는 함께 온 프랑스인 법률고문 보아소나드Boissonade의 의견에 따라 만국공법상 대만은 무주의 땅이라는 관점을 제시하였다. 총리아문에서는 대만은 청의 속지라며 "「청일수호조규」를 지키지 않을 것인가"라고 반박하였다. 이에 일본은 생번의 땅은 화외의 땅이며, 중국이 비록 대만을 중국판도라고 하지만 유효한 통치를 하지 못하므로 국제법상 무주지로 선점과 정복의 원칙에 따라 출병해 점령한 것이라는 주장을 되풀이하였다.[286] 그리고 유구와 청의 조공관계가 국제법상 일본에 불리한 부분이기 때문에, 외교협상에서 조공관계는 부정되어야 할 전근대적인 유산이라고 선전하며 실질지배가 중요하다는 논리를 폈다.[287]

284　李鴻章 撰, 吳汝綸 編, 『李文忠公全書』, 譯署函稿 2, 「論日本圖攻臺灣」(文海出版社, 1962年版).
285　(美)惠頓 著, 『萬國公法』, 上海書店出版社, 2002年, 129쪽.
286　林學忠, 『從萬國公法到公法外交』, 上海古籍出版社, 2009年, 273쪽.
287　김광옥, 「19세기 후반 일본의 유구병탄과 청과의 영토분쟁 처리」, 『역사와 경계』 제65집, 2007년, 156쪽.

총리아문이 가진 제한된『만국공법』지식으로는 담판을 유리하게 끌고 나가지 못했고, 오히려 국제법은 일본보다 청조에게 불리하게 작용했다. 번속체제와 국제법 관념의 충돌은 청조에게 논쟁 중에 혼란을 안겨 주었는데, 유구인을 일본의 백성으로 인정한 것이 최대의 패착이었다. 결국 양국은 청일「북경전조北京專條」(1874년 10월 31일)를 맺어 대만인이 일본국의 속민에게 망령되게 가해했으며, 일본국의 이번 행동은 백성을 보호하기 위한 의거로 중국은 이를 인정한다는 조항을 끌어냈다.[288] 그 후 이 조약은 유구에 대한 '일본의 권력'을 사실상 인정해 주었고, 일본은 유구에 대한 본격적인 병탄작업을 추진할 수 있었다. 유구 표류민 사건은 뒤늦게나마 청조의 지방 관리로 하여금 대만 원주민을 직접 관할하려는 생각을 가지게 하였다. 하지만 이 사건은 동아시아 책봉조공체제의 붕괴가 시작되는 출발점으로 작용하였다.[289]

일본군의 대만 침공은 동남해강東南海彊의 위기로 청조에 큰 충격을 주었다. 일본이 대만에서 군대를 철수시키자 청은 방치하던 변방의 백성을 적극적으로 중국에 동화시켜 모든 지역에 예외 없이 황제의 지배가 미칠 수 있도록 체제를 재편성하기 시작했다. 특히 대만의 전략적 가치를 높이 평가해, 흠차대신 심보정沈葆楨에게 대만해방의 책임을 맡기고 일련의 조치를 취하도록 했다. 예를 들어, 순무를 대만에 상주시키고 군현을 추가 설치한다든지, 고산족高山族을 회유하고 금지구역을 열어 토지를 개척한다든지, 군대를 정돈하고 군비를 충실히 하는 일 등이 진행되었다. 1855년 10월 정조는 복건순무의 관할에 있던 대만을 독립된 성으로 승격시켜 유명전劉銘傳을 제1대 순무로 삼았다. 얼마 후 다시 정일창丁日昌을 제2대 순무로 삼아

---

288 「北京專條」제1조에는 "日本國此次所辦, 原爲保民義擧起見, 中國不指以爲不是."『中外舊約彙編』(第一册), 343쪽)라고 하였다.

289 1879년 일본 정부의 일방적인 무력행사를 통한 유구 처분에도 불구하고 유구의 행방은 청일전쟁까지 정해지지 않았다. 결국 청일전쟁에서 청이 패하고 일본이 승리함으로써 유구는 일본의 영토로 확정되었다(김광옥, 「19세기 후반 일본의 유구병탄과 청과의 영토분쟁 처리」, 『역사와 경계』 제65집, 2007년, 155쪽).

대대적인 경제건설과 대만방어를 위한 사업을 전개하였다. 일본의 대만 침공은 이른바 일본 해군의 존재와 대만의 중요성을 일깨운 사건이었으며,[290] 최종적으로 대만건성臺灣建省으로 이어졌다. 대만건성은 대만 섬이 본격적으로 대륙정권의 판도에 들어갔다는 사실을 보여 준다. 이와 유사한 움직임은 러시아와 국경선을 확정한 후 신강新疆지역에서도 나타났다.

서양 열강이나 일본과 대치한 상황 속에서 영토 재편을 추진하던 청의 내부에서 자신들의 영토를 지키기 위해 수사水師를 개혁해야 한다는 논의가 제기되었다. 일본의 대만 침공을 계기로 총리아문에서는 1874년 9월 27일 연병練兵, 간기簡器, 조선造船, 주향籌餉, 용인用人, 지구持久 등 6조에 걸친 해방책을 상주함으로써 양무운동의 새로운 전기를 마련하였다. 10월 10일에는 강소순무江蘇巡撫를 역임했던 정일창에 의해 「해양수사장정海洋水師章程」 6조도 건의되었다. 대만 사건이 끝난 후 대략 1874년 11월부터 1875년 5월까지 청조 내에서는 해방과 새방塞防에 관한 정책토론이 벌어졌다. 이 유명한 논쟁은 전통적 해방 관념에서 근대적 해방 인식으로 넘어가는 과도기의 모습을 보여 준다. 해방과 새방을 동시에 추진한다는 절충적인 결론을 맺고 끝났지만, 이 과정에서 나타난 해방 인식의 변화는 근대 해군의 건설로 이어졌다.[291]

덧붙이자면, 당시 초대 일본 공사였던 하여장何如璋은 대만 사건이 일어

---

290 陳在正, 「1874年日本出兵臺灣所引起之中日交涉及其後後」, 『中國海疆歷史與現狀研究』, 黑龍江教育出版社, 1995年, 29~36쪽.

291 黃順力, 『海洋迷思-中國海洋觀的傳統與變遷』, 252~259쪽. 1874년 새방과 해방 논쟁에서 해방론의 근거를 요약하면, ① 변방(내륙방어)은 해방(해양방어)보다 중요성이나 긴급성에서 떨어진다. 북경은 해안 근처에 있으나 신강은 수도로부터 멀리 떨어져 있다. ② 재정적 이유와 신강에서의 승산 여부가 불투명하므로 다시 이런 군사 활동을 실행할 것인지 고려하지 않을 수 없다. ③ 신강의 토지는 척박한데 이처럼 높은 대가를 치루며 그곳을 수복할 필요가 있는가. ④ 신강의 주위는 모두 강대국으로 장기간 고수할 수 없다. ⑤ 신강 수복를 미루자는 것이지 그곳을 포기하자는 것은 아니다. 단지 실력을 보존한 후에 다른 날을 기약하자는 것 등이다(李海生·譚力 編著, 『邊疆危機』, 上海書店出版社, 2002, 16~17쪽 재인용).

나자 일본이 유구를 멸망시킨 후 반드시 조선을 침략할 것이라면서 출병할 것을 주장하였다. 그는 군사력의 강화와 불평등조약의 개정을 통해 새로운 국가를 재건하고자 했다. 또한 일본에서 청으로 돌아온 지 얼마 지나지 않아 신식 해군의 건설을 제안하였다. 그의 의견서에는 우선 중국 연해와 장강의 수비를 강화하고, 다음으로 북으로 조선의 부산에 근거지를 두어 일본이나 연해주 흑룡강 하구를 평정하고, 남으로는 대만에 근거지를 두어 베트남이나 싱가포르 등을 평정하자는 제안이 들어 있었다.[292] 이 무렵 하여장을 비롯한 적지 않은 청의 젊은 정치가들은 조선이나 베트남을 국제법상의 식민지로 전환해 중국의 영토로 재편성하려는 생각을 가지고 있었다. 그래서 조선의 왕을 없애고 중국의 한 성으로 만들든지, 감국監國을 설치해 완전한 속국을 만들자는 주장이 나타났다.[293] 이러한 청의 유사 제국주의적 행보는 서양 열강으로부터 배운 것이었다.

(2) 강화도 사건

조선은 강화도 사건이 일어나기 전에도 구미국가와 접촉과 충돌이 있었다. 병인양요와 신미양요가 대표적인데, 이 두 가지 사건은 강화도 사건과 마찬가지로 바다와 관련이 깊다. 우선 이를 간단히 소개하면 아래와 같다.

1866년 프랑스의 조선에 대한 침략은 조선의 천주교 탄압을 응징하겠다는 명목으로 비롯되었다. 그해 3월에 병인사옥이 발생해 대원군大院君이 프랑스인 시메옹 베르뇌Siméon F. Berneux 주교를 비롯해 신부 9명을 처형하고 천주교 신자들을 박해하자, 리델F. C. Ridel 주교는 중국으로 탈출하여 이 사실을 프랑스 함대 사령관 로즈P. G. Roze 제독에게 알렸다. 이에 로즈

---

292 모테기 도시오, 「중국과 바다」, 『바다의 아시아』 제5권 '국경을 넘는 네트워크', 다리미디어, 2005, 57쪽에서 재인용.
293 이은자, 「한국 개항기(1876~1910) 중국의 치외법권 적용 논리와 한국의 대응」, 『동양사학연구』 제92집, 2005년, 197쪽.

제독은 7척의 군함으로 10월 13일 물치도에 정박한 후 갑곶과 강화부를 점령해 은괴, 무기, 서적들을 노획하였다. 10월 26일에는 문수산성에서 전투가 있었고, 11월 9일에는 정족산에서 전투가 있었다. 그 후 11월 21일 프랑스군은 철수하였다. 병인양요는 조선근대사에서 중국을 중심으로 하는 전통적 책봉조공체제와 서구 자본주의 세력의 포함정책에 따른 최초의 충돌사태로 한중관계의 근본적인 전환을 예고하는 중대한 사건이었다.[294] 총리아문은 조선에 대해서는 전통적인 관례에 따라 처리하고, 프랑스에 대해서는 서양 열강과 교섭하는 방식으로 접근하였다. 당시 총리아문은 조선이 중국의 속방屬邦이지만 내치와 외교에서는 자주自主라는 논리를 견지하며 프랑스 선교사의 살해 책임과 배상문제를 회피하였다. 이런 태도는 이후에도 계속되었다.

신미양요는 미국의 해적 행위에서 비롯되었다. 1866년 8월 9일 미국 상인의 선박인 제너럴셔먼General Sherman호는 중국 천진을 떠나 조선으로 향하였다. 이 배가 조선에 온 목적은 통상이라고 했지만 무장한 상태였으며, 실제로는 평양 근처의 왕릉을 도굴하려는 목적을 가지고 있었다.[295] 이 해적선은 대동강을 거슬러 올라가다 조선 측 화공으로 불태워졌다. 미국 정부는 제너럴셔먼호가 표류선이라고 주장하며, 이 선박의 소실 사건을 응징한다며 조선을 침략하였다. 1871년, 존 로저스John Rodgers 아시아 함대 사령관은 군함 5척과 1,230명의 병력으로 강화도에 접근하였다. 미군이 강화해협을 측량하자 강화도 손돌목의 포대가 포격을 가했는데 미군은 이를 핑계로 침략적인 약탈을 자행하였다. 미 해병은 초지진, 광성진, 덕진진을 함락시키

---

294 병인양요가 발생하기 직전이자 제너럴셔먼호 사건이 일어나기 두 달 전인 1866년 6월 대원군 정권은 평안도 鐵山府 앞바다에 조난당한 미국 상선 서프라이즈호에 탑승했던 서양인 6명과 중국인 1명을 청으로 돌려보냈다. 이는 전통적인 조공관계의 원칙에 따라 조난선박 구호조치를 한 것이다(권혁수, 『근대 한중관계사의 재조명』, 혜안, 2007년, 21쪽).

295 김용구, 『세계관 충돌의 국제정치학: 동양 예와 서양 공법』, 나남, 1997년, 106쪽.

며 350여 명의 조선인을 무참히 살해한 후 물러났다. 미국 대통령 율리시스 그랜트Ulysses Grant는 1871년 12월 의회에 제출한 보고서에서 "우리의 난파된 선원들을 야만적으로 다루었기 때문에" 조선 침공을 자신이 명령했다고 말하면서, 로저스 제독이 "용감하게 공격"을 가하여 "범죄인들을 응징"했다고 자랑하였다.[296] 앞의 유구 사건이 표류민 문제에서 비롯된 것이나 신미양요가 난파선(혹은 해적) 문제에서 비롯된 사실은 기억할 만하다.

한편 이홍장이 대조선 외교업무에 처음으로 직접 개입한 것은 1871년 3월 21일 총리아문으로부터 미국 함대의 조선출동계획을 통보받은 때부터이다. 신미양요 사건이 종결되는 시점인 1871년 7월 무렵 그는 흠차전권대신으로 임명되었고, 그 후 일본과 조약체결교섭을 총괄하면서 청조의 외교분야 주요 정책결정자로서 등장하였다.[297]

1875년 9월 20일 강화도 사건이 발생하였다. 일본 군함 운요雲揚호는 그해 5월 부산에 나타났다가 다시 9월 강화도 앞바다에 출현하여 중국으로 가는 해로를 측량한다는 명분으로 연해에 접근하였다. 그들이 담수를 구한다는 구실로 강화도 연안을 탐색하며 초지진까지 들어오자 조선 측 포대에서 발포하였다. 운요호는 이에 대한 보복으로 초지진과 연평도를 포격하고 육지에 상륙해 약탈과 살육을 자행하여 조선인 35명이 죽었다. 주지하듯이 강화도 사건은 일본이 불법적으로 조선의 연해를 측량하다 포격을 받은 사건으로, 조선의 연해를 측량한 것은 곧 조선의 주권을 침범한 것이다. 오늘날 이 군함이 담수를 구하려고 강화도에 기항했다는 사실을 믿는 사람은 거의 없다. 강화도 사건은 국제문제로 비화되어 청과 일본 간 종주권 담판으

---

296 김용구, 『세계관 충돌의 국제정치학: 동양 예와 서양 공법』, 나남, 1997년, 145쪽.

297 훗날 朝美修好通商條約(1882) 중 제3조에는 난파선과 그 선원 구조에 관한 규정을 두고 있다. 그러나 朝英修好通商條約을 비롯한 다른 조약들은 이런 사항을 제7조에서 규정하고 있다. 조미조약이 조약 초반부에 난파선 문제를 삽입한 것은 미국이 중요시하는 것이 난파선 문제였음을 암시하고 있다(김용구, 『세계관 충돌의 국제정치학: 동양 예와 서양 공법』, 나남, 1997년, 422~423쪽).

로 이어졌다. 조선과의 교섭 전에 일본은 청조의 태도와 조청관계의 실질을 탐색하기 위해 모리 아리노리森有禮를 공사로 중국에 파견하였다. 1876년 1월 모리 아리노리 공사는 이홍장과 회견할 것을 요청하였다. 이에 1월 24일과 25일 두 차례 회견이 있었고 강화도 사건에서 조선이 일본 군함 운요호에 발포한 책임문제를 논의하였다.[298]

森有禮: 종전에 사절을 거부하고, 근래에 일본 병선이 고려 해변에서 담수를 얻으려 하자 그들은 곧 대포를 쏘았는데, 우리 선박이 훼손되었다.

李鴻章: 당신들의 병선은 고려 해구에서 해안 측량을 했는데, 『만국공법』을 살펴보면 해안 주변 10리의 땅은 곧 본국의 영토에 속한다. 일본은 아직 통상하지 않았는데도 불구하고 불응하고 측량하니까 고려가 대포를 발사한 까닭이다.

森有禮: 중국, 일본과 서양은 만국공법을 인용할 수 있으나 고려는 아직 조약을 맺지 않았으니 만국공법을 인용할 수 없다.

李鴻章: 비록 그와 같으나 그러나 일본이 할 수 없음에도 가서 측량한 것은 일본의 잘못이 먼저이다. 고려가 대포를 발사한 것도 작은 잘못이 없다고는 할 수 없다. 일본이 또 상륙하여 그들의 포대를 파괴하고 그들을 살상한 것 또한 일본의 실수이다. 고려가 움직이려 하지 않는데, 일본이 단지 가서 그들에게 무엇을 하려는가?[299]

위와 같이 운요호는 단지 담수를 얻기 위해 접근했는데 조선 측이 발포했다는 모리 아리노리의 항의에 대해, 이홍장은 『만국공법』 가운데 3해리 영해

298 林學忠, 『從萬國公法到公法外交』, 上海古籍出版社, 2009年, 276쪽.
299 李鴻章 撰, 吳汝綸 編, 『李文忠公全書』, 譯署函稿 4, 「日本使臣森有禮署使鄭永寧來署晤談節略」(文海出版社, 1962年版).

규정을 이용해 연해 10리의 땅은 본국의 영토인데 일본이 불법 측량하자 대포를 발사한 것이라고 답변하였다. 이에 모리 아리노리 공사는 중국과 일본은 『만국공법』을 원용할 수 있으나 조선은 아직 조약을 체결하지 않아서 이를 원용할 수 없다는 논리로 대응하였다. 즉 조선처럼 공법을 알지 못하는 나라는 공법이 적용되지 않는다고 반론한 것이다. 그리고 조선이 일본에 적절한 사과를 표시할 것과 조선의 해양에서 일본 선박을 보호할 것 등을 요구하였다. 한편 속방 문제에 대해 일본 공사는 조선이 과연 청의 속국이라면 청이 조선에서 발생한 모든 일을 책임질 것이냐고 추궁하였다. 이에 대해 이홍장은 총리아문의 기존 외교 원칙—조선은 중국의 속방이지만 내치와 외교에서는 자주라는 주장—에 전적으로 동의한다고 말하자 양자 간의 입장은 평행선을 달렸다.[300] 이런 담판은 유구 표류민 사건 당시 야나기하라 사키미쓰와 이홍장 사이에서 벌어진 논쟁의 연장선상에서 이루어진 것이었다.

동치 5년(1866) 병인양요부터 광서 원년(1875) 강화도 사건까지 조선 문제에 대한 양무관료들의 인식에는 별다른 변화가 없었다. 이홍장은 잠시나마 일본의 조선침략 위협에 대해 「청일수호조규」 제1조가 침략억제력을 지녔다고 판단했으나, 강화도 사건이 일어나자 그 억제력이 회의적이라고 시인하였다. 그런 인식은 한 해 전에 있었던 일본의 대만 침공의 경험을 통해 얻어졌을 것이다.[301]

강화도 사건이 발생한 다음 해 강화부에서 조선과 일본이 담판할 때, 일본 측 전권대신 구로다 기요타카黑田淸隆는 조선 측에 『만국공법』에 의거해 조약을 맺을 것을 천명하였다. 1876년 2월 11일 회담에서 구로다 기요타카는 "우리 선박인 운요함이 작년 귀貴 경인境人의 포격을 입었으니 어찌 교

---

300 『中日交涉史料』(상), 4~5쪽(김용구, 『세계관 충돌의 국제정치학: 동양 예와 서양 공법』, 나남, 1997년, 191쪽 재인용).
301 권석봉, 『청 말 대조선정책사연구』, 일조각, 1986년, 75~77쪽.

린의 의誼가 있다고 하겠는가?'라고 질문한 데 대해, 조선 관리 신헌申憲은 "경내에 들어오는 것이 금지된 것은 『예경禮經』에 실린 규정이다. 어떤 나라의 함정이 무슨 일로 오는지 몰랐고 방수처에 직진하자 술병戌兵이 발포했으니 이는 부득이한 일"이라고 답변하였다. 이에 구로다 기요타카는 "운요호 세 돛대에 모두 국기를 세워 우리나라임을 표지하였거늘 어찌 몰랐는가?'라고 따지자, 신헌은 "그때의 선기는 황색이어서 다른 선박으로 인정했기 때문"이라고 응수하였다.[302] 비록 신헌이 『예경』을 빌려 논리를 전개하고 있지만 기존 연구에 따르면 강화도조약을 교섭할 당시 조선도 이미 중국을 통해 『만국공법』을 가지고 있었다고 한다.[303]

그러나 운요호 함장 이노우에 요시카井上良馨가 1975년 9월 29일에 처음 작성한 보고서에 의하면, 강화도 초지진에 접근한 운요호 병사들의 보트에는 국기를 달지 않았다. 담수를 얻기 위한 것이란 접안 목적도 이때는 언급되지 않았다. 오로지 조선 수비대의 발포를 유도하기 위한 목적이었다. 양측 간의 전투는 3일이나 계속된 치열한 전투였다. 일본 정부의 수뇌부는 운요호 함장으로부터 전투 상황을 보고받고 10월 8일에 보고서를 새로 작성하였다. 새 보고서는 3일간의 전투를 하루로 바꾸면서 운요호 측의 곤경을 감추는 한편, 처음부터 일본 국기를 여러 개 게양한 것으로, 그리고 접안 목적을 담수를 구하려던 것으로 내용을 변조하였다.[304] 강화도 회담 중 일본 정부는 프랑스 법률고문 보아소나드에게 국제법상 조선과 전쟁할 수 있는

---

302 김용구, 『세계관 충돌의 국제정치학: 동양 예와 서양 공법』, 나남, 1997년, 195쪽.

303 1877년 12월 17일 『만국공법』의 조선 전래를 말해 주는 최초의 공식문서가 남아 있어 다수의 학자가 이를 전래된 시기로 잡고 있지만, 이런 저런 고증을 통해 보면 『만국공법』이 적어도 1876년 2월 이전에 조선에 전래된 것은 확실하다고 본다(이광린, 「한국에 있어서의 만국공법의 수용과 그 영향」, 『동아연구』 제1집, 1982년, 142쪽; 김용구, 『세계관 충돌의 국제정치학: 동양 예와 서양 공법』, 나남, 1997년, 230~236쪽).

304 이태진, 「19세기 한국의 국제법 수용과 중국과의 전통적 관계 청산을 위한 투쟁」, 『역사학보』 제181집, 2004년, 134~135쪽.

조건을 알아보도록 시키는 등 주도면밀한 모습을 보였다.

1876년 2월 27일에 체결한 「조일수호조규」(강화도조약)는 조선이 역사상 처음으로 체결한 근대 국제법에 따른 합의로 알려져 있다. 그러나 조약의 내용에 대해 두 나라는 책봉조공질서와 만국공법질서 간 첨예한 인식 차이를 드러내었다. 강화도조약의 제1조 "조선국은 자주지방으로서 일본국과 평등한 권리를 보유한다"는 유명한 구절에 대해 일본은 조선 측과 달리 과거 조선과 일본의 사대교린 질서의 해체를 합의한 것으로 해석하였다.[305] 이 조항은 1874년 3월 프랑스와 베트남이 체결한 「사이공조약」의 내용을 일본이 의도적으로 모방한 것으로, 일본의 조선침략에 대해 청조의 간섭을 원천적으로 봉쇄하려는 것이었다.

「조일수호조규」(총 12관) 가운데 해양 관련 조항은 두 가지였다. "제6조 (조난, 표류): 일본국 선박이 태풍 또는 연료, 식품의 결여 등 불가항력의 경우 개항장 이외의 지역에 기항할 수 있으며 또 표류 선원을 보호하여 송환한다." 그리고 "제7조(해안 측량): 조선국 연해의 섬과 암초는 종전에 조사를 거치지 않아 극히 위험하다. 일본국의 항해자가 자유로이 해안을 측량하도록 허가하고 그 위치의 높낮이를 소상하게 밝혀 지도를 제작하여 양국의 선객들이 위험을 피하고 안전을 도모할 수 있게 한다."[306] 이런 조항들은 영해 주권을 침해하는 것임에도 불구하고 조선 측은 아무런 반대도 없이 동의하였다. 조선의 만국공법에 대한 인식 수준을 반영하는 것이다. 그런데 한 연구에 따르면 조선의 형식적인 개국이 강화도조약(1876년)이었다면, 실질적인 개국은 조미수호통상조약(1882년)이라고 한다.[307] 왜냐하면 1880년 이전

---

305 김용구는 이 조항은 사대질서의 개념인 '자주'와 서양 공법질서의 개념인 '독립' 두 개념이 충돌하는 현실을 반영한 것이라고 보았다. 조선 측은 사대질서 안에서 外藩과의 정교 금령은 自主로서 임하여 왔다는 의미로 이 조항을 인식하였다. 그러나 일본 측은 자주는 곧 독립을 의미하며 서양 국제법에서 말하는 주권국가로 해석하였다(김용구, 『만국공법』, 소화, 2008년, 95쪽).

306 최덕수 외 지음, 『조약으로 본 한국근대사』, 열린책들, 2010년, 47쪽 참고.

307 金鳳珍, 「東アジア三國の‘開國’と萬國公法の受容」, 『北九州大學外國語學部紀要』第84號,

까지만 해도 조선 정부의 만국공법 인식은 부정적이어서 공법이 강대국의 침략을 막지 못한다고 보았기 때문이다.[308]

요컨대 만국공법은 "중외가 무사하고 십년이 안녕한" 동치중흥의 시기에는 그 작용이 제한적이었지만, 유구 표류민 사건이나 강화도 사건에서 보여주듯 초기 동북아 국제분쟁에서 해양문제와 맞물려 깊이 관련되어 있었다. 이홍장은 죽기 직전에 쓴 『공법신편公法新編』(1903)의 서문에서 "공법이란 세계 만국의 공공公共의 법으로, 이를 지키면 다스려지고 이를 위반하면 혼란스러워진다"라고 해, 마지막 순간까지 국제법에 대한 기대를 버리지 않았다.[309]

1995, 59쪽.

308 『朝鮮策略』의 유입 이후 高宗의 대외인식은 큰 변화가 나타났다. 『조선책략』의 내용 중에는 약소국인 조선이 관심을 가지고 있던 주권 문제나 세력 균형에 관한 내용이 다수 들어 있었기 때문이다. 그 후 고종은 적극적인 개방정책을 추진했으며, 1882년 5월 미국과의 朝美修好通商條約의 체결을 시작으로 서구열강과 차례로 조약을 맺어 본격적으로 만국공법질서에 편입하였다. 이런 고종의 인식 변화는 1885년 영국의 거문도 점거사건 때, 이 문제를 국제법을 통해 해결하려는 자세로 나타났다(김세민, 『한국 근대사와 만국공법』, 경인문화사, 2002년, 제2장 참고).

309 마틴은 영국의 W. E. Hall이 지은 『국제법International law』을 『公法新編』이란 제목으로 번역해 1903년쯤에 출판하였다. 이 책의 원본이 무엇이지 논란이 없지 않으며, 출판 역시 의화단사건으로 말미암아 우여곡절 끝에 나오게 되었다. 『공법신편』에는 이홍장의 한문(1901년 음력 9월)과 영문으로 된 서문이 있다. 한문 서문에서 이홍장은 중국의 북부지역이 비록 의화단의 난중에 있으나 동남지역이 평온한 것은 중국이 공법을 지킨 결과이며, 이런 사정은 1885년 중국과 프랑스 전쟁 때도 같았다고 하면서 공법 지지를 천명하고 있다. 이 서문을 쓰고 열흘 후인 1901년 11월 7일 이홍장은 사망하여 이 서문이 그의 절필이 되었다(김용구, 『세계관 충돌과 한말 외교사, 1866−1882』, 문학과지성사, 2004년, 88쪽).

제5장
수사에서 해군으로

　서양의 중국 침략은 기본적으로 해군을 통해 시작되었다. 해방을 강화하기 위해서 청조 역시 해군을 건설하는 것이 필수였다. 근대 중국에서 해군은 단순한 무장집단이 아니라 과학과 기술이 집적한 군사기구로 그 구축 과정은 근대화를 촉진하는 역할을 담당하였다. 해군의 성립은 항해, 통신, 조선, 연료 개발, 항만 정비, 기관, 총포 제조 등과 관련한 근대과학과 산업기술의 발전을 전제하고 있다. 아울러 이런 기술에 숙달된 인원과 사회 전반에 걸친 과학기술의 발전이 뒷받침되어야 한다. 따라서 중국 해군 발전의 역사를 보면 어느 정도 중국 근대화의 과정을 이해할 수 있다.[310]

　근대 해군과 고대 수사水師의 주요 차이점 가운데 하나는 군함과 함포의 성격이 완전히 다르다는 것인데, 여기에는 함선의 연료, 동력, 무기, 공격방법 등이 포함된다. 고대의 구식 전선은 목재로 만들고 풍력과 인력으로 항해하며, 칼이나 활과 같은 개인 무기와 근거리용 화포로 무장하였다. 대표

310　馮靑, 『中國海軍と近代日中關係』, 錦正社, 2011, 5쪽.

적인 공격방법은 적선과 충돌하는 것인데, 그런 까닭에 이물을 두터운 철로 무장하고 적선의 측면을 충격해 침몰시키곤 했다. 이와 달리 근대 해군은 증기기관을 동력으로 삼고, 대형 화포를 갖추어 작전방법과 전술이 고대 수사와 근본적으로 다르다. 해군은 근대공업의 산물이며, 근대공업의 축소판이다. 명실상부한 물 위의 공장인 것이다.[311] 따라서 근대 중국의 해군사를 알아보기 위해서는 세계 해군의 변천 과정을 잘 이해해야 한다. 왜냐하면 양자의 근대화 과정은 서로 맞물려 있기 때문이다.[312]

---

311 楊金森·范中義,『中國海防史』(下册), 海軍出版社, 2005年, 837쪽.

312 개혁개방부터 2000년대 이전까지 중국 근대 해군 관련 연구서로는 包遵彭의『中國海軍史』(中華書局, 1977年), 戚其章의『北洋艦隊』(山東人民出版社, 1981年), 孫克復·關捷의『甲午中日海戰史』(黑龍江人民出版社, 1981年), 張玉田의『中國近代海軍史』(遼寧人民出版社, 1983年), 王家儉의『中國近代海軍史論集』(臺灣: 文史哲出版社, 1984年), 張墨 등의『中國近代海軍史略』(海軍出版社, 1989年), 吳杰章 등 주편의『中國近代海軍史』(海軍出版社, 1989年), 戚其章의『甲午戰爭史』(人民出版社, 1990年), 胡立人·蘇小東 주편의『中國近代海軍史』(大連出版社, 1990年), 姜鳴의『龍旗飄揚的艦隊－中國近代海軍興衰史』(上海交通大學出版社, 1991年), 陳書麟·陳貞壽의『中華民國海軍通史』(海軍出版社, 1993年), 海軍史硏究室 편의『近代中國海軍』(海潮出版社, 1994年), 茅海健의『天朝的崩潰－雅片戰爭再硏究』(三聯書店, 1995年), 戚其章의『晚淸海軍興衰史』(人民出版社, 1998年), 戚俊杰·劉玉明 주편의『北洋海軍硏究』(天津古籍出版社, 1999年) 등 다양하다.

21세기에 들어와서도 근대 해군사 연구는 왕성하다. 대륙학자 陳悅은『北洋海軍艦船誌』(山東畵報出版社, 2009年),『近代國造艦船誌』(山東畵報出版社, 2011年),『淸末海軍艦船誌』(山東畵報出版社, 2012年) 등 3부작을 연속으로 출간하여 蚊子船, 超勇과 揚威, 定遠과 鎭遠 등과 같은 북양해군을 대표하는 군함이나 청 말 복주선정국과 강남기기제조총국 등에서 만든 국산 군함, 또한 청일전쟁 이후부터 민국 초까지 외국에서 구매한 군함들을 차례로 소개하였다. 그는 청일해전사를 다룬『沈沒的甲午』(鳳凰出版社, 2010年)와 신해혁명시기 해군사 사료를 소개한『辛亥·海軍』(山東畵報出版社, 2011年) 및 북양해군 군함사진첩인『北洋海軍珍藏圖片集』(文匯出版社, 2011年) 등을 출판하는 등 왕성한 활동을 보였다. 중국 근대 해군사 연구는 해외학자들도 관심을 가지는 주제이다.

일본학계의 경우, 馮靑의『中國海軍과 近代日中關係』와 戶高一成 의『海戰으로 본 日淸戰爭』등이 있다. 근래에 발표된 馮靑의 책에서는 우선 중국학계의 연구가 대체로 일국사로서의 중국에 집중하여 중국 해군의 발전과정에서 대외관계나 국제환경에 대해서는 소홀하다고 지적한다. 여기서는 1870년대 청조 북양함대의 형성과 붕괴, 청일전쟁 후 해군 재건의 과정, 북경정부시기 해군건설의 정체, 해군 가운데 일본 유학파와 동북해군의 발전 등을 중일관계 및 동아시아 국제관계의 맥락에서 다루었다(馮靑,『中國海軍と近代日中關係』, 錦正社, 2011, 6〜7쪽). 戶高一成은 이미『海戰으로 본 日露戰爭』이란 책을 통해 20세기 초 러일해전의 승리를 전통적 수사에서 근대적 해군으로의 전환 과정은 조선소의 건립, 해군학교 설립과 인재양성, 해군 함대의 설립, 해군아문과 같은 정부조직의 성립, 포대나 항구를 포함한 해군기지의 건설, 근대적 해방사상의 수용 등 다양한 측면에서 찾아볼 수 있을 것이다. 여기서는 서양의 근대무기인 함선과 대포를 수입하는 과정에 주목하고자 한다. 청 말 양무운동의 상징적 성과를 북양해군北洋海軍의 성립과 몰락으로 설명하는 오래된 견해가 있다. 이 운동

이용해 세계무대에 등장한 일본 해군을 다룬바 있다. 그는 이 책에서 청일전쟁 시기 양국 해군의 해전경과와 배경 및 양국 해군의 건설과정을 다루면서 해군전문가 육성의 중요성을 강조하였다(戸高一成, 『海戰からみた日淸戰爭』, 角川書店, 2011, 3~5쪽).

영미학계의 경우, R. Wright는 자신의 저서에서 청대 초기 해군 발전과정에서 세 가지 특징이 나타난다고 언급했다. 첫째, 청조는 해군을 해안 방어에 이용했을 뿐만 아니라 더욱 중요한 것은 태평천국 반란군을 진압하는 데 동원했다. 둘째, 정부는 해군 역량이 집중되는 것을 방지하기 위해 몇 개의 함대로 나누어 서로 견제하도록 했다. 셋째, 청조는 군함이나 대포를 구매하는 데에 관심을 기울이느라 첨단무기를 연구 개발하려고 하지 않았다. 여기서 청조가 함대를 '나누어 통제하여' 중앙정부를 위협할 가능성을 줄이는 데 성공했지만, 해군력의 분산은 결국 주요 해전에서 결정적인 약점을 드러내었다는 저자의 지적은 경청할 만하다(Richard N. J. Wright, *The Chinese Steam Navy 1862-1945*, Chatham Publishing, 2000).

근대 중국 해군사 관련 대표적인 자료집으로는 『中國近代史資料-海防檔』(臺灣: 藝文印書館)이나 『籌辦夷務始末(道光, 咸豊, 同治, 光緖朝)』(臺灣: 文海出版社) 및 개인문집 등 무척 다양한데, 이런 자료집은 연강연해 독무들이 만청 해방에 대해 토론한 자료들이 많이 담겨 있어 청 말 해방을 연구하는 데 필수적이다. 그리고 청 말 해방과 해군 관련 기본 자료집으로 1950~1960년대 중국사학회에서 中國近代史資料叢刊 시리즈로 출판한 『雅片戰爭』, 『第二次鴉片戰爭』(1970년대 출판), 『洋務運動』, 『中法戰爭』, 『中日戰爭』 등이 유명하다. 특히 근대 해군사 연구와 관련해 張俠・楊志本・羅澍偉・王蘇波・張利民이 공동 편집한 『淸末海軍史料』가 무척 유용하다. 『청말해군사료』는 청 말 해군건설 과정을 연구하는 데 필요한 역사 사료들을 정리해 놓은 자료집으로 양무운동시기부터 청 말까지 조정의 上諭와 대신의 奏折 등 기초사료들이 모여 있어 학술적 가치가 높다(張俠・楊志本・羅澍偉・王蘇波・張利民 合編, 『淸末海軍史料』, 海洋出版社, 1982年, 이하 『淸末海軍史料』로 약칭). 이 자료집의 출판 후 楊志本이 주편한 『中華民國海軍史料』(海洋出版社, 1986年)가 나왔는데, 이것은 1912년부터 1949년까지 중화민국 해군사 사료를 중화민국 정부와 해군부의 檔案을 중심으로 모은 것이다. 그리고 劉傳際이 편찬한 『中國近代海軍職官表』(福建人民出版社, 2004年)는 청 말 해군직관표, 중화민국 북경정부 해군직관표, 중화민국 남경정부 해군직관표, 항전승리 후 남경국민정부 해군직관표 순으로 구성되어 있다. 한편 汝玉虎・黎烈軍이 역주한 『近代海軍海防文選譯』(巴蜀書社, 1997年)은 근대 해군 해방 관련 주요 사료를 선별해 일반 독자를 위해 설명을 덧붙인 자료집이다.

의 목적이 서양의 근대를 배우는 것, 특히 군사적 근대화를 이루는 것이라 했을 때, 그 대표적인 성과가 '선견포리船堅炮利', 즉 신식 함선과 대포로 무장하는 일임에는 틀림없다. 이런 해군 무기들은 기본적으로 영국과 독일 등으로부터 구입되었으며 그 과정에서 정부는 막대한 비용을 지불하였다.

여기에서는 서양 전함과 함포의 발전이 청 말 해전에 어떤 영향을 주었는가보다는, 함선과 대포의 구매 과정에 주목해 중국인들의 해양인식에 어떤 변화가 나타났는가를 추적하려는 것이다. 본문에서는 '수사에서 해군으로'의 전환 과정을 무기 구매와 관련해 세 단계로 나누어 알아볼 것이다. 첫째 근대적 소형함대를 단시일 내에 만들기 위해 추진하다가 발생한 레이-오스본 함대 사건, 둘째 연해 방어를 목적으로 들여온 문포선의 구입시기, 셋째 대해로 나아가기 위해 들여온 순양함과 철갑선의 구입시기 등이 그것이다. 이런 함선과 대포의 해외 구매 과정은 서양 해군무기의 수용 과정은 물론 전통적 수사에서 근대적 해군으로의 변화를 잘 보여 준다. 아울러 양무운동시기 군사적 근대화를 통해 연해를 벗어나 대해로 나아가던 중국인들이 바다를 영토로 인식하는 시점을 알 수 있을 것이다.

1. 근대 해군의 출발

(1) 수사와 해군

전통시대의 해군navy은 보통 '수사水師'라고 부른다. 그런데 수사와 해군은 개념상 차이가 큰데, 기본적으로 해군은 서양 문명의 산물이라고 말할 수 있다. 해군은 해방 인식의 변화에 따라 주목받기 시작했는데, 원래 의미는 해상에서 작전하는 부대이다. 실제로 전통시대 중국 측 사료에서 해군이라는 용어는 거의 사용되지 않은 단어로 주로 수군이나 수사라고 불렀다.

19세기 말에 나온 신문과 잡지 등에서는 여전히 수사와 해군이란 말을 혼용하였다.[313]

청의 수사가 제자리걸음을 하고 있을 무렵인 19세기 중엽은 세계 해군 역사에 있어서는 목재로 만든 범선에서 철로 만든 증기선으로 바뀌는 변혁의 시대로, 해양을 수천 년간 지배했던 범선시대가 끝나고 있었다. 서양 윤선은 공업혁명의 산물로 항해 동력은 증기기관이었다. 윤선은 바람에 의존해야 하는 범선의 낮은 효율성을 넘어서는 장점이 있었다. 하지만 당시 신형 범선은 최고 발전단계의 범선이었기 때문에 바람이 어떤 방향에서 불더라도 항해를 할 수 있었고, 항속도 매우 빨랐다. 게다가 윤선의 제작비용에 비해 가격이 상대적으로 저렴해서 마지막 전성기를 구가하였다.[314] 1830~1840년대 무렵 서양 해군의 전함은 풍력에서 증기로 대체되고 있었지만 여전히 주요 전함은 풍력에 의존하였고, 증기 동력의 함선 역시 풍력에 일정 정도 의존하였다. 물론 증기선의 설계기술이 발전을 거듭하면서 점차 윤선의 경쟁력이 높아졌다.

제1차 아편전쟁 시기는 영국 해군에서 명륜明輪을 사용한 군함이 복무한 지 20여 년이 지났을 때였다. 하지만 영국에서 중국으로 온 배 가운데 단지 세 척만이 증기선이었다. 게다가 중국에 파견된 함선은 영국 해군에서 최고 수준의 군함은 아니었다. 1~2등급의 전열함戰列艦은 없었고, 50여 척의 함선 가운데 단 네 척만이 3등급 전열함이었다. 예를 들어, 영국 동방원정군 기선 웰즐리Wellesley호는 1815년 제조된 함선으로 74문의 포를 장착한 3등급 전열함이었다. 이 배가 아편전쟁 중 영국군 주력함의 하나였다. 이와 달리 동인도회사에서 참전한 16척 함선 가운데 명륜을 사용한 배는 무려

---

313 『淸史稿』(兵志七)에는 "중국은 처음에는 해군이 없었으나, 道光연간에 해방을 구축하면서 비로소 外洋用 군함을 구매해 수군을 보완하자는 논의가 있었다"라는 기사가 있다.

314 辛元歐, 『中外船史圖說』, 上海書店出版社, 2009年, 294쪽.

14척이었다.[315] 엄격한 의미에서 제1차 아편전쟁에 참전한 영국의 주력 군함은 풍력시대에 포함시켜야 할 배들이었지만, 그렇다고 증기선의 역할이 적었다고 할 수는 없다.[316] 전쟁 중 동인도회사 증기선을 활용해 영국 전열함을 중국의 강으로 예인했고, 이렇게 예인된 군함들은 주요 해안기지들을 포격했으며, 영국군을 상륙시켜 대운하를 차단하였다. 이와 달리 청의 평저선平底船들은 영국 군함이 자신들의 해안포대를 공격하거나 육지에 상륙하는 것을 막을 수 없었다.[317]

제1차 아편전쟁은 기본적으로 영국 해군과 청조 수사가 포격전을 폈다. 영국 해군의 전열함이 거포로 청군의 해안포대를 공격했으며, 청의 전선은 영국 함대에 비해 크게 낙후되었기 때문에 연해에 주둔하며 홍이포紅夷炮로 방어하기에 바빴다. 전쟁의 결과는 청군의 일방적인 패배로 죽거나 다치거나 혹은 도망갔으며, 영국군의 사망자는 거의 없었다. 영국 해군의 함선과 대포의 성능이 압도적으로 우월하다는 사실 때문에 이른바 '선견포리船堅砲利'라는 말이 생겨났다.[318] 전쟁 당시 영국 해군은 기본적으로 청조 수사와 해상에서, 유럽에서와 같은 해전을 할 생각은 없었고, 주로 해군 육전부대의 상륙을 도와주는 역할을 담당하였다. 영국군은 청의 해방능력을 낮게 평가하였고, 실제로 매우 낮았다. 이것은 영국 함대 가운데 전쟁기간 중 손실을 입은 배는 겨우 세 척인데, 그것마저 모두 청조 수사와의 해전과는 전혀 관련이 없었으며 단순 해양사고 때문이라는 사실에서 단적으로 드

315 馬幼垣, 『靖海澄疆─中國近代海軍史事新詮』, 聯經出版公司, 2009年, 16~17쪽.

316 최초의 철갑전함으로 유명한 Nemesis호는 철제 명륜 순양함으로 1839년 11월 영국에서 만들어졌으며 동인도회사를 위해 취역했다. 이 군함은 제1차 아편전쟁에 참전해 황포 공격에 가담해서 공을 세웠다(이에인 딕키 등 지음, 한창호 옮김, 『해전의 모든 것』, 휴먼앤북스, 2010년, 255쪽).

317 이에인 딕키 등 지음, 위의 책, 248쪽, 276쪽.

318 劉鴻亮, 「第一次鴉片戰爭時期中英雙方火炮的技術比較」, 『淸史硏究』, 2006年 第3期.

러난다.[319]

청의 전선에 실린 대포는 많아도 7~8문에 불과하고 적을 경우에는 1~2 문뿐이었다. 포신은 청동이나 철로 주조했는데, 제작기술이 부족하여 종종 파열되었다. 포의 위치도 갑판 위에 있어 적에게 쉽게 노출되었다. 이와 달리 영국군이 가진 대포는 그 숫자가 많을 뿐만 아니라 무게가 육중하고 포탄의 위력도 뛰어났다. 영국군의 대포는 선상에서 자유롭게 이동이 가능했고, 대포가 선창 안에 놓여 있어서 잘 노출되지 않았다.[320] 중국의 해안포대에서 쏜 대포알로 해상의 군함을 침몰시키겠다는 발상은 사실상 불가능에 가까웠다. 왜냐하면 당시 포탄 한두 발로는 함선에 전혀 충격을 주지 못했기 때문이다. 따라서 육지의 포대에서 해상의 적을 공격하겠다는 전략은 현실적이지 못하였다.[321] 영국 해군에 의해 청조 수사가 일방적인 패배를 했음에도 불구하고, 「남경조약」이 맺어지자 평화시기가 도래했다고 판단한 청조는 서양의 함선과 대포에 대한 연구나 구매를 금지시킴으로서 근대 해군을 건설할 수 있는 시간적 여유를 놓치고 말았다.[322]

엄격한 의미에서 제1차 아편전쟁 당시 임칙서林則徐가 말했던 선견포리는 아직까지 잘 만든 구식 범선과 전당포前膛炮에 불과했다. 그럼에도 불구

---

319 馬幼垣, 『靖海澄疆─中國近代海軍史事新詮』, 聯經出版公司, 2009年, 19쪽.

320 王家儉, 『李鴻章與北洋艦隊』, 三聯書店, 2008年, 29~30쪽.

321 魏源이 유명한 「籌海篇」(『海國圖志』)에서 외적을 大海에서 막지 말고 內地로 끌어들여 싸울 것을 제안한 것은 어쩔 수 없는 현실적인 선택이었다.

322 중국에서 신식 수사를 만들려는 시도는 제1차 아편전쟁시기에도 엿보인다. 1839년 林則徐는 광동 수사를 정돈하는 과정에서 서양 대포 200여 문을 구매하고, 이를 모방해 만들어 연안포대와 수사 함선에 장착하였다. 1840년 임칙서는 다시 미국 상인으로부터 영국 상선 Cambridge호(배수량 1,200톤)를 구매해 대포 34문을 실고 군함으로 개조해 수사의 훈련용으로 사용하였다. Cambridge호는 청이 해외에서 구매한 첫 번째 윤선이자 전선이었다. 당시 다른 중국인들도 서양 군함을 모방해 만들려는 시도가 있었다. 대표 사례로는 潘任成이 출자해 서양 전선을 모방한 것과 易長華가 출자해 서양 전선을 모방한 것이 있다. 그리고 서양의 수뢰나 화포를 제조하려는 시도도 있었다. 하지만 이런 서양의 함선과 대포를 모방해 만들려는 시도는 한계가 있었다(辛元歐, 『中外船史圖說』, 上海書店出版社, 2009年, 293쪽).

하고 해전 중에 청대 수사가 어떤 역할도 못하고 무력화되면서 구식 수사를 신식 해군으로 개혁하는 것은 피할 수 없는 시대 과제가 되었다. 게다가 회전이 가능한 포탑을 장착한 대구경의 후당포後膛炮를 실은 철갑선이 바다에 입수하면서 해전에 근본적인 변화가 일어났다.[323]

제2차 아편전쟁 시기 영국과 프랑스 해군은 제1차 아편전쟁 때와는 크게 달라졌다. 대부분 함선이 증기선으로 대체되어 항속이 10노트knot 이상이었으며, 선체도 철골로 바뀌고 있었다. 영프연합군의 61척의 함선에는 모두 764문의 대포가 실려 있었으며, 대포는 최신식인 후당포로 사정거리가 4,500미터였으며 정밀도도 높았다. 대포의 발달로 인해 전선끼리 충돌하기 전에 침몰시킬 수 있게 되어 공격 방법이 점차 근거리 충격에서 원거리 대포로 변화하면서 해상전술이 현대 해전의 시대로 접어들었다. 게다가 1860년대부터 '(나선회전식)포탑'선이 생산되었는데, 이것은 배 위에 중무장한 철갑으로 이루어진 회전식 포대를 갖춘 신식 포선이었다. 청조 수사의 장비도 비록 제1차 아편전쟁에 비해 좋아졌지만 영프연합군과는 비교할 수 없었다. 수사의 함선은 여전히 목질이었고 동력도 돛에 의존하였다. 화포 역시 여전히 전당포로 사정거리는 불과 300여 미터였다.[324] 청의 수사는 더 이상 서양 해군을 모방하지 않을 수 없게 되었는데, 근대 중국의 해군건설은 외국 군함을 구매하면서 시작되었다.

(2) 레이-오스본 함대 사건

1862년 중국 해군사의 시작을 알리는 사건이 있었다. 청조가 영국에서 여러 척의 군함을 한꺼번에 구매하려던 레이Lay-오스본Osborn 함대 사건

---

323 姜鳴,『龍旗飄揚的艦隊—中國近代海軍興衰史』, 三聯書店, 2002年, 18쪽.
324 史滇生 主編,『中國海軍史概要』, 海潮出版社, 2006年, 128쪽.

이 그것이다.[325] 외국 함선을 구매하게 된 가장 직접적인 동기는 태평천국운동 때문이었다. 태평천국군과 증국번의 상군湘軍은 장강 중하류의 주도권을 놓고 수전을 펼쳤는데, 양쪽 모두 포선이 주력으로 어느 한쪽의 우세도 없었다. 청이 근대 해군을 건설하려던 배경에 반란군의 수군을 진압하려는 국내적 요인이 결정적인 작용을 한 사실은 기억할 만하다.

1856년 봄 태평천국군의 기세가 왕성할 때 청의 초대 해관총세무사 넬슨 레이Nelson Lay는 청 정부에 외국 군함을 구매해 반란군을 진압할 것을 제안하였다. 외양 윤선을 여러 척 구매하고 외국인을 고용해 중국인을 교육 훈련시키자는 것이다. 하지만 그의 주장은 제2차 아편전쟁의 와중에 무산되었다. 전쟁이 끝나자 다시 태평천국군을 진압하기 위해 해운 윤선을 투입하자는 주장이 제기되었다. 1861년 증국번은 외양 윤선과 대포를 구매하는 것이 현재 반란군을 토벌하기 위해 가장 중요한 일이며, 이를 이용해 신식 수사를 만들자고 건의하였다.[326] 같은 해 레이가 영국에서 휴가 중일 때 그를 대신해 임시 해관총세무사를 맡고 있던 로버트 하트는 청의 수사는 싸울 수 없는 배들로 이루어졌다며 과거 레이와 유사한 주장을 하였다.[327] 이 제안은 군기대신인 문상 등의 공감을 얻었고, 태평천국이 은 50만 냥을 들여 미국에서 군함과 화포를 구매하려한다는 소문에 자극받아 즉각 함풍제咸豊帝의 비준을 얻었다.

1862년 2월 27일 청조는 양광총독 노숭광勞崇光에게 명을 내려 대리총세무사인 하트와 협상 후 함선을 구매하기로 의정서를 체결하였다. 주요 내용은 첫째, 중형 병선 세 척과 소형 병선 네 척 및 화약과 기기 등을 구매한

325 레이-오스본 함대 사건에 대한 기본적인 상황은 외국 군함의 구매에 적극적이었던 공친왕 奕訴의 상주문 「購買外洋船炮情形折」에 자세히 나와 있다.
326 曾國藩, 「覆陳購買外洋船礮摺」(1861.8.23.)(中國史學會, 『洋務運動』 2, 上海人民出版社, 1979年, 224~226쪽 인용, 이하 『洋務運動』로 약칭).
327 郭衛東, 『不平等條約與近代中國』, 高等敎育出版社, 1993年, 171쪽.

다. 둘째, 가격은 은 65만 냥으로 정하고 일부는 먼저 지급하고 나머지는 후에 지급한다. 셋째, 영국에서 이와 관련한 인원(중형 각 30명, 소형 각 10명)을 모집하고, 배가 중국에 온 후에는 다시 중국 수용水勇 400여 명을 추가한다. 넷째, 함선 업무에 노련하고 성실하여 믿을 수 있는 영국 무관 한 명을 초빙해 훈련을 맡긴다 등이었다.[328] 그리고 하트는 영국에 있던 레이에게 편지를 써서 이 일을 맡아 줄 것을 요청하였다.

넬슨 레이는 하트의 편지를 받자마자 영국 외무대신 존 러셀J. Russell과 만나 영국의 함선을 구매하고 관병을 초빙하는 문제를 여러 차례 논의하였다. 1862년 6월 16일 레이가 러셀에게 보낸 글에는 장차 자신이 영중연합해군함대Anglo-Chinese Fleet를 만들 것이라고 하였다. 영국 외교부와 해군부는 이 계획에 흔쾌히 동의하였다. 영국이 만든 군함으로 조직된 함대를 판매하려는 것에는 장기적으로 중국 해군을 장악하려는 의도가 내포되어 있었다. 그런 까닭에 영국 정부는 일찍이 중립조례(1854)를 만들어 영국 관리나 군인이 외국의 내전에 참가하는 것을 금지했음에도 불구하고, 레이의 요청에 따라 영국 군인이 연합해군함대에 참여할 수 있도록 파격적으로 규정을 조정하였다. 뿐만 아니라 영국 정부는 넬슨 레이가 청의 해관은 물론 함대를 조직한 공로를 인정해 3등 남작 훈장을 수여하였다.

영국 해군부는 오스본 해군 장교Captain S. Osborn에게 새롭게 만들어질 함대를 지휘하도록 했다. 오스본은 당시 40세로 두 차례 아편전쟁에 참전한 경험이 있었다. 그는 제2차 아편전쟁 당시 처음으로 근대적 전함을 이끌고 장강을 항행한 경력이 있었으며, 중국에 대해 비교적 많은 지식을 갖고 있었다. 함선은 빠르고 순조롭게 구입되었는데, 모두 여섯 척으로 포선Gun-boat 중심이었다. 레이는 이 배들을 각각 북경호(670톤, 150마력), 중국호(669톤, 200마력), 하문호(301톤, 80마력), 광동호(552톤, 150마력), 천진호(445톤, 80

---

328 「同治元年三月初一日兩廣總督勞崇光奏」(1862.3.30.)(『洋務運動』 2, 235쪽).

표 5__ 영중연합해군함대Anglo-Chinese Fleet(일명 레이-오스본 함대)

군함 성격	영문 함선명 (조선소명)	넬슨 레이가 정한 함선명	청조가 개명한 함선명	배수량 (ton)	마력 (hp)	오스본이 임명한 선장 이름
영국 해군에서 구매한 포선	Mohawk	北京	金台	670	150	H. T. Burgoyne
	Africa	中國	一統	669	200	Sherard Osborn
	Jasper	廈門	廣萬	301	80	A. Salwey
영국 조선소에서 새로 구매한 포선	Southampton	江蘇	鎭吳	1,269 (1,000)	300	C. Farbes
	Lairds	廣東	百粤	552	150	
		天津	三衛	445 (448)	80	
개인에게 매입	Ballarat	奉天	得勝			
	Thule					

* 陳貞壽,『圖說中國海軍史』(上),福建教育出版社, 2002年, 142쪽 표; 池仲祐,「購船篇」,『海軍實
紀』(『清末海軍史料』, 162~163쪽에서 인용); 王家儉,『李鴻章與北洋艦隊』,三聯書店, 2008年, 54
~55쪽; Richard N. J. Wright, *The Chinese Steam Navy 1862-1945*, Chatham Publishing,
2000, 16~17쪽. 자료마다 오차가 있음.
* 함대 사령관 오스본S. Osborn(阿思本), 부사령관 버고인H. T. Burgoyne(伯哥尼)

마력), 강소호(1,269톤, 300마력)라고 명명하였다. 그 밖에 개인에게 구매한
수송선 밸러랫Ballarat호와 쾌속정 툴레Thule호도 추가되었다.[329]

강소호는 배수량과 마력이 가장 큰 배로 목재 군함이었고, 천진호와 광동
호는 철골에 목재를 입힌 군함으로, 이 세 척의 배는 새로 건조되었다. 중국
호는 목재 범선이고, 북경호와 하문호는 목재 포선으로, 이 세 척의 배는 영
국 해군에서 사용하던 것이었다.[330] 이때 구매한 여덟 척의 배는 모두 돛이
달려 있었는데, 영국 해군의 최신 군함 모델은 아니었고 어느 정도 철이 지
난 선박이었다. 그럼에도 불구하고, 본래 책정한 은 65만 냥의 예산이 부족

329 姜鳴,『龍旗飄揚的艦隊-中國近代海軍興衰史』,三聯書店, 2002年, 22~23쪽.
330 Richard N. J. Wright, *The Chinese Steam Navy 1862-1945*, Chatham Publishing, 2000,
15~16쪽.

해 15만 냥을 추가해 은 80만 냥을 사용하였다.

1862년 11월 20일 총리아문의 공친왕 혁흔 등은 하트와 상의해서 함대의 기본적인 운영방침을 결정하였다.[331] 그런데 다음 해 1월 16일 넬슨 레이는 청조의 윤허를 거치지 않은 상태에서 단독으로 오스본과 13조로 이루어진 협약서(「합동십삼조合同十三條」)에 서명하였다.

이 협약의 주요 내용은 다음과 같다. 첫째, 중국에 외해수사를 건립하고 오스본을 총통으로 삼아 임기 4년으로 임명한다. 오스본을 제외하고 중국은 다른 외국인을 총통으로 삼을 수 없다. 중국이 소유한 모든 외국 양식의 선박, 혹은 내지 선박 중 외국인 관리자를 고용한 선박, 혹은 중국의 군관민이 운영하는 각종 윤선은 협정을 맺은 후에는 모두 오스본이 일률적으로 관할한다. 둘째, 오스본은 오직 넬슨 레이를 통해 전달받은 중국 황제의 명령만을 집행한다. 만약 다른 사람을 통해 명령을 전달받으면 집행하지 않을 수 있다. 만약 오스본이 일을 처리할 수 없다면 레이는 명령을 전달하지 않는다. 셋째, 이번 수사의 각 선원, 군인, 수수水手는 모두 오스본이 선발하되, 레이의 허가를 받으면 집행할 수 있다. 넷째, 이번 수사는 외국 수사이므로 마땅히 외국 양식의 기호旗號를 건다. 선상에 외국인이 있으므로 외국 깃발이 있어야 비로소 전심전력할 수 있고, 또한 외국 상인들이 함부로 무시할 수 없다. 깃발 디자인은 녹색 바탕에 가운데 황색선이 서로 교차하며 양식에 황룡을 그려 넣는다 등이다.[332]

전체 13조 항목 가운데 오스본의 권한에 관한 것은 1·2·4·7조항 등이며, 레이의 권한에 관한 내용은 5·6·8·10조항 등으로 이루어졌다. 이 협약에 따르면, 오스본은 이 함대의 사령관일 뿐만 아니라 중국 해군의 총사령관

---

331 「同治元年九月二十九日總理各國事務奕訢等奏」(1862.11.20.),『洋務運動』2, 241~243쪽.
332 13조 협약서의 내용은 池仲祐,『海軍實紀』,「購船篇」(『清末海軍史料』, 162~163쪽에서 인용)를 참고.

이었다. 그는 단지 중국 황제 한 사람의 명령만을 받도록 되어 있으며, 다른 어떤 관원의 명령을 받지 않아도 되었다. 게다가 오스본이 모든 관병을 임용하도록 되어 있었다. 그런데 중국 황제의 명령도 반드시 레이를 경유해서 전달받아야 하므로 사실상 레이는 황제의 명령에 대한 부결권이 있었다. 본인을 통하지 않으면 황제의 명령도 전달되지 않을 수 있는 것이다. 이 협약 내용은 중서고금에 보기 드문 걸작(?)으로, 아마도 넬슨 레이는 자신이 청조의 해군 대신이 될 것을 꿈꾸었던 듯하다.[333] 동시에 레이와 오스본은 영국 해군장정을 본떠 「영중연합함대장정英中聯合艦隊章程」도 만들었다.

그런데 이 13조 협약은 청 중앙에서 구상한 "함대는 청조가 파견한 사람이 사령관을 맡고 단지 외국 군관 7인(매 선박 당 1인)을 초빙하며, 기타 해원海員, 수수水手는 완전히 중국 관병이 담당한다"는 것과는 전혀 다른 내용이었다. 당시 청조가 외국 병선을 구입해 신식 수사를 조직하려던 계획은 증국번의 상군과 이홍장의 회군의 지원을 받으며 진행되었다. 그들은 각자 이 함대를 자신들의 군사력을 강화하는 기회로 삼으려고 했다. 공친왕으로 대표되는 청 중앙도 이번 기회에 해상의 무장력을 직접 통제하길 바랐으나, 상계湘系 회계淮系 세력의 반발을 무마하기 위해 명목상으로는 함대를 증국번과 이홍장의 통제 아래 놓겠다고 하였다. 동시에 오스본에게 실질적인 지휘권을 주어 상계와 회계 세력 팽창을 막으려는 정치적 계산이 깔려 있었다.[334] 하지만 이런 생각들이 걸림돌을 만난 것이다. 레이는 대담하게도 중국에 이미 영국 장교 찰스 고든Charles G. Gordon이 지휘하는 상승군常勝軍이 있으므로, 이번에 다시 해군을 만들어 장차 총세무사의 지휘 아래 귀속시킨다면 자신이 중국 정세를 상당히 장악할 수 있을 것이라 판단하였다. 레이와 오스본의 협정은 하트조차 생각하지 못했던 것이다. 하트는 강력한

---

333 郭衛東, 『不平等條約與近代中國』, 高等教育出版社, 1993年, 172~173쪽.
334 胡立人·王振華 主編 『中國近代海軍史』, 大連出版社, 1990年, 58쪽.

어조로 레이에게 편지를 써서 이런 협약은 청조가 받아들일 수 없는 위험한 내용이라고 말했으나 레이는 응답이 없었다.[335]

1863년 5월 넬슨 레이는 오스본 함대보다 먼저 영국에서 중국으로 돌아왔다. 그는 총리아문과의 교섭 과정에서 13조 협약을 수용할 것을 요구하였다. 하지만 청조는 레이에게 13조 협약 문제를 엄중히 질책하였다. 영국의 도움으로 군함을 구매하고 군관을 초빙해 함대를 만들려던 것이었지 지휘권까지 포기하려는 것은 아니었기 때문이다. 그래서 청조는 레이와 다시 「윤선장정오조輪船章程五條」(1863년 7월 9일)를 체결하였다.

그 주요 내용은 다음과 같다. 첫째, 함대사령관은 청조가 파견한 사람을 임명하고, 초빙한 오스본은 부사령관으로 삼으며, 초빙기간은 4년이다. 함대는 청 중앙의 영도를 받으며 연해지방 행정장관의 통제를 받는다. 둘째, 함대의 외국 관병은 오스본이 책임지고 관리한다. 일반 백성과 소란을 일으키는 일 등 일체의 불법사건은 중국의 법률에 따라 처리한다. 셋째, 중국 관병은 수시로 선상에서 훈련과 실습을 받는다. 대포와 병기 등의 과목은 오스본이 책임을 지고 최선을 다해 교련시킨다. 넷째, 함대에 매월 경비 은 7.5만 냥을 지급하고, 3개월에 한 번 총리아문에서 결산한다. 다섯째, 8월부터 함대에 경비 지급을 시작한다. 레이는 은호銀號에서 향은餉銀을 영수하며, 부족할 경우 세향稅餉에서 지급한다 등이다.[336] 정리하자면, 청조에서 파견한 고위무관이 함대의 한총통漢總統이 되고, 오스본이 이를 돕는 방판총통幫辦總統이 되어 임기를 4년으로 한다. 함대의 모든 사무는 두 총통의 협의하에 결정하며, 함대 작전은 해당 지방독무의 통제에 따른다. 그리고 청 중앙이 군대의 움직임을 주지한다는 것이 핵심 내용이었다. 이런 협약은

335 姜鳴, 『龍旗飄揚的艦隊―中國近代海軍興衰史』, 三聯書店, 2002年, 24쪽.
336 「同治二年五月二十三日總理各國事務奕訢等奏」(1863.7.8.) (『洋務運動』 2, 248~249쪽); 池仲祐, 『海軍實紀』, 「購船篇」(『淸末海軍史料』, 164쪽에서 인용).

청조와 레이 간에 맺은 일종의 절충안이었다. 하지만 중국변이나 이홍장 모두 「윤선장정오조」에 대해 비판적인 태도를 보였다.

1863년 9월 2일 레이-오스본 함대가 상해에 나타났다. 이 함대는 대청제국의 첫 번째 신식 해군으로 '영중연합해군함대'라고도 불리었다. 함대가 중국에 도착하자 레이는 돌연 입장을 바꾸어 이미 동의했던 5조를 뒤집고 원래의 13조를 다시 요구하였다. 9월 18일 오스본이 천진을 경유해서 북경으로 왔다. 오스본은 레이와 함께 자신들의 계약을 받아들일 것을 요구하며, 13조 내용 중 "한 글자도 바꿀 수 없다"고 주장하였다. 만약 48시간 이내에 답변이 없다면 함대를 해산할 것이라고 엄포를 놓았다. 중국 주재 영국 공사관도 청조를 위협하면서 "이 함대는 중국을 도와 전투를 하려고 온 부대로 협정이 받아들여지지 않으면 도와줄 수 없다"고 하였다. 총리아문은 레이에게 구두로 통지하길 그와 오스본이 협의한 내용을 비준할 수 없다고 하였다. 그리고 영국 공사 프레더릭 브루스Frederick Bruce에게도 함대 사건의 전말을 언급하면서 "중국의 병권을 외국인에게 넘길 수 없다"고 하였다. 총리아문은 영국 측이 만약 함선을 판매하고자 한다면 구매할 의사가 있으며, 레이의 총세무사직을 박탈하는 동시에 하트가 그 일을 이어받을 것이라고 통보하였다. 이 결정은 제2차 아편전쟁 후 북경의 새로운 정부가 처음으로 취한 대외 강경책이었다. 이런 와중에 절강순무 증국전曾國荃은 상주문을 통해 새로 구입한 윤선들, 즉 오스본 함대를 동원해 태평천국의 수도 남경을 공략하자고 요청하였다.[337] 이런 상주문은 함대의 구입 동기를 다시금 잘 보여 준다. 하지만 쌍방의 논쟁이 그치지 않자 레이-오스본 함대는 태평천국과의 전투에 투입되기도 전에 해산할 수밖에 없었다.

청조는 함선은 남겨 두고 선원을 해산시킬 것이라고 영국 측에 알렸다. 그러나 영국 공사 브루스는 영국인을 고용할 것이 아니라면 군함은 본국으

---

337 「同治二年八月二十七日浙江巡撫曾國荃奏」(1863.10.9.)(『洋務運動』 2, 250~253쪽).

로 돌려보내야 한다고 하였다. 1863년 11월 중순 청조는 마침내 레이-오스본 함대를 해산하고, 모든 함선은 영국이 책임지고 대리 판매하도록 했다. 곧이어 함선 구매의 업무를 잘못 수행한 레이는 파면되었고, 11월 16일자로 하트가 해관총세무사의 직무를 계승하였다. 오스본은 상해에서 홍콩을 경유해 영국으로, 레이도 북경을 떠나 곧바로 영국으로 돌아갔다. 레이-오스본 함대 소속 영국 군인 458명은 귀국했으며, 나머지 150여 명은 중국에 남는 이민을 선택하였다. 이 과정에서 청조는 600여 명의 영국 군인 9개월분의 월급과 귀국 비용으로 은 37만 5천 냥을 지불하였다. 그 밖에 오스본에게 은 1만 냥을 수고비로, 레이에게 은 4만 5천 냥을 수고비와 기타 명목으로 지불하였다. 1865년 영국 정부는 함선 판매 대금으로 청조에 은 57만 냥을 돌려주었는데, 청이 지불한 은 80만 냥 가운데 은 23만 냥을 손해 보았다. 하지만 각종 비용을 합치면 대략 은 70만 냥을 손해 보았다고 한다.[338] 청조가 외국 군함을 수입해 근대 해군을 만들려던 첫 번째 꿈은 이로써 사라졌다.[339]

청조가 외국에서 소규모 함대를 단번에 구입하려 한 것은 중국의 과학기술 수준과 상관이 있겠지만, 다른 한편으로는 해군건설(조선소나 군항의 건설

---

338 郭衛東, 『不平等條約與近代中國』, 高等敎育出版社, 1993年, 177쪽.

339 청 말 해군의 발전 과정에서 서양인이 함선을 구매해 주겠다고 해서 자금을 횡령한 사건은 두 차례 있었다. 하나는 본문에서 소개한 은70여 만 냥을 손해보게 만든 레이-오스본 함대 사건이고, 다른 하나는 상승군 지휘관 Frederick Townsend Ward의 동생 Henry Gamaliel Ward가 동치 원년(1862)에 상해에서 일으킨 포선구매 사기사건이다. 헨리는 자신과 친분이 있는 여러 서양인 실세를 이용해 미국에서 소규모 함대 규모의 함선을 구매해 주겠다며 거액을 받아 가지고 미국으로 건너갔다. 그런데 헨리의 형이 태평천국 반란군과의 전투에서 입은 상처로 죽고, 미국에서 남북전쟁이 일어나 중국의 내정에 개입할 여지가 줄자 헨리는 돌연 생각을 바꾸었다. 그는 현지에서 구매한 함선을 북군에게 팔고 그 이익금을 착복한 후 중국으로 돌아가지 않았다. 헨리가 사기 친 함정 구매비용은 은 100만 냥이 넘을 것으로 보인다. 이것은 오스본 함대 사건의 규모보다도 적지 않았다. 헨리가 구매하기로 한 100여 톤 급의 소형 함정으로는 미국 동부에서 상해까지 건너올 능력조차 없었다. 이와 달리 오스본 함대의 8척 함선은 헨리의 배보다 커서 영국에서 중국까지 올 수 있었다(馬幼垣, 『靖海澄疆─中國近代海軍史事新詮』, 聯經出版公司, 2009年, 33~35쪽).

등)을 위한 충분한 자금이 없었던 이유도 있었을 것이다. 비록 함대 구매는 도중에 포기하고 말았지만 그 후 청조는 해군 건립 문제를 심각하게 고려하면서 강남제조국 내 조선창과 복주선정국 등을 만들어 근대식 조선업의 발전이 이루어질 수 있었다. 특히 1867년에 민절총독 겸 복주선정대신 심보정으로 하여금 복주 마미馬尾에 복주선정국을 건설해 함선을 제조하도록 했는데, 보통 이것을 중국 해군의 맹아라고 평가한다. 다음 해에는 양강총독 증국번이 강남제조국에서 기선을 만들면서 외해수사의 창설을 준비하였다(별표 3 참고).[340] 새로운 수사는 평소에는 조운을, 유사시에는 해적과 서양의 공격을 방어하는 것이 목적이었다. 이것은 태평천국의 멸망 후 수사의 목표가 점차 내란진압에서 열강에 대한 해방으로 옮겨 가는 사실을 보여 준다.[341]

레이-오스본 함대 사건 이후 10여 년 동안 청조 내에서는 외국 군함을 구매하자는 주장이 매우 적었다.[342] 하지만 분명한 사실은 중국 함선의 성능과 화력이 서양의 군함보다 크게 뒤떨어지고, 조선에 필요한 주요 원료, 설비, 대포, 기계 등을 외국에 의존한다는 것이었다. 대표적 조선소인 복주선정국에서 초창기 8년 동안 14척의 크고 작은 포선과 운반선이 만들어졌지만 대부분 목선으로 마력이 작고 톤수도 낮았다. 일부 윤선도 만들었지만 외국 윤선에 비해 성능이 크게 떨어졌다. 결국 1870년대에 들어와서 국내에서 만드는 것보다는 해외에서 구매하는 것이 낫다는 주장이 다시 제기되었나. 레이-오스본 함대 사건의 최대 수혜자는 엉뚱하게 하트로, 청조는

---

340 曾國藩은 이미 1860년 6월 청조에 근대 함선을 구매할 것을 건의한 바가 있으며, 1861년 恭親王 奕訢이 "外洋船炮를 구매하는 것이 오늘날 세상을 구하는 첫 번째 임무"라고 주장한 데 찬성해, 곧바로「復陳購買外洋船炮折」(1861.8.23.)이란 상주문을 올려 함선과 대포를 구매하는 이점을 언급하면서 장기적으로는 스스로 무기를 제조할 것을 제안하였다.

341 조병한,「海防體制와 1870년대 李鴻章의 洋務運動」,『동양사학연구』제88집, 2004년, 136쪽.

342 군함 구매 주장이 전혀 없었던 것은 아니다. 양광총독 瑞麟 등이 광동지역에 해적의 출몰이 잦으므로 윤선을 구매해 순찰을 강화하자는 상주문이 남아 있다(「兩廣總督瑞麟廣東巡撫蔣益澧奏購買外輪情形折」(1867.12.30.),『籌辦夷務始末-同治朝』(『淸末海軍史料』, 105~106쪽).

그를 질책하지 않았을 뿐만 아니라 레이를 대신해 중국 해관 업무 일체를 맡겼다. 훗날 하트는 이 함대의 구매 실패는 중국 해군의 발전을 20년가량 지체시켰다고 평가하였다.

2. 해양 수사의 건설

(1) 근대적 해방론의 전개

1870년대 중국 해방은 남쪽 바다를 적으로부터 방어하는 것이 주목적이어서, 외해수사 건설의 중점은 남방이었다.[343] 1870년 9월 이홍장이 직례총독이 될 무렵 북양에는 외해수사가 없었을 뿐만 아니라 해적을 체포하기 위한 윤선조차 제대로 없었다. 다음 해 양강총독이던 증국번이 상해에서 만든 윤선을 북양에 보내 줄 정도였다. 1872년 9월 이홍장이 북양대신을 겸하면서 다시 복주선정국에서 만든 윤선을 더 받아 겨우 몇 척의 신식 윤선을 갖출 수 있었다. 청대 해방 관련 책임자들의 심각한 문제는 해군 관련 군사지식이 부족했다는 사실이다. 그나마 이홍장은 막료들의 도움을 받아 서양 해군에 대해 잘 아는 편이어서 외해수사의 발전에 무척 관심이 많았다. 일찍이 그는 병선은 해외에서 구매하고 상선은 상선회사를 만들어 외국과 경쟁하자고 했다. 그는 청조 수사가 해구海口의 수비를 목표로 해야 하고, 대형 함선의 제작은 억제해야 하지만 수비용 소함정은 구매해야 한다고 생각했다.[344]

양무운동의 일환으로 해방론이 구체화되어 특히 근대적 조선과 대포 제

---

343 馮青,『中國海軍と近代日中關係』, 錦正社, 2011, 17쪽.
344 李鴻章,「籌議製造輪船未可裁撤摺」(同治 11年 5月 15日),『李文忠公奏稿』권19; 조병한,「海防體制와 1870년대 李鴻章의 洋務運動」,『동양사학연구』제88집, 2004년, 145~146쪽.

작은 해방의 중심과제가 되었다. 해군의 성립은 군함, 함포의 수입과 인재의 양성만으로 끝나는 것이 아니며 체계적인 조직과 훈련이 필요한데 곧 함대의 성립이 필수적이었다. 청조는 관세와 이금釐金 수입을 기초로 북양北洋, 남양南洋, 복건福建의 삼양수사三洋水師를 창립하려고 했다. 우선 복건수사福建水師가 복주선정국과 복주선정학당을 기반으로 해서 자신들이 만든 함선을 중심으로 창립되었다. 복건수사는 근대 중국에서 가장 먼저 신식 수사를 만들었다고 평가받지만, 주로 소형 목조 군함이 많아 최종적으로 정식함대를 이루지는 못하였다. 복건수사가 일정한 규모를 갖추어 나가자, 남양수사南洋水師 역시 뒤따랐다. 남양수사의 전신은 강소지구에 있던 구식 수사인 강만수사江灣水師와 장강수사長江水師로 이들이 통합해 발전하였다. 이처럼 1870년 무렵 복건과 강소 지역에 비교적 신식 수사가 나타났으나 영역이 성의 범주를 벗어나지 못한 규모가 작은 지방함대에 불과하였다.[345] 북양수사北洋水師는 앞서 언급했듯이 1870년대 초까지도 전혀 함대를 만들 수 있는 수준이 아니었지만 점차 성장하였다. 그런데 삼양수사는 지방 성격이 강해 분산적이었으며 중앙정부의 통제에 잘 따르지 않았다. 이처럼 세 개의 함대로 편성하려던 것은 중국의 해안선이 넓어서 어쩔 수 없는 선택이라고 하지만, 다른 한편으로 특정 정치권력에 해군력의 집중을 막으려 한 조치이기도 했다.

정일창은 강소포징사 시절 「창건윤선수사조관創建輪船水師條款」(1867)을 만들어 해방건설의 설계를 구상하면서 외해수사를 만드는 계획을 세웠다. 여기선 포선을 구매해 내양항구에 배치해 외양에서 오는 외국 병선을 막자는 주장과, 이런 신식 군함을 기반으로 중국의 바다를 북양, 중양, 남양으로

---

345 강소성과 광동성은 중국 주재 영국 공사관 관리 Thomas Wade와 총세무사 하트 등의 도움으로 외국 윤선을 구매하였다. 그러나 이런 윤선들은 구식이라 항속이 느리고 선체가 협소해 승선 인원이 40명을 넘지 못했다. 內海의 해적을 잡는 데는 유용하지만, 外洋으로 나아가진 못했다(「光緒七年正月初八日兩江總督劉坤一奏摺」(1881.2.6.), 『洋務運動』 2, 504쪽).

나누어 지키자는 주장을 한 바 있으나 조정에서 받아들여지지 않았다.[346] 정일창은 몇 년 후 다시 「해양수사장정」 6조(1874년 11월 19일)를 써서 대형 병선을 구매 혹은 제조하고, 연해의 요지에 포대를 구축하며, 연해에 북양, 동양, 남양의 세 개의 외해수사를 건립할 것을 건의하였다. 북양수사는 산동과 직례 연해의 방어를 맡고 북양수사 제독은 천진天津에 두며, 동양수사는 절강과 강소 연해의 방어를 맡고 동양수사 제독은 오송吳淞에 두며, 남양수사는 광동과 복건 연해 방어를 맡고 남양수사 제독은 남오南澳에 두자고 하였다. 매 외해수사마다 신식 군함 16척을 배치하고, 이 세 개의 수사가 연합해 해안을 방어하자고 했다. 여기에는 대형 함선과 대포의 구매 등도 포함되었다.[347] 정일창은 바로 이홍장의 막료로 「해양수사장정」은 사실상 이홍장의 초기 해방 사상을 보여 준다고 말할 수 있다.

1874년 5월 일본의 대만 침공은 청조의 해방에 대한 인식변화를 가져왔다. 일본은 대만 원주민이 유구 어민을 살해한 사건을 빌미 삼아 몇 척의 군함과 십여 척의 선박에 3,600여 명의 육군을 실어 대만을 공격하였다. 당시 일본 군함 일진日進, 맹춘孟春, 축파筑波, 용양龍驤 등 4척 이외에 임시로 외국에서 임대한 기선 13척이 있었다. 그 가운데에는 목조가 아닌 철갑으로 만든 배들도 있었다. 이런 돌발적인 군사 행동에 대해 청의 수사는 대응할 능력이 없었다.

대만 사건 후 청조 내부에서 벌어진 제1차 해방논쟁(1874년 11월~1875년 5월) 중 해군건설 문제는 중심적인 의제였다. 대만 사건으로 충격을 받은 청조는 "해방의 일은 오늘날 결코 늦출 수 없는 정책"이라고 생각하고 중국 해군의 건립을 결심하였다. 1874년 10월 이홍장, 심보정 등은 상주문을 올

---

346 「湖廣總督李鴻章附呈藩司丁日昌創建輪船水師條款」, 『籌辦夷務始末―同治朝』(1867.12.31.)
(『淸末海軍史料』, 1쪽).
347 「廣東巡撫張兆棟呈丁日昌拟海洋水師章程」, 『籌辦夷務始末―同治朝』(1874.11.19.)(『淸末海軍史料』, 11쪽).

려 해방을 설계하면서 신식 해군을 건립할 것을 건의하고 철갑 병선을 구매하자고 주장했다. 그해 11월 5일 공친왕 혁흔이 주도하던 총리아문에서 「사주해방응판사의擬籌海防應辦事宜」란 주절을 올려 해방과 관련한 여섯 가지 정책(연병練兵, 간기簡器, 조선造船, 주향籌餉, 용인用人, 지구持久)을 제안하였다. 그 첫째가 군사훈련과 관련해 해군을 건립한다는 것인데, 이 주절에서 처음으로 '해군'이란 개념이 등장했다고 알려져 있다. 비록 1874년에 해군이라는 명칭이 처음 사용되었다지만, 일반적인 용어는 아니었다.[348] 이 공문을 시작으로 해방과 관련한 대규모 논의가 이루어졌다. 번역서를 통해 해군이란 용어의 출현을 살펴보면, 1884년 이홍장에게 헌정된 역자 불명의 『일본 해군설략日本海軍說略』, 1887년 서건인徐建寅이 번역한 『덕국해군조의德國海軍條議』, 1890년 영국의 군사훈련을 소개한 『해군조도요언海軍調度要言』, 1891년 마건충馬建忠이 번역한 『법국해군직요法國海軍職要』 등이 있다. 1880~1890년대에 해군이란 용어는 여전히 수사란 용어와 함께 혼용되어 쓰였다.

1874년 12월 10일 이홍장은 해방-육방 논쟁을 불러일으킨 유명한 상주문 『주의해방절籌議海防折』에서 "수천년래 없었던 변국變局"이라는 말로 당대를 규정하였다. 그는 「연병練兵」 부분에서 북, 동, 남 삼양 해군을 만들자면서 북양 해군은 연대와 여순에 주둔하고, 동양 해군은 장강 입구에 주둔하며, 남양 해군은 하문과 호문에 주둔할 것을 제안하였다. 그리고 각 수사에 두 척의 철갑선과 열 척의 포선을 배치하자고 했다.[349] 청조는 이 제안을 받아들여 북양, 남양, 월양의 세 개 해군을 나누어 만들되 일단 재정에 한계가 있으므로, 우선 북양에 수사 1군을 만들기로 하였다. 여기서 남양은 정일창이 얘기한 동양에 해당하며, 월양은 남양에 해당한다. 1875년 7월부터

---

348 史滇生 主編, 『中國海軍史槪要』, 海潮出版社, 2006년, 151쪽.
349 「李鴻章奏籌議海防折」, 『李文忠公全書—奏稿』(1874.12.10.)(『淸末海軍史料』, 108쪽).

1877년 6월까지 해군 경비는 모두 북양이 사용해 집중 육성하고, 1877년 7월부터 해군 경비는 남북양이 각각 절반을 쓰기로 했다.[350] 총리아문은 남북양의 범위가 매우 넓으므로 이홍장으로 하여금 북양해방을 담당하게 하고, 심보정으로 하여금 남양해방을 담당하도록 했다. 즉시 심보정을 양강총독 겸 남양대신南洋大臣으로 삼아 남양 해군의 건설을 맡겼는데, 여기서 말하는 남양의 범주는 무척 넓어져 정일창이 제안한 범주와는 차이가 있었다.[351] 대략 10년 후인 1884년 8월 청프전쟁清佛戰爭 무렵에는 삼군수사가 초보적인 규모를 갖추었으나, 복건과 광동 지역은 아직 월양수사로 통합된 조직을 갖추지는 못하였다. 실제로는 북양과 남양을 두 축으로 삼아 해방구역이 이루어졌으며 남방에 복건과 광동 수사가 나뉘어 있었다.[352]

이홍장은 앞의 『주의해방절』 가운데 「조선造船」 부분에서 다음과 같이 언급하고 있다.

"중국의 병선은 매우 적어서 적국의 해구海口에 가서 막을 수 없기 때문에 최선책은 이룰 수 없습니다. (차선책으로) 자수自守를 하고자 해도 역시 쉽지 않습니다. … 지금 해방을 논의하려면 반드시 과거의 사례를 살피고 적의 상황을 알아야 합니다. 적을 방어하는 방법은 크게 두 가지로 나눌 수 있습니다. 하나는 지키며 움직이지 않는 방법으로, 해구 안 포대벽루를 공고히 하여 적선 대포의 포탄을 막을 수 있게 하고, 포대의 대포를 사용해 철갑선을 파괴할 수 있도록 하는 것입니다. 또 해구를 지키는 거포철선을 수로를 막는 데 배치하

350 「著李鴻章沈葆楨分別督辦南北洋海防諭」, 『第一歷史檔案館—上諭檔』(1875.5.30.)(『清末海軍史料』, 12~13쪽).
351 沈葆楨이 남양해방을 담당하자, 남양의 범위는 丁日昌이 말한 동양과 남양, 즉 강소·절강·복건·광동의 네 개 성을 포괄하였다. 하지만 심보정이 양강총독의 신분이어서 강소와 절강을 담당하고, 광동과 복건에는 권력이 미치지 못하였다. 남양수사는 십 수 년의 경영 후 청프전쟁 직전에는 15척의 군함을 보유하고 배수량은 약 1.9만 톤에 다다랐다.
352 胡立人·王振華 主編, 『中國近代海軍史』, 大連出版社, 1990年, 109~110쪽.

고, 아울러 수뢰 등의 무기를 매설합니다. 다른 하나는 이동하며 대응하는 방법으로, 병선과 육군이 많고 정예이면 수시로 유격하여 적병이 연해에 상륙하는 것을 막을 수 있습니다. 외해수사의 철갑선과 해구를 막을 대포철선은 모두 결코 무시할 수 없는 무기입니다. … (중국의 조선소는) 재료와 기술자 대부분을 외국에서 들여오기 때문에 중국에서 선박을 만드는 비용은 외국에서 선박을 구매하는 가격의 배입니다. 지금 급하게 성군成軍하려면 외국에서 제조하는 것이 저렴하고 간편합니다. 그러나 서양 상인에게 잘못 위탁해 구형 선박을 사서 거액을 낭비해서는 안 됩니다. (제가) 듣기로는 병선과 철갑선은 영국이 가장 뛰어난데, 영국의 국영이나 민영조선소는 철갑선 제조의 우열을 놓고 서로 경쟁해 나날이 새로워진다고 합니다."[353]

그는 상주문 내용처럼 국산 군함의 선형이나 작전 성능이 서양보다 낙후되었다고 판단해 외국으로부터 뛰어난 무기를 구입해야 한다면서, 중국이 스스로 함선을 만들면 가격이 외국에서 함선을 구매하는 것보다 배로 많이 들고, 현재 성군成軍을 이루는 것이 급하므로 영국에서 제조하는 것이 편리하다고 주장했다.[354] 우선 청조는 중국에서 건조할 능력이 없는 철갑선을 구입하고 여력이 있으면 다른 선박을 구입하는 방침을 세워 추진하였다. 그과정에서 이홍장은 군함을 건조하는 과정을 상세히 고찰하고, 전문가와 병사를 파견해 선박을 운전하고 조정하는 방법을 배워야 한다고 주장했다. 그는 군함을 구매하는 동시에 중국의 조선소 수준도 높여 함선을 수리할 수

---

353 「李鴻章奏籌議海防折」(「造船」부분), 『李文忠公全書－奏稿』(1874.12.10.)(『淸末海軍史料』, 106~108쪽).

354 이홍장이 해군 창건에 나섰을 때 군함과 대포를 구매하는 방식을 채택하였지, 공장을 세워 무기를 제조하는 방식을 채택하지는 않았다. 그는 이미 동치 11년(1872)에 윤선초상국을 만들면서 윤선을 구매한 경험이 있었다. 이홍장은 중국의 과학기술이 낙후해 곧바로 쓸모 있는 군함을 제조할 수 있을 것이라는 데 회의적이었다(王家儉, 『李鴻章與北洋艦隊』, 三聯書店, 2008年, 18쪽).

있도록 준비해야 한다고 했다.

그리고 이홍장은 「간기簡器」 항목에서 대포에 대해서도 언급하고 있다. 영국과 독일 양국의 대포가 신식이고 가장 정교한데, 특히 크루프Krupp 후문철포는 프랑스군을 물리쳐 매우 유명하다고 소개했다. 이미 자신이 크루프 대소형포 50여 문을 구입해 배치했는데, 성능은 뛰어나지만 너무 비싸서 많이 구입할 수는 없다고 했다.[355] 비록 이홍장이 외해수사의 필요성을 강조했지만, 수사 못지않게 육군 육성의 필요성을 강조한 사실도 기억해야 한다.[356]

해군 장비와 관련해 논쟁에 참가한 독무들은 대체로 외국의 함선과 대포가 우수하다는 데 동의하였다. 해전에는 군함의 성능이 생명인데, 당시 갓 등장한 철갑선은 없어서는 안 될 장비이므로 청의 외해수사가 반드시 보유해야 한다고 보았다. 따라서 철갑선을 외국에서 구매하는 것에 대해서는 별다른 이견은 없었다.[357] 그러나 좌종당처럼 복주선정국에서 조선하는 것으로도 해방은 충분하다고 보아 군함 구매에 회의적인 인물은 있었다. 하지만 대만 사건과 같은 급격한 정세 변화에 따른 위기의식은 막대한 비용이 드는 함선과 대포의 수입을 촉진시켰다. 우선 상해와 천진 해관의 수입 20%를 해방 기금으로 만들어 매년 은 400만 냥으로 해군력을 증강하기로 결정하고, 일단 포선 여러 척을 수입하기로 했다.[358]

---

355 「李鴻章奏籌議海防折」(「簡器」 부분), 『李文忠公全書─奏稿』(1874.12.10.)

356 서양 해군이 전 세계를 지배할 수 있게 된 주요한 요인 중 하나는 포술 혁명이었다. 포술 혁명은 대략 1850년에 시작해 1870년대와 1880년대 초엽에 그 정점에 도달하였다. 해군 대포 설계자들은 만일 대포를 배 안에서 움직일 필요 없이 장전시킬 수 있다면 성능을 엄청나게 개선시킬 수 있다고 믿었다. 그리고 포신에 강선이 들어갈 수 있어서 발사체에 힘과 정확도를 부여할 회전을 보낼 수 있기를 희망하였다. 강선이 들어간 대포는 폭발의 위험이 있었다. 포미 장전용 대형포의 개발은 더욱 어려웠는데, 장전한 뒤 약실을 폐쇄했을 경우 완벽한 밀봉상태를 조성하는 것이 어려운 과제였기 때문이다(이에인 딕키 등 지음, 한창호 옮김, 『해전의 모든 것』, 휴먼앤북스, 2010년, 278쪽).

357 史滇生 主編, 『中國海軍史槪要』, 海潮出版社, 2006年, 153쪽.

358 戶高一成, 『海戰からみた日淸戰爭』, 角川書店, 2011, 60쪽.

1870년대에는 서양 해방 관련 저서들도 번역되었는데, 1874년 『방해신론防海新論, A Treatise on Coast Defence』의 출판이 대표적이다. 『방해신론』은 근대 중국에서 처음으로 서양의 해방사상 이론을 전면적으로 소개한 번역서이다.[359] 영국인 선교사 프라이어와 중국인 학자 화형방華衡芳이 공역한 것으로 강남제조국에서 출판하였다. 본래 이 책은 독일인 해군장교 빅토르 폰 셸리하Viktor Von Scheliha가 1868년에 쓴 책으로 미국의 남북전쟁에 참전한 경험을 기초로 서술하였다. 본문에서는 해군방어의 두 가지 모델을 제시하였다. 하나는 해안봉쇄라는 적극적인 방어로 본국이 소유한 병선으로 적국의 각 해구를 막아 선박의 출입을 허락하지 않는 것이다. 이는 본국의 방어선을 적국의 영해선까지 연장한 것으로 본국 해안을 방어하는 상책이라고 하였다. 다른 하나는 본국 항구의 요충지를 보호하는 소극적 방어로 본국 연해의 요충지에 군대를 주둔시켜 방어에 주력하는 것이다.[360] 이런 방어책에는 해안봉쇄와 항구방어 간에 광범한 해역의 중요성을 간과한 측면이 있지만, 이홍장은 이 책을 높이 평가하며 「주의해방절」에 직접 인용하기도 했다. 그럼에도 불구하고 앞의 인용문에서처럼 중국의 경우 현실적으로 병선의 숫자가 적으므로 자수自守가 적당하다고 생각하였다.[361] 흥미로운 사실은 미국의 남북전쟁 이후 서양에서는 일반적으로 해군의 원양 공격 능력을 강조한 데 반해, 중국의 경우 이 책을 통해 중국 해군이 해구 방어에 주력해야 한다고 인식했다는 점이다.

『방해신론』에서는 남북전쟁 당시 출현한 각종 새로운 해전방식에 대해 설명하고 있는데, 특히 적지 않은 분량을 철갑선을 소개하는 데 할애하였

---

359 이 책의 내용에 대해서는 鄭振環, 『西方傳教士與晚清西史東漸』(第7章), 上海古籍出版社, 2007年, 172~188쪽 참고.

360 「李鴻章奏籌議海防折」, 『淸末海軍史料』, 106~107쪽.

361 王宏斌, 『晚淸海防―思想與制度硏究』, 商務印書館, 2005年, 108~109쪽; 姜鳴, 『龍旗飄揚的艦隊―中國近代海軍興衰史』, 三聯書店, 2002年, 363쪽.

다.[362] 남북전쟁 후 세계 해군은 쇠로 된 선체를 갖춘 함정이나 철갑선으로 이행했으며, 철갑을 두른 회전포탑을 재빠르게 채택하였다. 이 번역서는 연해지역의 독무들에게 전파되어 영향을 미쳤으며, 곧이어 『해방책요海防策要』, 『해전지요海戰指要』, 『방해절요防海節要』, 『해전신의海戰新義』 등과 같은 해방전략 번역서들이 계속 출판되었다.[363] 중국인들은 서양 해군 관련 서적의 번역 출판을 통해 세계 각국이 해군건설을 매우 중시하고 있으며, 근대 해군의 발전은 선박기술의 발전과 함께 한다는 사실을 자각하게 되었다.

(2) 문포선蚊炮船 구매

1874년 10월 말 청일 「북경전조」가 체결되어 대만 사건이 마무리된 후, 이홍장은 영국 공사관의 토머스 워디Thomas Wade와 군함 구매를 상의하면서 함선 수입을 구체화하였다. 이 무렵 하트의 활동이 주목할 만한데, 그는 총리아문에 철갑선을 구매하는 일은 자신의 대리인을 통해 영국과 상의할 수 있다고 하였다. 그런데 막상 영국 정부가 최신 무기인 철갑선을 판매하는 데 난색을 표시하자, 하트는 다시 총리아문에 영국에서 만든 포선의 일종인 문포선蚊炮船(鐵炮船 혹은 蚊子船이라고도 부름)을 추천하였다.[364] 이에 따라 이홍장은 하트에게 문포선을 구입할 경우 그 성능과 가격에 대해 상의했는데, 당시 두 사람 모두 문포선에 대해 잘 알지 못했다. 하트는 주로 중국 해관의 런던사무소에 있던 켐벨C. A. Compbell이 수집한 정보에 의

---

362 미국의 남북전쟁(1861~1865)은 최초의 철갑선 전투가 벌어진 전쟁이었다. 특히 남부 해군이 심혈을 기울여 만든 버지니아호와 북부 해군이 이에 대응해 만든 모니터호 간의 해전은 유명하다. 철갑함 간에 벌어진 최초의 충돌은 새로운 철갑기술이 목선에 비해 얼마나 뛰어난지를 충분히 보여 주었다. 그 후 모든 국가에서 더 진보한 철갑선을 만들려고 경쟁하였다.

363 1872년에 이미 영국 해군의 훈련방법을 소개한 번역서 『水師操練』을 J. Fryer와 徐建寅이 함께 번역해 강남제조국에서 출판한 바 있다. 청일전쟁 이전 해군 관련 번역서 현황은 皮明勇, 「甲午戰爭前對西方海軍建設理論和情況的譯介及其影響」, 『軍事歷史研究』, 1993年 第2期, 51~52쪽 참고.

364 姜鳴, 『龍旗飄揚的艦隊-中國近代海軍興衰史』, 三聯書店, 2002年, 363쪽. 117~118쪽.

존하였다. 그가 추천한 배는 영국 암스트롱조선소Armstrong Shipbuilding Co.에서 만든 이른바 렌델S. Rendel식 포정이었다.[365] 그 첫 번째 모델인 견정堅定(Staunch)호는 1867년 12월 만들어졌는데, 이 배의 특징은 작은 선체에 거포를 장착한 것이다. 그래서 별명으로 모기모양의 배라는 뜻에서 문자선이라고도 불렀다. 문포선에 안장한 거포는 포탄의 무게가 무려 500~600파운드에 달해 철갑선을 파괴할 수 있을 뿐만 아니라 해구의 방어에 유리하며, 그 가격도 비교적 저렴하였다. 이 함선은 근대 포선의 특수한 한 형태로 체형은 작으나 대구경의 거포를 장착한 것이 특징이었고, 포구에 탄약을 장전하는 구식 전당포를 장착하고 있었다.

1875년 4월 하트는 총리아문의 명을 받아 천진에 가서 이홍장과 몇 차례 회의를 거친 후 「포선구매장정購辦炮船章程」을 체결했는데, 이것이 대규모 외국 군함 구매의 시작이었다. 켐벨이 구매 실무를 담당해 마침내 암스트롱조선소와 문포선 네 척을 구매 계약하였다. 38톤 포를 싣는 배 두 척과 26.5톤 포를 싣는 배 두 척을 모두 은 37만 5,960량에 수입하기로 결정했다. 이 네 척의 포선을 영국인들은 알파벳 함대라고 불렀는데, 매 척마다 알파, 베타, 감마, 델타라는 이름을 붙였기 때문이다.[366] 나중에 이 배들은 중국에서 용양龍驤, 호위虎威, 비정飛霆, 체전掣電이란 이름이 붙여졌다. 이것이 제1차 문포선의 구매이다. 1878년 9월 켐벨은 다시 대포의 성능이 크게 개선된 새로운 포정이 나왔다며 하트에게 추천하였다. 그 후 제2차 구매의 결과 진북鎭北, 진남鎭南, 진동鎭東, 진서鎭西 등 네 척이 추가로 들어와 북양수사는 모두 여덟 척의 포선을 보유하게 되었다. 해상에서 무적이라는 과대선전에 넘어가 추가 구매한 결과 다시 세 척의 배가 더 들어왔는데, 광

---

365 姜鳴 編著, 『中國近代海軍史事日誌(1860-1911)』, 三聯書店, 1994年(이하 『中國近代海軍史事日誌(1860-1911)』로 약칭), 40쪽.

366 王家儉, 『李鴻章與北洋艦隊』, 三聯書店, 2008年, 128~129쪽.

표 6__ 북양수사가 영국 암스트롱 조선소에서 구매한 문포선(1876~1881)

함선명	배수량 (톤)	포 무게 (톤)	구경 (인치)	포수 (문)	속도 (노트)	마력 (hp)	함선완성 연도	중국도착 연도
龍驤	319	26.5	11	1	9	389	1876	1877
虎威	319	26.5	11	1	9	—	1876	1877
飛霆	400	38	12	1	9~10	—	1877	1878
掣電	400	38	12	1	9~10	—	1877	1878
鎭北	440	38	—	1	8	350	1878	1879
鎭南	440	38	—	1	8	350	1878	1879
鎭東	440	38	—	1	8	350	1878	1879
鎭西	440	38	—	1	8	350	1878	1879
鎭中	440	38	—	1	8	350	1881	1881
鎭邊	440	38	—	1	8	350	1881	1881
海鏡淸	350	38	—	1	7.5	200	—	1881

* 王家儉, 『李鴻章與北洋艦隊』, 三聯書店, 2008年, 132쪽 표; Richard N. J. Wright, *The Chinese Steam Navy 1862-1945*, Chatham Publishing, 2000, 42~44쪽.

동수사로 보낸 해경청海鏡淸과 북양수사에서 보유한 진중鎭中과 진변鎭邊이 그것이다.[367]

문포선은 포가 크고 배가 작으며 선박이 가볍고 바닥이 평평해 서양에서는 주로 항구를 지키는 데 사용하였다. 그런데 이 군함은 결점이 많은 배였다. 포가 크고 배가 작아서 속도가 느리고 풍랑에 약해 해구나 연안에서는 유용하지만 대양에서는 적당하지 않았다. 게다가 포구가 정면을 향하고 있어 선두를 잘 조정해야 했으며, 선창이 좁아 많은 병사를 실을 수 없었다.

1879년 청의 반대에도 불구하고 일본이 유구를 무력으로 병탄하자, 청조는 자국 수사의 능력으로 먼 바다를 건너 유구 문제에 개입할 능력이 없음을 절감하였다. 총세무사 하트는 총리아문에 「해방장정海防章程」(총29조)을

---

367 王家儉, 『李鴻章與北洋艦隊』, 三聯書店, 2008年, 131쪽.

제출하여 남북해방을 통일하고, 이를 총해방사總海防司 한 사람이 지휘하도록 하는 새로운 계획을 건의하였다. 「해방장정」은 남·북양 대신의 반대에 부딪쳐 실패하였다. 하지만 원양으로 나아갈 수 있는 대형 함선의 필요성은 꾸준히 대두되었다. 그런데 남양대신 심보정이 사망하자 해군건설의 대권이 이홍장에게 넘어갔다. 영국 주재 공사 증기택曾紀澤 등은 이홍장에게 전신을 보내 문포선의 문제점을 지적했고, 이홍장은 자신의 막료인 독일 주재 공사 이봉포李鳳苞에게 일본 군함을 제압할 수 있는 적당한 군함을 알아보라고 지시하였다. 이 때문에 북양수사는 항구 방어용 포정 말고 출해 작전을 펼 수 있는 비교적 큰 함정으로 관심이 옮겨졌는데, 순양함과 철갑선이 그것이다.[368] 당시 회전할 수 있는 포탑을 갖춘 큰 구경의 후당포를 장착한 철갑선이 등장하면서 세계 해군의 판도는 큰 변화가 일어나고 있었다.

3. 북양해군의 성립

(1) 순양함 구매와 북양수사의 발전

청의 수사가 해구를 방어하는 데 치중하는 방식이 전략적 한계를 드러내자, 1880년을 전후해 순양함과 철갑선 구매에 관한 많은 논의들이 오갔다. 1879년 일본이 유구를 완전히 합병하여 오기나와현으로 만들자, 청은 큰 충격에 빠졌다. 이홍장은 전쟁이 가능한 다음에야 수비가 가능하고, 수비가 가능한 다음에야 화의가 가능하다면서 해전의 승리를 위해서는 철갑선을 구매해야 한다고 주장했다.[369] 일본의 위협을 해군력의 강약이라는 관점에

---

368 1879년 6월 20일 켐벨은 하트에게 암스트롱 조선소에서 추천한 새로운 유형의 선박(즉 순양함)을 소개하며, 중국이 철갑선을 구매하지 않을 것이라면 순양함을 구매할 수 있다고 하였다 (『中國近代海軍史事日誌(1860-1911)』, 63쪽).

369 「光緖五年十月二十八日直隸總督李鴻章奏摺」(1879.12.11.)(『洋務運動』 2, 421쪽); 조병한,

서 바라본 것이다. 그해 겨울 청조의 지지 아래 이홍장은 이봉포에게 두 척의 순양함[370]을 구매하도록 했으며, 이에 영국 측과 순양함을 구매 계약하고 이름을 초용超勇과 양위揚威라고 명명하였다. 이 배들은 렌델식 순양함으로 포선의 성격도 띠고 있었는데, 각각 1,350톤의 무게로 시속 15노트였으며 최고 16노트까지 가능하였다.[371] 선박은 전부 철로 만들어졌으며 앞뒤로 25톤 무게의 대포 두 문이 설치되었고, 소포 4문과 기관포 12문이 설치되었다. 그 밖에도 어뢰를 발사할 수 있는 작은 기선 두 척과 구명정 약간이 실려 있었다. 이 배는 속도가 빠르고 먼 바다에서도 활동이 가능하였다. 이홍장은 국내에서 철갑선을 제조하는 것은 어렵다는 의견과 함께, 철갑선을 제조하는 과정을 청조에 보고하는 상주문인「의부매계조조진절復梅啓照條陳折」을 썼다.[372] 여기서 말하는 철갑선은 실은 철갑선Ironclads이 아니라 순양함Cruisers을 의미하는 것으로 보인다. 한때 그는 대형 철갑선은 천천히 구매하자는 의견을 제시했으나, 얼마 지나지 않아 생각이 바뀌었다. 특히 조선에서 청일 간에 긴장이 고조된 것이 대형 철갑선을 도입하기로 한 원인의 하나였다.[373]

「淸末 海防體制와 中越 朝貢關係의 변화」,『역사학보』제205집, 2010년, 315쪽.

370　범선시대의 세 가지 전함 모형 가운데 중간 크기의 배가 순양함의 전신이라고 할 수 있다. 현대의 순양함은 전열함과 구축함 사이의 중간 크기의 전투 함정으로 순양함은 대형 목선 쾌선의 후예로 보고 있는데, 그 임무는 정찰, 순찰, 항해 보호 등이다. 사실 '순양巡洋'이라는 명사는 일종의 기능을 묘사한 것이지 선박의 유형을 말하는 것은 아니다. 1880년대에 이르러 비로소 순양함이란 용어가 쓰이기 시작했는데, 기존의 구축 쾌선, 호위선, 연안 포정의 기능이 부분적으로 순양함에 반영되어 있다(辛元歐,『中外船史圖說』, 上海書店出版社, 2009年, 279쪽).

371　Richard N. J. Wright, *The Chinese Steam Navy 1862-1945*, Chatham Publishing, 2000, 47쪽.

372　「李鴻章議復梅啓照條陳折」,『第一歷史檔案館-洋務檔』(1881.1.10.)(『淸末海軍史料』, 21~26쪽). 이 상주문은 내각학사 梅啓照의「籌議海防折」에 대한 답장의 성격이다. 매계조는 철갑선을 신속히 구매하든지 강남제조국 등에서 철갑선을 만들 것을 요구하였다(「內閣學士梅啓照籌議海防折」,『第一歷史檔案館-洋務檔』(1880.12.3.)(『淸末海軍史料』, 16~20쪽)].

373　1880년 말에는 철갑선 定遠號 제조를 발주했으며, 1881년과 1883년에는 鎭遠號와 齊遠號 제조를 발주했는데, 이 배들은 1885년 10월 뒤늦게 大沽에 도착해 북양수사에 편입되었다. 특

초용과 양위 두 군함을 인수받을 때 이홍장은 특별히 정여창丁汝昌이 인솔하는 대규모 사절단을 영국에 보내어 1881년 8월 8일 한 항구에서 영국 주재 공사 증기택 등과 함께 초용과 양위의 진수식을 거행하였다. 이 행사는 200여 명의 중국 수군과 30여 명의 영국 관리 및 기술자 등이 지켜보는 가운데, 증기택이 청의 용기龍旗를 군함에 게양하고 예포를 발사하였다.[374] 두 군함은 그해 11월 18일 장거리 항해 끝에 천진에 도착하여 북양수사에 합류하였다. 이것은 중국 해군이 처음 독자적으로 영국과 중국 간을 국제항해한 사건이다.[375] 이 순양함의 구매는 두 해 전 켐벨의 의견을 하트가 받아들여 추진한 것이다.[376] 영국으로부터 두 척의 순양함이 올 무렵, 진중鎭中, 진변鎭邊이라 불리는 두 척의 포선도 중국에 도착하였다. 여기에다가 기존의 포선, 훈련선, 수송선 등까지 합하면 북양수사는 모두 10여 척의 함선을 보유하게 되었다. 정여창을 통령으로 하고 외국인을 초빙해 교습하면서 점차 체계적인 외해수사의 모습이 갖추어졌다. 1881년 12월 이홍장이 정여창에게 북양수사의 책임을 맡기면서 '북양수사北洋水師'라는 명칭이 정식으로 관방문서에서 나타나는데, 여기서 북양이란 직례, 산동, 봉천의 삼성을 포괄한다.

1881년 이홍장의 「의부매계조조진절」과 그의 요청으로 설복성薛福成이 쓴 「북양해방수사장정北洋海防水師章程」은 앞서 언급한 1874년의 문헌과 비교하자면 적지 않은 해방사상의 변화를 보여 준다. 첫째, 일본을 주요 적국으로 인식하고 조선을 전략 중점으로 삼았다. 둘째, 해방 전략이 항구를 벗어나 해상으로 나아가 적선과 직접 대응하자고 했다. 1870년대 이홍장

히 정원과 진원 두 척은 당시 최신식의 거함이자 철갑선으로, 청조는 연해 방위를 넘어서 외양에서 전투가 가능한 해군력을 갖출 수 있었다(馮靑, 『中國海軍と近代日中關係』, 錦正社, 2011, 19쪽).

374 姜鳴, 『龍旗飄揚的艦隊—中國近代海軍興衰史』, 三聯書店, 2002년, 121쪽.

375 陳悅 主編, 『北洋海軍珍藏圖片集』, 文匯出版社, 2011年(이하 『北洋海軍珍藏圖片集』으로 약칭), 7~8쪽.

376 1883년 남양수사도 북양을 따라 독일에서 순양함 南探號와 南瑞號를 구매하였다.

이 구입한 문포선의 대부분은 '진鎭○'(예를 들어, 진동·진서·진중·진변 등)이라고 명명했는데, 1880년대 철갑선과 순양함을 구입할 때에는 주로 '○원遠'(예를 들어, 정원·진원·경원·내원 등)이라고 명명하였다. 이것은 해구 방어에서 해상 진출로의 강한 의지를 보여 준다. 셋째, 연해해방에 있어서 대함 거포를 구매하거나 제조해 싸우는 데 중점을 두었다. 특히 일본과 해전에서의 승리를 염두에 두었다. 넷째, 해방 병력의 운영에서 다양한 병력 운영을 염두에 두고 있었다.[377] 그럼에도 불구하고 이홍장은 청프전쟁 시기만 하더라도 정부 내 해군부海軍部를 설치해 총리아문 관할 아래 해군 업무를 담당하는 것에 찬성했지만, 아직까지 해방아문海防衙門과 같이 별도의 큰 조직을 만드는 것에 대해서는 신중한 입장을 보였다.[378]

1884년 청프전쟁이 발발하자 복건수사 가운데 11척의 군함이 마강해전馬江海戰에서 프랑스 해군에 단번에 격침되었다. 복건수사의 이런 몰락은 정상적인 해군함대를 이루는 것을 불가능하게 만들었다. 남양수사 역시 청프전쟁 때 큰 손실을 입고 정식 함대의 목표를 달성하지 못했다. 이와 달리 북양수사는 1875년부터 1885년까지 함선 14척을 보유하였으며 그 가운데 8척은 외국에서 구매한 신형이었는데, 전쟁 중에도 거의 피해를 입지 않았다. 오히려 청프전쟁 후 해군건설의 중심이 남에서 북으로 옮겨지면서 근대적 해군함대의 목표를 이룰 수 있는 절호의 기회를 얻었다. 당시 청조는 해군을 건설할 대권을 이홍장 한 사람에게 주었다.

청프전쟁 패배 후 청조 내부에서는 해군건설에 대한 대규모 토론이 벌어졌다. 이른바 제2차 해방논쟁 후 중앙정부는 해방건설의 중요성을 새삼 절감했으며, 북양수사가 신속하게 근대적 해군함대가 되도록 적극 지원하기

---

377 張煒·方堃 主編, 『中國海疆通史』, 中州古籍出版社, 2003年, 416~417쪽.
378 「李鴻章爲請設海部兼籌海軍事復總理衙門函」, 『李文忠公全書—譯署函稿』(1884.3.10.)(『淸末海軍史料』, 31~33쪽).

로 결정했다. 청의 수사는 1885년 이전에는 남양, 복건, 북양 수사가 모두
비슷한 규모였으나(상대적으로 발전이 늦었던 광동수사는 제외) 해방논쟁을 기
점으로 북양수사에 지원이 집중되면서 그 발전 양상이 달라졌다. 청조는 국
내 해군의 분립과 상호 비협조, 병참기지의 통일성 결여 등이 청프해전의
패인이라고 판단하고 전국적인 통일기구의 설치를 지시하였다. 이에 1885
년 10월 13일 총리해군사무아문總理海軍事務衙門을 건설하기로 결정하고
순친왕 혁현奕譞을 총리해군대신으로 임명했다. 이 조직은 간단히 해군아
문海軍衙門 혹은 해서海署라고도 불렀는데, 전국 해군업무를 총괄하는 기관
이었다.

해군아문은 처음으로 병부와 별도로 독립해 만든 해군부로, 그 목적은 해
방건설을 통일하고 연해방위를 강화하여 근대화된 신식 해군을 창립하는
데 있었다. 책임자인 혁현은 해군의 상황을 이해하기 위해 1886년 5월 한
달여에 걸쳐 230여 명의 수행원을 데리고 북양수륙군을 순회하며 해방 상
황을 점검하였다. 그는 상주문을 올려 외국에서 군함을 계속 구매할 것, 해
안포대와 육군을 강화할 것, 학교를 계속 열어 해군 인재를 배양할 것 등을
제안하였다.[379] 이 기구가 관할하는 범위는 매우 넓어서 해군부에 소속된 선
창, 부두, 군항, 포대, 해방, 해군 등의 업무 말고도 실업부에서 관할하는 일
부 업무, 즉 철로·전선·광산 개발 등도 포함되었다. 해군아문은 청일전쟁
때까지 유지되다가 패진 직후인 1895년 3월에 폐지되있다. 그 과정에서 기
존의 수사에서 해군으로 명칭이 변화하여 널리 사회에 정착했다.[380]

---

379 「奕譞奏查北洋炮臺水陸操防機器武備水師學堂情形折」(1886.6.2.)(『淸末海軍史料』, 251~
254쪽).
380 馮靑, 『中國海軍と近代日中關係』, 錦正社, 2011, 4쪽.

(2) 철갑선 구매와 『북양해군장정』의 제정

당시 외해수사의 발전방향과 관련한 논의에서 철갑선과 순양함을 스스로 만들 것인지 아니면 외국에서 구매할 것인지 논쟁이 일어났다. 복주선정국의 창시자인 좌종당은 중국 스스로 만들 것을 주장했는데, 이것은 자신이 만든 조선소의 생존이 걸려 있던 점도 작용하였다. 이에 반해 이홍장은 해외에서 구매할 것을 주장했는데, 중국의 과학기술이 낙후되었기 때문에 복주선정국에서 만든 배로는 해방을 담당하기에 한계가 있다고 보았다. 그리고 큰 배를 구입할 것인지, 아니면 작은 배를 구입할 것인지의 논쟁이 있었다. 작은 배일 경우 해안방어에 주력한다는 의미이며, 큰 배일 경우 외해작전을 수행한다는 의미였다. 철갑선의 구매여부 논쟁도 이와 관련이 깊었다. 그 밖에 영국에서 구입할 것인지, 아니면 독일에서 구입할 것인지의 세부적인 논쟁도 있었다.[381]

철갑선이란 두터운 철갑과 거포로 이루어진 대형 군함을 가리키는데, 당시 세계 해군의 주력이었다. 이 군함을 구매하는 것은 이홍장을 비롯한 양무운동 지도자들의 오랜 소망이었다. 이미 1875년 청조에서 심보정과 이홍장을 남북양 해방 담당자로 임명할 때 한두 척의 철갑선 구매를 비준한 바 있었다. 그 후 양무파 내부에선 철갑선을 구매하는 일과 관련해 복잡한 파벌투쟁이 나타났다.[382] 1880년 철갑선을 구매하려는 계획이 영국의 거부로 무산되자 이홍장은 다른 나라에서 방법을 찾았다. 독일 주재 중국 공사 이봉포는 영국, 프랑스, 독일 등 여러 조선소를 고찰한 후 최종적으로 해군 강국 영국과 경쟁하던 신예 독일의 불칸 조선소Vulcan Shipyard와 두 척의 철

---

381 王家儉, 『李鴻章與北洋艦隊』, 三聯書店, 2008年, 140~162쪽 참고.

382 예를 들어, 양광총독 張之洞은 새로운 해군건설을 위한 11조를 제시하였다. 여기서 그는 북양, 남양, 민양, 월양 등 네 개의 수사로 나누고, 자신이 관할하는 월양수사에 철갑선 세 척, 철강어뢰정 여섯 척을 배치해 줄 것을 요청하였다(1885.10.11.)(『中國近代海軍史事日誌 (1860-1911)』, 131쪽).

갑선을 구매하기로 협약을 맺었다. 바로 이 배가 유명한 대형철갑선 정원定遠과 진원鎭遠[383]이다. 정원과 진원은 항속이 느리고, 화력은 강했으며, 장갑이 두꺼운 특징이 있었다. 철갑선의 선상에는 두 척의 어뢰쾌정이 있어서 유사시 바다로 투입되어 적선을 공격할 수 있었다. 이 두 전함은 당시로서는 선진적인 군함으로 비록 장갑, 무게, 항속, 포 구경 등에서 세계 최고는 아니었으나, 동아시아에서 필적할 만한 함선은 없었다. 이 두 척의 철갑선에 대한 청조의 관심은 허경징許景澄을 독일에 직접 파견해 군함에 대한 세밀한 검사를 한 것에서도 알 수 있다.[384]

청조는 정원과 진원을 구매하는 데, 무려 은 340만 냥(약 80여 만 파운드)을 지출했을 정도로 두 철갑선의 구매는 대규모 사업이었다.[385] 정원과 진원은 1884년 봄여름 사이에 중국에 보내질 예정이었으나 청프전쟁으로 연기되었다가 독일 깃발을 달고 1885년 10월에야 대고구에 도착했다. 그리고 청조는 1883년 또다시 독일에서 2,300톤 2,800마력 항속 15노트의 철갑순양함 제원濟遠을 구매하였다. 제원은 순양함이라고는 하지만 철갑선의 기능을 갖추고 있었다.[386] 과거 연해항구를 보호하기 위해 대포철선大炮鐵船을 구매했던 청조가 이제는 외해수사를 만들기 위해 철갑선을 구매한다는 것은 무척 상징적인 의미를 지닌다. 그렇다고 이홍장 중심의 양무론이 방어

---

383 정원과 진원 두 철갑선은 독일 Vulcan Shipyard에서 각각 1881년과 1882년에 만들어졌다. 이 군함은 두 대의 증기기관을 가지고 각각 6,200마력과 7,200마력의 동력을 지녔으며, 정원은 14.5노트, 진원은 15.4노트의 항속을 가졌다. 함선에는 독일 Krupp사에서 만든 후당화포를 장착했는데, 이는 1880~1890년대 세계적으로 유명한 대포였다. 또한 이 철갑선은 프랑스 Hotchkiss사에서 만든 기관포도 장착했는데, 이 기관포는 발사속도가 빨라 중대형 군함의 副炮로, 혹은 어뢰정 등 소형함정의 主炮로 쓰였다. 이 두 척의 군함은 근대 중국 해군의 유일한 대형 함선으로 '아시아 제1의 거함'이라는 평가를 받았다(『北洋海軍珍藏圖片集』, 2~3쪽).

384 許景澄, 「勘驗 "定遠", "鎭遠" 兩艦情形折」(1884.12.11.).

385 姜鳴, 『龍旗飄揚的艦隊—中國近代海軍興衰史』, 三聯書店, 2002年, 129쪽.

386 Richard N. J. Wright, *The Chinese Steam Navy 1862-1945*, Chatham Publishing, 2000, 66쪽.

적 해방을 넘어 원양의 제해권 장악이라는 근대적 해군전략에까지 도달한 것은 아니었다. 훗날 청일해전에서의 소극적인 전술에서 드러나듯, 기본적으로 대청제국이라는 전통체제의 방어에 머물러서 그것을 넘어서는 제해권으로까지 발전하지는 못한 것이다.[387]

19세기 중엽부터 세계 해군은 철갑선의 시대라고 말할 수 있는데, 각 나라는 큰 함선과 대포를 가지는 것이야말로 승리의 보증이라고 믿었다. 그러나 철갑선도 결점이 없었던 것은 아니다. 가장 큰 약점은 선체가 너무 무거워 속도가 느리다는 사실이었다. 따라서 반드시 순양함과 같은 쾌선의 보호를 받아야 했기 때문에 빠른 함선과 대포도 중요한 변수였다. 독일 주재 중국 공사 이봉포가 이홍장에게 보낸 편지에 따르면, 철갑선이 있다면 네 가지 일을 동시에 해야 하는데, "포대로써 (철갑선을) 비호하고, 선창을 만들어 수리하며, 더욱 중요한 것은 쾌속정이니 쾌속정의 보좌 없이는 철갑선은 고립될 뿐입니다. 또 하나는 어뢰로 기습하고 방어할 수 있는 다음에야 철갑선이 쾌속정의 괴롭힘을 당하지 않습니다"[388]라고 하였다. 여기서 쾌속정은 곧 순양함을 의미한다.

청프전쟁 후 해군을 대대적으로 재정비하는 과정에서 이홍장은 또다시 영국과 독일에서 치원致遠, 정원靖遠,[389] 경원經遠, 내원來遠[390] 등 네 척의 신

---

387 조병한, 「海防體制와 1870년대 李鴻章의 洋務運動」, 『역사학보』 제205집, 2010년, 150쪽, 160쪽.

388 李鴻章, 「籌議購船選將摺」(광서 5년 10월 28일)(『李文忠公奏稿』 권35); 조병한, 위의 논문, 149쪽 재인용.

389 致遠과 靖遠은 순양함으로 두 척 모두 1886년 영국 Armstrong 조선소에서 만들어졌다. 배수량은 2,300톤이고 증기기관이 있었으며 항속은 18.5노트였다. 청프전쟁 후 청이 대만해협을 방어하기 위해 영국에서 이 순양함을 구매하였다. 청은 사절단을 보내 영국에서 직접 인수하여 중국으로 가져와 북양수사에 합류시켰다(『北洋海軍珍藏圖片集』, 17~18쪽).

390 經遠과 來遠 역시 순양함으로 두 척 모두 1887년 독일 Vulcan 조선소에서 만들어졌다. 배수량은 2,900톤이고 동력은 두 대의 증기기관이었으며 항속은 15.5노트였다. 청프전쟁 후 '치원'급 순양함을 독일에서 만든 것이다. 청은 해군을 독일에 파견해 인수한 후 중국으로 가져와 북양수사에 합류시켰다(『北洋海軍珍藏圖片集』, 23~24쪽).

식 순양함과 여섯 척의 어뢰정을 구매하였다. 그 가운데 영국에서 만든 치원호와 정원호는 배수량 2,300톤, 동력 7,500마력, 항속 18.5노트였으며, 독일에서 만든 경원호와 내원호는 배수량 2,900톤, 동력 5,000마력, 항속 15.5노트였다. 이 무렵 북양에서 구입한 전함은 대체로 배수량이 2,300~2,900톤 정도이고, 함포는 210밀리와 150밀리 구경의 거포이며, 모든 함선에 어뢰발사관이 장착되어 있었다. 이처럼 철갑선과 순양함이 꾸준히 수입되면서 전함의 배치장소, 자연환경, 운영방식, 신형 대포, 조선소와 기기국의 확충 등이 논의되었다.[391]

특히 어뢰의 출현은 해전의 판도를 완전히 바꾸어 놓았다.[392] 예를 들어, 1878년 러시아와 터키의 해전 중 어뢰의 위력이 드러나면서 어뢰정 부대의 공격전술이 세계 해군의 주목을 받았다. 1884년 청프 간 마강해전 중에도 프랑스 해군은 어뢰정 공격을 통해 청의 양무揚武호를 격침시켰다. 이 해전이 발발한 지 얼마 지나지 않아 청류파淸流派의 한 사람인 장패륜張佩綸은 자신이 목격한 어뢰의 성능을 소개하며 어뢰란 정말 놀라운 무기였으며, 마강해전에서 프랑스의 어뢰로 인해 우리의 피해가 컸다고 하였다. 그는 남북양수사 모두 어뢰쾌속정을 구매해야 하는데, 특히 독일제 어뢰와 어뢰정이 우수하다고 주장했다.[393] 하지만 양무호를 격침시킨 것은 전형적인 어뢰정이라기보다는 수뢰정에 가까운 듯하다. 양무파 지도자들도 일찍부터 어뢰의 중요성을 인지하여 1880년을 전후해 정원, 진원, 제원[394]호에 소형 이

---

391 「出使德國大臣許景澄條陳海軍事宜疏」, 『第一歷史檔案館―洋務檔』(1886.3.13.)(『淸末海軍史料』, 70~75쪽).

392 어뢰는 1866년 Robert Whitehead에 의해 처음으로 모습을 드러내었다. 어뢰의 출현으로 인해 소형 함정이 전함과 같은 대형 함정을 침몰시킬 기회를 얻게 되었다. 어뢰의 이런 위력 덕분에 이후 어뢰와 수뢰의 구분이 명확해졌다(이에인 딕키 등 지음, 한창호 옮김, 『해전의 모든 것』, 휴먼앤북스, 2010년, 285쪽).

393 張佩綸, 「定購雷艇片」, 『洋務運動』 2, 551쪽.

394 濟遠은 장갑순양함으로 1883년 독일의 Vulcan 조선소에서 만들어졌다. 장갑순양함은 장갑의 두께가 철갑선보다는 얇아서 비교적 빠른 속도를 낼 수 있었다. 배수량은 2,355톤이고 두

표 7 __ 1880년대 북양수사가 영국과 독일로부터 구매한 주요 함정

함선명	유형	배수량 (톤)	마력 (hp)	속도 (노트)	함포 (문)	구입 시기	제조 국가	가격 (냥兩)
超勇	快船	1,350	2,400	15	18	1881	영국	20,000
揚威	快船	1,350	2,400	15	18	1881	영국	200,000
定遠	鐵甲	7,335	6,000	14.5	22	1884	독일	1,630,000
鎭遠	鐵甲	7,335	6,000	14.5	22	1884	독일	1,630,000
濟遠	巡洋	2,300	3,800	15	10	1885	독일	660,000
致遠	巡洋	2,300	5,500	18	22	1887	영국	630,000
靖遠	巡洋	2,300	5,500	18	22	1887	영국	630,000
經遠	巡洋	2,900	5,000	15.5	11	1887	독일	620,000
來遠	巡洋	2,900	5,000	15.5	11	1887	독일	620,000
福龍	魚雷艇	115	1,000	26	4	1887	독일	85,900
左一	魚雷艇	108	1,000	24		1886	영국	
左二	魚雷艇	74	338	13.8		1887	독일	
左三	魚雷艇	74	338	13.8		1887	독일	
右一	魚雷艇	74	442	15.5		1887	독일	
右二	魚雷艇	74	442	15.5		1887	독일	
右三	魚雷艇	74	442	15.5		1887	독일	

* 『淸末海軍史料』, 471쪽; 王家儉, 『李鴻章與北洋艦隊』, 三聯書店, 2008年, 140쪽 표; 胡立人·王振 華 主編, 『中國近代海軍史』, 大連出版社, 1990年, 121쪽 표(자료마다 적지 않은 오차가 있음).

뢰정과 어뢰발사기를 실었다. 그들은 당시 '해방에 필요한 무기로 어뢰보 다 적을 공격하기 좋은 것은 없고, 수뢰보다 해구를 방어하기 좋은 것은 없 다'고 생각해 철갑선과 순양함을 구매하는 과정에서 어뢰정 여러 척을 함께 수입하였다. 1886년에 독일에서 어뢰정 복룡福龍을 구매하였다. 특히 1887 년에는 먼 바다에도 나갈 수 있는 대형 좌일左一 어뢰정을 구매한 후, 좌이 左二, 좌삼左三, 우일右一, 우이右二, 우삼右三 등 다섯 척의 어뢰정을 차례로

대의 증기기관을 장착했으며 항속은 16.5노트였다(『北洋海軍珍藏圖片集』, 12~13쪽).

수입해 모두 11척이 되었다.

한편 1885년 무렵 유럽에 주재하던 청의 사절들은 군함과 마찬가지로 신형 대포를 구입하는 데도 주력하였다. 19세기 이래 해군에서 대포는 함선의 화력장비 가운데 가장 중요한 요소였다. 정원, 진원에 설치된 가장 큰 대포는 305밀리 후당대포로 세계 최고 수준이었으며, 치원 등에 설치된 210밀리 후당대포와 기타 중소형 대포들 역시 당시 최고급 대포였다. 그 화력은 영국, 독일 해군의 최신 전함과 비교해도 손색이 없었다. 이런 대포들조차 1890년대에 들어와 쾌포, 즉 속사포가 출현하면서 금방 구식이 되었다.[395]

1885년부터 1888년까지 북양수사에서 구입한 전함은 모두 14척으로 함선의 배수량이나 대포 구경 모두 이전의 것보다 신형이자 대형이었다. 여기에다가 기존 군함을 정리 통합해 최종적으로 북양수사는 군함 25척을 보유할 수 있었다. 두 척의 대형 철갑선 정원·진원, 일곱 척의 고속 순양함 치원·정원·경원·내원·제원·초용·양위, 여섯 척의 포선 진동·진서·진남·진북·진중·진변, 여섯 척의 어뢰정 좌일·좌이·좌삼·우일·우이·우삼, 세 척의 연습선 위원威遠·강제康濟·민첩敏捷, 한 척의 수송선 이원利遠 등이 그것이다. 대만 사건 이후 1875년부터 1888년까지 청조가 외국에서 구입한 함선은 대략 40여 척이며, 각종 비용을 합쳐 모두 일천 수백만 냥이 소요되었다. 청은 해군력이 현저하게 증강하자 대일정책에서도 타협적인 정책에서 강경책으로 전환하였다.

1888년 9월 30일 해군아문의 혁현 등은 『북양해군장정北洋海軍章程』을

---

395 1890년대 북양함대는 기존의 철갑선과 순양함의 함포를 교체하려는 시도가 있었다. 진원·정원 두 철갑선의 크고 작은 함포들이 이미 구식이 되었고, 제원은 세 문의 함포밖에 없었으며, 경원·내원과 같은 순양함은 후미에 대포가 없었다. 이에 따라 진원·정원은 Krupp 신식속사포 각 여섯 문, 제원·경원·내원은 Krupp 신식속사포 각 두 문 등 모두 18문의 신형 함포를 설치하는 일이 추진되었다. 하지만 예산 부족으로 제대로 이루어지지 못했다[「李鴻章奏爲海軍鐵甲快練各船拟分年添快炮陸續付款折」, 『第一歷史檔案館-洋務檔』(1894.3.31.)(『淸末海軍史料』, 124쪽)].

제정하였다. 이 장정은 14조항으로 이루어졌는데, 서양 해군의 규칙과 제도를 참고해 만든 근대 중국의 첫 번째 해군장정이었다.[396] 여기에는 선제船制와 관제官制를 중심으로 14조의 규정이 있으며, 제독提督 이하 총병總兵, 부장副將, 참장參將, 유격遊擊, 도사都司, 수비守備, 천총千總, 파총把總 등 모두 315명의 인원을 배치하였다. 서양 열강의 경우 대부분 해군부를 만들어 그 권한을 육군부와 평행으로 놓았는데, 청조도 뒤늦게나마 해군건설 과정에서 이런 서양의 해군부에 주목해 장정을 만든 것이다. 이 장정의 제정은 북양수사가 드디어 북양해군, 즉 성군成軍했음을 상징하였다. 북양함대北洋艦隊는 당시 아시아 1위의 규모였다(별표 4 참고). 그런데 해군이라는 용어는 수사라는 용어와 마찬가지로 청대 중국인에게는 이중적인 의미를 지닌다. 단독으로 사용될 때는 함정을 주체로 삼아 바다와 강에서 작전을 수행하는 군종이며, 이 용어가 어떤 지역 명칭과 함께 사용될 때는 해당 작전 해역을 담당하는 해군의 조직단위로 함대를 의미하였다. 예를 들어, 광동수사나 북양해군은 실제로는 광동함대나 북양함대인 것이다. 아울러 설명이 필요한 부분은 19세기 말의 '해군'이란 단어는 단지 북양 한곳에서만 사용된다는 사실이다. 1888년 이후 북양함대의 공식문건에는 더 이상 '북양수사'가 등장하지 않고 단지 '북양해군'이란 단어만 볼 수 있다.[397]

북양해군의 발전과정에서 1890년 새로 만든 국산 철갑순양함 평원平遠호가 등장했다는 사실은 눈여겨 볼 만하다. 평원호는 근해 방어용 철갑선으로 복주선정국에서 프랑스의 근해방어용 철갑선을 모델로 만든 것이다. 본래 청프전쟁이 끝난 후 선정대신 배음삼裴蔭森이 건조를 제안했는데, 적지 않은 반대가 있었으나 자희태후慈禧太后가 적극 지지하여 추진하게 되었다. 처음에는 용위龍威라 불리다가 1890년 북양해군에 편입될 때 평원으로 바

---

396 「北洋海軍章程」(1888.9.30.),『洋務運動』3, 195~262쪽.
397 姜鳴,『龍旗飄揚的艦隊－中國近代海軍興衰史』, 三聯書店, 2002年, 276쪽.

뛰었다.[398] 이 무렵 중국 내에서 만든 함선도 비교적 성능이 뛰어나 1880년대 말 1890년대 초에 만든 군함 광갑廣甲, 광을廣乙, 광병廣丙, 평원平遠 등은 같은 시기 유럽 함선의 수준에 근접하였다.

북양해군은 아시아 최대의 해군력을 갖추기 시작하면서 연해방위를 벗어나 외양작전능력을 배양하기 시작했다. 이에 따라 원양항해훈련을 적극적으로 실시하였다. 이미 북양수사 시절인 1880년 초반부터 중국은 물론 조선·일본·러시아 남양 지역에 이르는 순항훈련을 여러 차례 했고, 그 과정에서 조선의 내정은 물론 외교와 군사 문제에 깊이 개입하며 일본과 경쟁했다. 특히 일본에 세 차례나 기항한 사건은 유명하다. 첫 번째 일본 방문 중 발생한 이른바 나가사키 사건[399]은 일본인으로 하여금 청의 해군에 대한 위기감과 적대감을 일으켜 해군 확장의 계기를 마련하였다. 두 번째 일본 기항에서도 정여창이 다수의 고관대작을 군함에 초대해 호화로운 연회를 열고 함선 내부를 자유롭게 참관하도록 허락해 일본 측에 청의 해군력을 엿보는 기회를 주었다. 이런 북양해군의 일본 방문 이후 일본 해군은 확장일로를 걸은 반면, 거꾸로 북양해군은 하강곡선을 그렸다. 1891년 호부로부터 재정지원이 끊기자 북양해군의 발전은 갑작스레 정지되었다. 그리고 몇 년 후 북양함대는 일본 함대보다 다소 낙후한 전력으로 청일전쟁을 맞이하였다.

---

398 『北洋海軍珍藏圖片集』, 28쪽
399 나가사키 사건에 대해서는 馬青의 『中國海軍と近代日中關係』(錦正社, 2011) 24~33쪽 참고할 것.

별표 3__ 강남제조국과 복주선정국에서 만든 군함(1868~1874)

군함명	건조창	유형	건조시기	배수량(톤)
惠吉	강남	포선	1868	600
萬年淸	복주	포선	1869	1,450
湄雲	복주	포선	1869	515
操江	강남	포선	1869	640
測海	강남	포선	1869	600
福星	복주	포선	1870	515
威靖	강남	포선	1870	1,000
伏波	복주	포선	1870	1,258
安瀾	복주	포선	1871	1,258
鎭海	복주	포선	1871	572
海安	강남	순양선	1872	2,800
揚武	복주	순양선	1872	1,560
飛雲	복주	포선	1872	1,258
靖遠	복주	포선	1872	572
振威	복주	포선	1872	572
馭遠	복주	순양선	1873	2,800
濟安	복주	포선	1873	1,258
永保	복주	운수선	1873	1,258
海鏡	복주	운수선	1873	1,258
琛航	복주	운수선	1874	1,258
大雅	복주	운수선	1874	1,258

* 陳悅, 『近代國造艦船志』, 山東畵報出版社, 2011年, 330~336쪽

  陳悅 編著, 『辛亥·海軍—辛亥革命時期海軍史料簡編』, 山東畵報出版社, 2011年, 3~4쪽.

별표 4__ 북양해군 함선 현황

함선명	유형	배수량 (톤)	마력 (hp)	흘수 (ft)	속도 (노트)	인원 (명)	제조 국가	구매 및 배치년도	참고
定遠	鐵甲戰艦	7,335	6,000	19.6	14.5	330	독일	1884	主力艦
鎭遠	鐵甲戰艦	7,355	6,000	19.6	14.5	330	독일	1884	主力艦
經遠	巡洋快船	2,900	5,000	16.1	15.5	200	독일	1887	辅助艦
來遠	巡洋快船	2,900	5,000	16.1	15.5	202	독일	1887	辅助艦
致遠	巡洋快船	2,300	5,500	16.5	18.0	202	영국	1887	辅助艦
靖遠	巡洋快船	2,300	5,500	16.5	18.0	202	영국	1887	辅助艦
濟遠	巡洋快船	2,300	2,800	16.0	15.0	202	독일	1885	辅助艦
平遠	巡洋快船	2,067	2,400	15.6	10.5	202	복주	1889	辅助艦
超勇	巡洋快船	1,350	2,400	15.0	15.0	137	영국	1881	辅助艦
揚威	巡洋快船	1,350	2,400	15.0	15.0	137	영국	1881	辅助艦
鎭東	蚊炮船	440	350	9.3	8.0	55	영국	1878	防守艦
鎭西	蚊炮船	440	350	9.3	8.0	54	영국	1878	防守艦
鎭南	蚊炮船	440	350	9.3	8.0	54	영국	1878	防守艦
鎭北	蚊炮船	440	350	9.3	8.0	54	영국	1878	防守艦
鎭中	蚊炮船	440	350	9.3	8.0	55	영국	1880	防守艦
鎭邊	蚊炮船	440	350	9.3	8.0	54	영국	1880	防守艦
康濟	鐵脇	1,300	750	13.0	9.5	124	복주	1879	練習艦
威遠	鐵脊	1,300	750	13.0	12.0	124	복주	1877	練習艦
敏捷				10.0		60	영국	1886	練習艦
利運	鐵船	1,080	101			57			運輸艦
泰安	炮船	1,258				180	상해	1876	補助船
鎭海	炮船	950				100	복주	1871	補助船
操江	炮船	950				91	복주	1864	補助船
湄雲	炮船	578				77	복주	1869	補助船
海鏡	木質商船	80				30	복주	1873	補助船
左一	魚雷艇	90	1,000	4.6	23.8	33	영국	1886	魚雷艇

左二	魚雷艇	74	338		13.8	32	독일	1887	魚雷艇
左三	魚雷艇	74	338		13.8	32	독일	1887	魚雷艇
右一	魚雷艇	74	422		15.5	32	독일	1887	魚雷艇
右二	魚雷艇	74	422		15.5	32	독일	1887	魚雷艇
右三	魚雷艇	74	422		15.5	32	독일	1887	魚雷艇

* 『北洋海軍章程』(船制); 日本海軍司令部, 『淸國海軍編制』(船艦); 王家儉, 『李鴻章與北洋艦隊』, 三聯書店, 2008年, 311~312쪽 표(자료마다 적지 않은 오차가 있음).

제6장
청프전쟁과 청일전쟁에서의 해전

1874년의 대만 사건, 1883~1885년의 청프전쟁, 1894~1895년의 청일전쟁 등 세 차례 전쟁은 근대 해군이 참가한 전쟁이었다. 대만 사건은 일본 해군의 일방적인 침공이었는데, 청조는 이에 전혀 대응하지 못했고 그 충격으로 해군건설을 시작하게 되었다. 양무운동시기 군사 근대화의 목표 중 하나가 신식 해군의 건설이라는 사실은 널리 알려져 있다. 그 후 일어난 청프전쟁과 청일전쟁에서는 대규모의 해전이 있었다. 청프 간의 마강해전은 프랑스 함대의 공격에 청의 복건수사가 일방적으로 패배한 전투였지만, 그래도 중국이 처음 경험한 근대적 해전이었기에 그 의미는 각별하다. 특히 이 전쟁에선 해양 관련 국제법 사건이 많이 발생해 중국인의 해양인식이 좀 더 깊어지게 되었다. 10년 후 발발한 청일전쟁 중에는 당시로서 가장 큰 규모의 철갑선과 순양함이 동원되어 세계 해전사에 남은 황해해전黃海海戰이 벌어졌다. 열강에 기대지 않고 독자적으로 벌인 이 해전에서도 국제법 분쟁이 있었다. 주지하듯이 대만 사건과 청프전쟁의 자극으로 만들어진 북양해군은 청일전쟁의 패배로 와해되었다.

여기에서는 청프전쟁과 청일전쟁의 해전을 비교하면서 특히 해양 관련 국제법 사건을 다룰 것이다.[400] 청은 양무운동시기 큰 비용을 투자하여 근대 해군의 건설에 주력했으나, 그 결과는 허망할 정도의 일방적인 패배로 끝이 났다. 과거 청 해군사 연구에서는 두 해전의 패전 원인에 대해 전제왕조의 부패, 해군 정비의 불충분, 작전 방침의 소극성, 해군 지도자의 무능력 등을 지적했다. 여기서는 해전에서 패배한 원인을 해양인식의 부재, 특히 해양 관련 국제법에 대한 막연한 기대나 이해 부족에서 찾고자 한다. 기존 연구는 외교사의 각도에서 중외교섭과 교전 및 조약 담판 과정에서 청이 국제법을 응용하는 문제를 다루고 있다. 이런 연구들은 주로 청프전쟁과 청일전쟁과 관련해 많은데, 공통점은 프랑스와 일본이 전쟁기간 중에 국제법을 위반한 사실을 지적하고, 중국 측이 조약과 국제법의 규정을 지키려 했다고 주장한다.[401] 당시 이홍장은 청이 열강과 싸울 경우 승산이 없다고 보고 국제법을 이용해 변경을 공고히 하고 외국의 침입을 막으려는 소극적인 입장을 취하였다. 그래서 청프해전에서는 국제법과 관련한 논쟁들이 자주 등장하며, 청일해전에서도 종종 분쟁이 있었다.

여기에서는 이 두 해전의 경과에 대해 간단히 소개한 후 해전 중에 발생한 분쟁의 변화 양상을 비교할 것이다. 특히 당시 출판된 세 권의 국제법 저서 『만국공법』(1864), 『공법편람』(1877), 『공법회통』(1880)[402]의 해양법 조항

---

400 청 말 해군사 연구와 사료는 앞 장에서 간단히 언급했지만, 청프전쟁과 청일전쟁에 대한 연구나 사료가 너무 방대하여 모두 열거하기 어렵다. 대체로 기존 연구는 전쟁이나 해전 자체에 주목하거나 자국의 전투 행위가 국제법상 큰 문제가 없다고 은근히 변호하는 경우가 많았다. 국내에서는 청프전쟁에 관한 연구가 별로 없고, 청일전쟁은 조선의 정세와 연결시킨 논문이 대다수이다.

401 林學忠, 『從萬國公法到公法外交』, 上海古籍出版社, 2009年, 28쪽.

402 Martin이 번역한 서적은 3장에서 소개한 『萬國公法』 이외에 『公法便覽』(1877)과 『公法會通』(1880) 등이 있다. 『공법편람』은 1877년에 同文館에서 출판하였다. 이 책의 원저는 미국학자 T. D. Woolsey가 쓴 『국제법 연구서설』로, 미국 뉴욕 태생인 저자는 철저한 기독교 국제법의

을 충분히 활용할 것이다. 왜냐하면 일반적으로 널리 알려진 『만국공법』 말고도 해양 관련 분쟁 사례가 많이 담겨 있는 『공법회통』과 『공법편람』이 두 전쟁과정에서 나름대로 중요한 기능을 했기 때문이다.[403]

1. 청프해전에서의 국제법 분쟁

(1) 마강해전

청프전쟁이 일어나던 1880년대 국제법에 따르면, 어떤 나라도 뚜렷한 명분 없이 다른 나라와 전쟁을 일으킬 수 없었다. 외국의 침략을 방어하거나 혹은 보복하기 위해서가 아니라 단지 자국의 이익을 위해 일으킨 전쟁은 국제법을 위반하는 것이었다. 청프전쟁은 청조가 국제법 관념을 받아들인 후 적극적으로 법률을 가지고 대응한 대표사례였다. 총리아문은 근대 국제법 질서에 적극 참여해 프랑스의 위법행위를 폭로하고 국제여론을 일으켜 침략을 막으려고 했다.

우선 청프전쟁의 출발점인 양국의 베트남문제에서부터 국제법과 관련한 분쟁이 일어났다. 베트남 주도권을 둘러싸고 오랫동안 군사적 대결 중이던 청과 프랑스는 1884년 5월 천진에서 청프 「간명조관簡明條款」(5조)을 맺어 평화적 해결의 돌파구를 찾았다. 그런데 6월 23일 프랑스군이 북상하여

제창자였다. 『공법회통』 역시 Martin과 학생들이 1880년에 독일 법학자 J. C. Bluntschli의 저서 『문명국가들의 근대 국제법』을 번역한 것이다. Bluntschli는 당시 동아시아에 알려진 누구보다도 학문적 수준이 높은 서양 법학자였다.

403 여기에서는 한국학문헌연구소 편, 『萬國公法』(한국근대법제사료총서1), 아세아문화사 영인본, 1981년(이하 『萬國公法』으로 약칭); 한국학문헌연구소 편, 『公法便覽』(한국근대법제사료총서2), 아세아문화사 영인본, 1981년(이하 『公法便覽』으로 약칭); 한국학문헌연구소 편, 『公法會通』(한국근대법제사료총서3), 아세아문화사 영인본, 1981년(이하 『公法會通』으로 약칭)을 기본 자료로 사용하였다. 『萬國公法』의 경우 중국에서 출판된 (美)惠頓 著, 『萬國公法』(上海書店出版社, 2002年)도 활용하였다.

국경지역인 관음교觀音橋라는 곳에 도착했을 때, 그곳에 잠복해 있던 청군과 무장충돌이 일어나 다수의 프랑스군이 사망했고 청군은 퇴각하였다. 사건 발생 후 프랑스 정부는 이른바 관음교 사건(혹은 양산諒山 사건)이 청군의 음모로 일어난 것이고 청프 「간명조관」을 위배한 것이라며, 군대를 즉각 동경東京으로부터 철수하고 배상금 2억 5천만 프랑을 내놓으라고 요구하였다.[404] 「간명조관」에 청군의 철병 시간을 구체적으로 명기했는지 여부, 관음교 사건이 청군에 의해 의도적으로 일어났는지의 여부 등이 민감한 사안이었다. 그 후 청프 쌍방은 상대방이 먼저 국제법을 위반했다고 비난했다. 해관총세무사 하트의 중재로 미국 정부가 위법 여부를 판결할 것을 제의했으나 프랑스는 이를 거절하고 제시한 기한 내에 청조가 합의하지 않으면 무력으로라도 물질적 보상을 받아낼 것이라고 경고했다.[405] 결국 이 사건으로 인해 청프전쟁이 전면적으로 확대되었으며 얼마 지나지 않아 마강해전이 발발했다.

청 말 복건지역은 신식 해군의 요람으로 복주선정국의 설립은 외해수사의 물질적 기초를 제공하였다. 복주선정국에서는 청프전쟁 이전에 9척의 선박을 건조했고, 이런 함선을 기초로 복건수사의 신식 체제를 갖추어 갔다. 특히 선정국이 있던 마미항馬尾港의 뛰어난 자연환경은 수사의 발전에 매우 유리하였다. 마미항은 복건수사의 군사기지이자 통상항구인데, 민강 하류의 별칭으로 마강馬江이라고도 불렀다. 청프전쟁이 발발하자 마미항은 프랑스 해군의 주요 공격목표가 되었다.

1884년 7월 16일 프랑스 원동함대遠東艦隊 사령관 쿠르베A. A. P. Courbet

---

404 中國史學會 編, 『中法戰爭』 2, 新知識出版社, 1955, 202~203쪽(이하 『中法戰爭』으로 약칭).
405 중국학계에서는 청조가 국제법에 대한 무지로 인해 청프 「簡明條款」의 해석과 관음교 사건의 위약 여부를 놓고 프랑스와의 외교전에서 농락당했다고 본다. 특히 이홍장과 François-Ernest Fournier 두 사람 사이에 맺은 「簡明條款」 말고 청이 베트남에서 철병할 기한을 정한 또 다른 협의가 있었느냐 여부가 중요한 외교 분쟁이었다(韓琴, 「國際法視角下中法馬江海戰起因探究」, 『閩江學院學報』, 2008年 第4期, 100~106쪽).

(孤撥)는 주변을 둘러본다는 명목으로 마미항에 입항하였다.[406] 곧이어 몇 척의 프랑스 군함이 계속해서 마미항에 정박하였다. 복건해강사의대신福建海疆事宜大臣을 담당하던 장패륜은 해당국 영사에게 조회해 많은 수의 군함이 입항하는 것을 막으려 했으나 소용이 없었다. 청과 프랑스가 관음교 사건에 대한 배상문제를 놓고 첨예하게 대립하는 가운데 마강에 모인 프랑스 군함은 무려 10여 척에 다다랐다. 프랑스가 함선들을 마미항에 주둔시킨 것은 당시 비정상적인 상황에서 중국의 주권이 침범당한 것이었지만 청은 소극적으로 대응하였다. 군함이 타국 항구에 정박하는 문제는 국제법상 엄격한 법률 해석이 있다. 병선이 타국 항구에 진입할 때는 허가가 난 경우 타국의 통제에 따라야 할 필요는 없지만, 그 전제는 해당 군함이 평화로운 목적일 경우이다.[407] 수사는 군주의 직접적인 명령을 받기 때문에 병선은 상대국의 암묵적인 동의 아래 항구에 들어갈 수는 있다. 하지만 통상 항해 중인 군함도 중립국의 항구에 기항할 때 일정한 제한을 받았다.

청조는 군함의 항구 정박 문제에 지나치게 신중하여 문제를 자초했다. 『만국공법』에 따르면, "만약 각국이 어떤 이유를 불문하고 해구海口를 전면적으로 혹은 일부 봉금封禁할 경우 혹은 어떤 국가의 선박이 입항하는 것을 허가하지 않을 경우 반드시 먼저 금지를 알리는 것이 상례이다. 만약 금지를 알리지 않으면, 각국은 우방국의 병선이라 여겨 출입할 수 있을 뿐만 아니라 이미 항구에 정박한 것은 물러날 것을 요구할 수 없고, 해당국의 보호를 받는다"[408]라고 했다. 하지만 당시의 국제 관례에 따르면 외국 군함이 다른 나라의 항구에 들어올 때 보통 2척을 넘지 않으며, 시간도 2주를 넘지 않

---

406 당시 프랑스는 세계 두 번째 해군 강국으로 1882년 기준 39척의 장갑선과 9척의 해안방호장갑선, 50척의 순양함과 포선 및 60척의 어뢰정 등 총 50여 만 톤의 해군력을 보유하고 있었다(辛元歐, 『中外船史圖說』, 上海書店, 2009年, 321쪽). 쿠르베 제독은 1882년부터 지중해 함대의 일부를 지휘하다가 선발되어 원동함대의 사령관이 되었다.

407 『萬國公法』 권2, 제2장, 9절.

408 『萬國公法』 권2, 제2장, 9절.

는 것이 관례였다.[409] 따라서 청조가 사실상 적국인 프랑스 함대가 자국의
군사 요충지에 40여 일간 머물도록 허락한 것은 전쟁사에 유례를 찾아보기
어려운 일이었다.[410] 마미항을 지키는 관원이 프랑스 군함이 입항하는 것을
금지하지 않은 것을 프랑스 측은 암묵적인 허가를 받은 것이라 여기고 자유
롭게 항구를 출입하였다. 그러나 프랑스 군함은 마미항에 평화로운 목적으
로 방문한 것은 아니었으며 사실상 무력시위를 한 것이었다.[411] 군사작전 중
인 함대가 항구에 들어오는 것은 해당국의 주권을 무시하는 것이다. 그러나
현실적으로 중립국이 실력을 행사할 능력이 없다면 상대방의 행위를 억제
할 수 없었다.

쿠르베는 관음교 사건 배상문제 해결을 목적으로 군사 행동을 통해 청조
를 압박하기로 결정했다. 그는 민강에 정박 중인 프랑스 함대를 동원해 대
만의 기륭항基隆港을 공격하라는 명령을 내렸다. 8월 4일 기륭항에 침범한
프랑스군은 다음 날인 8월 5일 돌연 기륭포대를 공격하였다. 이틀간 프랑
스 함대는 기륭지역을 공격했는데, 청군의 강력한 반격을 받아 100여 명의
사상자를 내고 물러났다. 이에 쿠르베는 우선 마미항에 정박 중인 복건수사
와 선정국 및 연안포대를 파괴하고 다시 병력을 집중해 기륭을 공격할 것을
구상하였다. 프랑스 함대는 8월 19일 청조에게 배상에 관한 답변을 위해 이
틀간 시간을 주는 최후통첩을 하였다. 8월 21일 총리아문에서 조약을 위반
한 바가 없어 배상할 수 없다고 하자, 쿠르베는 자국 병사 희생에 대한 보복
의 이름으로 8월 23일 마강해전을 개시하였다.[412]

마강해전에 참가한 프랑스 해군은 모두 11척으로 그 가운데 대형 순양함
뒤과이-트루인Duguay-Trouin(배수량 3,189톤, 3,740마력, 승무원 300명, 대

409 「甲申戰爭紀」,『淸末海軍史料』, 302쪽.

410 姜鳴,『龍旗飄揚的艦隊―中國近代海軍興衰史』, 三聯書店, 2002年, 187쪽.

411 鄭劍順·張衛明, 「近代國際法與中法馬江戰役」,『學術月刊』, 2005年 6月, 102~103쪽.

412 馬江海戰에 대해서는『中法戰爭』3, 545~559쪽;『淸末海軍史料』, 301~307쪽 등에 자세하다.

포 10문)을 비롯해 데스탱D'Estaing, 트리온판테Triomphante 등 5척의 순양함이 있었다. 대포는 77문으로 모두 신식 후당포였으며, 구경 190미리 이상이 12문, 140미리 이하가 50여 문이었다. 순양함은 증기기관으로 탄약고 등이 장갑으로 보호되었고, 포선은 모두 철갑선이었으며, 목재로 만든 선박도 대부분 장갑설비나 방탄설비를 갖추었다. 이에 비해 복건수사의 군함 11척 가운데 가장 큰 순양함 양무揚武(배수량 1,560톤, 1,130마력, 승무원 200명, 대포 11문)호는 1872년에 진수한 중국산으로 화포가 45문이었으나 대부분 구경이 작아 160미리 이상은 3문에 불과하였다. 게다가 어뢰는 물론 기관포도 없었다. 복성福星호와 건승建勝호 등 미국에서 구매한 2척의 포정 이외에는 모두 마미선창에서 만든 목재 병선이었다.[413] 당시 프랑스 함선들은 마미항에 진입한 후 그곳에 정박하고 있던 청의 군함과 매우 근접해 있었다.

1884년 8월 23일 오후 1시 50분 쿠르베 제독의 기함인 볼타Volta(배수량 1,300톤, 1,000마력)호에서 최초의 포격을 시작하였다. 볼타호의 제1탄이 양무호에 명중했고 이와 동시에 양무호도 응전하였다. 양무호는 선정대신 하여장의 금령에도 불구하고 프랑스 군함에 반격했으나 주변의 적들에게 집중 포격을 받았고, 불과 20여 분 뒤 양무호를 비롯한 청 군함 3척이 침몰 상태에 놓였다. 얼마 후 2척의 프랑스 어뢰정(혹은 수뢰정)에서 양무호와 복성호를 향해 어뢰를 발사하였다. 특히 프랑스 제46호 어뢰정에서 발사한 어뢰 한 발이 양무호의 우측 후미에 맞아 치명타를 입혔다. 쌍방 군함의 포격전이 40여 분간 지속된 후 복건수사의 예신藝新호와 복파伏波호가 상처를 입고 상류로 도주한 것 말고, 나머지 9척의 군함과 운수선이 모두 침몰하였다. 이 해전은 양측의 군함 숫자는 비슷했지만 성능에 현격한 차이가 있어 일방적인 전투였다. 청의 군함이나 포대에서 대포를 쏘았지만 거의 맞지 않았고, 청군은 700여 명의 사상자가 발생하였다. 국제법에 따르면 "적병

---

413 史滇生 主編, 『中國海軍史概要』, 海潮出版社, 2006年, 228~229쪽.

이 무기를 내려놓고 항복하면 마땅히 그 무기를 거두고 포로로 삼는다. 만약 그들을 죽이거나 해치는 것은 안 된다"[414]고 규정하고 있다. 그러나 프랑스군은 복건수사의 수병이 물에 뛰어들어 허우적거릴 때 총으로 조준 사살하는 비인도적인 행위를 벌였다. 이와 달리 주변에 있던 외국 선박들은 보트를 내어 청군 중 일부를 구하였다.[415] 프랑스 함대는 복건수사를 괴멸시킨 다음날 선정국도 포격으로 파괴하였다. 그리고 8월 25일부터 29일까지 항구를 벗어나면서 주변의 해방포대를 차례로 파괴하였다. 당시 청의 해방포대는 신식대포와 포탄으로 무장했음에도 불구하고 별다른 역할을 하지 못했는데, 여전히 대포가 회전식이 아니거나 각 대포 간 간격이 엄밀하지 못했기 때문이다.

마강해전은 청조가 10여 년간 해방을 준비한 후 처음 겪은 대규모 해전이었다. 이 전투에서의 일방적 패배는 그동안의 해방건설이 실패한 사실을 보여 주었을 뿐만 아니라, 남양해방의 허점을 적나라하게 드러내었다. 마미항에 있던 11척 군함은 미국에서 구매한 2척을 제외하고는 모두 복주선정국에서 만든 목재 선박이었으며, 설치한 대포도 대부분 구식 소구경포였다. 프랑스 함대는 신식 대구경포를 설치한 것은 물론 배수량, 항속, 장갑방호, 공격능력 등에서 복건수사를 압도하였다. 게다가 해군 전략에서도 프랑스군은 청군보다 뛰어났는데, 복건수사는 통일된 지휘체계가 결핍되었고 유능한 해군 인력도 부족하였다.[416] 장패륜이 마강 입구를 봉쇄하려는 시도나 각 성에서 군함을 지원받으려는 시도 모두 무산되었다.[417]

당시 프랑스 함대 사령관인 쿠르베는 자국 군함에 선포한 명령에서 군사행동을 벌인 이유에 대해 "우리 병사들이 양산에서 수치스런 배신의 희생

---

414 『公法會通』 권7, 제585장.
415 『中法戰爭』 3, 134쪽.
416 張煒·方堃 主編, 『中國海疆通史』, 中州古籍出版社, 2003年, 385쪽.
417 劉伯奎 編著, 『中法越南交涉史』, 學生書局, 1980年, 69쪽.

양이 된 지 오늘이 바로 2개월째이다. 이런 폭력에 대해 이미 기륭에 있는 동료들과 너희들이 용감하게 복수한 것이다"[418]라고 말하였다. 8월 29일 프랑스 정부는 일본 주재 프랑스 공사에게 보낸 전보에서 마강해전의 발발 원인에 대해 설명하면서, "중국 정부가 양산에서 매복한 것과 천진조약을 위배한 것에 대한 보상을 거절하자, 우리는 어쩔 수 없이 보복이란 수단으로 중국 복주의 조선소, 포대와 함대를 분쇄한 것이다"[419]라고 하였다. 여기서 '보복'이란 국제법 범주의 합법행위로『만국공법』에서는 보복에 대해 다음과 같이 정의하고 있다. "각국이 사기와 능욕을 당했을 때, 다른 방법으로 그 억울함을 해결할 수 없다면 오직 힘을 써서 보복해 제어할 뿐이다. 예를 들어, 인민이 왕법이 미치지 않는 곳에 있어 소송을 할 수 없으면 단지 힘으로 자신을 보호할 뿐이다"[420]라고 했다. 쿠르베의 보복 동기는 바로 관음교 사건에 있었다.

마강해전 이전까지 청조는 국제법을 준수하며 청프 관계를 우호적으로 유지하려 노력했다. 프랑스 군함을 마미항에 정박시킨 것도 청프 관계에 새로운 위기를 만들지 않으려는 소극적인 태도였다. 하지만 프랑스군이 이미 대만 기륭항을 공격하다 실패한 후여서 청조는 군함의 입항을 거절할 수 있는 상황이었음에도 불구하고 제어하지 못했다. 마강해전으로 사실상 청프 간에 교전이 일어났는데도 프랑스 당국은 여전히 전쟁 상황을 부정하며 이번 군사행동은 청조가 조약을 어긴 것에 대한 보복일 뿐이라고 주장하였다. 이처럼 프랑스가 전쟁 상황을 인정하지 않은 까닭은 국제사회에 자신들이 피해자라고 인식시키며 전쟁을 끌고 나가는 것이 유리하다고 판단했기 때문이다.

---

418 『中法戰爭』 3, 556쪽.
419 『中法戰爭』 7, 256쪽.
420 『萬國公法』 권4, 제1장, 제1절.

(2) 대만봉쇄

청프전쟁 당시 프랑스 해군의 대만봉쇄는 국제법상 항구봉쇄와 관련한 유명한 사건이다. 국제법에서 항구봉쇄에 관한 규정은 무척 상세하다.『만국공법』,『공법편람』,『공법회통』에도 이 주제에 대한 많은 조항들이 실려 있다. 대만봉쇄 사건을 소개하면 아래와 같다.

프랑스군은 전쟁 초기 대만 기륭일대를 점령해 청조와의 담판 때 배상금을 받기 위한 볼모로 삼으려 했지만 실패했다. 마강해전 승리 후 대만 주변 해역의 제해권을 장악한 프랑스는 제2차 기륭전투를 벌였지만 현재의 해군력으로 대만을 점령하기 어렵다는 사실을 다시금 깨달았다. 이에 따라 대만봉쇄라는 항구와 해상을 통제하는 방법을 통해 청의 대만 원조를 막으려 했다.[421] 본래 쿠르베는 처음부터 청의 군사 요새인 여순항이나 위해위威海衛를 직접 점령하는 것이 중국에 대한 효과적인 전략이라고 생각했지만, 프랑스 정부는 대만을 공격할 것을 지시하였다. 아마도 북방의 해군 요새를 공격할 경우 영국과 러시아를 자극할 것을 우려했기 때문으로 보인다. 전쟁이 확대된 후 쿠르베는 다시 북방기지를 공격할 것을 요청했으나 본국으로부터 대만을 확보하라는 명령을 받았을 뿐이다.

1884년 10월 20일 쿠르베는 프랑스 내각의 권리를 위임받아 대만 섬의 북부와 서부의 각 항구에 대한 봉쇄를 단행했는데,[422] 이미 파견되어 있던

---

421 『公法便覽』권4, 제4장, 제1절에는 "무릇 전쟁국이 水陸을 왕래하는 길을 막아 통하지 않게 하는 것을 일러 봉쇄라고 하며", "비단 항구만 봉쇄할 수 있는 것이 아니라, 해안의 정박지역이나 해변 일대를 모두 봉쇄할 수 있다.", "무릇 중립국 선박이 봉쇄를 무시하고 나오거나 들어가면 모두 법을 위반한 것으로 간주한다." 그리고 봉쇄는 반드시 중립국에 통지해야 한다. 그리고 항구의 봉쇄를 해제하는 것은 모든 병선이 철수한 것을 기준으로 삼았다. 그리고『공법회통』권9, 제826장부터 제862장까지가 적국 항구를 봉쇄하는 규정이다. 여기에서는 "적국 항구를 봉쇄하는 것은 예로부터의 常例이다…그러나 이 논의는 충분하지 않다", "전쟁국이 실제 무력으로 항구와 해안을 봉쇄했다면 중립국은 몰래 출입할 수 없다. 그러나 헛되이 왕래를 금지한다고 공포하면 실제 무력으로 봉쇄한 것이 아니다"라고 했다.

422 張衛明, 「理想主義與現實主義之爭: 中法戰爭期間雙方對國際法的不同態度及運用」, 『社會科

군함이 각국의 왕래와 출입을 금지하였다. 무역 중인 선박도 3일 내에 화물을 비우고 항구를 벗어나야 했다. 만약 명령을 듣지 않고 위반할 경우 만국공법에 따라 처리하겠다고 위협했다. 이 봉쇄령은 주로 제3국의 선박을 대상으로 한 것으로 청프전쟁 이후 이미 중국의 모든 선박은 프랑스 전함에 나포되거나 공격받고 있었다. 이런 상황에서도 프랑스 정부는 대만을 봉쇄한 것은 평화봉쇄이지 전쟁봉쇄는 아니라고 주장하였다.[423] 하지만 국제법상 규정된 평화봉쇄에는 봉쇄한 국가가 봉쇄당한 국가 내의 제3국 선박을 구류할 권리는 없었다.[424]

항구봉쇄는 중요한 전쟁권의 한 가지이다. 국제법 규정에 따르면, 교전국의 한쪽이 다른 한쪽에 군사봉쇄를 실시할 때는 반드시 "실력으로 항구봉쇄"를 하는 것이 원칙이다. 『만국공법』에는 "항구를 봉쇄하여 선박의 왕래를 금지하는 것은 외부에 거짓으로 알려서는 안 되며 반드시 대규모의 병력으로 막아야 한다"[425]고 규정했다. 만약 허위로 항구를 봉쇄하면 전쟁권을 남용한 것으로 불법이자 법률상 효력을 가질 수 없다고 했다. 이에 따르

學輯刊』, 2009年 第4期, 123쪽.

423 『公法便覽』(속권), 제2장(보론), 제8절은 전쟁 없이 항구와 해안을 봉쇄하는 규정이다. "自力으로 억울함을 해소하는 방법으로…이른바 평화봉쇄가 있다." 일부 국제법 학자는 이를 언급했지만 다수의 국제법 학자는 언급하지 않았다. 『공법편람』의 저자는 앨라배마호 사건을 통해 이 문제를 언급하였다. 이를 요약하면, "평화봉쇄에 대한 법은 중립국 통상에 의혹이 있어도 진실로 중립국 여러 나라가 일찍이 허락하지 않고서는 공법 규정으로 넣을 수 없다. 과거에는 본국 상선의 出洋을 금지하는 법과 외국 상선의 出港을 막는 법이 있었으나, 이와 같은 법은 지금은 없어졌다. 이런 법을 실행하려는 것은 중립국의 권리를 줄이는 것이므로, 중립국은 절대 허락하지 않는다. 만약 어떤 국가가 끝내 이 법을 행하고자 한다면 중립국은 반드시 평화 시에도 전쟁권을 행사하는 것이므로 公義가 아니라고 본다. 또한 이후에 그 손실분을 보상할 책임도 있다'라고 하였다.

424 『公法會通』권6, 제507장에는 "한 국가가 아직 교전하지 않았는데 상대국의 항구와 해안을 봉쇄하면 전쟁이 아니므로 중립국과 상관이 없다. 중립국 선박이 출입할 때 막아서는 안 되며 전쟁 규정에 따라 나포할 수 없다." 이처럼 평화봉쇄는 상대국에게는 적용시킬 수 있지만 중립국에게는 적용시킬 수 없었다. 전쟁 전에 항구봉쇄를 했다면 중립국 선박은 나포할 수 없는 것이다.

425 『萬國公法』권4, 제3장, 제28절.

면, 당시 프랑스 함대가 국제법에 규정한 충분한 실력을 가지고 대만봉쇄를 단행한 것은 아니었다. 불과 10여 척의 군함을 가지고 대만해역을 봉쇄하는 것은 불가능하였다. 『공법편람』에도 "봉쇄는 반드시 실제 병력으로 행한다"라는 규정이 있지만, "몇 척의 선박이 있어야 봉쇄하기 충분한 숫자가 되는가를 논의하기는 어렵다"고 했다. 서양 각국의 조약마다 차이가 있어서 대체로 봉쇄는 반드시 실제 병력을 배치해 적국이 봉쇄한 항구를 통과할 수 없도록 하는 것이 합당한 규정이라고 보았다.[426] 따라서 프랑스가 항구봉쇄권을 남발한 것은 국제법상 항구봉쇄 조례를 위반한 것이었다. 당시 강해관세무사江海關稅務司 브레던R. E. Bredon은 가장 일찍 대만봉쇄와 국제공법과의 관련성에 주목하여 "정식으로 선전하지 않은 상태에서 봉쇄와 조사를 진행한 문제점"을 지적하였다.[427]

봉쇄조치 후 프랑스는 국제법 가운데 식량을 군수물자로 판단하는 조항을 이용해 청조의 식량운송을 금지시키는 조치를 취하였다. 『만국공법』에는 "중립국이 전쟁국과 통상하는 것은 진실로 당연하다. 또한 전시에 금지되는 화물이 있는데 사사로이 적국에 팔 수 없는 것으로 이는 공법을 위반하는 것이다"라고 했다. 하지만 식량이 금지물품이냐의 문제는 상황에 따라 다르다고 보았다. 『공법편람』이나 『공법회통』의 경우도 비슷한 견해였다. 그럼에도 불구하고 1885년 2월 프랑스는 앞으로 광주 이북으로 운송하

---

426 『公法便覽』 권4, 제4장, 제1절. 그리고 『공법회통』 권9, 제829장에는 "실제 병력으로 봉쇄하는 것에는 두 가지 설이 있다. 하나는 중립국의 한 상선이 우연하게 출입했다면 그 봉쇄가 실제 병력이 아닌 것을 증명하기에 충분하다고 본다. 다른 하나는 전쟁국의 한 병선이 능히 상선 수 척을 막으면 실제 병력으로 봉쇄하는 것으로 볼 수 있다. (『공법회통』의 저자는) 두 가지 설 모두 마땅하지 않으며 … 상선이 자유롭게 출입하는 것이 너무 많아서 저지하기 어렵다면 실제 병력으로 봉쇄한 것이 아니다"라고 하였다. 그는 제830장에서 "병선을 엄밀히 두어 막지 않고 단지 몇 척의 배가 洋面을 순찰하며 정한 바가 없다면 봉쇄론으로 간주하지 않는다"라고 하였다. 제833장에서는 "적국 항구와 해안을 봉쇄했는데, 그 형세가 쇠약해서 실제 병력으로 관리할 수 없다면 봉쇄를 해제했다고 간주한다"고 하였다.

427 中國近代經濟史資料叢刊編輯委員會, 『中國海關與中法戰爭』, 中華書局, 1983年, 228쪽.

는 쌀을 전시금지품으로 정하고 쌀 운송로를 단절시키려 하였다. 이 조치는 서양 열강의 반대에 직면했는데, 대부분의 곡식은 영국·미국·독일 국기를 단 선박들이 운송했기 때문이다.[428] 특히 영국의 항의가 거셌는데, 식량운송 은 대부분 영국 윤선에 의해 이루어졌기 때문이다. 하지만 전쟁물자는 홍콩 등을 통해 육지로도 운송될 수 있었기 때문에 프랑스의 운송금지조치는 사실상 효과가 없었다.[429]

1885년 3월 프랑스군은 대만 앞바다에서 영국 국적 윤선 평안平安호를 잡아 선상에 있던 청군 700여 명을 기륭·팽호·사이공 등으로 나누어 압송 하였다. 프랑스의 평화봉쇄 논리에 따르면 영국 윤선을 압류할 권리는 없었 다. 그럼에도 불구하고 프랑스군은 편의에 따라 평화봉쇄와 전쟁봉쇄를 선 택적으로 실행하였다.[430] 전쟁이 끝난 후 청프 간 교섭 중 이홍장은 전쟁포 로의 일괄 석방을 주장해 관철시켰다.

그리고 청의 해관 업무선인 비호飛虎호는 봉쇄기간 동안 대만의 각 등대 에 필요한 물품을 공급했는데, 프랑스군은 해상에서 사사로이 교통하는 것 은 봉쇄를 파괴하는 행위라며 선박을 압류하였다.[431] 해관총세무사 하트는 이 배가 어떤 금지품도 싣고 있지 않았으며, 프랑스 측이 청프 간에 전쟁이 존재하지 않는다고 하니 배를 석방할 것을 요구하였다. 하지만 프랑스 해군 부는 봉쇄는 봉쇄이고, 전쟁은 전쟁이라는 모호한 논리로 사실상 전쟁상태 임을 인정하였다.[432]

---

428 『萬國公法』卷4, 제3장, 제24절.
429 林學忠, 「從萬國公法到公法外交」, 上海古籍出版社, 2009年, 271쪽.
430 趙寶愛, 「試論中法戰爭中的國際法問題」, 『煙臺師範學院學報』, 2001年 第3期, 38쪽.
431 『萬國公法』卷4, 제3장, 제28절에는 항구봉쇄를 위반한 경우에 증명해야 할 것은 "첫째, 항구 봉쇄가 실로 거짓이 아니어야 하고, 둘째, 항구봉쇄를 알고도 고의로 범했어야 하고, 셋째, 항 구봉쇄한 후 사람이 실제로 화물을 싣고 출입한 것"이라고 설명한다.
432 趙寶愛, 「試論中法戰爭中的國際法問題」, 『煙臺師範學院學報』, 2001年 第3期, 38쪽.

(3) 제3국의 중립문제

청이 프랑스에 선전포고한 후 각국에 중립을 준수할 것을 조회하자 벨기에·스페인 등이 차례로 중립을 표시하였다. 영국은 청나라와 프랑스가 사실상 전쟁에 돌입했다고 생각했지만, 이번 전쟁에 중요한 이해관계가 걸려 있었기 때문에 얼마 동안 중립을 선포하지 않았다. 영국은 자국의 이익을 고려하여 프랑스에 우호적으로 대하였다. 1884년 4월 영국은 청이 새로 구입한 군함에다가 영국 현지에서 신형 대포를 설치하려 할 때 갑작스레 함선을 구류하였다. 그 이유는 청프전쟁 중 중국의 군함에 대포를 싣고 돌아가면 만국공법의 중립국 조항을 위반한다는 논리였다. 이와 유사하면서도 주목할 만한 사건으로는 전쟁 중 독일에서 만들어진 철갑선 정원호가 독일의 관리 아래 중국으로 오다가 갑작스레 되돌아간 일이다. 당시 전쟁에 참가한 프랑스 군함 중 이 철갑선의 성능을 넘어서는 배는 없었다. 따라서 이 사건은 전쟁의 초기단계의 전황에 어느 정도 영향을 미쳤다. 독일이 정원호를 중국에 넘기지 않은 것은 프랑스와의 외교적 마찰을 피하기 위한 정치적 선택으로 보인다.[433]

청프전쟁이 발발한 후 파리 정부와 프랑스 함대 간에는 전신이 중단되었다. 1884년 8월 8일 프랑스는 영국의 동의 아래 영국 영사관을 통해 파리와 쿠르베 간의 비밀전신을 주고받았다. 영국 정부는 이는 한시적인 것이며 중립국 의무를 준수해야 할 때는 당연히 전신을 중단할 것이라 하였다. 8

---

433 『公法便覽』권4, 제1장, 제5절에는 중립국이 교전 중인 양 국가 중 한쪽을 도와 군함이나 무기를 만들어 제공하는 것을 금지하고 있다. 하지만 상인들이 경제적인 이유로 전쟁 규정을 위반하는 것을 단속하는 것은 쉽지 않다; 『公法會通』권9, 제801장에는 "전쟁 규정에서 금하는 화물을 만약 중립국이 전쟁국을 대신해서 마련하거나 전쟁국으로 운반해 가는 것은 규정을 어긴 것으로 여기며 전쟁국은 이를 금지할 수 있다"라고 했다. 중립국이 만약 통상을 막을 수 없다는 규정을 믿고 전쟁국을 도왔다면 다시는 중립국이라고 할 수 없다; 『공법회통』권9, 제808장에는 "중립국의 노동자나 상인이 전쟁국을 위해 포화 등을 제조하는 것은 공법에서 금하는 바가 아니다 … (하지만) 중립국은 그 상민이 전쟁의 병력 증강에 도움을 주지 않도록 금해야 한다"는 규정이 있다.

월 23일 마강해전으로 청조가 프랑스에 대해 정식으로 선전포고하자, 총리 아문은 전신을 담당하던 영국의 대동공사大同公司에 프랑스군의 비밀전보 연락을 중단하라고 요구했다. 그러나 영국 공사는 중국 측의 요구를 거부하였다. 그는 청영 「복주전선합동福州電線合同」(1884) 규정에 있는 "중국과 각국은 복주 해구에서 해구봉쇄와 같은 예측하지 못한 일이나 계약에서 상세하게 언급하지 못한 일이 발생했을 경우, 쌍방은 고루 만국공법에 따라 일을 처리한다"[434]는 조항을 내세웠다. 중국 측은 대동공사의 중립 태도가 지나치다고 항의했다. 그 이유는 중국 정부가 정식문건으로 청프 간에 전쟁이 있다고 영국 정부에 통지하지 않은 것을 빌미로 전보중단 요구를 거부했기 때문이었다.[435] 덴마크의 대북공사大北公司와도 비슷한 사례가 있었다.

쿠르베가 대만을 공격할 때 영국 정부는 중립국 선박이 공해에서 프랑스의 조사를 받아서는 안 되며, 특히 영국 선박에 대해 조사권을 행사하지 않겠다는 점을 인정받았다. 그리고 영국은 중립성명 이전에 식민지 홍콩에서 청이나 프랑스 모두에게 군용물자나 석탄, 식량 등을 제공할 수 있다고 했다. 이런 주장은 표면적으로는 공평해 보이나 실제로는 프랑스에 석탄과 군사용품을 제공하는 결과를 가져왔다. 1884년 9월에 이르러서야 영국 정부는 각 식민지 총독에게 영국 신민이 어떠한 군사작전에도 참가하는 것을 금지하도록 했다. 그해 10월 프랑스 해군이 대만을 공격하다 뜻을 이루지 못하자 대만봉쇄를 단행하였다. 영국은 프랑스가 선전포고를 하지 않았으므로 봉쇄행위가 국제법에 저촉된다고 생각했다. 게다가 자국의 이익이 가장 많이 달려 있는 동남 연해에서 전쟁이 일어난 것에 대해 깊은 불만이 있었다. 이 무렵 비로소 영국은 "청프 간에는 사실상 법률상 전쟁상태"라고

---

434 『中外舊約彙編』(第一册), 459쪽.
435 孫瑜, 「從國際法角度看中法戰爭期間的英國"中立"」, 『吉林省教育學院學報』, 2005年 第4期, 45쪽.

승인하고 홍콩에서 프랑스 군함에 대한 석탄 제공과 선박 수리를 정지시켰다.[436] 11월 영국 외교부는 영국 주재 중국 공사 증기택曾紀澤에게 교전 쌍방에 대해 영국은 병력 초빙이나 무기 구매를 불허한다고 조회하였다.

영국 정부는 중립국의 이름으로 프랑스군의 작전범위를 제한하였다. 특히 프랑스군의 작전범위를 장강 이남으로 할 것을 요구해 영국의 기득권을 지키려 하였다. 영국 측은 프랑스가 전쟁에서 청을 결정적으로 이겨 중국에서 영향력이 확대되는 것을 경계하면서도, 청이 전투에서 프랑스에 승리하는 것도 달가워하지 않았다. 영국의 입장은 기본적으로 자국의 경제적 이익을 보호하는 선에서 조정되었다.

복주에서 외국 국적 도선사가 프랑스군에 고용된 사건이 있었다. 1884년 8월 23일, 즉 마강해전이 발발한 날 복주관원은 복주해관세무사를 통해 각국의 영사들에게 프랑스 군함에 도선사를 할당하는 것을 금지하도록 요구했다. 그러나 5명의 외국인 도선사(영국인 2인, 독일인 2인, 이탈리아인 1인)가 프랑스군에 고용되어 당일 병선을 마강에서 도선하였다.[437] 이들의 도움으로 프랑스 함대가 복건수사를 공격한 것이다. 그 후 청조는 영국 등의 영사에게 따졌으나 별다른 외교 성과를 얻지 못했다.

청프전쟁 중 프랑스는 중국 연해에서 일할 도선사를 구할 수가 없자 급하게 다른 나라의 도선사를 고용해 군함에 대한 인항 업무를 맡겼다. 프랑스 해군함대 사령관 쿠르베는 절강·복건 일대의 인항업에 익숙한 사람들을 고액으로 초빙하였다. 청조 측의 설복성 등은 이를 막으려고 도선사들을 매수하기도 했으나 몇몇 외국 국적의 도선사들이 프랑스를 위해 일하였다.[438] 대만은 프랑스 원동함대의 주요 목표였는데, 이 지역의 인항업은 모두 외국인

---

436 孫瑜, 「從國際法角度看中法戰爭期間的英國"中立"」, 『吉林省教育學院學報』, 2005年 第4期, 38쪽.
437 마미항을 급습한 프랑스 군함은 미국인 도선사가 마강 안으로 도선했다는 설도 있다.
438 『中法戰爭』 4, 159~160쪽, 169~170쪽.

의 수중에 있었다. 당시 대만 담수淡水항에는 영국 국적의 도선사가 있었는데, 담수항의 유일한 도선사였다. 그는 1884년 9월 초 대만을 떠났으나 홍콩의 프랑스 영사관에서 그를 찾아 프랑스군은 항구와 관련한 주요 군사기밀을 얻어냈다.[439]

상해항의 영국 국적 도선사인 토머스J. Thomas는 프랑스군에 적극 협조하였다. 1884년 8월 그는 프랑스 군함을 민강에서 인항하여 청프 마강해전에 직접 참가하였다. 이 전투에서 청의 복건수사는 전멸하였다. 그러나 전투 중 복건수사의 양무호가 쏜 포탄이 그가 있던 기선 볼타호에 맞으면서 현장에서 사망하였다. 상해항의 독일 국적 도선사 뮐러B. J. Müller는 1883년 말 병가를 얻어 1년간 휴직했는데, 나중에 다시 항구에 복귀해 인항업무에 종사하고자 했다. 그러나 그는 1년여 동안 프랑스 군함에서 일하면서 인항업무를 한 사실이 드러나 복직이 거부되었다.[440] 물론 청프전쟁 중 외국국적 도선사가 프랑스군의 인항요구를 거절한 사례도 있었다.

전시금지품과 관련해서도 분쟁사례가 있었다. 전쟁 기간 중 청조는 각국 상인이 국제법을 준수해 사사로이 석탄을 프랑스 병선에 팔지 못하도록 했다. 실제로 외국 상인들이 석탄을 프랑스군에 판매하는 것을 막기 위해 석탄운송 상선이 연대항煙臺港에 들어오지 못하도록 했다. 그런데 영국의 한 회사가 1,500톤의 석탄을 영국 배에 싣고 훈춘으로 가서 팔 예정이라고 신고했으나 실제로는 중립법규를 위반하고 프랑스 병선에 팔았다.[441] 그리고 프랑스 군함은 일본으로부터 석탄을 구매하기도 했는데, 이홍장은 일본 공사에게 나가사키 석탄 상인이 사사로이 프랑스군에 석탄을 파는 행위를 엄금하도록 요구했다.[442] 『만국공법』에는 "가령 우방국이 조약을 내세워 적군

439 『中法戰爭』 3, 564~565쪽.
440 『中法戰爭』 3, 580쪽.
441 田濤, 『國際法輸入與晩淸中國』, 濟南出版社, 2001年, 314쪽.
442 『公法便覽』 권4, 제3장, 제2절에는 "무릇 중립국이 적에게 화물을 파는데, 화물이 오직 군대

에게로의 물품 운반을 금지했는데, 어떤 배가 끝내 조약을 어기고 사사로이 물품을 운반했다면 모두 나포하고 배를 몰수할 수 있다. 왜냐하면 그 배는 중립의 약속을 지키지 않았으므로 중립의 선박이 아니라 적선으로 간주할 수 있으므로 당연하다"[443]는 규정이 있다. 이에 따라 국가 간에 종종 분쟁이 발생했는데, 석탄 말고도 쌀과 화약 등이 전시금지품에 해당되었다.

청프전쟁의 기운이 감돌 무렵 청조가 국제법을 활용한 흥미로운 사례는 윤선초상국의 깃발을 바꾼 일이다. 당시 마건충은 윤선초상국 내 영국 법률가의 도움을 받아 초상국을 잠시 미국의 기창공사旗昌公司에 팔았다. 그 배경에는 관음교 사건 후 프랑스 군함이 중국 연해를 활보하자 초상국의 선박이 위험에 처할까 하는 염려가 있었다. 그는 이홍장의 허락을 얻어 잠시 윤선초상국을 미국의 한 회사에 형식적으로 팔았으며, 전쟁이 마무리될 무렵 초상국은 다시 중국으로 회수되었다.[444]

해양 관련 국제법 분쟁 말고도 청조의 국제법 활용사례 몇 가지를 소개하면 다음과 같다. 첫째, 청조는 두 번의 아편전쟁에서 기본적으로 국제법상 선전포고를 알지 못했다. 하지만 청프전쟁 중에는 국제관례에 따라 프랑스에 선전포고했는데, 이것은 처음으로 대외에 명확하게 선전한 것이다. 둘째, 전쟁 상태에서 어떻게 재중국 외국인들을 보호하느냐의 문제는 당시 청조의 난제 가운데 하나였다. 중앙정부는 전쟁 상황에도 재중국 외국인 상

에 쓰이는 물품이라면 금지물품이라고 할 수 있다. 만약 당시 나포되었다면 규정에 따라 죄를 다스리는 데 異論이 없다. 그러나 금지물품이 무엇인지 지정하는 것은 획일적이지 않다"라고 했다. 연료나 식량 등의 항목은 구체적인 규정이 없다. 본래는 금지물품이 아니었으나 근래에는 금지물품으로 규정하는 경우가 적지 않다; 『公法會通』 권9 「중립국의 권리와 책임을 논하다」, 제805장에는 "석탄의 경우도 상황에 따라 금지화물로 간주한다"는 규정이 있다. 같은 책 제773장에는 "석탄을 구입하려면 다른 항구로 가는 데 지장이 없도록 약간만 사도록 허락하지만, 大洋을 순찰하고 적을 추적하기에 충분하지 않도록 석탄 판매량을 한정한다"는 규정이 있다.

443 『萬國公法』 卷4, 제3장, 제26절.
444 田濤, 『國際法輸入與晚淸中國』, 濟南出版社, 2001年, 303쪽.

민의 안전 문제를 나름대로 고려하였다. 셋째, 제3국이 엄격하게 중립을 지키는 문제도 큰 과제였다. 청프전쟁 당시 비참전국들이 중립법을 위반하고 프랑스 군대를 도와주는 일이 잦았다. 그러나 청조는 이에 대한 문제 제기를 통해 유사 사건의 재발을 줄였다. 넷째, 그 밖에도 조약준수 문제나 포로 대우 문제 등 국제법의 규범을 준수하려 노력했다. 이처럼 국제법을 이용해 중외충돌을 피하려 한 것은 『만국공법』의 조문을 응용해 사건을 해결하려는 노력으로 높이 평가할 수 있다.

정리하자면, 청프전쟁 시기에 청은 국제법의 각종 규정을 가지고 프랑스 군의 위반사례를 지적하며 열강에 호소했지만, 프랑스는 국제법을 자의적으로 해석하며 무력으로 요구를 관철시켰다. 전쟁의 전 과정에서 청조는 이미 상당 정도 국제법에 대한 기본지식을 갖추었음을 알 수 있다. 하지만 청프전쟁의 패배를 통해 청조는 『만국공법』의 조문만으로 체제를 수호하는 데 한계가 있다는 값비싼 교훈을 얻었다. 즉 '약소국에는 외교가 없다'는 사실을 깨달은 것이다.

2. 청일해전에서의 국제법 분쟁

(1) 풍도해전과 고승高陞호 사건

청 해군이 청프전쟁에서 대패하자 청은 근대식 해군의 필요성을 다시 한 번 절감하고 해군을 재정비한다.[445] 1885년 10월 청조는 북경에 총리해군

---

445 대만학자 王家儉의 『李鴻章與北洋艦隊』(三聯書店, 2008年)은 주목할 만한 연구로 저자의 북
    양해군 40년 연구의 결정판이라고 말할 수 있다. 이미 『魏源對西方的認識及其海防思想』(大立
    出版社, 1984年)을 출간한 바 있는 왕가검은 이 책에서는 19세기 중국 수사와 해군, 이홍장의
    북양함대 창건, 해군기지의 건설 및 해군 인재의 양성 등 다양한 문제를 다루었는데, 해군창건
    관련 저작 가운데 가장 뛰어난 구성을 갖춘 연구라는 평가가 있다. 그는 또한 『洋員和北洋海
    防建設』(天津古籍出版社, 2004年)에서는 서양인들이 북양해방건설에 참여한 사실을 고찰한

사무아문을 만들고, 정원호와 진원호라 불리는 두 척의 7,000여 톤 급 세계 일류의 철갑선을 구매하였다. 그 밖에도 서양의 해군무기, 철갑전함, 순양 쾌선, 포정, 어뢰정 등을 꾸준히 구매했으며, 서양인 전문가를 통해 수병들을 엄격히 훈련시켰다. 그리고 1888년 10월 3일 청조가 『북양해군장정』을 비준하면서 북양함대의 위용이 드러났다. 중국이 정원과 진원 두 철갑선을 구매했을 때, 일본은 큰 충격을 받았다. 1886년 7월에 발생한 나가사키 사건 후 일본은 중국 해군의 장비, 특히 정원호와 진원호에 대항하기 위해 해군력을 강화하기로 결정했다. 일본 정부는 1,700만 원의 해군 공채를 발행하며 해군 확충에 나섰다.[446] 한편으로는 도쿄에 해군대학을 설립해 신식 해군 인재를 양성하면서 여러 차례 실전연습을 하였다. 이와 달리 청조는 청일전쟁 때까지 자국 해군의 방어능력을 과신하고 해군력 증강을 위한 경비 지원을 정지하였다.

북양함대의 주력 전함은 구입한 지 비교적 오래되었고 항속이 느리며 대구경 중포가 많고 속사포가 적은 데 반해, 일본함대는 비교적 신형으로 항속이 높았고 중소구경 속사포가 많았다. 청일전쟁 직전인 1894년 7월 16일

바 있다. 그 밖에도 해군창건 관련 저작으로는 陳貞壽의 『圖說中國海軍史』(福建敎育出版社, 2002年), 蘇小東의 『甲午中日海戰』(天津古籍出版社, 2004年), 史滇生 주편의 『中國海軍史槪說』(海潮出版社, 2006年), 馬幼垣의 『靖海澄疆―中國近代海軍史事新詮』(聯經出版事業股份有限公司, 2009年), 戚海瑩의 『北洋海軍與晚淸海防建設』(齊魯書社, 2012年) 등이 있다.

청일전쟁과 관련해 청일해전을 전문적으로 조명한 학술논문집도 있다. 海軍軍事學術研究所 編의 『甲午海戰與中國近代海軍』(中國社會科學出版社, 1990年)은 청일해전 95주년 학술좌담회의 연구 성과를 책으로 출판한 것이며, 海軍軍事學術研究所·中國軍事科學會辦公室 編의 『甲午海戰與中國海防』(解放軍出版社, 1995年)은 청일해전 100주년 학술연토회의 연구 성과를 책으로 출판한 것이다. 그리고 戚俊杰·郭陽 主編의 『北洋海軍新探』(中華書局, 2012年)은 2009년 威海市에서 열린 북양해군 성군 120주년 국제학술연토회 연구 성과를 출판한 것이다.

446 중국의 定遠과 鎭遠 두 척의 배에 대응해 松島, 嚴島, 橋立을 만들었는데, 松島호와 嚴島호는 프랑스에서 구입하였고, 橋立호는 일본 스스로 만들었다. 특히 영국에서 1893년에 구매한 吉野호는 당시 세계에서 가장 빠른 순양함으로 150미리와 120미리의 속사포를 가지고 있었다. 일본 군함은 최신 기술을 받아들여 여러 성능이 청 해군을 뛰어넘었다(姜鳴, 『龍旗飄揚的艦隊―中國近代海軍興衰史』, 三聯書店, 2002年, 328~329쪽).

영국 해군부는 외교부에 편지를 보내면서 「청일 군사역량대비 비망록」이라는 비밀문서를 첨부했는데, 여기서는 일본 해군 역량이 중국보다 강하다고 판단하고 있다.[447] 청일전쟁은 해전과 육전이 있었는데, 해전의 승패가 결정적이었다. 이 전쟁은 1894년 7월 25일 일본 해군이 조선의 풍도 해상에서 청 해군을 습격하는 것에서 시작해 1895년 2월 17일 북양함대의 사령부가 있었던 위해위가 일본군에 함락되는 것으로 끝이 났다. 대략 청일전쟁의 6개월 동안 풍도해전豊島海戰, 황해해전黃海海戰, 위해해전威海海戰 등이 있었다. 이 전쟁에서도 해양 관련 국제법 논쟁이 있었다.[448]

풍도해전은 1894년 7월 25일 아침 일본 해군이 조선 아산만 부근 풍도 서남해역에서 청 함선을 공격하면서 일어난 사건이다. 청조는 동학농민운동이 일어나자 조선 정부를 지원하기 위해 북양해군 순양선 제원濟遠, 포선 광을廣乙, 연습선 위원威遠, 운송선 조강操江 등을 파견하였다. 그중 제원호는 방백겸方伯謙을 지휘자로 하여 병력을 운반하던 애인愛仁, 비경飛鯨, 고승高陞 등 3척의 영국 상선을 호송해 조선으로 향했다. 당시 일본연합함대 제1유격대 요시노吉野, 나니와浪速, 아키츠시마秋津洲 등 3척은 하루 전인 7월 24일 오후 주력함대에서 벗어나 7월 25일 아침 풍도 앞바다에서 수색작전 중이었다. 이들은 오전 6시 아산에서 중국으로 돌아가던 제원호, 광을호와

---

447 영국 해군부가 제공한 정보 가운데 해군 관련 내용의 요점은 다음과 같다. "일련의 군함·장비·인원의 숫자를 보면 … 청일 양국 해군의 실력 차이는 두드러지지 않는다. 큰 차이가 나는 것은 중국의 함대 편제는 매우 단순하며 일본 해군은 진정한 제국 해군으로 함대 편제가 완전히 서방해군의 편제를 모방하였다. 일본 군함의 모든 수병과 대부분의 군관은 모두 서방의 훈련방식으로 양성되었다. 일본 군함은 여러 차례 원거리 出海를 했고, 군관 모두 효율적인 지휘를 할 수 있다. 외국 해군에서는 일반적으로 서양인 고문이 떠난 이후부터 중국 함대의 효율이 크게 떨어졌다고 본다. 톤수나 대포 문 수나 중국이 일본을 이긴다고 말할 수 있더라도 편제 규율 훈련에서 일본은 중국보다 크게 앞선다. 따라서 일본 해군 역량은 비교적 강하다고 볼 수 있다."(戚其章, 『國際法視角下的甲午戰爭』, 人民出版社, 2001年, 265~266쪽 재인용).

448 有賀長雄이 쓴 『日淸戰役國際法論』(陸軍大学校, 1896年)이 당시 일본 측의 국제법적 입장을 반영하는 대표서적이다. 戚其章의 『國際法視角下的甲午戰爭』은 이에 대한 반론이 주를 이룬다.

마주쳤다. 제원호는 청프전쟁의 와중에 독일의 불칸조선소에서 건조된 것으로 철갑선 정원이나 진원보다는 작았다. 그리고 복주선정국에서 만든 광을호는 본래 북양해군 소속이 아니었으나 북양에 파견되어 연수 도중에 동원되었다.[449]

일본 군함이 청 군함에 비해 전력이 우세한 가운데 갑작스레 양국 함선 간에 격렬한 포격전이 벌어졌다. 제원호는 개전 후 몇 분 만에 백기를 올리고 도망치며 선미포를 쏘았는데, 요시노호의 추격을 피해 겨우 여순까지 갈 수 있었다. 철피를 입힌 목재선인 광을호는 일본 군함을 향해 돌진했으나 아키츠시마호와 나니와호의 압도적 화력에 밀려 도망치다 좌초하였다. 그 와중에 화약고가 폭발해 선체가 불타버렸다. 수병들 가운데 일부는 영국 군함에 의해 구조되었다.

양국 모두 이 해전이 청일전쟁의 시작이라는 사실에는 대체로 동의한다.[450] 그런데 첫 번째 해전에서 누가 먼저 발포했느냐에 대해서는 논쟁이 있다. 청은 일본이 정식으로 선전포고도 하지 않은 상태에서 오전 7시 45분쯤 요시노호가 먼저 제원호를 공격했다고 하며, 일본 대본영에서는 거꾸로 제원호가 먼저 요시노호를 향해 발포했다고 주장한다. 당시에는 양쪽 모두 자신들의 주장이 옳다는 말만 되풀이했는데, 서로 확실한 증거가 나오지 않았다. 그러나 2천 톤 급의 청 군함이 1만 톤 급의 일본 군함을 먼저 공격했다는 것은 상식적으로 무리다. 당시 이홍장이 일본과의 전투를 최대한 피하

---

449 진순신, 『청일전쟁』, 세경, 2006년, 601쪽.
450 청일전쟁의 시작에 대해서는 여러 가지 관점이 존재한다. 그 가운데 비교적 설득력이 있는 관점은 7월 23일 새벽 서울의 일본군이 조선 왕궁을 공격한 시점, 즉 일본의 조선에 대한 실제 전투개시 시간을 시작으로 잡는 관점과 7월 25일 일본 해군이 풍도 해상에서 중국 군함 제원호를 습격한 시점, 즉 일본의 중국에 대한 실제 전투개시 시간을 시작으로 잡는 관점이 대표적이다. 그중 후자가 보다 일반적인데, 이 문제는 전쟁의 책임문제와 직접적인 관련성을 가진다. 戚其章은 청일전쟁 개시에 관한 6가지 설을 소개하면서 일본의 조선과 청에 대한 전투개시가 전쟁의 시작인만큼 전쟁의 책임은 일본 측에 있다고 주장했다(戚其章, 『國際法視角下的甲午戰爭』, 人民出版社, 2001年, 309~328쪽 참조).

려 한 정황이나, 제원호 함장이 전투를 개시하자마자 도망간 행보를 보더라도 청이 먼저 공격했을 가능성은 적다.

같은 시간 조선을 지원할 두 번째 병력을 싣고 영국 국기를 단 고승호와 무기를 실은 조강호가 이동 중이었다. 고승호는 1883년에 건조된 영국 국적의 상선으로 배수량 1,355톤, 250마력, 최대항속 14노트였다. 이 배는 런던-인도차이나 윤선항해공사 소속으로 대리상은 상해의 이화양행怡和洋行(Jardine Matheson & Co.)이었다. 고승호의 영국 선장 골즈워디T. R. Galsworthy는 청조의 특별 항해허가를 받았으며, 여러 명의 외국인 승무원도 함께 있었다. 이 배는 이홍장의 부하가 병력운송을 위해 빌렸는데, 7월 23일 새벽 출항할 때 청군 1,116명을 싣고 있었다. 한편 조강호는 구식 목조 포선으로 1869년 강남제조국에서 만들어진 배였다.

요시노호는 제원호를 추적하다 물러났고, 7월 25일 오전 8시 전후 나니와호는 해상에서 고승호를 발견하자 검문하려 했다. 고승호의 영국 선장이 배를 정지시키려고 하자 배 안의 청군들은 영국 선원의 행동을 저지하고 아산으로 가든지 대고로 돌아갈 것을 요구하며 항복을 거부하였다. 청과 일본 간의 교섭이 결렬되자 영국 선장과 외국인들이 배를 떠나려 하였다. 네 시간의 대립 끝에 청군이 배를 버리지 않자 결국 오후 1시경 나니와호는 고승호에게 어뢰를 발사하고 동시에 대포와 모든 화력을 집중하여 공격했다. 어뢰는 고승호의 석탄 창고와 엔진에 명중하였다. 반 시간 후인 오후 1시 빈 고승호는 침몰하였다. 배 안에 있던 청군은 모두 바다에 빠졌으며, 다음 날 외국 선박이 지나가다 구조한 245명을 제외하고 871명이 전사하였다.[451] 일

---

451 기록에 따라 영국 선박이 87명, 독일 선박이 230명(120명), 프랑스 포정이 45명 등 모두 362명(252명)을 구조했다는 등 인원이 서로 일치하지 않는다(王家儉, 『李鴻章與北洋艦隊』, 三聯書店, 2008年, 450쪽; 「甲午戰事紀」, 『淸末海軍史料』, 318쪽). 한 일본 학자는 어뢰가 高陞號에 명중하지 않았고 속사포에 의해 침몰했으며, 이때 청군 1,030명이 익사했다고 서술한다(檜山幸夫, 『日淸戰爭』, 講談社, 1997年, 55쪽).

본 측은 국제문제를 고려해 영국 선장을 포함한 외국인 10명(영국인 7명, 독일인 3명)을 구조하였다. 풍도 해상에서 고승호가 조사받는 것을 본 조강호는 회항을 시도했으나 아키츠시마호의 추격을 받아 결국 오후 2시경 포획되어 일본 항구로 압송되었다. 정리하자면 포선 광을호, 화물선 고승호가 침몰하고, 순양선 제원호는 크게 파손되었으며, 운송선 조강호는 일본의 포로가 되었다. 풍도해전에서 일본 측은 사상자는 없었다.

일본 군함이 청군을 실은 영국 상선 고승호를 침몰시킨 사건은 세상의 이목을 집중시킨 국제적 분쟁이 되었다.[452] 청은 일본이 선전포고를 하지 않고 전투를 벌였으며 중국에서 빌린 외국 윤선을 공격한 것은 명백한 국제법 위반이라고 하였다. 이에 대해 일본은 나니와호 함장 도고 헤이하치로東鄕平八郎의 보고와 영국 선장 골즈워디의 증언에 근거해 군인을 운반하던 고승호와 전쟁 물자를 운반하던 조강호를 조사하고 노획한 것, 나아가서 침몰시킨 것은 전시국제법에 부합한다고 했다. 실제로 『공법회통』에는 "전쟁국이 중립국 선박을 수사할 때 필요한 항목은 네 가지이다. 첫째 그 선박이 어느 나라에 속하는가이다. 둘째, 어떤 물품을 실었는가이다. 셋째, 그 화물이 어디를 거쳐 왔는가이다. 넷째, 어느 곳으로 운반해 가는가이다"[453]라고 규정했다. 특히 고승호가 교전국의 군대를 실은 것은 사실상 적대행위에 속하므로 중립국 선박에 속하지 않는다고 하였다. 그런데 『만국공법』에는 "중립국의 선박에 적의 화물을 실은 경우와 적선에 중립국의 화물을 실은 경우를 논하자면, 여러 나라가 행한 바가 한결같지 않고 그 규정 또한 상례가 없다"고 하였다. 하지만 "적국을 위해 공신公信을 보내고 병사를 싣는 것은 모두 금지물품을 싣고 운반하는 예에 속한다. 중립국의 선박이 전쟁국의 병사를

---

452 高陞號 사건에 대해서는 戚其章, 『國際法視角下的甲午戰爭』, 人民出版社, 2001年, 288~309쪽에 자세하게 서술되어 있다.
453 『公法會通』卷9, 제820장.

실은 것은 가령 적인에게 나포되었다면 몰수될 수 있다"고 하였다.[454] 당시 나니와호 함장 도고 헤이하치로는 영국에 유학한 인물로 국제법과 해사법에 대해 잘 알고 있었다. 그는 고승호가 영국인 선장의 의지대로 되지 않는 것을 불법 점거된 것으로 보았고, 실제로 영국인 선장이 청군 사령관의 태도에 불쾌감을 가졌다는 사실을 확인하였다. 도고는 고승호가 영국 국적의 상선이지만 청군에 의해 불법 점거되었다고 판단했다. 고승호가 침몰할 때에도 선장과 외국인 선원만을 구하는 조치를 취하여 자신에게 상황을 유리하도록 만들었다. 비록 일본 측은 공식적으로 청 군함이 풍도 앞바다에서 먼저 공격했다고 주장하지만, 도고는 일기에 명백하게 일본의 선제공격이었다고 썼다.[455] 게다가 영국인 선장도 일본군의 사격을 받았고, 독일인 고문 하네켄Haneken은 바다에 빠져 육지로 헤엄쳐 나온 후 일본군의 포로가 되었다.

고승호 사건이 처음 영국에 알려졌을 때, 영국 여론은 분노로 들끓었으며, 일본 군함이 중립국 선박을 격침시킨 것은 국제법을 위반한 것으로 보았다. 영국의 외무대신은 "영국 배를 공격해 침몰시킨 것은 매우 잘못된 일일 뿐만 아니라 매우 어리석은 일"이라고 하였다. 일본 주재 영국 공사는

---

454 『萬國公法』卷4, 제3장, 제23절. 『公法便覽』권4, 제2장, 제4절에는 선박 화물을 몰수하는 두 가지 설에 대해 "첫째는 그 화물이 소속된 국가를 보고 정하는 것으로, 중립국 화물일 경우 나포를 면하고, 적국 화물일 경우 나포할 수 있다. 둘째는 그 배가 소속된 국가를 보고 정하는 것으로, 화물이 중립국의 배에 있으면 나포를 면하고, 적국의 배에 있으면 반드시 나포한다." 전자의 설에 따르면, 만약 중립국의 배에 적국의 화물을 실으면 나포를 면할 수 없다; 『公法便覽』卷4, 제3장, 제7절에는 "적을 위해 병사를 실어 주거나 문서를 보내 줄 수 없다"는 규정이 있다. 여기서 영국과 프랑스 간에 맺은 조약에는 중립국 선박에 사람을 태울 때는 화물에 대한 규정에 따르는데, "다만 즉시 전쟁터에서 쓸 수 있는 군인들은 엄격하게 체포하고 관대하지 않는다"고 합의한 바 있다; 『公法會通』권9, 제815장에는 "중립국 선박이 적국 병사를 실었다면 금지물품으로 처리하고 그 병사를 체포하여 구금할 수 있다." 왜냐하면 병사의 수가 적다고 하더라도 금지조항을 위반했기 때문이다. 제818장에서는 "중립국의 선박이 적국의 병사를 실었다면 이미 중립국의 권리를 잃었으므로 진실로 나포하여 몰수할 수 있다. 만약 그들을 이미 내려 주었다면 중립국의 권리는 회복되었으므로 나포할 수 없다"고 규정했다.
455 진순신, 『청일전쟁』, 세경, 2006년, 603쪽, 672쪽.

일본 외무성에 일본 군함이 청일 양국이 선전하지 않은 상황에서 중립국 상선을 격침시킨 것은 국제법을 무시한 행위라고 강력하게 항의했다. 영국 외무대신은 영국 주재 일본 공사에게 "일본 정부는 일본 해군 장교의 행동으로 조성된 영국의 생명과 재산 손실에 대한 책임을 질 것"을 요구하였다.[456] 당시 이홍장은 이 사건을 계기로 영국 정부가 일본에 대한 정치적 간섭을 하기를 기대했다.

영국의 비난에 대해 일본 측은 나니와호는 청일 양국이 이미 교전한 후에 고승호에 대해 교전자의 권리를 행사했다고 주장했다. 게다가 고승호는 비록 영국 국적의 선박이지만 사건 중에 함장은 직권을 박탈당해 배는 청의 수사가 탈취했다는 것이다. 고승호의 선주는 청조와 계약할 때 일단 전쟁이 시작되면 그 선박은 청조에게 넘어간다고 말했다.[457] 게다가 영국의 저명한 국제법학자가 일본의 행위는 정당했다는 요지의 글을 잡지에 게재하고, 고승호 침몰의 일차적 책임이 청에 있다는 일부 판결이 나오자 사건은 일본에게 유리하게 전개되었다.[458]

영국 정부는 시간이 흐르면서 처음과 달리 청일전쟁에 간섭하려는 태도에서 벗어나 점차 일본의 입장을 옹호하는 쪽으로 바뀌었다. 처음에는 국제법을 위반했다고 하더니 나중에는 일본 측이 선박을 격침시킬 권리가 있다고 했다. 결국 영국 외교부는 일본이 아닌 청에게 배상책임이 있다고 주장

---

456 『日本外交文書』 제27권, 723호 문건[孫克復·孫放, 「論甲午"高陞"號事件」(海軍軍事學術研究所 編, 『甲午海戰與中國近代海軍』, 中國社會科學出版社, 1990年), 263쪽 재인용].

457 일본 측은 자체 조사를 통해 高陞호는 적선 선박으로 자국 해군은 잘못이 없다고 주장하였다. 그 근거로 "첫째, 浪速호는 청일 양국이 이미 포격을 주고받은 후에 교전자로서의 권리를 高陞호에 행사한 것이다. 둘째, 高陞호는 영국 국적에 속해 있었음은 말할 것도 없지만, 사건 도중에 선장은 그 직무를 수행할 권리를 빼앗겼다. 배는 청국 군관이 지배하게 되어 극론하자면 영국 선박 高陞호는 그 시점에서는 청국 군관에 빼앗긴 셈이 된다. 셋째, 高陞호의 소유자는 개전이 되면 이 배를 청국에 양도한다는 계약을 청국 정부와 맺고 있었다" 등을 제시하였다 (진순신, 『청일전쟁』, 세경, 2006년, 607~608쪽).

458 檜山幸夫, 『日淸戰爭』, 講談社, 1997, 56쪽.

하며, 고승호가 침몰된 것은 국제법상 합법적이라는 태도를 취했다. 이홍장은 영국 정부의 간섭이라는 외교적 희망을 접고 결국 윤선초상국에서 돈을 내어 고승호의 손실을 배상하였다. 이 사건은 전시외교의 참패이자 강권의 시대에 국제법은 결국 승리자의 무기임을 적나라하게 보여 주었다.[459] 그 후 청은 국제법에 적합한지를 고려하기보다는 "적이 보이면 싸운다"는 식의 속전속결주의로 입장을 바꿨고 이는 장래의 해전에도 영향을 미쳤다.[460]

주지하듯이, 1894년 7월 28일 밤 일본 육군은 아산의 청군을 공격하여 격전이 벌어지고 청군은 평양으로 퇴각하였다. 결국 청조는 1894년 8월 1일 정식으로 일본에 선전포고했고, 일본도 같은 날 중국에 선전하였다. 양국은 고승호사건의 경험을 통해 열강과의 갑작스런 충돌을 피하고자 청프전쟁 때와는 달리 공개적인 선전포고를 통해 국제법상의 공식 전쟁임을 확인하였다.[461]

(2) 황해해전과 위해해전

1894년 9월 17일 오전 항해 중이던 일본함대는 먼저 조선의 압록강과 가까운 연해 대동구大東溝 밖에 정박 중이던 청 군함을 발견하였다. 북양함대도 일본 군함을 발견하고, 북양함대 제독 정여창은 즉각 열 척의 주력함대를 이끌고 전투준비에 나섰다. 점심 무렵 북양함대의 기선 정원호가 거포를 일본 군함에 쏘면서 유명한 황해해전이 시작되었다. 일본함대의 기함인 마쓰시마松島호도 좀 더 청 군함에 접근한 후 발포를 시작하였다. 해전 중 상대적으로 구형인 순양함 초용호와 양위호가 일본군의 주요 표적이 되었다. 이 두 척의 배는 일본 함정 네 척의 집중적인 공격을 받고 불이 나서 초용호

---

459 姜鳴, 『龍旗飄揚的艦隊─中國近代海軍興衰史』, 三聯書店, 2002年, 356쪽.
460 王家儉, 『李鴻章與北洋艦隊』, 三聯書店, 2008年, 451쪽.
461 檜山幸夫, 『日清戰爭』, 講談社, 1997, 63쪽.

는 침몰했고, 양위호는 침몰하지는 않았으나 전투를 수행할 수 없어 퇴각하다 해안가에 버려졌다. 치원호도 전투 중 크게 파괴되어 침몰 위기에 놓이자 함장 등세창鄧世昌은 정면에 있던 요시노호로 돌진하다 충돌에 실패하고 가라앉았다. 경원호는 포탄을 너무 맞아 침몰했고, 광갑호도 암초에 걸려 구출이 어렵다고 판단되자 자폭시켰다. 전투의 후반부에는 청의 대부분 군함들이 물러나고 정원과 진원 두 척만이 일본함대와 싸웠다.

이 해전은 청일 양국의 근대 해군이 처음으로 진정한 의미에서 전투를 벌인 것이며, 중국 근대 해전사에서 가장 규모가 큰 해전이었다. 세계 해전사에서도 증기철갑선 함대 간에 벌어진 첫 번째 대규모 해전으로 상징적 의미를 지닌다. 이 해전은 다섯 시간 가량 계속되었는데, 그 전황의 격렬함은 해전사에서 보기 드물 정도였다. 최종적으로 북양함대는 초용·양위·치원·경원 등 네 척이 침몰했고, 일본 측은 마쓰시마, 히에이比睿, 아카기赤城, 니시쿄마루西京丸 등 네 척이 크게 부서졌다. 이 해전으로 북양함대의 주력 군함들이 대대적인 수리에 들어가 바다로 나아가지 못하면서 제해권이 일본의 손으로 넘어갔다.

청 해군은 정원·진원과 같은 뛰어난 철갑선을 가지고 있었고, 일본 해군은 주로 속도가 빠른 순양함이었다. 군함의 속도는 군함의 수준을 결정하는 핵심 요소 중 하나였는데, 이 점에서 북양함대는 전체적으로 일본함대보다는 낙후하였다. 통계에 따르면, 북양함대 주요 전선의 평균마력은 일본함대에 비해 1,850마력 적었으며, 평균시속은 1노트 정도 늦었다. 평균 군함의 연령도 일본함대보다 2년 정도 더 되었다. 근대적 함정의 무력은 주로 배에 실린 화포에서 결정되는데, 전체적으로 북양함대는 중포와 기관포 방면에서 우세했으며, 일본함대는 경포와 속사포 방면에서 우세하였다.[462] 일본함대는 전형적인 기동전술을 펴서 함대를 둘로 나눠 효율적인 해전을 펼친 반

462　胡立人·王振華 主編, 『中國近代海軍史』, 大連出版社, 1990年, 131〜132쪽.

면, 중국 측은 해전 경험의 부재로 인해 작전전술 능력이 부족하여 불리한 결과를 낳았다.

황해해전 자체는 국제법상의 분쟁 요소는 별로 없었으나 이 전투가 끝난 후 북양함대의 기지인 여순에서 발생한 일본군의 중국인 학살은 국제사회에 큰 충격을 주었다. 여순학살 사건은 일본의 육군대장 오야마 이와大山岩가 지휘하는 일본군 제2군이 청의 북양해군 주요기지의 하나인 여순항을 점령하는 과정에서 발생한 사건이다.[463] 여순항은 북양해군의 기지였지만 북양함대 제독 정여창은 여순을 포기하고 함대를 북양함대 해군사령부가 있는 위해위로 옮겼다. 이처럼 함대를 이동시킨 것은 일찌감치 여순을 포기한 것으로 볼 수 있다. 그런데 위해위는 선착장이 없어서 여순과 달리 함선의 수리가 불가능하였다. 그 후 여순을 점령한 일본군은 이번 전쟁은 문명의 전쟁임을 국내외에 표방했지만, 실제로는 군인은 물론이고 일반 백성과 부녀자들을 무참히 살해하였다.

1894년 11월 21일부터 24일까지 일본 군대는 여순 지역에서 4일간 야만적인 대학살을 전개하여 2만여 명의 중국인들을 죽인 것으로 보인다. 국제법상 전쟁 중에도 지켜야 할 전쟁 법규가 있는데, 일본군의 학살 행위는 이를 무시한 것으로 국제적인 공분을 일으키며 외교 분쟁을 낳았다.[464] 일본은 전쟁 초기부터 국제법을 준수하며 전쟁을 수행한다고 강조했지만, 포로에 대한 방침 등이 모호하여 이미 문제의 여지가 있었다. 군부는 여순에서의 대량살육이 청군의 만행에 격노한 결과였다거나, 여순에 남아 있던 민간인은 거의 없었고 대부분 민간인을 위장한 청군이었다는 주장을 폈으나 설득

---

463 大谷正, 「旅順屠殺事件與國際輿論」(戚其章·王如繪 主編, 『甲午戰爭與近代中國和世界—甲午戰爭100周年國際學術討論會論文集』, 人民出版社, 1995年), 625쪽.

464 대부분의 국제법에서는 군인과 민간인 학살문제를 언급한다. 예를 들어, 『公法會通』 권7 「국가 간 교전에 대해 논하다」 중에는 '적국 병사와 인민에게 관대해야 할 규정'에 대해 논의하고 있다.

력이 부족하였다. 당시 일본군이 이 항구를 점령할 때 다수의 외국 기자들이나 외교관이 현장에 남아 있어서, 여순의 학살은 이들 외국인에게 목격되었다. 이 사건은 누구도 부인할 수 없는 학살이었지만, 당시 보통의 일본인들은 전쟁 중에 일어날 수 있는, 청군의 야만적 행동에 대한 합리적인 복수 정도로 이해하였다.[465]

청일전쟁의 승패를 좌우한 마지막 해전으로는 위해해전이 있다. 1895년 1월 20일 일본의 산동작전군과 연합함대는 산동반도 동쪽의 영성만榮成灣에 상륙해 영성현성을 점령하고 위해를 공격하였다. 격렬한 전투 끝에 2월 2일쯤 위해 주변 남북의 포대들이 모두 함락되었다. 산동의 청 육군은 위해 지역의 일본군을 공격할 엄두도 내지 못했다. 위해만의 유공도劉公島를 기지로 삼고 있던 북양해군은 일본군으로부터 육지뿐만 아니라 해상에서도 결정적인 공격을 받았다. 2월 4일 밤 일본의 어뢰정 부대가 항구로 몰래 진입하여 북양함대를 기습하였다. 다음 날 밤에도 어뢰정이 기습했는데, 9호 어뢰정이 우연히 발견한 정원호에 두 발의 어뢰를 명중시켰다. 곧이어 10호 어뢰정도 정원호에 어뢰를 명중시켰다. 정원호는 워낙 큰 배라 금방 침몰하지는 않았으나 회복이 불가능하다고 판단되자 해안가에 정박시킨 후 함포만을 사용하였다. 2월 6일 밤의 기습에서 내원호가 어뢰에 맞아 침몰했고, 연습함 위원호 등도 어뢰에 맞아 격침되었다. 이처럼 일본의 어뢰정 부대는 해군의 선봉으로 결정적인 임무를 수행하였다. 청 역시 어뢰정의 중요성을 자각하고 있었으나 일본과 달리 해전 중에 별다른 기능을 발휘하지 못했다. 오히려 지휘관 왕평王平은 전투 중 어뢰정을 이끌고 도망쳤으며, 다수의 병사가 투항하거나 포로가 되는 수치를 겪었다.[466]

---

[465] 여순학살사건에 대해서는 戚其章,『國際法視角下的甲午戰爭』, 人民出版社, 2001年, 340~371쪽에 자세하다.

[466] 王家儉,『李鴻章與北洋艦隊』, 三聯書店, 2008年, 21쪽.

1895년 2월 11일 밤 정원호의 포탄 저장고가 바닥이 나자 정여창은 정원호를 자폭시켰으며, 자신은 대량의 아편을 먹고 자살하였다. 그의 죽음을 숨긴 채 나머지 지휘관들은 일본군에 항복하였다. 북양함대의 남은 함선인 진원[467]·제원·평원·광병·진동·진서·진남·진북·진중·진변 등이 모두 일본군에 넘겨졌고, 연습선 강제호만이 항복한 청군과 외국인을 운송하기 위해 남겨졌다. 일본군은 위해를 점령하는 과정에서도 여순에서처럼 다수의 포로를 현장에서 잔인하게 살해하거나 민간인에 대한 학살을 자행하는 등 국제법을 적지 않게 위반하였다.

청일해전 중에도 제3국의 중립문제가 있었는데,[468] 파탄Pathan호 사건을 대표적으로 들 수 있다. 파탄호는 영국 국적의 상선으로 사사로이 군수물자를 일본에게 파는 혐의로 1894년 9월 20일 대만 연해에서 청군에 의해 구류되었다. 영국 측은 청이 중립국의 선박을 무단으로 조사한 것은 위법이라며 선주에게 손해배상할 것을 요구하였다.[469] 청은 군수물자를 일부 발견했음에도 불구하고 열강의 압력에 떠밀려 어쩔 수 없이 배상하였다.[470]

---

467 철갑선 鎭遠號는 일본함대의 군함으로 편입되어 훗날 러일전쟁에 참전했는데, 여전히 격침되지 않고 수명을 다한 후 퇴역하였다.

468 청조는 청프전쟁시기 각국의 도선사들이 프랑스 군함을 위해 일한 것을 교훈 삼아, 선전포고 후 오래지 않아 남양대신과 총세무사 하트에게 도선사들이 일본함정을 위해 일하는 것을 금지시켰다(田濤, 『國際法輸入與晚淸中國』, 濟南出版社, 2001년, 327쪽).

469 『公法便覽』卷4, 제2장, 제5절에는 "무릇 중립국 선박이 적의 화물을 실었을 경우 한 번 발각되면 법을 어긴 것으로 간주해 선박을 몰수한다 … 근래에는 적의 화물만 몰수한다"라고 했다. 하지만 중립국 선박의 배에 화물이 있으면 나포를 면한다는 사례도 공존하였다.; 『公法會通』卷9, 제810장에는 "전쟁국이 중립국 선박이 금지화물을 운송하는가 여부를 조사할 때 재빨리 금지화물이 발견되면 늦어진 것에 대한 별다른 손해는 없다. 그 금지물품이 비교적 적으면 화물을 몰수하고 선박은 석방시킬 수 있다. 만약 명확한 증거가 있고 船戶를 증명할 수 있는데, 실로 사정을 알고도 고의로 범했다면 선박도 모두 몰수한다"는 규정이 있다. 다음 장인 제811장에서는 "船戶가 사정을 알고 고의로 범한 명백한 증거가 없는데 그 화물이 적의 용도로 전쟁을 돕는 데 쓰일 것이라면 (배를) 멈추게 하고 그 가격을 보상할 수 있다. 즉 강제로 팔게 하는 것이다"라고 했다.

470 田濤, 『國際法輸入與晚淸中國』, 濟南出版社, 2001年, 329~330쪽.

한편 전쟁이 끝난 다음 시모노세키조약 체결 과정에서도 일본의 청에 대한 배상 요구는 지나친 측면이 없지 않았다. 국제법상 승전국이 패전국에 배상을 요구하는 것에는 일정한 한도가 있는데, 일본은 전례 없는 가혹한 조건을 제시하였다. 그중 대만과 팽호도 및 주변의 도서를 할양하는 항목에는 오늘날 심각한 영토(영해)문제로 비화된 조어도釣魚島의 일본귀속 문제가 포함되어 있었다. 이 전쟁에서도 중국은 청프전쟁과 마찬가지로 국제법이란 것이 강자의 논리에 따라 어떻게 적용되는가를 다시 한 번 경험하였다.

정리하자면, 제1편의 여섯 장에서는 아편전쟁에서 청일전쟁까지(주로 양무운동시기)의 해양인식과 관련해 몇 가지 사실을 강조하였다. 첫째, 통상조약에는 서양의 근대적 해양질서가 집중적으로 반영되었으나 이를 체결한 청조는 내용을 이해하려는 노력보다는 자의적인 해석을 내리기에 바빴다. 그 후 서양열강이 항운업 등으로 중국 바다로 진출하는 것에도 소극적인 대응으로 일관하였다. 둘째, 청조관리들이 『만국공법』을 처음 번역할 때는 내부 참고용에 불과했으며, 오래지 않아 그 중요성을 어느 정도 자각한 후에도 번속체제와 같은 외교 분쟁 등에 선택적으로 활용하는 수준이었다. 『만국공법』 내의 해양법에 대해서도 마찬가지였다. 이것은 일본사회가 『만국공법』을 진지하게 탐색한 것과는 큰 차이를 보인다. 셋째, 청조는 북양함대와 같은 신식해군을 건설했음에도 불구하고 거의 모든 해전에서 완패하였다. 이 사실은 청의 수사가 실질적인 근대적 해군으로 거듭나지 못한 사실을 잘 보여 준다. 전쟁 중에도 『만국공법』의 해전 관련 규정을 글자 그대로 해석하려는 등 이상적인 국제법으로 생각하는 경향에서도 알 수 있다. 그런 까닭에 양무운동시기를 '중서절충적 해양관의 형성시기'라고 볼 수 있을 것이다. 근대적 해양관을 전통적 사고와 결부시켜 해석하는 단계인 것이다.

제 2 편

영해의 탄생: 1895~1911

제7장

중외조약 체결을 통해 본 영해의 탄생

청 말 해양 주권의 상실은 불평등조약의 구성 부분으로, 통상 관련뿐만 아니라 정치 관련이나 조계租界 관련 조약에도 나타난다. 예를 들어, 홍콩이나 마카오의 할양에는 사실상 홍콩이나 마카오 도서 주변의 바다가 포함된다. 중국학계에서는 아편전쟁시기 열강이 해상으로부터 중국에 침입하여 자국의 영해 주권을 침범해 그들의 공공해역公共海域으로 만들었다고 본다. 대체로 맞는 말이지만 당시 중국인들이 국제법상의 영해 인식이 있었는가 여부는 또 다른 문제이다. 전통적인 해계 관념과 근대적인 영해 관념의 차이에 대해서는 좀 더 엄밀한 분석과 연구가 필요하다. 사실 중국인들이 영해 관념을 하나의 제도로 받아들이는 데는 상당히 오랜 시간이 걸렸다. 여기서는 청이 영해 관념을 수용하고 확산시키는 과정을 분석하고자 한다.[1]

---

1 중국인들이 근대적 영해관을 받아들이는 문제에 대해 언급한 글은 많지 않다. 예를 들어, 梁淑英의「中國領海制度」(『政法論壇』, 1994年 第3期)에서는 중국 영해제도의 역사적 형성과정을 고찰하면서 청 말과 민국시기의 영해 관념과 제도를 다루었다. 여기서는 19세기 중반부터 청 왕조가 국제해양법의 법규들을 접촉하였지만 명확한 영해 관념은 없어서 자신들의 영해제도

이를 위해 해양의 관점에서 국경조약과 조차조약을 탐색할 것이다.

우선 국경조약을 통해 근대적 해역 규정에 대한 국제법이 국가 상호 간에 어떻게 적용되는가를 살펴볼 것이다. 이 시기 동북아의 연근해지역은 제국주의 열강의 동시다발적인 침략에 따라 격심한 분쟁의 장이 되었는데, 그 최종적인 결과는 국가 간 조약에 반영되었다.[2] 여기에는 청조가 열강과 국경조약을 체결하는 과정에서 일부 나타난 해양 경계에 대한 자각이 포함된다. 이 경우 청조의 전근대적 내해가 근대적 영해로 공인된 것은 아니었기에 나타나는 문제점들을 지적할 것이다.

다음으로 제국주의 열강은 중국을 여러 개의 세력범위로 나눌 때, 조차지라는 특수한 방식을 이용하였다. 조차지의 출현은 중국 연해의 여러 군사기지가 제국주의에 의해 점령된 것을 보여 주며, 중국 영해권의 상당 부분을 상실한 것으로 볼 수 있다. 산동반도에서 독일의 교주만 조차, 요동반도에서 러시아의 여순·대련 조차, 광동지역에서 프랑스의 광주만 조차, 광동과 산동에서 영국의 홍콩 구룡 조차와 위해위 조차 등이 대표적이다. 조차조약에 주목하는 까닭은 조약문의 내용 가운데 영해인식이라고 볼 여지가 있는 여러 조항들이 발견되기 때문이다. 그리고 20세기 초 청-멕시코 통상조약, 재일 중국인 유학생의 국제법 번역서, 중국 관리의 정부문서 등을 통하여 여러 분야에서 영해 관념의 발흥을 확인할 수 있다.

를 확립하지 못했다고 보았다. 심지어 중화민국 정부도 비록 청조보다는 명확한 영해 관념이 있었지만 여전히 자신들의 영해제도를 갖지 못했다고 보았다. 이 점은 중화민국시기에 영해 관념이 확립되었다는 黃剛의『中華民國的領海及其相關制度』(商務印書館, 1973년) 등의 주장과는 다르며 논쟁의 여지가 있다. 근래에 출판된 劉利民의『不平等條約與中國近代領水主權問題研究』에서는 근대 중국의 불평등조약과 영해침탈문제를 집중적으로 다루었다. 보통 대륙학계의 연구는 조약에서의 '불평등'을 강조하고, 특히 영해 주권의 '침략'을 강조한다(劉利民,『不平等條約與中國近代領水主權問題硏究』, 湖南人民出版社, 2010年, 3쪽).

2 이 장에서 사용한 조약집은 일반적으로 널리 이용되는 王鐵崖,『中外舊約案滙編』(第1冊), 三聯書店, 1982年이다(이하『中外舊約』1로 약칭).

1. 내양과 내하에서의 위기

(1) 영해 개념의 출현

'영해領海(territorial sea)'란 사전적인 의미에서 국가 영역에 속하는 해면 중에서 내수를 제외한 일정 범위의 해양을 말한다.[3] 이곳은 국가 간 국제조약에 따라 획정된 공간으로 '배타적 권리를 행사할 수 있는 바다'를 의미한다. 국가의 주권이 미치는 해역인 영해는 국가의 방위나 항해뿐만 아니라 자원 개발 등에도 많은 영향을 준다. 근대적 영해 관념은 17세기에 등장하는데 보통 1609년 네덜란드 법학자 휴고 그로티우스Hugo Grotius가 저서 『자유해론』에서 처음 언급한 것으로 알려져 있다.[4] 구미사회에서 자본주의의 발전은 원료산지와 상품시장을 개척하도록 만들었으며, 이 과정에서 전지구적으로 해양의 완전한 개방이 요구되었다. 그래서 바다를 토지와 같이 인식해 사유화하려던 생각에서 한걸음 물러나 연해국 주권범위 내의 영해와 어느 국가의 지배도 받지 않는 공해의 두 부분으로 나눌 것을 구상하였다. 이 경우 영해의 범위는 대체로 3해리설이 널리 받아들여져 일종의 관습법으로 인정되었다.

근대 이전에 영해의 범위가 전 세계적으로 성문화된 역사는 없다. 영해는 대포의 사정거리나 사람의 시야처럼 국가가 위협을 통제할 수 있는 범위를 가리켰다. 앞서 언급했듯이, 착탄거리실Cannon Shot Rule은 18세기 초 네덜란드의 법학자 코르넬리위스 판 빈케르스후크Cornelius van Bynkershoek가 주장한 것으로 해안에 인접한 해양에 대해서는 영유를 인정하고 그 범위

---

3 김영구, 『한국과 바다의 국제법』, 효성출판사, 1999년, 103쪽.

4 1661년 이탈리아 법학자 Gentilis는 그의 저작에서 연안 수역이 국가의 영토 내에 소속된다고 주장했는데, 이런 수역을 영수(territorial waters)라고 불렀다. 17세기 말 영수 개념은 이미 다수의 법학자들이 받아들였으며, 영해(territorial sea)란 명칭은 1930년 헤이그 국제법 편찬회의에서 정식으로 채용되었다.

는 해안으로부터 대포의 포탄이 도달하는 거리까지라고 하였다. 이 주장으로 바다에 대한 자유해론과 폐쇄해론 간의 대립이 점차 사라지고 영해를 제외한 해양은 공해로 자유가 보장됨으로써 공해 자유의 원칙과 영해제도가 동시에 확립되었다. 영해 3해리의 원칙도 이 착탄거리설에 근거한 것이다.[5] 유럽에서 바다에서의 폭력을 국가가 통제하기 시작한 것은 19세기 이후의 일로, 점차 '해군이 영해를 수호한다'는 관념이 형성되었다. 하지만 열강의 경우도 영해제도는 각 나라마다 달라 통일되지 않았다. 예를 들어, 미국은 1796년에 이미 영해의 넓이를 3해리로 잡았고, 덴마크와 노르웨이는 1797년과 1812년에 각각 영해를 4해리라고 주장하였다. 영국은 영해 관념이 일찍이 있었지만 1878년에야 비로소 영해관할법을 만들어 영해의 범위를 3해리로 분명하게 규정하였다.

중국인이 능동적으로 국제법을 받아들인 시점은 아편전쟁시기 임칙서 林則徐가 미국인 안과의사 피터 파커Peter Parker에게 에머리히데 바텔 Emmerich de Vattel의 『국제법』 저작 일부를 번역시킨 일부터이다. 하지만 이 부분 번역은 영해법의 수용과 직접적인 관련이 없었다. 그 후 청과 서양 열강이 맺은 중외조약에는 중국이 관할하는 해역에 관한 규정이 있다. 여기서는 영해라는 글자는 없었지만, 유사한 의미를 드러내고 있다. 1844년 청미 「망하조약」 제26관에 "중국이 관할하는 내양"(while within the waters over which the Chinese government exercises jurisdiction)이라는 표현이 있으며, 제27관에도 "중국양면中國洋面"이라는 표현이 있다. 청프 「황포조약」 등에서도 유사한 표현을 사용하였다. 그리고 1858년 청영 「천진조약」 제19관에는 "중국의 관할 아래인 해양海洋"(while within Chinese waters)이란 표현이 나타난다. 이처럼 청조가 국제법을 통해 영해제도에 관한 내용을

---

5 박구병, 「이조 말 한일 간의 어업에 적용된 영해 3해리 원칙에 관하여」, 『경제학연구』 22, 1974년, 22쪽. 일반적으로 1해리는 1,852미터이며, 1마일은 대략 1.61킬로미터이다.

완전히 이해하기 전에도 열강과 맺은 불평등조약에서는 중국 주변의 해양이나 양면에서 해상 재산을 구제하거나 해적을 체포한다는 의무규정 등이 있었다.

어떤 연구자는 당시 청조는 영해에 대한 표준이 없었기 때문에 애매하게 쓸 수밖에 없었을 것이라고 본다.[6] 다른 연구자는 앞의 표현이 영해의 또 다른 표현으로 단지 영해의 범위를 규정하지 않은 것뿐이라고 본다. 초기 조약에 영해 범위를 규정하지 않았다고 해서 조약이 중국의 영해관할권을 부정한 것은 아니라는 것이다.[7] 또 다른 연구자는 내양이나 해면은 직접 영해를 표현하지 않으나, 조약 당사자인 서양 열강의 경우는 이것을 이미 중국의 관할권인 영해로 이해하면서도 자신들의 이익을 관철하기 위해 의도적으로 간과했다고 본다.[8] 중국이 국제법상의 영해제도조차 모른 상황이기에 쌍방은 자의적으로 해석했을 가능성이 높다. 영해 규칙이 정식으로 정립된 것은 국제법이 체계적으로 수입된 결과이다.

헨리 휘턴Henry Wheaton이 쓰고 윌리엄 마틴William A. P. Martin이 번역한 『만국공법』(1864)에서 영해 관련 규정이 처음 중국 사회에 소개되면서 영해이론이 중국에 전파되기 시작했다고 할 수 있다. 『만국공법』의 번역이 영해에 관한 모든 문제를 해결한 것은 아니다. 이 책에는 영해이론을 간단히 소개했을 뿐, 영해領海·영만領灣·내해內海, 공해公海 등 국제법에서 자주 사용하는 용어를 빈역하지는 못했다. 영해는 '연해 근처沿海近處'로 번역했고, 영만은 '오만澳灣'으로 번역했으며, 내해는 '소해小海'로 번역했고, 공해는 '대해大海'로 번역하였다. 이런 번역어들이 이전에 사용되던 내양·외양·대양·양해와 같은 애매한 용어에 비해 비교적 분명해졌으나 국제법에

6　梁淑英,「中國領海制度」,『政法論壇』1994年 第3期.

7　魏爾特,『赫德與中國海關』(上), 廈門大學出版社, 1993年, 430쪽.

8　黃剛,『中華民國的領海及其相關制度』,臺灣商務印書館, 1973年, 47쪽.

서 표현하는 정확한 개념에 이르지는 못했다. 이런 번역어 문제는 20세기 초에 이르러서야 비로소 바뀌었다.[9] 앞서 언급했듯이, 중국인이 만국공법을 처음 적용한 것은 1864년 프로이센-덴마크 간 벌어진 대고구선박 사건으로 이것은 영해와 밀접한 관련이 있다. 당시 공친왕의 상주문에는 영해 주권으로 읽을 수 있는 표현이 잠시 등장한다. 이 사건을 통해 총리아문이 영해 권리에 대한 초보적 인식을 가지고 있음을 알 수 있다.

1868년 「청미속증조약」(혹은 「벌링게임조약」)에서도 영해와 관련한 수면 관할권 문제가 제1조에 등장한다.[10] 이것은 벌링게임의 개인적인 의지이기도 하지만 총리아문이 공감한 것이기도 하다. 청의 외교를 담당한 이홍장은 적어도 1874년 이전에는 영해이론에 대해 알고 있었음이 분명하다. 예를 들어, 1874년 말 네덜란드 공사가 해상사고 때 인명 구조할 선박을 만들자는 제안('구생선지救生船只')을 했을 때 청조는, "만국공법에서 각국이 관할하는 해면이…", "연해에서 10리 떨어진 곳은 본국의 관할이므로…" 등의 표현을 사용하며 답변하였다. 비록 이 제안에 반대하지는 않았지만 중국 해면의 일에 외부인이 간여하는 것에 대해서는 문제를 제기하였다. 이홍장은 총리아문에 이런 선박은 반드시 중국 쪽에서 관할해야 하니 해당 지방관이 처리하도록 제안했다. 그 밖에도 청의 영해이론에 대한 인식을 보여 주는 다른 사건으로는 1875년 일본 군함이 조선 연해에서 해도를 측량하다 조선 포대의 공격을 받았을 때였다. 중국 주재 일본 공사 모리 아리노리가 중국 측에 항의하자 이홍장이 국제법에 실린 영해이론을 들어 반박하는 과정에서 "만국공법을 살펴보면 해안 주변 10리의 땅은 곧 본국의 영토에 속한다

---

9 劉利民, 『不平等條約與中國近代領水主權問題研究』, 湖南人民出版社, 2010年, 262쪽. 저자는 당시 청조는 본능적으로 자국의 근해에 관한 관할권 의식은 있었지만 이런 관할권은 영해 주권으로서의 관할권과는 다르다고 보았다. 전자는 왕토사상의 연장선이며 후자는 근대주권의식이라는 것이다(劉利民, 「十九世紀中國領海觀念的傳輸與接受」, 『烟臺大學學報』, 2009年 4月, 81쪽).
10 『中外舊約』 1, 262쪽.

…" 등의 표현이 나타난다.[11]

그 후에 번역된 여러 가지 국제법 서적에도 영해에 관한 내용들이 담겨 있었다. 특히 『공법회통』이 상세한데, 제3권 제295장부터 제346장까지 고루 이 문제를 서술하였다. 존 프라이어가 번역한 『각국교섭공법론』에서도 영해문제에 대해 상세하게 언급하였다. 『각국교섭공법론』 초집의 제3권과 제4권에서는 국가관할권 문제, 삼집의 제3권부터 제7권까지는 전시중립 문제를 다루며 영해이론을 소개하였다.

(2) 청-프랑스 「속의계무전조」에서의 해계海界 문제

청프전쟁 때 프랑스 원동함대는 복주의 마미항에 일방적으로 정박해 전쟁을 확대하는 계기를 마련하였다. 프랑스 함대의 갑작스런 공격으로 중국의 복건함대가 궤멸하고 최대의 조선소인 마미선창이 파괴되었다. 곧이어 프랑스 해군은 대만 기륭항을 공격하고 육지에 상륙해 기륭과 담수를 공격했으나 적지 않은 피해를 입고 물러났다. 전쟁 과정 중 오랜 협상 끝에 청과 프랑스가 맺은 중국·베트남 국경조약은 양국 간 근대적 국경의 골격을 형성했으며, 훗날 중국과 베트남이 국경문제를 협상이나 전쟁을 통해서 해결하려 할 때 기본적인 원칙이 되었다. 특히 북부만北部灣(베트남에서는 동경만이라고 부름) 문제는 중국·베트남 간 해양 경계의 논쟁에서 피할 수 없는 문제이다. 중국 측은 역사상 북부만이 양국의 공동 해역이라고 주장했으며, 베트남 측은 청프 「속의계무전조續議界務專條」(1887년 6월 26일)의 조문 해석을 들어 북부만의 해상경계선을 자의적으로 획정하였다.

북부만은 남중국해 서북부의 중국과 베트남의 경계에 위치한 해역으로 북위 17도~21도 30분, 동경 105도 40분~109도 50분에 위치해 있다. 삼면의 육지가 둥글게 둘러싼 큰 해만으로 프랑스가 베트남을 식민지로 만들

---

11 劉利民, 『不平等條約與中國近代領水主權問題硏究』, 湖南人民出版社, 2010年, 264~266쪽.

자 프랑스인들은 이를 동경만이라고 바꾸어 불렀다. 전통시대에 북부만은 중국·베트남 양국의 공동 해역으로 분명한 경계가 없었다. 1970년대 베트남이 제기한 북부만 문제에서 주요 논쟁점은 청프「속의계무전조」에서 말한 동경 108도 03분 13초의 경계선이 중국·베트남 양국의 해상분계선이라는 주장과 관련해서다. 이에 대해 중국은 이 선은 단지 부근 해역의 도서 귀속 여부를 구획한 것으로 중국·베트남 해상에서의 경계선은 아니라고 하였다. 결국 청과 프랑스가 맺은 국경조약의 지도에서 동경 108도 03분 13초에 그어진 홍색선이 무슨 선이냐 하는 것이 관심의 초점이었다.[12]

1887년 3월 29일 장지동張之洞은 국경 획정을 책기진 흠차대신 등승수鄧承修에게 전보를 보내 "내양과 외양의 경계는 단지 중국이 관할하는 해면을 나눈 것으로, 내화內華와 외이外夷를 가리키는 것은 아니다"[13]라며 기본 원칙을 알렸다. 그리고 다른 전문에서는 "해계는 단지 연안의 도서들이 있는 해면인 내양을 가리키지, 도서 밖의 대양大洋에는 미치지 않는다"[14]는 협상 기준을 제시하였다.

청과 프랑스 간에 북경에서 맺은「속의계무전조」제3조에는,

"광동의 국경업무는 현재 양국의 감계勘界대신이 변계를 감정한 것 말고, 망가芒街 동쪽과 동북東北 일대의 논의되어 정해지지 않은 모든 곳이 중국 관할에 속한다. 해상海中의 여러 섬에 대해서 양국의 감계대신이 붉은 선[紅線]을 남쪽으로 그었는데, 이 선은 차고사茶古社 동쪽의 산 정상을 지난다. 이 선을 경계로 하여(차고사는 한문 이름으로 만주萬注이며, 망가 이남 죽산竹山 서남

---

12 肖德浩,「北部灣問題急議」,『中國海疆歷史與現狀研究』, 黑龍江教育出版社, 1995年, 134쪽.

13 『中法越南交涉資料』의 '兩廣總督張之洞電'(光緒13年正月14日)[中國史學會 主編,『中法戰爭』 7(中國近代史資料叢刊), 上海人民出版社, 1957年, 104쪽].

14 『中法越南交涉資料』의 '兩廣總督張之洞等電'(光緒13년 3月 24일)[中國史學會 主編,『中法戰爭』 7(中國近代史資料叢刊), 上海人民出版社, 1957年, 113쪽].

쪽에 있음), 선의 동쪽에 있는 해상의 여러 섬들은 중국에 귀속되며, 선의 서쪽에 있는 해상의 구두산九頭山(베트남 이름으로 격다格多)과 여러 작은 섬들은 베트남에 귀속된다. 만약 중국인이 법을 어기고 구두산 등지로 도망가면 광서 12년 3월 22일에 맺은 조약 17조에 의거해 프랑스 지방관은 이를 조사하고 체포하여 인도해야 한다."[15]

이 조약문에서 이른바 "붉은 선을 남쪽으로 그었는데"라는 표현을 어떻게 해석할 것인가가 문제의 핵심이다. 중국 측에서는 이 붉은 선이 연해 부근 도서의 귀속을 획분한 것으로, 만약 북부만의 해상 경계를 나눈 것이라면 왜 남쪽 해역의 종점을 명확히 기록하지 않았겠는가라고 반문한다. 당시 프랑스 측 위원들도 홍색선이 중국·베트남 쌍방의 도서를 구분한 것이지, 전체 북부만의 해역을 구획한 것은 아니라고 생각했다고 한다. 중국 측 담당자들의 기록에 따르면 여기서 말하는 해계海界란 도서 부근의 해면이지 도서 밖의 대양은 아니라는 것이다. 다시 말하면 북부만은 청과 베트남이 공유하는 해역으로, 여기에는 해양 경계가 그어진 적이 없다는 것이다.[16]

베트남 측의 논리를 좀 더 검토할 여지가 있지만, 일단 청과 프랑스 간의 북부만 논쟁에서 알 수 있는 사실은 대체로 양국 모두 요구하는 주권이 육지 혹은 육지가 포괄하는 반도와 섬들에 한정되었지 해역이 포함되지 않았다는 사실이다. 국경 담판 과정에서 해계라는 단어는 나타나지만 이 용어는 해양의 경계를 긋는 것이라기보다는 바다의 도서 경계를 긋는 데 쓰인 것으로 보인다.[17] 따라서 해계란 현대적 의미의 영해가 아니라 단지 도서의 소속을 나누기 위한 바다 위의 선이었다. 이 시기까지도 청조는 전통적 국경 관

---

15 『中外舊約』1, 512쪽(「續議界務專條」의 제3조).

16 肖德浩, 「北部灣問題急議」, 『中國海疆歷史與現狀研究』, 黑龍江敎育出版社, 1995年, 134~137쪽.

17 安京, 「北部灣與中國近代海界問題」, 『中國邊疆史地研究』, 2001年 6月, 63쪽.

념에서 벗어나지 못하고 육지와 도서의 해안선을 해계로 삼고 있었던 것이다. 위와 같이 1887년 청과 프랑스 간 국경을 정할 때 중국·베트남 해양 경계가 획정되지 못해 훗날 청프 간 어업분규가 발생하였다.

이 시기는 육지에서 근대적인 국경 관념이 형성되듯이 바다에서도 영해 관념이 형성되기 시작하였다. 하지만 국경 관념보다 영해 인식은 상대적으로 천천히 형성된 것으로 보인다. 양무운동시기에 청조의 관리들은 만국공법을 활용하여 자국의 이익을 보호하려고 했다. 하지만 청프전쟁의 패배를 통해 『만국공법』의 조문만으로 체제를 수호하는 데 한계가 있다는 사실을 확인하였다.

(3) 열강의 내하항행권 침범

러시아는 청과 영토 및 영해 분쟁을 일으킨 대표적인 나라이다. 러시아는 표트르대제Pyotr大帝 이래 해양대국의 꿈을 키워왔고 동아시아에서는 태평양으로 나아갈 수 있는 항구를 얻기를 갈망하였다. 청러 국경조약의 하나인 청러 「감분동계약기勘分東界約記」(1861)에서 일찍부터 출해항해권의 문제를 제기하여 주목할 만하다.

1849년 러시아군은 흑룡강 입구와 쿠릴열도Kuril Islands 부근에 침입하여 점차 영역을 확대하였다. 1853년에는 쿠릴열도를 점령하고 흑룡강·송화강·우수리 강 유역으로 진출하였다. 「아이훈조약璦琿條約」(1858)을 통해 대략 청과의 동쪽 국경을 정한 후, "흑룡강·송화강·우수리 강 유역은 앞으로 오직 중국과 러시아 선박만이 항해할 수 있으며, 다른 외국 선박은 이 강들을 다닐 수 없도록"[18] 규정하였다. 그리고 1860년 6월 블라디보스토크를 점령해 극동 지역의 최대 항구이자 시베리아철도의 종착점을 확보하였다. 그해 11월에는 청러 「북경속증조약北京續增條約」(1860)을 맺어 흑룡강 북쪽

---

18 『中外舊約』 1, 85쪽(「愛琿城和約」 제1조).

의 땅과 우수리 강 동쪽에서 태평양 연안에 이르는 연해주 지방을 획득하였다. 이 조약의 영토 할양에 관한 제1조에서, "위에서 말한 지역(영토의 할양 범위)은 비어 있는 땅으로, (만약) 중국인이 거주하는 곳이나 어업이나 수렵하는 지역은 러시아가 모두 점거할 수 없으며, 중국인이 어업이나 수렵을 하도록 허가한다"[19]고 명기하였다.

다음 해 러시아는 청과 「감분동계약기」를 체결하면서 양국의 동부 국경선을 거의 확정하였다. 이때 우수리 강 동안과 쿠릴열도 내의 40만 평방킬로미터의 영토를 확보하고 두만강 출해구 20리 지점에서 국경이 그어졌다. 흥미로운 사실은 이 조약으로 말미암아 중국인이 두만강을 통해 동해로 나가는 출해구를 상실해 태평양으로 연결하는 통로가 사라졌다는 점이다. 동시에 조선은 두만강 하구 부분에서 러시아와 국경선을 접하게 되었다.[20] 여기에서도 중국인이 살고 있는 땅과 그들이 이용하는 어업 수렵지는 러시아가 점거하지 않고 원주민이 그대로 이용한다는 사실과 중국인들이 생계를 위해 주변 지역으로 이동하는 것을 막지 않는다는 사실을 다시 확인하였다. 1886년 오대징吳大徵이 청러 국경경계비의 상황을 조사하면서 러시아 측과 두만강의 출해항행권 문제를 논의해 중국 선박이 두만강을 출입할 때 방해하지 않겠다는 답변을 얻어내었다.[21] 내하항행권과 관련해 러시아는 독자적으로 송화강 항행에 관한 조약특권을 따내었다. 그 후 흑룡강성 주변 청과 러시아 국경 사이에서는 양국 어민들이 상호 협의하면서 어업에 종사하였다.[22]

---

19 『中外舊約』1, 149~150쪽(「北京續增條約」 제1조).

20 『中外舊約』1, 162쪽(「勘分東界記」의 「附:交界道路記文」).

21 『中外舊約』1, 489쪽 [「琿春東界約」(1886년) 제4조].

22 중화민국 원년(1912)에 어업분규가 발생해 러시아군이 개입하는 사건이 발생했는데, 이때 중국과 러시아 및 몽고 간에 본격적인 어업교섭이 이루어졌다. 민국시대에는 훈춘 부두에서 출발한 중국 어선이 동해로 나아가 고기잡이를 하였다. 중국 어민이 두만강에서 고기잡이에 종사한 것은 제2차 세계대전 때까지도 계속되었다(李士豪, 屈若搴 著, 『中國漁業史』, 上海書

내하항행권의 문제는 러시아뿐만이 아니라 서양 열강과도 무역통상과 관련해 예민한 문제였다. 열강이 내하항행권을 빼앗은 것은 제2차 아편전쟁부터 장강을 중심으로 시작했으며, 그 후 장강에서 다른 강으로 확대되었고, 통상항구에서 비통상항구로 확대되었다. 항구와 하도체제는 외국 선박이 중국 내로 출입할 수 있는 문제와 관련되어 있는데, 만약 항구와 하도가 막혀 있으면 통상무역을 계속 진행할 수 없었다. 따라서 항구와 하도는 대중국무역의 생명선이므로 외국 상인들은 중국의 하도를 확보하려고 노력했다. 외국 상인들은 천진·상해·한구漢口·광주항의 하도를 중시했는데, 특히 천진의 백하白河와 상해의 황포강黃埔江이 중요했다. 왜냐하면 천진은 북방 최대의 항구였고, 상해는 장강유역을 출입하는 요지였기 때문이다.[23] 영국이 장강 하류의 항행권을 가장 먼저 얻었는데, 조약문에 "장강 일대의 각 항구는 영국 상선이 통상할 수 있다"는 문구를 넣었다. 그 후 각국이 동일한 권리를 얻으면서 중국의 주요 내하항운권은 침범당하기 시작했다. 내하항운에는 상업 선박만이 아니라 무장 선박도 포함되었으며, 외국인이 무기를 휴대하고 중국의 내하에 들어올 수 있었다.

일본은 「시모노세키조약」을 맺어 오송강 운하를 통해 소주·항주로 갈 수 있는 특권을 얻으면서 처음으로 외국 윤선이 장강 이외의 내하항운을 할 수 있는 권리를 얻었다. 하지만 엄격한 의미에서 말하면 내항항운권은 아닌데, 왜냐하면 소주와 항주는 이미 개항장이기 때문이다. 중국의 내하항행권의 탈취과정에서 「시모노세키조약」은 특별한 지위를 지니는데, 곧 이어진 열강의 과분풍조는 중국의 모든 내하에 대한 내항항운권을 빼앗을 수 있는 기회를 주었다.[24]

店, 1984年, 188~194쪽 참고).

23 張輝華 編著, 『舊中國海關歷史』, 中國海關出版社, 2005年, 71~72쪽.

24 史春林, 吳長春, 「試論馬關條約對中國近代航運業的影響」, 『歷史教學』, 1995年 第11期.

1898년 7월 13일 청조는 「내항행선장정內港行船章程」을 반포했는데, 제 1관에 "중국 내항은 앞으로 개항장에 등록한 중국과 서양의 여러 윤선들에게 모두 개방한다"면서 자유로운 내항무역을 허가하였다. 여기서 내항이란 「내항행선장정」에 규정하기를, "이는 「연대조약煙臺條約」 제4단에서 언급한 '내지內地' 두 글자와 같다"[25]고 하였다. 「연대조약」에서 말한 내지는 "연해·연강·연하 및 육로 등 통상항구가 아닌 여러 곳"[26]이었다. 즉 비통상항구가 모두 내지인 것이다.[27] 그 후 중국의 모든 내하는 외국 윤선에게 개방되었다. 「내항행선장정」은 청조가 반포한 것으로 국제조약의 성격은 아니었다.

그 후 1902년과 1903년에 영국과 일본이 중국과 「통상행선속약通商行船續約」을 맺을 때, 내하항행특권을 조약에 반영했으며 장정을 좀 더 수정하여 조약의 부건에 넣었다. 외국 윤선이 내항을 항행할 조약 근거가 생기면서 청조 마음대로 장정의 내용을 수정할 수 없게 되었다.[28] 청미 간에 1903년에 체결한 「통상행선속약」 제5관에 규정하기를, "미국인의 상점이나 회사는 고루 이와 같은 무역을 경영할 수 있으며, 이익을 향유하는 것도 다른 나라 사람들과 같다"[29]고 하였다. 청과 스웨덴이 1908년에 체결한 「통상조약」에서도 규정하기를, 스웨덴 상선이 중국에서 "최혜국의 상선에 따라 일률적으로 대우를 받는다"[30]고 했다. 이것은 항운 방면의 최혜국대우로 일본과 같은 다른 나라들도 별도의 규정 없이 적용되었다.[31]

---

25 『中外舊約』 1, 786쪽.

26 『中外舊約』 1, 349쪽.

27 李育民, 『近代中國的條約制度』 湖南師範大學出版社, 1995年, 180쪽.

28 李育民, 『近代中國的條約制度』 湖南師範大學出版社, 1995年, 181쪽.

29 『中外舊約』 1, 187쪽.

30 『中外舊約』 1, 517쪽.

31 李育民, 『近代中國的條約制度』 湖南師範大學出版社, 1995年, 163쪽.

2. 조차조약을 통해 본 영해 관념의 형성

(1) 청-독일 「교오조계조약」

청일 「시모노세키조약」에는 일본에 할양되는 영토를, "제2조 제2항. 대만 전도 및 이의 부속 제 도서; 제3항. 팽호열도, 즉 영국 그리니치 기준 동경 119도에서 120도 및 북위 23도에서 24도 사이에 있는 제 도서"[32]라고 명기해 중국의 동남 연해가 일본의 세력권에 들어갔다. 게다가 조약의 「별약」제2조에는 "위해위에서 장차 유공도와 위해위 항만과 연안은 일본 거리법 5리 이내의 지방(대략 중국의 40리 이내 해당함)을 일본 군대가 주둔하는 지역으로 삼을 수 있다"[33]고 하여 이 지역에는 중국 군대가 주둔할 수 없도록 했다. 청조가 10여 년간의 노력으로 건설한 발해만 주변의 방어체계는 전쟁의 패배로 단번에 와해되었다.

이 전쟁은 중국의 해방 역량을 무력화시켜 연해지역이 열강의 손아귀에 놓이게 되었다. 실제로 1898년부터 1899년까지 불과 2년 사이에 중국의 연해지역은 남북으로 5개의 조차지가 만들어졌다. 독일이 점령한 교주만, 러시아가 점령한 여순과 대련, 영국이 점령한 구룡과 위해위, 프랑스가 점령한 광주만 등이 그것이다.

조차지 관련 조약 내용을 보면 겉으로는 기존의 조계지와 비슷해 보이지만 실제로는 할양지에 더욱 가까웠다. 독일은 교주만을 조차한 후 독일의 교오보호령이라고 부르며 교오총독부를 설치하고 총독이 직접 관할하였다. 러시아는 여순과 대련을 조차한 후 관동주關東州라고 이름을 바꾸고 총독이 통치하였다. 영국은 구룡조차지를 홍콩 총독의 통치 아래에 두어 영국 식민지의 일부분으로 만들었고, 위해위의 경우도 비슷하였다. 프랑스가 조

---

32 「馬關條約」(『中外舊約』1, 614~615쪽).
33 「馬關條約」, 「別約」제2조(『中外舊約』1, 618쪽).

표 8__ 19세기 말 중국 내 열강의 조차지

국가	조차지역	조약 근거	조차기간	비고
독일	교주만膠州灣	청독 〈膠澳租界條約〉	99년	1914년 일본이 점령, 1922년 매입해 회수
러시아	여순旅順, 대련大連	청러 〈旅大租地和約〉	25년	1905년 일본에게 양도했고, 1915년 〈21개조〉를 통해 99년으로 연장했으며, 1955년 회수
러시아	중동철로 中東鐵路와 부속지역	〈淸俄密約〉과 〈華俄道勝銀行承辦建造東三鐵路合同〉	15년	1904년 일본에게 양도했고, 1920년 북양정부가 회수
영국	신계新界	청영 〈展拓香港界址專條〉	99년	1997년 7월 1일 돌려받음
영국	위해위威海衛	청영 〈訂租威海衛專條〉	25년	1930년 10월 1일 돌아옴
프랑스	광주만廣州灣	청프 〈廣州灣租界條約〉	99년	1943년 일본이 점령했고, 1945년 중국 정부가 회수

* 王瑛, 『李鴻章與晚淸中外條約硏究』, 湖南人民出版社, 2011年, 252쪽

차한 광주만도 상황은 마찬가지였다.[34] 이런 조차조약에 나타난 해양 경계와 관련한 기사는 영해 관념의 탄생과 관련해서도 중요하다. 우선 청독「교오조계조약膠澳租界條約」부터 살펴보면 아래와 같다.

청일전쟁 후 조차지를 만들어 '세력범위'를 처음 획정한 국가는 독일이다. 여기서 세력범위란 제국주의 열강이 중국 영토의 일부분을 조차한 후 불평등조약을 이용해 각자 자신들의 영역을 정해 다른 사람이 침범하는 것을 허용하지 않는 특정지역이다. 당시 독일의 빌헬름 2세Wilhelm II는 독일이 영국이나 프랑스보다 뒤늦게 해양에 진출한 상태였기 때문에 반드시 바다를 장악해야만 세계패권을 가질 수 있다면서 집중적으로 자국의 함대를 강화하였다. 독일은 1861년 9월 2일 천진에서 처음으로 중국과 공식적인 외교관계를 의미하는 통상항해조약을 체결하였다. 그 후 시장개척과 해군기지 물색을 위해 중국 연해를 탐색했으며, 동아시아에서의 제해권을 장

---

34 張洪祥, 『近代中國通商口岸與租界』, 天津人民出版社, 1993年, 216~217쪽.

악하기 위해 연해항구를 확보하려고 노력하였다. 청일전쟁 이전부터 산동반도 남쪽에 있던 교주만에 진출했고, 청일전쟁이 끝나기 전에도 기회가 온다면, "제국해군에게 적합한 하나 혹은 여러 곳의 석탄저장소와 군항을 얻을 것"[35]을 결정하였다. 그들은 삼국간섭의 공을 빌려 여러 차례 청조에 군항 한 곳을 조차할 것을 요구했으나 뜻을 이루지 못했다. 1896년 8월 독일 원동함대 사령관은 중국 연해를 조사한 결과 교주만이 정박장소로 뛰어나고, 방어물 설치나 부두 건축이 용이하며, 부근에 풍부한 석탄 산지가 있고, 기후가 유럽인에게 적합하다는 결론을 얻고 이곳을 점령할 계획을 세웠다. 다음 해 8월 빌헬름 2세는 러시아의 차르 니콜라이 2세Nikolai II와 교주만 문제를 비밀리에 합의 본 후 점령의 기회를 노렸다.

1897년 11월 1일 독일은 두 명의 선교사가 산동성 조주曹州 거야현巨野縣에서 피살된 소식이 전해지자마자 원동함대에 명령을 내려 군함을 파견하도록 했다. 독일함대는 교주만과 주변 연안지역을 점령하고 청군을 쫓아내었다. 다음 해 중국 주재 독일공사는 청의 대표 이홍장, 옹동화翁同龢와 「교오조계조약」(1898년 3월 6일)을 맺고 교주만을 조차하였다. 조약의 주요 내용은 ① 독일이 교주만을 조차하는 기간은 99년으로 하며, 조차기간 동안 교주만은 완전히 독일 관할이다; ② 교오 주위의 100리 내의 육지는 중립구로 구획하고 독일군이 자유롭게 통과할 수 있다; ③ 독일은 교주에서 제남 및 산동변경에 이르는 두 개의 철로를 건설할 수 있고, 독일 상인은 철로 양쪽의 30리 내의 광산을 채굴할 수 있다; ④ 청조가 산동 경내에서 어떤 사업을 할 경우 독일이 우선 참여할 권리가 있다 등이다. 이를 통해 독일은 산동지역을 자신의 세력범위로 삼았다.

이 조약에서 해강문제와 관련해서 주목할 만한 점은 조계지의 범위가 전

---

35 「德外交大臣馬沙爾致海軍大臣何爾門」(一八九五年三月十一日, 極秘), 『德國外交文件有關中國交涉史料選譯』(第一卷), 87~88쪽.

체 교주만의 육지와 도서는 물론이고 주변 해면도 포함되었다는 사실이다. 독일은 교주만에서 모든 주권을 행사했으므로, 포대를 건설하고 군대를 주둔시킬 수 있었고, 자국의 군함을 정박시킬 수 있었으며, 타국의 각종 선박 왕래는 금지시켰다. 교주만 해상으로부터 주변 100리 이내에는 독일군대가 자유롭게 통과할 수 있다는 규정도 있는데, 여기서 100리라는 경계는 장차 양국에서 조사원을 파견해 지리를 살펴 상세하게 정하도록 했다. 특히 교주만의 내해는 모두 독일이 관할하며, 언제든지 장정을 체결할 수 있었다.[36] 그 후 독일은 청도항을 만든 후 대외항로를 열었는데, 하나는 국제항로로 주로 독일·영국·홍콩과 일본의 고베 등을 오가는 것이며, 다른 하나는 연해선으로 상해·연대·천진 등을 오가는 항로였다.[37] 독일은 조약 체결후 교주만을 17년간 식민통치하였다. 그런데 제1차 세계대전이 발발하자 일본은 1914년 독일에 선전포고하고 교주만에 출병하면서 산동에서 독일의 특권을 빼앗았다.

(2) 청–러시아 「여대조지조약」과 청–영국 「정조위해위전조」

제정러시아는 아편전쟁을 전후해 이미 100만여 평방킬로미터의 영토를 확장했으며, 우수리 강 동쪽과 흑룡강 하류의 연해지역을 점령하였다. 러시아는 태평양의 패권을 차지하기 위해 블라디보스토크에 해군기지를 건설했으나, 이곳은 1년에 4개월간 결빙기가 있다는 단점이 있었다. 이 때문에 중국 주변에 새로운 부동항을 찾아 해군기지를 물색하였다. 청일전쟁 후 삼국간섭을 통해 요동반도를 청조에 돌려주도록 일본에 압력을 넣은 배경에도 러시아의 이런 야심이 작용하였다. 삼국간섭 후 러시아의 원동함대는 요동반도를 돌려준 공을 빌려 1895년 말 교주만에서 겨울을 날 기회를 얻었

---

36 『中外舊約』1,738쪽(「膠澳租界條約」 제1조).

37 張洪祥, 『近代中國通商口岸與租界』, 天津人民出版社, 1993年, 222쪽.

다. 당시 교주만을 차지하려던 독일은 러시아와 비밀협상을 통해 조선과 만주 지역을 러시아의 세력범위로 인정하고, 장차 러시아의 여순항과 대련만의 점령을 묵인하기로 합의했다. 이에 만족한 러시아는 교주만에서 겨울을 나겠다는 계획을 철회하고 함대를 철수시켰다. 이처럼 러시아는 독일이 교주만을 점령하는 대가로 자신들은 요동반도에 부동항을 확보하려 했다.

1896년 6월 러시아 정부는 이홍장과 「청러밀약清俄密約」을 체결하였다. 그 주요 내용은 ① 만약 일본이 러시아의 원동 영토 혹은 중국과 조선 영토를 침략하면 청러 양국은 군사력을 연합해 대적한다; ② 전쟁 기간 중 중국의 모든 항구는 러시아 군함에 개방한다; ③ 러시아가 만주지역을 관통해 블라디보스토크에 이르는 중동철로를 건설하는 것을 허락한다 등이다. 이를 계기로 러시아는 만주지역을 그들의 세력범위에 넣었다. 러시아함대는 1897년 12월 돌연 여순항과 대련만을 점령했는데, 일본은 러시아 함대의 요동진출에 대해 전쟁을 불사하겠다는 강경한 태도를 취하였다. 이에 러시아는 일본에게 조선에서의 우위를 인정하는 조건을 제시하여 여순항과 대련만의 점령을 묵인하도록 했다.

러시아 군함은 여순항에 입항한 후 떠나지 않는데, 중국 해상에서 러시아 군함 40여 척 이상이 무력시위를 벌였다. 다른 한편으로 러시아는 이홍장 등과 비밀협상을 시도하면서 50만 루블의 뇌물을 주기도 했다. 양측은 「여대조지조약旅大租地條約」(1898년 3월 27일)을 체결하고 다시 「속정여대조지조약續訂旅大租地條約」(1898년 5월 7일)을 체결해 여순항과 대련만 및 부근 해면을 러시아에 조차하기로 합의했다. 러시아 조차지의 위치는 동경 120도 48분에서 123도 13분과 북위 38도 20분에서 39도 25분까지였으며, 조차 기간 내에 이 지역은 완전히 러시아 관할이었다.[38] 조약의 주요 내용은 ① 청조는 여순항과 대련만 및 주변 수면을 러시아에게 25년간 조차한다.

---

38 『中外舊約』 1,741쪽(「旅大租地條約」 제1조).

단 쌍방의 동의 아래 연장할 수 있다; ② 조차 구역과 주변 해역의 행정권은 완전히 러시아가 행사하며, 중국은 어떤 육군도 주둔할 수 없다. 여순항은 군항으로 중국과 러시아 양국의 선박은 출입할 수 있으나, 다른 국가의 군함이나 상선은 모두 진입할 수 없다. 대련항은 상업항으로 각국의 선박이 출입할 수 있다; ③ 러시아는 중동철로의 지선을 건설해 여순항과 대련만에 연결하여 종착지를 만든다; ④ 금주金州는 자치를 실행하여, 중국군은 철군하고 러시아군이 주둔한다. 금주의 거주민은 해안을 이용할 권리가 없다 등이다. 그리고 조차지의 북쪽에는 중립구를 설치해 중국이 관리하되 철로와 광산 등의 권리는 러시아가 소유하도록 했다.

다음 해에는 조차지를 관동성關東省으로 개명하고 직접 통치하였다. 사실상 요동반도는 러시아의 통치 아래 들어갔을 뿐만 아니라, 만주지역 전체가 러시아의 세력범위 안에 들어갔다. 그런데 러시아가 여순·대련에 조차지를 만들어 자신들의 해군기지를 세운 전략은 일본의 만주진출 계획과 정면충돌하였다. 몇 년 후 러일전쟁에서 러시아가 패배하여 「포츠머스조약」(1905년 9월 5일)을 체결하자 여순·대련의 조차권이 다시 일본으로 넘어갔다.[39] 일본은 패망할 때까지 이 지역을 40여 년간 식민통치하였다.

러시아가 여순항과 대련만을 조차하자, 영국 수상은 곧바로 위해위를 점령하고 점령 조건을 러시아와 같도록 할 것을 중국 주재 영국 공사에게 지시하였다. 그리고 영국 함대를 홍콩에서 발해만으로 진격시켰다. 영국은 당시 위해위에 남아 있던 일본군이 철수하면 자신들이 점령할 것이라는 의견

---

39 1905년에 체결된 「日俄漁業協約」에는 "현행의 「연해항해법」과 장래의 영해 관련 법률을 반드시 준수할 것"을 명시하는 대목이 있다[劉瑞霖 編, 『東三省交涉輯要』, 文海出版社(影印本), 510쪽]. 같은 해 체결된 「日俄漁業協約附屬議定書」에도 영수의 범위를 설정해 어업을 규제했고, 강과 바다의 경계에 대해서는 국제법의 원칙과 관례에 따를 것을 규정하였다[劉瑞霖 編, 『東三省交涉輯要』, 文海出版社(影印本), 518~520쪽]. 한편 선통 2년(1910년)의 「日本開旅順口規則」에는 여순항 수역의 3해리 내외에 따라 각종 규정의 차이를 두었다(劉瑞霖 編, 같은 책, 576~577쪽).

을 일본 측에 제시하였다. 일본 정부는 이에 동의하는 조건으로 나중에 중국에서 일본이 유사한 행동을 할 경우에 영국 정부가 지지하기로 약속받았다. 영국이 청조에 위해위 조차를 요구하자 청은 ① 위해위의 조차 기간은 러시아의 여순·대련 조차 기간과 같게 하고, ② 중국이 위해위에 병선을 정박할 수 있도록 하며, ③ 영국이 공개적으로 다시는 중국에 영토 요구를 하지 않는다는 조건을 제시하였다. 그러나 세 번째 조건은 거부된 상태에서 체결협상이 진행되었다.

영국과 청은 「정조위해위전조訂租威海衛專條」(1898년 7월 1일)를 맺었다. 조약의 요점은 청조는 산동의 위해위와 부근의 해면, 즉 유공도와 위해위 내의 군도를 포함해 전체 만의 연안 10마일 이내의 지역을 영국 정부에 조차하며, 조차기간은 러시아의 여순·대련 조차기간과 같은 25년이다. 동경 121도 40분 동쪽의 연해와 부근의 연대지방에는 영국이 토지를 선택해 포대를 건축할 수 있고 군대를 주둔시킬 수 있다. 이 지역은 중국군을 제외하고 다른 나라 군대는 안으로 들어올 수 없다 등이다. 이 조약의 목적은 영국이 여순·대련을 점유한 러시아를 견제하기 위한 것이었다.

위해위는 군사적으로 방어하기에는 다소 문제가 있으나 여순항과 마주보는 형세이고, 천진과 북경이 가까워 지리적 이점이 뛰어났다. 청은 과분의 위협 아래 영국을 이용해 세력균형을 유지할 목적으로 그들의 요구를 받아들였으며, 독일은 영국과 협상하여 산동에서의 독일의 독점적 지위를 인정한다는 조건 아래 영국의 위해위 조차에 동의하였다. 1901년 위해항은 자유무역항이 되었으나 항구 업무와 선박 관리는 완전히 영국인이 담당하였다. 1905년 러일전쟁 후 러시아군이 여순에서 철수했으나 영국은 여전히 위해위에 남았다.[40] 1930년 영국은 새로운 조약을 맺으면서 비로소 이 조약

---

40 영국은 「揚子江沿岸不割讓來往照會」를 통해 장강 연안의 각 성을 다른 나라에 할양하지 못하게 만들어 장강유역을 자신들의 세력범위로 삼았다. 이것은 중국에서 가장 넓은 지역이 영국

은 폐기되었다.

해양 경계와 관련해 여순·대련 조차조약과 위해위 조차조약에서 기억할 만한 점이라면 항만주변 해면의 경계와 소속 여부를 분명하게 명시한 사실이다.

(3) 청-프랑스 「광주만조계조약」과 청-영국 「전척향항계지전조」

프랑스도 삼국간섭의 공을 빌미로 국경협상을 진행해 영토의 일부를 얻었고, 운남 지역의 하구河口와 사모思茅에 개항장을 만든 데 이어, 광동·광서·운남에서 광산채굴권을 얻었다. 1897년 3월에는 청을 압박하여 해남도를 다른 나라에 할양하지 못하도록 하였다. 당시 프랑스인들은 청이 산동을 독일에, 만주를 러시아에 각각 주었으니, 양광 지역은 프랑스에 주어야 한다는 생각을 가지고 있었다. 총리아문의 보고에 따르면, "올해(1899년) 2월 21일 프랑스 관리가 총리아문에 공문을 보내어 네 가지를 요구하였다. 첫째, 운남·광서·광동 등의 성은 장강의 예에 따라 다른 나라에 할양하지 않는다. 둘째, 중국 우정국 총책임자는 프랑스인을 초빙하도록 한다. 셋째, 프랑스는 베트남에서 운남성으로 가는 철로를 책임지고 건설한다. 넷째, 프랑스는 중국 남부 해안에 윤선이 정박할 곳을 설립한다"[41] 등이다.

청과 프랑스는 「광주만조계조약廣州灣租界條約」(1899년 11월 16일)을 맺어 광주만이 프랑스의 조계지가 되었는데, 조차기간은 99년이었다. 조차지의 범위는 북위 20도 45분에서 21도 17분까지, 동경 107도 55분에서 108도 16분까지였다. 육지와 해면의 총면적은 2,130평방킬로미터이며, 그 가운데 육지면적은 518평방킬로미터이고, 해상면적은 1,612평방킬로미터였다.

의 세력범위가 된 것을 의미한다.

41 '附中法互訂廣州灣租界條約', 「中法交收廣州灣租借專」, 『淸季外交史料』(二)[楊金森·范中義, 『中國海防史』(下冊), 海軍出版社, 2005年, 975쪽 재인용].

프랑스는 조차지 내의 육지와 해만을 광주만이라고 불렀는데, 이 만은 광동 뇌주雷州의 동북쪽에 위치하였다. 광주만의 삼면은 육지가 둘러싸고 있고 동쪽으로 남중국해를 마주하는데, 항구가 넓고 수심이 깊어 예로부터 해방의 중요 거점이었다. 조약에는 조차기간 중 광주만의 주권은 프랑스가 행사하고, 조차지에 포대를 건설하고 군대를 주둔시킬 수 있었다. 그리고 프랑스는 광주만의 적감赤坎에서 안포安鋪에 이르는 철로를 건설할 수 있다는 등의 내용을 담았다.

조차조약에서 해양과 관련한 조항으로는 경계 내 동해도東海島와 뇨주도硇州島 전체와 양 섬 사이의 수면은 중국 선박이 왕래하거나 정박할 수 있다. 경계 내의 기타 수면은 모두 프랑스 관할이며, 프랑스가 장정을 만들어 선박입항세를 징수할 수 있다 등이었다. 특히 조차지를 규정하는 내용 중 "바다로 나아가 3해리(중국10리)를 경계로 삼는데[出海三海里爲界(卽10華里)]"라는 구절은 주목할 필요가 있다. 조약문 제2조에는 다음과 같은 내용이 있다.

"적감赤坎·지만志滿·신허新墟는 조계에 귀속되고, 황략黃略·마장麻章·신부新埠·복건福建 등 각 촌락은 모두 중국이 관할한다. 다시 적감 이북과 복건촌 이남에서 해수면을 나누는데 조신도調神島 북쪽의 수면을 가로질러 두리와 兆離窩의 언덕을 거쳐 동쪽으로 향하여 오천현吳川縣의 서포대西礮臺 강변에 다다른다. 바다로 나아가 3해리(중국 10리)를 경계로 삼는데, 황파黃坡는 여전히 중국 관할에 속한다. 또 오천현 해구 밖 3해리 수면을 기점으로 삼아 연안 주변을 따라 수계현遂溪縣 남쪽의 통명항通明港에 이르며, 북쪽으로 3해리에서 통명항 안으로 돌아들어 가 언덕으로 나누어 관로官路를 따라 경계를 삼는다."[42]

42 『中外舊約』1,929쪽(「廣州灣租界條約」 제2조).

광주만의 영역을 구분하는 구절 중에 영해 관념으로 읽을 수 있는 해양 경계의 인식이 나타나 흥미롭다. 조약문 제5조에서도 "조계 각지의 만내의 수면은 모두 프랑스 관할에 속하므로"[43] 프랑스는 제도를 만들어 각종 세금을 징수할 수 있다는 내용이 담겨 있다. 이처럼 해면에 대한 관할권을 명기한 사실은 주목할 만한데, 앞서 청프전쟁 시기에 맺어진 조약에서 해양 경계가 다소 모호했던 것과는 뚜렷한 차이가 있다.

청일전쟁이 발발하자 1894년 11월 9일 홍콩 총독 윌리엄 로빈슨William Robinson은 홍콩의 방위와 안전을 이유로 영국 정부에 홍콩의 경계를 대붕만大鵬灣과 심만深灣을 잇는 선으로 확대할 것을 건의하였다. 그리고 홍콩으로부터 3마일 이내에 있는 섬들을 영국에 할양하도록 만들자고 제안하였다.[44] 영국은 프랑스가 광주만을 조차하자 세력균형이라는 명목으로 구룡반도 전체에 대한 조차를 요구하였다. 이는 프랑스가 중국 서남지역으로 팽창하는 것을 견제하고 홍콩의 이익을 도모하기 위한 것이다.

청과 영국은 「전척향항계지전조展拓香港界址專條」(1898년 6월 9일)를 맺어 구룡지역을 영국의 조차지로 삼았는데, 기간은 99년이었다. 북쪽 경계는 심천만深圳灣에서 대붕만大鵬灣 북안으로 하고, 심천하深圳河 연안은 중국 내지와의 경계로 삼았다. 이때 심수하와 심수만 및 대붕만의 이남과 홍콩 부근 크고 작은 섬 및 부근 해상이 영국에 넘어갔는데, 235개 작은 도서를 합치면 총면적 975평방킬로미디었다. 여기서 대붕만과 신천만 등 해역도 강제로 조차되었다.[45] 「남경조약」을 통해 홍콩섬을 할양받았고, 「북경조약」을 통해 구룡지역 일부를 할양받았던 영국은 이 조약을 통해 더 넓은 지역과 도서를 획득해 홍콩신계香港新界를 만들었다. 그 결과 기존 조약으로

---

43 『中外舊約』1,930쪽(「廣州灣租界條約」제5조).

44 呂一燃 主編, 『中國近代邊界史』(下), 1027~1028쪽.

45 『中外舊約』1,769쪽(「展拓香港界址專條」).

얻은 육지 총면적의 11배 이상, 해면은 50배 이상의 영역을 얻었다.[46]

　해양 경계와 관련해 광주만 조차조약과 홍콩신계 조차조약에서 기억할 만한 점이라면, 3해리 3마일 등과 같은 거리 용어를 써가며 해면의 영역을 구체적으로 제시해 영해처럼 규정한 사실이다.[47]

　법적으로 조차지나 세력범위는 모두 영토의 정식 할양은 아니다. 하지만 조차지는 조계보다 주권을 양도하는 의미가 더욱 강했고, 주로 해군기지 건설의 목적으로 설치되었기 때문에 주변 해역까지 조차대상에 포함되어 어느 정도 영해 개념을 포함하였다. 이와 달리 세력범위는 세력에 따라 범위가 정해지는 것이어서 왕왕 각국의 실력 변화에 따라 변동이 발생하였다. 예를 들어, 1905년 러일전쟁 후 일본이 러시아를 패배시키자 일본은 만주지역의 남부에 대한 세력범위를 확장하였다. 제1차 세계대전 후 일본은 다시 독일의 산동에서의 우위권을 빼앗아 세력범위를 넓혔다. 영국의 장강유역 세력범위도 영국의 국세가 쇠락하자 다른 열강의 침투를 막지 못하였다.[48]

3. 내양에서 영해로

(1) 청-멕시코 「통상조약」에 나타난 영해

　근대 중국의 국제조약에서 공식적으로 영해를 표기한 것은 19세기의 마

46　1901년 6월에는 영국 영사가 양광총독에게 홍콩의 신조계의 수면이 어디까지인가를 놓고 질의하는 공문이 있다. 그러나 이에 대한 청조의 답변은 남아 있지 않다(『中外舊約』 1, 993~994쪽).
47　프랑스가 청조에 베트남 주변 섬들을 다른 국가에 할양하거나 조차하지 말라는 공문을 보내자, 이 기회를 틈타 일본 역시 복건성을 다른 국가에 할양하거나 조차하지 말 것을 요구하였다. 일본은 대만 할양에 만족하지 못하고 항주·한구·천진 등에 조계지를 건립하고, 위해를 돌려주는 조건으로 「福州口日本專用租界專條」(1898년 4월 28일)를 맺어 복건지역을 일본의 세력범위로 삼았다.
48　郭衛東, 『不平等條約與近代中國』, 高等敎育出版社, 1993年, 80~81쪽.

지막 조약인 청과 멕시코 간 맺은 무역협정(1899년 12월 14일)에서 였다. 1880년대 이전 중국이 외국과 맺은 통상조약 가운데 페루, 브라질과 맺은 조약은 가장 공평한 것이었다. 청과 페루와의 조약(1874)에는 양국 병선이 상대방의 국가를 왕래할 때 병선이 상대방의 항구에 들어갈 수 있고, 양국의 상선이 상대방의 연해에서 재난을 입었을 때 서로 원조한다고 규정했다. 청과 브라질과의 통상장정(1881)에는 양국 국민은 서로 여행하고, 평등하게 상호 병선과 상선을 대우하며, 아편을 판매하지 못한다고 규정했다.[49] 이런 평등한 조약체결이 가능했던 이유는 중남미의 국가들과 청조는 상대적으로 직접적인 이해관계가 적었기 때문일 것이다. 그래서인지 영해에 대한 기준이 명확하게 처음 제시된 조약도 중남미의 또 다른 국가인 멕시코와의 통상항해조약에서였다.

1899년 12월 14일 미국 워싱턴에서 청이 멕시코와 맺은 청－멕시코「통상조약」에서 영해개념은 세관밀매밀수구역을 획정하는 과정에서 최초로 등장한다. 이 조약 제11관에는 다음과 같은 구절이 있다.

"…쌍방은 썰물 때를 기준으로 해안에서 3리크(三力克, 1리크League는 중국의 10리에 상당함) 떨어진 곳을 해양 경계[水界]로 삼는다. 경계 내에서는 본국의 세관 규정을 정확하게 실행하고, 밀수와 탈세를 저지할 수 있는 순찰 및 체포 등의 방법을 강구한다."[50]

청과 상대적으로 이해관계가 적은 멕시코와의 조약에서, 그것도 양국이 미국 워싱턴에서 맺은 조약이라는 사실에 유의하면서 영해문제에 접근할 필요가 있었다. 그리고 3리크의 거리도 3해리와 일정한 차이가 있다. 게다

---

49 田濤, 『國際法輸入與晚清中國』, 濟南出版社, 2001年, 266~268쪽.
50 『中外舊約』1,936쪽(淸墨「通商條約」제11조).

가 이 조약의 교환과 비준 일시에 대해서 1899년 12월 14일이라는 설이 일반적이지만 이견이 있다. 비록 그날 체결되었지만 교환과 비준은 다음 해인 1900년의 일이라는 것이다.[51]

여기서 수계란 '영수계한領水界限'의 의미로 한 나라가 관할하는 영해와 대체로 같은 뜻으로 볼 수 있다. 이 조약 제11관에 실린 내용에 대해 학자들 간에 이견이 있다. 한 서구학자는 이 조관이 영해범위의 규정이라고 보았다. 그는 "중국과 외국이 체결한 조약 가운데 유일하게 중국의 영해범주를 언급한 것은 1899년 멕시코와 체결한 조약의 제11관 '조약을 맺는 쌍방이 썰물 시 3해리 내의 수역을 영해범위로 보는 것에 동의한다.' 오역을 방지하기 위해 중국이 사용한 조약의 중문판에는 1해리海里를 10화리華里로 정했으며, 이것은 대략 5공리公里였다"고 설명한다.[52] 한 대만 학자는 이 조관이 영해범위를 규정한 것에 동의한다. 하지만 그 내용의 모호성을 지적하면서 청조가 영해범위에 대해 정확하게 확정한 것으로 생각하지는 않는다.[53]

한 중국 학자는 전자의 해석에 동의한다. 그 이유로 첫째, 영어용어를 보자면, 이 조관에서 사용된 것은 '영해territorial waters'라는 용어이다. 비록 중문본에는 영해라는 용어 자체는 보이지 않지만, 아직까지 영해란 용어가 없던 시기이므로 '수계水界'라는 다른 표현으로 대체된 것일 뿐이므로 큰 영향을 주지 않는다. 둘째, 당시 국제법의 수용과정을 보면 청조는 이 무렵 영해범주에 대한 일정한 인식이 있었으므로, 조약 중에 영해의 범위를 규정한 것도 불가능한 일은 아니다. '삼력극三力克'(a three marine leagues)의 넓이는 당시 구미국가에서 정한 3영리英里보다 넓어 국제법에 어긋난다고 생각할 수 있지만, 반드시 그런 것은 아니다. 왜냐하면 국제법상의 영해 넓이는

---

51 『中外舊約』1,938쪽.

52 (英)魏爾特 著, 陸琢成 等譯, 『赫德與中國海關』(上), 廈門大學出版社, 1993年, 430쪽.

53 黃剛, 『中華民國的領海及其相關制度』, 商務印書館, 1973年, 47쪽.

지금도 통일되어 있지 않고 멕시코의 주장이 청에 어떤 영향을 미치지 않기 때문에 반대할 필요가 없었을 것이다. 셋째, 멕시코는 당시 9해리 제도를 실행하고 있었다. 멕시코의 원칙적인 입장에 대해 중국 측이 그냥 받아들인 것으로 볼 수 있다는 것이다.[54] 그럼에도 불구하고 청-멕시코「통상조약」에서 영해의 넓이를 규정했지만 이것은 멕시코 영해제도를 반영한 것이지, 청조가 스스로 자국의 영해가 9해리라고 선언한 것은 아니었다.[55]

이처럼 19세기와 20세기의 건널목에서 공식적인 영해 표기가 이루어진 사실은 무척 상징적이다. 사실 해양국가 영국도 1878년에 비로소 「영해관할권법」을 반포하여 3해리 영해권을 확인한 사실을 기억한다면,[56] 1887년 청과 프랑스가 북부만의 해양 경계를 엄격하게 나누지 않은 일도 그리 놀라운 일은 아니다.[57] 19세기의 마지막 몇 해는 영해범주가 전 세계의 동의를 얻지는 못했지만, 주요 해양국가인 영국과 미국의 지지를 받아 사실상 국제법의 지위를 얻은 시점이다. 이것이 청과 멕시코와 맺은 우호통상조약에 반영된 것으로 보인다.

---

54 劉利民, 『不平等條約與中國近代領水主權問題研究』, 湖南人民出版社, 2010年, 267~268쪽.

55 조약에 사용한 용어를 보면 거의 영해임은 분명하지만, 당시의 상황과 규정한 내용을 보면 해관이 밀수를 막는 전문 관할구역이라는 주장이나(劉楠來 等, 『國際海洋法』, 海洋出版社, 1986年, 99~100쪽), 중문의 水界가 영문의 territorial waters, 즉 영해인데, 중국과 멕시코 양국이 9해리라는 넓은 영해를 규정한 것은 해관 감독 범위를 설명하면서 상당 정도 영해의 의미를 담고 있다는 주장도 있다(劉澤榮, 『領海法概論』, 世界知識出版社, 1965年, 16쪽).

56 구미열강의 경우 영해제도는 각 나라마다 달라 통일되지 않았다. 예를 들어, 미국은 1796년에 이미 영해의 넓이를 3해리로 잡았고, 덴마크와 노르웨이는 1797년과 1812년에 각각 영해를 4해리라고 주장하였다. 영국은 1878년에 '영해관할권법'을 만들어 영해의 범위를 3해리로 규정하였다. 중국은 19세기 후반 열강과 조약을 맺을 때 영해제도를 인식했을지는 모르겠지만, 그 이해가 깊지 않아 자신들의 주장이 없었다. 이 때문에 각종 중외조약에는 중국의 '海面'에 대한 성격 규정이 없었다(郭淵, 「從近代國際法看晚淸政府對南海權益的維護」, 『求索』, 2007年 2月, 203쪽).

57 安京, 「北部灣與中國近代海界問題」, 『中國邊疆史地研究』, 2001년 6월, 66쪽.

(2) 20세기 초 영해 관념의 발흥

영해 관념이 사실상 발흥한 시기는 청말신정이 전개되던 20세기 초 무렵이다. 국제법의 수용과정으로 본다면 당시 재일 중국인 유학생이 대량으로 일본 국제법학자의 저작들을 번역해 중국 내에 소개한 사실에 주목할 필요가 있다.[58]

20세기 초 중국 사회는 비교적 정확한 국제법 용어를 받아들였는데, 영해라는 개념도 이때 처음으로 중국인에게 소개되었다. 양무운동시기 선교사 마틴이 국제법을 번역했을 때에는 영해개념을 표현하는 적당한 중국어를 찾지 못했다. 중국인들은 영해를 어떻게 불러야 하는지 알지 못해서 연해 부근의 수역으로 자국이 관리하는 장소 정도로 알고 있었다. 이런 상황이 20세기 초 중국인 유학생에 의해 바뀌게 되었는데 그들은 일본 서적으로부터 여러 가지 새로운 명사를 빌려왔다. 예를 들어, 영해領海, 영해 주권領海主權, 해만海灣, 공해公海, 해리海里, 중립中立 등과 같은 신조어가 대량으로 중국에 들어온 것이다. 당시의 이런 번역어는 지금까지도 통용된다.

최근 연구에 따르면 영해란 용어는 늦어도 1902년 10월 이전에는 중국에 전파되었다. 1902년 9월 16일과 21일의 『외교보外交報』에는 연속으로 일본 아동협회회보日本亞東協會會報의 글이 실렸는데, 이 글의 제목이 바로 「논설: 기각국회의영해사紀各國會議領海事」였다. 이것이 지금까지 확인된 최초의 '영해'라는 단어 사용인데, 아마도 영해가 중국 잡지에 처음 사용된 경우인 듯하다. 이 기사에서는 영해의 뜻에 대해 주석을 달고 있는데, "주: 해면에 일정한 경계를 세운 것으로 빈해의 국가가 관할하는데, 이를 영해라고

---

58 林學忠은 국제법 지식 자원의 차원에서 본다면 20세기 초 재일 중국인 법학 유학생이 대량으로 일본 국제법 저작을 번역하기 전에 중국 지식인들이 접촉할 수 있었던 것은 여전히 마틴과 프라이어의 번역서라고 보았다. 그는 중국에서 국제법 지식이 본격적으로 전파된 것은 청일전쟁 후 급증한 재일 중국인 유학생에 의해서라는 사실을 강조하였다(林學忠, 『從萬國公法到公法外交』, 上海古籍出版社, 2009년, 22~25쪽, 36~37쪽).

한다"라고 썼다. 영해 말고도 영해계한領海界限, 중립中立, 해리海里, 해만海灣 등의 최신 용어들도 나타난다. 이로써 양무운동시기부터 통용되던 내양內洋, 외양外洋, 중국양면中國洋面, 근해近海 등과 같은 모호한 용어들이 점차 현실에서 사라졌다.[59]

　재일 유학생의 번역은 대략 1902년 전후부터 등장하였다. 그 후 대량의 국제법 저작이 번역되어 중국에 들어왔는데, 혹자에 따르면 20세기 초 10년간 유학생들이 번역 소개한 국제법 저작은 50종 이상이라고 한다.[60] 저작 번역 말고도 신식 신문이나 잡지에도 영해이론이 자주 소개되었다. 대표적인 신문·잡지로는 『외교보』, 『법정학보法政學報』, 『광익총보廣益叢報』, 『동방잡지東方雜誌』, 『절원회보浙源滙報』, 『진화오일대사기振華五日大事記』 등이 있다. 특히 『외교보』는 영해이론을 전파한 가장 중요한 잡지였다. 이 잡지에는 영해문제와 관련해 군함정박, 어업교섭, 해도측량, 항해권교섭, 해만조차 등 다양한 기사들을 게재하고 있다.

　국제법 전파 과정에서 영해이론의 중요성이 제고되었는데, 유학생들은 국제법과 국내 문제를 연관시켜 이해하였다. 영해이론을 소개하면서 중국의 영해분쟁에 주목했는데, 러일전쟁에서 나타난 영해중립문제, 외국 군함이 중국 내하나 내호를 마음대로 항행하는 문제, 마카오 수계문제, 연안어업문제 등이 있었다. 당시 신문잡지에 실린 영해이론으로는 영해 개념과 그 역사 연원, 외국 군함의 치외법권문제, 상선관할문제, 해만문제, 어업권문제 등 다양하였다. 이런 이론적인 문제 말고도 해도점령, 내호침범, 밀수체포권리, 연안무역 등과 같은 기사가 있었다.[61] 신문이나 잡지에 영해분쟁기사가 자주 실리면서 전문 외교관을 넘어서 일반 중국인들도 이 문제에 관심

59　劉利民, 『不平等條約與中國近代領水主權問題硏究』, 湖南人民出版社, 2010年, 269쪽.
60　田濤, 『國際法輸入與晩淸中國』, 濟南出版社, 2001年, 141쪽.
61　劉利民, 『不平等條約與中國近代領水主權問題硏究』, 湖南人民出版社, 2010年, 272~274쪽.

표 9__『외교보』에 실린 영해 관련 기사

기사명	항목	호수	등재일자
紀各國會議領海事	論說	제21기 제22기	1902년 9월 16일 1902년 9월 21일
論英德封禁委國海口	公法	제38기	1903년 3월 23일
論英國宜代緝廣東海盜	譯報	제39기	1903년 4월 2일
萬國公斷德拉貢灣案	交涉成案	제52기	1903년 8월 7일
英法查察海岸條約	交涉成案	제54기	1903년 8월 27일
英捕德國商船案	交涉成案	제61기	1903년 11월 3일
論西江近況	譯報	제62기	1903년 11월 13일
俄軍艦擊沈日本商船金州丸	公法	제83기	1904년 7월 17일
中立政府對交戰國購船義務	公法	제83기	1904년 7월 17일
論戰時航海權利義務	譯報	제124기	1905년 10월 13일
國際法上商船人役犯罪管轄之權	公法	제163기	1906년 12월 10일
論外國商船船內犯罪案件之裁判管轄權	公法	제173기	1907년 4월 27일
論列國軍艦溯游長江	譯報	제192기	1907년 10월 31일
論日本二辰丸案	論說	제202기	1908년 3월 17일
論中日交涉	譯報	제204기	1908년 4월 5일
論二辰丸案	譯報	제204기	1908년 4월 5일
論國家對於滬杭汽船劫案惟任緝捕之責	論說	제205기	1908년 4월 15일
論外軍艦碇泊中國領海權	譯報	제206기	1908년 4월 25일
論中葡領海問題	論說	제218기	1908년 8월 21일
論國家對於洋海之權	論說	제231기	1908년 12월 27일
國際法上河與海之界域	國際法	제246기	1909년 7월 2일
論日本對於大東沙島不得主張先占之理由	論說	제247기	1909년 7월 12일
論渤海灣漁業權	論說	제283기	1910년 7월 31일
論軍艦之特權	論說	제288기	1910년 9월 18일
萬國海法會議	論說	제291기	1910년 10월 17일

* 『外交報』 관련 기사(劉利民, 『不平等條約與中國近代領水主權問題研究』, 湖南人民出版社, 2010年, 271~272쪽 재인용).

을 가지게 되었다.

영해문제는 러일전쟁 중 영해중립교섭에서도 종종 나타난다(제8장 참고).
1904년 2월 8일 전쟁이 발발하자 나흘 뒤에 청조는 「국외중립조규局外中立
條規」를 발표하였다. 여기에는 영해문제와 관련한 6항목이 있다. 주요 내용
은 전쟁국 군함이 전시에 중립국 영해 중립을 파괴할 수 있는 주요 위협에
관한 것으로, 이 문제와 관련해 규정함으로써 주권을 보호하려는 것이었다.
러시아 군함이 중국의 중립 항구에 피난해 오면서 영해중립을 종종 무시했
으나, 나중에는 중국 측의 무장해제 요구를 받아들였다. 러시아 군함이 중
국의 요구를 받아들인 것은 일본군의 직접적인 위협 때문이었다. 일본 군함
이 무력으로 중국 항구에서 러시아 군함을 강제로 끌어낸 사건이 있었다.
그 후 일본은 국제여론의 압력 등으로 인해 다른 항구에서는 비슷한 일을
저지르지 못했다. 국제법의 실시라는 측면에서 청조의 중립조규 반포는 처
음이자 유일하게 영해 주권과 관련해 법률을 반포한 것이다. 당시 청조 관
리가 영해라는 용어를 사용한 기록을 찾기는 어렵지만, 영해이론에 대해 과
거보다 한 단계 더 높은 이해를 하고 있음을 알 수 있다.[62]

중국 관리들이 영해란 용어를 사용한 것은 대략 1905년 전후로 보인다.
적어도 1905년 전에 일부 관리는 영해라는 용어를 알고 있었다. 『동방잡지
東方雜誌』제1권 제9기(1904년 11월)에는 장건張謇이 양강총독兩江總督에게
남양어업공사南洋漁業公司를 만드는 것과 관련한 글을 올리면서 영해의 경
계에 대해 언급하는 대목이 있는데, 여기서 그는 "각국 영해의 경계는 대략
근해近海와 원양遠洋의 구별이 있습니다. 근해는 본국 자신의 권한이 있고,
원양은 각국 공공의 땅입니다"[63]라고 하였다. 이에 따르면 적어도 1904년

---

62 劉利民, 『不平等條約與中國近代領水主權問題硏究』, 湖南人民出版社, 2010年, 275~276쪽.
63 「實業: 商部頭等顧問官張殿撰譽咨呈兩江總督魏議創南洋漁業公司文」, 『東方雜誌』第1卷 第9
   號, 1904年 11月 2日, 148쪽.

에 양강총독은 이미 영해라는 용어를 알고 있었다.

정부 문서에서 영해라는 용어가 공식 등장하는 것은 1905년 3월 중국 주재 이탈리아 공사가 중국 외무부에 1906년 밀라노에서 열리는 어업박람회에 중국 정부가 참여할 것을 공식 요청했을 무렵이었다. 남양대신이자 양강총독인 주복周馥은 칠성어업공사七省漁業公司의 상부두등고문관商部頭等顧問官으로 임명된 장건에게 이 일을 맡겼는데, 장건은 장문의 공문에서 "어업과 국가[領海土權]는 밀접한 관련이 있습니다. 중국의 어정漁政은 오래되었지만, 사대부들이 해권海權을 알지 못하고 현재 어업공사의 설치는 시작단계"라면서 "칠성어업공사의 이름으로 세계에 표명해야 할 것은 두 가지인데, 하나는 영해 주권의 명분이고…"라고 하였다.[64] 당시 장건의 주장에 따르면 중국은 이번 어업박람회를 통해 외부에 중국 고유의 영해 주권을 선포해야 한다는 것이었다. 이 공문에 따른다면 적어도 1905년에 영해란 용어를 정부 관리가 사용한 것이다. 이런 국제행사 참여를 통해 청조는 중국의 전통해역 경계를 각국에 알리면서 어업과 영해 주권의 밀접한 관계를 자각하였다. 그리고 1908년 이후에 영해란 용어는 관방문서에서 자주 발견할 수 있다.[65]

영해와 관련한 대외교섭으로는 1908년 청일 간에 일어난 다쓰마루二辰丸 사건이 유명하다. 이 분쟁과정에서 청조가 어느 정도 명확하게 영해법을 활용해 대외교섭을 하면서 영해 주권을 주장한 점이 주목된다. 다쓰마루 사건이 진행 중인 상황에서 동사도東沙島 문제가 발생하였다. 이 사건은 청조에게 열강들이 연해도서를 빼앗을 생각이 있다는 위기의식을 불러와 이에 대한 대책을 세우는 과정에서 영해제도 건립의 필요성을 다시금 실감하였다(제10장 참고).

---

64 李士豪·屈若搴,『中國漁業史』, 上海書店, 1984年, 64쪽.
65 劉利民,『不平等條約與中國近代領水主權問題研究』, 湖南人民出版社, 2010年, 276~277쪽.

청조는 최후의 몇 년 동안 영해제도를 만들기 위한 준비 작업을 했다. 다쓰마루 사건 중에 광동 해양 경계를 선포한 일말고도 전국 해양 경계 문제를 제기했는데, 우선 도서에 대한 측량회도를 시작하였다. 해양 경계의 구분과 관련해서 1909년에 정식으로 중앙정부에서 토론이 있었다. 당시 『해군』이란 잡지에서는 7개성의 영해전도를 만드는 방법에 대한 회의를 소개하였다.[66] 이것은 처음 청조가 공식적으로 회의를 열어 전국 영해의 경계를 구분하려는 활동이었다. 영해 경계를 구분 짓는 작업 말고도 해양 관련 입법화 노력도 엿보인다. 당시 해상에서 포획하는 법, 해도를 처벌하는 법, 해저전선을 설치하는 법 등이 논의되었지만, 결국 청조의 멸망으로 영해제도의 체계적인 건립은 다음으로 미루어졌다.[67]

중국 정부가 명확하게 영해경계를 선언한 것은 중화민국시기이다. 공식적으로는 국민정부 통치시기인 민국 20년(1931) 6월 24일 정부가 「중화민국 영해 범위를 3해리로 하는 명령」을 반포해 정식으로 3해리 제도를 받아들였음을 알렸다. 민국 원년부터 민국 20년까지 오랜 토론 과정을 거쳐 겨우 공포한 것이다. 그 후 제2차 세계대전이 끝나고 나서 그나마 상대적으로 자유로웠던 중국의 바다는 영해라는 범주 속에 완전히 갇히게 되었다.

---

66 海軍編譯社, 「海事新報: 詳商合辦七省領海全圖之法」, 『海軍』 第1號, 1909年 6月 1日, 204쪽.
67 劉利民, 『不平等條約與中國近代領水主權問題硏究』, 湖南人民出版社, 2010年, 282~284쪽.

제8장
해양 관련 국제회의 참가와 국제조약 체결

    조약체제는 대체로 제1차 아편전쟁을 겪으면서 맺은 일련의 조약들을 통해 기초적인 틀이 만들어졌고, 제2차 아편전쟁 후 맺은 천진조약 등을 통해 그 골격이 형성되었다. 이 과정에서 동아시아의 '천하天下'질서를 유지하던 중국이 세계자본주의적 '국가國家'질서로 편입되었다. 그렇지만 오랜 기간 동안 '천조天朝'임을 자부했던 청조의 화이질서는 짧은 기간에 바뀌지 않았다. 제2차 아편전쟁이 끝난 후에도 여전히 함풍제는 서양 열강을 홍수맹수洪水猛獸로 보아 그들이 북경에 상주하는 것을 탐탁하지 않게 여겼다.[68] 비록 마지못해 결정한 정책이라 해도 청조는 총리아문을 만들어 열강과의 외교를 전담토록 하고, 청년들을 외국에 유학시키는 동시에 해외사절단을 파

---

[68] 일본학자 川島眞의 연구에 따르면, 19세기 초 청조의 외교 문서를 보면 스스로를 지칭한 개념 가운데 가장 많이 사용한 용어는 '天朝'였다고 한다. 그런데 함풍·동치 시기에 천조라는 용어를 사용하는 빈도가 감소하다가 광서시기에 이르러서는 외교 문서에 천조라는 용어가 거의 나타나지 않고, 대부분 사용한 용어는 '中國'이었다고 한다[(日)川島眞, 「從天朝到中國—淸末外交文書中"天朝"和"中國"的使用」(復旦大學歷史係 等編, 『近代中國的國家形象與國家認同』, 上海古籍出版社, 2003年, 265~281쪽)].

견해 서양 각국을 고찰하였다. 보통 연구자들은 이런 변화들이 청조가 국제 사회에 능동적으로 참가한 출발점으로 생각한다.

　자본주의적 식민지 팽창이 심화되고 서양 열강이 전 지구적으로 영향력을 확대하면서 19세기 마지막 20여 년 동안 이른바 '국제사회'가 급속하게 형성되었다. 특히 이 시기 열강들 간에 많은 갈등과 분열이 일어나자 국제협력을 통해 새롭게 제기된 문제들을 해결해 세력균형을 확보해야만 했다. 열강은 자국의 이익을 위해 국제회의를 소집해 단체를 만들거나 조약을 제정하여 국제사무를 처리하기 시작했다. 이 무렵 청조가 국제회의에 참가한 사실은 곧 중국 중심의 동아시아 책봉조공체제를 해체하고 중국인 스스로 구미사회 중심으로 만들어진 근대적 국제질서에 참여한다는 의미였다. 게다가 국제조약에 가입하는 일은 국제사회와 일종의 조약관계를 맺는 사건으로 최혜국대우, 영사재판권, 조계, 내하항운권, 협정관세 등 각종 불평등조약에 얽혀 있던 청조가 불평등관계를 나름대로 개조 혹은 타파하겠다는 능동적인 행위였다. 국제조약에 참여함으로써 장차 대국의 지위를 회복하고자 하는 바람도 은연중에 숨겨져 있었다. 대체로 양무운동시기는 중국이 국제조약과 처음 접촉하는 시기이고, 1880년대 이후부터 국제회의에 참가하기 시작했는데, 특히 청일전쟁 직후 국제조약에 대한 이해가 심화되었다. 청말신정시기에 이르러 중국은 국제회의에 능동적으로 참여하여 이 무렵 청조가 체결한 국제조약은 10여 개에 이른다(별표 5 참고).

　국제법 가운데 해양법은 오랫동안 관습법의 형태로 유지되어 오다가 19세기 중엽부터 조약활동이 활발해졌다. 1856년 해상법의 원칙 확립, 1864년과 1906년의 두 차례 육해전과 관련한 적십자회담, 1889년 항해충돌방지장정의 제정, 1899년과 1907년의 두 차례 육해전 법규에 관한 헤이그회담, 1909년의 런던 해전법 선언 등이 대표적인 해양 관련 근대적 국제법이다. 여기서는 국제조약 가운데 '해운'과 '해군'에 관련된 중요한 두 가지 국제회의 사례, 즉 「항해충돌방지장정航海避碰章程」(International Regulations for Preventing Collisions at Sea)의 제정과 제1, 2차 헤이그평화회의Hague Peace Conference(海牙保和會)의 해전 관련 조약을 분석할 것이다. 기존 연구에서는 중국과 국제조약 관계를 전문적으로 다룬 저작은 별로 없고,[69] 헤이그평화조약과 적십자조약 등과 같은 개별 주제를 연구한 몇 편의 논문이 있다.[70] 혹은 우정·전신·관권 등과 관련한 국제조약의 참가에 대한 간단한 연구가 있을 뿐이다. 외국학계의 경우도 청 말 외교, 중외조약, 국제법 차원의 연구에서 국제조약을 언급하고 있으나, 해양 관련 국제조약, 예를 들어 「항해충돌방지장정」 등에 대한 글은 거의 없다.

이 장에서는 『청계외교사료清季外交史料』,[71] 『외교보』,[72] 『중국이 참가한 국제공약회편中國參加之國際公約滙編』[73] 등의 자료를 중심으로 청조의 해양

---

69 田濤의 『國際法輸入與晚清中國』(濟南出版社, 2001年)에서는 몇 페이지에 걸쳐 중국이 최초로 접촉한 국제조직이나 국제회의들을 소개하고 있으며, 儀名海의 『中國與國際組織』(新華出版社, 2004年) 第2절에서도 중국의 초창기 국제조직 참가에 대해 간단히 소개한다. 林學忠의 『從萬國公法到公法外交―晚清國際法的轉入, 詮釋與應用』(上海古籍出版社, 2009年)과 川島眞의 『中國近代外交의 形成』(名古屋大學出版會, 2004年)에서도 국제조약 문제를 약간 다루고 있다. 특히 근래에 나온 尹新華의 『晚清中國與國際公約』(湖南人民出版社, 2011年)이야말로 청 말 중국인의 국제조약 참가문제를 전문적으로 연구한 거의 유일한 저서인데, 이 글의 집필에 큰 도움이 되었다.

70 청 말 적십자운동의 전체적인 흐름은 周秋光, 「晚清時期的中國紅十字會述論」(『近代史研究』, 2000年 第3期)이 도움이 되며, 이 운동의 연구 현황에 대해서는 楊紅星·池子華, 「近年來中國紅十字運動研究綜述」(『河北大學學報』, 2009年 第4期)을 참고할 것.

71 王彦威 纂輯, 王亮 編, 王敬立 校, 『淸季外交史料』, 書目文獻出版社, 1987年(이하 『淸季外交史料』로 약칭).

72 張元濟 主編, 『外交報滙編』(民國文獻資料叢編), 國家圖書出版社, 2009年(이하 『外交報』로 약칭).

73 중화민국시기에 나온 薛典曾·郭子雄 編의 『中國參加之國際公約滙編』(商務印書館, 1937年)이 중국에서 국제조약 관련 자료집 출판의 시작이었다. 이 자료집에는 두 차례의 헤이그평화회의를 중심으로 체결된 일련의 국제조약과 비슷한 시기에 가입한 적십자 관련 국제조약 등과 같은 주요 조약들이 담겨 있다. 근래에 나온 『晚清國際會議檔案』(共十冊)(廣陵書社, 2008年)에 따르면, 청조는 보통 '萬國會議'라는 이름으로 청 말광서 6년(1880)부터 선통 3년(1911)까지시기에 145차례 각종 국제회의에 참가했다고 한다. 그중에는 해양 관련 국제회의 참가도 몇 차례 있었다.

관련 국제회의 참가와 국제조약 체결을 다룰 것인데, 이를 통해 전통적 해방체제에서 벗어나 근대적 해양질서를 받아들이는 과정을 이해하고자 한다. 이 주제는 근대 중국의 해양사는 물론 근대적 국민국가의 건설과도 일정한 관련을 가진다.

1. 해양 관련 국제회의 참가와 「항해충돌방지장정」 체결

(1) 중외조약에서의 항해충돌방지규정

19세기 중엽부터 구미사회에서는 다양한 국제회의가 열렸는데, 전쟁의 제한과 규범에 관한 국제조약을 제정하는 데 치중하였다. 1856년 크리미아 전쟁을 해결하기 위해 열린 파리강화회의에서 영국·프랑스·사르데냐·러시아·오스트리아·프로이센·터키 등은 해상법에 관한 선언, 이른바 「해상법에 관한 선언(파리선언 또는 파리해전선언)」을 체결해 해전법 관련 4대 원칙을 제정하였다.

여기에는 영원히 상선 포획을 폐지할 것, 중립국 선박 중의 적국 화물이나 적국 선박 중의 중립국 화물을 포획하지 않을 것(금지 품목은 예외), 봉쇄는 반드시 실효가 있어야 할 것 등의 내용을 담고 있었다. 세부적으로는 해상포획권을 행사할 수 있는 대상은 교전국 당사국의 군함에 제한하고, 사선은 포획권을 행사할 수 없도록 하며, 적선과 적선 내의 적국 화물만을 포획의 대상으로 하였다. 이처럼 국제조약의 출발이 해상에서의 포획이나 봉쇄 문제와 관련한 해전법이라는 사실은 무척 인상적이다. 이 파리회의에는 터키가 비기독교국가로는 처음으로 유럽 국제법 회의에 참가하였다.[74]

---

74 19세기 후반 중국, 일본, 페르시아 등 아시아 국가들이 국제사회에 등장하였다. 하지만 이들 비기독교국가는 일반 국제법의 형성 과정에는 전혀 관여하지 못했고, 대체로 기독교식 유럽 국제

오랜 세월 항해를 하는 동안 많은 항로가 만들어졌는데, 무엇보다 항구를 드나드는 항로가 복잡해져 때때로 선박 충돌사고가 발생하였다. 이에 따라 주요 해양 국가들은 항해의 안전을 위해 공동행동에 나설 필요가 있었다. 각 해양 국가는 유사한 혹은 동일한 항해규칙을 만들어 공해상에서 자국 국기를 단 선박들에게 적용하였다. 19세기 후반 일반적인 추세는 영국 정부가 1862년에 수정한 「상선법」이나 1863년에 만든 「해상충돌방지장정」 및 1873년과 1894년의 「상선법」의 모델을 따랐다. 특히 영국과 프랑스가 협상 후 만든 「해상충돌방지장정」(1863)은 1864년 말 이미 미국과 독일을 비롯한 30개 해양 국가들이 받아들였다. 「해상충돌방지장정」에는 선박들 간의 충돌로 인한 해상사고를 막기 위한 새로운 원칙들, 예를 들어 선박이 출발할 때 기적 신호를 내도록 해 윤선끼리 충돌을 피할 수 있도록 하거나, 선박이 위험에 처했을 때 쓸 수 있는 다양한 신호들을 규정하였다.[75] 1884년까지 충돌방지 규정이 모두 27개로 늘어났는데, 1889년 미국 워싱턴에서 처음으로 국제적으로 통일된 충돌방지 항목을 만들기 위해 국제회의를 열었다.

청조는 국제해양법을 제대로 이해하기 전인 아편전쟁과 양무운동 시기 영국·미국·프랑스 등 서양 열강과 체결한 조약에서 연해의 해양 혹은 해면에서 해난구조와 해도 체포의 의무조항을 삽입한 바 있었다. 예를 들어, 청미 「오구통상장정五口通商章程」(1844) 제26조, 청영 「천진조약」(1858) 제19조와 제20조 등에 그런 내용들이 반영되었다. 중국의 연해와 내하에는 각국의 상선과 군함이 들락거리면서 선박 충돌사고가 종종 발생하였다. 특히 중국 선박과 외국 선박이 충돌할 때 큰 피해를 입는 쪽은 목선이 주종이었던 중국 선박이었다. 해상교통질서를 유지하고 사고가 났을 때 신속하게 사

법의 원칙을 따를 수밖에 없었다(이병조·이중범 공저, 『국제법신강』(개정판), 일조각, 2008년, 31쪽).

75 尹新華, 『晚淸中國與國際公約』, 湖南人民出版社, 2011年, 57쪽.

고책임을 가려 선박과 선원의 이익을 보호하는 것이 중요한 과제로 대두되었다. 중국에는 과거 이런 해양법이 없었기 때문에 우선 서양의 충돌방지규칙을 받아들여 장정을 반포하였다. 1868년 6월 상해도대는 상해 주재 외국 영사들과 상의해 「행선방비팽당조관行船防備碰撞條款」을 만들었다. 그러나 이 조관은 주로 상해항에 제한된 것으로 다른 항구에는 적용되지 않았다.[76] 그 후 각 해관마다 별도로 선박 충돌방지를 위한 장정들이 만들어졌다.

1875년(광서 원년) 2월 28일에 발생한 복성福星호 사건은 중국 근대 항해사에서 가장 큰 해상사고로 항해 중 선박 간 충돌의 심각성을 잘 보여 준 사례이다. 중국 상해초상국上海招商局 소속의 윤선 복성호(532톤)가 조미 7,200석과 화물을 싣고 바닷길로 북에서 남하하던 중 남에서 북상하던 영국 이화양행怡和洋行 소속 윤선 오순澳順호와 대고구 주변에서 만났다. 복성호는 경적을 울리며 직선으로 전진했는데, 오순호는 오히려 곡선으로 항행하다가 두 척의 선박은 그대로 충돌하였다. 복성호가 침몰하여 관원 24명과 승객 38명 등 총 65명이 익사하는 대형사건으로 비화되었다. 당시 오순호는 구조 활동을 전개했으나 겨우 중국인 7명을 구조했다. 이 사건으로 상해에서 재판이 벌어졌는데, 영국 측은 두 척의 배가 모두 잘못이 있다는 입장을 견지하여 손실액에 대해 각각 절반을 부담하자고 주장했다. 중국 측은 여러 가지 증거들을 제시하며 오순호의 잘못을 집중적으로 비판하였다. 이에 대해 영국 측은 오순호가 복성호에 충돌해 침몰시켰다는 사실과 오순호에 충돌 책임이 있다는 사실에는 동의하면서도, 배상문제에 이르러서는 여전히 각자 절반을 부담해야 한다는 원칙을 견지해 관원은 한 사람당 300냥, 승객은 한 사람당 100냥의 보상금을 주자고 제안하였다. 영사재판권을 가진 상해 주재 영국 영사는 중국 측의 반대를 무릅쓰고 판결을 강행했는데, 오순호의 잘못을 인정하여 배상금을 책정하면서도 손실에 대해서는 쌍

---

76 尹新華, 『晩淸中國與國際公約』, 湖南人民出版社, 2011年, 78쪽.

방 부담으로 판결하여 오순호의 수리비용을 절충하도록 했다. 이런 판결로 인해 영국 선주는 이미 결정된 배상액 5만 6,000냥이 3만 6,876냥으로 줄어들어 사실상 사망자에 대한 보상금은 별로 지불하지 않았다. 그래서 당시 사람들은 "양선洋船과 민선民船이 부딪혀 침몰하면 배상이 열에 하나둘에 불과하다"고 비난했다.[77]

중국에서 공식적으로 가장 일찍 실시된 연해충돌방지규정은 1876년 구강해관이 해관총세무사에 보고하여 각 항구에서 실행토록 한 「장강과 연해통상항구 내, 내지 선박의 윤선충돌방지장정[長江及沿海通商口內、內地船只防備輪船碰撞章程]」으로 알려져 있다. 그 후 미국, 영국, 독일 등의 「통행충돌방지신장[通行免碰新章]」을 참고해 중국 연근해에서 항해충돌방지규정을 적용하기 시작했는데, 해상교통질서와 안전항해를 확보하기 위해 항법규정, 등호·형상물 규정, 음향 및 발광신호 규정 등에 근거하여 국내법을 제정하였다. 청조는 「내항과 하천을 운행하는 선박의 충돌방지와 구호·배상·재판장정[內港江河行船免碰及救護賠償審斷專章]」(1880)을 만들어 바다를 항행하는 중국과 외국의 윤선과 협판선에 고루 외국의 「통행충돌방지신장」을 참고해 각종 색깔의 유리등과 호각 등을 준비해서 상황에 따라 신호를 보낼 수 있도록 하였다. 이 장정은 내지의 하천에도 일률적으로 적용하였다.

「내항과 하천을 운행하는 선박의 충돌방지와 구호·배상·재판장정」은 제1항이 「행선장정行船章程」, 제2항이 「정선장정停船章程」, 제3항이 「구호장정救護章程」, 제4항이 「배상장정賠償章程」, 제5항이 「심단장정審斷章程」 등으로 구성되었다.[78] 이 조약의 제1항 「행선장정」 제1관에는 "중국과 서양의 바다를 항행하는 윤선과 협판선은 고루 미국, 영국, 독일의 「통행충돌방지신장」에 따라 각종 색깔의 유리등, 호루라기, 때에 따라 사용할 수 있는 깃

---

77 郭衛東, 『不平等條約與近代中國』, 高等教育出版社, 1993年, 162~163쪽.
78 『中外舊約』 1, 368~372쪽.

발 등을 준비한다. 하천의 내항을 항해할 때에도 반드시 장정에 따라 일률적으로 거행하며 다른 논의를 할 수 없다"[79]고 규정했다. 그리고 제3항 「구호장정」 제1관에는 "무릇 두 선박이 충돌 후, 두 선박의 선주는 서로 상세히 상황을 살펴 상대방 선박의 파손 정도가 위험하고 자신의 선박을 돌볼 수 있으면, 최선을 다해 상대방 선박을 구호해야 한다. 위급한 것을 보고도 구조하지 않고 운전해 도주하면 관에 고발해 죄를 물을 수 있다"[80]고 규정했다. 이처럼 충돌 시의 구제, 손해배상, 재판권에 관한 규정도 담고 있었다. 이 장정은 이전에 사용하던 외국장정을 대신하는 것이 아니라 중국식 선박과 서양식 윤선의 충돌방지문제를 전문적으로 다룬 것으로, 중국의 현실을 고려한 것이다.

한편 1882년 유럽 사회는 파리에서 「해저전선을 보호하는 장정[保護海底電線章程]」을 체결해 평시 해저전선을 보호하는 몇 가지 규범을 만들었다. 이때 프랑스 외교부는 여러 차례 영국 주재 중국 공사 증기택曾紀澤에게 조회하여 중국이 세계보호해선회의世界保護海線會議에 참가할 것을 요청하였다. 이 사건은 청조가 처음으로 전보 관련 국제회의에 초청받은 것이다. 청조는 세계보호해선회의를 피하고 싶었지만 열강은 여러 차례 중국 해역에 설치한 전선을 청조가 보호할 것을 요구하였다. 결국 청조는 중국 대표를 파견해 회의에는 참석했으나 「해저전선을 보호하는 장정」 비준은 거절하였다.[81]

이 무렵 중국은 국제적 항해충돌방지 규칙 제정에 관심을 가지기 시작하였다. 1887년 벨기에에서 열린 제2차 만국상무공의萬國商務公會가 있었는

---

79 『中外舊約』 1, 368쪽.
80 『中外舊約』 1, 370쪽.
81 曾紀澤은 비록 해저선의 소유는 주인이 있지만 사용은 만국 공통이라고 보고, 이번에 조약에 가입하지 않으면 중국에게 불리한 점이 있을 것이라고 판단했다. 그러나 당시 중국은 전보를 설치하는 사업이 시작 단계여서 모두 육지선이었기 때문에 해저선 보호에는 별다른 흥미가 없었다(尹新華, 『晚淸中國與國際公約』, 湖南人民出版社, 2011年, 74~75쪽).

데, 벨기에 정부는 두 차례에 걸쳐 벨기에 주재 중국 공사 허경징[82]에게 참가를 요청하였다. 제2차 회의의 주제는 「항해교통장정航海交通章程」 초고로 주로 항해법에 관한 내용이었는데, 항해법에 나타난 불합리한 내용을 회의를 통해 조정하려는 것이었다. 구체적인 논의 항목은 윤선충돌과 구조, 해상 선박장정, 해상 선박의 등록, 윤선 주인의 책임, 선박고용계약장정, 파손된 선박과 화물의 책임문제 등이었다. 중국 주재 벨기에 공사 미셸 샤를Michel Charles도 총리아문에 이번 회의의 경우 참석 후 가입 여부는 자유라면서 중국을 초청했지만, 총리아문은 샤를의 조회에도 불구하고 상무회의 자료를 번역해 읽어 보지도 않았을 뿐만 아니라 이 회담이 국제통상의 세칙을 결정하는 회의로 오해하였다. 이에 총리아문은 중국 상선이 외국에 나가 무역하는 경우가 많지 않으니 나중에 다시 생각해 보겠다고 거절하였다.[83]

(2) 워싱턴회의 참가와 「항해충돌방지장정」(1889) 가입

청조가 국제회의에 참가한다는 것은 당시로서는 쉽지 않은 일이었다. 각종 개념이나 제도 및 정책에 대한 이해 부족으로 말미암아 국제조약을 체결하기는 더욱 쉽지 않았다. 국제 사회의 '문명국'에 진입하기 위해 국제 사무를 이해하는 것도 복잡했는데, 게다가 각국의 이해관계를 파악하고 능동적이든 수동적이든 중국의 입장을 반영하는 일은 익숙하지 않았다. 청조는 1880년대부터 몇몇 국제회의에 참석하다가 1890년대에 들어와 「국제해관세칙출판연맹조약國際海關稅則出版聯盟條約」에 가입했고, 이로써 국제조약 체결의 첫걸음을 내딛게 되었다.

---

82 許景澄은 1884년 프랑스, 독일, 이탈리아, 네덜란드, 오스트리아 5개국으로 출사했고, 1885년 벨기에 공사로 임명되어 독일 조선소에서 건조 중이던 전함 定遠과 鎭遠을 조사 감독하는 일을 맡았다. 청조에 해방의 강화를 건의하였고 이홍장의 북양함대 건립에 협조하였다. 1887년 모친상으로 귀국하였다.

83 尹新華, 『晚清中國與國際公約』, 湖南人民出版社, 2011年, 57~58쪽.

19세기 말 국제무역이 나날이 발전하자 각국의 통상세칙을 이해할 필요성이 제기되면서 벨기에 브뤼셀에서 각국 대표가 회의하여 국제해관세칙출판연맹이 만들어지고 「국제해관세칙출판연맹조약」 15조(1890년 7월 5일)가 맺어졌는데, 그 목적은 "세계 각국의 해관세칙과 차후 수정 규정을 신속하게 출판하여 공포"하기 위한 것이었다. 중국 주재 벨기에 공사의 요청에도 불구하고 청조는 처음에는 연맹 가입에 대해 배척하는 태도를 취하였다. 청조가 불응하는 태도로 일관한 것은 대외무역에서 소극적인 정책을 취한 것이 주요 원인이었으며, 세칙문제의 변화를 새로운 무역 간섭으로 이해한 측면도 있다. 비록 중국은 회원국이 아니었으나 총리아문은 연보에 이 내용을 수록하였다. 하지만 1893년 말 청조의 태도에 변화가 나타났는데, 총리아문이 중외통상에서 이 단체와 조약에 가입하는 것이 유리하다는 사실을 자각했기 때문이다. 1894년 4월 1일 이 연맹의 가입을 승인하면서도 여전히 소극적으로, "각국 통상세칙에서 내지세를 중국 스스로 정할 수 없다면, 이 공회에 가입하지 않겠다"고 성명했다. 어쨌든 이 연맹에 참가한 것은 중국이 국제조약에 가입한 최초의 사례이다[84] 그다음이 바로 국제조약 「항해충돌방지장정」(International Regulations for Preventing Collisions at Sea)의 가입이었다.

총리아문은 벨기에 정부의 항해충돌방지 관련 국제회의 참가 요청을 거절할 때와 달리, 미국 워싱턴에서 열리는 항해충돌방지 관련 국제회의 참석 제안에는 긍정적인 태도를 보였다. 중국 주재 미국 공사가 총리아문에 조회해 각국이 항해하는 선박을 보호하기 위해 워싱턴에서 국제회의를 1889년 4월 17일부터 열기로 했다면서 참석을 요청하였다. 이 회의는 "선박이 항해 중 위험을 만났을 때 일체의 깃발신호, 소리신호 및 생명을 구하는 방법과 선박의 침몰과 폭풍의 위험을 피하는 방법 등"을 규정하는 것이었다. 총

---

84 尹新華, 『晚清中國與國際公約』, 湖南人民出版社, 2011年, 61~71쪽.

리아문은 해외출사대신과 해군아문 등과 상의하여 항해 중 선박이 충돌하는 것을 막기 위한 장정을 만드는 일은 시급한 사안이라는 데 공감하고 대표를 파견하기로 결정했다. 총리아문이 미국 주재 중국 공사로 재직 중이던 장음환張蔭桓[85]에게 사무를 처리하도록 지시하자 공사관에서는 서양인 1명과 중국인 가응희賈凝禧[86]를 비롯한 세 사람을 회의에 참석시켰다.[87]

위싱턴회의는 제1차 항해충돌방지규칙을 토론하는 국제해사회의였으며, 국제사회가 항해 중 충돌방지에 대한 규범을 지역에서 세계로 확장하는 중요한 출발점이었다. 모두 18개 해양국가 대표들이 「항해충돌방지장정」31조를 놓고 토론하였다. 영국과 미국 등 해양대국의 기존 규칙과 경험이 이 장정을 제정하는 주요 근거였다. 각국의 입법 취지에 따라 장정은 "선박의 충돌을 피하고, 선박의 사전충돌위험을 예방하는 것"을 목적으로, 그 적용범위는 "대양이나 근해 수도에서 바다로 나아가는 선박이 운행하는 곳에서는 모두 마땅히 준수해야 한다"고 했다. 장정 30조에는 특별히 예외 규정을 두어 "각국 항구의 내하 등은 본국이 별도의 행선장정을 두어 항해공법으로 구속할 수 없으며…", 혹은 "각국의 항도 내하·내해 형세가 서로 달라여러 가지 스스로 정한 별도의 장정이 있으므로 항해공법과 다르다. 무릇 연해 해안 10리 이내는 현지의 장정을 적용할 수 있고, 10리 밖은 항해공법을 반드시 적용한다"고 했다. 이 장정은 항해운전과 항해규칙이 12조항이었으며, 전등 등으로 연락하는 방법이 15조항 등이었다.[88]

---

85 張蔭桓은 1885년 미국 공사와 스페인·페루 공사를 겸임했으며, 화공피해 처리업무를 주로 담당하였다. 청일전쟁 패배 후 시모노세키조약을 맺는 데 참가했으며, 1897년에는 영국, 미국, 프랑스, 독일, 러시아 등에 출사하였다. 1897년에는 이홍장을 도와「旅大租地條約」을 체결하였다.

86 賈凝禧는 馬尾船政學堂 출신으로 영국에 유학하여 런던해군학교에서 嚴復과 함께 가장 우수한 학생으로 평가받은 인물이다. 귀국 후 마미선정학당에서 강의하다 중국 대표로 미국에 건너가 국제항해협정을 체결하는 데 협조하였다.

87 田濤,『國際法輸入與晚淸中國』, 濟南出版社, 2001년, 342쪽.

88 薛典曾·郭子雄 編,『中國參加之國際公約滙編』, 商務印書館, 1937년, 665~672쪽;「航海避碰章程」,『外交報』第54期.

「항해충돌방지장정」은 선박 운전과 조작에 관한 기술 규정이지 윤선 충돌에 대한 책임 여부를 결정하는 장정은 아니었다. 그러나 이 장정의 규정은 선박 충돌 사고 발생 후 사고 원인을 밝혀 충돌 당사자의 책임을 판정하는 데 중요한 근거가 되었다. 선박이 해상에서 항해할 때 반드시 「항해충돌방지장정」을 준수해야 하며 장정의 규정을 소홀히 하거나 위반해서 발생한 선박 충돌에 대해 면책을 주장할 권리는 없었다. 이 때문에 「항해충돌방지장정」은 사실상 기술 규범을 넘어 법률 규범의 이중성을 모두 띠고 있었다. 이 장정은 비록 각국에 건의하는 성격의 조관이었지만 처음 만들어진 진정한 의미의 국제적인 해상 충돌 방지 규칙이었다. 장정은 각국의 항해술 전문가와 법률가가 함께 만들었는데, 제정 후에는 각국에 전파되어 국제항해계에 널리 적용되었다. 워싱턴회의에 참가한 중국 대표는 "그 논의하고자 하는 바는 선박을 운행하다 만나는 위험, 일체의 깃발 거는 방법이나 소리를 부는 방법, 생명을 구하는 것 등을 법으로 만드는 일"이라고 보았다.[89] 그러나 「항해충돌방지장정」은 즉각 효력이 발생한 것은 아니었으며, 청조도 비록 대표를 파견해 회의에 참석시켰지만 이 장정의 체결은 청일전쟁 이후로 미뤄졌다.

각국이 약정한 「항해충돌방지장정」은 1897년 7월 1일에야 실시되었다. 중국은 이미 1889년의 워싱턴회의에 참가했으므로 자연스레 장정이 중국에서도 실행되어야 할 상황이었다. 그러나 장정은 주로 서양 선박 운송의 경험 위에 만들어진 것이라 중국의 실제 상황과는 부합하지 않는 점이 많았다. 이 때문에 중국은 이 장정의 일부 규정에 대해서는 보류하고 있는 상태였다. 그사이 영국과 미국도 여러 차례 총리아문에 편지를 보내어 중국의 입장을 알려달라고 요청했는데, 총리아문은 해관총세무사나 남·북양대신에게 이와 관련해 여러 차례 자문을 구하였다. 1896년 11월 14일 해관총세

---

89 (淸)崔國因, 『出使美日秘國日記』, 黃山書社, 1988年, 97쪽.

무사 하트는 총리아문에 편지를 보내어 이 장정의 제9조는 중국 어선에게 매우 불리하므로 받아들여서는 곤란하다는 의견을 제시하였다. 총리아문은 미국 공사에게 우선 서양식 병선과 상선에게만 적용할 것이라고 답신하면서 중국식 선박에는 적용하지 않을 것이라고 했다.[90] 결국 중국은 1896년 말 이 장정을 비준했는데, 먼저 '서양식 병선과 상선'에 적용하고, 두 종류로 나누어 시행하기로 했다. 다음 해 청조가 정식으로 「항해충돌방지장정」을 공고하면서 각 성의 독무나 각 해관 등에 알렸다. 이 장정을 중국에서 실행하기 위해 중국 각지의 해관은 관련 규정들을 수정하여 국제기준에 맞추었다.[91] 중국뿐만 아니라 다른 나라들도 「항해충돌방지장정」을 비준할 때 적지 않은 문제가 나타나 장정 조관이 여러 차례 수정되었으며 발효시간이 연장되기도 했다.

19세기 말 20세기 초에 행정 관련 국제조직들이 많이 만들어지고 국가 간 여러 통상조약이 체결되었다. 특히 20세기에 들어와 국제조직 분야에서 큰 발전이 있었는데, 국가 간 행정업무의 연맹 수준을 넘어서 범위가 넓어지고 영역이 다양해졌을 뿐만 아니라 참여국도 크게 늘었다. 해양 관련 국제회의만 하더라도 1902년 7월 코펜하겐Copenhagen의 국제해양연구이사회, 1905년 코펜하겐의 발틱국제해운연맹, 1906년 런던의 국제범선연맹, 1909년 런던의 국제해운연맹 등이 열렸다. 이미 만들어진 「항해충돌방지장정」의 수정작업도 꾸준히 이루어졌다. 1905년 영국이 「항해충돌방지장정」 제8관과 제9관을 수정 제의하자 중국은 적극적으로 대응하는 태도를

---

90 尹新華, 『晚淸中國與國際公約』, 湖南人民出版社, 2011年, 77쪽, 80쪽.
91 참고로 1890년 9월 총리아문은 북경에서 일본 공사와 「船隻遭險拯救章程」을 맺었다. 제1관에서 "양국은 서로 연해에서 인민이 조난하면 구조하여 의식과 물자와 의약품 및 시신 운송과 매장 등의 비용을 제공해 고루 해당 난민국 정부로 귀환시킨다." 제2관에서 "양국은 난민을 구원하기 위해 파견된 인원에게 물자 호송비용 및 전보 문건 등의 비용을 제공해 해당 난민국 정부에 귀환시킨다." 제3관에서 "양국은 바람을 만난 선박과 화물을 구조하기 위해 들어간 비용은 해당 선박 화물의 사람에게 받고 돌려준다."(『中外舊約』 1, 557~558쪽).

보였다. 「항해충돌방지장정」의 제8관과 제9관은 인수 윤선에 등燈을 다는 문제와 어선에 등호燈號를 사용하는 문제를 담고 있었는데, 영국은 이를 개정할 것을 제의한 것이다. 이에 대해서 청조는 자국의 실제 상황을 고려했는데, 당시 중국 어선은 섬을 오갈 때 깃발이나 등을 달지 않고, 이런 어선은 상선이 아니어서 인원이 적고 글자를 아는 사람도 적었다. 따라서 「항해충돌방지장정」 제9관의 어선 규칙을 수정하는 문제에 대해 부정적인 반응을 보였다.[92] 1906년 초 해관총세무사는 중국 어선이 새로운 장정을 실행하기 어렵다는 견해를 외무부를 통해 영국 공사에게 알렸다. 그 후로도 「항해충돌방지장정」의 수정이 있을 때마다 대체로 받아들이면서도 발동기가 없는 배에 대해 장정을 적용하는 것은 보류하는 태도를 보였다.[93]

청조는 비록 쇠약했지만 이런 장정을 활용해 중국 선박의 이익을 옹호하기 위한 노력을 전개하였다. 대표 사례로 1907년 말 진흥태陳興泰의 범선이 영국 상인 소유의 윤선 해단海壇호와 충돌해 전복된 사건으로 청과 영국 간 벌어진 교섭을 들 수 있다. 그해 12월 28일 복건선주 진흥태가 모는 범선이 화물을 싣고 이동하던 중 밤 9시 무렵 전방에서 갑작스레 나타난 윤선과 만나 미처 피하지 못하고 충돌했다. 그 결과 진흥태의 선박은 물에 가라앉고 화물도 분실하였다. 물에 빠진 선원이 모두 7명이었는데 4명만이 구조되고 3명은 익사하였다. 진흥태 등은 윤선에 구조된 후에야 이 선박이 영국 상인의 해단호라는 사실을 알았다. 진흥태가 이들을 홍천수도興泉水道에 고소하여 하문 주재 영국 영사가 선주를 구류하고 손해배상을 하도록 요구하면서 청과 영국 간 분쟁이 일어났다. 홍천수도가 「항해충돌방지장정」의 조항

---

92 尹新華, 『晚清中國與國際公約』, 湖南人民出版社, 2011年, 81쪽.
93 1889년 「항해충돌방지장정」 제정 후 각 해양 국가들은 1910년, 1929년, 1948년, 1960년, 1972년 등 여러 차례 국제항해회의를 열어 규정을 심사·수정·보완하였다. 특히 1910년 국제사회는 다시 「해상에서의 선박 충돌, 협조, 구조 방법을 통일하는 것에 관한 조약」을 맺었으며, 1930년에 이르러서는 세계 29개국에서 준수할 것을 선언하여 국제법의 지위에 올랐다.

을 활용해 영국 선박의 잘못을 지적하자, 영국 영사는 해단호는 운항 중 선박에 삼색등을 달았는데, 진홍태가 어리석어 피하지 못하고 사고를 냈으므로 해단호는 잘못이 없다고 주장했다. 하지만 여러 항해장정에서는 윤선과 범선이 서로 만났을 때 윤선이 먼저 범선을 피할 것을 규정하였다. 예를 들어, 「항해충돌방지장정」 제20조에는 "윤선이 범선을 만나면 윤선이 범선의 길을 피해 충돌의 위험을 막아야 한다"는 규정이 있었다. 소송 중 영국 영사가 이 규정 때문에 영국 상인에 대한 변론이 곤란에 처하자 갑작스레 이 사건은 자기 권한 밖이라면서 진홍태에게 상해나 홍콩의 안찰사아문에 갈 것을 요구하였다. 결국 1910년에 이르러서야 해단호가 일정 금액을 배상하는 선에서 분쟁은 마무리되었다.[94]

청조는 「항해충돌방지장정」에 가입한 후에 근대적 항운업을 매우 중시했으며 이것은 만국항업회萬國航業會에 적극 참여하는 태도에서도 알 수 있다. 만국항업회는 1885년 벨기에 브뤼셀에서 조직된 단체로 여러 차례 국제회의를 열었다. 이 단체는 정부뿐만이 아니라 민간도 참여하는 개방적인 국제행정연맹단체로,[95] 항운업의 발전을 위해 노력하는 것이 목적인데 별도로 국제조약을 만들지는 않았다. 1898년 5월 벨기에 공사가 총리아문에 이 회의에 참석할 것을 요청하자 총리아문은 마침 벨기에 수도에서 열린 죄수 석방 관련 회의에 참석한 중국 대표로 하여금 참가하도록 했다. 다시 1902년 말 중국 주재 벨기에 공사의 요청을 받자 외무부는 벨기에 주재 중국 공사 양조윤楊兆鋆[96]을 통해 만국항업회에 정식 입회하도록 했다. 그해 12월 26일 양조윤은 벨기에 외무부에 중국 대표로 번역관 서가상徐家庠을 선발

---

94 尹新華, 『晚淸中國與國際公約』, 湖南人民出版社, 2011年, 225~256쪽.

95 1908년 萬國航業會가 러시아에서 열린 때에는 회원국이 34개국에 이르렀고, 개인 회원도 1,582명으로 증가하였다.

96 楊兆鋆은 1884년 許景澄과 함께 출사한 인물로 1902년 벨기에 공사에 임명되었고, 러일전쟁 선후책을 제시하여 五大臣出洋의 맹아를 만든 인물이다. 1906년에 귀국했는데, 수학자로 널리 알려져 있다.

했다고 통보하여 그가 만국항업회의 중국 상무위원이 되었다. 서가상이 사망하자 다시 벨기에 주재 중국 공사관 번역관인 유석창劉錫昌이 직책을 이어받았다. 청조는 만국항업회의 활동에 적극 참여하면서 국제 항무에 대한 지식을 심화시켰다.[97]

청말신정시기에 중국은 법제개혁 과정에서 상부의 주도 아래 일련의 상법입법 활동을 전개하였다. 그중에는 외국 법률을 참고해 만든 중국 최초의 해상법인 「해선법초안海船法草案」(1909)이 있다. 「해선법초안」은 모두 6편 11장, 총263조로 이루어졌는데, 주로 독일과 일본의 해상법 내용을 기초로 만들었다. 그래서 겉으로는 선진적인 데 반해, 안으로는 중국의 현실과 맞지 않는 부분이 적지 않았다. 그럼에도 불구하고 이 초안은 농업 중심의 중국 사회에서 해양을 주제로 한 입법을 추진했다는 점에서 역사적 의의가 높았지만 청조의 멸망으로 시행되지는 못했다.[98]

2. 두 차례 헤이그평화회의와 해전 관련 국제조약

(1) 제1차 헤이그평화회의(1899)

1864년 전 세계 12개국이 스위스 제네바에서 「적십자조약紅十字條約」 (The Red Cross Convention, 제네바조약이라고도 부름)을 체결했는데, 여기서 전쟁법 가운데 부상자와 중립국 국민 대우에 관한 원칙을 확립하였다. 그 후에도 주로 전쟁법과 관련한 일련의 국제조약이 맺어졌다. 19세기 말 20세기 초 국제사회는 나날이 긴장이 고조되어 세계대전이 일어날 가능성이 엿보였다. 이에 각국 정부는 국제분쟁의 평화적 해결에 노력했고 전쟁과 평

97　尹新華,『晚淸中國與國際公約』, 湖南人民出版社, 2011年, 227~229쪽.

98　朱慧,「百年中國海上法之演變」,『廣州航海高等專科學校學報』, 2010年 12月, 40~41쪽.

화에 관련된 여러 국제조약들이 만들어졌는데, 그 가운데 영향력이 가장 큰 조약이 1899년과 1907년에 걸쳐 열린 두 차례의 헤이그평화회의에서 나왔다. 이 두 번의 회의는 국제분쟁을 조정하는 법적 토대를 마련하는 데 큰 성과를 얻은 국제회의였다. 중국은 헤이그평화회의 이전에는 전쟁법규조약 회의에는 참가하지 않았으나 어느 정도 유럽의 전쟁법규를 이해하면서부터 평화회의가 자신들의 필요에 부합한다는 사실을 깨달았다.

청조는 제1차 평화회의에 참가하기 전에 주로 서양 국제법 저작들, 『만국공법』, 『공법편람』, 『공법회통』 등을 통해 국제전쟁법규를 이해하였다. 이런 저작 중에는 전쟁에 관한 내용, 특히 해전에 관한 내용이 적지 않았다. 청프전쟁과 청일전쟁을 겪으면서 전쟁법에 대한 이해 정도가 깊어졌다. 한 사례를 들자면, 청일전쟁 중인 1894년 9월 청 군함이 무기를 싣고 일본으로 가던 영국 상선 파탄호를 구류한 사건이 있었다. 이 교섭에서 영국 공사는 파탄호가 무기를 싣지 않았기 때문에 중국이 구류한 선박에 대해 배상할 것을 요구하였다. 이에 대해 총리아문은 유럽의 전쟁법규를 활용하여 상대방의 무리한 요구를 비판했는데, 여기서 해상에서의 전쟁법규에 대한 이해가 상당히 깊어졌음을 확인할 수 있다. 하지만 파탄호 사건에서 영국이 중국의 잘못을 지적하면서 배상을 요구한 사항 중 하나는 중국이 아직까지 만국공법에 따른 포획법원을 설립하지 않았다는 것이었다. 중국이 포획법원을 설립하지 않았기 때문에 파탄호를 포획한 것이 정당하더라도 절차상 오류라는 주장인데, 이에 대한 총리아문의 답변은 소극적일 수밖에 없었다.[99]

우선 청조가 제1차 헤이그평화회의에 참가하는 과정과 해전 관련 조약을 체결하는 과정을 정리하면 다음과 같다.

19세기 말 국제사회에 전운이 감돌자 러시아 니콜라이 2세는 두 차례에 걸쳐 각국 정부에 편지를 보내 국제회의를 개최하여 군비제한과 국제분쟁

---

99 尹新華, 『晚淸中國與國際公約』, 湖南人民出版社, 2011年, 211쪽, 216쪽.

의 평화적 해결을 토론하자고 제안했다. 러시아의 요청은 각국에게 받아들여졌고 네덜란드 헤이그에서 회의를 열기로 결정하였다. 1899년 4월 네덜란드 정부는 각국에 정식 초청장을 발송하여, 5월 18일에 26개국(유럽 19개국, 아시아 5개국, 미주 2개국) 110명의 대표가 참석한 가운데 개막하여 7월 29일에 폐막하였다. 각국의 공식 대표단은 외교관, 육해군 군인, 국제법 학자들이 주류를 이루었다. 이런 대규모 회의는 이전에는 없던 일로 공식명칭은 없었으며 단지 회의의 목적이 군비확장경쟁을 통제하고 각국의 군사력을 축소하며 무기사용을 제한해 세계평화를 위협하는 전쟁을 막자는 것이었다. 그래서 사람들은 보통 헤이그평화회의라고 불렀다.[100]

제1차 헤이그평화회의에서는 군축문제, 육전법陸戰法의 제정문제 및 적십자조약(1864)을 해전에 적용하는 문제, 국제분쟁 해결을 위한 중재제도의 도입 등이 주요 과제였다. 회의기간 동안 각국 대표는 러시아가 제안한 10개 안건을 토론했으나 견해차가 커서 의결된 것은 많지 않았다. 제1차 평화회의는 비록 군비제한 분야에서는 어떤 국제조약도 얻어내지 못했지만 국제분쟁의 평화적 해결이라는 원칙과 전쟁법에 대한 몇 가지 발전을 이루었다. 불과 3가지 조약이 맺어졌는데, 「평화중재조약」(Convention for the Pacific Settlement of International Disputes), 「육지전례조약」(Convention with respect to the Laws and Customs of War on Land), 「1864년 제네바에서 원래 논의된 원칙을 해전에 적용하는 조약」(Convention for the Adaptation to Maritime Warfare of the Principles of the Geneva Convention of 22 August 1864) 등이 그것이다. 이런 조약들은 모두 국제법의 성격을 띠는 것이라 헤이그회담은 국제법 발전의 중요한 전환점이었다. 그리고 전쟁행위의 인도화, 문명화에도 크게 기여하였다.

100　林學忠, 『從萬國公法到公法外交』, 上海古籍出版社, 2009年, 307쪽.

1899년 5월 청조는 러시아 주재 중국 공사 양유楊儒[101]의 인솔 아래 이등
참찬관二等參贊官 하언승何彦昇[102], 삼등참찬관三等參贊官 호유덕胡維德[103],
이등번역관二等飜譯官 육징상陸徵祥[104] 등을 회의에 참가시켰다. 당시 다른
나라의 경우 현임 외무부 장관이나 주요 외교관이 전권대표이고 육해군 장
교나 국제법 전문가가 전문위원이었다는 사실을 감안한다면 중국 측이 공
사관 인원만을 참여시킨 것은 다소 격에 어울리지 않았다. 여기서 흥미로운
사실은 외국 주재 사신들 가운데 이홍장 막부 출신들이 다수를 점하고 있었
다는 것이다. 이들은 이홍장의 북양해군건설을 위해 서양 군함과 함포의 구
매 활동에 실무적인 차원에서 적극 협조하였다. 제1차 헤이그회의에 참가
한 대표단도 예외는 아니었다. 대표자인 양유는 이 회담에 대해 여러 강대
국 의원들이 주도하는 회의였지만 강대국 의원들이 군비제한에 무성의해
평화회담은 진정한 평화를 이룰 수 없다고 생각했다.[105]

제1차 헤이그평화회의에서 맺은 「평화중재조약」은 국제분쟁의 평화적
해결에 관한 것으로 조항은 모두 61조였다. 대체로 정치적 해결방법과 법
률적 해결방법을 통해 국제분쟁을 평화적으로 해결하자는 내용을 담았다.

---

101 楊儒는 1893년부터 1896년까지 미국 공사와 스페인·페루 공사를 겸임했고, 1896년부터 러
　　시아 공사와 오스트리아-헝가리·네덜란드 공사를 겸임하였다.
102 何彦昇은 외국어에 뛰어난 인물로 1893년부터 미국 주재 공사관 이등참찬관을 지내며 미국
　　주재 공사의 업무를 담당하기도 했다. 1897년부터 러시아 주재 공사관 이등참찬관을 지내며
　　제1차 헤이그회담에 참가했으며, 귀국 후에는 直隷按察使 등을 역임하였다.
103 胡維德은 1890년 薛福成을 따라 출사하여 영국 공사관에서 통역과 수행원을 담당하였다.
　　1893년 楊儒를 따라 미국에 갔고, 다시 3년 후인 1896년 러시아로 건너가 참찬관이 되었다.
　　그는 1902년 7월 러시아 공사가 되어 러일전쟁 당시 만주지역의 중국 중립과 권익을 위해 노
　　력하였다. 특히 헤이그회담과 적십자조약을 이용해 전쟁터의 중국인을 구제하려했으나 러일
　　의 반대로 실패하였다. 호유덕은 제2차 헤이그 평화회의에 참석했으며, 민국시기에는 거물
　　외교관이 되어 외교총장 등을 역임하였다.
104 陸徵祥은 1893년 러시아 공사관 통역관에서 출발하여 몇 년 후 참찬관이 되었다. 1899년 제
　　1차 헤이그 평화회의에 참석했으며, 1906년 네덜란드 공사와 1911년 러시아 공사 등을 지냈
　　다. 민국시기에는 胡維德과 같은 거물 외교관이 되어 외교총장 등을 역임하였다.
105 尹新華, 『晚清中國與國際公約』, 湖南人民出版社, 2011年, 84~85쪽.

그리고 「육지전례조약」은 「육전법규와 관례에 관한 조약」이라고도 부르는데, 전쟁의 법규와 관례를 명확히 하여 군사상 허락하는 범위 내에서 전쟁의 피해를 최소화하려는 목적에서 체결되었다. 이 조약은 중립을 제외한 육전에 관한 거의 모든 규정이 망라되었다. 전쟁 포로와 부상 군인에 대한 보호와 우대는 헤이그회담이 해결하려는 핵심적인 문제였다. 1864년에 제정된 「적십자조약」은 주로 육전에서 다친 부상 군인을 인도적인 차원에서 대우하자는 것이었다면, 19세기 말에는 전쟁 상황이 많이 달라져 있었다. 먼저 구호 대상이 과거에는 주로 교전 중인 군인이었다면 세기 말의 전쟁은 이미 성격과 규모가 달라져서 일단 전쟁이 발발하면 민간인들도 피해를 입어 교전 쌍방이 민간인을 보호할 필요가 있었다.[106]

해전과 관련 있는 것은 「1864년 제네바에서 원래 논의된 원칙을 해전에 적용하는 조약」이다. 19세기 말에는 각 국가 간의 전쟁터가 육지에서 해양으로 확대되어 전쟁 규정을 정비하여 해전 중에 다친 부상 군인을 인도적으로 대우할 필요가 생겼다. 따라서 헤이그회담에서는 이런 결함을 보완해 새로운 국제조약을 체결하려고 했다. 그래서 「육전전례조약」 말고 별도로 「1864년 제네바에서 원래 논의된 원칙을 해전에 적용하는 조약」을 체결하여, 해전에서 환자 구호와 전쟁포로 대우를 추가해 기존의 적십자조약을 보충하고자 했다.[107] 「1864년 제네바에서 원래 논의된 원칙을 해전에 적용하는 조약」은 병원선, 교전국 부상자 등을 실은 중립국 상선과 유람선 및 작은 선박, 종교인, 의료인 등에게 불가침의 지위를 주는 것이었다. 뿐만 아니라 수륙병사 가운데 선박에 탄 환자들은 소속 국가를 막론하고 모두 포획자의 보호와 보살핌을 받으며, 적의 손에 들어간 조난자, 부상자, 환자도 모두 전쟁포로의 대우를 받는다는 것이다. 최대 해군 강국인 영국이 제10조의 내

---

106 袁灿興, 「晚清參與1899年海牙保和會始末」, 『五邑大學學報』, 2011年 5月, 76쪽.
107 薛典曾·郭子雄 編, 『中國參加之國際公約滙編』, 商務印書館, 1937年, 19~22쪽.

용 가운데 영국 법률과 부합하지 않는 부분을 제외하고 체결할 것을 결정하자 미국도 같은 입장을 취하였다. 결국 1899년 12월 31일 독일, 미국, 영국, 터키는 이 조약의 제10관을 보류한 채 조약을 체결하였다. 그 후 26개국 가운데 15개국이 체결하고 11개국은 잠시 보류하였다.

그런데 「1864년 제네바에서 원래 논의된 원칙을 해전에 적용하는 조약」은 1864년에 맺은 「적십자조약」에 근거해 기존 조약을 해양으로 확장한 것이다. 따라서 이번 조약은 적십자조약을 맺지 않은 국가의 경우 마땅히 원래 조약을 승인해야만 했다. 중국도 원래 조약을 체결하지 않은 국가였기 때문에 양위는 청조에 적십자조약에 대해 자세하게 설명해 동의를 구하였다.[108] 그는 "각국에는 모두 적십자회가 있는데, 이번에는 육군을 넘어 해전에도 확대하는 것입니다. 중국 각 항구에는 관에서 만든 서양식 병원이나 의사 등이 없고, 또한 부상자 구호선박도 없습니다. 만약 조약을 비준하면 일단 외국과 전쟁을 하거나 혹은 중국이 중립국이 되면 모든 부상 군인은 반드시 조약에 따라 조치해야 합니다"[109]라고 보고했다. 하지만 적십자활동은 세계적으로 좋은 사업이라면서 일본도 이미 가입했으므로, 중국이 가입하는 것이 마땅하다고 했다. 만약 중국이 이를 비준하지 않으면 국제사회로부터 비난받을 것이라며 일본과 같이 민간이 주도하는 방식을 따를 것을 제안하였다.[110] 당시 중국 내에는 아직 적십자회가 만들어지지 않았지만 청일전쟁 후 『신보申報』, 『대공보大公報』, 『중외일보中外日報』 등 신문에서 종종 적십자회를 소개하고 찬양하면서 우리도 이런 단체를 만들자는 주장이 등장하고 있었다.

그 밖에도 제1차 헤이그평화회담에서는 3항의 성명서가 채택되었는데, 인간에게 지나치게 잔혹한 무기를 제재하고 금지하자는 성명서였다. 기구를

108 「使俄楊儒遵赴荷蘭畫押補签日來弗原議幷籌辦救生善會折」, 『淸季外交史料』 卷141, 23쪽.
109 「使俄楊儒遵赴荷都保和會藏事返俄情形折」, 『淸季外交史料』 제140권, 18~19쪽.
110 林學忠, 『從萬國公法到公法外交』, 上海古籍出版社, 2009年, 312쪽.

이용해 폭발 물질을 옮기는 것을 금지한다, 독가스를 발사하는 것을 금지한다, 신체에서 폭발하기 쉬운 탄환을 금지한다 등이 그것이다. 이런 성명서를 채택한 까닭은 전쟁기술의 발전으로 독가스를 비롯한 살상력이 뛰어난 신무기가 전쟁터에 투입되면서 교전하는 군인들의 고통을 줄이기 위해서였다.

청조는 헤이그회담의 조약의무에 대해 여러 측면을 고려했으나 국제사무의 책임의식은 여전히 한계가 있었다. 총리아문은 조약 항목을 검토하면서 주로 국제의무를 이행할 능력이 있는가 여부를 검토하였다. 1899년 12월 7일 총리아문은 황제의 명을 받아 양유에게 조약을 체결하도록 지시했다. 양유는 네덜란드 외교부에 정부의 명령을 알리며 「평화중재조약」과 「1864년 제네바에서 원래 논의된 원칙을 해전에 적용하는 조약」을 수용할 것을 밝혔다.[111] 그리고 「육지전례조약」은 가입하기를 원하지만 각 성의 군대가 아직까지 서양식 군대로 개편되지 않아서 잠시 조약체결을 미루기로 하였다. 따라서 「육지전례조약」에 대해서는 조약의 제한을 받지 않았다. 곧이어 양유는 정부를 대신해 2개의 조약과 3개의 문건을 체결했는데, 엉뚱한 사건이 발생하여 효력이 무효화되었다. 헤이그회담의 문건 규정에 따르면 체결한 조약본은 반드시 해당국에 보내어 정부가 비준한 후 다시 네덜란드 외교부에 돌려보내어 보관토록 되어 있었다. 그런데 1900년 의화단운동義和團運動으로 팔국연합군이 북경을 점령하는 혼란의 와중에 조약문의 원본을 분실하면서 청조가 비준서류를 네덜란드 정부에 보내지 못하는 사건이 발생한 것이다. 이런 예상치 못한 일로 말미암아 중국은 본의 아니게 조약에 가입하지 못하는 상황이 벌어졌다.[112]

1904년 2월에 발발한 러일전쟁은 제1차 헤이그평화회의 규제를 받은

---

111 「總署奏遵查保和會各款幷紅十字會章程尙無窒礙摺」, 『淸季外交史料』 제141권, 4~6쪽; 「使俄楊儒奏遵赴和蘭畵押請補簽日來弗原議幷籌辦救生善會摺」, 『淸季外交史料』 제141권, 20~23쪽.

112 儀名海, 『中國與國際組織』, 新華出版社, 2004年, 13쪽.

전쟁이었다. 이 전쟁이 발발하자 중국은 중립을 선언했음에도 불구하고 러일 양국의 전쟁터가 된 동삼성東三省에서는 대량의 난민이 발생하였다. 청조는 천진과 봉화 등에 구제기관을 설치하고 선박을 이용해 구제 사업을 벌였으나 교전국의 저지를 받았다. 청조가 적십자조약에 가입하지 않았기 때문에 러일 양국이 난민구제를 허락하지 않았던 것이다. 1904년 3월 10일 상해에서는 정부의 암묵적인 동의 아래 상해 신상紳商 심돈화沈敦和가 선교사 리처드 티머시Richard Timothy의 도움을 받아 중국, 영국, 프랑스, 독일, 미국 등 5개국 대표들과 상해만국홍(=적)십자회上海萬國紅十字會라는 단체를 만들어 구제활동을 전개하였다. 그런데 국제적십자회의 필수조건의 하나가 적십자조약에 가입하는 것인데, 이때까지도 청조는 헤이그회담의 「1864년 제네바에서 원래 논의된 원칙을 해전에 적용하는 조약」(즉 「적십자 조약」)을 비준하지 못한 상황이었다. 여전히 비가입국이므로 중국의 적십자회가 공식적인 중재기관의 신분을 얻지 못한 것이다. 이에 청 외무부는 빠른 시간 내에 적십자조약에 가입할 것을 결정하고 스위스 정부에 중국이 적십자회에 참가하는 문제를 조회하였다. 청조는 1904년 4월 영국 주재 중국 공사 장덕이張德彝[113]를 특명전권대신으로 임명하고 입회업무를 맡겼다. 그해 7월 1일 중국의 입회문건을 영국 주재 스위스 공사에게 보내었으며, 며칠 후 제네바에 있는 국제적십자회는 중국이 적십자회에 가입한 사실을 각회원국에 통지하였다. 청조는 헤이그회담에서 이미 체결한 국제조약들을 7월 24일 재빨리 비준하고, 11월 21일 비준한 조약 원본을 네덜란드 정부에

---

113 張德彝는 중국 외교사에서 매우 특이한 경력을 가진 인물이다. 1866년 19세 때 청조가 최초로 파견한 유럽여행단을 따라 출국하였다. 1868년 처음으로 유럽과 미국을 방문한 외교사절단에 참가하여 통역을 맡았다. 1870년 프랑스에 파견되어 중국 외교사상 처음으로 전문적인 외교교섭을 벌였다. 1876년 청조가 최초로 해외에 파견한 공사인 郭嵩燾를 수행해 영국에 갔다. 그 후 프랑스 주재 중국 공사(1887), 일본 주재 중국 공사(1896), 영국 주재 중국 공사(1902) 등을 역임하고 1906년에 귀국하였다.

돌려보냄으로써 일을 마무리하였다.[114] 한편 적십자에 대한 표기는 중국 종교가 서양과 달라 터키 등과 같은 일부 나라들처럼 별도로 표기하기로 했다. 이 조약의 제5관 적십자 기호에 관한 규정을 보류하기로 한 것에 중국도 동참한 것이다. 그리고 1907년 청조는 상해만국홍십자회를 대청홍십자회大淸紅十字會로 개명하였다. 신해혁명 후 대청홍십자회는 중국홍십자회中國紅十字會로 개명했고, 1912년 1월 15일 적십자회 국제위원회는 정식으로 중국홍십자회를 승인하였다.

덧붙이자면, 「병원선에 관한 조약」(Convention Concerning the Duty−Free Hospital Ship in War, 1904)은 「1864년 제네바에서 원래 논의된 원칙을 해전에 적용하는 조약」(1899) 제1−3조에 있는 해전 시 병원선 운영 관련 항목에 관한 보충 성격의 국제조약이다.[115] 헤이그조약에서 규정한 병원선이란 교전 각국이 전문적으로 부상자나 조난자를 구조하기 위해 만들었거나 장비를 갖춘 군용 병원선으로 개인이나 정부에서 승인을 받은 구호단체에서 전부 혹은 일부 출자해서 만든 병원선을 말한다. 헤이그조약의 규정에 따르면 이런 선박은 사용 전 선박명을 먼저 교전국에 알려 주어 존중을 받도록 하고 파손되거나 나포되어서는 안 된다. 병원선이 전쟁 중에 활동하는 것을 도와주기 위해 프랑스 정부는 병원선의 항구세나 선박세 등을 완전히 면제해 줄 것을 제의하면서 네덜란드 정부를 통해 제1차 헤이그평화회의 조약국들에게 이 일을 통보하였다. 1904년 11월 중국 주재 네덜란드 공사는 중국 외무부에 전권대신을 헤이그에 파견해 전시 병원선 면세문제를 상의하도록 요청했다. 청조는 마침 적십자조약 비준문서를 네덜란드 정부에 보존시키던 터라 러시아 주재 중국 공사 호유덕을 회의에 파견하였다. 12월 13일에 전 세계 22개국이 참가한 가운데 회의가 열려 네 차례의 회담 끝에 전

---

114 林學忠, 『從萬國公法到公法外交』, 上海古籍出版社, 2009年, 317쪽.

115 薛典曾·郭子雄 編, 『中國參加之國際公約滙編』, 商務印書館, 1937年, 333∼335쪽 참고.

시 병원선의 면세에 관한 「병원선에 관한 조약」(6조)이 만들어졌다. 그리고 1904년 12월 21일 중국을 비롯한 20개국 대표(이탈리아, 과테말라 제외)가 조약에 서명하였다.

(2) 제2차 헤이그평화회의(1907)

제1차 헤이그평화회의를 종료할 때 각국은 국외중립, 해상재산의 보호, 해군의 육상도시와 촌락 포격 제한 문제 등을 남겨 두고 다음 번 회의에서 일괄적으로 해결하기로 했다. 1904년 영국, 프랑스, 러시아가 삼국협약을 형성하고 독일, 오스트리아, 이탈리아가 삼국동맹을 형성하며 서로 대립하였다. 유럽에서는 군비경쟁이 가속화되었는데 특히 독일이 1900년과 1906년 두 차례 해군법안을 통과시키면서 해군력 증강에 나서자 영국이 독일을 견제하며 해군력 증강에 따라 나섰다. 이런 전쟁의 위기 속에서 미국 대통령 루스벨트F. Roosevelt는 제2차 평화회의의 소집을 주장하며 이전 회의에서 논의하지 못한 일들을 토론하자고 제안했다. 본래 평화회의는 1904년 미국에서 개최하려 했으나 러일전쟁으로 연기되었다가 포츠머스강화조약이 체결되자마자 니콜라스 2세의 요청으로 러시아가 주관하기로 했다.[116]

전통적으로 대륙국가였던 러시아가 해양 국가를 추구하면서 태평양 함대를 증강하고 한반도에 부동항을 획득하려는 계획을 추진한 것이 러일전쟁 발발원인 가운데 하나였던 만큼, 이 회의는 러시아가 태평양의 제해권을 포기하고 대륙국가로 복원하는 과정과 맞물려 있었다.[117] 당시 러시아 황제는 군비축소와 더불어 해전에서의 상선 납치 방지 문제에 대해 큰 관심을 가지고 있었다. 그리고 러일전쟁에서 드러난 제1차 헤이그평화회의의 단점을 보완하는 것은 물론 러일해전에서 나타난 여러 가지 문제들, 즉 ① 만국

---

116 「論列國之於第二平和會」, 『外交報』 第187期.
117 최덕규, 「러일전쟁과 한국문제(1895–1905)」, 『서양사학연구』 제23집, 2010년, 85~89쪽.

재판소를 설립하는 안건, ② 육지의 군대에 관한 안건, ③ 바다에서의 해군에 관한 안건, ④ 해상에서의 사유권에 관한 안건 등이 해결해야 할 과제였다.[118] 결국 1907년 다시 네덜란드 헤이그에서 열린 제2차 헤이그평화회의는 미국 대통령의 제의와 러시아 황제의 소집으로 모두 44개국이 참가했는데, 전 세계의 거의 모든 국가가 참가한 것이다.

청 말 마지막 10여 년은 중국 내부로부터 근대국가를 만들려는 제도개혁이 추진되어 문명국으로 인정받으려는 노력을 계속했으며, 대외적으로도 국제화 추세에 따라 적극적으로 국제회의에 참여하였다. 청조는 제2차 헤이그평화회의에 초청을 받은 후 제1차 평화회의에 참석한 바 있던 육징상(당시 러시아 공사관 이등참찬관)을 초대 네덜란드 공사로 임명하여 헤이그회담 업무를 담당하도록 했다. 육징상과 더불어 포스터J. W. Foster(미국 국무장관 역임), 전순錢恂[119] 등이 중국 대표단으로 출석하였다. 회의 중 육징상이 제3분과 해전명예의장으로, 전순이 부의장이 되기도 했다.[120] 육징상은 당시의 세계를 춘추전국시대에 비유하면서 수십 년간 세계 각국이 군함을 제조하고 군비를 증강시키는 데 전력을 다한다면서, 특히 영국과 독일의 해군력 경쟁과 일본의 전함구매 및 미국의 태평양함대 증강 등을 열거하며 전쟁의 위험성을 언급하였다.[121]

---

118 「論第二次平和會議」, 『外交報』 第155期; 「第二次中和會問題」, 『外交報』 第181期.

119 錢恂은 1890년 薛福成을 따라 영국, 프랑스, 이탈리아, 벨기에로 출사했으며, 귀국 후에는 장지동의 양무사업을 도왔다. 1904년에 이등참찬관으로 러시아 주재 중국 공사 胡維德을 따라 러시아로 출사했으며, 1905년에는 李盛鐸의 추천으로 五大臣出洋 때 참찬관을 지냈다. 1907년 네덜란드 흠차대신으로 임명되었으며, 陸徵祥을 대표로하는 중국 대표단의 일원으로 제2차 헤이그평화회의에 참가하였다. 1908년에는 이탈리아 공사를 담당하다 1909년 귀국하였다.

120 널리 알려진 바와 같이, 한국에서도 헤이그에 특사를 파견하여 일본의 주권 침략을 역설하고 국제법에 의한 해결을 희망했으나 일본의 반대로 공식회의에 참가하지 못했다(「第二次平和會問題」, 『外交報』 第181期; 「海牙第二次平和會記略」, 『外交報』 第198期).

121 「保和會專使大臣陸徵祥奏折」(1908년 1월 1일)(中國第二歷史檔案館, 「陸徵祥出席海牙保和會奏折兩件」, 『民國檔案』 2000年 2月, 41쪽).

제2차 평화회의는 1907년 6월 15일 개막하여 10월 18일 폐막하였다. 이 회의는 44개국 232명의 대표들이 참석한 대규모 국제회의였다. 4개월간의 토론 끝에 13개의 조약과 1개의 성명서를 채택하였다. 조약은 크게 세 종류로 분류할 수 있는데, 첫째 국제분쟁의 평화적 해결, 둘째 중립국 권리와 의무, 셋째 전쟁법규 등이다. 특히 전쟁법규는 10개 항목인데, 그 가운데 해전에 관한 규약이 무려 7개 항목을 차지하였다. 여기에는 러시아의 해전경험이 반영되어 있었다.[122] 먼저 「제네바조약에서 원래 논의된 원칙을 해전에 적용하는 조약」(Adaptation to Maritime War of the Geneva Convention)은 기존 「적십자조약」(1899)에 기초해 해전에서 전투원, 전쟁포로, 부상자의 인도주의적 대우에 관해 더욱 명확하게 수정한 것이다. 이 조약에 대해 중국 대표였던 육징상도 적십자 휘장을 사용하는 데 동의하는 등 적극적으로 참여했지만, 조약 가운데 제21관은 국내 상황을 이유로 보류하였다.[123] 나머지 6개 조약은 새로 만들어진 것으로 간단히 소개하면 아래와 같다.

　　첫째, 「전쟁 발생 시 적국 상선의 지위조약」(Convention Relative to the Status of Enemy Merchant Ships at the Outbreak of Hostilities)은 전쟁을 개시했을 때 국제무역을 보호하는 차원에서 적국 상선에게 일정한 시간을 주어 항구를 떠나도록 해서 전쟁 중 적국 상선을 보호하는 규정이다.[124] 세부적으로는 ① 해상에서 우편문서를 보호하는 일, ② 나포한 적선 인원을 처리하는 일, ③ 나포한 연해어업선 등 특수선박을 풀어 주는 일, ④ 개전 시 항만 내에 혹은 해상에서 나포한 적선을 풀어 주는 일 등을 다루었다. 둘째, 「상선을 전선으로 개조하는 조약」(Convention Relative to the Conversion of Merchant Ships into War Ships)에서는 전쟁 발발 시 일반적으로 상선을 해군에 편입시

---

122 「論第二次平和會」, 『外交報』 第180期.

123 薛典曾·郭子雄 編, 『中國參加之國際公約滙編』, 商務印書館, 1937年, 50~53쪽.

124 薛典曾·郭子雄 編, 『中國參加之國際公約滙編』, 商務印書館, 1937年, 63~64쪽.

켜 전함으로 만드는 것과 관련해 명확하게 그 기준을 정한 것이다.[125] 회의에서는 공해상에서 선박의 형식을 개조할 수 있는지 여부는 확정하지 못했다.

셋째, 「자동촉발해저수뢰조약」(Convention Relative to the Laying of Automatic Submarine Contact Mines)」은 공해에서 항해 중인 각국의 선박 안전을 위해 접촉하면 자동으로 폭발하는 수뢰의 사용규칙을 정하고 평화롭게 항해하는 중립국 선박이 전쟁의 피해를 입지 않도록 제한하는 조약이다.[126] 회의에서는 수뢰의 설치지역 문제에 대해서 의견을 통일하지 못했다. 넷째, 「전시 해군 포격 조약」(Convention Respecting Bombardment by Naval Forces in Time of War)은 제1차 평화회의에서 논의하다가 중단된 내용을 조약으로 만든 것으로, 육군과 마찬가지로 해군도 무방비 지역과 방비 지역을 구분하여 방어설비가 없는 해안도시나 시골가옥을 포격하는 것을 명확하게 금지했다.[127] 여기서는 항만 이외의 지역에 설치한 수뢰는 항구를 보호하기 위한 것이 아니라고 판단하여 제거하지 않아도 된다고 했다. 그리고 비록 해군이 군수식량이 필요하더라도 각 항구도시 등지에서 마음대로 징발할 수 없다고 했다.

다섯째, 「해전 중 포획권 행사를 제한하는 조약」(Convention Relative to Certain Restrictions with Regard to the Exercise of the Rights of Capture in Naval War)은 전쟁 중 해상에서 국제법의 적용을 보장받는 상황이 과거와는 많이 달라졌기에 해전으로부터 평화로운 무역을 보호히기 위해 제정한 것이다. 여기선 무역선박이 나포를 면하는 규정과 교전국이 포획한 적국 상선 선원에 관한 지위 등 국제사회에서 합의되지 않았던 해상포획원칙에 대해 공동 약정하였다.[128] 여섯째, 「국제포획물심판소의 설립에 대한 조약」

---

125 薛典曾·郭子雄 編, 『中國參加之國際公約滙編』, 商務印書館, 1937年, 64~65쪽.
126 薛典曾·郭子雄 編, 『中國參加之國際公約滙編』, 商務印書館, 1937年, 65~67쪽.
127 薛典曾·郭子雄 編, 『中國參加之國際公約滙編』, 商務印書館, 1937年, 49~50쪽.
128 薛典曾·郭子雄 編, 『中國參加之國際公約滙編』, 商務印書館, 1937年, 67~68쪽.

(Convention Relative to the Creation of an International Prize Court)의 경우 각국이 유난히 관심을 보인 조약으로 많은 의견이 오가면서 마지막에는 국제포획물심판소의 설립에 관한 강령, 조직, 소송방법에 대해 상세하게 규정하고 각국 해상포획의 판결을 결정하였다.[129]

그 밖에도 중립국의 권리 의무에 관한 조약을 체결할 때, 육지전과 더불어 「해전 시 중립국의 권리와 의무에 관한 조약」(Convention Concerning the Rights and Duties of Neutral Powers in Naval War)을 만들었다. 해전이 발생했을 때 중립국과 교전지역 사이에 분규가 발생하는 것을 방지하거나 감소시키기 위해서 교전국과 중립국 국민들이 상호 준수할 권리와 의무 관계를 밝힌 것이다.[130] 또한 「국제분쟁화해조약」(The Pacific Settlement of International Disputes)도 맺어졌다.

당시 헤이그회담에 참가한 나라들은 1~5등급으로 나뉘어져 있었는데, 일본은 1등급, 중국은 3등급 국가에 해당하였다. 중국 대표단은 일본과 같은 국제 지위를 추구하면서 자국 이익을 수호하려는 의지가 강하였다. 이런 태도는 양무운동시기와는 뚜렷하게 달라진 점으로 회의 중에도 중국 대표는 과거와 달리 적극적인 의견을 제시했는데, 예를 들어 영사재판권과 같은 불평등조약 항목을 없애 주권 회복을 위해 노력하였다.[131] 중앙정부도 제1차 평화회의에 비해 제2차 평화회의를 더욱 중요하게 여겼는데, 당시 『외교보』 등에는 20여 편 가까운 관련 기사가 실렸다.

러일전쟁 당시 중국 연해에서 다양한 해양분쟁이 있었는데 특히 영해 침

---

129 두 차례 헤이그평화회의를 통해 처음으로 상설중재법원이 설치되었고, 그 후 제1차 세계대전의 종전을 계기로 국제연맹이 탄생하였다[이병조·이중범 공저, 『국제법신강』(개정판), 일조각, 2008년, 302쪽].

130 薛典曾·郭子雄 編, 『中國參加之國際公約滙編』, 商務印書館, 1937年, 54~56쪽.

131 「保和會專使大臣陸徵祥奏折」(1907년 12월 12일)(中國第二歷史檔案館, 「陸徵祥出席海牙保和會奏折兩件」, 『民國檔案』 2000年 2月, 37~38쪽);「論海牙第二次平和會專使力爭增訂公斷條款事」, 『外交報』 第192期;「出使荷國大臣錢奏報保和會會議情摺」, 『外交報』 第192期 등 참고.

표 10__『외교보』에 실린 제2차 헤이그평화회의 관련 기사

기사명	호수	등재일자
美國外部大臣海約翰第二次致駐札關於海牙平和會議各國公使開會訓條	제113기	1905년 6월 27일
美國外部大臣海約翰提唱海牙平和會議之訓條	제150기	1905년 7월 17일
論平和會議	제117기	1905년 8월 5일
外務部奏請派洋員充荷蘭保和會議員折	제143기	1906년 5월 27일
論第二次平和會議	제155기	1906년 9월 22일
論海牙平和會	제163기	1906년 12월 10일
論第二次平和會	제180기	1907년 7월 5일
第二次平和會問題	제181기	1907년 7월 14일
論第二次平和會各議題	제182기	1907년 7월 24일
論第二次平和會始末情形	제183기	1907년 8월 3일
論列國之於第二次平和會	제187기	1907년 9월 12일
海牙第二次平和會記略	제198기	1907년 12월 29일
出使荷國大臣錢奏報保和會(海牙第二次平和會)會議情形折	제200기	1908년 2월 26일
論第二次平和會議之結果	제200기	1908년 2월 26일
俄政府第二次平和會通告文(二則)	제207기	1908년 5월 4일
論第二次平和會議成績	제208기	1908년 5월 14일
豫議平和會問題	제212기	1908년 6월 23일
豫備海牙第三次平和會會議事平議	제217기	1908년 8월 11일
第二次海牙平和會會議條約	제223기	1908년 10월 9일
前出使荷國今出使義國大臣錢奏報和會三約畵押折	제229기	1908년 12월 8일
萬國平和協會之議	제243기	1909년 6월 2일
美國平和會議	제249기	1909년 7월 31일
外部訂定第二次平和會議案	제251기	1909년 8월 20일
前出使和國大臣錢奏陳和會(卽海牙第二次平和會)條約未可輕易畵押折(補錄)	제256기	1909년 10월 8일
呑告萬國和平會議案	제259기	1909년 11월 7일
豫籌萬國和平會議案	제262기	1909년 12월 7일
瑞國和平會之意見	제287기	1910년 9월 8일
豫備通告保和會文件	제299기	1911년 1월 5일

*『外交報』 관련 기사(尹新華, 『晚淸中國與國際公約』, 湖南人民出版社, 2011年, 134~135쪽 재인용).

범의 사례가 많았다. 헤이그회담이 끝난 후 육징상 등 중국 대표단의 건의에 따라 외무부는 조약체결을 선택적이고 단계적으로 하기로 결정하였다. 새로 만들어진 전쟁 관련 10개 조약은 외무부, 주판해군처, 육군부 등의 입장을 들은 후 합의를 보았다. 그 과정에서「해전 시 중립국의 권리와 의무에 관한 조약」의 제14조 제2관, 제19조 제3관, 제27조는 보류하였다.「국제포획물심판소의 설립에 대한 조약」의 경우 이런저런 이유로 수용하지 못했다. 청조는 헤이그회담 성과를 재빨리 학습해 자국의 이익에 활용하였다. 1908년 상반기 청일 간에 발생한 무기밀수선 사건인 다쓰마루二辰丸 사건에서는 법리 논쟁과정에서 국제기준에 따른 영해 관련 입법의 필요성을 절감하였다. 곧이어 포르투갈과 마카오 해양 경계문제를 교섭할 때에도 중국인들은 헤이그평화회의의 정신과 국제법을 활용해 갈등을 해결하려는 노력이 있었다. 비록 청이 멸망하여 해양법과 관련한 독자적인 입법은 실패했지만 그 노력은 높이 평가할 만하다.

두 차례의 헤이그평화회담 후 추가적인 국제회의를 통해 해전법규에 대한 국제조약이 만들어졌다. 예를 들어, 1904년의「병원선 조약에 관하여」, 1906년의「적십자조약」수정, 1908년 말에 열린 런던해군회의, 1909년 초의「런던 해양법회의 선언」등이 그것이다. 특히「적십자조약」수정 과정은 중국인들의 높은 관심을 받았고,[132]「런던 해양법회의 선언」은 각국의 비준을 얻지 못했지만 각국이 포획에 관한 법률을 수정하는 데 그 기반이 되었다.[133] 이런 국제해양법의 법률화 과정은 1930년 헤이그에서 열린 국제법전

---

132 대표기사로는「改正紅十字條約」,『外交報』第163期;「紀會議改正紅十字條約情形」,『外交報』第173期;「萬國紅十字總會記事」,『外交報』第178期;「紅十字新約」,『外交報』第216期;「改正紅十字條約之規定」(1),『外交報』第256期;「改正紅十字條約之規定」(2),『外交報』第263期 등이 있다.

133「論戰時航海之權利義務」,『外交報』第124期;「論捕拿違反封鎖禁例船舶之場所」,『外交報』第255期;「關於海戰法規之倫敦宣言」,『外交報』第247期;「設立國際捕獲審檢所及海戰規則倫敦宣言之進行」,『外交報』第264期 등 참고.

편찬회의에서 더욱 구체화되었다. 청 말 중국이 국제회의나 국제조약에 참가한 횟수를 보면, 20세기에 들어온 청말신정 시기에 대폭 증가하였다. 청조는 이런 노력을 통해 서양 국제법 질서를 받아들이면서 이른바 국제사회의 문명국 자격을 얻으려 했다. 하지만 중화주의의 우월성을 버리고 문명국이 되려는 꿈은 쉽게 실현되지 않았다.[134]

끝으로, 청조는 비록 국제회의는 아니지만 박람회와 같은 국제행사에도 적극적으로 참여했는데, 해양 관련 국제행사로는 어업박람회가 유명하다. 구미 각국에서 국제어업박람회가 열리면서 광서 말년에 각국 정부는 중국이 박람회에 참여할 것을 요청하였다. 당시 상부는 연해 각 성에 지시하여 박람회에 전시할 품목을 수집하고 전문 인력을 파견해 참관하도록 했다. 훗날 중국 근대어업의 선구자로 알려진 장건은 이때 청조의 명을 받아 각 성 어업공사들의 공동 노력으로 1906년 이탈리아 밀라노에서 열리는 어업박람회에 참가하였다. 중국은 밀라노 어업박람회 말고도 같은 해 미국에서 열린 어업박람회에도 참가했으며, 다음 해에는 벨기에에서 열린 어업박람회에도 참가하였다. 그리고 1908년 9월 미국 워싱턴에서 열린 제4차 만국어업회는 미국 어업국이 공식적으로 중국 참가를 요청한 행사로 중국의 여러 지역과 단체에서 어업 관련 인사들이 참가하였다.[135] 어업박람회의 참가는 해관 소속 외국인이 해외박람회 참가를 주도하던 기존 관행에서 벗어나 중국인 스스로 준비하는 계기가 되었다. 이것은 중국인들이 해양과 수신 분야에 대해 능동적인 태도를 가지게 되었음을 보여 준다.

---

134 林學忠, 『從萬國公法到公法外交』, 上海古籍出版社, 2009年, 291~292쪽.

135 전국 각지에서 모은 어업 관련 전시물을 상해에서 사흘간 전시한 후, 어업공사 대표와 중국 상인들은 이탈리아 어업박람회에 참가하여 성공적으로 전시를 마무리하였다. 이때 외무부 광동수사 제독 남북양해군총령인 薩鎭冰은 「江海漁界全圖」를 만들어 전시하여 중국의 어계(영해)를 획정하였다(李士豪·屈若搴, 『中國漁業史』, 上海書店, 1984年, 64쪽, 71~72쪽).

별표 5__ 청 말 중국이 참가한 국제조약

번호	조약명	체결시기와 장소	중국이 체결한 시기	중국이 비준 혹은 가입한 시기
1	國際海關稅則出版聯盟公約	1890년 7월 5일 브뤼셀		1894년 4월 1일 가입
2	航海避碰章程	1889년 워싱턴		
3	紅十字公約	1864년 8월 22일 제네바		
4-1	和解公斷條約	1899년 7월 29일 헤이그	1899년 12월 27일	1904년 7월 24일 비준
4-2	推廣1864年日來弗原議行之於水戰公約	위와 같음	위와 같음	위와 같음
4-3	禁用人身易爆易漲或易扁之槍彈,此彈硬壳包滿里核更有中作空槽者聲明文件	위와 같음	위와 같음	위와 같음
4-4	禁用升空氣球上或其他同樣新器挪放炸彈及易炸之物聲明文件	위와 같음	위와 같음	위와 같음
4-5	禁用專放迷悶毒氣之彈聲明文件	위와 같음	위와 같음	위와 같음
5	關於醫院船公約	1904년 12월 21일 헤이그	1904년 12월 21일	1905년 5월 24일 비준
6	羅馬萬國農業會合同	1905년 6월 7일 로마	1905년 6월 7일	1906년 5월 29일 비준
7	改正紅十字條約	1906년 7월 6일 제네바	1906년 7월 6일	
8	陸地戰例條約	1899년 7월 29일 헤이그	1907년 6월 12일	
9-1	和解國際紛爭條約	1907년 10월 18일 헤이그	1908년 6월 26일	1909년 10월 18일 비준
9-2	日來弗紅十字約推行於海戰條約	위와 같음	위와 같음	위와 같음
9-3	禁止自氣球上放挪炮彈及炸裂品聲明文件	위와 같음	위와 같음	위와 같음
9-4	限制用兵力催索有契約責務條約	위와 같음		1909년 10월 18일 비준
9-5	戰爭開始條約	위와 같음		위와 같음

9-6	戰時海軍轟擊條約	위와 같음		위와 같음
9-7	陸戰時中立國及其人民之權利義務條約	위와 같음		위와 같음
9-8	海戰時中立國之權利義務條約	위와 같음		위와 같음

* 尹新華, 『晚淸中國與國際公約』, 湖南人民出版社, 2011年, 256~257쪽; 田濤, 『國際法輸入與晚淸中國』, 濟南出版社, 2001年, 349쪽.

* 4번 조항들은 제1차 헤이그평화회의 관련 조약이며, 9번 조항들은 제2차 헤이그평화회의 관련 조약이다. 3, 5, 7, 8번도 두 차례의 헤이그평화회의와 관련이 깊다.

** 중국이 국제조약을 비준하는 과정에는 조약 항목이 일부 보류되는 경우가 있다.

제9장
해군의 중건과 해권海權 인식의 고양

청의 외해수사는 북양·남양·복건·광동 등으로 나뉘었는데 각자의 방어 목표는 달랐다. 청조가 함대를 몇 개로 나누어 통제한 것은 해군 정책의 일관된 원칙이었는데, 아마도 이것은 함대의 집중을 막아 중앙에 위협이 되는 것을 피하려는 목적인 듯싶다. 그러나 이런 함대의 분리정책은 전쟁 중에 상호 배척의 태도로 나타났다. 청프전쟁시기 북양수사는 남방수사에 대한 지원에 소극적이었으며, 10년 후 청일전쟁 중에 남방수사 역시 북양함대가 몰락하는 상황에서도 지원을 거절하였다. 근대 중국의 해군사에서 양무운동시기 전통적 수사가 근대적 해군으로 전환하는 과정과 청일전쟁 때 북양해군이 붕괴하는 과정을 연구한 성과는 비교적 풍부하다. 그러나 청일전쟁 후부터 신해혁명으로 청조가 몰락하는 때까지 10여 년간 해군 중건의 노력이 없었던 것은 아니다. 오히려 열악한 정치적, 경제적 여건 속에서도 함선구입, 함대재편, 군정기구의 정비, 인재양성 등과 같은 해군재건의 노력이 마지막 순간까지 계속되었다. 특히 선통宣統시기에 이르러서는 체계적인 부흥이 시도되었다.[136] 하지만 신해혁명 직전까지 청의 해군 규모는 청일전쟁 이전 수준을 회복하지 못했으며, 그 속도도 비교적 완만하였다.

근대 해군사를 넓게 보자면 양무운동시기부터 건립된 신식 해군인 북양함대가 청일해전으로 몰락해 와해되는 것이 제1기라면, 청일전쟁 후부터 재건의 과정을 거쳐 중화민국 초기에 이르는 과정이 제2기라고 할 수 있다. 여기서는 바로 제2기에 해당하는 청말신정시기를 『청말해군사료淸末海軍史料』의 자료를 중심으로 분석할 것이다. 해군의 중건 과정은 다시 두 단계로 나눌 수 있는데, 첫 단계는 1895년부터 1908년까지로 전체적인 구상 없이 회복하는 때이며, 두 번째 단계는 1909년부터 1911년까지로 구체적인 계획을 가지고 중건하는 때이다. 전 단계에서는 해군처를 건립하고 함선을 구매했으며 해군학교 등을 세웠다. 다음 단계에서는 해군을 건설하는 7년 계획을 세워 순차적으로 추진하려 했다.[137]

청 말 해방론海防論의 핵심은 근해 방어를 목적으로 해군을 건설하는 군사적인 것이었지 경제적인 것은 아니었다. 하지만 청일해전에서 북양해군의 몰락은 기존 해방론의 실패를 드러냈고 양무운동시기의 해양관에 근본적인 변화를 가져왔다. 이와 관련해 청말신정시기 해권海權 인식의 고양에 대해서도 알아볼 것이다.[138] 보통 중국에서는 청일전쟁 때까지 진정한 의미의 해권사상은 없었으며, 청일전쟁의 패배 원인 가운데 하나가 청 해군의

---

136 馮青, 『中國海軍と近代日中關係』, 錦正社, 2011, 53쪽.

137 胡立人·王振華 主編, 『中國近代海軍史』, 大連出版社, 1990年, 287쪽.

138 해권사 방면의 연구가 적지 않은데, 張煒·許華의 『海權與興衰』(海洋出版社, 1991年), 章示平의 『中國海權』(人民日報出版社, 1998年), 秦天等 주편의 『中華海權史論』(國防大學出版社, 2000年), 王生榮의 『海洋大國與海權爭奪』(海潮出版社, 2000年), 楊金森의 『海洋强國興衰史略』(海洋出版社, 2007年), 石家鑄의 『海權與中國』(上海三聯出版社, 2008年), 張文木의 『論中國海權』(海洋出版社, 2009年); 劉中民의 『世界海洋政治與中國海洋發展戰略』(時事出版社, 2009年), 鞠海龍의 『中國海權戰略』(時事出版社, 2010年) 등이 있다(張麗·任靈蘭, 「近五年來中國的해양사 연구」, 『世界歷史』, 2011年 第1期, 126쪽).

해권사상 결핍 때문이라고 생각한다.[139] 북양해군의 몰락이야말로 근대적 해권의식의 각성을 가져왔으며, 해군을 중건하자는 주장과 맞물려 나아갔다는 것이다. 이런 맥락에서 실제로 청 말 해권론의 수용과 확산이 해군건설에 어떤 작용을 했는지 여부를 알아보고자 한다.

1. 광서光緒 말기(1895~1908) 해군의 회복

(1) 청일전쟁 직후

청일전쟁으로 북양함대가 전멸한 것은 청조가 30여 년간 추진해 온 근대 해군의 건설이 결정적인 타격을 받은 사건이다. 전쟁의 막바지인 1895년 2월 13일 양강총독 장지동의 공문에는 위해의 해군사령부가 함락되었음에도 불구하고 다시 철갑선이나 순양함을 외국으로부터 구매해 해군력을 회복하려는 시도가 나타난다.[140] 하지만 이것은 현실적으로는 어려운 주장이었다. 얼마 지나지 않아 3월 12일 청조는 해군아문을 경비절감의 이유로 잠시 폐지한다고 발표했다. 이로써 청 해군은 그나마 남아 있던 통일적인 지휘체제조차 사라졌다. 이것은 외국인의 눈으로 보기에는 중국에는 더 이상 해군이 존재하지 않는다는 사실을 의미하였다. 실제로 전쟁 후 북양함대는 군함이 파괴되거나 전리품으로 빼앗겨서 연습선인 강제호 한 척만 남았다.

---

139 중국학계에서는 해권이야말로 역사상 대국흥쇠의 중요 요소로 보고, 연해국가가 강력한 해군과 해상 역량이 없으면 해권을 장악할 수 없으며 결국 주권을 보존할 수 없다고 한다. 국가가 부강하려면 반드시 해양으로 나아가야 하고, 해양을 개발하려면 반드시 강력한 해권이 있어야 한다는 논리를 편다. 따라서 강대국의 해권역사에 대해 유난히 관심이 많아 영국, 미국, 프랑스, 독일, 러시아, 일본 등 주요 해권국가에 대한 조명이 활발하다(史春林, 「九十年代以來關於國外海權問題研究述評」, 『中國海洋大學學報』, 2008年 第5期).

140 「著張之洞籌款購鐵快艦只諭」(1896.2.13.), 『淸實錄』(德宗)(張俠·楊志本·羅澍偉·王蘇波·張利民 合編, 『淸末海軍史料』, 海洋出版社, 2001년, 127쪽, 이하 『淸末海軍史料』로 약칭).

얼마 후 연습선, 운반선 등이 보태져 북양에는 5척의 병선이 있었다. 비록 남양수사는 청일전쟁에서 큰 피해는 입지 않았지만 오랜 기간 동안 북양함대 중심으로 해군발전이 이루어졌기 때문에 대부분의 군함이 낙후되어 전투능력이 떨어졌다.

이홍장을 대신해서 북양대신과 직례총독을 맡은 왕문소王文韶는 북양해방의 재건에 소극적이었으며, 각 성의 지방독무들도 이홍장의 전철을 밟을까 두려워하였다. 왕문소는 북방연해의 해방 상황에 대한 보고서에서 북양해군이 회복되려면 현재의 재정 상태로는 시간이 필요하며, 일정한 속도와 수준을 유지하며 운영해야 한다고 했다.[141] 남양대신 유곤일劉坤一도 현 상태를 잠시 유지하다가 경비가 확충된 후 해군을 복구하자고 주장했다. 인재도 없고 경비도 없어 천천히 하는 수밖에 없다는 것이었다.[142] 남방연해의 해방 상황은 장지동이 보고한 상주문이 남아 있다.[143] 여기서 그는 전쟁 후 중국의 항구는 외국이 거의 다 점거했다면서 열강의 철갑병선이 연해를 마음대로 항해하면서 중국은 커다란 위기에 직면해 있다고 했다. 이를 극복하기 위해 서둘러 남양·북양·민양·월양 등 4개 해군을 건설할 것을 제안하였다. 당시 장지동은 상대적으로 해군 중건의 필요성을 역설한 대표 인물이었다.

청의 중앙정부에서 직접 해군을 재건할 것을 결정하고 1896년부터 사업에 착수했는데, 이때 해군건설의 중심은 여전히 북양이었다. 해군을 재건하는 네 함선을 스스로 만들 것이냐 아니면 구매할 것이냐의 해묵은 논쟁이 있었지만, 이번에도 기본적으로 외국에서 군함을 수입하는 것으로 가닥을 잡았다. 다수의 관리들은 해군을 부흥시키는 데 외국에서 군함을 수입하는

---

141 「王文韶奏統籌北洋海防翼漸擴充折」(1896.3.2.),『第一歷史檔案館, 朱批奏折』(『清末海軍史料』, 87~89쪽).

142 「劉坤一奏遵議廷臣條陳時務折」(1895.9.25.),『劉坤一遺集, 奏疎』, (『清末海軍史料』, 86쪽).

143 「張之洞奏整頓南洋炮臺兵輪片」(1895.2.28.),『張文襄公全集, 奏議』(『清末海軍史料』, 285~286쪽).

방법이 당연하다고 생각했다. 왜냐하면 첫째, 함선을 서양의 조선소에서 제조하면 만드는 속도가 빠르고 신식 철갑이나 쾌선을 마음대로 지정할 수 있어 편리하다; 둘째, 함선을 정해진 날짜에 받을 수 있어 시간을 연장할 필요가 없다; 셋째, 함선이 완성되기 전에 대포나 장비의 위치는 물론이고 새로운 기계가 나오면 수시로 첨가할 수 있다는 장점 등 때문이었다.[144] 특히 청일해전의 경험을 통해 단순하게 함선의 방어기능에 주의하는 것을 넘어 함선의 기동성과 공격성에도 주목하였다.

전쟁 중 영국과 독일에서 주문한 구축함 비정飛霆(720톤 급)과 비응飛鷹 (850톤 급)이 1895년 말 북양에 왔다. 이 두 척의 구축함은 당시 국제적 수준의 신형 군함으로 선박의 항해를 경호하는 기능을 가지고 있었다.[145] 같은 시기 독일로부터 구매한 진辰, 숙宿, 열列, 장張 등 4척의 어뢰정도 남양에 들어왔다. 곧이어 1898년을 전후해서 독일에서 구매한 3척의 2,950톤 급 순양함 해주海籌, 해용海容, 해침海琛도 중국에 왔다. 그리고 1899년 여름에는 영국에서 구매한 2척의 4,300톤 급 순양함 해천海天과 해기海圻가 중국에 왔다. 이등순양함인 해천호와 해기호는 자매선으로 과거 정원호나 진원호와 같은 대형 군함과 비교할 수는 없었지만 청일전쟁 후 청이 보유한 가장 큰 함선으로 항속과 화력 면에서 선진적이었다. 같은 해 독일에서 구매한 해룡海龍, 해화海華, 해청海青, 해서海犀 등 4척의 어뢰정도 중국에 왔다.[146] 청일전쟁 후부터 1898년 말까지 3년 사이에 청조는 외국으로부터 23

---

144 「榮祿奏興復海軍宜于洋廠訂造軍艦折」(1898), 『第一歷史檔案館, 朱批奏折』(『淸末海軍史料』, 137쪽).

145 구축함은 19세기 말에 새롭게 등장한 함정이었다. 초기의 구축함은 어뢰의 발달과 관련이 있다. 1870년대 말부터 어뢰정을 극복할 수 있는 방법으로 쾌속어뢰정을 개발하기 시작했는데, 1893년에는 어뢰정구축함을 처음 만들었다. 각국에서는 서로 경쟁하며 구축함을 만들었는데, 그 핵심은 함정의 속도에 있었다.

146 陳紹寬,「海軍史實幾則」(『淸末海軍史料』, 850~851쪽); 馬幼垣, 『靖海澄疆—中國近代海軍史事新詮』, 聯經, 2009年, 343~349쪽.

척의 함정을 구매 혹은 예약하였다. 이에 따라 청 해군은 최소한의 규모를 갖출 수 있었다.

1898년 무술정변으로 북양육해군은 자희태후와 영록榮祿의 손에 들어갔다. 해군중흥 방안을 토론할 때 영록은 이홍장의 생각을 받아들여 군함을 해외에서 구매하자는 주장에 동의했고, 복주선정국을 중심으로 해군을 발전시키는 전략에는 반대했다. 북양해군이 궤멸한 후 한때 남아 있던 군관들은 모두 파면되었고 수병은 해체되었다. 그러나 다시 원기를 회복한 이홍장은 북양해군의 핵심간부들을 천진에 대기시키고 총리아문이 해군중흥계획을 세우자 이들을 다시 기용하여 훈련에 매진했다. 1899년 4월 17일 청조는 원래 북양해군의 정원호를 맡았던 총병 엽조규葉祖珪를 새로운 함대의 통령으로 삼고, 강제호를 맡았던 참장 살진빙薩鎭氷을 부통령으로 임명하여 북양해군 복구사업을 시작하였다. 이것은 청 말 해군조직 정돈의 시작을 알린 것이다.[147] 통령아문統領衙門을 천진의 자죽림紫竹林에 설치하고 천진의 대고를 기지로 삼아 훈련을 실시했는데, 특히 살진빙은 엄격한 군사교육을 받은 유능한 해군지도자로 평가받았다.

청조 내부에서 해군 중건을 위한 대책을 모색하고 있을 때 서양 열강이 중국의 군항들을 과분하는 상황이 벌어졌다. 1897년 11월 두 명의 독일인 선교사가 산동성 거야현에서 살해당하는 사건을 계기로 독일은 군대를 청도에 상륙시키고, 청조와 「교오조계조약」을 맺어 교주만을 조차하였다. 러시아는 중국을 돕는다는 명목으로 청조의 동의를 얻어 함대를 여순구에 진입시켰으며, 「여대조지조약」을 맺어 여순·대련을 조차하였다. 영국도 대국 간의 세력균형을 유지한다는 명목으로 「전척향항계지전조展拓香港界址專條」을 맺어 홍콩 주변의 영역을 늘리고, 다시 「정조위해위전조」를 맺어 위해위의 조차기간을 러시아와 같도록 하였다. 다음 해에는 프랑스도 「광주

---

147 「派葉祖珪等統領北洋新購船只論」(1899.4.17.), 『淸實錄』(德宗)(『淸末海軍史料』, 584쪽).

만조계조약」을 맺어 광주만과 주변지역에 대한 조계권을 얻었다. 이처럼 중국에 대한 과분열풍이 불어 열강이 주요 군항을 조차하고 항만을 점령함으로써 중국 해군은 자신들이 사용할 항구조차 찾기 힘들었다. 새롭게 만들어지던 북양해군은 산동의 연대, 장도나 직례의 대고 등을 기지로 삼았다. 본래 중국의 해강은 7개 성에 걸쳐 있어 해군이 없으면 바다에 대한 통제권을 상실할 수밖에 없었다.

서양 열강이 여러 항만을 조차하자 1899년 초 이탈리아는 이에 뒤질세라 절강성에 위치한 전략요충지인 삼문만三門灣을 조차하려 했다. 이탈리아는 군함 6척을 보내 청조를 위협하였다. 청의 해군은 이전과 달리 전투 의지를 보이며 이탈리아 해군이 멀리서 와서 불리하므로 일전도 불사할 수 있다고 했다. 이탈리아의 1년여에 걸친 조차 시도는 실패했고 비교적 평화롭게 끝이 났다. 당시 외교교섭에서 보기 드문 사례였다. 이탈리아 해군의 무력이 상대적으로 약하고 열강이 청에 우호적이었을 뿐만 아니라, 청이 해군력을 어느 정도 회복한 상황이어서 가능한 일이었다.[148] 같은 시기 미국은 중국에 대한 문호개방정책을 제시하면서 기회균등의 원칙을 통해 중국시장에 대한 미국상품의 자유개방을 추구하였다. 미국의 이런 정책은 다른 열강과 달리 노골적인 군사침략을 시도하지 않은 점이 특징이었다.

열강이 청의 주요 군항을 과분한 지 오래지 않아 세기의 교체기에 의화단운동이 일어나자 팔국연합군이 다시 중국 대륙을 침공한 사건이 발생하였다. 1900년 팔국연합군이 공사관 보호를 명목으로 북경을 공격하면서, 각국 30여 척의 군함이 대고구 주변 바다에 모였다. 그해 6월 17일 팔국연합군은 대고포대를 점령하는 과정에서 천진 내하에 정박 중이던 해룡·해청·해화·해서 등 여러 척의 청 군함을 빼앗았다. 6월 21일 청조가 열강에 선전포고를 했음에도 불구하고 산동 장도에서 새로 건립 준비 중이던 북양해군

---

148 陳紹寬,「海軍史實幾則」(『清末海軍史料』, 851쪽).

은 서양 군함과는 상대가 되지 않는다는 판단 아래 남하하여 상해의 동남호
보東南互保활동에 참여하였다. 의화단운동이 실패하고 「신축조약辛丑條約」
이 맺어질 때, 청의 일부 관리들은 해천·해기·해용·해주·해탐 등 5척의 군
함을 영국과 독일에 팔아서 전쟁할 의사가 없다는 사실을 보여 주려고 했
다. 이런 황당한 시도는 살진빙 등의 반대로 이루어지지 않았다.[149] 조약의
결과 열강에 막대한 배상금을 지불해야 하자 해군 부흥계획에 큰 차질이 빚
어졌다. 게다가 1901년 11월 7일 오랫동안 북양해군을 책임졌던 이홍장이
사망하면서 한동안 군함의 구매는 어려워졌다. 그의 죽음은 중국 근대 해군
사에서 한 시대가 저물어 가는 상징적인 사건이었다.

(2) 청말신정과 해군개혁

1901년부터 청조가 실행한 '신정'은 체제개혁의 성격을 띠었으며 그 가
운데 군제개혁은 중요한 위치를 차지하였다. 해군의 중건이 그 핵심적인 항
목임은 물론이지만 단번에 이루어질 성질은 아니었다. 1902년 6월 9일 원
세개袁世凱가 직례총독 겸 북양대신이 되면서 신정을 추진하는 실세로 부
각하였다. 그는 북양해군 총병 엽조규를 수륙군무참모水陸軍務參謀로 삼고,
참장 살진빙에게 북양해군을 맡겼다. 이 시기는 (뒤에서 언급하듯이) 알프레
드 머핸의 해권론海權論이 중국에 전파되어 해군인사들에게 주목받던 시기
였다.

청조는 북양해군을 재건하는 것과 동시에 남양수사의 구식 병선 다수를
퇴역시켰다. 이것은 경비절감이 목적인데, 이미 1892년부터 4척의 문자선
과 6척의 병선 등을 없애고 운영경비를 절약해 만든 20만 냥으로 독일로부
터 4척의 어뢰정을 구입한 바 있었다. 청일전쟁 후에도 계속 구식 병선을
감소시켜 매년 16만 냥 정도를 절약하였다. 그럼에도 불구하고 청조는 양

---

149 陳紹寬,「海軍史實幾則」(『淸末海軍史料』, 850~851쪽).

무운동 때와 달리 청말신정시기에는 대형군함을 구매하지 못했다. 비교적 큰 함선이었던 해천호마저 암초에 부딪혀 침몰하는 불운이 겹쳤다. 중국 스스로 군함을 만드는 사업은 이 시기에 별다른 진전이 없었으며, 일부 소형 포정과 어뢰정을 만들었을 뿐이었다. 복주선정국이 해군함선을 직접 만드는 대표적인 조선소였지만, 결국 선정국은 1907년에 문을 닫았다.

의화단운동시기 러시아는 자국 교민과 중동철도 보호를 명목으로 만주지역에 16만 대군을 파견하였다. 러시아 태평양함대는 여순과 블라디보스토크에 대규모 군함을 배치했으며, 인천에도 두 척의 군함을 파견하였다. 만주와 조선의 이권을 놓고 러시아와 대립하던 일본은 결국 전쟁을 불사할 것을 결정하였다. 1904년 2월 6일 일본은 러시아와 외교관계를 단절하였다. 8일 오후 일본 해군은 인천에 정박 중이던 두 척의 러시아 군함을 격침시켰으며, 다음 날 새벽 여순항의 러시아함대를 공격하면서 러일전쟁이 발발하였다. 이 전쟁은 1년여 동안 계속되었고 여순항 전투와 대마도 해전 등 세계적으로 유명한 해전이 벌어졌다. 러일전쟁 당시 청조는 국제법상 중립국의 지위를 주장했으나, 전쟁 중에 자국의 주권침해를 자주 경험하였다. 여기서 해군 관련 사건 서너 가지 주요 사례를 소개하면 다음과 같다.

첫째, 러일전쟁 당시 만주滿洲(Manjur)호 사건은 러시아 전함이 중국의 영해 주권을 침범한 대표사례이다. 만주호는 러일전쟁 발발 전 상해에 있던 러시아 군함이다. 1904년 2월 8일 전쟁이 발발하자 이 배는 두 가지 선택밖에 없었다. 하나는 무장을 해제하고 청조의 통제를 받는 것이었고, 다른 하나는 영해 밖으로 나가는 것이었다. 그런데 후자의 경우 상해항을 벗어나는 것은 곧 일본 군함의 공격을 받을 가능성이 컸다. 여순으로 가는 길목은 이미 일본에 의해 차단되었으므로 출항하고자 해도 갈 곳이 없었다. 하지만 무장해제 역시 러시아가 원하는 것은 아니었다. 처음에 강해관도江海關道는 상해 주재 러시아 영사와 상의해서 만주호를 상해 밖으로 보내려 했으나 영사는 이에 동의하지 않았다. 일본은 러시아 군함이 중립을 준수하는 것은 원치 않아서 2월 19일 군함 아키츠시마호를 상해항으로 보내 강제로 러시아 군함을 항구 밖으로 끌어내려 하였다. 다른 한편으로 외교통로를 통해 중국이 중립을 유지하지 못한다고 질책하였다. 상해 주재 일본 총영사가 강해관도에게 조회를 보내 압력을 넣자 결국 중국 측은 러시아 군함에 2월 20일 오후 5시 기준으로 24시간 이내에 상해항을 떠날 것을 요구하였다. 이에 대해 러시아 측은 만주호는 전투를 할 준비가 되지 않은 선박이므로 중립법의 규정에 따라야 한다고 주장했다. 이렇듯 양자 간에 논쟁 중 일본군은 2월 26일 두 척의 군함을 상해항에 더 보내어 무력으로 러시아 군함을 끌어내려 하였다. 그러나 일본의 압력에도 중국은 중립을 유지하였다. 결국 만주호의 무장은 유지하되 증기기관은 파괴하기로 했으며, 대신 일본 군함은 상해항 밖으로 나가기로 합의하면서 사건이 종결되었다.[150]

둘째, 러일전쟁 당시 일본이 중국의 영해 주권을 침범한 대표사건으로는 강의剛毅(Ryeshitelni)호 사건이 있다. 1904년 8월 11일 러시아 군함 강의호가 여순구에서 탈출하여 산동성 연대항으로 피난을 왔다. 이에 일본 측은 국제법을 무시하고 이른바 강의호 사건을 일으켰다. 강의호가 연대항에 들어오자 청 해군은 국제법에 따라 구류하면서 무장을 해제시켰다.[151] 당시 중국 해군 제독 살진빙은 3척의 순양함과 함께 연대항에 머물고 있었다. 도피한 군함을 구류시키고 비록 러시아 해군이 선상에 남아 있었지만 사실상 무장해제를 시킨 상황이었다. 러시아 함장도 이미 자신과 선상의 병사들이 다시 작전을 하지 않겠다고 약속하였다. 이때 일본 구축함 2척이 따라와 정탐

---

150 劉利民,『不平等條約與中國近代領水主權問題研究』, 湖南人民出版社, 218~220쪽.

151 『公法便覽』, 「권4. 전쟁국과 중립국 간 외교 규정」, 「제1장. 중립국이 향유하는 권리와 맡은 책임」, 제4절에는 "적국 군함이 위험에 처하여 중립국의 항구로 도망친 경우 진실로 특별히 입항을 금지하는 이유가 없다면 받아들이는 것을 거절해서는 안 된다"라는 규정이 있다. 단지 수사일 경우 규정에 따라 무기를 거두는 경우가 있었다.

하자 청군 측은 강의호가 이미 청 해군에 투항해 보호 중이라고 하였다. 그러나 일본 해군은 국제법을 무시하고 강의호를 끌고 가려 했다. 그 과정에서 러일 쌍방 간에 충돌이 있었으나 결국 일본군에게 끌려갔다. 청이 항의했으나 소용없었다. 교전국인 일본 측은 중립국 항구에 진입하는 권리를 남용했을 뿐만 아니라, 중립국 항구에서 러시아 측에 무력을 행사했고 이는 청의 중립지위를 무시한 것이었다.[152] 이 사건에 대해 러시아는 중국 측에 격렬히 항의했으나 어쩔 도리가 없었다.[153]

셋째, 이 사건들 외에도 청러 간에는 도피 선박의 처리문제로 분쟁이 발생하였다. 1904년 8월 10일 여순구에서 일본 해군의 포위망을 벗어난 아스콜드亞斯柯德(Askold)호와 폭풍우暴風雨(Grozovoi)호가 상해로 도피해 왔다. 앞서 언급한 강의호가 연대에 도피할 무렵에 일어난 일이었다. 이에 청조는 러시아영사에게 항구를 떠나든지 무장을 해제할 것을 요구하였다. 그러나 담판은 성과가 없었고 러시아 군함은 항만에서 수리하면서 참전할 기회를 기다렸다. 이것은 전시중립법을 위반한 것이었다. 국제법에 따르면, 전선 수리는 항해에 절대적으로 필요한 부분에 한하며 그 전투력을 증강시킬 수 없었다. 러시아 군함의 행동은 일본인에게 극도의 불만을 일으켰다. 일본군은 황포강에 여러 척의 군함을 보내어 중국의 중립 지위가 위험해졌

---

152 『公法會通』,「권9, 중립국의 권리와 책임을 논하다」에는 "수사의 선박이 어려움을 만났거나 교전에서 패하여 중립국의 항구로 도망쳐 들어왔다면 보호를 요청할 수 있다"(제775장).; "전선이 적을 추적할 때 중립국의 항구와 연안으로 운항해 들어오면 먼저 들어온 배(추격당한 배)가 다시 대양으로 돌아가기를 기다리도록 (추격선은) 반드시 (중립국의 항구에서) 머물러야 한다. 그 추격자를 하루 동안 머무르게 한 후 출항을 허락하여 연이어 추격당하는 것을 방지한다"(제776장).; 전선이 중립국의 영토 안에 있는데 적선을 나포하였다면 중립국은 그를 석방하라고 명령하거나 석방을 직접 실행할 수 있다"(제786장).; "선박이 중립국의 항구로 도망쳐 들어가면 적선은 중립국의 경계를 넘어서 추격할 수 없다"(제787장) 등 다양한 규정들이 있었다. 하지만 전쟁 당사국은 이런 규정들을 자주 무시했는데, 비록 중립국의 권리가 침범 당하는 일임에도 불구하고 쉽게 사라지지 않았다.

153 馬士, 『中華帝國對外關係史』(第3卷), 上海書店, 2000年, 522~525쪽, 457쪽.

다. 청은 여러 차례 러시아 관리와 교섭하고 미국의 도움을 받아 중국의 영해중립권을 유지하였다. 결국 8월 25일 러시아 함장은 러시아 황제의 명령을 받아 만주호 사건처럼 군함 내의 기계를 파괴하고 황포강에 정박하며 중국의 보호를 받았다.[154] 연대의 경우와는 달리 상해에서는 일본군이 군함을 파견해 황포강변에 있었으나 항구 내의 러시아 군함을 강제로 끌어낼 수 없었다. 국제항구인 상해항의 특성상 함부로 무력을 행사할 수 없었기 때문이다.[155] 한편 같은 날 러시아 기선 책살열유기策薩列維奇호는 상처를 입고 산동성 교주항으로 갔는데 독일 측에 구류되었다. 교주항에서는 러일 양국이 독일의 조치에 따르지 않을 수 없었다. 그곳은 독일의 조차지였기 때문에 일본군은 항구 밖에서 대기하였고 독일은 자국 정부의 방침에 따라 일을 처리하였다.

넷째, 1904년 11월 16일 러시아 구축함 특랍사라니特拉斯羅尼호가 연대항에 들어와서 러시아 영사관을 통해 청조에 투항하고 구류를 요청하였다. 청 관리가 도착할 때에는 이미 러시아 수병들이 전부 무장한 채 육지에 상륙했고, 오래지 않아 군함도 항구에서 폭파 침몰시켰다. 러시아가 청의 보호능력을 믿지 못하고 이전 강의호의 사례를 반복하기 싫어 일으킨 행동이었다. 다음 해 1월 2일 4척의 러시아 구축함과 1척의 기선이 연대항에 들어와 청조에 투항하였다. 당시 항구 안에는 이들을 보호할 청의 군함이 없었다. 낭일 오후 몇 척의 일본 구축함이 러시아군의 주변에 정박하였다. 그들은 러시아 군함의 무장해제와 기계 파괴가 철저하고 신속하게 진행되는지를 감시하였다. 이것은 중국의 존재를 완전히 무시한 것이다.[156] 청은 영국 국적의 해관세무사를 파견해 무장해제에 관한 업무를 맡겼다. 그는 강의호

154 馬士, 『中華帝國對外關係史』(第3卷), 上海書店, 2000年, 456쪽.
155 劉利民, 『不平等條約與中國近代領水主權問題硏究』, 湖南人民出版社, 220쪽.
156 馬士, 『中華帝國對外關係史』(第3卷), 上海書店, 2000年, 524쪽, 526~527쪽.

사건과 같은 일이 반복되는 것을 막기 위해 러시아 군인은 육지로 옮기고 군함은 청의 관원이 통제하도록 했다. 그 후 청조는 이런 사건들을 유사한 방식으로 처리하였다.[157]

정리하자면, 청프전쟁과 청일전쟁의 해전에서 국제분쟁을 자주 경험했던 청조는 러일전쟁에서도 해상에서 중립을 침범당하는 일을 겪었지만 그래도 문제의 해결 방식에 진전이 있었다.

청조는 1903년부터 다시 함선의 구매활동을 재개했는데, 이전과 좀 달라진 점이라면 남양해군이 장강항해에 편리한 군함을 구매했다는 것과 외국 구매 대상국가도 일본으로 바뀌기 시작했다는 사실이다.[158] 특히 러일전쟁에서 일본 해군이 러시아 함대에 승리하자 청은 일본을 통한 해군건설을 결정하고 우선 포선과 어뢰정 같은 소함정의 건조를 발주하였다.[159] 총독들은 남양의 낡은 선박을 없애고 신식 천수쾌선淺水快船을 구입할 것을 제안하여 청조의 비준을 얻었다. 장지동이 유곤일을 대신해 양강총독을 맡으면서 남양수사의 선박 가운데 3척의 병선, 4척의 문자선 등을 줄였으며, 그 후에도 나머지 함정들을 정리하면서 모은 자금으로 새로운 장강용 군함을 구매하려 했다.[160] 그는 일본으로부터 강원江元, 강리江利, 강정江貞, 강형江亨 등 4척의 장강포선을 구매하였다. 장지동이 호광湖廣총독으로 임명된 후에도 이런 사업은 계속되어 지방해군의 발전이 이루어졌다. 1907년 일본에서 구매한 초태楚泰, 초동楚同, 초예楚預, 초유楚有, 초관楚觀, 초겸楚謙, 강원江元, 호붕湖鵬, 호준湖隼 등 포선이 중국에 왔다. 군함의 이름에서 엿보이듯이 양강총독의 경우 '강江'자가 들어가는 이름을, 호광총독의 경우 '호湖'자나 '초

---

157 姜鳴, 『龍旗飄揚的艦隊―中國近代海軍興衰史』, 三聯書店, 2002年, 484~485쪽.

158 馬士, 『中華帝國對外關係史』(第3卷), 上海書店, 2000年, 464쪽.

159 「張之洞札道員李孺等赴日本驗收炮船雷艇」(1906.12.8.), 『張文襄公公牘稿原本』(『淸末海軍史料』, 139~142쪽).

160 「署兩江總督張之洞奏請裁撤南洋舊式兵蚊各船另造長江新式快船」(1903.2.5.), 『淸實錄』(德宗)(『淸末海軍史料』, 90쪽).

楚'자가 들어가는 이름을 주로 달았다. 1909년에 이르기까지 일본으로부터 모두 14척의 천수포정을 구매했는데, 이 군함들은 이른바 장강함대의 주역이 되었다. 이 시기 일본인 교관이나 기술자가 초빙되었으며, 청의 해군 인재가 일본으로 다수 유학하는 일이 생겼다.[161] 영국을 비롯한 유럽에 파견한 해군 유학생보다 일본 유학생이 많은 것으로 보아 해군 유학의 흐름도 영국에서 일본으로 바뀌었음을 알 수 있다.[162]

당시 해군의 재건은 순양함대를 중점으로 삼아야 한다는 주장이 많았다. 1905년 양강총독이 된 주복은 과거 해군은 북양을 중심으로 건설하여 현재 남양의 병선들은 대부분 낡아서 쓸모가 없다고 하였다. 그는 살진빙과 함께 남양수사를 대대적으로 정비하여 3척의 배를 제외하고는 개조하거나 퇴역시켜 사실상 남양수사는 사라져 버렸다. 주복은 남북양해군을 하나로 합칠 것을 건의하면서, 현재 북양해군은 광동수사 제독이 통솔하고 있으므로 남북양해군을 광동수사 제독이 운영할 것을 제안하였다.[163] 그는 이홍장의 막료출신으로 북양해군건설에 참여했으며 『북양해군장정』을 기초하는 데도 참여하였다. 청일전쟁 중에도 북양해군 몰락의 전 과정을 지켜보면서 그 경험의 총결로 이런 주장을 한 것이다.[164] 남북양해군을 통일하자는 주장은 청말 해군개혁의 핵심 가운데 하나였다. 주복이 생각한 해군 부흥의 다음 단계는 청조의 예비입헌과 더불어 추동하는 것이었다.

1905년은 청의 고위관료 사절단이 구미를 장기간 순방한 오대신출양五大臣出洋 사건이 있던 중요한 해였다. 다음 해 7월 오대신이 귀국해 예비입헌과 관련한 제안을 하면서 육군과 해군을 분리할 것을 언급하였다. 예비입헌의 진행과정에서 해군건설을 중시하던 청조는 전국해군을 통일할 기관, 즉

---

161 戸高一成, 『海戰からみた日淸戰爭』, 角川書店, 2011, 220쪽.

162 馮靑, 『中國海軍と近代日中關係』, 錦正社, 2011, 123〜157쪽 참고.

163 「兩江總督周馥奏南北洋海軍聯合派員統率折」(1905.1.18.)(『淸末海軍史料』, 90〜91쪽).

164 劉中民 等著, 『中國近代海防思想史論』, 中國海洋大學出版社, 2006年, 63쪽.

해군부의 건설을 준비하였다. 1906년 주복은 북양대신 원세개와 공동으로 북양·남양의 함정을 통합해 해군을 만들 것을 건의하였다. 이 요청은 청조의 비준을 얻어 상해 강남제조총국 자리에 해군임시사무기관이 설치되고 엽조규가 남북해군을 통솔하는 책임자가 되었다. 그런데 그가 오래지 않아 병으로 죽자 살진빙으로 하여금 남북양해군을 통솔하도록 했다. 해군발전의 핵심인 해군부가 설립되기 전 과도기 단계에서 연병처練兵處가 그 업무를 담당하였다.

1907년 5월 연병처의 요석광姚錫光을 중심으로 해군발전전략은 재빠르게 추진되어 대략 세 가지 계획안이 나왔다. 첫 번째 계획은 외해의 16척 군함으로 순양함대를 편성하는 것이다. 여기에다 전국에서 모은 여러 척의 군함을 적절히 배치해 완전한 순양함대를 만들고자 했다. 그리고 장강을 중심으로 활동하던 12척으로 순강함대를 건설할 계획을 세웠다.[165] 두 번째 계획은 해군의 경영은 병선 증가, 군항 조선소의 건설, 해군 교육 등의 세 방면에 있다면서, 10년 동안 5천만 냥을 투입해 삼등전열함 2척, 일등장갑순양함 2척, 이등장갑순양함 1척, 삼등장갑순양함 1척, 일등어뢰정 12척 등을 구매하고, 기타 해군기지의 건설, 해군교육시설의 확충, 해군학생의 해외유학 등을 구상하였다.[166] 세 번째 계획은 자위를 넘어서 진정한 해군을 만들기 위해서 12년 동안 1억 2천만 냥을 투입해 일등전열함 2척, 이등전열함 2척, 삼등전열함 2척, 일등장갑순양함 4척, 이등장갑순양함 3척, 삼등장갑순양함 1척 등을 구매하는 것이다. 아울러 어뢰정을 16척 구매하고 기존 군함을 합쳐 대규모 해군을 만드는 것이었다.[167] 이 세 가지 계획에 대해 수사 제

---

165 姚錫光,「拟就現有兵輪暫編江海經制艦隊說帖」,『籌海軍急議』(『清末海軍史料』, 799~808쪽).

166 姚錫光,「拟興辦海軍經費五千萬兩作十年計劃說帖」,『籌海軍急議』(『清末海軍史料』, 808~817쪽).

167 姚錫光,「拟興辦海軍經費一萬二千萬兩作十二年計劃說帖」,『籌海軍急議』(『清末海軍史料』, 817~824쪽).

독 살진빙은 현실성이 없다며 전부 방기했으며, 요석광이 만든 3년 계획[168] 조차 받아들여지지 않았다. 하지만 얼마 후 요석광은 자신의 네 가지 계획서를 모아 『주해군급의籌海軍急議』(1908년 9월)라는 제목으로 출판하였다. 비록 그의 주장은 수용되지 않았지만, 당시 해군건설의 사상이 잘 나타나 있다. 요석광이 구상한 해군발전전략은 통일적 순양함대를 건설하는 것이 특징이다. 그에 따르면 "원해遠海를 구축할 능력이 없다면 근양近洋을 통제할 수 없다"면서 순양함대야말로 원양을 구축할 수 있는 도구라고 했다.[169] 그는 기왕의 여러 함대로 나누어 건설하는 산만한 운영방식을 버리고 중앙집권화하려는 계획을 세웠다.[170] 무엇보다 그의 해군전략에는 제해권사상이 분명히 드러났다는 점에서 주목할 만하다.

청 중앙에서는 전국 해군을 통제할 목적으로 해군지휘기구를 만들기 시작하였다. 1907년 6월 7일 청조는 병부를 육군부로 바꾸면서 그 아래 해군처를 설립하고 조직 내에 기요機要, 선정船政, 운주運籌, 저비儲備, 의무醫務, 법무法務 등 6사六司를 설치하여 정식 해군부를 만들기 위한 과도기구로 삼았다. 곧이어 「해군처시판조규海軍處試辦條規」(1908)를 제정해 해군처의 역할을 크게 확대해 육군처와 평행한 권력을 갖출 준비를 하였다. 해군처의 설립은 청일전쟁 패전으로 해군아문이 폐지된 지 12년 만의 일로 중앙에서 해군을 관리하는 통일기구가 등장한 것은 해군재건사업이 본격화되었음을 보여 준다.

대략 1896년부터 1908년까지 12년 동안 청조는 외국으로부터 24척의 함선을 구매하였다. 그 가운데 영국과 독일로부터 구매한 해천·해기·해주·해용·해침 등 5척의 순양함이 있었다. 이것은 청조가 청일전쟁 후 외국으

---

168 姚錫光,「拟暫行海軍章程」,『籌海軍急議』(『淸末海軍史料』, 824~846쪽).

169 皮明勇,「海權論與淸末海軍建設理論」, 44쪽.

170 劉中民 等著,『中國近代海防思想史論』, 中國海洋大學出版社, 2006年, 63쪽.

로부터 구매한 처음이자 마지막인 순양함들이었다. 이 시기 중국이 스스로 제조한 함선은 단지 7척의 소형 포정과 어뢰정뿐이었다. 이런 규모는 유럽의 해양 강국과는 현격한 차이가 있었다. 20세기 초 서양에서는 영국과 독일 해군 간에 군비경쟁이 격렬한 시기였다. 영국은 1903년 무렵 전함 62척과 순양함 145척을 보유했으며, 1905년에는 최초의 전열함(대형전선)인 무외無畏(Dreadnought)급 신식 장갑함을 건조하였다. 독일도 다음 해 신식전투함을 만드는 법령을 통과시켜 영국과의 군비경쟁에 끼어들었다. 서양 각국의 해군 실력은 전열함에 달려 있었는데, 이런 전함은 배수량 1만 7,000톤 이상의 12인치 구경의 포를 주포로 하는 거대 전함이었다. 청말신정시기 중국에는 이런 배가 한 척도 없었다.[171]

2. 선통宣統시기(1909~1911) 해군의 중건

광서 34년인 1908년 11월 14일과 15일 사이에 광서제와 자희태후가 연이어 죽자, 3세의 부의溥儀가 즉위하고 아버지인 순친왕 재풍載灃이 섭정이 되어 정무를 관장하였다. 재풍은 유력한 한족관료세력을 억압하고 중앙집권을 강화했다. 1909년 1월 단숨에 최대정적이던 원세개를 파면하고 만주족 귀족으로 중앙정부를 장악하였다.

선통 원년(1909) 2월 19일 조정은 상유를 반포해 "오늘날 해군을 정돈하

---

171 현대적 군함의 시작은 '무외'급 전열선의 출현이다. 기존 군함의 최대 약점은 혼합포에 있었는데 두 가지 큰 문제점이 있었다. 첫째, 구경이 일치하지 않는 포탄은 반드시 서로 다른 탄약고와 서로 다른 방법으로 포탄을 대포에 장전해야 했다. 둘째, 사정과 방향을 수정 후 포탄을 발사할 때 어떤 구경의 대포를 발사해야 할지 구분이 어려웠다. 영국은 신형 전열함을 설계하면서 대포구경이 완전히 일치하도록 만들었다. 이런 군함이 무외호이다. 1906년 무외호는 전부 대구경포의 방법을 적용해 신형 전열선을 만들었는데, 보통 무외급 군함이라고 불렀다(辛元歐, 『中外船史圖說』, 上海書店, 2009年, 335쪽, 287쪽).

는 것은 실로 경국經國의 요도要圖"라면서, 숙친왕 선기善耆 등에게 해군 중건의 임무를 맡겼다.[172] 그해 7월 9일 선기 등은 해군교육, 해군편제 및 군항 정돈 등을 제안하는 주절을 올렸다. 해군교육 분야에서는 기존 4곳의 해군학당(연대, 황포, 남경, 복주)을 개조해 전문화시키고 확대한다는 것과 해군대학당을 수도에 만들어 전문적인 학술연구를 하며, 포술·어뢰·수뢰·항해·윤기·조선 등을 교육한다는 내용이었다. 해군편제 분야에서는 연해순양함과 장강순양함으로 나누는 것과 각 성에서 운영하는 해군학당을 전공에 따라 통일시켜 정리한다는 내용이었다.[173] 전국함대의 통일, 군항개발, 해군인재의 조달 등이 개혁의 요점이었다. 해군의 근거지를 어느 곳으로 정할 것인가와 관련해서는 대체로 천진을 근거지로 삼자는 북양 중심의 주장이 대세였지만,[174] 북양의 주요 군항은 모두 열강이 차지하고 있으므로 "남양에 요새를 건설해 북양을 통제하자"는 새로운 주장도 나왔다.[175]

재풍은 황실이 전국 군사력을 장악해야 한다고 생각해 철량鐵良을 육군대신에, 재순載洵과 살진빙을 해군사무대신에 임명하였다. 1909년 7월 15일 「헌법대강憲法大綱」을 반포하면서 "황제가 대청제국의 육해군을 통솔하는 대원수"라고 규정하고 정식으로 해군건설에 박차를 가하였다. 특히 이 과정에서 주판해군사무처籌辦海軍事務處를 설치하고 동생인 재순을 책임자로 임명한 것은 만주족이 해군을 장악하고자 한 것이다. 주판해군사무처가 성립하자 탁지부에서 700만 냥의 예산을 지원했으며, 여기서 전국 함대의 관할권을 확실하게 중앙에 귀속시키기 위한 작업을 추진하였다. 결국 1909

172 「著肅親王善者等籌畫海軍諭」(1909.2.19.), 『宣統政紀』(『清末海軍史料』, 93쪽).

173 「善者等奏請畫一海軍教育統編艦艇開辦軍港整頓廠塢臺垒折」(1909.2.19.), 『宣統政紀』(『清末海軍史料』, 94~96쪽).

174 「王文韶奏統籌北洋海防冀漸擴充折」(1896.3.2.), 『第一歷史檔案館, 朱批奏折』(『清末海軍史料』, 87쪽).

175 「翰林院侍讀榮光奏請于浙江沙門灣舟山定海籌建軍港」(1909.4.20.), 『宣統政紀』(『清末海軍史料」, 296쪽).

표 11__ 순양함대, 장강함대의 주요함선

Ⅰ. 순양함대

함선명	종류	재질	배수량(톤)	마력(hp)	속력(노트)	진수년	제조국
海圻	순양함	강철	4,300	17,000	24	1897	영국
海琛	순양함	강철	2,950	7,500	19.5	1898	독일
海籌	순양함	강철	2,950	7,500	19.5	1898	독일
海容	순양함	강철	2,950	7,500	19.5	1898	독일
飛鷹	구축함	강철	850	5,500	22.1	1895	독일
保民	운송함	강철	1,500	1,900	10	1884	중국
通済	연습함	강철	1,900	1,600	13	1884	중국
辰	수뢰정	강철	90	700	18	1895	독일
宿	수뢰정	강철	90	700	18	1895	독일
列	수뢰정	강철	62	900	16	1895	독일
張	수뢰정	강철	62	900	16	1895	독일
湖鴨	수뢰정	강철	89	1,200	23	1906	일본
湖鄂	수뢰정	강철	89	1,200	23	1906	일본
湖隼	수뢰정	강철	89	1,200	23	1907	일본
湖燕	수뢰정	강철	89	1,200	23	1907	일본

Ⅱ. 장강함대

함선명	종류	재질	배수량(톤)	마력(hp)	속력(노트)	진수년	제조국
鏡清	연습함	철, 목재	2,200	2,400	13	1884	중국
南琛	순양함	강철	1,905	2,400	13	1883	중국
登瀛洲	포함	목재	1,258	580	9	1876	중국
建安	수뢰정	강철	871	6,500	18	1904	중국
建威	수뢰정	강철	871	6,500	18	1904	중국
江元	포함	강철	565	950	14.7	1904	일본
江享	포함	강철	560	950	14.7	1907	일본
江利	포함	강철	565	950	13	1907	일본

江貞	포함	강철	565	950	13	1907	일본
楚有	포함	강철	750	1,350	13	1906	일본
楚泰	포함	강철	750	1,350	13	1906	일본
楚同	포함	강철	750	1,350	13	1906	일본
楚観	포함	강철	750	1,350	13	1907	일본
楚謙	포함	강철	750	1,350	13	1907	일본
楚豫	포함	강철	750	1,350	13	1907	일본
楚電	포함	철	400	66	8	1877	영국
甘泉	포함	철	250	300	9	1908	중국

* 馮青, 『中國海軍と近代日中關係』, 錦正社, 2011, 81쪽; 胡立人·王振華 主編, 『中國近代海軍史』, 大連出版社, 1990年, 293~294쪽.

년 여름 남북양 해군을 통일적으로 편제하고 순양함대巡洋艦隊와 장강함대 長江艦隊로 나누었다. 살진빙은 해군 제독으로, 정벽광程璧光은 순양함대 통령으로, 심수곤沈壽堃은 장강함대 통령으로 각각 임명되었다. 순양함대는 해기 등 15척의 비교적 큰 군함으로 이루어졌고, 관병이 2,097명이었다. 본래 해기의 자매선이었던 해천호는 1904년 암초에 부딪혀 침몰하여 순양함대 편제에 포함될 수 없었다. 장강함대는 경청 등 17척의 함정으로 이루어졌고, 관병이 1,542명이었다. 그 대략의 상황은 표 11과 같다.

1909년 청조는 「주건해군칠년계획籌建海軍七年計劃」(1909~1916)을 세웠다. 해군 중선의 제1단계 계획을 7년으로 잡았는데 그 내용은 1년 차(1909년)에는 구식군함을 조사정리하고, 남북양에서 2,3,4등급 순양함을 구매 혹은 제조하고, 군항을 면밀히 검사하고, 해군학당을 확충해 만들며, 각 조선소를 개조한다; 2년 차에는 각 양함대에 낡은 군함을 배정하고, 수·어뢰정 부대 신구 각 함정을 만들고, 각 양에 3등 순양함과 수어뢰정 등을 추가제조하고, 군항을 건조할 것을 결정한다. 아울러 해군함선과 대포 관련 전문학당을 세우고 해군경비를 만들며 해군징병구역을 확정한다; 3년 차부터 7년 차까지는 1등 순양함(전열함) 8척과 각 등 순양함 20척과 각 등 병선 10척 및 수어뢰 정부대를 만들고 각 양 함대를 조직하며, 각 양 군항 부두와 선창을 만든다. 해군부를 설치하고 해군대학을 만들며 해군경비를 확정한다 등이었다. 이에 따라 총 1,800만 냥을 투입하고, 해마다 200만 냥씩 운영경비를 지급하는 내용을 담았다. 이 계획에서 가장 인상적인 것은 8척의 전열함과 20여 척의 순양함을 구입해 신식 군함으로 무장하는 내용이었다. 이것은 1907년 요석광이 제안한 세 가지 해군 중건 계획과 일부 유사했는데, 섭정왕 재풍의 비준을 얻으면서 중앙 정부가 전력으로 지원하기로 결정했다.[176] 하지만 '7년 계획'은 실행에 옮기기 전에 신해혁명의 발발로 중단되었다.

선통시기 해군 중건 과정에서 중요한 특징 중 하나는 해외시찰에 적극적이었다는 사실이다. 섭정왕이 20세에 불과한 재순을 해군대신으로 임명할 때 해외에 나가 해군을 고찰하는 것이 조건이었다고 한다. 이에 따라 우선 1909년 8월 하순 재순과 살진빙은 해군 상황을 파악하기 위해 국내 순시를 떠났다. 그리고 1909년 10월부터 다음 해 초까지 재순과 살진빙은 서양 해군을 고찰하기 위해 유럽 여행길에 올랐다. 이탈리아 군항조선소에서 400톤 급 구축함 경파鯨波호를 계약하고, 오스트리아−헝가리 제국에 가서 400톤 급 구축함 용단龍湍호를 계약하였다. 그 후 베를린으로 향해 독일에서 신식구축함 3척과 포선 2척을 계약하였다. 다시 영국에 건너가서 2,757톤 급 순양선 2척을 계약하였다. 그리고 러시아 시베리아철도를 경유해 중국으로 돌아왔다.

재순과 살진빙은 다시 1910년 8월 말부터 겨울까지 미국 해군 시찰에 나서 뉴욕에서 순양선 비홍飛鴻호를 계약하였다. 여기서 주목할 사실은 미국 현지에서 청과 미국 간에 해군차관과 관련한 협약과 함선제조와 관련한 계약이 이루어졌다는 점이다. 당시 청과 미국은 해군 분야의 협력조약을 체결

---

176 「籌辦海軍七年分年應辦事項」(1909), 『東方雜誌』(『淸末海軍史料』, 100~101쪽).

하고 미국의 차관을 빌려 해군발전전략을 짜려고 했다. 비록 청조의 멸망으로 실행되지 못했지만 매우 의욕적인 시도였다.[177] 그리고 일본으로 건너와 두 척의 포선, 영풍永豊호와 영상永翔호를 계약한 후 연말에 중국으로 돌아왔다. 이 두 차례 여행에서 이탈리아·오스트리아·독일·영국·미국·일본 등과 모두 12척의 함선을 계약하였다. 그 가운데 이탈리아와 계약한 포선 경파호, 오스트리아와 계약한 구축함 용단호, 미국과 계약한 순양함 비홍호 등은 선박 제조 비용 분규로 인해 결국 중국으로 인도되지 못하였다. 그 밖에 영국과 독일 및 일본과 계약한 9척의 함정은 신해혁명 후인 민국 2년과 3년에 중국으로 들어왔다.[178]

해외 시찰단이 귀국하기 직전인 1910년 12월 4일 청 해군의 중앙총괄기구인 해군부가 만들어지고 재순이 해군대신, 담학형譚學衡이 부대신, 살진빙이 해군총사령으로 임명되었다. 이때 「해군부잠행관제대강海軍部暫行官制大綱」을 반포해 해군의 요직과 그 직무를 규정했으며, 해군총사령부는 상해에 두기로 했다. 해군사무처가 정식으로 해군부로 바뀌면서 해군의 중앙집권화가 강화되었다. 성립된 해군부는 과거 해군아문의 단순한 회복이 아니라 해군아문에 비해 더욱 진일보한 조직이었다.

1895년 4월 「시모노세키조약」 체결부터 1911년 10월 신해혁명이 일어날 때까지 16년 반 동안 청조가 외국에서 구매한 군함은 39척이며, 배수량은 3만 4,728톤으로 평균 매년 2,105톤씩 증가하였다. 국산 군함은 24척으로 배수량은 1만 564톤으로 평균 매년 640톤씩 증가하였다. 평균 매년 2,745톤씩 증가한 셈인데, 신정시기 심각한 재정난에 시달리던 상황을 감안한다면 해군에 적지 않은 투자를 한 것이다.[179] 당시 해기, 해주, 해용, 해침 등 4척

---

177 崔志海, 「海軍大臣載洵訪美與中美海軍合作計劃」, 『近代史硏究』, 2006年 第3期, 92~105쪽.

178 「載洵薩鎭冰出國考察海軍」(1909), 『文史資料選輯』(『清末海軍史料』, 846~850쪽).

179 馬幼垣, 『靖海澄疆―中國近代海軍史事新詮』, 聯經, 2009年, 371~372쪽.

의 순양함이 청 해군을 대표하는 군함이었으나 신해혁명이 발발할 무렵에
는 이미 구형에 속해 있었다. 이들 가운데 일부는 청조에 등을 돌려 공화파
를 지원하였다.

3. 해권론의 전파와 영향

청 말 해권Sea Power(국내학계에서는 海洋力이라고 부름)[180]의 수용은 해군
건설과 관련해 중요한 작용을 하였다. 예를 들어, 중국의 전통적인 중농경상
重農輕商, 중육경해重陸輕海의 관념을 개조하여 해양 경략의 신사상을 수립
하자는 주장이나, 중국 해군의 중건은 마땅히 해권 쟁취를 목표로 삼아야 하
며 적극적인 건군 방침을 세워야 한다는 주장 등이 그것이다.[181] 해양이 세계
로 통하는 길이므로 국가무역 경제발전의 통로이며, 해양은 군사상 중요한
기지이므로 적국의 해안을 통제해야만 자국의 해상무역이 안전하다는 식의
관념은 서양의 해권론이 수용되기 전에는 사실상 없었다. "누가 해양을 장
악하느냐가 곧 누가 세계무역을 장악하느냐이다. 누가 세계무역을 장악하
느냐가 곧 누가 세계의 재부를 장악하느냐이다. 이는 곧 세계를 장악하는 것
이다"라는 주장은 19세기 말 20세기 초 해권에 대한 기본관점이었다.[182]

---

180 '海權'의 영문표기는 Sea Power가 일반적이었으나 최근에는 해양만을 의미하는 sea보다 해
  양과 내륙을 동시에 고려하는 maritime을 채택하여 maritime power라고 표기한다.
181 皮明勇,「海權論與淸末海軍建設理論」,『近代史硏究』, 1994年 第2期, 42~45쪽.
182 현재 중국 정부는 이런 관점이 여전히 유효하다고 믿는다. 중국인들은 아편전쟁 반세기 후 미
  국 해군장교 알프레드 머핸이 제안한 해권론이야말로 미국 해군 전략발전의 기틀을 마련했
  으며, 미국이 세계를 제패하는 행동강령이 되었다고 평가한다. 오늘날에도 강력한 해권이 미
  국의 전 지구적 전략의 기초라고 생각한다. 2003년 중국 국무원은 해양으로 향하는 것이 세
  계 강대국의 공통된 국가전략이라고 판단하여『全國海洋經濟發展計劃綱要』를 발표해 공식
  적으로 해양 강국을 건설할 것을 천명하였다. 학계에서도 이에 호응해 전통적인 해양 강국의
  경험과 교훈을 탐구하는 차원에서 해양 강대국의 흥쇠사를 연구하기 시작했다.

아편전쟁 시기 임칙서林則徐 등은 '양면수전洋面水戰'이 서양의 장기임을 알았지만, 이런 해양에 강한 적과 해전을 하는 것보다는 육지를 수비하는 쪽을 택하였다. 1874년 해방문제에 대한 토론에서도 이미 대부분의 대신들은 해방과 육방을 고루 중시하는 데는 공감했지만, 여전히 수사가 원양으로 나아가는 것을 꺼렸다. 대표적인 해방론자인 이홍장은 외양수사용 철갑선의 구매를 주장하면서 바다에서 공격하는 부대가 오로지 육지만을 방어하는 부대보다 낫다는 앞선 주장을 폈다. 청조가 순양함과 철갑함을 구매하게 된 사실은 조금씩 제해권에 대한 인식이 싹트는 것을 보여 준다. 하지만 그의 해군전략도 여전히 지키는 데 중점이 있어서 적군이 연해지역에 상륙하는 것을 막는 데 주력하였다. 혹자의 표현을 빌면, 이홍장 등 일부 양무파 관료는 해권에 대한 감성적 각성은 있었지만, 이성적 자각, 즉 해권의 전략적 의의나 진정한 가치를 인식하지는 못했다.[183] 이런 생각은 해외유학을 하고 돌아온 일부 해군유학생들에 의해 바뀌기 시작하였다.

이에 비해 일본은 청일전쟁 이전부터 제해권에 대한 인식이 상대적으로 뚜렷하였다. 1890년 미국 해군장교 알프레드 머핸Alfred T. Mahan(중국명 馬漢)이 쓴 『해권이 역사에 미치는 영향The Influence of Sea Power Upon History』(1890)이 일본 해군에 곧바로 소개되었으며, 1894년 청일전쟁 직전에는 해군 내에서 크게 유행하였다. 그 일본어 번역본은 『해상권력사론』(1896)이란 제목으로 출판되있고, 여러 잡지에 시평이 연재되면서 큰 반향을 일으켰다.[184] 특히 국가의 발전과 그 국가의 해군력이 불가분의 관계라는 식의 해석이 주목을 받았다. 이것은 청일해전 때 세 번의 대표적인 해전에서 뚜렷하게 나타난다. 비록 소극적인 방어 전략만이 북양해군의 결정적인 패인이라고 단정할 수 없지만, 제해권을 상실한 것은 해전뿐만 아니라 육전

---

183 李强華, 「晚清海權意識的感性覺醒與理性匱乏」, 『廣西社會科學』, 2011年 第4期.
184 戶高一成, 『海戰からみた日淸戰爭』, 角川書店, 2011, 226~227쪽.

에도 중대한 영향을 미쳤다.

해권이란 용어는 기본적으로 제해권을 의미하며 평시나 전시를 막론하고 무력으로 바다를 지배하여 군사·통상·항해 따위에 관하여 해상에서 가지는 권력을 말한다. 중국인이 처음 서양의 해권이론을 접한 것은 청프전쟁 시기였다. 당시 독일 주재 중국 공사 이봉포가 오스트리아 해군학교 교수가 쓴 『해전신의海戰新義』를 번역하여 1885년 천진기기국에서 출판하였다. 이 책의 번역본에서 처음으로 '해권'이란 개념이 사용되었다고 알려져 있다. 하지만 오늘날 사용하는 해권의 의미와는 다소 거리가 있었다. 책 중에는 가장 중요한 해전방식 다섯 가지를 소개하였다. 첫째 함대가 바다에 나가 적국함대를 찾아 공격하는 것, 둘째 함대가 본국의 해안을 방어하면서 적을 공격하는 것, 셋째 함대를 파견해 적국의 해구나 본토를 공격해 적국 함대의 행동을 견제하는 것, 넷째 적국 함대가 우리 해안에 집중할 때 우리 함대를 다른 곳으로 이동시켜 적의 병력을 끌어들이거나 분산시키는 것, 다섯째 우리 해군을 여러 부대로 나누어 편성해 따로 행동하다가 전기를 바꿀 기회가 오면 적당한 때 각 부대가 집중해 적 일부를 공격하는 것 등이다.[185] 『해전신의』는 내용이 매우 풍부한 저서로 번역본의 분량은 전체의 10분의 1(1~2장의 일부) 정도에 불과하였다. 이 책은 비록 중국의 해방정책에 중요한 영향을 미쳤다고 단언할 수는 없지만,[186] 외국 해전이론의 수용이 중국해군 작전이론에 일정한 영향을 주었을 것이다.

머핸은 『해권이 역사에 미치는 영향』을 통해 모든 제국의 흥망성쇠는 해양의 통제 여부에 달려 있다는 해권론을 주장하였다. 해권이라는 용어는 머핸 이전에도 있었으나, 광범하게 사용된 것은 바로 머핸의 해권론부터

---

185 姜鳴, 『龍旗飄揚的艦隊―中國近代海軍興衰史』, 三聯書店, 2002年, 364쪽.
186 한 연구에 따르면, 연해독무의 상주문 등에 『海戰新義』가 거의 인용된 사례가 없다고 한다(王宏斌, 『晩淸海防―思想與制度硏究』, 商務印書館, 2005年, 219쪽).

이다. 그에 따르면, 해양과 관련해 내륙 역사에 가장 큰 영향을 미칠 수 있는 요소는 해권인데, 이것은 '해양국가 내지는 해양세력'을 가리키는 용어이자 '해양에까지 그 영향력을 행사할 수 있는 국가의 힘'을 가리키는 용어로 사용되었다. 머핸은 해권을 협의로는 해군력, 구체적으로는 "제해권制海權(mastery of seas), 특히 국가 이익과 무역에 관계되는 주요 항해선상의 제해권은 국가의 강성과 번영을 위한 중요한 요소"를 의미한다고 보았고, 이것은 해운력과 해군력이 결합한 것이라 하였다. 그리고 "해군전략은 전시뿐만 아니라 평시에도 한 국가의 해권을 건설하고 지원하며, 증가시키는 것을 목적으로 한다"[187]고 하였다. 이때 해군의 임무는 "해상교통로를 보호하고, 상업적인 경쟁으로 생기는 좀처럼 피하기 어려운 분쟁을 처리하고, 과잉생산물을 처리할 외국시장을 확보하는 것"이라고 결론짓고, 이를 위해서는 대함대의 보유가 불가피하다고 보았다.[188] 머핸은 해양전략 개념을 정립해 강력한 함대의 건립을 군사전략 차원보다는 국가전략 차원에서 추진해야 한다고 주장했다. 하지만 그 역시 자신의 저서에서 명확하게 해권에 대한 개념 정의를 하지 않아 자의적인 해석의 여지를 남겼다.

머핸에게는 이른바 3부 저작이 있는데, 『해권이 역사에 미치는 영향』(1890) 말고도, 『해권이 프랑스대혁명과 제국에 미친 영향The Influence of Sea Power upon the French Revolution and Empire』(1892), 『해권의 1812년 전쟁에 대한 영향Sea Power in It's Relations to the War of 1812』(1905) 등이 있다. 그는 이런 저서들을 통해 해상전략의 목표는 해상통제권의 획득이고 해상통제권을 획득해야만 비로서 해양무역의 발전을 통해 국가가 융성한다고 보았다. 머핸은 해권을 해운력과 해군력의 합으로 보면서도 해운을 장

---

187 알프레드 세이어 마한 저, 김주식 역, 『해양력이 역사에 미치는 영향(1)』, 책세상, 1999년, 152 ~153쪽.
188 마에다 테쓰오, 「해상교통사상의 역사와 현재」, 『바다의 아시아』 6권 '아시아의 바다와 일본인', 다리미디어, 2005년, 175쪽.

악하기 위한 각 국가 간의 경쟁과 투쟁이 흔히 전쟁으로 비화되었기 때문에 해양사를 주로 해군사의 관점에서 보았다. 하지만 그가 말한 해양통제는 단지 해군의 우세가 아니라 광대한 상업함대도 포함한다. 양무운동시기 중국인의 해양인식이 머핸의 해권론과 다른 점은 첫째, 해양에서 얻을 수 있는 경제적 이익에 대한 관념이 부족해 육지 중심의 관념에서 벗어나지 못했다. 중국인들은 바다의 풍요로움을 상상하지 못했던 것이다. 둘째, 해군을 어떻게 건설해야 하는가에 대한 확신이 부족했고, 해상결전에 대한 의지가 부족해 가능하면 해전을 피하려고 했다. 제해권을 장악하려는 의식과 이에 상응하는 실제 조치가 결핍된 것이다.

20세기 초 머핸의 저작이 수용 전파된 후에야 중국 사회에 본격적으로 해권사상이 출현했다는 주장이 많다. 그 최초의 사례는 일본인 단체 을미회乙未會가 주편하고 상해에서 출판한 한문월간 『아동시보亞東時報』에 머핸이 쓴 『해권이 역사에 미치는 영향』의 일부 내용을 「해상권력요소론」(1900)이란 제목으로 게재한 일이다. 그리고 양계초梁啓超가 『신민총보新民叢報』에 쓴 「태평양 해권과 중국전도를 논함」(1903)도 있다. 여기서 양계초는 머핸의 해권론에 경탄하면서 20세기 태평양 해권의 문제는 가장 큰 문제라고 언급하였다. 그는 "소위 제국주의라는 말은 실은 상업국가商國주의이다. 상업세력의 흥망은 해상 권력의 승패에 따르니, 세계에 국력을 펼치려면 반드시 해권을 쟁취하는 것이 첫째이다"라고 하였다.[189] 그리고 1905년 『화북잡지華北雜誌』에 실린 「해권을 논함」이란 논문에서도 머핸의 해권론을 받아들이면서 해권의 근본은 해군에 있다면서 해군 부흥에 대한 관심을 피력하였다.

앞장에서도 언급했듯이, 19세기 말 20세기 초는 일본 법정法政유학생들이 국제법을 주로 번역 소개하였다. 정식으로 법학을 교육받은 학생들이 국가를 개혁하고 주권을 회복하기 위해 일본 국제법 저작을 대량으로 번역하

---

189 盖廣生,「梁啓超縱論太平洋海權」,『中國海洋報』, 2011年 9月 27日 참고.

였다. 이런 국제법 관련 법률용어들은 양무시기 마틴이나 프라이어 등이 만들어낸 번역어를 대체하였다.[190] 이 국제법 중에는 해양법 및 해권 관련 내용들이 적지 않았다. 한 사례를 들어보자. 20세기 초 중국 내 국제법을 가장 많이 소개한 잡지는 『외교보』(1902년 1월부터 1911년 1월까지 총300기)인데, 이 잡지의 '공법란'이나 '논설란'에는 해양 및 해권 관련 글들이 적지 않다. 예를 들자면, 「영국·독일의 베네수엘라 해구를 봉쇄하는 것을 논함」(제38기), 「해전법규에 대한 영국파와 대륙파의 차이」(제78기), 「중립국 정부가 교전국에게 선박을 구매할 때 의무」(제83기), 「공법으로 러시아 의용함대의 의무를 정함」(제100기), 「해상 사유재산을 포획하는 것을 금지함」(제200기), 「일본이 대동사도大東沙島를 부득이 선점한 이유」(제247기), 「봉쇄금지를 위반한 선박을 포획하는 장소」(제255기), 「국제포획재판소의 설립과 해전법규에 관한 런던선언의 진행」(제264기), 「발해만 어업권을 논함」(제283기) 등이 있다.[191] 이 목록만 보더라도 20세기 이전 해양법 인식에 비해 매우 구체적이며 전문적임을 알 수 있다.

1910년 전후 재일 중국인 해군유학생이 도쿄에서 만든 잡지 『해군』에서 다시 머핸의 저작이 「해상권력의 요소」라는 제목으로 바뀌어 일부 게재되었다. 『해군』이란 잡지에 실린 여러 편 논문들은 특히 해권문제에 대해 집중 토론하였다. 유학생이 해권론에 주목한 사실은 무척 능동적인 행위인데, 『해군』 잡지사에서는 장차 머핸의 저삭을 완역할 것이라고 예고했으나 정간되면서 수포로 끝났다. 해권론의 수용을 기점으로 중국 사회의 해양에 대한 인식은 단순한 군사적 해방을 넘어서 정치적·경제적 의미로 확산되었다.

1906년 8월 3일 청 중앙 정무처政務處의 한 공문에서 "현재의 시국이 날로 어렵고 '해권'이 날로 중요해지니 만약 자강을 도모하기 위해 해군을 진

---

190 林學忠, 『從萬國公法到公法外交』, 上海古籍出版社, 2009年, 112쪽.
191 田濤, 『國際法輸入與晚淸中國』, 濟南出版社, 2001年, 149~157쪽 참고.

흥시키지 않는다면 밖으로 바다를 공고히 하거나 안으로 각 성을 지킬 수 없다"라고 했다. 여기에서 해권이란 용어가 나타난다.[192] 앞서 언급한 바 있는 1907년 청조가 요석광에게 위임해 해군발전방안을 마련할 때, 그의 「주해군급의籌海軍急議」에서도 만약 해권이 없다면 원양을 통제할 수 없을 뿐만 아니라 근해의 권익을 보호할 수 없다고 하였다.

"오호! 바야흐로 오늘날 천하는 해권海權 쟁탈이 격렬한 장이다. 옛날에 해방은 있으나 해전은 없다고 했다. 오늘날 세상은 이미 하나여서 멀리 원해遠海를 구축하지 못하면, 근양近洋을 통제할 수 없다. … 순양함이란 것은 멀리 원해를 구축하는 도구이다. 천수포함淺水炮艦은 근양에만 나갈 수 있을 뿐이므로 이것을 모아서 결코 함대를 편성할 수는 없다. 그런데 원양에서 오는 세력을 막는 방법을 말하는 사람은 항상 우리에게 천수병선을 많이 구매해 근해의 치안을 도모하라고 말한다. … 무릇 해권이란 우리가 반드시 갖추어야 할 것이다. 비록 상대방이 나를 속박하더라도 어찌 우리가 해군을 운영하는 것을 막을 수 있겠는가? 교묘한 말로 우리에게 천수병선을 구매해서 해군의 근본을 삼으라고 하는 것은 우리로 하여금 재력을 쓸모없는 곳에 소모시키려는 것이다. 원양으로 나갈 수 있는 중국함선이 없다면 해권의 존망에 있어 실로 무능할 수밖에 없을 것이다. … 무릇 천하에 어찌 외전外戰을 할 수 없는데, 내수內守를 할수 있단 말인가!"[193]

위 인용문에서 나타난 해권개념은 청조의 고위관리로서는 처음으로 사용한 것으로 보인다. 기존의 해구海口 방어 전략에서 진일보한 것이었다. 요

---

192 『光緒朝東華錄』, 5563쪽[周益鋒, 「海權論的傳入和晚淸海權」, 『唐都學刊』(第21卷 第4期), 2005年, 142쪽 재인용].
193 姚錫光, 「籌海軍急議序」(1908), 『籌海軍急議』(『淸末海軍史料』, 798~799쪽).

석광은 "해군과 육군은 표리인데, 우리나라 해강이 7개 성에 걸쳐 있으므로, 만약 해군이 통제하지 못하면 해권을 상실할 것이니, 장차 육군 역시 활동하기 어렵다"[194]고 하였다. 그가 청조의 해군계획을 세울 때, 중점을 두었던 것은 거대한 원양작전 능력을 가진 전열함대를 만드는 것이었다. 이것은 머핸의 관점과 일치하는 것이었다. 위원魏源에서 시작되어 중국 해방 논쟁에서 계속되었던 외양을 지킬 것인가 아니면 해구를 지킬 것인가에 대한 최종결론이었다.

청일전쟁 후에는 과거 대만 사건이나 청프전쟁 때와 같은 정부 내 대대적인 해방논쟁은 없었다. 하지만 해군의 중요성에 대한 관심이 부족했다기보다 따로 논의할 필요 없이 이미 당연시되었고, 이것은 주로 해군 중건 과정으로 나타났다. 의화단운동 실패 후 한때 해군건설을 포기하려는 일부 움직임도 있었지만, 대세는 해군 중건에 있었으며 단지 재정 등의 이유로 급속히 진행시키지는 못했다. 하지만 전국해군을 통일된 조직으로 만들려는 시도는 더욱 구체화되었다. 1909년의 해군발전 7년 계획에는 해군건설의 발전방향이 제시되었다. 이것은 해권인식의 고양과 관련이 깊다.

머핸의 해권론이 수용되면서 해권에 대한 실제적인 자각이 일어났다. 해권 개념에 대한 토론은 물론 중국인의 해권 의식이 낙후한 까닭, 해권과 국가 부강과의 관계 등이 함께 논의되었다. 특히 해권은 중국의 해방과 해군건설과 관련해서도 적지 않은 변화를 가져왔다. 예를 들어, 아편전쟁부터 의화단운동까지 대외전쟁에서 모두 패배한 원인 가운데 하나가 해군력이 미약했기 때문이며 그런 까닭에 결국 일본에게 제해권을 빼앗겼다고 보았다. 따라서 청 해군의 부흥은 반드시 해권을 쟁취하는 것을 목표로 삼자는 것이었다.

해권사상의 전파에 따라 청조는 해상이익을 중시하기 시작하였다. 열강

194 姚錫光, 「拟就現有兵輪暫編江海經制艦隊說帖」, 『籌海軍急議』(『清末海軍史料』, 800쪽).

가운데 독일은 일찍부터 교주만을 근거지로 삼아 큰 어업선을 가지고 청의 어장을 침범하였다. 이에 대응해 1904년 청 관리 장건은 상서를 올려 정부가 거액을 들여서라도 독일 어선을 구매하고 다시는 외국어선이 고기잡이를 못하도록 요청하였다. 여기서 그는 외양과 내해를 구분하면서 어업지역을 나누었으며, 영해지역에서는 작은 배로만 고기를 잡도록 하자고 제안하였다.[195] 이것은 영해인식의 형성과 더불어 해권의식을 드러낸 것이다. 그리고 1907년 일본 상인 니시자와 요시지西澤吉次가 남중국해에 위치한 동사군도를 개발하자, 1909년 청조는 군함 복파호와 비응호를 동사군도에 파견해 순찰했고 아울러 외교 경로를 통해 동사군도의 주권을 주장하였다.[196] 이어서 복파호·침항호·광금호 등을 서사군도에 보내어 조사하고 개발을 시도하였다. 이런 적극적인 문제해결 방식은 이전에는 볼 수 없던 것이었다(제10장 참고).

그 밖에도 동남아 각지로 군함을 보내어 현지 화교들을 위로하였다. 광서 말년부터 청조는 매년 군함을 남양군도에 파견해 화교들을 위문하였다. 예를 들어, 1908년 청조는 순양함 해기호를 동남아에 파견해 화교 난민들을 위문했는데, 이것은 정부가 처음으로 해외에 군대를 정식 파견해 화교를 보호한 활동이었다. 그리고 1911년 멕시코와 쿠바에서 화교배척 사건이 발생하자, 영국 조지 5세의 행사에 참여했던 해기호가 북미로 건너가 화교 난민들을 위로하였다.[197] 과거 범죄자 취급을 받던 화교를 적극적으로 자국민으로 편입시키려는 이런 조치는 큰 변화였다. 화교들도 청조에 대한 경제적 지원으로 해군 중건에 일정한 도움을 주었다.

요컨대 '수사에서 해군으로'의 전환 과정은 곧 중국인들의 바다에 대한 인

---

195 李士豪·屈若蹇,『中國漁業史』,臺灣商務印書館, 1980年, 14~15쪽.

196 呂一燃,「日商西澤吉次强占東沙群島與中日交涉」,『中國海疆歷史與現狀研究』, 黑龍江出版社, 1995年, 94~101쪽.

197 史滇生 主編,『中國海軍史槪要』,海潮出版社, 2006年, 298쪽.

식의 전환 과정을 잘 보여 준다. 하지만 해양을 적극적으로 이해하는 데는 함선과 대포의 구매만이 아니라 세계관의 전환이 반드시 필요하였다. 오늘날 중국에서는 해양의식의 강화를 목표로 머핸의 해양력에 대한 재조명이 활발하다. 머핸의 저서가 『해권론: 해권의 역사에 대한 영향』 등의 제목으로 근래 여러 출판사에서 비슷한 시기에 나온 사실만 보더라도 해권론에 대한 비상한 관심을 읽을 수 있다.[198] 이런 경향은 해권과 관련해 19세기 후반의 실패를 반복하지 않으려는 의지로 읽을 수 있을 것이다.

---

[198] 근래에 머핸의 저작을 번역한 것으로 A. T. 馬漢 著, 安常容·成忠勤 譯, 『海權對曆史的影響 (1660-1783)』, 解放軍出版社, 2006年; 阿爾弗雷德·塞耶·馬漢, 熊顯華 編譯, 『大國海權: 得 海權者得天下, 大國崛起的海上必經之路』, 江西人民出版社, 2011年; 阿爾弗雷德·塞耶·馬漢 著, 一兵 譯, 『海權論』, 同心出版社, 2012年; 艾爾弗雷德·塞耶·馬漢 著, 李少彦·董紹峰·徐朵 等譯, 『海權對曆史的影響(1660-1783年)』, 海洋出版社, 2013年; 阿爾弗雷德·塞耶·馬漢 著, 冬初陽 譯, 『海權論: 海權對曆史的影響(1660-1783)』, 時代文藝出版社, 2014年 등이 있다.

제10장
어업·해계·도서 분쟁과 해양인식의 변화

전통적인 견해에 따르면 해금정책이 명·청시대 해양어업을 크게 퇴보시
켰다고 본다. 양 왕조의 폐쇄적인 대외정책이 당·송시대 해양경제의 기초
를 파괴해 어업발전을 가로막았다는 것이다.[199] 이에 반해 근래에는 명·청
시대 해양어업이 다방면에서 상당한 발전을 이루었다는 상반된 주장이 있
다. 한 연구자의 견해에 따르면, 명대의 해금정책은 해양 정책의 퇴보였지
만 그런 해금시대에도 동남 연해의 해양경제는 비록 불법적으로나마 민간
을 중심으로 발전했다고 본다. 중앙의 해양 정책의 개방이나 폐쇄가 반드시
지방의 해양경제에 그대로 반영된 것은 아니라는 것이다.[200]

19세기 말 서양에서 출발한 발동기선과 저인망의 확대 보급은 어업능력
을 대폭 향상시켰다. 이로써 무한한 것으로 여겨졌던 수산어업자원에 대한
전통적인 관념이 깨지기 시작했다. 이제 연해국들은 자국의 근해뿐만 아니

---

199 李士豪·屈若搴,『中國漁業史』, 臺灣商務印書館, 1980年, 9쪽.
200 歐陽宗書,『海上人家－海洋漁業經濟與漁民社會』, 江西敎育出版社, 1998年, 185쪽.

라 먼 바다 일정 구역의 어업자원에 대한 관리권 및 통제권을 요구하였다. 어업구역을 구획하거나 어업보호구역을 설치하고자 했으며, 외국 어민의 어업활동을 금지하거나 혹은 연해국의 통제에 복종할 것 등을 규정했다. 20세기 초 원양어업의 인구가 급격히 증가하면서 국가 간 충돌이 잦아졌으며 어업자원의 관리가 중요한 문제로 대두되었다. 이 무렵부터 어업문제는 영해분쟁과 밀접한 관련을 가지게 되었는데, 영해의 주요 기능 가운데 하나가 수산어업자원의 보호였기 때문이다. 실제로 영해 관련 조약 가운데 상당수는 어업문제 때문에 체결되었으며, 어업분쟁은 경우에 따라서 전쟁을 불러오기도 했다.[201]

대체로 중국은 전통적으로 농업을 중시하고 어업을 부업으로 생각하는 경향이 있어서 비록 이웃나라 조선이나 베트남과 꾸준히 어업분쟁이 있었으나 그리 심각한 수준은 아니었다. 그러나 20세기 초에 이르러 영해 주권 관념이 정착하면서 해양자원과 관련한 어업분쟁, 해계(해양 경계)분쟁, 도서

---

201 어업사 연구로는 민국시기 李士豪가 쓴 『中國海洋漁業現狀及其建設』(商務印書館, 1935年)이 사실상 중국 어업사 연구의 출발이다. 다음 해 李士豪·屈若搴의 『中國漁業史』(1936年版, 上海書店에서 1980년 재출판)가 나왔는데, 책의 일부에 근대어업 관련 내용들이 실려 있다. 사회주의 중국 성립이후 나온 연구서로는 張震東·楊金森 편저의 『中國海洋漁業簡史』(海洋出版社, 1983年)와 叢子明·李挺의 『中國漁業史』(中國科學技術出版社, 1993年) 및 丁長淸·唐仁奧의 『中國鹽業史—近代·當代編』(人民出版社, 1997年) 등이 있다. 그중 叢子明·李挺의 연구서가 비교적 체계적인데, 중국 어업사연구회(1983년 성립)의 활동을 바탕으로 원시어업, 전통어업, 현대어업 세 방면으로 나누어 서술하면서 어업이 사회경제발전에 미친 영향에 주목하였다. 비록 근대시기 관련 내용은 한 장에 불과하지만 이전 저술에 비해서는 늘어난 편이었다. 근래에 나온 歐陽宗書의 『海上人家—海上漁業經濟與漁民社會』(江西高校出版社, 1998年)는 주목할 만한 연구인데, 여기서는 명·청시대 어업문제를 해양사회경제사의 맥락에서 고찰하였다. 그는 어민을 해양어업경제의 중심으로 삼아 어업경제와 기타 해양산업과 상호관계에 주목하였다. 지역어업사 연구로는 劉惠生 주편의 『福建漁業史』(福建科學技術出版社, 1988年) 등이 있다. 한편 일본학계의 경우 中村治兵衛의 『中國漁業史の硏究』(刀水書房, 1995)가 대표적인데, 이 연구는 주로 당대부터 명대까지의 중국 어업사를 다루고 있어 근대시기는 포함되지 않는다(丁留寶, 「漁業史硏究綜述」, 『石家莊經濟學院學報』, 2012年 第5期, 114쪽 참고).

분쟁 등이 전면에 등장하였다. 이 글에서는 『외교보』[202], 『동방잡지』 등의 자료를 중심으로 청말신정시기에 일어난 발해만渤海灣 어업분규 사건,[203] 다쓰마루 사건에 따른 마카오감계(경계구획)협상,[204] 남해제도의 동사도분쟁[205] 등 세 가지 분쟁사례를 통해 중국인의 근대적 해양관 수용과 이에 따른 해양인식의 변화를 살펴볼 것이다. 위의 사건들은 모두 일본과 밀접한 관계를 가졌으며, 대중운동을 불러와 애국주의의 고양을 가져왔다. 그 과정에서 양무운동시기와 차별화된 청말신정시기의 영해 관념의 형성과정을 통해 어떻게 바다가 국가의 영토 속에 갇히는가를 추적할 것이다.[206]

---

202 張元濟 主編, 『外交報匯編』(民國文獻資料叢編), 國家圖書出版社, 2009年(이하『外交報』로 약칭).

203 중국 근대의 해양분쟁과 영해문제에 대한 최근 연구로는 중국학자 劉利民의 『不平等條約與中國近代領水主權問題研究』가 대표적이다. 그는 근대시기 러시아와 일본의 어업침탈문제를 다룬 것에서 벗어나 독일·러시아·일본·프랑스·포르투갈 등의 어업침탈문제도 간단히 언급하였다. 특히 20세기 전기와 중기의 일본의 어업침탈문제를 체계적으로 다루어 그 특징과 영향을 분석하였다(劉利民, 『不平等條約與中國近代領水主權問題研究』, 湖南人民出版社, 2010年, 227~252쪽).

204 다쓰마루 사건의 경과에 대해서는 劉利民의 저술 가운데 「二辰丸交涉案述論」을 참고할 만하다(劉利民, 『不平等條約與中國近代領水主權問題研究』, 湖南人民出版社, 2010年, 302~321쪽). 청과 포르투갈의 마카오교섭문제는 오랜 역사를 가지고 있다. 이에 대한 자료를 모은 것으로는 黃鴻釗 主編의 『中葡澳門交涉史料』(第1,2輯)(澳門基金會出版, 1998年)가 대표적이다.

205 동사도 분쟁은 섬의 주권에 관한 사건으로 서사도 분쟁과 관련이 있다. 이에 대한 자료집으로는 陳天錫 主編의 『西沙島東沙島成案滙編－東沙島成案滙編』(商務印書館, 1982年)이 대표적이다.

206 海疆과 海權(=海洋力)에 관한 연구가 유난히 활발한 것은 대만문제, 조어도문제, 남해제도문제 등 해양영유권 분쟁에서 우위에 서기 위한 학문적 필요에 부응한 것이다. 이런 애국주의적 국가목표를 달성하기 위해 해양사 연구를 하는 것이 중국학계의 뚜렷한 특징 가운데 하나이다. 대만해강사 연구로는 陳在正의 『臺灣海疆史研究』(廈門大學出版社, 2001年)를 꼽을 수 있다. 정성공의 항청운동부터 조어도의 역사와 현상까지 여덟 부분으로 나누어 기술하였다. 조어도 관련 연구로는 鞠德源의 『日本國竊土源流－釣魚列嶼主權辯』(首都師範大學出版社, 2001年)과 吳天穎의 『甲午戰前釣魚列嶼歸屬考』(社會科學文獻出版社, 1998年) 등이 있다. 조어도연구의 경우 일본학자 井上淸이 쓴 논문이나 저서 등에서 조어도가 무주지가 아니고 중국의 영토라는 주장에 근거해 종종 자국의 입장을 변호한다. 남해제도 관련 연구로는 韓振華의 『南海諸島史地研究』(社會科學文獻出版社, 1996年)과 李金明의 『中國南海疆域研究』(福建人民出版社, 1999年) 등이 있다. 한편 중국－유구관계사 연구의 증가추세도 해강사연구의 맥락에서 바라볼 여지가 없지 않다.

1. 외국 어륜의 진출과 어업교섭

(1) 장건과 중국 어업의 근대화

20세기 이전 중국은 어떤 국가와도 실질적인 어업조약을 맺은 적이 없었다. 따라서 중외조약에서 어업권문제가 존재하지 않을 수도 있지만, 중국의 어업권이 조약제도와 전혀 관계가 없다는 것은 아니다. 오히려 불평등 내용을 담은 다양한 해양 관련 조약 항목 때문에 사실상 청조는 열강의 어업진출을 막을 방법이 없었다. 그런데 어업문제는 영해 주권과 밀접한 관계를 가진다. 어업권은 영해의 재산권 가운데 가장 중요한 권리로 근대 국제법에도 이와 관련한 구체적인 규정이 있다.[207] 19세기 말 유럽 각국은 영해문제에 대해 많은 논의가 이루어졌다. 평시에는 자국의 주권을 지키기 위해, 전시에는 대외적으로 중립을 밝히기 위해 영해 경계를 분명히 했다. 또 다른하나는 자국 해상의 어업의 권리를 보호하기 위해서였다.[208] 중국의 전통사회에서는 농본사상의 영향으로 말미암아 어업을 부업으로 생각하는 경향이 있어서 수산어업자원을 그리 중시하지 않았다. 하지만 20세기 초 열강의 어업침탈활동이 활발해지면서 어업권 보호갈등이 첨예해지자 오랫동안 불분명했던 해양 경계의 문제가 본격적으로 대두되었다.

청일전쟁 후 서양 열강과 줄줄이 맺은 조차조약을 통해 사실상 중국은 조차지 주변의 광범위한 바다의 관할권을 상실하였다. 이 때문에 열강은 조차지를 어업진출기지로 삼아 자국 어선들이 안전하게 고기잡이할 수 있도록했다. 독일은 청과「교오조계조약」을 맺어 열강 가운데 처음으로 교주만 청도에 근거지를 두고 대형 어선을 중국 연근해에 들여와 어장을 침범하였다.

---

207 『萬國公法』에는 "각국 인민은 본국 관할 내 연해에서 고기잡이할 권리가 있으며, 다른 나라 어민들은 할 수 없다"(『萬國公法』 第2卷)라고 명시하였다.
208 「紀各國會議領海」, 『外交報』 第21期, 1902年.

당시 독일인들은 교주만을 조차한 후 주변 540평방킬로미터의 넓은 지역을 세력권으로 만들어 철도와 광산개발을 진행했음은 물론 산동연해의 어업에도 끼어들었다. 그들은 교주만을 자국 식민지의 모델로 만들고자 하여 동아시아의 군사전략기지뿐만 아니라 황해를 중심으로 한 상업무역의 거점을 건설하려고 했다.[209] 1904년 한 독일 상인이 교주만에 중국어업유한공사中國漁業有限公司를 창립하고 신식 어선을 구매하여 산동연해에서 고기잡이를 시작하였다.[210] 이것이 외국 윤선이 중국에서 처음으로 어업활동을 시작한 사건이었다.

독일 어선이 황해에서 어업을 전개하자 중국 어민의 생계에 영향을 미치면서 분쟁이 발생하였다. 이에 청 말 지식인들은 외국인의 어업활동을 금지시킬 것을 요구하며, 어업 범위를 구획하자고 주장하였다. 그 대표적인 사건이 1904년 장건張謇[211]이 청조 상부商部에 글을 올려 어업 범위를 구획하자는 주장과 근해近海와 원양遠洋을 구분하자는 주장을 편 것이다. 중국 어업의 근대화 과정에서 장건은 언급하지 않을 수 없는 인물인데, 그는 1903년 4월 말부터 6월 초까지 중국 실업계 대표로 일본을 방문했는데, 이때 일본 어업의 선진화에 큰 자극을 받아 어업 근대화의 중요성을 절감하였다.[212]

1904년 3월 신정개혁의 하나로 상부가 만들어지자 상부 특등고문관이 된 장건은 "중국 어정漁政이 오래도록 사라졌고, 사대부는 해권을 모른다"[213]며 어업문제를 상부를 통해 해결하고자 「조진어업공사판법條陳漁業公司辦法」이란 글을 올렸다. 여기서 그는 근대어업을 경영할 연해어업공사

---

209 김춘식, 「독일제국과 바다」, 『대구사학』 제91집, 2008년, 181쪽.

210 독일은 중국과 무역을 시작하면서 남해항로에 있던 서사군도와 동사군도에 대한 불법측량에 나섰는데, 이런 독일 측의 행동은 청조의 주목을 끌었다. 청 외교부는 1883년 양광총독에게 전령을 내려 상황을 조사하고 독일과 교섭해 조사를 그만두도록 했다.

211 張謇의 자는 季直이고, 강소 南通인으로 중국 근대의 저명한 실업가이자 교육가이다.

212 叢子明·李挺 主編, 『中國漁業史』, 中國科技出版社, 1993年, 82쪽.

213 叢子明·李挺 主編, 『中國漁業史』, 中國科技出版社, 1993年, 93쪽 재인용.

沿海漁業公司를 만들 것을 제안하여 청조의 주목을 받았다. 그해 4월 상부가 어업공사 설립을 비준하면서 연해칠성 독무들에게 연해칠성어업공사沿海七省漁業公司를 만들어 외국인의 어업침탈행위를 막도록 하였다. 장건에게는 강소안찰사江蘇按察使이자 소송태도蘇松太道인 원수훈袁樹勳과 서로 협력해 구체적인 계획을 만들도록 했다. 이것이 중국 어업정책의 시작이다.

장건이 남양대신에게 보고하고 남양대신은 북양과 함께 강절어업공사江浙漁業公司를 만들 것을 주청하여 직례·봉천·산동·복건·광동 각 성으로 어업공사를 확장시켜 나가고자 했다. 당시 어업공사는 실험적인 것으로 각 성에 어륜(어업용 윤선)을 배치한 후 상호연락하며 어업권을 지키고자 했는데, 실제로는 어업행정기관의 성격을 띠었다. 어업공사의 업무는 어로작업 말고도 구제·보호·세금·교육 등 다양해서 정치와 상업이 혼합된 조직이었다.[214] 장건은 "각 나라의 영해 경계는 근해와 원양의 구별이 있는데, 근해는 본국 스스로의 권리를 가지며, 원양은 각 나라 공공의 길이다. 윤선으로 고기를 잡는 것은 마땅히 원양에서 해야 하며, 근해 수 백리는 작은 배로 고기를 잡는 구역으로 정해야 한다"고 했다.[215] 신식어업은 원양에서 하는데, 원양은 공해이기 때문에 당연히 신식어륜으로 작업하여 외국과 서로 경쟁하고, 근해는 구식 어선으로 작업하여 원래의 전통어업을 유지하는 이른바 '바깥으로 안을 막고, 안으로 바깥을 공고히 하여, 서로 자원을 활용한다'는 전략이었다. 하지만 당시에는 중국이 3해리를 해계로 선포할 경우 불리할 수 있다는 견해가 제시되었다.

장건은 강소·절강·광동·복건 4개성에 남양총공사南洋總公司를 건립하고 각각 분국을 설치하고자 계획했다. 우선 강소와 절강은 지리적으로 가까우므로 합쳐 강절어업공사江浙漁業公司를 만들어 자금을 모아 신식어륜을

---

214 李士豪·屈若搴의『中國漁業史』(1936年版, 上海書店에서 1980年 재출판), 16~17쪽.
215 위의 책, 14~15쪽 재인용.

구매하고자 했다. 공사 아래의 각 현縣에는 어회漁會가 있었는데, 주로 구식 어선으로 조직된 단체로 공사에 소속시켰다. 어회의 자금 일부는 신식 어륜을 구매하는 데 쓰도록 했다. 당시 장건은 정부에 독일인의 어업침탈행위를 방지할 것을 요청했으며, 이런 요청은 받아들여져 독일 상인과 교섭이 진행되었다. 마침 산동에서 어업사업이 그리 순조롭지 않았기 때문에 강절어업공사는 거액 은 5만 냥으로 독일 상인이 소유한 어륜을 구매하는 대신에, 독일 상인은 어업사업을 취소하는 거래가 이루어졌다. 결국 장건은 모집한 자금으로 독일 어륜을 구매해 복해福海호라고 개명하였다.[216]

복해호는 증기동력의 타망어륜拖網漁輪으로 중국 최초의 근대 어선이다.[217] 배의 길이는 33.3미터, 넓이는 6.7미터, 동력은 500마력(어떤 기록에는 무게 631톤에 240마력, 속도는 시간당 9마일이라고 함)이었다.[218] 이 선박은 기술 인력이 부족하고 경영 관리가 부실하여 신식 어선의 포어 능력을 활용하지 못한 채, 주로 바다를 돌아다니며 어선을 보호하는 임무를 수행하였다. 이를 위해 배 위에는 무기(대포 1문, 소총 10정, 쾌도 10개 등)를 장착하여 어정 관리의 업무를 맡았다. 복해호는 절해어업공사가 새로운 어륜을 구매하기 전까지 15년 동안 새로운 어장을 발굴하는 등 나름대로 중국 어업의 근대화에 기여하였다.

장건은 "해권의 경계는 영해의 경계를 기준으로 삼고, 영해의 경계는 어업이 미치는 바를 기준으로 삼는다"면서, "각국이 어업을 해권의 가장 큰

---

216 1908년 독일 상인이 다시 산동어업을 시도했는데, 이번에는 청과 독일이 어업공사를 합관하는 방식이었다. 그러나 이 시도 역시 큰 진전은 없었다.

217 漁輪을 이용해 고기잡이를 하는 것은 전통적 해양어업이 근대적 해양어업으로 바뀌는 뚜렷한 구분점이다. 특히 拖網漁輪은 '증기와 새로운 어업도구'의 결합으로 당시 어업 분야의 첨단기계였다. 세계근대 해양어업의 탄생을 1882년 영국에서 발명한 근대적 어륜을 기준으로 삼을 수 있다면, 중국 근대 해양어업의 출발은 1906년 독일 어륜 福海號를 구매한 것을 기준으로 삼을 수 있다(歐陽宗書, 『海上人家─海上漁業經濟與漁民社會』, 江西高校出版社, 1998年 185쪽).

218 韓興勇·于洋, 「張騫與近代海洋漁業」, 『太平洋學報』, 2008年 第7期, 86쪽.

일로 보아, 그 영해 한계를 3해리에서 10해리까지 잡는다"[219]라고 했다. 그리고 "해권과 어계는 서로 표리를 이루는데, 해권은 국가에 있고 어계는 어(국)민에 있다. 어계가 분명하지 않으면 해권을 정하기가 부족하며, 해권이 신장되지 않으면 어계를 보호하기 부족하다"면서, "어업이 성해야 어계가 더욱 분명하고, 어민이 따라야 해권이 더욱 공고해진다"[220]고 했다. 장건은 중국의 어계, 어권을 명확히 하고 열강에 대해 중국의 영해를 표명하여 잃어버린 제해권을 되찾자는 주장을 폈다. 그는 신식 어선으로 '공해'에서 외국과 경쟁하고자 했는데, 이를 위해 「공해어업장려조례公海漁業奬勵條例」를 제정해 자국 어선이 먼 바다로 나갈 수 있도록 장려하였다.[221]

장건의 중국 어업 근대화 계획은 회군계열의 고위관료 주복의 지지로 강절 중심의 어업근대화가 연해칠성으로 확대되는 계기가 되었다. 1905년 말 연해칠성이 연합해 추진한 어업신정이 실천단계에 들어선 것이다. 1908년 광동성은 유력 자산가로부터 은 60만 냥을 모아 광동성어업공사를 창립하였다. 그리고 산동순무는 금 3만 냥을 모아 연대에서 어업공사를 만들었다. 하지만 모두 그리 성공적이진 못했다

(2) 발해만 어업분규사건

청 말 열강(특히 일본)은 불법적으로 중국의 바다에서 고기잡이를 해서 어민들의 생계에 영향을 미쳤다. 비록 중외조약에는 어업문제에 관한 내용이 별로 없지만 열강의 어업행위는 조약제도와 밀접한 관련이 있었다. 일본이 발해와 황해 일대에서 어업활동을 할 수 있었던 것은 여순·대련 조차와 밀

---

219 『拟辦中國漁業公司紀要』, 江浙漁業公司, 光緒32年版, 21쪽, 1~2쪽(都樾·王衛平, 「張謇與中國漁業近代化」, 『中國農史』 2009年 4月, 12쪽 재인용).

220 「商部頭等顧問官張㟟呈本部等議沿海各省漁業辦法文」, 『東方雜誌』, 1906年 第3年 第2期.

221 叢子明·李挺 主編, 『中國漁業史』, 中國科技出版社, 1993年, 94쪽.

접한 관련이 있다.[222] 청일전쟁 후 시모노세키조약이 체결되면서 청은 잠시 요동반도와 부근해역을 상실했지만 삼국간섭으로 다시 돌려받았다. 하지만 일본이 조선을 자신의 세력권에 넣은 후 황해와 발해는 일본 어민의 진출 목 표가 되었다. 한편 시모노세키조약에 따라 대만과 팽호도가 할양되면서 이 해역의 수산자원이 일본에게 넘어갔다. 일본은 대만 총독부 내에 수산과를 만들어 남방어업기지를 만들었다. 일본 어민은 그 후 남해제도와 그 부근 해 역에도 나타나 중국 어민의 생계에 직접적인 영향을 미치기 시작했다.

일본의 중국 해역에서의 어업활동은 20세기 초부터 본격화되었다. 특히 1905년 러일전쟁의 결과 여순구와 대련만 부근의 영토와 영해에 대한 조차 권이 일본에게 넘어가면서 일본 어민들은 발해와 황해 일대에서 소란을 일 으켰다. 이 일대의 바다가 일본에 넘어간 것은 아니지만 청조의 관할권 행 사가 꾸준히 제약을 받았다.[223] 일본인들은 생선을 좋아하고, 무엇보다 현지 일본군에게 신선한 생선을 안정적으로 공급하기 위해 일본 본토의 어선들 이 여순과 대련에 몰려들었다. 1906년 여순·대련 지역의 일본 어선과 일본 인 어부의 통계를 보면 선박이 351척, 어민이 1,427명이었으며 해마다 꾸준 히 증가하였다. 일본 어선의 포어는 초기에는 전통적인 방식이었으나 곧바 로 근대적인 어류으로 바뀌었다. 일본 식민 당국은 여순·대련 지역에서 중 국 어민을 통제하고 일본 어민의 생활과 생산 활동을 돕기 위해 관동주수산 조합본부사무소關東州水産組合本部事務所를 만들고, 여러 지부사무소를 설

---

222 중국 연근해에서 이루어진 열강의 어업침탈문제에 대한 연구는 별로 없다. 대표논문으로는 宋承榮·張慶山의 논문 「日本殖民漁業對旅大水産資源的獨霸與掠奪」이 있다. 이 글에서는 일 본의 식민어업이 여순·대련 지역 수산자원을 독점하고 약탈하는 문제를 다루었다(『遼寧師範 大學』 1997年 第5期). 그 밖에도 李德新의 「從鴉片戰爭以來的歷史進程看中國海洋漁業的發 展」에서는 중국 어업의 역사를 소개하면서 일본의 어업침탈문제를 약간 다루었다(張海峰 主 編, 『鴉片戰爭與中國現代化』, 中國社會科學出版社, 1991年, 285~288쪽).

223 1907년 러일어업협정이 맺어져 만주에서의 양국 어업갈등에 대해 타협을 보았는데, 중국 언 론은 이 협정을 자국 어업과 관련되었다며 비난했으나 청조는 이 문제에 개입하지 못했다(劉 利民, 『不平等條約與中國近代領水主權問題研究』, 湖南人民出版社, 2010年, 232쪽).

치하였다.[224] 일본인들은 조차지 부근해역에서 고기잡이하는 것 말고도 조차지 이외의 황해·발해·산동 연해의 해역을 침범하기 시작했다.

청말신정시기 여순·대련 지역에서 일어난 대표적인 청일 어업분쟁으로는 이른바 발해만 어업분규사건이 있다. 이 사건은 일본인이 원양어업단遠洋漁業團을 설립하면서 발생하였다. 1906년 봄 청의 지방정부가 봉천어업공사奉天漁業公司를 설립해 동삼성의 연해어업을 보호하려 하자, 현지 일본인들은 청리공사淸利公司를 세워 연해어업권에 도전하였다. 일본 측은 동삼성 총독에게 이 공사의 경영을 허락하도록 요청했으며, 지방장관은 일정기간 동안만 활동을 허가해 주었다. 그런데 허가기간이 끝났음에도 불구하고 일본인들은 고경현高景賢 등 중국인과 합작해 원양어업단을 만들어 어업을 계속하였다. 이에 봉천어업공사와 원양어업단 간에 충돌이 일어나 봉천어업공사 소속의 황가걸黃家杰에 의해 원양어업단 소속의 고경현이 죽는 사건이 발생하였다. 일본 외무대신이 직접 나서 가해자의 처벌과 피해자의 보상을 요구하였다. 이 담판 과정에서 일본 측은 봉천지역 어업권을 상당 정도 획득했는데, 청조가 다시는 원양어업단의 포어를 간섭하지 않는다는 내용도 포함되었다.

그런데 원양어업단 사건의 교섭과정 중 다시 웅악성熊岳城에서 어업분규 사건이 발생했다. 이 사건도 원양어업단이 연해어업을 강행하면서 일어났다. 1907년 5월 일본 어민 150여 명이 관농에서 웅악성으로 옮겨 가서 고기잡이를 하였다. 이때 일본인들은 민간가옥을 무단점거하고 수리건축하면서 자신들의 포어 근거지를 만들려고 했다. 이에 대해 현지 중국인들이 반대하면서 양쪽 어민들 간에 충돌이 일어났다. 청의 지방정부가 일본 어민이 웅악성에 몰려와 고기잡이를 하면서 중국 어민을 상해한 사건을 문제 삼자,

---

224 宋承榮·張慶山,「日本殖民漁業對旅大水産資源的獨霸與掠奪」,『遼寧師範大學』, 1997年 第5期, 81~83쪽.

일본 측은 일본 어민이 연해 10마일 밖에서 어업을 했으므로 그곳은 중국의 바다가 아니라고 주장하였다. 웅악성 어업분규 사건은 당시 『신보』에 「중일 포어교섭」(1907년 5월 26일자)과 「중일포어교섭속」(1907년 5월 27일자)이라는 기사로 대중에게 널리 알려지면서 분노를 샀다.

웅악성 어업분규는 고경현 살해 사건과 얽히면서 문제가 복잡해졌다. 이 두 사건은 한참 동안 시간을 끌다가 1908년 4월 서세창徐世昌이 이 지역 신임총독으로 부임하면서 일본 측에게 유리한 쪽으로 매듭이 지어졌다. 고경현의 죽음에 대해 배상하는 것은 물론, 봉천어업공사의 총판이던 황가걸의 직무도 박탈당했는데, 이는 청의 지방정부가 중국인 사이에 일어난 살인 사건에 간여하지 못했을 뿐만 아니라 일본인의 봉천어업권을 막는 데도 실패한 것이다. 그리고 조차지 내 중국 어민의 독립관할권을 상실한 것 말고도 조차지 밖의 어업권에 대해서도 모호하게 처리해 장차 분쟁의 불씨를 남겼다.

일본인들은 발해만 어업을 합법화하기 위해 이 해역을 공해로 만들려고 시도했다. 이미 웅악성 어업분규 때 발해만 해역이 공해라고 문제를 제기한 바 있는데, 그 후에도 이 해역이 청의 영해가 아니라 공해에 속한다며 분쟁을 이어나갔다. 일본 측에서는 영사는 물론 국제법 학자까지 나서서 발해만의 경우 연해 3해리 밖은 공해라는 논리를 폈다. 이에 대해 중국 측에서는 발해만은 역사상 어업문제가 제기된 적이 없는 중국의 바다로 전부 청의 영해라는 주장을 견지하였다. 그 논리로 첫째, 영해의 넓이는 표준이 없어서 일본이 주장하는 3해리설은 받아들일 수 없다. 당시 중국은 공식적으로 영해범위를 선포하지 않았기 때문에 일본은 중국에 3해리설을 강요할 수 없다. 둘째, 역사적으로 보아도 발해만은 중국 고유의 영토이다. 셋째, 발해만을 공해라고 규정한 조약은 없다 등을 제시하였다.[225]

---

225 당시 국제사회는 3해리 영해설이 일반적이었지만 영국과 프랑스는 북해어업분쟁을 놓고 6

발해만의 어업 말고도 일본은 황해와 산동일대의 어업행위를 합법화하려고 했다. 이를 위해 그들은 두 가지 방안을 추진하였다. 하나는 중국과 어업조약을 맺는 것이며, 다른 하나는 국제법을 이용해 발해와 황해를 공해화하는 것이었다. 청일 간에는 지리적 격차로 인해 본래 어업조약을 맺을 필요가 없었다. 그런데 일본은 청과 한국 간의 어업분쟁을 이용하여 「청한통어장정清韓通漁章程」을 체결하는 데 개입해 우회적으로 일본의 이익을 관철시키려고 했다. 하지만 이 계획은 지방독무들의 반대로 실패하였다.[226] 이에 대한 보복으로 일본은 조선 황해에서 중국 어민들의 고기잡이에 대해 엄격한 통제를 실시하여,[227] 중국 어선이 조선 영해에 진입하는 즉시 발견하면 선박은 일률적으로 몰수하고 선원들은 형벌을 내렸다. 거꾸로 일본 어민들은 황해 연근해의 여러 곳에 어업기지를 설치하고 어장을 장악하였다.[228] 당시 한 중국인의 기록에 따르면,

"민국 건립 2년 전(1910), 즉 일한日韓이 합병되던 해에 필자는 교육 중 실습선 운호환雲鳳丸을 타고 조선 서해안의 목포에 갔는데, 이곳에 수백 척의 우리(중국) 어선들이 압류되어 있는 것을 보았다. 뿐만 아니라 (숫자는) 날마다 증가하였다. 아울러 항구 밖 흑산도에는 망루를 설치하여 전문적으로 중국 어선을 정탐하는 용도로 쓰고 있었다. 일본 당국자가 필자에게 말하길, 중국 어선들이 조직적인 행동을 하는 것을 깔보면서 지금 소선의 주인이 바뀌었으므로 결코 그들의 불법적인 행동을 계속 놔두지는 않겠다고 했다. 당시 필자는 급하게 황해어업에 관한 보고서를 써서 도쿄 대사관에 보내었다. 이에 왕대섭

해리 영해를 설정하는 北海條約을 맺기도 했다(「紀各國會議領海」, 『外交報』, 1902年 第21~22期).

226 劉利民, 『不平等條約與中國近代領水主權問題研究』, 湖南人民出版社, 2010年, 233~237쪽.
227 「日本西朝鮮灣水産公司與中國漁民所訂契約」, 『外交報』, 1908年 第217期 참고.
228 張震東·楊金森, 『中國海洋漁業簡史』, 海洋出版社, 1983年, 106쪽.

汪大燮 공사는 수백 부를 인쇄하여 청조와 산동성 고위관리에게 나누어 보내 었다.″[229]

―李東潮의『新漁』에서

청일 양국 간 여러 차례 교섭에도 불구하고 어업권문제는 해결되지 않았다. 오히려 일본인들은 자신들이 공해에서 고기잡이를 했기 때문에 중국이 간섭할 수 없으며, 발해만의 경우도 중국의 소유가 아니기 때문에 일본인이 고기잡이할 권리가 있다고 주장하였다. 이런 일본의 발해와 황해에서의 어업행위는 중국의 영해제도 건설에 영향을 주었다. 청 말 청조가 영해를 측량하고 해양 경계를 구획하려던 원인의 하나는 바로 일본인의 어업침탈 때문이었는데, 그 후 "중국의 어계漁界가 외국인에게 공인된다는 것은 중국의 해계가 외국인에게 공인된다는 것으로, 곧 어업이 해계의 표지"[230]라고 여기게 되었다.

한편 일본 정부는 「원양어업장려법」(1898)을 반포해 원양어선과 원양어업에 종사하는 어민에게 장려정책을 실시해 해마다 장려금 20만원을 지급하고 있었다. 1905~1906년 무렵에는 신식타망어업방식이 보급되어 대량의 어류가 일본 연근해에서 작업을 하자 연근해 어업자원이 고갈될 위기에 처하였다. 이에 일본 정부는 자국의 자원을 보호하기 위해 1911년에 취재규칙을 제정하고 어업금지구역을 획정하여 일본 연해의 특정 구역에서만 어업을 하도록 통제했다. 결국 어업 선박은 부득이 멀리 나아가 어장을 찾아야 했는데, 1914년 다시 어업금지구역이 확대되자 중국의 대련에서 대만에 이르는 전 해역으로 밀려들었다. 특히 일본이 청도를 점령한 1914년 이

---

229 張震東·楊金森,『中國海洋漁業簡史』,海洋出版社, 1983年, 106쪽에서 재인용.

230 沈同芳,「漁界總論第二」,『中國漁業歷史』, 中國圖書公司, 1911年.

후에는 산동 연해일대에서 자주 양국 간 어업충돌이 일어났다.[231] 일본인의 어업활동은 주로 발해와 황해를 중심으로 한 북방지역이었지만, 이곳 말고 도 상대적으로 소수였지만 일부 일본 상인들은 복건·광동 연해의 어업에도 관심이 많아서 이 지역의 어업허가를 얻고자 했다.

일본 말고도 러시아, 프랑스, 포르투갈 등이 중국 연해에서 고기잡이를 하다가 중국과 충돌하였다. 중국과 어업문제로 충돌한 대표적인 나라는 일 본 다음으로 러시아를 들 수 있다. 러시아의 어업침탈활동은 지리적 이유로 주로 동북 연해, 흑룡강, 내몽고 등에서 일어났으며, 시기적으로는 신해혁 명 후였다. 동북지방의 내륙 하천이 주요 갈등지역이므로 상대적으로 바다 와는 관련이 적었다. 그리고 프랑스는 베트남 주변해역인 북부만에서 청과 갈등이 있었다. 청프전쟁 이후 청−베트남 해양 경계가 분명하지 않아 양국 간에 종종 어업분규가 발생하였다. 프랑스인들은 중국 어선이 베트남 연근 해에서 고기잡이할 경우 체포해 벌칙을 주었는데, 프랑스인들이 직접 중국 연근해에 어업침탈을 해서 갈등을 일으킨 사례는 별로 보이지 않는다.

한편 포르투갈도 복건 연해의 어업권에 개입해 갈등을 일으키는 등 중국 어업에 야심을 드러내었다. 1908년 한 마카오 상인이 복건지역에 어업회사 를 만들려고 했다가 실패한 사례가 그것이다. 특히 포르투갈인은 자신들의 근거지인 마카오 주변의 해양 경계가 불분명했기 때문에 이 해역의 중국 어 선에 대해 잦은 간섭을 하였다. 포르투갈은 마카오 영해 주권을 확립하기 위 해, 1907년 군대를 파견해 만자灣仔지역에 있던 중국 어선들을 몰아내고 자 국 영역으로 만들려고 시도한 바 있다.[232] 이 중에서도 특히 청과 일본 사이

---

231 일본이 통치하던 40년 동안 여순·대련 지역의 식민어업은 대체로 1925년을 경계로 20년씩 전후로 나눌 수 있다고 한다. 전반부 20년의 식민어업은 주로 식민 당국에 의해 통제식 자원 약탈이 진행되었다면, 후반부 20년의 식민어업은 식민 당국의 현대화된 어업생산과 결합해 여순·대련 지역 수산자원에 대한 대규모의 독점식 약탈이 이루어졌다(宋承榮·張廣山,「日本 殖民漁業對旅大水産資源的獨霸與掠奪」,『遼寧師範大學學報』, 1997年 第5期).

232 일본 이외의 다른 국가가 중국에 어업침탈을 한 경우는 몇 가지 특징이 있다. ① 국가가 직접

에 벌어진 다쓰마루 사건에 따른 청과 마카오 당국 간 해계분쟁이 유명하다.

2. 다쓰마루 사건과 마카오해계 문제

(1) 다쓰마루 사건의 전개과정

영해법을 활용한 대외교섭으로는 1908년 청일 간에 일어난 다쓰마루二辰丸(Tatsumaru) 사건[233]이 비교적 알려져 있다. 다쓰마루 사건은 1908년 2월 5일 마카오 부근 구주양九州洋 해역에서 밀수문제로 일어난 청일 간 외교분쟁이다.

중국 해관은 일본 윤선 한 척이 마카오 부근 해상에서 중국 선박에 무기를 옮겨 싣고 마카오로 밀수한 후 이를 분산해 내지로 옮기려 한다는 첩보를 들었다. 이에 현지 세무사는 사람을 파견해 조사하기로 하고, 광동수사 제독도 이 소식을 듣고 병선을 보내 마카오 주변 해역을 순시하였다. 2월 5일 5시 일본 상선 다쓰마루가 마카오 부근의 구주양 해상에 나타나 엔진을 끄고 밀수무기를 옮길 준비를 하였다. 이에 광동수사는 신속하게 병선을 몰아 다쓰마루에 다가가 배에 올라 조사하였다. 이 과정에서 마카오에서 파견한 포르투갈 군함이 간섭할 것을 우려해 일본 국기를 청국 국기로 바꾸어 달아 간섭을 피하였다. 다쓰마루 선박과 화물을 구류할 당시 선주는 범죄사실을 인정했으나, 오히려 일본 정부가 뒤늦게 나서서 선박을 나포한 지점은 중국 영해가 아니라고 청 측에 항의하면서 청일 간에 외교교섭이 시작되었다.

어업침탈을 한 것, ② 상인이 일정한 수역을 빌려 직접 고기잡이한 것, ③ 중국에 어업공사를 창립해 고기잡이한 것, ④ 중국의 어선관리를 간섭한 것 등이다. 이런 국가들의 어업침탈은 일본의 경우와는 달리 국부적인 행위이며 어업침탈기간도 비교적 짧았다(劉利民, 『不平等條約與中國近代領水主權問題研究』, 湖南人民出版社, 2010年, 230~231쪽).

233 二辰丸 사건에 대해서는「二辰丸交涉案述論」(劉利民, 『不平等條約與中國近代領水主權問題研究』, 湖南人民出版社, 2010年, 302~321쪽)에 비교적 상세하게 정리되어 있다.

다쓰마루 사건이 발생한 것은 당시 광동지역의 사회 상황과 관련이 깊었다. 청 말 광동사회는 비적들이 창궐했다. 그 원인 가운데 하나가 무기밀수가 활발했기 때문이다. 광동일대의 밀수무기는 대부분 마카오나 홍콩을 통해 들어왔다. 청조가 무기밀수를 엄금하면서 홍콩의 무기밀수는 상당히 줄었으나 마카오의 무기밀수는 오히려 증가하였다. 이에 광동 당국이 마카오 주변 해역의 밀수를 엄격히 단속하던 중 다쓰마루 사건이 발생한 것이다. 다쓰마루가 구류되자 중국 주재 일본 공사 하야시 곤스케林權助가 일본 정부의 훈령을 받아 중국 외교부에 이 사건을 항의하였다. 그는 청이 신속히 일본 선박을 풀어 주고 사건과 관련된 중국 관리를 징벌하며 정부가 공식 사과할 것을 요구하였다. 이에 청일 쌍방 간에 조회가 오고갔는데, 주요 논쟁점은 영해, 밀수, 환기換旗 세 가지 문제였다. 그 가운데 영해문제를 중심으로 간단히 살펴보겠다.

다쓰마루 사건이 발생한 지점이 중국의 영해인가 아닌가가 양국 논쟁의 시작이었다. 만약 다쓰마루가 정박한 지점이 중국 영해 안이라면 청조가 상선에 대한 관할권을 행사할 수 있었다. 일본 측은 처음에는 공해상이라고 하다가 곧이어 포르투갈 영해라고 주장을 바꾸었다. 일본 공사 하야시 곤스케는 청 외무부에 항의조회를 제출하여 다쓰마루는 포르투갈 관할의 해역을 항해 중이었으며 청조가 국경을 넘어와 상선을 나포한 것이라고 강경하게 주장했다. 이는 분명히 조약 위반이며 야만적인 행동이라는 것이다. 그는 청조에 "이 선박을 신속하게 석방하고, 국기를 바꾸어 달며, 불법을 자행한 관원을 엄벌하고, 아울러 사건을 잘못 처리한 일을 사과하라"[234]고 요구했다. 당시 포르투갈은 마카오 영해 범위를 놓고 오랫동안 청과 갈등을 일으키던 중이었다. 이 기회를 이용해 포르투갈 역시 다쓰마루가 구류된 곳은 자국 영해라며 청이 주권을 침범했다고 주장했다. 포르투갈 공사는 청 외무

---

234 「日使林權助致外部辰丸被粵拘留奉命抗議希觴速放照會」,『淸季外交史料』卷210.

부에 조회하며 말하길, 다쓰마루가 "무기를 싣고 마카오에 왔다. 이 선박이 나포된 곳은 포르투갈의 영해이므로 자국 주권을 무시한 것이며 마카오의 무역을 방해한 것"[235]이라고 했다.

이처럼 일본과 포르투갈이 한 목소리를 내자, 청은 일본이 제시한 다쓰마루가 구류된 위치를 살펴보면 마카오 영해 3해리 밖이라면서 그렇다면 곧 중국의 영해 내에 속하는 것이라고 반박했다. 사실 다쓰마루가 정박한 지점은 중국 연해로부터 3해리 이내였는데, 이에 대해 일본 정부는 나포지점이 중국에 속하는지 포르투갈에 속하는지 현재로서는 미정이라고 대응하였다. 포르투갈이 나서서 오래 묵은 해양 경계 문제를 다시 제기하자 일본 측은 다쓰마루 사건의 본질이 영해문제가 아니라며 한걸음 물러섰다. 일본은 영해문제에서 벗어나 다시 다쓰마루는 처음부터 밀수행위를 하지 않았고, 청이 선박에 걸려 있던 일본 국기를 청국 국기로 바꾸어 단 일은 자국에 대한 모욕이라며 밀수와 국기모독 문제를 함께 들고 나왔다.[236]

청일 간의 교섭이 한창일 때 양광총독 장인준張人駿이 일본과 포르투갈의 주장에 맞서고 있었다. 하지만 외무부는 장인준의 의견을 청취하기보다 해관총세무사 하트의 견해를 물었다. 그는 3월 1일 외무부에 보낸 글에서 "마카오의 해양 경계 지위에 따르면 마카오 앞 해면을 통행하는 바다는 중국의 수면이 아니다"라면서, 중국이 "이번에 잘못 구류한 것이므로 선박을 석방하자"[237]고 했다. 하트는 해관이 다쓰마루를 포획한 것이 아니고, 지방 당국이 체포한 것이므로 다쓰마루를 오래 구류할수록 청에게 불리할 것이라고 보았다. 분쟁의 평화적 해결을 주장한 하트의 견해는 일본 측의 요구에 순응하는 결과를 가져왔다. 아마도 이 사건은 하트가 간여한 마지막 외교사건

---

235 「葡使致外部華船在葡領海捕獲日船觴速放照會」, 『淸季外交史料』 卷210.

236 劉利民, 『不平等條約與中國近代領水主權問題研究』, 湖南人民出版社, 2010年, 302~305쪽.

237 「外部致張人駿稅司赫德條議處捕獲日船辦法電」, 『淸季外交史料』 卷210.

이었을 것이다.

청은 다쓰마루 사건을 청일 쌍방의 해관장정에 따라 처리하자고 했으나 일본에게 거절당했다. 다시 영국 함대 사령관의 중재로 이 문제를 해결하자고 제안했으나 역시 거절당했다.[238] 3월 6일 청 외무부는 일본 공사에 조회해 다쓰마루에서 중국 사병이 일본 국기를 내린 사건에 대해 사과하고 당시 실수한 사람에 대한 징계를 하겠다고 말했다.[239] 3월 13일 일본 공사 하야시 곤스케는 외무부에 이 사건을 해결하기 위한 5가지 조건을 제시하였다. ① 즉각 다쓰마루를 석방할 것, ② 다쓰마루를 석방할 때 중국 병선은 사과의 표시로 예포를 쏠 것, ③ 구류한 무기는 중국이 매입하고 화물가격은 2만 1,400일원日元으로 할 것, ④ 다쓰마루를 구류한 책임 관원은 처벌할 것, ⑤ 이 사건으로 조성된 손실을 배상할 것 등이었다.[240] 결국 다쓰마루 교섭은 일본 측의 모든 요구를 받아들이는 선에서 마무리되었다.[241]

이 소식이 전해지자 광동지역의 여론이 들끓었다. 『동방잡지』(1908년 5월 25일자)에는 다쓰마루 밀수 사건에 대한 상세한 기사가 게재되었다. 여기서는 사건의 전개 과정과 해결을 위한 나름의 제안을 담았다. 기사 후기에는 이미 청일 양국 간의 교섭이 완료되었다며 그 결과를 게재하였다.[242] 다쓰마루 사건이 일어났을 때부터 광동 상민은 청일 교섭에 주목하면서 청조 측의 강력한 대처를 요구했으며, 일본에 대한 분노를 표출한 바 있었다. 광동 신사紳士와 백성들은 국치대회를 열어 항의시위를 하면서 중국 사회에서 처음으로 일본제품 불매운동을 벌였다. 이 운동은 상해·홍콩·광서 등지로 퍼져나가며 10개월가량 계속되었다. 다쓰마루 사건으로 일본상품 불매운동

---

238 「日使林權助與中堂等會商二辰丸案語錄」,『淸季外交史料』卷210.

239 「外部致日使道歉換旗照會」,『淸季外交史料』卷210.

240 「日使林權助致外部拘留辰丸提議賠償損害請照允照會」,『淸季外交史料』卷212.

241 黃鴻釗,「淸末民初中葡關於澳門的交涉和新約簽訂」,『中國邊疆史地硏究: 澳門專號』, 1999年 第2期, 97쪽.

242 「論粤督緝獲二辰丸案」,『東方雜誌』第5卷 第5期, 1908年 5月 25日.

이 일어난 사실은 중국 민족주의의 흥기와 관련해서 주목할 만한 점이다. 실제로 이 사건은 몇 해 전 러시아의 만주침략을 둘러싸고 일어난 거아拒俄 운동, 화교배척문제를 둘러싸고 일어난 반미 보이콧운동과 더불어 초창기 대표적인 애국주의적 정치운동이었다.[243]

당시 일본에서도 이 사건에 주목하여 여러 기사들이 실렸다. 한 기사에서는 다쓰마루를 석방시킨 후 사죄와 배상을 받자는 방법 등이 제시되었으며,[244] 다른 기사에서는 일본 외교 당국의 다쓰마루 사건에 대한 잘못을 질책하면서, 다쓰마루란 일개 상선의 개인밀수 문제에 불과한데 지나치게 예민하게 반응해 오히려 중국과의 관계를 악화시켰다고 비판하였다.[245] 일본 정부는 1905년의 미국상품 불매운동 때보다 자국에게 더 큰 영향을 미칠 것을 우려해 청조 측에 대중운동에 대한 엄정한 대처를 요구하였다. 결국 청조는 한편으로 일본 측이 무기밀수를 금지하는 데 협조하라는 요구를 하면서도 다른 한편으로 자국 내의 일본상품 불매운동을 억압하였다.[246]

다쓰마루 사건의 교섭 실패는 중국 여론의 비판을 불러일으켰다. 중국인들은 자신들이 패배한 이유를 영해 경계를 선포하지 않은 데서 찾았다. 그래서 중앙정부가 신속히 해도를 작성해서 영해 경계를 그을 것을 요구하였다. 영해 경계의 중요성을 자각한 외무부는 사건이 끝난 후 각국의 중국 주재 외국 공사들에게 대략 광동지역의 해양 경계를 지정해 알려 주었고, 연해 일곱 개 성의 해양 경계에 대한 측량과 지도 작성을 결정하였다. 비록 남방해상의 경계를 국부적으로 지정한 것이지만, 이는 중국에서 가장 먼저 선포한 영해의 경계선일 것이다. 하지만 청조가 공식적으로 3해리 영해설을

---

243 가와시마 신 지음, 천성림 옮김, 『중국근현대사』 2, 삼천리, 2013년, 123쪽.

244 「論日本二辰丸案」, 『外交報』 1908年 第202期;「論二辰丸案」, 『外交報』, 1908年 第204期 등.

245 「論日本政府對付辰丸案之失當」, 『外交報』, 1908年 第211期.

246 陳正權, 「突發事件與政府外交: 1908年 "二辰丸案"的思考」, 『吉林廣播電視大學學報』, 2010年 第6期, 29~30쪽.

채용했다는 근거로는 부족한데, 중앙정부에서 공식적으로 영해제도를 반포하지는 않았기 때문이다. 그럼에도 불구하고 청조가 마지막 통치 시기 몇 년 동안 영해제도의 확립을 위해 노력을 한 흔적은 뚜렷하다.

다쓰마루 사건은 청일 간의 교섭에서 출발해 포르투갈이 간여하면서 청−포르투갈 간 마카오감계협상으로 확대되었다. 포르투갈과의 해계문제에서도 청은 해양 경계의 구획은 물론 나아가 영해 주권의 옹호에 노력하였다. 이 무렵 일반 중국인들도 영해 주권에 관심을 가지기 시작하였다.

(2) 청−포르투갈 마카오감계협상

오래 전 포르투갈이 아시아에서 만든 유일한 도시인 마카오는 중국과 일본 사이의 무역을 중계하여 큰 이익을 냈다. 명의 해금정책으로 인한 일본과의 교역 단절이 오히려 이 도시의 번영을 가져온 것이다. 1849년 4월 포르투갈은 영국의 지지 아래 토지임대료를 내지 않고, 오히려 청의 마카오 주재 관리들을 추방한 후 주변 도서들을 점령하였다. 한참 후인 1887년 12월 포르투갈은 청조와 북경에서 「통상우호조약通商和好條約」(전문 54관)을 체결하고, 포르투갈이 "마카오에 영원히 거주하고 관리할 것"을 명문화하였다. 이 대목은 마카오의 관리권뿐만 아니라 수십 년에 걸쳐 마카오에 대한 감계문제를 일으켰다. 왜냐하면 조약문에 마카오의 범주에 대한 내용이 없었기 때문이다. 그 후 청과 포르투갈 사이에는 꾸준히 영토영해분생이 일어났다. 주로 포르투갈의 불법적인 영토, 영해 확장에 따른 것이었으며 한때 마카오 봉쇄문제로 비화되기도 했다. 비록 양자 간 갈등이 광동지방정부와 마카오 간의 문제로 치부되었지만, 다쓰마루 사건이 발발하자 다시 전국적인 관심을 받게 되었다.

마카오 주변해역에서 다쓰마루 사건이 일어났을 때, 마침 포르투갈 군함도 그 해역을 순시하고 있었다. 그들은 사건이 벌어진 해상이 중국의 바다가 아니므로 다쓰마루를 수색할 수 없다고 언급하였다. 포르투갈 정부도 사건발생 지점은 포르투갈 영해라고 주장하면서, 청이 일본 선박을 나포한 것은 자국의 영해 주권을 침범한 것이라고 했다. 당시 양광총독 장인준은 일본이 제시한 나포 지점은 잘못된 것이라며 국제법에서 얘기하는 최소 거리인 영해 10화리華里(대략 3해리)를 언급하면서 중국의 관할구역에서 벌어진 일이라고 반박하였다. 일본 측은 사건이 일어난 곳이 청에 속하는지 포르투갈에 속하는지 불분명하다고 문제를 제기했으며, 포르투갈 측도 이에 동조하며 분쟁을 확대시켰다. 과로도過路島가 마카오에 속하고, 이 섬을 기점으로 3해리 내의 바다에서 벌어진 사건이라는 것이다. 이에 대해 장인준은 이 섬은 본래 중국의 영토라고 반박하며 포르투갈과 해양 경계 도서소속 문제를 일으켰다.[247] 이 분쟁 과정에서 장인준이 이 사건을 중국 주권, 특히 해권에 대한 침략이나 간섭으로 받아들여 영해법을 일부 활용해 대외교섭을 하면서 중국의 영해 주권을 명확하게 주장한 점이 주목된다. 비록 지방관 수준이지만 영해 3해리설을 제기한 사실은 나름대로 의미가 있다.[248]

1908년 말 청조는 프랑스 주재 중국 공사 유식훈劉式訓을 포르투갈의 리스본으로 보내어 포르투갈 정부와 마카오 감계문제를 논의하였다. 결국 다음 해 초 청포 쌍방이 협의를 이루어 실제로 영토와 영해를 구획하기 위해 홍콩에서 담판을 하기로 결정했다.[249] 청과 포르투갈은 홍콩에서 1909년 7월 15일부터 제1차 마카오 감계협상을 벌였다. 포르투갈은 처음부터 마카오 그리고 그 부속 도서와 영해를 크게 잡아 교섭은 곧바로 난항에 빠졌다. 그들은 마카오의 범주를 첫째 마카오반도, 둘째 대면산對面山, 청주靑洲, 노환路環, 대소횡금大小橫琴 및 마류주馬騮洲 등 작은 섬들, 셋째 영수는 이상

247 劉利民, 『不平等條約與中國近代領水主權問題研究』, 湖南人民出版社, 2010年, 277~279쪽.

248 「論中葡領海問題」, 『外交報』, 1908年 第218期; 「澳門界務」, 『外交報』, 1909年 第244期 등.

249 黃鴻釗, 「淸末民初中葡關於澳門的交涉和新約签訂」, 『中國邊疆史地硏究: 澳門專號』, 1999年 第2期, 98쪽.

의 육지와 해도 부근의 수로, 넷째 관갑關閘부터 북산령北山嶺까지는 중립
지역이라고 제시해 원래 거류지의 30배가량 넓은 영역을 요구하였다. 당시
감계문제에서 영국은 자국의 이익과 연계해 포르투갈에 대한 지지 입장을
보였는데, 영국령 홍콩에서 양국의 담판이 이루어지도록 편의를 제공한 까
닭이기도 하다. 이것은 포르투갈이 감계협상에서 강경한 입장을 보일 수 있
었던 한 요인으로 작용하였다.[250]

홍콩에서 4개월에 걸쳐 9차례의 공식회의를 했지만 결론이 없자 포르투
갈 측은 마카오 감계문제를 헤이그중재재판소에 맡기자고 주장했다. 만
약 중재재판의 결정을 받아들이지 않으면 중국에 대해 전쟁도 불사하겠다
고 엄포를 놓았다. 당시 유식훈은 헤이그상설재판소 재판관이었으므로 국
제법의 각도에서 마카오 해계문제를 바라보았으며, 청의 일부 관료들도 중
재재판 제안에 찬성하였다. 하지만 최종적으로 청조는 마카오 감계문제가
두 나라의 일이므로 열강들이 간섭하는 것을 반대하는 차원에서 헤이그 중
재 방안을 거부하였다.[251] 청은 포르투갈의 조계영역은 마카오 본토에 제한
되며 원 조계지 이외의 지역과 인근 도서는 강점한 땅이므로 절대로 인정할
수 없다고 반박했다. 청과 포르투갈 간의 양보 없는 지루한 협상은 장기간
담판에도 불구하고 기본입장만 되풀이한 채 끝이 났다.

광동인들은 다쓰마루 사건 중에 일본에 동조한 포르투갈 식민주의자에
대한 분노를 드러내었다. 이미 1907년 말부터 광주·향신·홍콩 등의 신상紳
商들은 정부에 마카오 경계를 구획하자고 주장했는데, 다쓰마루 사건이 발
생하자 다시 감계하자는 운동이 활발해졌다. 1908년 3월 8일 향산현 신상
과 학계 인사 300여 명이 집회를 갖고 대책을 논의하면서 향산현감계유지
회香山縣勘界維持會를 결성하였다. 같은 달 광주에서도 광동감계유지총회廣

---

250 尹新華, 『晚淸中國與國際公約』, 湖南人民出版社, 2011年, 193쪽.
251 尹新華, 『晚淸中國與國際公約』, 湖南人民出版社, 2011年, 199쪽.

東勘界維持總會가 결성되었고, 홍콩에서도 여항감계유지분회旅港勘界維持分會가 만들어져 감계투쟁을 전개하였다. 그들은 마카오 부근의 모든 해역은 중국의 통제 아래 있어야 하며, 단지 포르투갈 선박이 마카오를 항해하는 것을 허락한다고 했다. 육지의 경우도 마카오 원래의 땅을 제외한 나머지 포르투갈 점령지는 절대로 인정할 수 없다는 태도를 보였다. 그들은 헤이그중재재판의 경우 백인종의 인종적 편향 때문에 중국인의 입장이 반영되지 않으므로 불리한 판결이 날 것으로 보았다.[252] 이런 움직임은 협상 과정에서 포르투갈 측에 모종의 압박으로 작용하였다. 마카오감계를 둘러싼 대중운동은 1908년과 1909년 사이에 전국적인 움직임으로 확대되었는데, 제국주의의 중국 과분에 대한 투쟁의 성격을 띤 민족주의운동이었다. 여기에는『동방잡지』와 같은 전국적인 간행물뿐만 아니라『향산순보香山旬報』등과 같은 지방신문이 여론의 중심에 서 있었다.[253] 이런 신문과 잡지에서 중국 민중들의 동향을 상세히 보도한 사실은 주목할 만한 현상이다.

　1910년 7월 광동지역의 몇몇 현에서 교안이 발생하였다. 교안의 일부 가담자들은 천주교도의 자녀들을 볼모로 삼아 노환도路環島로 도망쳤는데, 포르투갈은 비적을 제거한다는 명목으로 병력을 파견하였다. 노환도는 한 해 전 청포 간 마카오 감계협상 중에 포르투갈이 마카오의 속지라고 주장한 섬이었다. 여기서 8월 4일 포르투갈 군인과 도민들 사이에 전투가 벌어져 촌락 수백 가구가 불탔다. 이 사건은 다시 청포 간 감계교섭을 가져왔다. 비슷한 시기 포르투갈이 마카오 부근의 근해와 내하 항로의 준설공사를 하면서 해면에 부표를 설치해 해계를 이미 점유했음을 알렸다. 이에 대해 광동

252　黃鴻釗 主編,『中葡澳門交涉史料』第2輯, 澳門基金會出版, 1998年, 237쪽.
253　廣東自治會는 선통 원년 2월 27일(1909년 3월 8일)에 대회를 열어 포르투갈이 빌린 마카오 육지는 원래의 경계 그대로 하고 수계는 모두 중국의 해권에 속한다고 결의했다. 다쓰마루 사건이 일어난 해상이 포르투갈의 영해라고 주장하는 것은 잘못되었다고 주장했다(「澳門勘界初記」,『東方雜誌』第6卷 第4期).

인들이 반발하면서 감계문제 해결의 필요성을 꾸준히 제기하였다.[254]

1910년 9월 청조는 프랑스·스페인 주재 중국 공사 유식훈을 포르투갈로 보내 마카오 감계문제를 교섭하도록 했다. 중국 대표단은 9월 말 리스본에 도착해서 교섭을 준비했는데, 10월 초 포르투갈에서 혁명이 발발해 왕정이 무너지고 공화정이 들어서면서 마카오 감계협상은 정지되었다. 그런데 포르투갈의 신정부가 마카오를 타국에 양도하려 한다는 소문이 떠돌았다. 이에 중국의 진보적 신문인『민립보民立報』와『국풍보國風報』등에서는 마카오를 회수하기 위한 절호의 기회라면서 감계문제와 관련한 여러 가지 기사들을 게재하였다. 포르투갈이 정치적 안정을 되찾고 쌍방이 마카오 감계협상을 준비할 즈음 이번에는 중국에서 신해혁명이 발발해 청조가 무너지면서 이 교섭은 다시 뒤로 넘겨졌다.[255]

한편 마카오 감계문제가 발생했을 즈음 일본인이 남해제도의 한 섬인 동사도를 점거했다는 소식이 전해지면서 간도間島문제로 수년간 교섭하던 청조는 새로운 도서문제에 직면하였다.[256]

3. 동사도 분쟁과 섬의 주권

동사군도는 동경 115도 54분에서 116도 57분까지, 북위 20도 33분에서 21도 58분까지에 위치한 남해제도의 북단에 위치한 군도로, 그 가운데 동사도는 동사군도뿐만 아니라 남해제도 가운데 서사군도의 영흥도永興島와 더불어 가장 큰 섬이다. 이 섬과 주변 해역은 중국 대륙에서 가까운 도서지

---

254 黃鴻釗 主編,『中葡澳門交涉史料』第2輯, 澳門基金會出版, 1998年, 174쪽.

255 呂一燃,「淸季中葡關於澳門的交涉和中國人的反侵略鬪爭」,『黑龍江社會科學』, 1999年 第5期, 10~11쪽.

256 「廣東東沙島問題記實」,『東方雜誌』第6卷 第4期.

역으로 자연자원이 매우 풍부한 곳이다. 동사도는 면적이 1.8평방킬로미터에 불과한 섬이지만 매년 광동·복건 어민들이 수백 척의 어선으로 1년에 세 차례에 걸쳐 고기잡이를 하였다. 섬에는 어민들이 만든 해신묘가 있었으며 죽은 어민들의 영혼을 달래기 위한 사당이 있었다. 서양인들은 동사도를 프라타스 섬Pratas Island이라고 부른다. 1866년 프라타스라는 영국인이 바람을 피해 그곳에 온 인연으로 서양해도에 기록되었다. 섬 주변의 수산자원 말고도 섬 내에는 중요한 자원이 있었다. 그것은 다름 아닌 새똥, 즉 조분鳥糞이었다. 수백 수천 년 동안 누적된 새똥은 풍부한 영양 성분을 가진 천연비료로 구미에서 널리 환영을 받았다.[257]

청 말 동사도와 관련한 기록은 다양하다. 청대 후기부터 동사군도는 광동성 혜주惠州의 관할이었다. 광동성 향산현의 선주 양승梁勝의 주장에 따르면, 동치연간부터 광서연간까지 자신은 동사도와 주변 해역을 40여 년간 경영했고, 이미 중국 어민이 동사군도에서 고기잡이를 주업으로 삼아 일상적으로 살아온 지 수백 년이라고 했다.[258] 서양 열강과 동사도 주변해역 관할권 문제를 둘러싼 외교기록도 일부 남아 있다. 예를 들어, 1883년 한 척의 네덜란드 선박이 동사도에서 좌초되어 화물을 약탈당하자 중국 주재 네덜란드 공사는 총리아문에 조회하였다. 여기서 동사도는 중국 광동 소속의 해면으로 청-네덜란드가 체결한 조약에 따르면 중국에 온 네덜란드인은 지방관이 보호해야 한다는 규정이 있으므로, 네덜란드 선박이 청이 관할하는 바다에서 약탈당했다면 지방관이 범인들을 체포해야 한다고 요구한 것이었다.[259]

그 후 일본은 청일전쟁으로 획득한 대만을 근거지로 삼아 남하정책을 펴면서 동사군도를 비롯한 남해제도에 큰 관심을 기울였다. 20세기 초 일본

---

257 唐建光 主編, 『大航海時代』, 金城出版社, 2011年, 244쪽.

258 陳天錫 主編, 위의 자료집, 65~66쪽.

259 韓振華 主編, 『我國南海諸島史料滙編』, 東方出版社, 1988年, 143쪽 참고.

의 동사도에 대한 관심은 개인의 상업행위에서 비롯되었다. 일본 상인 니시자와 요시지西澤吉次는 1901년 우연한 기회에 동사도에 표류한 선장의 말을 통해 섬 위에 쌓여 있다는 새똥 이야기를 듣고 흥미를 느꼈다. 니시자와는 모험심이 풍부한 일본 상인으로 대만 기륭과 고베·나가사키·도쿄 등지에 상점이 있었다. 다음 해, 그는 직접 배를 이끌고 가서 탐사한 후 섬의 모래와 해산물을 가지고 대만 기륭으로 돌아갔다. 이것이 니시자와 요시지의 첫 동사도 방문이었다. 니시자와는 이 섬에 널려 있는 새똥을 채취하여 대만에 내다 팔면 큰 이익을 낼 것이라고 예측하여 동사도 개발을 결심하였다.[260] 1903년 그는 다시 이 섬의 자원 성분을 조사하기 위해 화학자를 데리고 출항했으나 기상 악화로 그냥 돌아갔다. 그 후 러일전쟁 중에는 운항비용문제가 발생해 얼마 동안 섬을 방문할 수 없었다.[261]

러일전쟁이 끝난 후 일본 정부의 식산흥업정책에 따라 수산남진水産南進정책을 추진하면서 다수의 일본인들이 남쪽 바다로 향하였다. 1907년 여름 니시자와 요시지는 만반의 준비를 하고 윤선 시코쿠마루四國丸에 120명의 노동자를 태워 동사도에 도착하였다. 그의 일행은 중국 어민을 쫓아내고 곧이어 섬 위의 대왕묘大王廟를 훼손한 후 100여 개의 묘지를 퍼내어 뼈를 추출하여 불에 태운 후 수중에 버렸다. 섬의 남쪽에 폐목재를 이용해 작은 부두를 만들고 화물 수송을 위해 남북을 관통하는 작은 철로를 만들어 부두로 연결하였다. 그리고 전화를 설치하고 수도관과 물서상 탱크를 만들었다. 그 밖에도 일본식 가옥과 사무실 등을 만들고 일본기를 게양하여 일본의 섬이라 하였다. 그는 무주지인 이 섬을 니시자와도라고 불렀다. 그리고 자신의 기록에는 섬 주변의 중국 어민 얘기는 빼놓은 채 마치 무인도인 양 묘사

---

260 陳天錫 主編, 『西沙島東沙島成案滙編－東沙島成案滙編』, 商務印書館, 1982年, 14~15쪽.

261 呂一燃, 「日商西澤吉次掠奪東沙群島資源與中日交涉」, 『中國邊疆史地研究』, 1994年 第3期, 3쪽.

하였다.[262] 이런 행위는 개인의 영업이었지 일본 정부의 명령을 받은 것은 아니었다.[263]

이 소식을 접한 청조의 반응은 예민하고 신속하였다. 1907년 9월 말 양강 총독 단방端方이 일본 상인 니시자와 요시지가 중국 남방의 어떤 섬을 점거 했다는 소식을 처음으로 들었다. 그는 외무부에 소식을 전하며 니시자와가 "이 섬을 자신의 섬"이라고 하지만 "확실히 중국의 땅"이라고 했다. 아울러 양광총독 장인준에게도 이 사실을 알렸다. 외무부가 장인준에게 상황을 조 사하라고 명령했으나 섬의 정확한 위치를 알지 못해 별다른 소득이 없었다. 1년 후인 1908년 단방이 일본에서 온 영파 영사를 통해 섬의 구체적인 경위 도를 알아내었다.[264] 이에 장인준은 외무부에 남양수사 병선으로 동사군도 를 순시할 것을 요청하여 현지조사를 실행하였다. 동사군도의 조사과정 중 동사도의 자원과 주변해역의 수산물에 대한 이해는 물론 동사도의 해운에 서의 중요성에 대해서도 인식하게 되었다.[265]

1908년 9월 18일 장인준은 외무부에 전보를 보내 광주 주재 영국 영사가 동사도에 등대를 설치하길 요청했다고 전했다. 영사가 말하길, 영국 정부는 이전부터 이 섬에 등대를 설치해 항운에 편리를 도모할 것을 건의했는데, "이 섬이 어느 나라에 속하는지 판단할 수 없어" 어쩌지 못했다는 것이었 다. 이에 장인준은 영국 영사의 공문이 아마도 중국의 의중을 떠보려는 것 으로 판단해 외무부에 즉각 영국과 일본에 대해 중국이 동사도의 주권을 가 진다고 성명하도록 건의하였다. 단방 역시 영국인이 이 섬을 일본인이 점거 하고 있다는 사실을 알고 있으면서도 섬에 등대를 설치하겠다는 제안으로

262 呂一燃,「日商西澤吉次掠奪東沙群島資源與中日交涉」,『中國邊疆史地研究』, 1994年 第3期, 5쪽.
263 「大東沙島之交涉」,『外交報』, 1909年 第240期.
264 唐建光 主編,『大航海時代』, 金城出版社, 2011年, 246쪽.
265 「大東沙島之交涉」,『外交報』, 1909年 第240期; 韓振華 主編,『我國南海諸島史料滙編』, 東方 出版社, 1988年, 144쪽, 146쪽 참고.

중국 측의 대응을 떠보는 것이라고 판단했다. 단방은 동사도가 중국에 속한다는 옛 자료를 당장에는 찾지 못했지만 영국에서 공포한 해도에는 중국에 속한다고 명확히 표기하고 있으므로 외무부에서 영일 양국에 중국의 주권을 선언할 것을 건의했다. 1909년 설이 지난 직후 남양수사 부장 오경영吳敬榮이 군함 비응飛鷹호를 이끌고 동사도로 가서 일본인이 섬을 점유한 사실을 사진으로 찍어 증거로 남겼다. 그사이 장인준은 각종 역사기록과 증거들을 모아 동사도의 주권을 증명할 준비를 갖추었다.[266]

양광총독 장인준과 일본 간에 동사도 교섭은 선통 원년인 1909년 봄에 시작하였다. 일본은 동사도가 무주의 섬이고 니시자와 요시지가 이 섬을 경영하므로 일본 정부가 보호할 책임이 있다는 주장을 폈다.[267] 장인준은 동사군도가 중국에 속하는 것을 증명하는 다양한 역사문헌과 지도를 제시하였다. 여기에는 왕지춘王之春의 『국조유원기國朝柔遠記』, 진도팽陳燾彭 번역의 『중국강해험요도지中國江海險要圖志』 등 중국과 외국에서 출판한 서적과 지도들이 포함되어 있었다. 장인준이 주장한 더욱 직접적인 증거는 첫째, 당시 해군 제독 살진빙이 파견한 함장 황종영黃鍾瑛의 보고에 따르면, 섬 위에 원래 중국 어민이 만든 대왕묘가 있었는데 일본인 니시자와가 와서 이를 훼손하여 흔적을 없애려 했다. 둘째, 어선 선주인 양대梁帶가 동사도를 왕래한 지 근 40여 년 동안 꾸준히 동사도에서 고기잡이를 했으며, 선통 원년 정월에 갔을 때 일본인에게 쫓겨났다. 셋째, 어상 양응원梁應元이 일본인에게 쫓겨나 지방 당국에 보호를 요청했다는 사실 등이었다. 이런 자료와 증거들로 인해 일본 영사는 무주의 섬이라는 반론을 더 이상 제기하지 못하고 중국의 고유영토임을 인정하였다.[268]

---

266 唐建光 主編, 『大航海時代』, 金城出版社, 2011年, 246~247쪽.
267 「論日本對於大東沙島不得主張先占之理由」, 『外交報』, 1909年 第247期.
268 陳天錫 主編, 『西沙島東沙島成案滙編─東沙島成案滙編』, 商務印書館, 1982年, 13쪽, 16쪽.

양국 교섭은 니시자와 요시지의 사업을 어떻게 정리하느냐로 모아졌다. 중국 측의 강경한 입장과 유력한 증거로 말미암아 일본은 동사도가 무주지라는 관점에서 후퇴해 니시자와가 계속 섬에 남아 새똥을 채취할 권리를 30년 달라고 했으나 장인준은 거절하였다. 이에 따라 니시자와 요시지의 투자액을 돌려받는 마지막 교섭에 들어갔다. 일본 정부도 동사도를 일본 영토라고 주장하지 않는 상황에서 청조가 적당한 가격으로 섬에 설치된 일본인의 시설을 매입하는 논의가 이루어졌다. 결국 1909년 10월 11일 동사도가 중국의 고유 영토이며 일본인은 즉각 섬에서 철수하고 설치된 시설을 16만원에 매입하기로 합의했다. 청이 일본과 광주에서 맺은「회수동사도조관回收東沙島條款」에는 제1관 중국은 동사도의 물산을 니시자와에게 수매하는데, 가격은 광동호은 16만원에 매입한다, 제2관 니시자와가 소유한 어선 등은 광동호은 3만원에 매입을 한다 등의 내용을 담았다.[269]

그리고 그해 11월 19일 동사도에서 청국 국기를 올리는 섬의 접수의식을 치렀는데, 의식을 거행하면서 예포 21발을 쏘아 경축하였다. 이것은 청조가 처음 열강의 손에서 자신의 영토를 돌려받은 사건이었다. 동사도를 회수한 후 정부는 관리와 군인을 파견해 동사도에 거주하게 했으며 매달 군함으로 순시하였다. 그 후 청국 어민뿐만 아니라 상인들도 동사도의 개발에 나섰으며, 1910년 7월에는 동사도 통치를 강화하기 위해 별도로 관리동사도위원회管理東沙島委員會를 만들었다. 청 외무부는 동사도는 물론 영해 내의 외딴 섬에 대한 측량과 해도제작을 통해 해권을 회복하겠다는 의지를 피력했다.[270] 이에 동사도는 무인도의 성격에서 벗어나 육지와 연결되었다.

당시 중국의 신문·잡지에는 일본인이 동사도를 침범했다는 소식과 평론

---

269 「大東沙島之交涉」, 『外交報』, 1909年 第258期; 王鐵彦編, 『中外舊約章彙編』(第二冊), 三聯書店, 1957年, 605쪽.
270 「大東沙島之交涉」, 『外交報』, 1909年 第240期.

이 실렸다. 예를 들어, 상해『동방잡지』에는 동사도의 지리 현황에 대해 자세히 소개했을 뿐만 아니라, 청과 일본 간의 동사도 교섭 과정을 국내 소식은 물론 일본 신문의 기사들도 모아 비교적 정확하게 소개하였다.[271] 이 잡지는 양국이 교섭 중일 때 국내외 여론을 소개하면서 청조의 영토와 영해 수호의지와 연해 상민과 어민의 민심을 전달하는 역할을 담당하였다.[272] 이런『동방잡지』의 보도 방식은 과거에는 찾아보기 힘든 사례였다. 이것은 애국주의의 고양에 따른 근대 중국인의 탄생과 관련이 깊다. 이즈음 서사군도의 관리문제도 관심의 대상이 되었다.

청 말 프랑스는 서사군도에 관심이 많았다. 1885년 청프전쟁이 끝나고 베트남과 청의 국경선을 그으면서 서사군도를 자국의 영향권 내에 넣으려하였다. 청조는 서사군도에 대한 주권행위가 전쟁 후 체결된「속의계무전약續議界務專約」에 따른 합법적인 것이라고 생각했다. 1889년 12월 프랑스 식민 당국은 서사군도에 중국과 베트남 어민의 공급 기지를 세워 쌍방의 무역왕래를 활성화하려 했으나 청조의 항의를 받고 물러났다. 그 후 1899년 6월 프랑스 식민 당국은 서사군도에 등탑을 세울 것을 제안하여 다시 자신들의 세력범위 안에 넣으려 했으나 별다른 진전은 없었다. 이런 프랑스의 움직임에 자극받은 청조는 1902년 서사군도에 관리를 보내 기념비를 설치하여 주권을 표시하였다.[273]

20세기 초 일본인이 동사도를 침범한 사건은 청조에게 경각심을 일으켜 섬의 주권을 확보하지 않으면 열강의 침략을 받는다는 사실을 인식하였다. 이에 1909년 4월 양광총독 장인준은 동사도 교섭 중에 남양수사 부장 오경

---

271 「廣東東沙島問題紀實」,『東方雜誌』, 1909年 第6卷 第4期;「廣東東沙島問題紀實續編」,『東方雜誌』, 1909年 第6卷 第5期.

272 郭淵,「從『東方雜誌』看晩淸政府對東沙島的主權交涉」,『浙江海洋學院學報』, 2008年 12月, 1~5쪽 참고.

273 郭淵,「晩淸政府的海洋主張與對南海權益的維護」,『中國邊疆史地研究』, 2007年 第3期, 131~132쪽.

영 등을 서사군도로 보내어 순시하게 했다. 이곳에 주판서사도사무처籌辦
西沙島事務處를 건립하고 관리를 파견해 서사군도와 관련 업무를 추진하기
로 했다. 여기서 관련 업무란 각 섬을 측량하고, 섬 위에 건축물을 설치하
며, 섬의 자원이나 해양자원을 조사하고, 섬의 토질을 분석하는 등과 같은
일들이었다.[274] 실제로 장인준의 명령으로 1909년 5월 수사 제독 이준李准,
이철준李哲浚 등은 관병과 전문가를 인솔해 서사군도를 탐사하였다. 그들
은 서사군도를 순시하면서 지리와 자원을 조사하고, 섬 위에서 의식을 거행
해 영토 주권을 선포하였다. 군함에 동승한 측회測繪위원과 해군 측회학당
학생들은 서사군도의 전체 지도와 각 섬의 분도를 그렸다. 서사군도를 조사
하는 과정에서 서양명으로 표기된 섬과 암초들을 일부 중국명으로 표기하
여 국내외에 공포하는 작업도 하였다. 이런 활동은 국제적으로 중국의 서사
군도 주권을 인정받는 데 일정한 역할을 하였다.[275]

　청말신정시기는 국제법을 이용해 자국의 해양 권익을 얻어내려는 외교
태도가 분명해졌고, 해군력을 동원하여 중국 해권을 지키려는 의지가 분명
하게 나타났다. 청조가 직접 나서서 동·서사 군도의 해양 주권을 확립하고
자원개발에 나선 것은 과거와는 크게 달라진 행동양식이었다. 뿐만 아니라
청조는 선박의 안전한 항해를 위해 동사군도와 서사군도에 등탑과 무선설
비를 세울 계획이었지만 신해혁명의 발발로 수포로 돌아갔다. 하지만 동·
서사 군도와 같은 변방의 섬에 중앙정부의 관심이 고조된 사실은 영해 주권
에 대한 근대적인 해양인식을 반영하는 것이었다.[276]

274　陳天錫 主編,『西沙島東沙島成案滙編－西沙島成案滙編』, 商務印書館, 1982年, 4~6쪽.
275　1907년 일본인 宮崎 등이 배를 타고 남하하여 남사군도 일대를 탐사하고 돌아와 남사군도는
　　　매우 개발가능성이 높은 어장이라고 선전하였다. 그 후 일본 어선들이 대량 남하하여 남사군
　　　도 부근에서 어로활동에 종사하였다(陳鴻瑜,『南海諸島主權與國際衝突』, 幼師文化事業公司,
　　　1987年, 57쪽).
276　대체로 1930년대 이전까지 각국은 3해리에서 6해리 정도를 영해로 보았으며, 1930년에 열린
　　　국제법 회의에서 영해의 범주를 규정하면서 일반적으로 내수를 제외한 연안해만을 가리키게

정리하자면, 제2편의 네 개 장에서는 청일전쟁에서 신해혁명까지(주로 청말신정시기)의 해양인식과 관련해 몇 가지 사실을 확인하였다. 첫째, 전통에서 근대로 전환하는 과정을 상징적으로 보여 주는 영해관념의 형성은 깔끔하게 확인할 수 있는 문제가 아니다. 하지만 통상조약과 조차조약 등을 통해 영해의 탄생이 대략 20세기 초 무렵임을 알 수 있다. 둘째, 양무에서 외무의 단계로 나아간 사실 혹은 만국공법에서 국제법의 단계로 나아간 사실은 청조가 능동적으로 해양 관련 국제회의에 참가하고 국제조약을 체결하는 과정에서 알 수 있다. 셋째, 청일전쟁 후 와해된 해군을 중건하는 과정을 살펴보면 비록 전쟁 이전의 함대 규모에는 다다르지 못하지만, 중국인의 해권인식이 감성적인 차원에서 이성적인 차원으로 고양된 사실을 알 수 있다. 특히 어업, 해계, 도서분쟁의 사례들을 통해 중국인의 해양인식 전환을 확인할 수 있었다. 대체로 청말신정시기를 양무운동시기와 대비하자면 '서구적 해양관의 수용시기'라고 볼 수 있을 것이다. 물론 서구적 해양관을 말 그대로 받아들였다고 해서 그것이 중국사회에 체화되었다는 의미는 아니다. 이는 더욱더 많은 시간을 필요로 하였다.

되었다. 이때 영해의 넓이에 대한 참가국들의 여러 의견이 표출되었는데, 중국은 19개국과 함께 3해리 영해를 주장하였다.

제3편

바다를 둘러싼 근대 한중관계

제11장
1880년대 북양수사와 조선

1880년대가 조청관계에서 획기적인 시대라는 사실에 대해 의문을 제기하는 사람은 거의 없다. 청조가 전통적 책봉조공관계에서 이탈해 조선정치에 적극적으로 간섭한 시대이기 때문이다. 특히 임오군란이 발생했을 때 직접 군사적으로 개입한 사건은 명·청대의 전통적 방식을 근본적으로 뒤집는 행동이었다. 그 후에도 이런 정책은 계속되어 혹자는 청의 조선정책이 전통방식에서 이탈해 유사 제국주의적 형태로 전환했다고 이해한다. 실제로 1880년대 중반부터 청일전쟁이 일어나기 전까지 조신에서 청의 우위는 어느 정도 계속되었다. 한중관계사에서 이와 관련한 기존 연구는 매우 풍부하다.[1] 하지만 청의 조선에 대한 적극적인 간섭정책을 가능하게 만든 실질

---

1 근대 한중관계사 관련 사료집으로 널리 알려진 『淸季中日韓關係史料』· 『淸光緖朝中日交涉史料』· 『淸季外交史料』· 『李鴻章全集』· 『高宗實錄』· 『統理交涉通商事務衙門日記』· 『陰晴史』· 『舊韓國外交文書(淸案)』 등 말고도 해양 관련 조청관계사 자료집으로 최광식 외 4명, 『한국해양사 자료집』 제4권 근현대편(해상왕장보고기념사업회, 2004년); 權赫秀 編著, 『近代中韓關係史料選編』(世界知識出版社, 2008年); 최덕수 외 지음, 『조약으로 본 한국근대사』(열린책들, 2010년); 박정현 외 8인 지음, 『중국 근대 공문서에 나타난 韓中關係: 「淸季駐韓使館檔案」 解題』(한

적인 무력에 대해 주목한 글은 별로 없으며, 특히 북양수사의 역할에 대해 연구한 글은 거의 없다. 여기서는 1880년대 북양수사의 활동을 중심으로 조청관계의 근본적인 변화에는 수사의 역할이 결정적이었다는 사실을 추적하려고 한다. 여기서 북양해군이 아니라 북양수사라고 언급하는 이유는 1888년 북양함대가 정식으로 근대 해군이 되기 전까지는 엄격한 의미에서 전통적인 외해수사라고 부르는 것이 적절하기 때문이다.[2]

황해를 통해 선박으로 며칠이면 갈 수 있던 중국을 육로를 통해 몇 개월에 걸쳐 오간 조공사절단의 모습을 보면 조선에서 바다란 편리한 교통로가 아니라 위험한 장애물이었다는 사실을 알 수 있다. 그것은 중국에게도 마찬가지였다. 이 장에서는 넓은 의미에서 금해禁海에서 개해開海로 전환한 근대 아시아 해양을 배경으로 조청관계의 새로운 변화를 이해할 것이다. 이를 위해서 1880년대 북양수사가 황해의 제해권을 장악하기 시작하면서 조선

국학술정보, 2013년) 등이 있다. 이 글에 도움을 준 해양 관련 조청관계사 연구는 권혁수, 『19世紀末 韓中 關係史 硏究』(백산자료원, 2000년)와 『근대 한중관계사의 재조명』(혜안, 2007년) 및 김정기의 논문 「兵船章程의 强行(1882.2)에 대하여」(『한국사연구』 24호, 1979년)와 장학근의 논문 「舊韓末 海洋防衛政策－海軍創設과 軍艦購入을 中心으로」(『史學志』, 1985년) 등이 있다. 그리고 북양수사와 관련한 자료집으로는 張俠·楊志本·羅澍偉·王蘇波·張利民 合編, 『淸末海軍史料』(海洋出版社, 2001年), 姜鳴 編著, 『中國近代海軍史事日誌(1860－1911)』(三聯書店, 1994年) 등이 대표적이며, 북양수사에 관한 저서로는 戚其章, 『晚淸海軍興衰史』(人民出版社, 1998年)·姜鳴, 『龍旗飄揚的艦隊－中國近代海軍興衰史』(三聯書店, 2002年)·王家儉, 『李鴻章與北洋艦隊』(三聯書店, 2008年)·陳悅, 『北洋海軍艦船志』(山東畵報出版社, 2009年)·陳悅, 『近代國造艦船志』(山東畵報出版社, 2011年)·戚海瑩, 『北洋海軍與晚淸海防建設』(齊魯書社, 2012年)·馮靑, 『中國海軍と近代日中關係』(錦正社, 2011)·Richard N. J. Wright, *The Chinese Steam Navy 1862－1945*(Chatham Publishing, 2000) 등이 있다. 북양수사에 대한 (중국을 비롯한) 국외연구에는 비록 조선과 관련한 전문연구는 없지만, 단편적인 역사사실들이 곳곳에 흩어져 있다.

2 海軍이라는 용어는 水師와 비슷한 말이어서 광동수사나 북양해군은 실제로는 광동함대나 북양함대를 의미한다. 하지만 엄격한 의미에서 해군은 수사와 달리 근대화가 어느 정도 완성된 부대를 가리킨다. 19세기 말 중국에서 근대적 함대란 의미에서의 해군은 단지 북양 한곳에서만 사용된다. 1888년 이후 북양함대가 成軍을 이룬 후 공식문건에는 더 이상 北洋水師라고 부르지 않고 北洋海軍이라고만 부른다(姜鳴, 『龍旗飄揚的艦隊－中國近代海軍興衰史』, 三聯書店, 2002年, 276쪽).

에 수시로 군함을 파견해 육군보다 먼저 군사행동을 했다는 사실, 점차 북양수사의 지원이 없으면 육군이 정상적인 활동을 할 수 없는 상황으로 바뀌었다는 사실, 불과 하루 이틀 만에 산동에서 인천으로 올 수 있는 기동력을 갖춘 근대적 군함의 출현은 전통적인 조청관계에 균열을 일으켰다는 사실, 그리고 북양수사 군사력이 일본을 넘어서는 과정은 곧 청이 조선에 대한 직접적인 무력개입을 가능케 한 배경이었다는 사실 등을 차례로 검토해 보려고 한다. 특히 이 장에서는 시간 순에 따라 열강과의 통상조약체결, 임오군란,「조청상민수륙무역장정朝淸商民水陸貿易章程」의 체결, 갑신정변, 거문도 사건 등에 나타난 북양수사의 역할에 대해 알아볼 것이다.

1. 북양수사의 성립과 조선 문제의 개입

(1) 초용과 양위

우선 1880년대 조선의 여러 정치적 사건에 등장하는 북양수사의 대표 전함에 대한 소개부터 시작할 것이다. 1880년대 이전 중국의 해방은 기본적으로 남방에 주력하여 1870년 8월 이홍장李鴻章이 직례총독直隷總督에 부임할 무렵 북양에는 외해수사가 없었을 뿐만 아니라 해적 체포용 윤선조차 없었다. 이때 양강총독兩江總督에 임명된 증국빈은 북양에 윤선 조강操江호를 보냈다. 이 배가 북양 최초의 군용 윤선이었다.[3] 이홍장이 북양대신北洋大臣을 겸하면서 북방에서 외해수사의 발전이 시작되었다. 그는 다시 복건에서 만들어진 윤선 진해鎭海호를 받아 두 척의 윤선을 보유하게 되었고, 이

---

3 1869년 江南製造局에서 만든 두 번째 윤선인 操江호는 완전히 목질이며 포선 모양으로 배수량이 640톤에 달하였다. 한 대의 증기기관으로 425마력이었으며, 항속 9노트였다. 8문의 대포를 장착했고, 본래는 장강에서 항운하도록 만들어져 조강이라는 이름을 붙였다. 이 배는 오래지 않아 이홍장이 天津海防에 쓰도록 함에 따라 북양으로 와서 첫 번째 증기선 군함이 되었다.

두 척을 번갈아 가며 운영하였다.[4] 1873년 1월 윤선초상국을 만들어 외국 상선회사와 경쟁을 시작했으며, 그 무렵 항구를 방어하기 위한 외국에서의 소형 포정 구매에 적극적이었다.

그런데 일본의 대만 침공(1874)이라는 해강위기로 말미암아 청조 내에 해방과 육방 간의 국방 중점에 대한 논쟁이 일어났다. 이홍장은 해방을 육방보다 중요하다고 주장하면서 언제나 육방이 압도적 지위를 갖던 중국 역사에서 해방의 전략적 지위가 비약적으로 상승하였다. 일본의 새로운 위협이 출현하자 청조는 광범위한 해역을 방어할 수 있는 강력한 해군의 건설이 급선무임을 절감하였다. 이에 따라 북양·남양·복건(및 광동)의 세 수사가 설치되었다.[5] 총리아문總理衙門은 남북양의 범위가 매우 넓으므로 이홍장으로 하여금 북양해방을 담당하게 하고, 심보정으로 하여금 남양해방을 담당하도록 했다.[6] 이홍장은 산동과 여순 등에 있던 구식 수사를 정리하면서 북양수사를 장기적으로 북양해군으로 만들 계획을 세웠다. 외해수사 창설 초기에는 함선과 대포를 우선 외국에서 구매해 긴급한 수요를 채우고 후에 자국 제조창을 만들기로 하였다.

1879년 이홍장은 영국에서 구입한 포선 6척을 모아 소규모 함대를 만들고 북양수사의 규모를 확대하였다. 하지만 바로 그해 청의 반대에도 불구하고 일본이 유구를 병탄하자, 청조는 자신들의 현재 능력으로는 먼 바다를 건너 유구문제에 개입할 수 없음을 절감하였다. 이에 따라 원양으로 나아갈 수 있는 대형 함선의 필요성이 크게 대두되었다. 남양을 담당하던 심보정이 사망하자 해군건설의 대권이 북양의 이홍장에게 넘어갔다. 이홍장

---

4 『籌辦夷務始末』(同治朝) 卷88, 5~6쪽.

5 馮靑, 『中國海軍と近代日中關係』, 錦正社, 2011, 18쪽.

6 「著李鴻章沈葆楨分別督辦南北洋海防論」, 『第一歷史檔案館－上諭檔』(1875.5.30.)(張俠·楊志本·羅澍偉·王蘇波·張利民 合編, 『淸末海軍史料』, 海洋出版社, 2001年, 12~13쪽, 이하 『淸末海軍史料』로 약칭).

은 해방 전략에서 해상으로 나아가 적선과 직접 대응할 생각을 드러냈는데, 특히 일본과 해전에서의 승리를 염두에 두었다.[7] 그 후 북양수사는 항구 방어용 포정 말고 먼 바다에서 작전을 펼 수 있는 순양함과 철갑선으로 관심을 옮겼다.

해관총세무사 하트는 청조에 영국 암스트롱 조선소에서 만든 순양함을 추천하면서 이 군함은 철갑선도 파괴할 수 있는 능력을 가진 배라고 선전하였다.[8] 이에 이홍장은 독일 주재 중국 공사 이봉포로 하여금 순양함을 구매하도록 했으며, 얼마 후 영국 측과 두 척의 순양함 구매를 정식 계약하고 이름을 초용超勇과 양위揚威라고 명명하였다. 바로 이 두 척의 자매함이 1880년대 조선에서 사건이 발생할 때마다 출현했던 대표적인 군함이었다. 초용과 양위는 영국 찰스 미첼Charles Mitchell 조선소에서 만든 렌델식 순양함으로 포선의 성격도 지니고 있는데, 각각 1,350톤의 무게로 시속 15노트였으며 최고 16노트까지 가능하였다.[9] 세계군함발전사에서 초용급 동격순양함은 기념비적인 위치를 차지한다. 처음 만들어졌을 때는 최신식의 군함으로 신기술과 신사상이 결합되어 있었다. 물론 결점이 없었던 것은 아니지만 영국은 물론 세계 순양함의 설계에 지대한 영향을 미쳤다. 이 군함은 청

---

7 당시 이홍장은 일본을 주요 적국으로 인식하고 조선을 전략 중점으로 삼았다. 양무운동시기 중국인들이 왜구의 이미지를 통해 일본을 바라보는 시각은 여러 상주문에 자주 보인다. 현재의 일본은 명대의 왜구처럼 겉으로 유순한 척하지만 속으로는 음모를 꾸민다는 것이다. 이홍장 역시 왜구나 豊臣秀吉이 조선에 출병한 역사 사례를 기준으로 삼아 일본의 대외정책을 판단하였다. 그래서 수만리 멀리 떨어져 있는 구미열강보다 가까이 있는 일본이 훨씬 위협적이라고 생각하였다(戶高一成, 『海戰からみた日淸戰爭』, 角川書店, 2011, 71~72쪽).

8 吳汝綸 編, 『李文忠公(鴻章)全集』 奏稿(卷35), 文海出版社, 1984年, 29쪽(이하 『李文忠公(鴻章)全集』으로 약칭).

9 超勇과 揚威는 순양함으로 영국 Charles Mitchell 조선소에서 만든 자매선으로 외형이 특별히 낮고 작았지만 선수의 물밑에 撞角이 있어 적선을 부딪쳐 공격할 수 있었다. 영국 암스트롱 조선소에서 만든 25톤 무게의 대구경의 화포 두 문(후당화포)이 설치되고, 소포 네 문과 기관포 12문이 설치되어서 철갑선에 도전할 수 있는 저렴한 신식 군함이라고 평가되었다.

이 일본의 2등 철갑선을 이기고자 영국에서 구매한 것이다.[10] 기존의 포선이 대해작전을 펼 수 없었던 것과 달리 초용과 양위는 연해를 벗어날 수 있었다. 청조는 초용과 양위를 영국으로부터 건네받을 때 직접 대표단과 수병들을 보내기로 하였다. 이것은 중국 해군이 처음으로 유럽에 가서 군함을 인수받은 것인데, 북양대신 이홍장을 비롯해 청조의 관심이 얼마나 컸는가를 알 수 있다. 당시 가장 선진적인 군함이 근대 조청관계사에서 중요한 역할을 했다는 사실은 기억할 만하다.

초용과 양위와 더불어 조선에 자주 출동했던 또 다른 군함으로는 위원威遠이 있다. 목재에서 철재로 선박이 발전하는 과정에서 목재와 철재가 결합하는 시기가 있었다. 철골 뼈대에 목재를 입히는 방식이 그것이다. 1877년 5월 복주선정국에서 자체 제조한 위원호가 바로 이런 방식으로 만들어진 군함이었다. 배수량이 1,268톤으로 여전히 포함모델에 속했으나 군사용과 상업용의 이중목적으로 만든 것이 아니라 순수한 군함이었다.[11] 위원호의 주포는 암스트롱 170미리 구경의 전당포 1문이었고, 부포는 120미리 구경의 암스트롱 전당포 여러 문이었다. 1881년 4월 이홍장의 요청으로 위원호는 북양수사의 연습선으로 사용하기로 해 천진으로 왔다. 북양수사 초기에 위원호는 당시 포선이나 초용과 양위를 중심으로 구성된 북양수사 가운데 주력선이라 해도 손색이 없을 정도로 중시되었다.[12] 청의 관리가 조선으로 건너가 열강과의 조약을 도울 때나, 임오군란 등 여러 사건들이 발발했을 때에도 위원호의 모습을 만날 수 있다.

---

10 Richard N. J. Wright, *The Chinese Steam Navy 1862–1945*(Chatham Publishing, 2000), 47쪽.

11 陳悅,『近代國造艦船志』, 山東畵報出版社, 2011年, 155쪽.

12 威遠號를 맡았던 管帶 方伯謙의 기록에 따르면, 조선과 일본 간의 갈등이 생겼을 때 위원호는 마산포에 파견되어 상황을 관찰하고, 정보를 수집하고, 통신을 담당하고, 상인을 보호하는 등의 임무를 수행했다고 한다[方伯謙,『益堂年譜』(陳悅,『近代國造艦船志』, 山東畵報出版社, 2011年, 159쪽. 재인용)].

그 밖에 진해鎭海라는 군함도 조청관계사에서 자주 등장한다. 1871년 11월 미운湄雲급 세 번째 선박으로 만들어졌는데, 배수량이 572톤으로 350마력에 속도는 9노트였다.[13] 주포는 1문으로 프로이센산 160미리 구경 후당포後膛砲로 군함의 갑판에 노출되어 있었다. 부포는 4문으로 120미리 후당포였다. 미운호가 북양에 온 지 오래지 않아 자매모델인 진해호가 완성되자, 이홍장은 진해호 역시 북양에 오도록 요청해 1872년 9월 천진 대고에 도착하였다. 미운호가 봉천奉天, 우장牛莊에 소속되었다면, 진해호는 천진 해관에 소속되었기 때문에 북양해방에 사용되었다. 북양수사 창건 초기에 주요 함선이었는데, "이 군함은 매년 순시와 운송을 담당해, 실제로는 북양수사의 다른 군함과 다르지 않았다"[14]고 한다.

북양수사는 영국에서 구매한 초용·양위와 같은 순양함, 그 전에 구매한 6척의 항구방어용 포선, 그리고 복주선정국 등에서 만든 조강·미운·진해·위원·태안 등 5척을 합쳐 모두 13척으로 늘어났으며 점차 체계적인 외해수사의 모습을 갖추어 나갔다. 1881년 12월 이홍장이 정여창에게 북양수사의 책임을 맡기면서 '북양수사'라는 명칭이 정식으로 관방문서에서 나타나는데, 여기서 북양이란 직례·산동·봉천의 3성을 포괄한다.

1875년 조선과 일본 사이에 운요호 사건이 발생해 「강화도조약」을 맺을 때 중국은 직접적인 간섭을 할 수 없었다. 그것은 군사적인 측면에서 보면 한 해 전에 발생한 일본의 대만 침공 때 해군력이 약해서 적극적으로 개입하지 못했던 상황과 비슷하였다. 열강이 조선에 영향력을 행사하려 할 때에도 내정과 외교에 불간섭 원칙을 내세우며 조선 문제에 개입하지 않았다. 그러나 일본이 유구를 병합하고 러시아의 남진정책이 뚜렷해지자 조선 문제에 대해 새롭게 인식하기 시작하였다. 정일창은 「조진해방사의접條陳海

---

13 「造艦篇(上)」, 『淸末海軍史料』, 177쪽.
14 「籌款修理鎭海兵輪片」, 『奏稿』 卷66(『李文忠公(鴻章)全集』).

防事議摺」이란 상주문에서 일본의 조선 진출을 견제하고 러시아의 남하를 막기 위해 조선으로 하여금 서양 각국과 조약을 체결하도록 권고해야 한다고 주장했다. 이런 주장의 타당성을 인정한 총리아문은 이홍장으로 하여금 조선이 열강과 조약을 맺도록 권고하게 했다. 이홍장은 이전부터 연락을 취하고 있었던 전 영의정 이유원李裕元에게 편지를 보내 조선과 서구열강, 특히 미국과의 조약체결을 권유하면서 조선 외교에 개입하기 시작했다.

1880년대 청은 조선을 보호하여 만주지역의 안전을 유지한다는 기본적인 외교 전략과 동북아 정세의 급격한 변화에 따라 조선과의 공문서 연락체계를 기존의 예부 관할에서 이홍장 및 일본 주재 중국 공사가 직접 조선 문서를 처리하고 그 결과를 총리아문에 보고하는 방식으로 바꾸었다. 이에 따라 이홍장은 조선 사무를 처리하는 실질적인 책임자가 되었다. 이홍장은 일본 주재 중국 공사 하여장과 상의하여 조선이 일본의 독점물이 되는 것을 방지하려는 계산 아래 각국에게 조선 문호를 개방할 것을 결정하였다.[15] 이홍장의 지시에 따라 북양수사 제독 정여창의 인솔 아래 병선에 북양영무처北洋營務處에 있던 마건충[16]을 태워 조선에 가서 조미조약을 체결하는 것을 도와주도록 했다. 이에 1882년 5월 7일 정여창은 군함 초용·양위·진해 3척에 마건충을 싣고 연대를 떠나 인천으로 향하였다.[17] 미국 공사 슈펠트R. W. Shufeldt도 다음 날 연대를 떠나 인천으로 향했는데, 그는 이미 이홍장과 천진에서 만나 조미조약안의 대강을 마련하였다.

---

15 姜鳴,『龍旗飄揚的艦隊─中國近代海軍興衰史』, 三聯書店, 2002年, 112쪽.

16 李鴻章은 천진에 水師營務處를 세우고 馬建忠을 측근으로 두어 수사의 사무 처리를 담당하게 했다. 당시 마건충은 프랑스에서 유학하고 영어도 가능한 엘리트로 근대적 해군건설을 제안한 것으로 유명했다. 제안의 요점은 지역에 따라 분립해 있던 수사를 통일하고, 전문가집단으로 하여금 근대적 해군을 양성하는 계획을 실행하는 것이었다(歐陽跃峰,『李鴻章幕府』, 岳麓書社, 2001年, 380∼392쪽 참고).

17 고종 19년 3월 21일: 청 후선도 馬建忠, 통령북양수사기명 제독 丁汝昌은 군함 威遠·揚威·鎭海를 이끌고 인천부 虎島에 정박하다(『通文館志』 12, 최광식 외 4명,『한국해양사 자료집』 제4권 근현대편, 해상왕장보고기념사업회, 2004년, 638쪽, 이하『한국해양사 자료집』 4으로 약칭).

당시 조선에 파견된 마건충은 조미통상조약의 교섭 과정에 관여하고 조선 측 대표의 조약문 기초에 중요한 역할을 담당하였다. 마건충이 입회한 가운데 1882년 5월 22일(고종 19년 4월 6일) 조선과 미국의 전권대표가 제물포에서 조미수호통상조약을 조인하였다. 조미회담 과정 중 진해호가 보고서를 가지고 중국으로 돌아가 회담의 상황을 알렸다. 당시 조선과 청 사이에 아직까지 전신이 연결되지 않았기 때문에 이런 방식으로 소식이 오고갔다.[18] 하지만 바닷길로 불과 하루 이틀 만에 조선과 청 사이를 오갈 수 있다는 사실은 과거 육로를 통해 연락을 주고받은 것에 비하면 혁명적인 변화였다.

중국 주재 영국 공사 토머스 워디Thomas Wade는 조미조약의 성립소식을 듣고 이홍장에게 이와 유사한 조약을 체결할 수 있도록 요청하였다. 이에 따라 북양대신의 도움을 받아 영국 동아시아함대 해군 제독 윌스G. Willes는 군함 2척을 이끌고 제물포로 가서 조선과 조약 문제를 논의하였다.[19] 조선에 대한 영국의 최대 관심은 러시아의 남하정책이 장차 자국에 어떤 영향을 미치는가 여부였다. 영국은 처음에는 미국과 같은 내용으로 조약을 체결하겠다고 말했으나, 회담이 진행되는 과정에서 약속을 번복하고 조미조약 14조 내용 말고도 몇 개 조항을 덧붙이려 했다. 그중에는 영국 군함이 조선에 정박할 수 있도록 거문도를 정박지로 지정할 것을 요구하는 내용도 있었지만 거절당했다. 6월 6일 조선과 영국은 「조영수호통상조약」을 체결하였다. 조미·조영 조약이 마무리되자 정여창과 마건충은 군함을 이끌고 중국으로 귀환하였다.[20]

곧이어 1882년 6월 중순 독일 특명전권대사 브란트M. Brandt가 2척의 배

18 1882년 5월 31일에도 揚威號가 보고서를 가지고 연대로 돌아갔다가 6월 4일 다시 조선으로 돌아 왔다(姜鳴 編著, 『中國近代海軍史事日誌(1860-1911)』, 三聯書店, 1994년, 92쪽, 이하 『中國近代海軍史事日誌(1860-1911)』로 약칭).

19 『高宗實錄』, 고종 19년 4월 11일(『한국해양사 자료집』 4, 391쪽).

20 같은 시기 천진 주재 프랑스 영사 C. Dillon이 군함을 타고 인천에 와서 선교와 통상 문제를 논의하였다(『中國近代海軍史事日誌(1860-1911)』, 93쪽).

를 이끌고 인천 월미도에 도착하여 조약을 맺고자 했다. 독일 역시 조미조약 체결소식을 듣고 북양대신에게 도움을 요청하였다.[21] 조선과 독일 간 통상을 담판하는 데 조선 국왕이 자문을 요청하자 정여창과 마건충은 다시 북양수사의 위원호를 이끌고 조선에 왔다.[22] 곧이어 순양함 초용과 양위 2척도 인천에 도착하였다.[23] 며칠간 논의 끝에 6월 30일 조선과 독일은 「조독수호통상조약」을 체결하였다. 그 후 정여창과 마건충은 다시 군함을 이끌고 중국으로 귀환하여 열강과의 통상조약 체결을 마무리하였다.[24]

(2) 첫 번째 대외 군사행동: 임오군란

1882년 6월 9일 조선에서 임오군란이 발생하여 분노한 사병과 군중들이 일본 공사관을 습격하자 일본 공사 하나부사 요시모토花房義質는 인천을 통해 일본으로 도피하였다. 임오군란이 발생한 시점은 조미조약이 체결된 지 겨우 두 달이 지나고, 또한 이홍장이 모친상으로 천진을 떠나 고향으로 간 지 40여 일 지난 때였다. 그리고 조선에 아직까지 청의 대표부나 통신망이 설치되지 않았기 때문에[25] 청조가 임오군란에 관한 보고를 처음 받은 것은 사건이 발생한 일주일 후인 8월 1일 및 2일 자 일본 주재 중국 공사 여서창黎庶昌의 전보에 의해서였다.[26] 7월 말 일본은 조선에 파병하여 정치적 간섭

---

21 『高宗實錄』, 고종 19년 5월 7일(『한국해양사 자료집』 4, 392쪽).
22 고종 19년 5월 8일: 청 후선도 馬建忠, 통령북양수사기명 제독 丁如昌 등이 군함 威遠호에 탑승하여 인천부 월미도에 도박하다. 이는 직례총독서리 張樹聲의 명에 의하여 본국과 독일 간의 조약을 도와주기 위해서이다(『高宗實錄』(『한국해양사 자료집』 4, 631쪽)).
23 같은 시기 남양수사의 登瀛洲號가 같이 와서 조선의 海道를 고찰했는데, 조선 정부는 등영주호의 管帶 등 대표단이 한성을 방문할 것을 요청하였다.
24 『中國近代海軍史事日誌(1860–1911)』, 93쪽.
25 청은 1885년에 이르러서야 조선과 청 사이에 전선을 가설했다. 청은 의주–평양–서울–인천에 이르는 천 여리의 통신망을 1885년 6월부터 10월까지 가설하였다.
26 「總署收署北洋大臣張樹聲函—附件 1, 2」(1882년 8월 2일, 光緒 8년 6월 19일)(中央研究院近代史研究所 編, 『淸季中日韓關係史料』, 中央研究院近代史研究所, 1972年, 734쪽, 이하 『淸季中日韓關係史料』으로 약칭).

할 것을 결정하였다. 여서창이 본국에 보낸 전보에서는 대일 강경노선을 주장하며 이번 조선위기를 해결한 다음 조선을 직접 통제할 것을 제안하였다. 이때 이홍장은 고향인 합비에 머물고 있었으며, 장수성張樹聲[27]이 직례총독 겸 북양대신 서리를 맡고 있었다.

장수성은 안휘 합비 출신으로 이홍장과 동향이며 회군계열 중 이홍장을 제외하면 가장 영향력 있는 인물이었다. 그는 이홍장이 물러난 후에 후계자가 될 가능성이 큰 인물이었지만 두 사람 간에는 미묘한 긴장관계가 있었다. 비록 장수성이 임시로 이홍장을 대신해 임시총독을 맡고 있었지만 직례총독아문은 모두 이홍장의 사람들로 포진해 있었다. 임오군란은 장수성이 단숨에 두각을 나타낼 수 있는 절호의 기회였다. 8월 2일 장수성이 병선을 파견해 반란 책임자에게 책임을 물을 것을 요청하는 공문을 총리아문에 보내자, 8월 6일 총리아문은 그에게 즉각 병선을 조선에 파견하도록 했다.[28] 다음 날 장수성은 수륙 양군을 조선에 보내는 데 문제가 있으면 남양대신과 상의하도록 하고, 초상국의 윤선으로 육군을 실어 신속하게 이동하도록 지시했다. 또한 정여창과 마건충이 수시로 상의하면서 일을 재빨리 처리하도록 했다. 장수성은 북양수사의 군함출동 계획을 곧바로 실행하는 한편 이홍장이 천진으로 돌아오도록 연락하였다. 또한 천진해관도天津海關道 주복에게 명하여 중국에 파견 온 조선 관원 김윤식金允植, 어윤중魚允中을 불러 조선정세의 이해를 돕는 설명을 하도록 했다. 주복은 여러 차례 김윤식을 만나 조선의 권력투쟁 현황과 대원군에 관한 정보를 얻었으며, 김윤식은 청군의 진군로와 식량, 연료의 공급방법은 물론 대원군을 체포하는 방법까지 알려 주었다. 이 군사작전을 추진한 이홍장의 핵심 막료인 원보령袁保齡,[29] 마

---

27 진순신,『청일전쟁』, 세경, 2006년, 24쪽.

28 「總署發署北洋大臣張樹聲函」(1882년 8월 6일, 光緒 8년 6월 23일)(『淸季中日韓關係史料』, 753쪽).

29 袁保齡은 청 말 정계에서 보기 드물게 청렴하고 책임감과 업무능력이 뛰어난 사람이었다. 李

건충, 주복 등은 모두 대일 강경파였다.

정여창은 등주에 도착해서 산동군무를 주지하던 광동수사 제독廣東水師
提督 오장경吳長慶과 조선 문제를 협의하였다. 오장경은 안휘성 출신으로
회군계열 경군慶軍의 우두머리였는데 독자적인 행보를 걸어 이홍장과는 사
이가 그리 좋지 않았다. 당시 광동수사 제독으로 임명받았으나 임지로 떠나
지 않고 여전히 산동에 거주하며 군무를 담당하고 있었다. 오장경은 최측
근 막료인 장건과 천진에 가서 장수성과 조선출동계획을 세웠는데, 이들 대
책의 핵심은 신속하게 군란을 진압하는 것이었다. 회담 후 오장경과 장건은
윤선을 타고 등주로 돌아가 명령을 기다렸다. 오장경 부대는 연대 부근에
주둔하고 있었기 때문에 군사출동은 신속히 이루어질 수 있었다.[30] 한편 8
월 9일 마건충은 정여창이 인솔하는 군함 위원·초용·양위 3척에 동승해 연
대에서 조선으로 출발해 다음 날 인천에 도착하였다.[31]

청이 군함을 나누어 인천에 도착할 무렵 일본도 군함 닛신日進, 아마기天
城, 곤고金剛, 히에이比叡 등을 인천에 파견해 놓은 상태였고, 군함 이와키磐
城호는 이미 조선 해안을 순시하고 있었다. 마건충은 정여창에게 일본 측의
정보와 어윤중의 정보에 기초해 단시간 내에 반란의 우두머리인 대원군을
체포할 것을 제안하였다. 이에 정여창은 주변 정황을 고찰한 후 위원호 편
으로 천진으로 돌아와 장수성에게 대책을 보고하였다.[32] 당시 청조는 임오
군란의 책임자는 대원군이라고 판단하고 장차 왕비와 대신 다수를 해칠 것

　　鴻章이 북양해방을 맡았을 때 직례에 가서 해방업무를 담당하였다.

30　姜鳴,『龍旗飄揚的艦隊—中國近代海軍興衰史』, 三聯書店, 2002年, 114쪽.

31　고종 19년 6월 27일: 청 후선도 馬建忠, 통령북양수사기명 제독 丁如昌이 군함 威遠·超勇·揚
　　威를 거느리고 인천부 월미도에 도착하다『陰晴史』(下)(『한국해양사 자료집』 4, 638쪽)].

32　고종 19년 6월 29일: 청 통령북양수사 제독 丁如昌은 본국에 조치 상황을 보고하기 위해 군함
　　威遠을 타고 천진을 향한다. 도원 馬建忠은 통령 정여창을 통해 직례총독서리 張樹聲에게 글
　　을 올려 속히 해군과 육군을 파견하여 본국 수도에 들어와 반란의 우두머리를 체포할 것을 청
　　하였다[『從政年表』(『한국해양사 자료집』 4, 639쪽)].

이라고 생각하였다. 마건충은 초용호의 관대 임태증林泰曾과 양위호의 관대 등세창鄧世昌과 함께 인천에서 대기하고 있었다. 조선 주재 일본 공사 하나부사 요시모토를 태운 메이지마루明治丸 등 3척의 일본 군함이 인천에 도착하는 등 열흘 동안 일본은 인천에 모두 7척의 군함과 1개 영營의 육군을 증파하여 나날이 긴장이 고조되었다. 이 무렵 이홍장은 고향에서 천진으로 돌아오자마자 수륙 각 군의 상황을 점검하였다.

　1882년 8월 15일 정여창이 장수성의 명을 받아 위원호를 타고 천진에서 등주로 가서 오장경부대와 동행하였다. 초용과 양위는 일본군과의 충돌을 피해 인천이 아닌 남양부 마산포(인천에서 27킬로 남쪽에 위치한 남양만의 포구)로 이동하여 정박하였다. 마산포는 청 수사가 인천과 더불어 자주 이용한 항구로, 이곳은 청군만이 특별히 사용한 전략적 요충지였다. 8월 20일 오장경과 정여창이 인솔하는 경군 6영 3,000명이 위원과 초상국 소속 일신日新, 진동鎭東, 공북拱北, 태안泰安 등 5척의 배에 나누어 타고 마산포로 와서 초용, 양위와 합류하였다. 이 가운데 초상국의 진동호와 일신호 등은 병사를 실었고, 태안호에는 식량과 무기를 실었다.[33] 8월 26일 오장경, 정여창, 마건충, 원세개[34] 등은 한성에 진입하여 군란의 이유를 물어 대원군을 전격 체포하고 정여창의 호송 아래 비 오는 밤 120리를 행군해 다음 날 새벽 마산포에 도착하였다. 정여창은 곧바로 등영주호에 대원군을 태워 천진

33　고종19년 7월 7일: 앞서 청국 서리직례총독 張樹聲은 방판산동군무광동수사 제독 吳長慶에게 명하여 慶軍 6영을 인솔하여 본국에 오게 하다. 오 제독은 휘하의 군사를 초상국 기선에 나누어 태우고 통령북양수사 제독 丁汝昌과 함께 군함 威遠에 탑승하고서 이날 남양부 마산포에 도착하였다. 영선사 金允植도 역시 같이 귀국하였다[『陰晴史』(下)(『한국해양사 자료집』4, 640쪽)].

34　오장경 막부 중에는 장건 말고도 23세의 청년 袁世凱(원보령의 조카)가 있었다. 그는 1년 전에 등주의 오장경 군대에 들어 慶軍營務處에서 일하고 있었다. 원세개는 조선에 도착한 다음 날 새벽 군사 500명을 데리고 한성으로 갔고, 오장경도 대군을 이끌고 뒤이어 출발하였다. 보통 임오군란에서 원세개의 이름은 잘 등장하지 않지만 실제로는 중요한 역할을 하였다.

으로 압송하였다.[35] 청은 조선 측에 북양수사를 통솔하는 정 제독이 잠시 대원군과 함께 바다를 건널 것이라고 알렸다.[36] 그 후 황제의 명령으로 대원군을 직례 보정부에 안치하고 귀국을 허락하지 않았다.

당시 초용과 양위 두 척의 순양함은 조선 연해를 순항하며 일본 해군을 견제하였다. 이 두 척 군함의 주포는 일본 해군의 주력인 이등 철갑함 후소扶桑호의 장갑을 뚫을 수 있도록 설계되었다. 청조는 임오군란을 진압하는 과정을 통해 신식 군함의 가치를 충분히 느낄 수 있었다.[37] 군란을 평정한 후 9월 4일 정여창은 각 함선을 이끌고 귀국길에 올라 연대를 거쳐 천진으로 돌아갔다. 하지만 오장경 부대는 잠시 조선에 남아 사태가 진정되기를 기다렸다. 청조는 군란을 진압하는 데 북양수사가 신속하게 행동한 것에 크게 만족했으며, 이 과정에서 이홍장과 장수성이 중요한 역할을 한 것을 높이 평가하였다. 그리고 나머지 사람들에게도 노고를 치하했는데, 특히 정여창은 직례천진진총병直隸天津鎭總兵으로 임명되어 사실상 북양수사의 책임자가 되었다.[38] 북양함대가 추진한 이 군사작전은 신식 해군으로 편제가 바뀐 후 처음 실행한 대외군사행동으로 해군의 신속한 기동력을 충분히 보여주었다. 이 사건은 조청관계에 큰 변화를 몰고 왔다.[39]

---

35 馬建忠,『東行三錄』, 68쪽.
36 "청 제독 오장경, 정여창, 도원, 마건충 등이 雲峴宮으로 대원군을 往拜하다. 이어 대원군은 당일 성외의 淸營으로 오장경 등을 답방하다. 이 자리에서 마건충은 대원군을 장내에 머물게 하고는 이번 정변의 사유를 힐책하고 이어 兵輪을 타고 천진에 가서 조정의 처치를 기다려야 한다고 말하고 강제로 정 제독과 함께 대원군을 乘輿에 태우고 남양부 마산포로 향하였다"(『高宗實錄』, 고종 19년(광서 8년) 7월 13일(『한국해양사 자료집』4, 329쪽)). 『朝鮮王朝實錄』에서는 거의 유일하게 이 날짜의 기사 중에서 北洋水師라는 명칭이 등장하고 있다.
37 陳悅,『北洋海軍艦船志』, 山東畫報出版社, 2009年, 48〜49쪽.
38 姜鳴,『龍旗飄揚的艦隊－中國近代海軍興衰史』, 三聯書店, 2002年, 115쪽.
39 1883년 1월 26일 左宗棠이 상주문을 올려 조선에서의 사변이 이미 진정되었으니 조선에 간 남양수사의 登瀛洲號 등 병선을 남양에 돌아오도록 요청하였다. 3월 16일 李鴻章은 남양의 병선 두 척은 이미 돌아왔고, 등영주호만 잠시 조선해구를 순시하며 머무르고 있다고 보고했다(『中國近代海軍史事日誌(1860-1911)』, 98쪽).

그 후 일본은 조선과 「제물포조약」을 체결하여 임오군란으로 인한 배상금을 받기로 하고 공사관 호위를 위한 병력을 두기로 했다. 이 과정에서 청은 조선의 재정위기를 해소하는 방법과 바다를 통한 통상문제 등을 논의하기 시작했다.[40] 그 결과 양국 간 「조청상민수륙무역장정」을 체결하여 조청 간의 새로운 경제적, 군사적 협력관계를 맺었다.

2. 북양수사와 조선해방정책

(1) 장패륜과 이홍장의 조선해방론

임오군란 이후 조선에 군대를 주둔시킨 청은 정치적, 군사적 압력을 가하면서 합법적으로 종속관계를 공고히 하고자 조선과 「조청상민수륙무역장정」(1882년 10월 4일, 이하 「조청무역장정」으로 약칭)을 체결하였다. 「조청무역장정」에 포함된 규정은 상대국 개항장에 각기 상무관을 주둔시킨다는 것과 중국이 조선에서 치외법권을 갖는다는 것, 청 상인이 한성에 거주하면서 무역할 수 있는 권리가 있다는 것, 청 상선의 조선 개항장 출입이나 호혜적인 근해어업을 허용한다는 것, 식량 및 용수 공급을 위한 어선의 해안 정박을 허용한다는 것 등 종속국에게 시혜를 베푼다면서 한편으로 청의 특권을 명문화한 것이다. 그런데 이 장정의 제7관 중에는 해군수사와 관련한 내용도 담고 있어 주목할 만하다. 제7관의 내용은 아래와 같다.

두 나라의 역참 도로는 이전부터 책문(국경)을 경과했으므로 이 육로로 오가는 데 매우 부담스러웠고 비용이 많이 들었다. 지금 바다에 관한 금령이 해제

---

40 「總署收署北洋大臣李鴻章函」(1882년 9월 19일, 光緒 8년 8월 8일, 『淸季中日韓關係史料』, 554쪽).

되었으니 자체의 편의에 따라 뱃길로 왕래하는 것을 승인한다. 오늘 조선에서
는 군사용 윤선이나 상업용 윤선이 없으므로 조선 국왕은 북양대신에게 제기
해 잠정적으로 초상국의 윤선을 달마다 한 번씩 정기적으로 내왕하도록 하며,
조선 정부에서는 배의 마모금으로 약간의 금액을 덧붙이도록 한다.

　이 밖에 중국의 군함이 조선의 바다 기슭에 와서 순행하는 동시에 각 지방의
항구에 정박해 방어를 도울 때 지방 관청에서 공급하던 것을 일체 취소한다.
식량을 사는 것과 운행비용은 모두 군함이 자체로 마련하며, 해당 군함의 병선
관리관[管駕官] 이하 사람들은 조선 지방관과 평등한 예의로 상대하며, 함장은
성원들이 해안으로 올라가는 것을 엄격히 단속해 조금이라도 소란을 피우거나
사건을 일으키는 일이 없도록 한다.[41]

　「조청무역장정」 제7관은 먼저 청과 조선 간에 오랜 시간 지속되었던 해금
정책의 폐기를 선언하고 있다. 그리고 초상국 윤선의 정기항로 개설을 통해
양국 간 왕래를 언급하고 있다. 다음 단락에서는 청 군함 파견과 관련한 모
든 비용은 청이 부담하며 수병이 조선에서 소란을 일으키는 것을 금지하는
등 우호적으로 기술하였다. 그런데 「조청무역장정」은 다소 급조된 것으로
공식적인 조약이라기보다는 일종의 협정에 가까웠는데, 그런 까닭에 해군
관련 내용도 독립된 조항으로 만들어지지 않아 그다지 중요하게 여겨지지
않을 수도 있다. 하지만 그 이면에는 청 병선의 조선 연해 및 항구 자유왕래
권, 청의 조선해방 담당, 청 병선 관리관의 인천 파견 등 3가지 중요한 내용
이 담겨 있었다.

　기존 연구에 따르면[42] 첫째, 청 병선의 조선 연해 및 항구 자유왕래권과
관련해, 청은 자국의 군함을 조선의 연해와 어떤 항구에서나 항해, 정박할

41 「朝清商民水陸貿易章程」(최덕수 외 지음, 『조약으로 본 한국근대사』, 열린책들, 2010년, 116쪽).
42 김정기, 「兵船章程의 强行(1882.2)에 대하여」, 『한국사연구』 24호, 1979년, 63~65쪽.

수 있는 병선조항을 조선에 요구하였다. 당시 구미열강이 약소국에 대해 일방적으로 만들어 놓은 침략적 성격의 이런 병선조항을 청도 열강이나 일본보다 앞서 조선에 적용한 것이다. 이런 군함의 자유왕래권은 오래지 않아 열강들에 의해 균점되었다.[43] 둘째, 청의 조선해방 담당과 관련해, 윤선 한 척조차 없었던 조선은 북양수사의 군사적 보호 아래서 점진적 근대화를 시도하는 정책을 채택하였다. 결과적으로 조선의 해방은 불가능해지고 조선은 북양수사의 최전선이 되었다. 셋째, 청 병선 관리관의 인천 파견과 관련해, 인천에 대한 청의 지속적인 관심은 그곳이 전략적인 요충지이기 때문이었다. 조문에는 청이 개항장, 특히 인천에서 청 군함 출입과 관련한 제반문제를 처리할 청 해군장교의 파견을 암시하는 구절이 있다.[44] 해군장교의 인천 주둔은 곧 인천에서 청 군함의 장기간 체류를 인정하는 병선의 정박권을 보장하는 것이다. 실제로 1885년 8월 인천에 북양수사의 병선과 병선 관리관이 파견되었는데, 관리관의 임무는 주로 물품 구입과 병사들의 소요 방지에 있었다. 그가 조선의 지방관과 동등한 지위를 가진다는 권리는 다른 나라에서는 좀처럼 찾아보기 힘든 특권이었다. 인천에 주재한 청군의 규모는 분명하지 않으나 적어도 1894년까지 유지된 듯싶다. 이처럼 「조청무역장정」 제7관의 군사조항은 청일 양국 군대의 공동철수 후 한반도에서 중국의 힘의 공백을 메워 주는 핵심이 되었다.

청은 조신 국왕이 북양대신에게 요청하면 중국 병신을 출항시켜 조선 연해를 방위한다는 내용을 삽입하면서 조선연해방위책을 실천에 옮기기 시

---

43 1883년 7월 25일 조인된 「朝日通商章程」의 제32관이나 같은 해 11월 16일에 조인된 「朝英修好通商條約」의 제8관 등에도 병선의 자유왕래권이 반영되었다.

44 "군함의 병선 관리관[管駕官] 이하 사람들은 조선 지방관과 평등한 예의로 상대하며…"이란 구절에 청이 개항장, 특히 인천에서 청 군함의 출입과 관련한 제반문제를 처리할 북양수사의 장교 파견을 나타냈다는 것이다. 실제로 『淸案』 1에 실려 있는 「인천 해관의 중국 선원조사에 관한 항의」나 「천진에 인원을 급파하는 일 및 청국 병선의 차출요청」 등의 기사를 통해 보면 이런 상황을 알 수 있다(김정기, 「兵船章程의 强行(1882.2)에 대하여」, 『한국사연구』 24호, 1979년, 65쪽).

작하였다. 1880년대 조선은 증기기관과 신식무기로 무장한 한 척의 군함도 보유하지 않았기 때문에 해군력이 너무나 미약하였다.[45] 그래서 정부 일각에서는 조선의 해양방위를 아예 청에 위탁하고, 청이 조선해방을 대신하는 기간을 활용해서 국가경제를 부흥시킨 후 서양과 같은 신식함대를 편성하자는 주장이 나왔다.[46] 최소의 비용으로 해방체제를 구축하는 이른바 북양수사의 우산 속으로 들어가는 정책을 취한 것이다. 이것은 청이 조선의 해방을 대신 담당하기로 약속했던 「조청무역장정」이 맺어진 후 1884년 1월 기연해방영畿沿海防營의 설치로 가시화되었다. 기연해방영의 목적은 "조선의 해양을 지키는 청의 경비선을 뚫고 이양선이 조선의 연해에 접근했을 때 조선은 연안포로 그들의 근접을 격퇴시킨다"는 구상이었다.[47]

청 역시 조선 해방을 담당할 능력이 있다는 사실을 강조하면서 동시에 조선의 해방능력을 향상시키는 데 도움을 주겠다고 했다. 1880년대 인천과 마산포에 출입한 군함 수는 청이 일본을 대략 4~5배 수준으로 압도하였다. 상선의 경우 일본이 청을 압도한 것과 큰 차이를 보인다. 특히 마산포는 앞서 언급했듯이 청 군함만이 정박하는 미개항 항구로, 인천 못지않게 조선 진출의 거점이었다. 청은 태안·진해·조강[48] 등을 인천과 마산포에 정기적으로 파견한 듯하다. 이 군함들은 모두 북양함대 소속으로 100마력 내외의 운송선이나 포선이었다. 그 외에 다양한 북양수사 병선들이 수시로 조선의

---

45 장학근, 「구한말 해안방위책」, 『사학지』 19호, 1985년, 93쪽.
46 『閔忠正公遺稿』 卷二, 千一策 兵船條(장학근, 「구한말 해안방위책」, 『사학지』 19호, 1985년, 105쪽 재인용).
47 김성준, 『배와 항해의 역사』, 혜안, 2010년, 190쪽.
48 操江號는 북양해방에 투입되어 순시선의 역할을 하다가, 점차 북양에 신식 군함이 많아지면서 운송이나 통신과 같은 임무를 수행하였다. 1894년 조선에서 동학농민운동이 폭발하자 조강호는 인천에 파견되어 통신 등의 임무를 수행하였다. 특히 풍도해전의 高陞號 사건과 관련이 깊은데, 이때 일본 해군에 노획되어 일본으로 끌려갔다(陳悅, 『近代國造艦船志』, 山東畫報出版社, 2011年, 290~293쪽).

바다를 순행했는데, 남양수사의 배도 드물게나마 나타난다.[49]

　1883년 7월 이홍장은 김윤식에게 청의 군함이 통상개항장의 장정에 구애받지 않을 권리를 「조청무역장정」에 삽입할 것을 종용하였다. 함선에 적재한 화물에 대해 해관이 조사하는 것을 면제해 달라는 것이었다. 이 경우 청의 군함이 밀수행위를 자유롭게 할 여지가 있었다. 실제로 청의 상선이 일본에 비해 수송력이 절대 부족한 까닭에 함선을 이용해 밀무역을 합법화하려 한 측면이 있었다.[50] 1885년 12월 청 군함을 타고 온 청 상인이 조선 해관에서 난동을 부리며 해관원을 구타한 사건이 있었다. 이 군함은 인삼 밀수혐의를 받고 있었는데, 청의 관리는 군함이기 때문에 수색할 수 없다고 하였다. 결국 조선 해관의 항의는 무시되었다.[51]

　훗날 원세개는 「병선왕래상하장정兵船往來上下章程」 6항(1886년 4월)을 조선에 강요해 북양수사가 조선정책을 효율적으로 전개할 수 있도록 시도하였다. 동시에 이를 통해 청 군함을 이용한 밀무역을 합법화하고자 했다. 비록 곧바로 시행되지 못했지만 개정안인 「병선왕래상하장정」 5조(1888년 2월)를 만들어 끝내 관철시켰다. 그 핵심 내용은 "병선의 왕래와 수병의 상선과 하선은 해관의 간섭을 받지 않는다"[52]는 첫 조항에 나와 있다. 이것은 청 군함의 조선 연해 항구의 자유왕래권만을 명시했던 「조청무역장정」 제7관의 군사조항을 보강한 것이다. 비록 범죄자의 경우는 예외라는 단서를 달고 있지만, 사실상 병신에 상신하거나 하신할 때 수병의 밀수혐의를 조사할

49　김정기, 「兵船章程의 强行(1882.2)에 대하여」, 『한국사연구』 24호, 1979년, 80쪽.

50　장학근, 「구한말 해안방위책」, 『사학지』 19호, 1985년, 102~103쪽.

51　이 사건은 청에까지 알려져서 본국의 훈령을 받은 원세개가 태도를 바꾸어 난동을 일으킨 청 상인 6명을 강제 퇴거시키면서 마무리되었다(구선희, 『韓國近代 對淸政策史 硏究』, 혜안, 1999년, 209쪽).

52　「兵船往來上下章程」, 『淸案』 1, 고종23년 2월 29일(權赫秀 編著, 『近代中韓關係史料選編』, 世界知識出版社, 2008年, 41쪽 재인용).

수 있는 조선 해관의 수사권을 부정한 것이었다.[53] 원세개는 수사를 이용한 밀수를 통해 상당한 정치자금을 만든 듯싶다. 주요 품목은 청에서 조선으로 는 아편을, 조선에서 청으로는 인삼을 밀거래했는데, 전혀 세금을 물지 않 았으므로 그 이익은 막대했다고 전한다.[54]

임오군란이 발생했을 때 한림원翰林院의 장패륜張佩綸[55]이란 인물이 동정 책東征策을 상주한 적이 있었다. 당시 동정책은 이 기회에 조선으로 군대를 파견하여 임오군란을 진압한 다음 일본에도 원정군을 보내어 유구를 다시 빼앗고 일본을 응징하자는 내용이었다.[56] 이것은 조선을 암묵적으로 중국 의 속방으로 만들자는 것이었다. 장패륜의 동정책에 대해 이홍장은 해군이 아직 준비되지 않아 바다 건너 원정하는 것은 좋은 계책이 아니라고 평가하 였다.[57]

장패륜은 1882년 10월 29일 다시 「조선선후사의朝鮮善後事宜」를 썼는데, 이상정리商政, 예병권預兵權, 구왜약救倭約, 구사선購師船, 방봉천防奉天, 쟁 영흥爭永興 등 6개 항목이었다.[58] 이에 대해 이홍장은 11월 15일에 올린 상

---

53 김정기, 「兵船章程의 强行(1882.2)에 대하여」, 『한국사연구』 24호, 1979년, 75쪽.

54 청일전쟁 이후 맺어진 「韓淸通商條約」(1899)은 양국이 대등한 관계에서 맺어진 조약으로 알려 져 있다. 이 조약 제13관의 해군 관련 조항도 대체로 공평한 내용을 담고 있지만, 청의 관점에 서 보면 유일하게 외국 군함 가운데 한국의 군함만을 비통상항구에 들어올 수 있도록 허락하고 있어 여전히 양국의 특수한 관계를 반영하는 측면이 없지 않다.

55 張佩綸은 직례성 출신으로 1870년 22세에 거인이 되었고, 다음 해에 진사가 되었다. 광서 초년 에 북경 정치무대의 풍운아로 1875~1884년간 무려 127건의 상주문을 올렸는데, 그 가운데 3 분의 1의 상주문이 탄핵과 직간이었다. 그러나 청류파인 장패륜은 李鴻章을 공격하지 않았는 데, 그의 아버지 張印塘이 태평천국 진압시기 이홍장과 친분이 있었기 때문이다. 1880년 4월 장패륜은 이홍장의 요청으로 천진 직례총독아문에 와서 얼마간 머무르면서 해군건설문제 등을 토론하고 주변 포대를 구경하였다. 장패륜은 이홍장 막부에 들어가지는 않았으나 그와 가까운 관계를 유지하였다(姜鳴, 『龍旗飄揚的艦隊—中國近代海軍興衰史』, 三聯書店, 2002년, 104~ 105쪽).

56 「總署收上諭」(1882년 9월 28일, 光緖 8년 8월 17일, 『淸季中日韓關係史料』, 565쪽).

57 진순신, 『청일전쟁』, 세경, 2006년, 75~77쪽.

58 「157. 右庶子張佩綸奏星象主兵請修德講武摺」(1882년 10월 29일, 光緖 8년 9월 18일), 『淸光 緖朝中日交涉史料』卷4(臺北, 文海出版社, 1963년), 28~29쪽.

주문을 통하여 장패륜이 제기한 「조선선후사의」(6조)를 하나하나 논평하였다. 그 논의의 폭과 깊이는 임오군란 이후 조선 문제 및 조청관계에 대한 이홍장의 기본인식과 정책방향을 잘 보여 준다.[59] 장패륜의 주장과 이홍장의 견해를 비교 정리하면 다음과 같다.

첫째, 이상정리商政: 장패륜은 청에서 고위관리를 조선통상대신으로 파견하여 조선의 외교와 통상 관계를 총괄하면서 주둔군에 대한 군량 공급 문제를 해결할 것을 주장하였다. 이에 대해 이홍장은 과거에 이미 주일공사 하여장이 총리아문에 글을 올려 조선에 주찰판사대신을 파견해 내치와 외교를 주지할 것을 주장한 바가 있었다면서, 이번 장패륜의 주장처럼 조선으로 직접 통상대신을 파견하는 것은 조청 양국 간의 전통적 책봉조공관계 및 서양 각국과의 관계에 있어서 모두 문제가 될 수 있다고 했다. 물론 중국의 안전과 깊은 관련이 있는 조선에 대한 효과적인 정책을 강구해야 하지만, 그렇다고 조청 양국의 전통적인 관계의 기본 틀을 근본적으로 바꿀 수는 없다고 보았다. 여기서 이홍장은 "조선은 동삼성의 울타리이고, 조선이 위험하면 중국도 위급해진다"는 전통적인 관점을 드러내었다.

둘째, 예병권預兵權: 장패륜은 일본이 교관이나 무기를 통해 조선 국방에 관여하는 것을 막기 위해 먼저 군사 교관을 파견하고 양총을 대신 구매해 조선의 병권을 장악할 것을 주장하였다. 이에 대해 이홍장은 중국이 군사 교관을 파견하고 대신 무기를 구매해 주는 것은 이미 조선 측의 요청에 따라 진행 중인 일이라고 했다. 오장경 군대를 통해 군사훈련은 물론 대포, 소총, 탄약 등을 공급하고 있다는 것이다. 따라서 조선에 대한 군사적 지원과 통제를 강화해야 한다는 장패륜의 주장은 실행하고 있으므로 큰 문제가 없다고 보았다.

---

59 권혁수, 『19世紀末 韓中 關係史 硏究』, 백산자료원, 2000년, 111~112쪽; 구선희, 『韓國近代 對
    淸政策史 硏究』, 혜안, 1999년, 78~83쪽 참고.

셋째, 구왜(일)약救(日)約: 장패륜은 「제물포조약」에서 약속한 일본에 대한 배상금 50만 냥에 대해 청에서 임오군란의 배상금을 빌려주어 조선의 재정 곤란을 방지할 것을 주장하였다. 또한 일본 공사관의 호위 병력을 문제 삼았다. 이에 대해 이홍장은 이미 조선에 초상국을 통해 차관 50만 냥을 제공하여 재정난을 해소하도록 지원했고, 200명 남짓한 서울 주둔 일본군 병력은 위협적이지 않으며, 다음 해 봄 오장경의 경군을 철수할 때에도 일부 부대는 잔류할 것이라고 밝혔다. 위의 3개 항목에서 이홍장은 조선의 내정외교문제를 청조가 지나치게 관여할 경우 전통적 책봉조공관계와 부합되지 않을 뿐만 아니라 청에게도 상당한 부담이 될 것이라고 보았다. 다음의 3개 항목은 북양수사와 관련이 깊다.

넷째, 구사선購師船: 장패륜은 조선에 대한 군사전략을 육군에서 해군으로 전환하자는 주장을 폈다. 여기서 그는 "육군이 왕도王都를 수호함은 해군이 해구海口를 보호함만 같지 못합니다. 신하들에게 명령하여 신속하게 거액을 모아 쾌선(순양함) 2~3척을 건조하고, 북양에서 장령을 먼저 파견하며, 중국 해안의 장정을 초모하여 병사로 삼고 인천에 주둔시키면 적들을 막을 수 있을 것입니다"[60]라고 하였다. 비용이 들더라도 신식 군함 2~3척을 구입해 북양에 파견하여 인천항에 상주시키고 수사 일부를 주둔시켜 조선과의 연락을 도모하자는 것은 기존의 군사전략을 근본적으로 바꾸자는 것이었다. 이에 대해 이홍장은 비록 경비문제가 있지만 군함을 영국이나 독일에서 구입하거나 국내에서 만들어 장차 북양수사가 조선의 해안까지 수비하도록 하겠다고 밝혔다. 이 무렵 이홍장은 유럽에서 철갑선의 주문 제조를 추진했고, 강력한 수사를 건설해야만 베트남과 조선 및 일본에 대한 청조의 영향력을 한층 강화할 수 있을 것이라고 믿었다.

다섯째, 방봉천防奉天: 장패륜은 봉천일대는 청조의 발상지로 방위를 강화

---

60 「朝鮮善后事宜」 제4조(購師船).

해야 하는데, 조선은 날이 갈수록 사건이 많아질 것으로 보았다. 따라서 성경장군 휘하 주방팔기의 병력을 회군에 귀속시켜 통합지휘하자고 주장했다. 이에 대해 이홍장은 기존의 지휘체계를 조정하자는 요구는 현실적 문제를 고려해 반대하였다.「조선선후사의」가운데 특히 제5조 '방봉천' 항목에서는 이홍장의 조선정책의 핵심을 담고 있는 대목이 엿보여 주목할 만하다.

> "(이홍장이 말하기를) 당唐부터 명明까지 조선에 일이 있으면 항상 요심遼沈에서 병력을 보낸 것은 바다로부터 건너가는 병사가 없었기 때문입니다 … 오늘날 동서양의 윤선이 발전하여 하루에 천리를 갑니다. 조선의 형세는 삼면이 바다에 접해 있어서 수사가 더욱 적당합니다. 윤선은 연대煙臺에서 조선의 한강 입구까지 하룻밤이면 도달할 수 있고, 천진 대고大沽에서도 사흘이 걸리지 않습니다. 만약 요심에서 육로로 조선 왕성까지 가려면 반드시 20여 일이 소요되어 종종 일에 늦습니다. 조선을 방어하려면 반드시 병선을 추가하는 것이 핵심인데, 이는 시대의 변화에 따른 변통입니다"(제5조 防奉天)[61]

위와 같이 이홍장은 삼면이 바다로 둘러싸인 조선의 지리적 여건상 청의 육군보다는 해군실력을 강화하는 것이 조선을 방어하는 가장 적합한 방법이라고 강조하였다. 장패륜이 앞서 육군에 의한 한성지배보다는 북양수사에 의한 인천지배가 유리하다는 제안에 대해, 여기서 이홍장도 조선을 보호하기 위해선 반드시 수사가 필요한 것은 시대의 흐름라면서 그의 주장을 흔쾌히 받아들인 것이다. 장차 조선이 군제를 정비하여 스스로를 돌보고, 북양수사가 철갑선과 순양함을 구매해 배치한다면 조선 주변 바다의 안전은 지킬 수 있다고 하였다. 이런 사실은 해금의 해제와 동시에 조청관계의 기본적인 군사전략의 중요한 변화를 보여 준다.

---

61 「朝鮮善后事宜」제5조(防奉天).

여섯째, 쟁영홍爭永興: 장패륜은 일본뿐만 아니라 러시아도 조선을 탐내는데, 특히 조선 북부의 영홍만은 블라디보스토크와 달리 추운 겨울에도 바다가 얼지 않는 전략상 요지라고 하였다. 따라서 그는 러시아의 남침방지를 위해 영홍만을 보호할 것을 주장하였다. 이에 대해 이홍장은 러시아인들이 부동항을 탐내는 사실은 잘 알고 있지만 국제정세를 보면 러시아가 영홍만을 무력 점령할 가능성은 없다고 판단했다. 왜냐하면 영홍 주변의 원산항은 이미 통상항구로 여러 나라가 무역을 하고 있으므로 러시아가 함부로 할 수 없다는 것이다. 게다가 이미 오대징이 국경지역에서 병력으로 러시아를 압박하고 있다고 했다.[62]

장패륜은 「조선선후사의」에서 주로 군사적인 측면에서 조선지배책과 중국방위책을 제안하면서 이홍장과 오대징 등이 앞의 6가지 계획을 실행할 것을 요구하였다.[63] 이에 대한 이홍장의 답변은 실질적인 조선정책 책임자로서 북양수사를 중심으로 새로운 조청관계를 만들겠다는 전략구상을 잘 보여 주고 있다. 하지만 이홍장은 청의 기존 군사력으로는 일본과의 전쟁에서 승리를 장담하지 못한다고 보았다. 비록 청의 외해수사 규모가 일본과 수적으로는 비슷할지 몰라도 아직까지 군함의 성능이나 수병의 훈련 정도에서 뒤떨어진다고 보았다. 이런 이홍장의 생각은 자신의 권력기반인 북양수사를 전쟁의 위험에 노출시키고 싶지 않은 심리를 반영하고 있다. 실제로 청조수사의 전체 규모가 일본을 넘어서는 시점은 1880년대 후반에 이르러서였다. 그는 조선을 넘어 동아시아에서 청의 영향력을 유지하기 위해선 북

---

62 「議復張佩綸條陳六事折」(1882년 11월 15일, 光緒 8년 10월 5일), 『奏稿』 卷45(『李鴻章全集』, 時代文藝出版社, 1998年, 1755～1760쪽, 이하 『李鴻章全集』으로 약칭)

63 얼마 후 張佩綸이 총리아문대신이 되자 李鴻章은 총리아문 내 해군부를 설치할 때 그의 능력을 높이 평가해 이 기구를 주지하도록 적극 추천하였다. 장패륜은 훗날 이홍장의 딸과 결혼했으며 주전론을 굽히지 않아 면직되기도 했다. 청프전쟁 때 복건에 파견되었으나 프랑스 해군에 복건수사가 전멸하면서 유배되었다(歐陽跃峰, 『李鴻章幕府』, 岳麓書社, 2001年, 104～121쪽 참고).

양수사의 근대 해군으로의 발전이 반드시 필요하다고 믿었다.

(2) 두 번째 대외 군사행동: 갑신정변

1884년 6월 회판대신會辦大臣 오대징은 이홍장과 함께 여순·연대·위해위 등 북양함대의 주요 해군기지 및 부대를 시찰하면서 프랑스 해군의 공격 가능성에 대비하였다. 청프 간에 전운이 감돌자 이홍장은 북양에서는 초용과 양위 두 척만을 징발할 수 있다면서 나머지 함선은 소형이고 부실해서 적의 상대가 되지 못한다고 보고했다. 이에 따라 초용과 양위는 남양수사의 5척의 함선과 상해에 머물며 대만으로 출동을 준비하였다. 이때 조선에서 갑작스런 사건이 발생하였다. 1884년 12월 4일 한성에서 갑신정변이 일어나 급진개화파인 김옥균金玉均 등이 우정국 개국 경축행사 때 민영익閔泳翊 등을 살해하고 왕궁을 점령했으며, 다음 날 새로운 내각을 만들었다. 하지만 우의정 심순택沈舜澤이 청군 통령 오조유에게 도움을 청하자, 청군은 원세개의 통솔 아래 왕궁에 진입해 개화파를 지지하던 일본군을 축출하였다.

그런데 이홍장과 총리아문은 사건 발발 5일이 지난 12월 9일에야 갑신정변의 소식을 보고받았다. 이에 이홍장은 총리아문에 보낸 두 통의 전보에서 정변으로 인한 조선사태가 청프전쟁보다 더 심각하므로 조속히 군함을 출동시켜 일본의 침략음모를 저지하는 한편 고위 관원을 파견하여 직접 조사해 치리할 것을 긴의했다.[64] 다음 날 태안호가 조선에서 돌아와 청일 간 군사적 충돌이 있었다는 짧은 소식을 전했다. 이에 이홍장은 대만을 원조하기 위해 보낸 7척의 배를 돌려 정변을 진압하도록 요청하였다. 당장에 모두 움직일 수는 없으므로 우선 북양 소속 초용과 양위 2척을 돌아오도록 하고, 정여창이 군함을 인솔해 조선으로 가도록 명령하여 오조유와 함께 적을 상대하도록 했다. 그는 정여창, 원보령에게 전보를 보내 자국 수사가 일본 해

---

64 권혁수, 『근대 한중관계사의 재조명』, 혜안, 2007년, 265쪽.

군을 철저하게 방어해야 하며, 그들이 만약 수군을 공격하면 접전을 벌이되 절대로 먼저 공격하지는 말라고 하였다.[65]

이홍장은 12월 19일자 상주문에서 갑신정변에 대한 대책을 다음과 같이 건의하였다. 첫째, 오대징으로 하여금 즉시 신식소총으로 무장한 청군 400명을 거느리고 조선으로 가서 사건을 조사 처리케 한다. 둘째, 주로 난당들을 조사 처벌하되 일본과는 싸우지 않는다. 셋째, 여순·금주지역에 주둔해 있는 경군 방정상方正祥이 거느린 보병 1개 영을 먼저 북양수사의 군함 편으로 출동시켜 마산포에 주둔케 한다. 넷째, 정여창으로 하여금 초용과 양위 등 군함 2척을 이끌고 청군 1개 영과 함께 조선으로 출동하여 일단 마산포에서 정박 대기한다. 다섯째, 오조유, 원세개 등 조선 주둔 청군 지휘관들은 경거망동하지 말고 조사 처리를 기다리도록 지시한다 등이었다.[66] 이에 따라 1884년 12월 20일 밤 정여창의 인솔 아래 초용·양위·위원 3척의 배에 방정상이 인솔하는 경군 1개 영이 여순에서 조선으로 출발해 22일 마산포에 도착하였다. 그런데 이들이 도착했을 때 정변은 이미 평정되어 있었다. 정여창은 40여 명의 병력을 인솔하여 한성으로 들어가 오조유, 원세개 등에게 이홍장의 지시 내용을 전달하였다. 당시 한성은 평온했고 인천에는 2척의 일본 군함과 운송용 상선이 있었다.[67] 총리아문은 조선 상황이 아직 안정되지 않아 당장은 철군이 어려우므로 정여창 등이 주둔해야 하고 만약 청군이 오래 주둔할 경우 어떻게 할 것이지 오대징 등과 상의토록 지시했다.

같은 시기 이홍장은 여순의 원보령에게 전보를 보내 프랑스 쿠르베함대가 인천이나 항해 중 만나는 우리 선박을 공격할 것이라는 소문이 있으며, 프랑스가 이미 군함 2척을 인천 방향으로 보냈다고 하므로 왕래하는 윤선

65 『中國近代海軍史事日誌(1860-1911)』, 118~119쪽.
66 「會奏吳大澂赴朝鮮摺」, 『奏稿』卷52(『李文忠公(鴻章)全集』).
67 12월 31일 海鏡號가 조선에서 여순으로 돌아가 현지의 소식을 전하였다. 다시 1월 4일 泰安號가 여순에서 조선으로 왔다(『中國近代海軍史事日誌(1860-1911)』, 119~120쪽).

은 특별히 주의하고 여순의 경계도 강화하라고 지시했다. 증기택曾紀澤도 총리아문에 전보를 보내 프랑스 군함 2척이 조선으로 향했다는 소문이 있는데, 중국 선박을 습격할 수 있으므로 방비할 것을 알려왔다. 이처럼 갑신정변과 청프전쟁은 서로 맞물려 전개되고 있었다. 1885년 2월 이홍장이 총리아문을 통해 오대징에게 전보를 보내 프랑스 군함이 북양을 범할 수 있으니 초용·양위·위원 등으로 바다를 순시하고 여순으로 돌아와 방어하도록 했다. 이에 초용호 등이 여순으로 돌아오고 곧이어 진변鎭邊호도 돌아왔다. 그리고 오대징은 강제호를 타고, 병사들은 이운利運호와 보제普濟호를 타고 중국으로 귀국하였다.[68]

1885년 7월 이홍장은 상주문을 통해 총리아문과 상의해 조선에서 쌍방이 철군한 후, 정여창이 2척의 군함을 인천에 파견해 달마다 교체하며 바다를 순항하면서 적선의 동정을 살피겠다고 하였다. 고종에게 보낸 편지 중에는 "이제 잠시 귀국貴國에서 육군을 철수시키지만 곧 군함을 파견하여 인천에 주둔하며 순항할 것입니다. 만일에 따른 사변이 있게 되면 육군을 다시 파견할 것입니다"[69]라고 했다. 실제로 이홍장은 청군 철수 직후 인천항에 북양함대의 군함 3척을 순환배치함으로써 사실상 인천을 북양수사의 전진기지로 만들었고, 또한 조선의 해방권과 제해권을 장악하였다.[70]

임오군란과 갑신정변을 겪으면서 이홍장의 여러 막료들은 북양수사 군함의 조선 상주 및 조선 해역 순찰을 강력하게 건의했다. 청조 내에서도 장패륜이나 하여장 같은 급진파는 조선에 대한 군사적 영향력을 강화해야 한다는 의견을 제시하였다. 앞서 언급했듯이, 장패륜은 "육군이 왕도를 수호함은 해군이 해구를 수호함만 못하다"고 지적한 바 있었다. 이홍장은 비록 외

---

68 『中國近代海軍史事日誌(1860-1911)』, 120~121쪽.
69 「統理交涉通商事務衙門日記」6(『한국해양사 자료집』 4, 339쪽).
70 권혁수, 『19世紀末 韓中 關係史 硏究』, 백산자료원, 2000년, 246쪽.

교를 통한 조선에서의 영향력 증대에 주력했지만, 이제는 이를 넘어서 육군을 철수시키더라도 군함을 교대로 인천에 정박시켜 만일의 사태에 대비하는 전략을 썼다. 이처럼 갑신정변 후 청은 조선에 대한 기본전략을 북양육군에서 북양수사로 바꾼 사실을 확인할 수 있다. 청이 육군 중심에서 해군 중심으로 전략을 수정한 까닭은 한반도 내 청일 간에 전쟁이 발생했을 때 봉천의 육군이 육로로 한성에 이르는 시간은 20여 일이 소요되는 데 비해, 산해관의 해군이 황해를 건너 인천까지 이르는 시간은 겨우 12~13시간에 불과하기 때문이었다.[71] 청이 황해의 통제권을 장악하자 상대적으로 일본의 영향력은 감소하였다.[72]

1875년부터 10여 년 동안 이홍장의 북양수사는 영국과 독일로부터 11척의 함선을 구매하였다. 1884년 받기로 한 정원, 진원, 제원 3척을 합치면 북양은 14척의 함선을 해외로부터 구매해 초보적인 함대규모를 이루었다.[73] 청프전쟁의 패배는 다시금 청조 내부에서 제2차 해방논쟁을 일으켰다. 이 때의 논쟁으로 이전보다 좀 더 뚜렷한 결과가 있어 해군건설의 중심이 남에서 북으로 옮겨지면서 북양수사는 근대 해군의 최종목표를 이룰 수 있는 절호의 기회를 얻었다.

---

71 장학근,「구한말 해안방위책」,『사학지』19호, 1985년, 103쪽.
72 조선의 해방책은 청의 영향력 속에 추진될 수밖에 없었는데, 조선 최초의 해군사관학교인 統禦營學堂이 청의 차관으로 설립된 것도 단적인 사례이다.
73 1880년 말에는 定遠號 제조를 발주했으며, 1881년과 1883년에는 鎭遠號와 濟遠號 제조를 발주했다. 이 배들은 1885년 10월 뒤늦게 대고에 도착해 북양수사에 편입되었다. 특히 정원과 진원 두 척은 당시 최신식의 거함이었으며, 청조는 연해방위를 넘어서 외양에서 전투가 가능한 해군력을 갖출 수 있었다(馮靑,『中國海軍と近代日中關係』, 錦正社, 2011, 19쪽).

3. 북양함대의 발전과 조선을 둘러싼 해양분쟁

청프전쟁에서 청의 패배와 갑신정변에서 일본의 태도를 보고 민비 일파는 청일 양국을 불신하게 되었고, 점차 러시아에 접근하는 정책을 폈다. 조선 주재 러시아 공사 카를 베베르Karl Veber는 능란한 외교 수완으로 청의 지나친 간섭에 염증을 느끼고 있던 조선 정부에 접근하여, 친러세력을 심는 데 성공하였다. 1885년 초 밀렌도르프Möllendorff는 조선 정부에 러시아와 조약을 맺을 것을 건의하면서, 러시아에서 군관을 데리고 와서 군대를 훈련시키고 그 대가로 러시아에게 원산만의 사용권을 제공하자고 했다. 러시아가 부동항을 얻을 경우 러시아 해군이 대대적으로 남하할 가능성이 있었다. 이에 대응해 영국은 러시아의 남하를 저지하기 위해 1885년 4월 15일 군함 6척과 상선 2척으로 돌연 거문도를 점령하였다.[74]

영국 함대가 거문도에 주둔하면 청·일본·러시아 3국의 군사행동을 감시할 수 있는 전략적 요충지를 얻는 것이었다. 영국 영사 브래넌B. Brenan은 영국이 거문도를 점령한 것은 러시아를 막기 위한 것으로 청과 조선에는 해가 없을 것이라 하였다. 이홍장은 처음에는 "영국이 잠시 이곳에 거주하며 러시아를 견제하면 조선과 중국 모두 손해될 것이 없다"[75]고 판단해 굳이 반대하지 않았다. 한편 영국 외무부는 비밀리에 증기택에게 연락해 중국과 밀약을 맺을 것을 제안했는데, 청의 조선에 내한 종주권을 인정하는 대신 영국의 거문도 점령을 반대하지 말라는 제안이었다.

이 무렵 이홍장과 일본 특사 이토 히로부미伊藤博文는 여러 차례의 담판 후 청일 「천진조약」(1885년 4월 18일)을 체결하였다. 청과 일본이 각자 조선에서 병력을 철수하며, 장래 조선 국내에 일이 발생하면 청일 양국이 공동

---

74 『中國近代海軍史事日誌(1860-1911)』, 204쪽.
75 「寄譯署」(光緒11년 2월 27일), 『李鴻章全集』 제1책, 476쪽.

출병한다는 규정과, 일이 끝나면 반드시 함께 철군한다는 내용 등을 담았다. 담판 과정에서 이홍장은 이토와의 대화를 통해 거문도 문제의 심각성을 인지하고 총리아문에 전보를 보내 영국이 거문도 점거하는 것을 허락해서는 안 되는 까닭을 설명하였다. 그는 상주문을 올려 "만약 영국이 이 섬을 점령하면, 러시아가 필시 영흥만을 살필 것이고, 일본 역시 말이 있을 것이니, 후환이 반드시 클 것"[76]이라고 했다. 청조는 영국의 밀약 제안이 자국에게 불리하다고 보고 영국과의 조약에 거부하면서 이홍장에게 대책을 건의하도록 했다.

1885년 5월 초 이홍장은 조선 국왕에게 절대로 가볍게 영국의 거문도 점거를 허락하지 말라고 요청하는 편지를 썼다. 정여창은 초용, 양위를 인솔해 조선에 도착해 이홍장의 편지를 고종에게 건네주었다.[77] 그 내용은 대체로 아래와 같다.[78]

"귀국 제주 동북쪽 1백 여리 떨어진 곳에 거마도巨磨島(거문도의 옛이름)가 바다 가운데 외롭게 있는데, 곧 서양이름으로는 해밀턴 섬[哈米敦島]이라고 부릅니다. 근래 영국과 러시아가 아프가니스탄 경계문제로 분쟁을 일으킬 가능성이 있습니다. 러시아 군함이 블라디보스토크[海參崴]에 모여들고 있고, 영국인은 그들이 남하하여 홍콩을 침략할까 우려합니다. 이 때문에 거마도로 가

---

76 「寄譯署」(光緒 11년 3월 17일), 『李鴻章全集』 제1책, 492~493쪽.
77 「籌議巨磨島」[1885년 5월 6일, 광서 11년(고종 22년) 3월 21일], 『譯署函稿』 卷17(『李鴻章全集』, 4779~4780쪽).
78 고종 22년 3월 26일: 지난 1일에 영국의 중국함대 사령관 해군중장 S. W. Dowell은 그 나라 해군대신의 명에 따라 전라도 홍양현 巨磨島(Port Hamilton)를 점거하다. 이를 聞知한 청국 북양대신 직례총독 李鴻章은 통령북양수사 기명 제독 직례천진진총병 정여창에게 명하여 군함 揚威, 超勇을 이끌고 가서 시찰케 하다. 이날 정여창이 경성에 이르러 영국의 巨文島 점거를 통보하는 이홍장의 공함을 올리다. 그 요지는 다음과 같다. "영국이 러시아의 남하를 두려워하여 동해의 요충인 거마도에 군함을 주둔시키고 있는 바 귀국은 그들의 감언에 현혹되어 이 섬을 임차하는 일이 없도록 할 것을 바란다"[『高宗實錄』(『한국해양사 자료집』 4, 592~593쪽)].

서 해군 함선을 주둔시켜 그 길목을 막으려 합니다. 이 섬은 조선의 땅인데 어찌 영국 사절이 일찍이 귀국에게 빌릴 것을 상의하지 않고 수사가 정박할 곳으로 삼았습니까? 만약 잠시 병선이 주둔하는 것으로 빌려 정기적으로 출입한다면 아마도 융통성 있게 할 수 있을 것입니다. 만약 오래도록 빌려 돌려주지 않으면서 구입하거나 혹은 세금을 내려고 한다면 결코 쉽게 윤허하시면 안 됩니다. … 거마도는 동해의 요충지로서 중국의 위해威海와 지부之罘, 일본의 대마도對馬島, 귀국의 부산과 서로 비슷한 거리로 무척 가깝습니다. 영국인이 비록 러시아를 방어하기 위한 것이라고 말하지만 그들의 숨은 의도를 조심해야 하지 않겠습니까? … 만약 귀국이 영국에게 빌려주면 반드시 일본인이 힐책할 것입니다. 러시아도 곧 죄를 묻는 군대를 보내지 않는다면 분명히 가까운 다른 섬을 차지하려 들 것입니다. 귀국은 장차 이 난관을 어떻게 하겠습니까? 이것은 도적을 잡고자 문안에 들여 놓는 것으로 주변국들에게 다시 죄를 짓는 것이니 오히려 실책이 될 것이며, 또한 대국적인 견지에서도 매우 문제가 있을 것입니다. …"[79]

위의 편지 내용과 같이 영국은 아프가니스탄 일대에서 러시아와의 분쟁 사태를 우회적으로 돌파하려는 전략을 구사하는 과정에서 러시아 군항 블라디보스토크를 경계할 해상 교두보를 확보할 목적으로 거문도를 점령한 것이다. 이 사건은 조선보다도 러시아와 일본 및 청을 너욱 자극하였다. 특히 러시아는 영국이 즉각 철수하지 않으면 조선의 영흥만이나 다른 섬을 점령하겠다고 경고하고 나섰고, 일본과 청 역시 영국의 즉각 철수를 주장하였다. 오히려 조선 정부는 영국 해군이 거문도에 정착해 항구를 만드는 상황

---

79 「與朝鮮國王論巨磨島」[1885년 5월 6일, 광서 11년(고종 22년) 3월 20일],『譯署函稿』卷17(『李鴻章全集』, 4782쪽); 權赫秀편저,『近代中韓關係史料選編』, 世界知識出版社, 2008年, 238～239쪽.

조차 모르고 있다가 이홍장의 편지를 받고서야 알게 되었다.

이홍장은 정여창에게 군함 초용과 양위를 이끌고 거문도를 관찰하도록 했는데, 이때 조선 측에서는 참판 엄세영嚴世永과 독일인 묄렌도르프를 태워 함께 갔다. 그들은 6척의 영국 군함과 2척의 상선을 발견했고, 섬 위에 휘날리는 영국 국기를 보았다. 거문도에 있던 영국 함장 맥클리어J. P. Maclear는 묄렌도르프가 영국 군함이 거문도에 국기를 세운 일 등을 따지자, 이번 행동은 러시아를 방어하기 위한 것이라고 말하고 나가사키에 있는 영국 원동함대 사령관과 직접 교섭할 것을 제안하였다. 정여창의 군함은 나가사키로 건너가서 원동함대 사령관 다월S. W. Dowell을 만나 거문도의 불법점거를 거듭 따지고 점거한 일에 대한 대답을 요청했으나 반응이 없었다.[80] 한편 조선 정부는 영국 영사에게 『만국공법』 등을 인용하며 이 사건의 불법성을 지적하고 문제를 해결하려 했으나 영국 측은 별다른 반응이 없었다.[81] 결국 약소국에는 외교가 없다는 사실을 절감한 조선은 청조에게 문제의 해결을 일임하였다.

영국이 거문도를 점령하고 철수하지 않자 이홍장은 이 사건이 러시아와 일본을 자극할 것을 우려하였다. 실제로 1886년 초 러시아가 군함을 조선의 바다에 파견해 시위했고, 일본도 자주 군함을 조선의 각 항구로 보내었다. 특히 러시아는 청조로부터 광대한 토지를 획득한 후 만주에서 세력범위를 넓히고 조선으로 진출을 기도하면서 청에 실제적인 위협으로 다가왔다. 중국 주재 러시아 공사는 총리아문에 자국이 영흥만을 점령하는 것으로 영국이 거문도를 점령한 보상을 삼겠다고 위협하였다. 한때 이를 대신해 대마도를 점령하겠다고도 말해 일본을 긴장시키기도 했다. 영국이 예고도 없이 거문도를 점령한 거문도 사건은 무려 22개월간이나 계속되었다. 이처럼 거

---

80 『高宗實錄』(고종 22년 4월 6일, 『한국해양사 자료집』 4, 593쪽).
81 「朝鮮外署致英領事書」(광서 11년 4월 7일), 『譯署函稿』 卷17(『李鴻章全集』, 4790쪽).

문도는 영국의 불법점거로 인해 한때 동북아 해양을 둘러싼 청·일·러·영의 정치군사적 갈등의 중심에 있게 되었다. 그 후 조선 정부는 영국 함대가 철수한 후 뒤늦게 거문도에 거문진을 설치하였다. 거문도 사건은 단발적인 사건이 아니라 러시아의 동해 진출과 깊은 관련이 있었고, 따라서 북양수사의 작전 범위가 한반도의 남해를 넘어 동해로 나아간 결과를 불러왔다.

1885년 6월 청프전쟁이 끝나자 청조는 전쟁 중 이미 완성되었으나 중국에 오지 못한 철갑선 정원과 진원 및 순양함 제원을 독일로부터 뒤늦게 인수하였다. 이 세 척의 신형 군함이 천진 대고에 오면서 북양수사의 군사력은 크게 향상되었으며, 청·일본·영국·러시아 등이 조선을 둘러싸고 전개된 국제분쟁 중에 중요한 역할을 담당하였다. 1885년이란 해는 북양수사가 질적으로 비약하는 시점으로, 그 후 1888년까지 거침없이 발전하여 일본의 해군력을 압도하였다.[82] 게다가 조선과 청 사이에 전선도 가설되어 군사 목적의 연락도 재빨리 이루어질 수 있었다.[83] 거문도사건에서도 알 수 있듯이 러시아 태평양함대는 군항 블라디보스토크를 기점으로 꾸준히 남하하려고 시도했으며, 특히 조선의 영흥만을 탐내었다.[84] 청일 양국의 간섭에 불만을 품은

82　1874년 대만 사건부터 1888년 북양해군이 건립될 때까지 청이 외국에서 구매한 군함은 40여 척이며, 특히 1885년부터 1888년 사이에 14척의 신형 군함을 구매하였다. 1890년에는 平遠이라는 철갑 순양함을 스스로 만들기도 했다. 1891년을 기준으로 청과 일본과의 주력 군함을 비교하면, 총 톤수 면에서 북양함대 6척은 2만 5,260톤, 일본 군함 6척은 1만 5,730톤에 불과하였다. 속력 면에서 청은 합계 96노트, 일본은 합계 90노트였고, 철갑함 수에서도 청은 4척, 일본은 1척에 불과해 청의 해군력이 일본을 앞서 나갔다(馮靑, 『中國海軍と近代日中關係』, 錦正社, 2011, 36쪽 표 참고).

83　1883년 일본은 조선 정부로부터 조일해저전선의 부설권을 얻어내었는데, 일본 주재 중국 공사 黎庶昌은 일본에 맞서기 위해 조청 간 전보선로의 설치를 건의했고, 갑신정변 이후 吳大澂·袁保齡 등도 조선으로 통하는 전보선로의 설치를 주장했다. 이에 李鴻章은 전보국 총판 盛宣懷에게 구체적인 검토 작업을 지시했고, 그 결과 1885년 7월 17일 「朝淸電線條約」이 체결되었다. 청 정부는 청의 봉황성에서 조선의 한성까지 연결된 전보선로의 부설자금 및 공사를 전담했고, 대신에 향후 25년 동안 조선의 전신사업에 대한 독점권을 취득했다(권혁수, 『19世紀末 韓中 關係史 硏究』, 백산자료원, 2000년, 240쪽).

84　갑신정변 후 金鏞元 등 일부 관료들이 고종의 밀서를 휴대하고 블라디보스토크에 가서 러시아

조선의 일부 대신들은 1886년 7월 비밀리에 러시아 정부와 접촉하여 그들의 도움을 요청하였다. 이를 알아낸 원세개가 이홍장에게 전보를 쳐서 조선의 일부 관리가 러시아와 연합해 외국 간섭에 대항하려 한다고 보고했다.[85]

마침 러시아 선박이 영흥만에 나타났다는 소식을 접한 청조는 정여창의 북양함대를 부산·원산·영흥만 일대에 출동시켜 러시아를 견제하며 조선에 압력을 넣기로 하였다.[86] 그해 8월 초 정여창은 북양의 새로운 주력 군함인 정원·진원·제원과 기존 군함인 위원·초용·양위 등 6척을 총출동시켜 부산을 거쳐 원산으로 향하였다. 정원과 진원은 북양수사를 대표하는 거함이었으며, 이즈음 초용과 양위는 이미 전성기를 지나고 있었다. 북양함대는 조선의 바다를 순시한 후 군함 일부를 블라디보스토크로 보내었다. 청과 러시아 사이에 있는 길림성 동쪽 국경의 경계를 놓고 담판을 하던 오대징 일행을 태워 그들의 귀국을 돕기 위해서였다.[87] 북양함대 가운데 초용과 양위 2척은 블라디보스토크에 대기시키고 나머지 군함 정원·진원·제원·위원 4척은 돌아오는 길에 선박을 수리하고 연료를 보급 받는다는 이유로 일본 나가사키를 방문하였다. 청의 북양함대가 처음 일본 항구에 기항하게 된 배경에는 청과 러시아의 변경분쟁 및 조선 문제가 놓여 있었으며, 일본 국내는 북양함대의 거대 전함 출현으로 말미암아 떠들썩하였다.

그런데 북양수사가 나가사키에서 군함을 수리 중일 때 청의 수병과 나가사키 경찰 간에 두 차례의 유혈 충돌이 일어나는 나가사키 사건이 발생하였다. 첫 번째 충돌은 1886년 8월 13일 청 수병이 상륙해서 물건을 사다가 언어문제로 일본 경찰과 말다툼을 벌이던 중 싸움이 일어나 일본 경찰 1인이

가 조선을 보호해 줄 것을 요청했다는 한러밀약설(제1차) 파동이 일어났다. 비록 조선 정부가 고종의 동의를 얻지 못한 개인적인 시도였다고 부정하면서 파기되었지만 그 파장은 적지 않았다.

85 「總署收北洋大臣李鴻章文」(1886년 9월 18일, 光緒 12년 8월 21일)(『淸季中日韓關係史料』, 2129쪽).
86 馮靑, 『中國海軍と近代日中關係』, 錦正社, 2011, 24쪽.
87 『中國近代海軍史事日誌(1860-1911)』, 139쪽.

중상을 입고 수병 1인이 경상을 입는 사건이 발생하였다. 두 번째 충돌은 8월 15일 일요일 오후에 일어났다. 북양함대 수병들이 나가사키에 관광차 상륙했다가 일본 경찰과 다시 대규모 유혈 충돌하는 사건이 발생하였다. 세 시간 동안의 난투극으로 쌍방 간에 무려 80여 명의 사상자가 발생했는데, 청 측은 50여 명의 사상자 중 8명이 죽고, 일본 측은 30여 명의 사상자 중 2명이 죽었다. 사건 발생 후 청과 일본은 상대방의 잘못을 비난하며 갈등이 고조되었다.[88]

나가사키 사건이 일어난 날과 같은 날인 8월 13일 원세개는 전보를 통해 조선 국왕이 러시아 공사 베베르를 통해 러시아 황제에게 비밀편지를 보냈다고 전했다. 그 내용은 러시아가 군함을 보내 조선을 보호해 줄 것을 희망하면서 조선이 영원히 다른 나라의 간섭을 받지 않도록 해달라고 요청했다는 것이었다. 이홍장은 사태가 심상치 않다고 판단해 정여창에게 전보를 보내 조선이 러시아의 보호를 요청했다는 사실을 알리고, 러시아 함대가 도착하기 전에 먼저 인천항으로 출동하도록 지시했다. 우선 군함 제원과 위원을 인솔해 신속히 인천으로 오도록 조치하였다. 그리고 남양수사 제독 오안강吳安庚에게 남서南瑞, 남침南琛, 개제開齊 등 세 척의 순양함 및 보민保民을 포함한 네 척의 군함을 거느리고 인천에 출동하도록 지시했다.[89] 이홍장은 일본 주재 중국 공사 서승조徐承祖에게도 정원과 진원의 수리가 끝나면 병선을 조선으로 출동시키라고 전했다.[90] 동아시아 최대의 철갑선인 정원과 진원까지 출동시킬 것을 염두에 둔 것은 러시아의 남하 가능성에 대한 이홍

---

88 나가사키 사건은 비록 평화롭게 마무리되었지만 양국에게 남긴 영향은 적지 않았다. 특히 일본은 이 사건이 해군력 확장의 촉매제가 되었는데, 청의 신형 철갑선 정원과 진원의 규모와 성능에 놀란 일본은 막대한 해군경비를 투입하여 신형 군함을 구매하거나 제조하였다. 불과 7년 후 일본은 청과 청일해전을 벌이게 된다.

89 권혁수, 『19世紀末 韓中 關係史 硏究』, 백산자료원, 2000년, 191쪽.

90 「寄日本徐使」, 『電稿』一, 699쪽(권혁수, 『19世紀末 韓中 關係史 硏究』, 백산자료원, 2000년, 191쪽 재인용).

장의 깊은 우려를 잘 보여 준다.

1886년 8월 20일 원세개가 이홍장에게 전보를 보내 자신이 이미 조선 정부를 힐책했다고 알렸다. 조선 국왕이 자신에게 관리를 보내 러시아와 연합하려 한다는 소문은 사실이 아니며, 소인배들이 문건을 위조해 러시아에게 보낸 것이라고 했다. 그리고 러시아에 문서를 보낸 채현식蔡賢植을 이미 체포했다고 전했다. 같은 날 남서, 남침, 개제, 보민 등 네 척의 군함이 상해에서 인천으로 들어와 위세를 과시하였다.[91] 이홍장은 러시아 주재 중국 공사 유서분劉瑞芬에게 전보를 쳐서 러시아 외교부에 조선이 중국의 속국임을 알리고 러시아가 이 편지를 접수하지 말도록 지시하였다. 고종은 채현식을 처형하고 원세개에게 러시아와의 연합은 소인배가 조작한 사건이라고 다시금 변명하였다. 결국 9월 9일 이홍장은 총리아문에 공문을 보내 조선이 러시아의 보호를 구한다는 소문은 조선 정부가 공식적으로 사건을 부인하고 있고, 러시아 정부 역시 사실을 확인해 주지 않아서 사건을 종결시켰다고 보고했다.[92]

1880년대 후반 북양수사가 아시아 최대의 해군력을 갖추면서 연해방위를 벗어나 외해작전능력을 배양하기 시작했다. 이에 따라 원양항해훈련을 적극적으로 실시하였다. 함대는 매년 여름과 가을 사이 해안 방어훈련을 하면서 요동과 조선을 순회하였고, 두세 척의 함정으로 일본의 항구를 방문하였다. 북양수사는 북방에 얼음이 어는 시기에는 남방으로 가서 겨울을 피했는데, 중국의 화동·화남지역의 항구는 물론 남중국해까지 가서 훈련을 하였다. 북양함대는 북으로 조선, 일본 동해안, 블라디보스토크 해역부터 남으로 싱가포르, 사이공, 마닐라 등까지 원양훈련을 진행하여 이미 동북아

---

91 고종 23년 7월 25일: 청국은 북양해군 제독 丁汝昌, 통령 남양수사 吳安康에게 명하여 군함을 이끌고 본국으로 오게 하다. 이날 통령 오안강은 군함 南琛·南瑞·開濟·保民을 이끌고 인천에 왔다(『統理交涉通商事務衙門日記』(『한국해양사 자료집』 4, 633쪽)].

92 『中國近代海軍史事日誌(1860-1911)』, 142쪽.

를 넘어 동남아로 활동 범위를 넓혔다.[93] 1870~1880년대 20여 년 동안 청
조는 거액의 자금을 투입해 북양·남양·복건·광동의 네 개 해군을 건립하
려고 시도했으며, 그 가운데 북양함대만이 근대 해군의 표준에 이르렀다.
1888년 9월 30일 해군아문의 혁현 등은『북양해군장정』을 제정하였다. 이
장정은 14조항으로 이루어졌는데, 서양 해군의 규칙과 제도를 참고해 만든
근대 중국의 첫 번째 해군장정이었다. 이 장정의 제정은 북양수사가 드디어
북양해군을 이루었음을 상징하였다. 그해 12월에 북양함대가 정식으로 편
제되었다.[94]

끝으로 조선과 인연이 깊었던 북양수사의 군함 몇 척의 운명에 대해 간단
히 덧붙이자면, 1887년 중국이 영국과 독일에서 구입한 치원과 경원 등 신
식 순양함이 도착하자, 초용과 양위는 자신의 사명을 완수하고 주력전함의
위치에서 내려와 사실상 연습선이 되었다.[95] 1888년 이 두 척의 군함은 북
양해군의 편제에 들어갔는데, 조선에서 동학농민운동이 일어났을 때에도
인천으로 출동하였다.[96] 청일전쟁이 발발했을 때는 이미 선형이 낙후하여
황해해전에서 초용호는 포탄에 맞아 침몰하였고, 양위호는 크게 파손된 후
제원호와 충돌해 침몰하였다. 1880년대 조청관계에서 가장 중요한 역할을
한 두 척의 배가 모두 황해해전에서 일본 해군에 침몰당한 사실은 청의 퇴

---

93 張煒·方堃 主編,『中國海疆通史』, 中州古籍出版社, 2003年, 419쪽.

94 두 척의 대형 철갑선 정원·진원, 일곱 척의 고속 순양함 치원·정원·경원·내원·제원·초용·양
   위, 여섯 척의 포선 진동·진서·진남·진북·진중·진변, 여섯 척의 어뢰정 좌일·좌이·좌삼·우
   일·우이·우삼, 세 척의 연습선 위원·강제·민첩, 한 척의 수송선 이원 등이 그것이다. 정여창이
   북양해군 제독을 맡았으며, 좌익총병은 진원호의 함장을 겸한 林泰曾이고, 우익총병은 정원호
   의 함장인 劉步蟾이었다. 해군 인재 양성을 위한 연습함 민첩호도 건조하였다[「北洋海軍章程」
   (1888.9.30.),『洋務運動』3, 195~262쪽 참고].

95 陳悅,『北洋海軍艦船志』, 山東畫報出版社, 2009年, 49~50쪽.

96 고종31년(1894년) 5월 2일자 기록에 따르면, 북양대신 李鴻章이 袁世凱로부터 조선에 군사를
   보낼 것을 요청받자 즉시 북양수사 제독 丁汝昌에게 명하여 군함 濟遠·揚威를 인천에 급파하
   고 직례총독 葉之超에게 회군 1,500명을 파견하도록 했다. 이날 제원과 양위가 인천에 도착하
   였다[『統理交涉通商事務衙門日記』(『한국해양사 자료집』4, 635쪽)].

출과 일본의 진출을 상징적으로 보여 준다.

그리고 위원호는 청일전쟁 직전 제원호·광을호와 함께 조선 아산만에서
육군의 상륙을 돕다가 전력이 약하다는 판단 아래 우선 귀항하였다. 이에
풍도해전에는 참가하지 않았으며, 청일해전 때 통신과 운송의 임무를 담당
하였다. 하지만 위해해전에서 일본 해군 어뢰정 제11호의 어뢰공격을 받고
침몰하였다.[97] 한편 진해호는 여순 기지의 건설이나 조선에서의 사건발생
때마다 출동하였다. 1889년에 선체의 노화가 심각해지자 대대적인 수리를
하였다. 그 후 자연스레 수명을 다해 퇴역하였다.[98]

---

97 陳悅, 『近代國造艦船志』, 山東畫報出版社, 2011年, 161~162쪽.
98 陳悅, 『近代國造艦船志』, 山東畫報出版社, 2011年, 63~64쪽.

제12장

19세기 후반 해운과 어업을 통해 본
조청朝淸 관계

명청시대는 조공무역과 해금정책을 서로 결합하여 대외무역을 통제하였다. 조선도 중국의 해금정책을 받아들여 양국 간 바다를 통해 이루어지는 사무역이나 어업은 모두 불법화되었다. 물론 해금은 시기에 따라 이완되기도 해 '황당선荒唐船'을 타고 온 중국인들과 조선인들 사이에 약간의 접촉은 있었으며, 황해를 둘러싼 고기잡이와 밀무역 때문에 종종 양국 간 해양분쟁이 일어났다. 그러던 와중에 19세기 후반 조선과 청국 간 해금이 해제되고 통상조약이 맺어지면서 한중관계에 근본적인 변화가 찾아왔다. 이 장에서는 조청 간 해운과 어업의 개방 과정 속에서 한중관계가 어떻게 전환되는가를 살펴볼 것이다.[99]

---

99 해양 관련 조청관계사 연구는 권혁수, 『19世紀末 韓中 關係史 硏究』, 백산자료원, 2000년; 권혁수, 『근대 한중관계사의 재조명』, 혜안, 2007년; 나애자, 『한국근대해운업사연구』, 국학자료원, 1998년; 劉利民, 『不平等條約與中國近代領水主權問題硏究』, 湖南人民出版社, 2010年; 김정기, 「兵船章程의 强行(1882.2)에 대하여」, 『한국사연구』24호, 1979년; 김문기, 「19세기 조선과 청의 어업분쟁」, 『19세기 동북아 4개국의 도서분쟁과 해양 경계』, 동북아역사재단, 2008년; 김문기, 「기후, 바다, 어업분쟁: 1882~1910년간 조청어업분쟁의 전개」, 『중국사연

435

우선 조청 간 맺어진 통상조약 가운데 해운과 어업에 대한 내용을 알아보려고 한다. 여기서 해운과 어업 문제를 함께 다루려는 까닭은 조선과 청국 간 지리적 근접성으로 인해 범선에 의한 해운과 어업이 혼재되어 이루어지는 경우가 많았기 때문이다. 이를 위해 청일전쟁을 전후해 맺어진 대표적인 양국조약 「조청상민수륙무역장정朝淸商民水陸貿易章程」(1882, 이하 「조청무역장정」으로 약칭)과 「한청통상조약韓淸通商條約」(1899)에 주목하였다. 임오군란 이후 조선에 군대를 주둔시킨 청은 정치적, 군사적 압력을 가하면서 합법적으로 종속관계를 공고히 하고자 조선과 「조청무역장정」을 체결하였다. 보통 무역장정에 포함된 규정들은 종속국에게 시혜를 베푼다는 명목 아래 청의 특권을 명문화한 것으로 알려져 있다.[100] 그런데 청일전쟁 이후 조선에서 청과 일본과의 권력구도는 역전되었다. 전쟁 후 맺어진 「한청통상조약」은 청국과 한국이 종속관계가 아닌 대등관계로 맺어졌으며, 다른 외국과의 통상조약처럼 정상적인 격식을 갖추었다.[101]

근대시기 대표적인 통상조약이라면 앞의 두 조약 말고도 최초의 통상조약인 「조일수호조규」(1876), 사실상 서양과 처음 맺은 통상조약인 「조미수호통상조약」(1882), 서양 열강과의 통상조약 완결판인 「조영수호통상조약」(1883) 등이 있다. 여기에서는 「조청무역장정」과 「한청통상조약」을 중심으로 기타 통상조약을 참고해 해양 관련 항목을 살펴볼 것이다. 해양 관련 항

구』 제63집, 2009년 등이 있다.

100 「朝淸貿易章程」에 대한 기존 연구에서 국내학계는 대체로 통상장정의 체결 과정과 장정 내용에 대한 고찰 중 특히 불평등성에 초점을 맞추었고, 중국학계는 청조의 조선정책에 대한 변화 차원에 초점을 맞추었다(권혁수, 「조공관계체제 속의 근대적 통상관계」, 『동북아역사논총』 28호, 2010년, 254쪽).

101 「韓淸通商條約」의 경우 「조청무역장정」에 비해 상대적으로 관심을 기울인 연구자는 많지 않은데, 그 이유는 청일전쟁 이후의 양국 관계가 더 이상 두 나라의 운명을 좌지우지할 정도로 중요한 변수가 되지 못했기 때문이다. 하지만 이 통상조약 아래 양국의 외교관계는 오랜 한중 관계사에서 유례를 찾아볼 수 없는 특별한 사례라는 평가가 있다(구범진, 「'韓淸通商條約' 일부 條文의 해석을 둘러싼 韓-淸의 외교 분쟁」, 『대구사학』 제83집, 2006년, 195쪽).

목이란 주로 조난 구조, 연해 측량, 해운, 해군, 어업 등을 가리킨다.

다음으로 통상조약이 맺어진 후 발생한 해양분쟁 사례를 해운과 어업을 중심으로 살펴볼 것이다. 조선 측의 『청안淸案』[102]과 청국 측의 『조선당朝鮮檔』에 나타난 해양분쟁에 따른 소송 사례들을 통해 전통적 조공질서에서 근대적 조약질서로 바뀌는 과도기적 상황을 살펴볼 것이다. 최근 국내에 소개된 『청계주한사관당안淸季駐韓使館檔案』 해제[103]에는 중국의 조선 주재 외교 관리들이 문서로 남긴 것 가운데 가장 많은 분량을 차지하는 소송안건을 싣고 있는데, 그 내용 중에는 해운과 어업 관련 소송도 적지 않다.[104] 기존 연구에서 한중 무역분쟁의 경우 주로 해관문제와 관련한 청국 상선의 한강 진출, 서울에서의 개잔開棧, 청국 상인의 조선 내지 진출 등에 집중되어 있고, 상대적으로 양국의 해양분쟁 사례에 대한 연구는 거의 없다.[105] 통상조약 위반에 따른 해양분쟁은 청일 간 해운업 경쟁에서는 물론 황해를 둘러싼 조청 간 어업분쟁에서도 나타났다.[106]

---

102 고려대학교아세아문제연구소, 『舊韓國外交文書』 제8권(『淸案』 1)/제9권(『淸案』 2)(고려대학교출판부, 1970/1971년, 이하 각각 『淸案』 1, 『淸案』 2로 약칭하고, 공문이 오고 간 날짜만을 표기함).

103 박정현 외 8인 지음, 『중국 근대 공문서에 나타난 韓中關係: 『淸季駐韓使館檔案』解題』, 한국학술정보, 2013년(이하 『淸季駐韓使館檔案』解題로 약칭함).

104 『淸案』은 조선 통리아문(이하 외부)이 조선 주재 청국 공사관과의 공식적 외교문서를 날짜별로 정리한 조선 측 문서라면, 『淸季駐韓使館檔案』은 청국 측 『朝鮮檔』 문서 가운데 조선 주재 청국 공사관 자료를 소송 등을 포함해 주제별로 정리한 것이다. 따라서 양자는 좋은 비교 연구대상이 된다(『淸季駐韓使館檔案』解題, 30쪽); 이은자, 「19世紀末 在朝鮮 未開口岸의 淸商 密貿易 관련 領事裁判案件 硏究」, 『동양사학연구』 제111집, 2010년, 235~236쪽.

105 조청 간 소송분쟁을 연구한 연구자로는 이은자가 있다. 논문으로는 이은자, 「淸末 駐韓 商務署 組織과 그 位相」, 『명청사연구』 제30집, 2008년; 이은자, 「'訴訟'안건을 통해 본 청일전쟁 이후(1895-1899) 韓中關係 연구」, 『중국근현대사연구』 제38집, 2008년; 이은자, 「19世紀末 在朝鮮 未開口岸의 淸商密貿易 관련 領事裁判案件 硏究」, 『동양사학연구』 제111집, 2010년 등이 있다. 그리고 김희신도 駐朝鮮使館檔案을 이용해 주조선사관이나 화교조직 등을 연구하는데, 본 주제와 일정한 관련을 가진다(김희신, 「駐朝鮮使館의 화교 실태조사와 관리」, 『명청사연구』 제34집, 2010년 등).

106 김문기는 청의 어업 침탈에 대한 연구가 제대로 이루어지지 않은 까닭을 조청 간 어업분쟁이 갖는 역사적 의미에 주목하지 못했기 때문이라고 보았다(김문기, 「기후, 바다, 어업분쟁:

1. 해금의 해제와 청국 선박의 진출

(1) 조청무역장정의 해운 관련 항목과 초상국의 해운활동

1882년 후반 조선과 청 사이에 맺어진 「조청무역장정」 서문에는,

> "조선은 오랜 번속국이므로 법전과 예식에 관한 일체는 모두 정해진 제도가
> 있어 다시 의논할 필요가 없다. 오직 현재 각국이 수륙으로 통상하고 있는 만
> 큼 우리도 마땅히 항해금지를 폐지해 양국의 상민으로 하여금 일체 상호무역
> 에 종사케 하여 모두 이익을 얻게 해야 하는바, 그 국경과 국경무역의 예도 또
> 한 때에 따라 헤아려 변통할 것이다. 이번에 체결하는 수륙무역장정은 중국이
> 속방을 우대하는 뜻에서 나온 것인 만큼 다른 각국과 일체 균점하는 예에 있지
> 않으며 이에 각 조항을 다음과 같이 정한다."[107]

무역장정의 짤막한 서문에 해당하는 위 규정에는 세 가지 중요한 내용이
담겨 있다고 알려져 있다. 첫째, 이번 통상장정의 체결과 관련 없이 두 나라
사이의 전통적 책봉조공 관계는 그대로 유지하며 새롭게 논의할 필요가 없
다. 둘째, 두 나라 모두 다른 나라에게 통상문호를 개방한 이상 마땅히 서로
해금을 풀어 두 나라 상민들이 서로 무역하면서 그 이익을 얻도록 해야 할
것이며, 국경 지역의 호시무역 관련 규정 역시 시대의 변화에 따라 나름대
로 변통해야 한다. 셋째, 무역장정은 중국에서 속방 조선을 우대하는 뜻으
로 체결한 것이니 다른 나라의 일체균점 사항에 해당하지 않는다 등이다.[108]
청의 주장에 따르면 조선이 다른 나라와 체결한 조약은 양국이 비준한 후에

1882~1910년간 조청어업분쟁의 전개」, 『중국사연구』 제63집, 2009년, 67~68쪽).

107 「朝淸商民水陸貿易章程」 서문(최덕수 외 지음, 『조약으로 본 한국근대사』, 열린책들, 2010년,
116쪽, 이하 『조약으로 본 한국근대사』로 약칭).

108 권혁수, 「조공관계체제 속의 근대적 통상관계」, 『동북아역사논총』 28호, 2010년, 275쪽.

시행할 수 있는 조약이지만, 이번 장정은 청조가 특별히 허락해서 쌍방이 서로 맺은 약장이자 상하가 정한 조규라는 것이다. 따라서 '장정'과 '조약'이 서로 다르듯이 실제의 내용도 같지 않아, 조선이 청과 맺은 장정과 그 외의 다른 나라와 체결한 조약과는 차이가 있다고 보았다.[109] 사실 「조청무역장정」은 청과 조선 사이에 공식적으로 체결된 조약이 아니라 청조의 고위관원인 이홍장과 조선 국왕 사이에 이루어진 일종의 협정에 불과하였다.[110] 이 장정은 처음부터 두 나라 대표에 의한 공식적인 조인 절차가 없었던 것으로 보인다. 그렇다고 조약과 같은 법적 권위가 없었던 것은 아니다. 『청안』이나 『조선당』 등을 보면 알 수 있듯이, 이 무역장정은 조청 간 통상무역의 기본원칙으로 작동하였다.

강화도조약 이후 인천·부산·원산 등에 개항장이 생기면서 조선 바다의 이익은 일본을 비롯한 열강의 손에 넘어가기 시작했다. 조선은 오랜 해금정책으로 해운업이 거의 발달하지 못했고, 특히 신식 윤선의 출현으로 항해이권은 외국기업이 장악하였다. 개항 후 일본 미쓰비시三菱의 윤선 나니와浪華호가 정기항로를 개설해 매월 1회 일본과 부산을 왕복했으며, 개항장에 우선회사郵船會社의 지부를 설치하고 점차 해운사업을 전개하였다.[111] 이를 경계하던 청조는 임오군란을 진압한 유리한 정치적 상황을 이용해 조청 간 해양교통로를 확보하고 청상을 지원하는 차원에서 윤선을 도입해 조선에서 자국의 해운업을 확대하고자 했다.

「조청무역장정」 가운데 해운 관련 항목은,

제7관 "두 나라의 역참驛站 도로는 이전부터 책문을 경과했으므로 이 육로

---

109 구선희, 「조선의 근대화를 막은 '조청상민수륙무역장정'」, 『내일을 여는 역사』, 2002년, 244쪽.
110 권혁수, 『19世紀末 韓中 關係史 研究』, 백산자료원, 2000년, 123쪽.
111 정태헌, 『한국해양사 자료집』 제4권 근현대편, 해상왕장보고기념사업회, 2004년, 784쪽.

로 오가는 데 매우 부담스러웠고 비용이 많이 들었다. 지금 바다에 관한 금령이 해제되었으니 자체의 편의에 따라 뱃길로 왕래하는 것을 승인한다. 오늘 조선에서는 군사용 윤선이나 상업용 윤선이 없으므로 조선 국왕은 북양대신에게 제기해 잠정적으로 초상국招商局의 윤선을 달마다 한 번씩 정기적으로 내왕하도록 하며, 조선 정부에서는 배의 마모금으로 약간의 금액을 덧붙이도록 한다.…"[112]

위와 같이 무역장정 제7관의 전반부에는 해금해제에 따른 해상교통의 허용과 더불어 조선 정부의 재정보조를 조건으로 윤선초상국[113] 선박에 의한 월 1회 왕복 국제항선 개설 관련 내용을 담고 있다. 무역장정에 대한 광서제의 재가가 내려진 뒤 이홍장은 귀국인사 차 찾아온 어윤중이 무역장정에 대해 질문하자 답변한 적이 있었다. 그 가운데 조청 해상교통 문제에 대해서 "일반 상민을 제외한 조선 정부 관원의 경우 공무상 중국을 방문할 때 선상 식대를 부담하는 조건으로 조선을 왕래하는 청나라 군함 탑승을 허용하고, 장차 윤선초상국 선박에 의해 조청 간 국제항선을 개설할 경우 조선 정부의 구체적인 비용부담 액수는 추후 윤선초상국 총관 등과 협의하라"[114]고 했다. 그런데 초상국 윤선의 정기운항은 곧바로 실행되지 않았다. 왜냐하면 임오군란 때 출병한 청군 3,000명이 조선에 주둔하고 있어 군함이 매월 여러 차례 왕래하고 있었기에 초상국 윤선의 운항이 시급하지 않았기 때문이

---

112 「朝淸商民水陸貿易章程」 제7관(『조약으로 본 한국근대사』, 116쪽).

113 李鴻章은 1872년 외국 윤선회사에 의해 독점되는 중국 해운의 이권을 회복한다는 명목 아래 上海輪船招商局을 설립하였다. 윤선초상국의 성립은 중국 근대 해운업의 탄생이자 외국 윤선의 30년 독점을 타파하는 것이었다. 上海輪船招商局은 1887년에 이르면 한 외국 윤선회사인 기창윤선공사를 매수하여 총 2만 3,967톤의 대기업으로 발전하였다. 이 회사는 관독상판의 경영방식을 도입하여 해운경영을 능력 있는 민간인에게 일임하여 경영의 효율성을 높였다. 중국의 첫 번째 민족자본기업의 평가받으며 중국 근대경제사에서 중요한 지위를 점한다.

114 中央研究院近代史研究所 編, 「總署收署北洋大臣李鴻章文 附件二: 九月十九日與朝鮮魚允中問答」, 『淸季中日韓關係史料』(제3권), 1011~1013쪽.

다.[115] 게다가 지리적으로 가까워서 청국 범선들이 소규모 무역을 활발하게 전개하고 있었다.

초상국 윤선의 취항은 조청 간에「윤선왕래상해조선공도합약장정輪船往來上海朝鮮公道合約章程」(1883년 11월 1일)을 체결하면서 시작되었다.「합약장정」은 상해의 윤선초상국과 조선의 통리각국사무아문統理各國事務衙門이 서울에서 체결하였다. 청은 총판조선상무위원공서總辦朝鮮商務委員公署의 상무위원 진수당이 윤선초상국을 대신했고, 조선은 독판교섭통상사무아문督辦交涉通商事務衙門의 민영목閔泳穆이 담당하였다. "초상국이 매월 상반기에 윤선 한 척을 적당한 때 조선국에 보내 조선과 중국 간의 공문서신을 주고받는 것을 담당한다"(제1관)[116]로 시작하여 세부적인 운영규칙을 실었다. 이 협약에 따라 1883년 11월부터 매달 1회 부유富有호를 파견하여 상해-인천 간 정기운항하기로 했다.

얼마 후 청은 자국의 결손 방지와 조선 측의 관세수입 증대라는 명분을 내세워 앞의「합약장정」의 보완적 성격을 띤「윤선왕래상해조선합약장정속약輪船往來上海朝鮮合約章程續約」(1884년 1월 11일)을 맺기로 하였다. 이「합약장정속약」은 청 대표 진수당과 조선 대표 묄렌도르프 사이에 서울에서 체결된 것이었다.[117] 속약의 본문에는 "전에 체결한 윤선왕래합약장정에 따라 매월 한 차례 오가는 것이 미진하여 속약을 체결한다. 초상국은 윤선 한 척을 파견해서 상천常川에서 상해·조선을 왕래하거나, 연대·인천·부산·나가사키·상해를 돌거나, 나가사키·부산·원산·연대·상해를 도는데, 화

---

115 나애자,『한국근대해운업사연구』, 국학자료원, 1998년, 49쪽.

116 이 합약장정은 광서 9년 10월, 고종 20년 10월 정도로만 기재되어있고 날짜가 분명하지 않다. 합약장정은 청국 측에서는 발견되지 않으며 조선 측(『舊韓國外交文書』제8권(『淸案』1), 6~7쪽)에 있다(權赫秀 編著,『近代中韓關係史料選編』, 世界知識出版社, 2007年, 20~22쪽).

117 이 속약도 청국 측에서는 발견되지 않으며, 조선 측(『淸案』1, 19~20쪽)에 있다. 주요 내용만 소개되었을 뿐 전문이 남아 있지는 않으며, 정확한 체결 날짜도 불분명하다(權赫秀 編著,『近代中韓關係史料選編』, 世界知識出版社, 2007年, 22~23쪽).

물이나 손님이 많은 곳을 운행한다. 매주 반복하고 1년을 기한으로 하며 횟수를 정하지 않는다. 기간이 만료되면 이전에 합의한 합약장정에 따라 일을 처리한다"[118]고 하였다. 이처럼 속약의 내용은 항로를 상해-인천 간에서 상해-연대-나가사키-부산-인천 간으로 확대하여 청·조선·일본의 주요 항구를 연결시킨다는 구상이었다.

상해에서 산동성 위해를 경유하여 인천으로 오는 항로는 조선과 무역하던 산동 무역상이나 조선에 거주하던 청국 상인들에게는 무척 반가운 조치였다. 조선에 진출한 초기 화교들이 자국 정부의 조직적인 지원을 받은 사실은 세계화교사에서 특수한 사례에 속한다. 당시 나가사키는 청상들이 많이 진출하여 중계무역을 통해 수입품을 일본 상인에게 팔고 있었는데, 이런 국제무역의 이익을 확대하고자 항로를 개척한 것이다. 그런데 초상국 부유호는 1883년 11월과 12월, 1884년 1월의 세 차례 운항에 그치고 말았다. 청프전쟁으로 말미암아 부유호가 다른 초상국 선박과 함께 대만의 해방청海防廳으로 징용되었기 때문이다. 그 후 초상국은 조선 개항장의 무역 부진으로 윤선 운항에 손해가 많다며 운항 중단을 제안했고, 조선 정부는 이를 수용하였다.[119]

「조청무역장정」의 체결에도 불구하고 1880년대 중반 일본 윤선이 조선의 외양항선을 독점하자 청국 상인들은 부정기적인 자국 범선 이외에 일본우선주식회사에 기대지 않을 수 없었다. 이 회사의 인천 지점은 특히 청상에게 불친절하고 운임이 높아 그들의 불만을 샀다. 항해비용이 과다하다는 이유로 정지되었던 조청 간의 정기항로 개설문제는 1887년 7~8월경 일본우선회사의 선박에 실은 청상의 비단이 분실되는 사건을 계기로 변화를 맞이하였다. 일본우선회사의 인천 지점이 청상의 배상 청구를 회피하는 데에

---

118 『淸案』 1 고종 20년 12월 14~15일(『한국해양사자료집』 제4권, 623쪽).
119 「상해윤선의 파견을 잠시 중단할 것을 요청함」, 『淸案』 1, 128쪽.

격분한 총리교섭통상대신 원세개 및 조선해관 총세무사 메릴M. F. Merrill 은 천진의 이홍장에게 윤선을 보내 줄 것을 강력히 요청하였다.[120]

1888년 3월 마침내 상해-인천 간 항로가 다시 개설되어 1894년 청일전 쟁까지 윤선이 정기 운항하였다. 초상국 소속 광제廣濟호의 첫 번째 항해는 1888년 3월 29일 잡화를 싣고 상해를 떠나 연대를 경유하여 31일 인천에 입항함으로써 시작되었다. 초상국 윤선의 운항은 경제성이 다소 떨어졌으 나 청조와 조선 거류 청상들의 적극적인 지원이 있었다. 초상국과 청상 간 에 맺은 동맹 때문에 일본의 조선무역은 적지 않은 타격을 입었다. 그럼에 도 불구하고 초상국 윤선의 운항은 적자가 누적되었고 청조의 재정지원 약 속이 지켜지지 않자, 1892년 초 초상국은 상해-연대-인천 노선의 폐지를 정부에 건의하였다. 하지만 이홍장은 이 항로를 유지해야 한다는 의견을 총 리아문에 올려 조청항로는 계속되었고 점차 경제 형편도 나아졌다. 청일전 쟁의 기운이 감돌자 결국 윤선 운항이 중단되었고, 그 후 조청 간 항로는 재 개되지 못했다.[121] 『청안』에는 상해초상국 윤선 왕래와 관련한 이런저런 공 문들이 엿보이는데, 활발하게 운영하지 못했기 때문에 양국 간 갈등 사례는 별로 나타나지 않는다.

(2) 범선무역에서의 분쟁사례

사실상 부정기적인 윤선보다는 소규모 범선에 의한 사무역이 조청 해운 의 본질이라고 말할 수 있다. 왜냐하면 해운 관련 양국분쟁은 주로 청의 범 선들이 조선에 건너와서 밀무역을 하면서 발생했기 때문이다. 이와 관련한 갈등을 보여 주는 가장 유명한 사건이 이른바 '이명진李明進 선박 사건'이

---

120 나애자, 『한국근대해운업사연구』, 국학자료원, 1998년, 118쪽.
121 1888년 조청 정기항로가 다시 개설된 배경으로 종주국으로서의 체면 유지라는 정치적 의미 를 강조하는 견해에 대해, 그것 말고도 상권 확장이라는 더욱 실질적인 경제적 침략 의도가 있었다는 주장이 있다(나애자, 『한국근대해운업사연구』, 국학자료원, 1998년, 124~125쪽).

다. 이 사건의 줄거리는 아래와 같다.

1884년 봄 산동 소속 이명진의 범선이 양화진楊花津에 도착해 납세했지만 세무사가 이를 거부하고 구류하면서 조선과 청국 간 해관 운영을 둘러싼 장기간의 논쟁이 시작되었다. 조선상무위원 진수당은 통상교섭 책임자인 민영목에게 조회하여 무역장정에 따라 처리할 것을 요구했으나, 조선 측은 「조청무역장정」 제4관 무역 관련 항목에 중국 상선이 한강에 들어와도 된다는 규정이 없으므로 인천 해관의 처분은 적법한 조치였다고 주장했다. 게다가 이미 한 해 전 산동 범선이 한강 마포에 들어오는 것을 특별히 허가하고, 앞으로는 허가하지 않겠다는 공문을 보낸 바가 있었다. 그리고 본래 한강에 들어올 수 없으나 체류기간을 정하여 특별히 허가한 사례가 있었다.[122] 특히 청상 범선의 양화진 진입 문제와 한성에서 상점을 여는 문제는 조청 간 무역 분쟁으로 확대되었다. 이 사건과 관련해 『청안』에는 양국 간에 주고받은 공문이 남아 있다. 청상 범선 가운데 200톤 이하의 선박을 양화진에 정박시키는 문제, 마포에서 화물을 검사하고 짐을 푸는 문제, 톤수의 제한을 철폐하고 마포에 세관을 설치하는 문제 등이 논의되었다.[123] 조선 측은 산동의 배가 마포로 직접 들어오는 것을 막기 위해 노력했으나 결국 청의 요구가 관철되었다.[124] 이것은 청국 상품이 곧바로 한성으로 운송될 수 있음을 의미하였다.[125]

위의 사건 말고도 양국 간 해금이 해제되어 개별적인 범선 무역이 활발하게 이루어지면서 사기와 약탈은 물론 구타와 살인 사건까지 다양한 갈등이 발생하였다. 『청안』과 『청계주한사관당안』에 실린 몇 가지 해운분쟁 사건

122　1883년 3월 2일과 6일(『清案』 1, 60~61쪽).

123　1884년 5월(『清案』 1, 80~84쪽).

124　「仁川海關拘留李明進船卷」[광서 10년(1884) 2월~5월, 『清季駐韓使館檔案』解題, 71~74쪽].

125　청은 이명진 선박 사건을 둘러싼 외교 분쟁 과정에서 조선을 대변해 강경론을 고수하던 묄렌도르프를 교체하기로 결심하였다. 결국 1885년 9월 묄렌도르프가 해임되고, 청의 해관총세무사 R. Hart의 지시에 충실히 따르는 H. F. Merrill이 조선으로 부임하였다.

들을 좀 더 소개하면 아래와 같다.

첫째, 1884년 윤5월 26일 백령도白翎島 도민 이창서李昌西 등이 중국 선박을 불사르고 은자 200량(동전 2,600량)을 약탈한 사건이 일어났다.[126] 중국 상민 양옥수楊玉秀, 장흥張興 등이 산동 등주를 떠나 조선 황해도 부근 백령도에서 고기잡이를 하던 중 사람을 구해달라는 소리를 듣고 해변에 다가가니 조선 선박 한 척에 산동 출신 중국인 왕봉정王鳳亭 등 세 사람이 상처를 입은 채 있었다. 그들은 백령도 주민 백여 명이 몰려와 인명을 살상하고 재물을 약탈했다고 말했다. 이에 진수당이 조선 측에 조사를 요청하면서 조청 간에 공문이 오갔다.[127] 그 후 조선과 청국 양측 관리를 현지에 보내 조사하였다. 백령도 청국인 살상 사건의 주범인 이창서는 체포되어 사형에 처해졌으며, 공범인 유영석柳永石, 우재기禹在己 등도 유배에 처해지는 등 엄벌을 받았다. 한편 피해액에 대해 보상도 이루어졌다.[128]

그런데 이 사건은 여기서 그치지 않고 이명진 선박 사건처럼 양국 간 외교문제로 확대되었다. 진수당은 황해도에서의 자국 고기잡이와 선박 왕래를 보호하기 위해 청국 선박에서 대표를 선발해 백령도와 등산도登山島 두 곳에 파견할 것을 조선 정부에 조회하였다. 청국인들이 고기잡이를 하다가 태풍을 피하고, 자국 선박이 왕래하거나 정박하며 필수품을 구매하는 것을 돕기 위한 목적이라고 했다. 당시 진수당이 위의 사건을 이홍장에게 보고하자 이홍장은 이 기회를 빌려 백령도에 점포를 개설하여 도민들의 위협으로부터 청국인을 보호하고 청국 선박의 진출을 돕고자 시도했다. 뿐만 아니라, 섬 두 곳에 점포를 두는 것은 앞으로 청 병선의 순시에도 필요하다고 했

---

126 「白翎島島民焚劫華船」(광서 10년(1884)윤5월~광서 11년(1885) 6월, 『淸季駐韓使館檔案』解題, 107쪽).

127 1884년 6월 25~26일, 30일(『淸案』1, 117~119쪽, 124쪽, 161~162쪽).

128 1884년 7월 19~20일, 23일(『淸案』1, 130~135쪽, 139~141쪽); 1885년 4월 19~5월 25일(『淸案』1, 252~258쪽).

다.[129] 이에 대해 조선 정부는 백령도 인원 파견의 불편함을 열거하면서 거부의사를 밝혔다. 진수당은 다시 점포 설치를 요청하여 자국의 이익을 관철시키려 했으나, 조선 측은 여전히 난색을 표하며 검찰관으로 하여금 수시로 보고하기로 했다.[130] 결국 이홍장은 점포개설의 건은 일단 조선 정부의 주장을 수용해 이후 다시 논의토록 하고, 유사사건 재발방지를 위해 노력할 것을 지시했다.

둘째, 1885년 10월 말 조선인 한성 주민 이태준李泰俊이 황해도 장연長連에서 목화와 잡물을 배에 싣고 돌아오다가 11월 2일 새벽 옹진甕津의 갈항포葛項浦 부근에서 칼을 들고 배에 올라온 중국인 6명에게 화물을 강탈당한 사건이 발생하였다. 원세개는 주변 상황을 봤을 때 분명히 해상을 떠다니는 도적이지 양민이 아니라며 조사를 지시했다. 이홍장에게도 보고하고 해적 체포를 위해 노력했으나 성과가 없었다.[131] 원세개가 부임한 직후에 발생한 이태준 사건은 청국 해적의 출현을 보여 주어 흥미로운데, 전문적인 해적집단인지 단순한 불량 어민집단인지 알 수가 없다. 하지만 조선 정부는 청상에 의한 밀무역의 심각성을 원세개에게 알리고 조사관을 파견해 평안도와 황해도의 상황을 조사하였다.[132]

셋째, 1887년 초 평안도에 속하는 신미도身彌島에서 중국 선박이 약탈당하는 사건이 발생하였다. 중국 상인이 법을 어기고 신미도 일대 미통상항구에 들어가 밀무역을 하다가 현지인들에 의해 선박이 불타고 화물을 강탈

129 1884년 8월 25일(『淸案』 1, 160쪽).
130 1884년 9월 30일, 10월 4일(『淸案』 1, 175~176쪽, 176~177쪽).
131 「朝鮮人李泰俊被劫案」[광서 11년(1885) 11월~광서 12년(1886) 8월(『淸季駐韓使館檔案』解題, 130쪽)]; 1885년 11월 28일(『淸案』 1, 282~283쪽).
132 평안도와 황해도 연해지방에서 청상이 밀무역을 하자 이를 금지하는 것과 관련한 조선 측 공문이 있다[1889년 8월 20일(『淸案』 1, 584쪽)]. 이에 대해 원세개는 청상이 잡화 등을 팔고 잡곡 등을 사 가는 밀무역이 활발하다는 사실을 인정하면서도 조선의 지방관들이 청상에게 세금을 징수하며 묵인하는 현실을 지적하였다[1889년 8월 25일(『淸案』 1, 586~587쪽)].

당한 것이다. 원래 평양 출신 정호경鄭浩京이 주도했지만, 난민亂民 김일호金一浩에게 죄를 덮어 씌웠다. 중국 상인이 불법으로 들어간 것이지만 조선 정부는 피해액을 보상해 주는 대신 다시는 같은 일이 발생하지 않도록 하였다.[133] 그런데 조선 측에는 정호경 등과 충돌한 청국 선박을 해적선으로 보았고 이와 관련한 공문이 남아 있다. 여기서 정호경 등은 중국 선박이 바다에 출몰해 화물을 빼앗고 민가로 난입해 벌목을 하는 등 난동을 부렸다고 증언하였다. 이에 조선 측 관리는 중국 선박이 미통상항구에 아무 때나 정박하며 세금을 내지 않고 무역을 하는 것은 무역장정에 따라 엄단해야 한다고 보고했다. 서로의 입장 차이로 말미암아 양국 간 외교 분쟁으로 확대되었다.[134] 그 후 김일호의 압송에 관한 회답공문이 남아 있는데, 한성에 잡혀 있던 김일호를 평양으로 압송해 대질 심문할 것에 관한 기록이다.[135]

위의 신미도 사건 역시 양국 간 외교적 마찰을 불러온 비교적 큰 사건이다. 조선인의 청국 밀무역선에 대한 분노가 잘 드러난 사건으로, 당시 지방 관들은 청의 무역선들을 종종 구류하여 벌금을 부과하기도 했다. 이런 분쟁의 경우 한쪽은 풍랑으로 잠시 정박한 것으로, 다른 한쪽은 밀무역한 것으로 주장하였다.

넷째, 실제로 배가 풍랑을 만나 표착했다가 약탈당하는 경우가 있었다. 청국 선박이 내지를 운항하다가 풍랑을 만나 조선인에게 화물을 빼앗기고 선주가 구타당한 두 사건을 소개하자면, 하나는 1893년 7월 화상 손태언孫

---

133 「華商違禁冒入不通商口案遭搶案」(광서 13년(1887) 1월~7월(『淸季駐韓使館檔案』解題, 181~182쪽)].

134 1887년 2월 15일(『淸案』1, 337~338쪽).

135 비슷한 시기 위의 사건과 관련 있는 것으로 보이는 청의 기록도 남아 있다. 광서 13년 2월 26일 신미도에 잠입한 중국 상선이 약탈당한 사건이 발생했는데, 중국 배가 금령을 어기고 들어온 것이지만 조선 정부는 조선인 범인을 체포해 훼손된 선박과 강탈한 물건 값을 보내왔다. 만약 해당 선주가 나타나지 않으면 공용으로 쓰도록 지시했는데, 약 2개월간 기다리다가 선주가 나타나지 않자 관청의 숙소 수리비용으로 쓸 것을 원세개에게 요청하였다[「朝鮮身彌島追繳被搶商船貨價卷」 광서 13년(1887) 3월 15일~5월 4일(『淸季駐韓使館檔案』解題, 197쪽)].

太言과 추업상鄒業祥 등이 잡화를 싣고 마포로 가다가 풍랑을 만나자 바람을 피하기 위해 조선의 작은 배 한 척과 함께 정박했다가 조선 선박이 손상되고 화물이 물에 젖었다. 이에 조선인 이운경李云京 등이 피해보상을 요구하다 거절당하자 무리를 지어 화물을 빼앗고 화상들을 구타하였다. 나중에는 양자 간에 적절한 합의가 이루어졌다. 다른 하나는 1893년 6월 화상 왕덕창王德昌 등이 배에 화물을 싣고 가다 풍랑을 만나 장연 지방에 이르렀는데, 현지의 조선인 30여 명에게 화물을 빼앗기고 지방관에게 체포되어 고문을 당하였다. 이에 원세개가 해당 지방관을 문책하고 왕덕창의 화물을 돌려줄 것을 요구하였다. 하지만 조선 측에서 별다른 대답이 없자 다시 독촉하는 공문을 보내었다.[136]

해운과 관련해 조선 정부의 청국 밀무역선에 대한 금지요청이 잦다. 청국 정부는 청상의 밀입국이 활발하다는 사실을 인정하면서도, 조선의 지방관들이 청상에게 불법적으로 세금을 징수하며 묵인하는 현상을 지적하며 맞대응하였다. 위의 사례에서 나타나듯, 범선무역과 관련해 애매모호한 점은 조난에 따른 표착문제이다. 통상조약의 경우 무역 관련 항목이 자세한 것은 당연하지만, 조난구조 항목 역시 조약에서 항상 언급되는 조항이다. 「조청무역장정」 제3관의 전반부에는 무역과 더불어 조난구조에 관한 내용이 실려 있다.

제3관 "두 나라의 상선들은 상대 측의 통상항구에 들어가서 교역할 수 있다. 싣고 부리는 모든 물건들과 해관에 세금을 바치는 일체 문제는 모두 두 나라에서 이미 체결된 규정에 따라 처리한다. 만약 상대 측의 바닷가에서 바람을 만

---

136 「華船在內地遭風貨物被搶船戶商人被毆各案」(광서 19년(1893) 10월~광서 20년(1894) 3월 (『淸季駐韓使館檔案』解題, 171~172쪽)); 1893년 12월 9일(『淸案』 2, 256쪽); 1894년 4월 18일(『淸案』 2, 293쪽).

나거나 얕은 물에 걸렸을 때에는 아무 곳에나 배를 대고 음식물을 사며 수리할 수 있다. 그런데 일체 비용은 선주가 모두 자체로 부담하고 지방관은 적당히 돌보기만 한다. 만일 배가 부서졌을 때에는 지방관이 대책을 강구해 구제해야 하며 배에 탄 여객과 선원들을 가까운 항구의 상대 측 상무위원에게 넘겨 주어 귀국시킴으로써 종전에 서로 호송하던 비용을 절약하도록 한다. 만약 두 나라 상선이 바람을 만나 부서져서 수리해야 할 경우를 제외하고 개방하지 않는 항구에 몰래 들어가서 무역한 자들은 조사 체포하고 배와 화물은 몰수한다.…"

위의 항목은 「조미통상조약」 제3관과 대체로 내용이 같으나 조미조약에서는 미국 선박에 대해서만 규정하고 있다. 조미조약보다 늦게 체결된 「조영통상조약」 제7관에서도 조난 구조에 대해 비교적 자세하게 규정하고 있다.[137] 신식 윤선의 경우 그런 일이 발생할 가능성은 희박했지만, 『청안』과 『청계주한사관당안』에는 소형 선박에 대한 조난구조에 관한 기사가 꾸준히 나타난다.

예를 들어, 충청도 청도青島에 표류한 봉천 금주金州 출신 청인에 대해 무역장정(제3관)에 따라 구호하고 인천으로 호송한 사건과 청인에 대해 조속히 조사를 마칠 것을 요청한 공문왕래,[138] 청도에 표류한 청국 선박의 청인이 배를 수리한 후 귀국하기를 원했으나 배를 수리할 재료가 없어 인천으로 보낼 것을 요청한 공문 왕래,[139] 황해도 토구비土九非 포구에 중국인 한 명이

---

137 기존 연구에 따르면 조선이 서양 열강과 체결한 조약은 크게 두 가지 유형, 즉 「朝美通商條約」과 「朝英通商條約」으로 나눌 수 있다고 한다. 조미조약을 보면 미국이 난파선 문제 이외에는 조선에 큰 관심을 갖지 않은 상황에서 맺어진 합의임을 알 수 있다. 그러나 영국은 세계 최대 강국으로서 불평등조약의 요구를 통해 무역 이익의 극대화를 추구한 것을 알 수 있다. 하지만 양자 간에 세부적인 내용을 비교한다는 것은 결과적으로는 의미가 없는 일이다. 왜냐하면 최혜국대우조항에 의해 어떤 한 나라가 획득한 이익은 모든 국가들이 균점하기 때문이다 (김용구, 『세계관 충돌과 한말 외교사, 1866-1882』, 문학과지성사, 2004년, 420쪽, 425쪽).
138 1883년 12월~1884년 1월(『淸案』 1, 12~14쪽, 17~18쪽).
139 1884년 1월~1884년 2월(『淸案』 1, 25~27쪽).

표류되어 와서 구호한 일과 황해도 애사리涯沙里에 중국 선박이 표류되어 와서 정박을 허락한 일과 관련한 공문,[140] 1887년 초 평안도 조압도遭鴨島에 표착한 중국 민선을 본인의 희망에 따라 수로로 송환할 것에 대한 공문,[141] 1888년 3월 나주 자은도慈恩島에 표류한 청상 7인을 구호해 주고 인천에 보낼 때 주고받은 공문,[142] 그 밖에도 덕적도德積島에 표착한 산동인 장배곤張培坤의 귀국 조치[143] 등이 남아 있다.

위와 같은 해양조난에 따른 구호는 양국 간 우호를 증진시키는 데 도움이 되었다. 특히 전통적인 표류민 송환방식이 근대적 해난조난 구호방식으로 전환된 점은 주목할 만하다. 하지만 위의 조약에서도 암시하듯 조난이나 대피 등을 핑계로 외국 선박이 미개항장에 들어가 무역하는 경우가 종종 있었다. 한 예로, 황해도 장연지방에 피난 온 청국 상선의 화물에 대한 압류처분을 놓고 양국 간에 신경전이 있었다. 중국 측은 인천으로 가던 중 풍랑으로 인해 장연에 임시 정박한 것이라 주장했고, 조선 측은 이 선박의 청상들이 밀무역을 하려던 것으로 판단해 엄단하려 하자 결국 양국 간 합동조사로 나아갔다.[144] 비록 밀무역할 경우 배와 화물을 몰수한다는 엄격한 규정이 있었으나 밀무역이 쉽게 근절되지 않았다.

(3) 청일 해운업 경쟁과 청국 군함

청일전쟁 이전 조선의 해운업은 통리교섭사무아문統理交涉事務衙門이 담

---

140 1884년 4월 15일, 17일(『淸案』1, 70~71쪽).
141 1887년 4월 3일(『淸案』1, 343쪽). 이들 표류민에 대한 구호 비용을 면제해 주자 원세개가 중한 간의 우의를 보이는 것이라며 회답한 공문이 있다[1887년 4월 12일(『淸案』1, 347쪽)].
142 1888년 3월 25일, 27일(『淸案』1, 434~436쪽).
143 1888년 1월 18일(『淸案』1, 645~646쪽).
144 1890년 12월~1891년 1월(『淸案』1, 750~758쪽). 해주지방 登山鎭 소속의 大岩山島에 좌초한 청선에 대해 주민이 약탈한 사건이 발생해 피해자의 보상요구가 있었다[1890년 12월 22일(『淸案』1, 751~752쪽)].

당하던 시기(1883~1886), 전운국轉運局이 담당하던 시기(1886~1892), 이운사利運社가 담당하던 시기(1893~1895) 등으로 나눌 수 있다.

통리교섭사무아문이 해운을 담당하던 시기에 윤선의 도입과 경영에는 정치적 측면과 경제적 측면이 모두 있었다. 청이 조선 항로를 개설한 것은 자국의 상권을 넓히려 했다기보다는 조청 간에 왕래하는 정기선편을 만들어 종주국이 속방을 위해 윤선을 파견해 준다는 명분과 더불어 양국 간에 오고가는 공문서를 우송하는 일이 큰 비중을 차지하였다. 즉 정치적 목적이 적지 않았던 것이다. 당시 묄렌도르프는 청이 조선에서 일본의 전횡을 견제하는 것에는 공감했지만, 조선에 대한 종주권 행사에 대해서는 탐탁하지 않게 여겼다. 그는 청국의 윤선초상국을 비롯해 영국계의 이화양행怡和洋行, 미국계의 밀득돈密得頓, 독일계의 세창양행世昌洋行 등과 연계해 일본 해운의 조선 진출을 견제하였다.[145] 이 시기는 청이 조선 무역을 독점하던 일본 상인을 본격적으로 견제하기 시작한 때였다.

전국의 조곡운송을 전담하는 관아로 전운국이 설립되었으나 통리교섭사무아문이 해운 업무를 담당하고 있을 때에는 적극적인 활동을 하지 않았다. 그런데 묄렌도르프가 파직되고 세창양행의 운행에 문제점이 노출되자 전운국이 해운담당 부서가 되어 1886년부터 1892년까지 관선으로 해운을 직영하였다. 당시 조선의 청국 상인은 주로 수입업에만 종사했고, 일본 상인은 수입은 물론 수출에도 종사했다. 과거 통리교섭통상사무아문이 일본과의 제휴를 회피한 데 반하여, 전운국은 일본 해운과의 접촉을 긴밀히 하였다.[146] 이 시기는 조선에서 청과 일본이 세력 균형을 이루었던, 상대적으로 평온한 때였다.

이운사는 정부 직영의 관영기업이었지만 신식 윤선을 소유한 조선 최초

---

145 손태현,『한국해운사』, 위드스토리, 2011년, 117~118쪽.
146 손태현,『한국해운사』, 위드스토리, 2011년, 121쪽, 139쪽.

의 해운기업으로 전운국을 대신해 청일전쟁 이전까지 해운을 담당하였다. 이 회사는 청의 정치적 배려로 20만 냥이라는 거액의 차관을 받아 설립되었다. 이운사는 윤선초상국의 관독상판官督商辦을 모방하여 만들어졌으나 청과 같이 유능한 해운경영자가 관리한 것이 아니라 일반관리가 경영의 실권을 장악하였다.[147] 1880년대 후반부터 조선에서 일본 상인의 우세가 나타나 이 시기는 청이 열세를 만회하기 위해 노력하던 때였다.

위의 해운업을 담당하던 기구의 변천에서 간접적으로 알 수 있듯이, 조선이 각국과 통상장정을 체결한 후 일본의 무역독점은 끝이 났고, 특히 1884년부터 1894년까지 일본은 상해와 인천을 연결하는 항로를 연 중국과 무역경쟁을 벌였다. 주로 영국에서 생산된 면직물이 청국 상인과 일본 상인의 중계무역에 의해 수입 판매되는 이른바 상해네트워크[148]를 통해 서로 경쟁하였다. 그런데 조선에서 청국 상인을 지원하기 위해 초상국 윤선을 왕래하도록 만들었던 원세개 등의 노력에도 불구하고 점차 조선에서 일본 해운업의 우세는 뚜렷해졌다. 청일전쟁 직전 일본은 오사카·고베·나가사키를 기점으로 하여 조선의 세 개항장을 연결하는 항로를 열었다. 당시 청은 초상국의 윤선 말고는 여전히 범선 수준의 배를 가지고 산동반도를 근거지로 삼아 조청 간을 왕래하며 운송업에 종사하였다. 이들의 규모는 일본의 윤선회사와 비교하면 보잘 것이 없었다. 이 시기 주목할 사실은 청일 간 해운업 경쟁에서 청국이 일본에 밀리자 청국 군함을 이용해 무역 및 밀수 역할을 일정 부분 담당하게 한 점이다.

해군 항목은 거의 모든 통상조약에서 언급하는 조항인데,[149]「조청무역장

---

147 손태현, 『한국해운사』, 위드스토리, 2011년, 156쪽.
148 상해네트워크란 19세기 후반 상해를 중심으로 영국제 면직물을 수입하여, 다시 상해에서 화북지역, 조선, 일본 등으로 재수출하는 유통구조를 말한다.
149 「朝英通商條約」 제8조에는 영국 군함이 조선의 어떤 항구에도 입항할 수 있고 그 선원들의 각종 특권을 규정하고 있으며, 영국 선박이 조선 연안을 측량할 수 있다고 규정했다. 조선의 바다에 대한 측량이 주권의 중대한 침해임은 말할 필요도 없다(김용구, 『세계관 충돌과 한말

정」제7관에는 해군수사와 관련한 내용이 실려 있다.

제7관 … 이 밖에 중국의 군함이 조선의 바다 기슭에 와서 순행하는 동시에 각 지방의 항구에 정박해 방어를 도울 때 지방 관청에서 공급하던 것을 일체 취소한다. 식량을 사는 것과 운행 비용은 모두 군함이 자체로 마련하며, 해당 군함의 '병선관리관[管駕官]' 이하 사람들은 조선 지방관과 평등한 예의로 상대하며, 함장은 성원들이 해안으로 올라가는 것을 엄격히 단속해 조금이라도 소란을 피우거나 사건을 일으키는 일이 없도록 한다.[150]

여기서는 청국 군함 파견과 관련한 모든 비용은 청이 부담하며 수병이 조선에서 소란을 일으키는 것을 금지하는 등 무척 우호적으로 기술하였다. 다음 해 조선이 일본과 체결한 「조일통상장정」 제32관에서도 일본 군함과 관선에 대한 예우 규정이 엿보인다.[151] 임오군란이 일어난 1880년대 초반부터 청일전쟁이 일어난 1890년대 중반까지 조선에서 청의 우위는 계속되었다. 당시 청의 조선에 대한 적극적인 간섭정책을 가능하게 만든 실제 배경에는 북양수사라는 해군력이 결정적인 역할을 하였다.[152] 그런데 흥미로운 사실은 해운을 통한 청일 양국 간 무역에서 일본 상선이 압도적인 우세를 보이자 청이 북양수사를 통한 밀무역을 시도한 점이다.

외교사, 1866–1882』, 문학과지성사, 2004년, 425쪽).

150 「朝淸商民水陸貿易章程」 제7관(『조약으로 본 한국근대사』, 116쪽).

151 「朝日通商章程」 제32관에는 "무릇 군함 및 일본국 관선이 상품을 싣지 않고 조선국의 통상항구에 이르면 수고롭게 세금을 납부하지 않고 또한 해관 관리의 간섭을 받지 않는다. 만약 장차 그 사용하지 않는 물건을 해안에 내려 판매하면 마땅히 판매하는 주인이 해관에 보고해 세금을 납부해야 한다"라고 하였다.

152 앞장에서 언급했듯이, 「朝淸貿易章程」 제7관의 해군수사와 관련한 항목 이면에는 청 병선의 조선 연해 및 항구 자유왕래권, 청의 조선해방 담당, 청 병선관리관의 인천 파견 등 3가지 중요한 내용이 담겨 있었다.

개항장에서 홍삼 등의 밀수에 청국 군함이 동원되었다.[153] 이런 밀수는 원세개의 부임 이후 더욱 증가했고, 해관의 단속에 종종 불응했을 뿐만 아니라 심지어 해관을 습격하는 일까지 벌어졌다. 1886년 1월 청상 여유생呂裕生이 군함 진해호를 타고 인천에 도착했는데, 조선 측의 밀수조사에 불응하다가 해관에 끌려갔다. 이에 청국 상인들은 인천 해관을 습격해 기물을 파괴하고 직원을 구타하였다.[154] 결국 이 사건은 중국에도 알려져 이홍장의 지시로 원세개는 어쩔 수 없이 습격을 주도한 임송당林松唐 등 주모자 6명은 본국으로 귀국시키고, 기물파손에 대한 배상금으로 80달러를 지급하였다.[155] 이와 유사한 또 다른 밀수 관련 사건기록도 남아 있다.

남방南幫 소속의 청상 조강肇康호, 광대廣大호 등이 조선의 금수품인 홍삼을 몰래 상선 혹은 병선에 실어 중국으로 반출하려다 해관에 적발되면서 벌금 등의 판결을 받은 사건이 발생하였다. 청상들은 몇 년 전부터 홍삼을 밀수출하여 중국 내지에서 판매했는데, 결국 1887년 8월 두 차례에 걸쳐 홍삼을 용산서 및 인천 영사서 관원의 짐 속에 넣어 병선에 실었다가 적발되는 일이 벌어진 것이다. 청은 조선이 홍삼을 몰수하는 것을 허락하였다. 그런데 밀수 과정에서 원세개의 관인을 멋대로 날인한 사실이 밝혀졌는데, 아마도 이런 밀수에는 원세개의 묵인과 비호가 있었던 것으로 보인다. 왜냐하면 홍삼을 몰래 실은 자는 태형에 처해졌지만 곧바로 원세개에게 보내져 고향으로 돌아가도록 조치되었기 때문이다. 게다가 벌금형을 받은 상인도 재빨리 석방시켜 평소대로 영업하도록 특혜를 베풀었다. 한편 사건을 보고받은 이홍장은 청 관원과 병선 관련자들이 청상의 뇌물을 받고 금수품인 홍삼을 싣고 가다 해관에 적발된 것은 상국의 체통을 해친 한심한 일이라며 관

---

153 「청군물자의 인천 해관 압류에 대한 항의와 압류물 환급요청」(『淸案』 1, 고종 22년 10월 4일).
154 「인천청상과 해관과의 起鬧사건에 대한 회답」(『淸案』 1, 고종 22년 12월 23일).
155 정태섭·한성민, 「開港 後(1882~1894) 淸國의 治外法權 행사와 朝鮮의 대응」, 『한국근현대사연구』 제43집 겨울호, 2007년, 17쪽, 25~27쪽 참고.

런자의 처벌을 지시하였다.[156]

「조청무역장정」 체결 후부터 청은 자국 군함에 적재한 화물에 대해 조선 해관이 조사하는 절차를 면제해 줄 것을 요구하였다. 이것은 일본에 비해 윤선 왕래가 부족한 청에서 병선을 통한 밀무역을 합법화하려는 의도가 숨어 있었다. 원세개가 부임한 후 여러 차례의 노력 끝에 자국 병선의 왕래와 수병의 상하선에 조선 해관의 간섭을 받지 않는다는 규정을 만들어 사실상 밀무역을 합법화하였다. 원세개는 병선을 이용한 아편과 홍삼 밀무역을 통해 상당한 정치자금을 만든 것으로 알려져 있다.

그 후 청일전쟁에서 청의 패배는 조선에서 청과 일본의 해운경쟁을 일방적으로 재편시켰다.[157] 전쟁의 결과 청이 조선에서 구축되면서 청의 자금지원으로 만들어진 이운사는 일본우선회사에 경영권을 위탁하면서 무력화되었다. 하지만 러시아가 일본을 견제하기 위해 조선에게 경영권을 돌려주었고, 결국 이운사는 러시아와 이해 관계가 일치하는 독일의 주조선상사인 세창양행에게 위탁되었다.[158]

청은 원세개의 후임으로 당소의唐紹儀를 상무위원 겸 총영사로 파견했지만 1897년 10월 12일 새롭게 성립한 대한제국大韓帝國은 그를 정식 외교사절로 인정하지 않았다. 1년간의 협상 끝에 전문 15조의 「한청통상조약」(1899년 9월 11일)이 맺어지면서 비로소 외교관계가 회복되었다. 「조청무역장정」에서 규정된 두 나라의 상하 종속 관계는 17년 후에 맺어진 「한청통상

---

156 「南幇肇康,廣大號等販參罰款卷」[광서 13년(1887) 8월 24일~광서 14년(1888) 3월 10일(『淸季駐韓使館檔案』解題, 200~201쪽)].

157 청일전쟁 후 약 5년간 조선과 청은 국교가 단절되었다. 따라서 인천·부산·원산에 있던 청국 조계지는 그 설립근거를 상실하였다. 일본 특명전권공사인 大鳥圭介의 강권으로 조선은 청과 체결한 「朝淸商民水陸貿易章程」은 물론 「朝鮮奉天邊民交易章程」과 「朝鮮吉林商民隨時貿易章程」 등을 폐지하였다. 그리고 새롭게 「淸商保護規則」(1894)과 「淸商保護規則 施行細則」(1895)을 체결하였다(『한국해양사자료집』 제4권, 797~798쪽).

158 손태현, 『한국해운사』, 위드스토리, 2011년, 160쪽.

조약」을 통해 독립국 간의 대등관계로 바뀌었다. 무역장정(제5관과 제6관)에서는 조선 측의 관세자주권을 적지 않게 침범했던 데 반해, 통상조약(제3관)[159]에서는 양국이 관세자주권을 갖는다고 규정하여 한중 간 위상변화를 반영하였다.[160] 「한청통상조약」 가운데 해양 관련 항목은 제3관말고도 제10관, 제13관 등에 나타나지만, 해운과 어업에 대한 직접적인 언급이 없는 것이 특징이다.[161] 하지만 해군 관련 항목은 통상조약 제13관에 나타난다.

제13관 "양국의 군함은 통상 항구의 여부를 막론하고 피차 모두 들어갈 수 있으나 선상에 사사로운 화물을 싣는 것을 허용하지 않는다. 다만 선상의 각종 식용품을 구매하는 경우에는 모두 면세하도록 한다. 그 선상의 선원 등은 수시로 상륙하는 것을 허가한다. 다만 호부의 교부를 신청하지 않았을 경우에는 내지에 들어가는 것을 허가하지 않는다. 만일 어떤 사정으로 인하여 선상에서 사용하던 잡물雜物을 되파는 경우에, 그 구매자는 세금을 추가로 납부해야 한다"[162]

19세기 후반 청과의 조약을 통해 군함정박 특권을 얻은 나라는 대부분 유럽 국가들이었다. 그 가운데 대한제국도 있는데 좀 특수한 사례여서 주목할 만하다. 위 조항에서 알 수 있듯이 양국 군함이 통상항구의 여부를 막론하고 모두 들어갈 수 있음을 규정하고 있다. 이것은 청이 유일하게 외국 군

159 「韓淸通商條約」 제3관에서는 쌍방의 관세자주권을 규정하고 있다. 중국 통상항구에서 한국 상인은 중국의 해관장정에 의해, 한국 통상항구에서 중국 상인 역시 한국의 해관장정에 의해 세금을 징수한다는 것이다. 그리고 일체의 장정과 세칙은 모두 최혜국과 맺은 장정 세칙과 같이 한다고 했다. 과거 일본과도 「朝日通商章程」(1883)을 맺어 개항장 무역과 해관에 관련한 자세한 규정을 둔 바 있었다.

160 『조약으로 본 한국근대사』, 360쪽.

161 청일전쟁으로 청의 윤선 운항이 중단되자 이후 조선에서는 일본과 러시아의 해운업이 경쟁하였다. 그런데 러시아 선박에 대한 러시아 상인의 이용은 미미했고 주로 청국 상인이 탑승하였다(나애자, 『한국근대해운업사연구』, 국학자료원, 1998년, 277쪽).

162 「韓淸通商條約」 제13관(『조약으로 본 한국근대사』, 363쪽).

함이 미통상항구에 들어올 수 있도록 허락한 조약이다.[163] 한국과 중국 간의
전통적인 특수한 관계가 반영된 결과로 볼 수 있다. 그리고 「조청무역장정」
에서 군함의 순시를 청에게만 허락했던 것과는 달리 「한청통상조약」에서는
양국이 서로 인정하였다. 뿐만 아니라 과거와 달리 선상에 사사로운 화물을
싣는 것을 허락하지 않았으며, 단지 선상에서 필요한 각종 식용품을 구매하
는 경우에는 면세하였다. 한편 「한청통상조약」 제10관에는 양국 선박이 상
대국 해상에서 조난을 당했을 경우 구호를 위한 협력 절차, 해당 선박과 선
원의 금지행위 및 이를 위반할 경우에 대한 처벌을 규정하고 있다.[164]

위와 같이 근대 한중관계에서 해운과 어업의 구분이 모호하다는 사실과
심지어 해군의 역할 가운데 하나가 밀무역이었다는 사실은 주목할 필요가
있다. 이것은 한중 간의 지리적 특성이 반영된 것으로, 범선이나 어선에 의
한 무역과 밀수가 혼재된 현실을 반영한 것이다.[165]

---

163 劉利民, 『不平等條約與中國近代領水主權問題研究』, 湖南人民出版社, 2010年, 9쪽.

164 「韓淸通商條約」 제10관에는 "양국 선박이 상대국의 바다에서 풍랑을 만나거나 혹은 식량과
    석탄, 물이 떨어진 경우에는 항구 안으로 들어가 바람을 피하고 식량을 구입하며 선박을 수리
    하는 것을 허가해야 하며, 모든 경비는 모두 선주가 부담하되 그 지방의 관민은 원조하여 필
    요한 물자를 제공해야 한다. 만일 해당 선박이 통상하지 않는 항구 및 왕래가 금지된 곳에서
    사사로이 무역을 하는 경우에는 미수未遂 기수旣遂를 불문하고, 지방관청 및 부근의 해관 관
    원이 선박을 나포하여 화물을 몰수하며 법을 위반한 사람에게는 원가의 배로 벌금을 물린다.
    양국의 선박이 상대국 해안에서 파괴되었을 때에는 지방 관청에서 선원을 우선 구호하고 양
    식을 공급해 주며, 한편으로 대책을 마련해 선박과 화물을 보호함과 아울러 영사관에 통지해
    선원을 본국에 돌려보내고, 배와 화물을 건져낸 일체의 비용은 선주 혹은 본국이 변제한다"
    라고 하였다(『조약으로 본 한국근대사』, 358쪽).

165 「朝日守護條規」나 「朝英通商條約」 등에 고루 나타나는 연해 측량 항목에는 조선 연해는 섬과
    암초가 많아 위험하므로 해안을 측량하고 해도를 작성하여 항해자의 안전을 추구한다는 내
    용이 실려 있다. 그런데 「朝淸貿易章程」이나 「韓淸通商條約」에는 나타나지 않는다.

2. 황해를 둘러싼 한청 어업분쟁

(1) 청일전쟁 이전

황해를 둘러싼 조선과 청의 어업분쟁은 그 역사적 연원이 상당히 오래되었다. 대체로 1680년대 중반 이후부터 근대에 이르기까지 청국 어선의 황해에서의 불법어업은 지속적으로 발생하였다. 이 문제는 결국 19세기 후반 조선과 청 사이에 중요한 외교적 사안으로 발전하였다. 아편전쟁 후 청의 해양에 대한 통제력은 이미 한계를 보였고, 전통적인 해금체제는 붕괴되었다. 이런 변화는 조선의 바다에도 영향을 미쳤다.[166] 남경조약이 체결된 지 10여 년 만에 황해도 연안에는 청의 불법어선 수백 척과 어민 수천 명이 '바다를 가릴' 정도로 몰려들었다. 황당선, 당선 등으로 불리던 중국의 어선들이 서해안 일대에 발호하기 시작한 것이다. 강화도조약으로 조선의 항구가 개항된 이후에는 청국 어선의 활동 반경이 더욱 확대되었다. 1880년 무렵에는 충청도와 전라도 지역에서도 불법적인 어로활동이 나타났다.[167] 청국 어민들은 어업을 통해 잡은 물고기를 대부분 자국으로 가져갔다. 주로 새우, 갈치 등을 잡았으며, 성어기盛漁期에는 수천 척이 왕래하기도 했다. 또한 충청도와 전라도에도 수백 척씩 와서 어업을 하거나 육지에 내려서 민가를 습격하는 등 조선 어민들이 생계를 유지할 수 없을 지경

---

166 조선의 바다에서 이루어진 청의 어업 침탈에 대한 연구는 김문기의 논문이 거의 유일하다. 이 절의 내용은 그의 두 편의 논문에 근거한 내용이 적지 않다(김문기, 「19세기 조선과 청의 어업분쟁」, 『19세기 동북아 4개국의 도서분쟁과 해양 경계』, 동북아역사재단, 2008년; 「기후, 바다, 어업분쟁: 1882~1910년간 조청어업분쟁의 전개」, 『중국사연구』 제63집, 2009년 등). 김문기는 조청어업분쟁과 관련해 1882~1894년까지를 합법적 어업활동과 일본과의 경쟁시기로 하고, 1894~1910년까지를 일본의 우위권 확립과 밀어시기로 구분하였다. 앞 시기는 「朝淸貿易章程」의 체결을 통해 청국 어민이 조선의 해양에서 합법적으로 어업활동을 하던 시기인데, 무역장정이 체결되는 과정에 어업 관련 조항이 들어가게 되는 경위에 주목하였다.
167 김문기, 「19세기 조선과 청의 어업분쟁」, 『19세기 동북아 4개국의 도서분쟁과 해양 경계』, 동북아역사재단, 2008년, 109쪽, 112쪽.

이었다고 한다.[168]

당시 청은 조선과 밀어문제로 계속 마찰을 빚자 황해에서 청국 어민들의 어업활동을 합법화하는 방법을 모색하였다. 따라서 「조청무역장정」 제3관에 아래와 같이 별도의 내용을 삽입하였다.

제3관 "… 조선의 평안도와 황해도, 중국의 산동성과 봉천성 등의 연해 지방에서만은 두 나라의 고깃배들이 내왕하면서 고기를 잡을 수 있는 동시에 해안에 올라가서 음식물과 음료수를 살 수 있도록 한다. 그러나 사적으로 물건을 장사할 수 없으며, 위반하는 자는 배와 화물을 몰수한다. 그들이 머물러 있는 지방에서 법을 위반하는 행위를 할 경우에는 곧 해당 지방관이 체포해 가까운 곳의 상무위원에게 넘겨주어 제2조에 준해 처리한다. 상대방의 어선에서 받아야 할 어세漁稅는 조약을 시행한 2년 후에 다시 토의해 알맞게 정한다(조사에 의하면 해변의 물고기들이 윤선에 놀라서 대안對岸 쪽으로 쏠리자 해마다 황해도의 대청도大靑島와 소청도小靑島에 불법적으로 와서 고기잡이를 하는 산동성 어민들이 한 해에도 1,000명을 헤아린다)."[169]

무역장정 제3관 후반부에는 조선의 평안도와 황해도, 청의 산동성과 봉천성 등의 연해 지방에서 양국의 어선이 왕래하면서 어업활동을 할 수 있도록 규정했다. 조선 어선이 청국 어선과 마찬가지로 양국이 지정한 지역의 연해에서 고기잡이할 수 있도록 규정한 내용은 언뜻 보면 상호 평등한 조치로 이해될 수 있다. 하지만 중국 연해에서 조선 어선의 어업활동보다 조선 연해에서 활동하는 중국 어선의 수가 압도적으로 많았다. 따라서 이런 조치

---

168 이영학, 「개항 이후 일제의 어업 침투와 조선 어민의 대응」, 『역사와 현실』 18, 1995년, 159쪽.
169 「朝淸商民水陸貿易章程」 제3관(『조약으로 본 한국근대사』, 113~114쪽).

는 사실상 청국 어민에게 유리한 특권이라 볼 수 있다.[170] 이 조항은 조선이 개항 이후 외국에 부여한 최초의 연근해 어업권으로, 결과적으로 청의 어민들이 합법적으로 조선의 평안도와 황해도 어장에 몰려들게 만들었다.

당시 중국 측 협상책임자인 이홍장은 "윤선이 취항하자 산동의 물고기가 놀라 조선의 서해안으로 옮겨갔다"는 기묘한 논리를 펴면서 갑작스레 예정에 없던 어업 항목을 무역장정에 넣었다.[171] 그는 청국 어선이 황해도의 대·소청도에 가서 고기잡이하여 양국 간에 분쟁이 생기는 것과 이로 말미암아 어민들이 생계문제로 곤경에 처해 있다는 이유를 들어 그 타당성을 설명하였다. 한편 이홍장은 황제에게 상주문을 올려 조선과의 무역장정의 필요성을 설명하면서, 어업과 관련해 산동일대 어민들이 종종 조선 근해 지역까지 출어하는 현실적인 상황을 고려하여 아예 유명무실해진 기존의 해금정책을 풀어 주고 어세징수 등을 통해 관리를 강화하는 편이 훨씬 더 적합하다고 했다.[172]

조선 측 협상대표인 어윤중은 황해도 연안 및 산동반도의 등주·내주 연안에서 양국 어선의 왕래와 고기잡이는 현실적으로 금지할 수 없으므로 해금령을 철회하여 양국 어민들이 자유롭게 왕래하는 데 동의하였다. 하지만 양국 어민들의 왕래규정을 조약 내에 삽입하는 것에는 반대하였다. 그 까닭은 당시 일본인들이 동해에서의 포경과 어선왕래를 요구하고 있었으므로 무역장정 내에 어선왕래에 관한 내용을 삽입하면 일본인들의 요구도 쉽게 거절할 수 없기 때문이었다. 뿐만 아니라 이 규정은 고기잡이를 빙자한

---

170 「朝淸商民水陸貿易章程」 제3관(『조약으로 본 한국근대사』, 120쪽).
171 산동의 물고기가 조선의 서해안으로 옮겨 간 현상을 윤선 때문이 아니라 해양 환경의 변화에서 설명하는 견해가 있다. 이때 「조청무역장정」에서 말하는 산동의 물고기가 청어일 가능성이 높다고 판단한다(김문기, 「기후, 바다, 어업분쟁: 1882~1910년간 조청어업분쟁의 전개」, 『중국사연구』 제63집, 2009년, 77~83쪽).
172 『李文忠公全書』奏稿 卷44, 「安議朝鮮通商章程摺」, 36~43쪽(권혁수, 『19世紀末 韓中 關係史 硏究』, 백산자료원, 2000년, 120쪽 재인용).

밀무역상들의 왕래를 촉진시킬 수 있다는 것도 반대의 이유 중 하나였다. 이런 반론에 대해 이홍장을 대신해 주복과 마건충은 해금을 해제한 이상 두 나라 어민들이 왕래하며 어업을 하는 조항을 외국간섭의 이유로 취소할 수는 없다고 하였다. 그 대신에 청상이 조선 내지에 상품을 운송해서 판매하는 행위를 금지하자는 어윤중의 주장에는 일단 동의하였다.[173] 곧이어 조선 정부는 다시 청조와 「조선봉천변민교역장정朝鮮奉天邊民交易章程」(1883년 3월)을 맺었는데, 이 장정의 제3조에는 압록강 하구에서 조선인의 어업을 금지하는 내용이 담겨 있어 특이하다.

『청안』과 『청계주한사관당안』에 실린 몇 가지 대표적인 어업분쟁 사건들을 소개하면 아래와 같다.

첫째, 1885년 3월 청국의 산동 소속 서장증徐長增, 서태홍徐泰興 등의 두 어선이 경계를 넘어 대청도에서 고기잡이를 하다가 조선인을 만나 재화를 빼앗긴 후 지방관의 도움으로 장물의 일부를 돌려받은 사건이 발생하였다. 이것은 무역장정(제3관)에 따르면 산동과 봉천 소속 선박이 평안도와 황해도의 경계를 넘어서는 안 된다는 규정을 어긴 것으로,[174] 조선 측은 충청도에 속하는 대청도에 침입한 서장증 어선에 대한 징벌을 요구하였다. 실제로 청도해역은 맞은편 산동·등주 어민이 수시로 연해에 와서 조선 어민들의 생계를 위협하고 있었다.[175] 이에 대해 청국 측은 상황을 다르게 이해하였다. 서장증 등이 범선 두 척으로 산동 위해에서 조선 연해로 와서 고기잡이를 하던 중, 황해도 대청도 부근에서 바람을 만나 근해에 정박했는데, 갑작스레 조선인 60~70여 명이 나타나 선박을 약탈했다는 것이다. 이에 중국 어선은 대청도 피습사건에 대한 항의와 범인 엄벌 및 장물 반환을 요구하였

---

173 김종원, 「朝淸商民水陸貿易章程에 대하여」, 『歷史學報』 제32집, 1966년, 153~154쪽.
174 「漁船越界捕魚滋事」[광서 11년(1885) 5월~7월(『淸季駐韓使館檔案』 解題, 61~62쪽)].
175 1885년 1월 31일, 2월 2일(『淸案』 1, 220~221쪽).

다.[176] 청국 측은 서장중 어선이 고기잡이한 대청도는 충청도가 아닌 황해도 소속이라며 조선 측에 항의하였다.

둘째, 1885년 4월 중국 어민 손작민孫作敏, 손작경孫作敬, 묘백천苗百川 등의 등주登州 어선 3척이 위해威海를 떠나 조선 황해도 연해에서 고기잡이를 하던 중 연도煙島에서 피습당한 사건이 발생하였다. 중국 어민들에 따르면 바람에 실려 홍주洪州 소속의 연도에 이르렀는데, 근해에 정박하여 바람이 잦아들기를 기다리던 중 갑자기 민선 11척과 150~160여 명이 몰려와 배에 올라타서는 돈, 식량, 어구 등을 약탈했다는 것이다. 그 과정에서 서로 싸우다가 여럿이 크게 다쳤다.[177] 청국 측은 이에 대한 항의와 함께 관원을 파견해서 조사하자고 요구했다. 본래 충청도 주변의 해당 지역은 해산이 풍부해 등주 어민들이 자주 경계를 넘는 곳으로 조선 정부도 청국 어민이 무역장정 이외의 해상에서 고기잡이하는 것을 통제할 것을 거듭 요청하였다.[178]

위와 같이 「조청무역장정」을 통해 바다가 열린 평안도와 황해도 연해에서는 어업문제를 놓고 양국 간 갈등이 적지 않았다.[179] 1885년 3~4월에 벌어진 서장중 사건과 손작민 사건을 보면 청국은 철저히 자국 어민을 보호하려 했음을 알 수 있다. 두 사건 모두 청국 어민들은 고기잡이를 목적으로 섬에 정박을 한 것이 아니라 바람을 피해 임시 정박했는데, 조선인(해적)들에게 약탈당했다고 주장했다. 실제로 어선이 식수와 식량을 인도적으로 구하겠다는 것과 밀무역을 하는 것은 서로 뚜렷한 구분이 어려웠다. 게다가 특정 도서에 대한 관할권 문제까지 시비에 얽혀 있었다.

셋째, 1887년 3월 중국 선박 수십 척이 황해도 해주 마산포馬山浦에 상륙

---

176 1885년 3월 4~5일, 3월 7~8일(『淸案』 1, 227~229쪽, 230~232쪽).
177 1885년 4월 17일(『淸案』 1, 243~249쪽).
178 1885년 4월 18일(『淸案』 1, 249~250쪽).
179 「朝淸貿易章程」이 체결된 지 2년이 가까워 오자 조선 정부는 제3관에 규정한 어세장정에 대한 개정을 제안하며 상호교섭이 있었다[1885년 6월 13~14일(『淸案』 1, 260쪽)].

하여 촌락에 들어와 민가를 약탈하는 사건이 있었다. 당시 조선 촌민이 이를 막으려 하자 중국인 수백 명이 조선인 4~5인을 때리고 1인을 잡아가 선상에 구류하였다. 중국 선박이 이번에는 선단을 이루어 육지에 상륙해 약탈까지 한 것이다. 이홍장은 문제의 중국 선단이 산동과 봉천에서 출항한 것이라는 소식을 듣고 곧바로 조사를 지시하였다. 이에 원세개는 신속하게 병선 태안호를 마산포로 보내어 조사할 것이라 하였다.[180] 한편 조선 측은 근래 황해 일대의 바다는 중국 선박들이 수시로 왕래하여 촌민의 근심을 사고 심지어 상륙하여 문제를 일으킨다고 했다. 이런 사건을 지방관이 알 때쯤이면 이미 멀리 도망가 버려 잡을 수가 없다면서, 청국이 연해의 무례한 폭도들을 법에 따라 엄단할 것을 요청했다. 이에 대해 원세개는 태안호를 파견해 조사하였으며, 불법포어를 금지하는 고시문 20장을 조선 정부에 보내왔다.[181]

위의 해주 마산포 사건처럼 연안에서 고기잡이를 하는 것은 물론 섬이나 육지에도 올라와 무력충돌이 일어나 청의 군함이 출동하는 경우까지 나타났다. 1880년대 후반에 이르러 무역장정의 규정이 무시되는 경우가 자주 나타났으며, 서로 간의 폭력과 약탈 사건도 끊이지 않았다.

넷째, 청국 어민이 고군산도에서 고기잡이를 못하도록 요청하는 공문도 남아 있다. 전라도 고군산도는 어업으로 생계를 유지하는데 근래 중국 선박 수백 척이 나타나서 생선을 모두 잡아가니 백성들이 먹을 것이 없게 되었다고 탄원한 것이다. 이에 조선 측은 산동 어민들이 고기잡이를 평안도와 황해도 말고는 할 수 없다는 규정을 무시한다며 청국 측에 어업금지를 요청하였다. 원세개는 본국의 각 해관도에 연락해 엄금할 것을 요청하는 조치를 취했다고 알려 왔다.[182]

---

180 「華船在海州馬山浦滋事卷」[광서 13년(1887) 4월(『淸季駐韓使館檔案』解題, 136쪽)]; 1887년 4월 28~29일(『淸案』1, 353쪽).
181 1887년 5월 5일(『淸案』1, 355쪽); 1887년 5월 9일(『淸案』1, 357쪽).
182 1887년 7월 3일, 6일(『淸案』1, 360~361쪽). 삼남연해지방의 각국 선박과 어선이 몰래 정박

위의 고군산도 사건이나 대청도 사건처럼 청의 어민들은 어업활동을 할 수 없는 충청도 전라도 해상에까지 나타나 어업분쟁을 일으켰다. 뿐만 아니라 세금을 내지 않고 밀어를 행하거나 또는 조선 어민이 설치한 어장을 파괴하거나 심지어 재산을 약탈하고 생명을 빼앗는 행위까지 자행하였다. 그러나 조선의 지방관들은 불법어로를 제대로 단속할 수 없었으며, 자국의 수군으로는 이미 통제 불가능한 상태여서 밀무역과 불법어업은 날이 갈수록 대규모로 이루어졌다. 여러 차례 청국 측에 불법어업에 대한 공시를 강화할 것을 요청했으나, 원세개는 봉천과 산동 연해의 어선과 범선은 수십만 척이어서 사실상 완전한 통제는 어렵다고 변명했다. 결국 총리아문을 통해 연해 지방관에게 알려 무역장정을 준수하도록 공고하는 수준에 머물렀다.[183] 이처럼 중국은 자국의 바다에서는 서양 열강의 피해자였지만 거꾸로 조선의 바다에 대해선 가해자였다. 이런 상황은 한때 일본이 조선 정부에 평안도의 항구 한 곳을 개항할 것을 요구하는 빌미로도 이용되었다.

(2) 청일전쟁 이후

「조청무역장정」에서 일부 조선 연안의 어업권을 청국이 소유한 이래, 일본도 조선에 통어권을 요구해 「조일통상장정朝日通商章程」(1883)을 맺어 전라·경상·강원·함경 4도의 어업권을 획득하였다. 그런데 1888년 부산 어민과 일본 어민 사이에 어장 이용을 둘러싼 충돌이 발생하였다. 이 충돌 사건 해결 과정에서 영해 3해리의 원칙이 거론되어 주목할 만하다. 다시 수개 월후에는 울릉도에서도 비슷한 충돌이 발생하였다. 그 결과 1889년 말 일본과 새로운 「조일통어장정」이 체결되어 세부적인 항목이 정해지면서 영해 3

하여 무역하는 것을 금지하는 고시문을 요청하는 공문이 있는데, 청의 경우 주로 산동성과 봉천성이 해당되었다[1889년 12월 16일, 21일(『淸案』 1, 639쪽, 641~642쪽)].

183　이은자, 「19世紀末 在朝鮮 未開口岸의 淸商密貿易 관련 領事裁判案件 硏究」, 『동양사학연구』 제111집, 2010년, 241~242쪽.

해리의 원칙이 한일 간에 처음으로 적용되었다.[184] 하지만 여전히 일본 어민과 조선인들 사이에는 꾸준히 갈등이 빚어졌다.[185]

청일전쟁의 패배는 해운 분야와 마찬가지로 조선의 바다에서 청과 일본과 어업구도를 바꾸어 놓았다. 1894년부터 1910년까지 청국 어민들의 어업활동이 불법화되었고, 일본의 우위가 확립되었다. 조선과 맺은 조약들이 모두 폐기되자 청국 어선들이 조선 연해에서 조업할 수 있는 법적 근거가 사라졌다. 대략 12년(1882~1894)간의 합법적 어업시기가 끝나고 불법적 어업시기로 전환된 것이다.[186] 일본 어선이 대거 밀려오면서 청국 어민의 어업활동은 크게 위축되었지만, 그럼에도 불법어업은 여전히 기승을 부렸다. 비록 조청 양국이 단교된 상태여서 관련 소송문건은 거의 나타나지 않지만, 조난이나 불법무역 및 불법어업 등은 꾸준히 발생했을 것이라는 사실은 추측할 수 있다. 하지만 일본 정부를 등에 업은 일본 어선들의 진출에 밀려 경상도와 전라도에서는 고기잡이를 하지 못하게 되는 등 어느 정도 위축되었을 것이다.[187]

---

184 1888년 12월 8일자 조선 측의 질의 내용 가운데 "만국공법의 내용을 살펴보면 각국이 다른 국가의 바다에서 고기잡이를 할 경우에는 연해 3리 밖을 준수한다고 하니 곧 우리나라 10리가 연해이다"라는 구절이 있다. 이에 대해 같은 해 12월 11일자 일본 측의 답변을 보면 그들은 영해 3해리 원칙을 잘 알고 있었다. 한 연구에 따르면, 이것은 어업에 관한 한 한일뿐만이 아니라 동아시아에서 영해 3해리 원칙이 적용된 최초의 사례라고 평가한다(박구병, 「이조말 한일 간의 어업에 적용된 영해 3해리 원칙에 관하여」, 『경제학연구』 22, 1974년, 26쪽, 31~32쪽).

185 1891년에는 일본인의 제주도 출어문제를 둘러싸고 섬 주민의 반발이 심하게 나타났고, 제주도민에 대한 살상 사건까지 일어나자 통어장정에 대한 양국 간 개정교섭이 이루어졌다. 또한 울릉도에서 일본인의 불법 고기잡이를 금지하는 조치를 취하기도 했다.

186 김문기, 「기후, 바다, 어업분쟁: 1882~1910간 조청어업분쟁의 전개」, 『중국사연구』 제63집, 2009년, 70쪽, 115쪽.

187 조선 정부는 1899년 러시아인과 포경업에 관련한 조약을 체결했고, 1901년에는 일본원양어업회사와 약정을 맺어 경상·강원·함경 해빈에서의 포경을 허가했다. 당시 『독립신문』에는 외국인에 대한 어업권의 이양, 어세관의 착취 및 삼림채벌권의 허가 등을 비난하는 기사가 게재되었다(정태헌, 『한국해양사 자료집』 제4권 근현대편, 해상왕장보고기념사업회, 2004년, 789쪽).

청이 어업문제의 심각성을 깨달은 것은 1901년 무렵의 일이다. 1899년
에 체결된 「한청통상조약」에는 어업 관련 내용이 없었으며, 2년 뒤인 1901
년 1월 12일 청국 출사대신出使大臣 서수붕徐壽朋은 한국 외부대신外部大臣
박제순朴齊純에게 한일 양국 간에 맺어진 통어장정 관련 규정에 따라 급한
대로 한반도 주변 해역에서 고기잡이하고 있는 중국 어선들을 관리하자고
제안했다. 하지만 한국 정부는 이를 거부하였다.

광무 5년(1901년) 6월 4일(화) "외부대신 박제순은 지난 1월 12일부로 청 출
사대신 서수붕이 요청한 중국 어민의 한국 연해에서의 포어捕漁에 한일통어장
정韓日通漁章程을 적용해 줄 것에 대해 이를 거부하였다. 즉 청국 측에서 한청
어채규조韓淸漁採規條는 변계통상장정邊界通商章程에 따르기로 했는데 해당
장정이 청국 측 사정으로 유명무실한 상태에 있어 청국 어민들이 상당한 불편
을 느끼고 있으니 잠정조치로 청국 어민들에게 한일통어장정을 적용하여 최혜
국대우를 베풀 것을 요청하였다. 이에 대하여 양국 인민의 무역은 조약 제3관
에서 양국의 개항장에서만 서로 우혜원칙을 인정한 것이요, 개항장 이외의 해
빈海濱은 통상처通商處로 인정한 바 없고 또 한청조약에는 통어通漁에 관한
규정이 없으므로 위의 요구를 거부한다고 조회했다".[188]

한국 정부의 거부에도 불구하고 얼마 후 청국 출사대신서리 허태신許台身
은 다시 한 번 일본은 최혜국대우를 받는 데 반해, 중국 어선은 불법포어로
벌금을 낸다면서 통어장정을 체결할 것을 요청하였다.[189] 이에 대해 외무대
신서리 민종묵閔種默은 양국이 통상한 지 여러 해가 지나서 해구에 고기잡
이하는 사람이 더욱 많아져 모두 금지시킬 수 없으니, 서로 통어를 해서 법

---

188 1901년 1월 12일, (『淸案』 2, 479~480쪽); 1901년 6월 4일(『淸案』 2, 488~489쪽).
189 1901년 10월 30일(『淸案』 2, 510~511쪽).

을 어기는 일이 없도록 하고 서로 이익을 얻는 것이 마땅하다며 통어의 경계를 정하고 세부규칙을 만들자며 호의적인 태도를 보였다.[190] 이에 청은 통어장정 체결을 위한 일정을 잡자고 거듭 요청하였다.[191] 그런데 박제순으로 다시 외부대신서리가 바뀌면서 논의에 더 이상의 진척은 보이지 않는다. 그는 어업협상을 논의하기에 앞서 불법 청국 어선의 연해 출입을 조사해 엄벌하자며, 평안도와 황해도에서의 밀무역과 충청도에서의 불법어업 문제를 꺼내어 들었다. 한편 중국 측은 연해 지방관에게 명하여 통어의 경계를 정하지 않았으므로 절대 불법어업을 하지 말 것을 어민들에게 지시하였다.[192]

러일전쟁 초기인 1904년 3월 27일에도 한국 주재 중국 공사 허태신은 한국 정부 외부대신서리 조병식趙秉式에게 조회를 보내 다시 통어장정의 교섭을 제안했지만 여전히 아무런 확답을 받지 못하였다.[193] 그런데 러일전쟁을 계기로 일본이 어업구역을 확대하려는 과정에서 한청 간의 어업분쟁은 새로운 국면을 맞이하였다.

청일 간에는 본래 어업조약을 맺을 필요가 없었으나 일본은 한청 간의 어업분쟁을 이용하여 간접적으로 어업조약을 체결하려 했다. 즉 교묘하게 일본인 어민들에게 유리한 한청어업협정을 만들려고 시도한 것이다. 일본이 통감부를 설치한 다음에 한청관계는 사실상 청일관계로 바뀌었다. 일본이 한국을 장악한 후 청국 어민들이 한국 연해에 와서 고기잡이하는 것을 허락하지 않았으나, 일본(혹은 한국) 어민은 중국 연해에서 고기잡이하는 경우가 종종 있었다. 그런데 1908년 이후 한국 연해에서 고기잡이하던 중국 어민들이 여러 차례 가혹한 처벌을 받았고, 심지어 구류당하고 감옥에 가는 일까지 발생하였다. 청이 일본 측에 교섭을 요구하자 일본도 양국이 통어장정

---

190 1901년 12월 28일(『淸案』 2, 524~525쪽).
191 1901년 12월 30일(『淸案』 2, 522쪽); 1902년 1월 3일(『淸案』 2, 525~526쪽).
192 1902년 2월 5일(『淸案』 2, 536쪽); 1902년 2월 6일(『淸案』 2, 536~537쪽).
193 1904년 3월 27일(『淸案』 2, 680쪽).

을 맺고자 한다면 응할 수 있다면서, 통어조건으로 중국의 직례·봉천·산동 연해와 한국의 주변 연해를 서로 통어하자고 제안했다. 이것은 한국 어민의 이름을 빙자하여, 실제로는 여순·대련 지역이나 한반도에 진출한 일본 어민들이 황해·발해 및 산동 연해에서 합법적으로 고기잡이하는 것을 허락하라는 것이었다. 일본인의 이런 발상에는 한국의 이익을 희생하는 대가로 중국의 광대한 어업권을 획득하려는 의도가 숨어 있었다. 일본으로서는 자국에 어떤 손실도 없이 이익을 얻기만 하는 것이다. 그러나 이런 음모는 순조롭게 이루어지지 않았다. 청의 외무부는 동삼성, 산동성, 직례성 등 각 성 독무督撫에게 의견을 물었는데, 대부분의 독무들은 통어장정 체결에 동의하지 않았다.

"직례 연해 항구는 모두 발해만 이내에 있어서, 직례 어선이 단지 가까운 발해에서 고기잡이를 할 수 있지 멀리 황해로 나가 한국의 평안도나 경기도 등까지 가서 고기잡이하는 사람은 거의 드뭅니다. 우리 어선이 그곳에 가서 고기잡이할 수 없는데, 어찌 그곳의 어선이 발해에 와서 그물을 펼치는 것을 허가할 수 있겠습니까? 서로 고기잡이할 곳을 몇 군데 교환하는 것은 직례 어민에게는 조금도 도움이 되지 않을 뿐만 아니라, 국가 해권에도 큰 손해입니다."[194]

위의 인용문은 직례총독이 외무부에 올린 의견인데, 이렇듯 각 성 독무들의 반대로 일본인이 기도한 한청어업협정 체결을 통한 침어계획은 실패하였다.[195] 이에 대해 일본은 청국 어민을 강력히 통제하는 것으로 대응하였다. 1908년 12월 통감부가 한국 주재 총영사 마정량馬廷亮에게 보낸 공문이

---

194 甘厚慈 輯, 『北洋公牘類纂續編』, 宣統二年刊本(沈雲龍 主編, 『近代中國史料叢刊』 三編, 第86 輯, 文海出版社), 第十四卷, 交涉二, 24쪽.

195 劉利民, 『不平等條約與中國近代領水主權問題研究』, 湖南人民出版社, 2010年, 235~236쪽.

남아 있는데, 여기서는 한국과 중국 간에 통어장정이 맺어지지 않았으므로 장차 중국 어민이 서해에서 고기잡이하는 것을 엄금할 것이라는 내용이 담겨 있다. 아울러 과거 청국과 조선이 맺은 「조청무역장정」은 청일전쟁 후 이미 폐지되어 양국 간에는 어업에 관한 어떤 조약도 없다는 사실을 다시금 확인하였다. 그리고 "청국인이 한국의 영해에서 어업을 할 권리가 없다"는 사실과 "한국과 일본 간에는 통어규칙이 있다"는 사실을 분명히 못 박았다.[196]

그런데 일본은 한국어업법 시행(1909년 4월 1일)을 앞두고, 다시 청국에게 한국과 어업협정을 맺을 것을 제안하였다. 한국의 평안도·황해도·경기도와 중국의 산동성·봉천성·직례성의 바다를 양국 어민들에게 서로 개방하자는 것이다. 이전과 마찬가지로 청은 일본이 중국의 바다로 진출하기 위한 음모라고 판단하고 거부했다. 이에 반발한 일본은 군함을 이용하여 순찰을 강화하면서 청국 어선을 한국의 바다에서 쫓아냈다. 이로써 2백여 년 동안 지속되었던 청국 어민들의 황해를 둘러싼 불법어업은 일단락되었다.[197]

정리하자면, 제3편의 두 장은 '바다를 둘러싼 근대 한중관계'라는 부제로 앞의 두 편과는 별도의 내용을 담아 추가한 것이다. 여기서는 한반도 주변의 해양문제—해군, 해운, 어업— 등을 통해 전통적인 한중관계의 근대적 전환과정을 살펴보았다. 글 중에 나타나듯 1880년대 북양수사의 조선내정 개입이나 조선을 둘러싼 국제적 해양분쟁, 19세기 후반 조청 간 벌어진 각종 해운과 어업분쟁 사례들을 통해 당시의 한중관계는 물론 오늘날 동북아시아에서 벌어지는 해양갈등의 역사적 기원의 일부를 엿볼 수 있다.

---

196 「日本朝鮮統監府爲禁止中國漁民到朝鮮西海捕魚事致馬廷亮函」(1908.12.) 이 공문은 『淸季中日韓關係史料』제10권, 6835~6836쪽에 있다(權赫秀 編著, 『近代中韓關係史料選編』, 404~405쪽).

197 김문기, 「기후, 바다, 어업분쟁: 1882~1910년간 조청어업분쟁의 전개」, 『중국사연구』제63집, 2009년, 116쪽.

별표 6__ 조선이 체결한 주요 통상조약 가운데 해양 관련 항목

조일수호조규(1876)	
조난구조	제6관 이후 일본국 선박이 조선국 연해에서 혹 태풍을 만나거나 혹은 장작과 식량이 떨어져서 지정한 항구에 도달할 수 없으면 즉시 어느 연안이든지 항구에 들어가 위험을 피하고 부족한 것을 보충하고 배를 수리하고 장작과 숯을 사서 구할 수 있다. 지방에서 공급한 비용은 반드시 선주가 배상해야 한다. 무릇 이러한 일들은 지방의 관민이 모름지기 특별히 인휼히 여기고 구원하려는 뜻을 더하여 보급에 감히 인색해서는 안 된다. 만약 양국 선박이 바다에서 파괴되어 배에 탔던 사람이 표류하면 지방 인민은 즉시 구휼하여 온전히 보호해 주고 지방관에게 알려야 한다. 해당 지방관은 본국으로 호송하여 돌려보내거나 혹은 그 근방에 주재하고 있는 본국 관원에게 넘긴다.
연해측량	제7관 조선국 연해의 섬과 암초는 종전에 자세히 조사한 적이 없어 지극히 위험하므로 일본국의 항해자가 수시로 연해를 측량해 그 위치와 깊이를 재고 지도를 만들어 양국 항해자로 하여금 위험을 피하고 편안할 수 있도록 한다.
어업	*참고: 〈조청상민수륙무역장정〉을 통해 청이 조선연안 평안·황해의 어업권 특권을 소유하자, 일본은 통상 관련 상세한 규정을 담은 〈朝日通商章程〉(1883)을 체결하면서 전라·경상·강원·함경 4도의 어업권을 획득하였다(제41관 일본국 어선이 조선국 전라·경상·강원·함경 4도 해변에서, 조선국 어선이 일본국 히젠·지쿠젠·이와미·나가도·이즈모·쓰시마 해변에 왕래하면서 고기를 잡는 것을 승인한다…).
해운	(해관무역 관련 내용 생략)
해군	*참고: 〈朝日通商章程〉(1883)의 제32관에는 일본국 군함 및 관선에 대한 면세 및 예우 규정이 있다.

조미수호통상조약(1882)	
조난구조	제3관 만약 미국 선박이 조선의 근해에서 바람을 만나거나 혹은 양식, 연료, 물이 모자라 통상 항구와 매우 먼 곳에 거하면 마땅히 어느 곳이라도 정박해 바람을 피하고 식량을 구매하고 선박을 수리하되 경비는 선주 스스로 부담한다. 지방관과 백성은 마땅히 불쌍히 여겨 원조하고 그 수요품을 제공해야 한다. 만약 해당 선박이 통상하지 않는 항구에 몰래 가 무역을 하면 선박과 화물을 붙잡아 관에 몰수한다. 만약 미국 선박이 조선 해안에서 파괴되면 조선 지방관은 일단 소식을 들으면 즉시 마땅히 영을 내려 선원을 먼저 구호하고 그 식량 등 제반 사항을 제공하는 한편 보호할 대책을 마련하는 동시에 영사에게 알려 장차 선원을 본국으로 돌려보낸다. 아울러 장차 선박과 화물을 건져낸 일체의 비용은 선주가 혹은 미국이 인허해 돌려준다.
연해측량	
어업	
해운	(해관무역 관련 내용 생략)
해군	

조청상민수륙무역 장정(1882)	
조난구조	제3관 … 만약 상대측의 바닷가에서 바람을 만나거나 얕은 물에 걸렸을 때에는 아무 곳에나 배를 대고 음식물을 사며 수리할 수 있다. 그런데 일체 비용은 선주가 모두 자체로 부담하고 지방관은 적당히 돌보기만 한다. 만일 배가 부서졌을 때에는 지방관은 대책을 강구해 구제해야 하며 배에 탄 여객과 선원들을 가까운 항구의 상대측 상무위원에게 넘겨주어 귀국시킴으로써 종전에 서로 호송하던 비용을 절약하도록 한다. 만

	약 두 나라 상선이 바람을 만나 부서져서 수리해야 할 경우를 제외하고 개방하지 않는 항구에 몰래 들어가서 부역賦役한 자들은 조사 체포하고 배와 화물은 몰수한다.…
연해측량	
어업	제3관 …조선의 평안도와 황해도, 중국의 산동성과 봉천성 등의 연해 지방에서만은 두 나라의 고깃배들이 내왕하면서 고기를 잡을 수 있는 동시에 해안에 올라가서 음식물과 음료수를 살 수 있도록 한다. 그러나 사적으로 물건을 장사할 수 없으며, 위반하는 자는 배와 화물을 몰수한다. 그들이 머물러 있는 지방에서 법을 위반하는 행위를 할 경우에는 곧 해당 지방관이 체포해 가까운 곳의 상무위원에게 넘겨주어 제2조에 준해 처리한다. 상대방의 어선에서 받아야 할 어세漁稅는 조약을 시행한 2년 후에 다시 토의해 알맞게 정한다(조사에 의하면 해변의 물고기들이 윤선에 놀라서 대안對岸쪽으로 쏠리자 해마다 황해도의 대청도와 소청도에 불법적으로 와서 고기잡이를 하는 산동성 어민들이 한 해에도 1,000명을 헤아린다).
해운	제7관 두 나라의 역참 도로는 이전부터 책문을 경과했으므로 이 육로로 오가는 데 매우 부담스러웠고 비용이 많이 들었다. 지금 바다에 관한 금령이 해제되었으니 자체의 편의에 따라 뱃길로 왕래하는 것을 승인한다. 오늘 조선에서는 군사용 윤선이나 상업용 윤선이 없으므로 조선 국왕은 북양대신에게 제기해 잠정적으로 초상국의 윤선을 달마다 한 번씩 정기적으로 내왕하도록 하며, 조선 정부에서는 배의 마모금으로 약간의 금액을 덧붙이도록 한다.… (해관무역 관련 내용 생략)
해군	제7관 …이 밖에 중국의 군함이 조선의 바다 기슭에 와서 순행하는 동시에 각 지방의 항구에 정박해 방어를 도울 때 지방 관청에서 공급하던 것을 일체 취소한다. 식량을 사는 것과 운행비용은 모두 군함이 자체로 마련하며, 해당 군함의 병선관리관 이하 사람들은 조선 지방관과 평등한 예의로 상대하며, 함장은 성원들이 해안으로 올라가는 것을 엄격히 단속해 조금이라도 소란을 피우거나 사건을 일으키는 일이 없도록 한다.

조영수호통상조약(1883)

조난구조	제7관 1항: 영국 선척이 조선의 연안에서 만일 풍랑을 만나 사고를 당하거나 좌초하는 뜻밖의 화를 입으면 조선의 지방관은 한편으로 속히 대책을 강구해 적절히 가서 구제하고 아울러 조난당한 사람과 배와 화물을 보호해 본 지역의 불량한 자들이 제멋대로 약탈하거나 모욕하는 것을 면하게 하며, 다른 한편으로는 속히 부근의 영국 영사에게 통지하고 아울러 구호한 영국 조난민들을 분별해 여비를 주어서 부근의 통상 항구로 보낸다. 2항: (생략) 3항: (생략) 4항: (생략) 5항: (생략)
연해측량	*참고: 한 해 전 〈조미조약〉과 거의 동시에 체결된 〈조영조약〉(1882년)에 추가된 선후속약 3항에는 "조선의 해안에 대한 측량이 이루어지지 않아서 위험한 바, 영국 군함이 이를 자세히 측량해 해도를 작성한다"라는 내용이 있었다.
어업	

해운	(해관무역 관련 내용 생략)
해군	제8관 1항: 양국의 군함은 통상 항구이건 아니건 간에 피차 항해하는 것을 승인한다. 필요한 일체 배의 수리 재료 및 각종 식료품은 모두 서로 도와서 구매하도록 한다. 이상의 선척은 통상 및 항구 장정을 준수할 필요가 없으며, 구매한 물자에 대한 일체 세금과 각종 수수료는 모두 면제한다. 2항: 영국 군함이 조선 내 통상하지 않은 항구에 입항하면서 승선한 문관, 무관, 병사, 역부들이 해안에 상륙하는 것을 허가한다. 단 호조를 발급받지 못한 자는 내지에 들어가는 것을 불허한다. 3항: 영국 군함에서 쓰는 군수 물자 및 일체 군량과 필수품은 조선의 각 통상 항구에 보관할 수 있으며 영국에서 임명, 파견한 관원들이 관리한다. 이런 군수 물자는 세금 징수를 일체 면제한다. 어떤 이유가 있어서 샀던 물건을 다시 파는 경우에는 즉시 구매자가 납부해야 할 세금 액수를 규례에 따라 추가로 지불해야 한다. 4항: 영국 군함이 조선 연해에서 수로의 형세를 현지 조사하면 조선 정부도 역시 힘껏 도와야 한다.

한청통상조약(1899)

조난구조	제10관 양국 선박이 상대국의 바다에서 풍랑을 만나거나 혹은 식량과 석탄, 물이 떨어진 경우에는 항구 안으로 들어가 바람을 피하고 식량을 구입하며 선박을 수리하는 것을 허가해야 하며, 모든 경비는 모두 선주가 부담하되 그 지방의 관민은 원조하여 필요한 물자를 제공해야 한다. 만일 해당 선박이 통상하지 않는 항구 및 왕래가 금지된 곳에서 사사로이 무역을 하는 경우에는 미수未遂·기수旣遂를 불문하고, 지방관청 및 부근의 해관 관원이 선박을 나포하여 화물을 몰수하며 법을 위반한 사람에게는 원가의 배로 벌금을 물린다. 양국의 선박이 상대국 해안에서 파괴되었을 때에는 지방 관청에서 선원을 우선 구호하고 양식을 공급해 주며, 한편으로 대책을 마련해 선박과 화물을 보호함과 아울러 영사관에 통지해 선원을 본국에 돌려보내고, 배와 화물을 건져낸 일체의 비용은 선주 혹은 본국이 변제한다.
연해측량	
어업	* 참고: 일본은 조선과 어업 관련 상세한 규정을 담은 〈조일통어장정〉(1889)을 체결했으나, 청은 대한제국과 어업협정을 체결하지 못하였다.
해운	(해관무역 관련 내용 생략)
해군	제13관 양국의 군함은 통상 항구의 여부를 막론하고 피차 모두 들어갈 수 있으나 선상에 사사로운 화물을 싣는 것을 허용하지 않는다. 다만 선상의 각종 식용품을 구매하는 경우에는 모두 면세하도록 한다. 그 선상의 선원 등은 수시로 상륙하는 것을 허가한다. 다만 호부의 교부를 신청하지 않았을 경우에는 내지에 들어가는 것을 허가하지 않는다. 만일 어떤 사정으로 인하여 선상에서 사용하던 잡물雜物을 되파는 경우에, 그 구매자는 세금을 추가로 납부해야 한다.

결론
해양과 근대 중국

    근대적 국가에 의해 근대적 해양이 만들어졌다. 즉 국가의 영토로서 영해가 탄생한 것이다. 이 책은 해양의 시각으로 근대 중국의 형성 과정을 고찰하려는 연구의 하나이다. 해운이나 해군 등과 같은 개별 주제들에 대한 세부적인 묘사보다는 이런 주제들을 통해 바다가 어떻게 영토화되는가를 살피는 데 노력하였다. 여기서는 새로운 해양 관련 개념들(해관, 해운, 해군, 영해, 해전 등)의 출현 과정에 주목해 중국 사회에서 근대적 해양관이 형성되는 과정을 알아보았다. 전통적인 해양 경계가 근대적인 영해로 재편되는 과정을 탐구하는 것은 동북아시아 해양 영유권의 역사적 기원을 찾는 작업으로 나름의 의미가 있을 것이다. 본문에서 '중국'의 해양사에 초점을 맞추어 제기한 질문들과 그에 대한 대략적인 대답들을 정리하면 아래와 같다.

    첫째, 중국이 서양 열강과 맺은 조약에서 해양은 어떻게 반영되었는가? 19세기 자료들 가운데 해양과 관련해 주목해야 할 것의 하나는 청조와 서양 열강(일본 포함) 간에 맺어진 다양한 조약들이다. 실제로 이 시기에 동북아

473

의 바다는 제국주의 국가의 진출에 따라 격심한 분쟁의 장이 되었는데, 그 최종적인 결과는 무역과 전쟁에 관련된 각종 조약문에 잘 반영되었다. 따라서 조약 분석을 통해 해양인식의 형성 과정을 어느 정도 이해할 수 있다. 아편전쟁시기에 맺은 통상조약에 나타난 해관, 해운과 해군 항목을 분석해 보면, 조약에 담긴 내용들— 연해항행권, 연안무역권, 항로안내권, 해난구조, 해도체포, 군함정박권 등—이 새로운 해양질서를 마련하기 위한 기본 조건이 되었음을 확인할 수 있다. 일반적으로 제1차 아편전쟁은 국지적인 전쟁이어서 제2차 아편전쟁에 비해 영향력이 크지 않았다고 보는 것이 정설이지만, 해양 관련 조항에 제한해 살펴보면 해양질서의 재편이란 측면에서 단계적인 심화 과정을 밟고 있었다. 비록 중국인들은 제1차 아편전쟁을 통해 당장 새로운 해양인식에 눈뜨지는 못했으나, 제2차 아편전쟁을 거치면서 점차 근대적인 해양의식을 자각하게 되었다.

열강에 의한 해금의 해체는 무엇보다 무역통상에서 잘 나타난다. 두 번의 아편전쟁 후 개항장이 생기면서 중국의 강과 바다의 이익은 외국인의 손에 넘어가기 시작했다. 청조의 수사가 몰락하고 외국인들의 무장선박이나 영국해군에 의해 해도의 소탕이 이루어지는 상황은 그 전조였다. 양무운동시기 조약체제의 출현에 따라 해양질서가 재편되면서 전통적인 범선 항운업이 쇠퇴하고 근대적인 윤선 항운업이 흥기하였다. 특히 윤선의 등장으로 중국의 항해 이권이 서양 상인들의 손에 넘어갔는데, 대형윤선회사—기창, 태고, 이화 등—들이 상해를 중심으로 중국 연근해의 항구는 물론 장강 등 내하에서 항운사업을 전개하였다. 이를 저지하고 자국의 이익을 얻기 위해 이홍장 등은 조량해운의 독점권을 기반으로 윤선초상국을 창립해 서양 상인과 경쟁하였다. 이때 이홍장과 같은 일부 인사들은 개항 이후의 상황을 '천고의 변국'이라고 판단하여 근대적 해양관에 한 걸음 더 다가갔다.

둘째, 청조가 만국공법적 세계체제에 편입할 때, 해양질서는 어떻게 재편되었는가? 19세기 후반 청조의 국제관계는 대체로 중국을 중심으로 하는 조공시스템과 구미를 중심으로 하는 조약시스템이 서로 대립 갈등하다가 청조가 조약시스템에 포섭되는 과정을 밟고 있다. 여기서 조약시스템이란 만국공법체제를 말한다. 그리고 '만국공법'은 본래『만국공법』이란 번역서 이름에서 출발하였는데, 훗날 국제법을 뜻하는 용어로 바뀌었다. 청 말의 국제법 수용은 단순한 법규 수용이 아니라 전통제국의 '천하관'이 근대국가 의 '국가관'으로 바뀌는 과정으로 평가할 수 있다. 그런데『만국공법』번역 서의 본문에 대해서는 의외로 별로 알려지지 않았는데, 그 내용 가운데 해 양 관련 부분이 상당 분량을 차지한다. 이 책은 당시 해양 관련 주요 법률들 을 충실히 담고 있어서 해양국제법 서적이라고 해도 무리가 없을 수준이며, 이런 항목들은 실제로 중국인들이 처음 접한 서양의 근대 해양법이었다. 그 가운데 영해나 공해와 같은 개념이나 해전에 관한 섬세한 규정은 중국인들 에게 해양인식과 관련해 신선한 충격을 주었다.

양무운동시기 동북아시아 여러 해역에서 일어난 해양분쟁은 만국공법 과 깊은 관련을 맺고 있다. 대고구선박 사건이나 앨라배마호 사건과 같은 영해 및 해적선 분쟁은 만국공법의 수용과 전파 과정과 직간접적으로 영향 을 미쳤으며, 청 말 대표적인 동북아 외교 분쟁인 대만 사건이나 강화도 사 건에서도 표류민 및 해안 측량과 같은 해양분쟁이 국제법과 깊이 맞물려 있 었다. 대체로 전통적 책봉조공질서의 해체는 해양을 매개로 진행되었다고 볼 수 있는데, 유구, 베트남, 조선 문제의 교섭 과정에서 만국공법은 큰 영향 을 미쳤다. 청프전쟁과 청일전쟁에서의 해전에서도 해양 관련 국제법 사건 은 꾸준히 발생하였다. 특히 청일전쟁 후 청조가 능동적으로 국제회의에 참 가하고 국제조약을 체결하는 일은 서구 중심의 세계질서에 편입되는 과정 을 잘 보여 준다. 「항해충돌방지장정」에 가입하거나 두 번의 헤이그평화회 의에 참여한 사건이 대표사례이다. '천조'라고 자부하던 청조가 그 지위를 포기하고 이른바 '문명국'의 일원이 되고자 국제조약에 참가하는 것은 쉬운 일이 아니었다. 하지만 청조는 전 지구적인 각도에서 자신의 위치를 뒤돌아보았으며 점차 국제사회에 참여해야겠다는 의식이 분명해졌다.

셋째, 근대 해군의 건설과 몰락은 해권의식의 고양과 어떤 관계를 가지는가? 일상적인 해상무역에서는 국가의 존재가 잘 드러나지 않을 수 있다. 하지만 전쟁의 경우는 다르다. 해군에 의해 전개되는 해전은 곧 바다와 국가와의 직접적인 관계를 적나라하게 드러낸다. 이와 관련해 전통적인 수사가 근대적인 해군으로 바뀌는 과정은 군함과 대포의 구매 과정에서 뚜렷이 알 수 있다. 태평천국운동시기 반란을 진압하기 위해 영국 군함을 구입하려 했던 사실은 여전히 수사가 장강과 같은 내하의 수전에서 필요했기 때문이라는 사실을 보여 준다. 그 후 대만 사건의 충격에 따라 연해방어용으로 문포선을 구매한 것은 일본과 서양 열강이 주요 항구로 침략하는 것을 수동적이나마 막기 위한 선택이었다. 그리고 청프전쟁을 전후해 순양함과 철갑선의 구매 사실은 스스로 먼 바다로 나아가 외부의 침략에 능동적으로 대처하겠다는 의지의 표현이었다. 1888년 북양해군의 건설은 그 정점을 이루었다.

근대적 해군을 만들어서 작전 범위가 강과 연해를 벗어나 대양으로 나아가면서 점차 해권에 대한 초보적인 각성이 일어났다. 하지만 청일전쟁 중 북양함대의 몰락 과정에서 알 수 있듯이 이른바 제해권을 장악하겠다는 데까지는 이르지 못하였다. 청일전쟁 후 와해된 해군을 중건하는 과정에서 해권의식의 고양이 두드러졌다. 양무운동시기부터 점차 감성적인 차원에서 이성적인 차원으로 전환되던 해양인식이 20세기 초 무렵 머핸의 해권론을 받아들이면서 질적인 변화가 나타난 것이다. 비록 청조의 재정적 한계로 과거 북양함대와 같은 규모에는 다다르지 못했지만, 청말신정시기 해군의 중건이 양무운동시기의 그것과 다른 점이라면 같은 시기 어업이익과 영해인식, 섬에 대한 주권의식, 화교에 대한 관심 등 다양한 사례에서 나타나듯 해권의식이 확산되었다는 사실이다. 이런 현상은 곧 바다를 국가의 영토(영해)로 자각한 것을 의미한다.

넷째, 근대 중국의 해양사는 한국의 바다에 어떤 영향을 미쳤는가? 중국은 서양 열강과의 해양분쟁 중에 자주 피해를 입었는데, 이웃나라 조선에 대해서는 오히려 가해자의 모습으로 나타났다. 1880년대 북양수사의 활동은 조청 관계의 근본적인 변화를 가져왔으며, 그 가운데 수사의 역할은 결정적이었다. 북양수사가 급속하게 성장해 황해의 제해권을 장악하기 시작하면서 수시로 조선에 군함을 파견해 육군보다 먼저 군사행동을 하였다. 점차 수사의 지원이 없으면 육군이 정상적인 활동을 할 수 없는 상황으로 바뀌었다. 불과 하루 이틀 만에 산동에서 인천으로 올 수 있는 기동력을 갖춘 근대적 해군의 출현은 전통적인 조청 관계에 균열을 일으켰다. 북양수사 군사력이 일본을 압도하는 과정은 곧 청이 조선에 대한 직접적인 무력 개입을 가능케 한 배경이자 조선에서의 우위를 결정짓는 과정이었다.

조청 간 관계는 육지만이 아니라 황해라는 바다를 통해서도 나름대로 인적, 물적 교류가 활발하였다. 특히 19세기 후반 청국 상인의 범선무역과 청국 군함의 불법무역 및 청국 어민의 불법어업은 해금의 해체에 따른 양국 간의 새로운 해양분쟁 상황을 적나라하게 보여 준다. 양무운동시기에 맺어진 「조청무역장정」의 해양 관련 조항에서는 책봉조공질서와 만국공법질서가 혼재된 상황이 잘 나타난다. 무역장정에 기초해 처리한 각종 해양 관련 소송문제에서도 전통적인 방식과 근대적인 방식이 서로 충돌하며 그 접점을 찾고 있었다. 청일전쟁 이후 양국 간 새로 맺은 「한청통상조약」에서는 책봉조공관계가 와해된 상황에서 근대적인 맥락의 상호 평등한 해양관계를 모색하고 있었다.

끝으로, 근대 중국의 해양분쟁과 오늘날 동북아시아의 해양갈등은 어떤 관계를 가지는가?

한·중·일의 바다를 둘러싼 관계는 전근대시기에도 나름대로 교류와 갈등이 있었지만, 근대시기에 벌어진 갈등과 대립은 전통시대와는 큰 차이를 보였다. 해양이라는 공간이 역사적으로 초국가적이고 탈경계적인 존재인 듯하지만, 적어도 근대에 들어와서는 국가 권력의 침투로 말미암아 영해가 탄생하면서 격렬한 경쟁의 장으로 바뀌었기 때문이다. 중국의 경우 청일전쟁 직후 맺어진 다양한 조차조약과 통상조약(청-멕시코 통상조약 등)에서부터 실질적인 영해의 탄생과정을 역사적으로 확인할 수 있으며, 청말신정시기에 유학생이나 정부 관료에 의해 구체화되었다. 여기서 육지에서의 근대적 영토인식과 달리 바다에서의 근대적 영해인식은 상대적으로 상당한 시간을 경과한 후에야 중국인들의 머릿속에 각인된 사실을 알 수 있다. 뿐만 아니라 양무운동시기의 해양분쟁 및 해전은 물론 청말신정시기 어업, 해계, 도서 분쟁 등의 몇 가지 사례를 통해 중국인의 해양인식 변화는 물론 오늘날 해양갈등의 역사적 기원도 일부나마 살펴볼 수 있다.

　아편전쟁 이래 중국과 열강 간의 대부분 전쟁은 주로 해양에서 이루어졌다. 청프전쟁이나 청일전쟁과 같이 동북아의 세력 판도를 바꾼 전쟁에서 해양분쟁은 중요한 실마리를 제공하였다. 이러한 바다에서의 힘의 논리는 오늘날 동북아 각국의 경쟁적인 해군력 증강의 이유를 짐작케 한다. 그리고 전통적인 연근해 어업이 점차 외부 세계로 팽창하면서 나타난 국가 간 어업분쟁도 해양문제에서 결코 홀시할 수 없는 사안이었다. 일본이 메이지유신 후 원양 포어 능력이 크게 향상되면서 주로 황해와 동해 및 동중국해에서의 포어분쟁이 일어났다. 아울러 다쓰마루 사건과 마카오감계협상에서도 나타나듯이 영해문제는 반복적으로 발생할 수밖에 없는 외교 분쟁이었으며, 동사도 분쟁에서 나타나듯 청조의 자국도서에 대한 주권의식은 이때 이미 확고해졌다. 이러한 20세기 초의 영해분쟁과 바다에 대한 이해는 21세기에도 여전히 유효한 측면을 지니고 있다. 왜냐하면 최근 동북아 각국 간 바다에서 벌어지고 있는 영해분쟁—쿠릴열도, 독도, 조어도, 남사군도 등—도 예외없이 근대시기 제국주의적 도서분쟁과 영해분쟁의 연장선상에 놓여 있기 때문이다.

요컨대, 근대의 국가 권력은 기존에는 정치 영역이 아니었던 공간조차도 끊임없이 파고들어 갔다. 바다의 경우도 예외는 아니어서 자유로운 바다를 영토화시켰다. 제국주의시대 이전의 해양은 열린 공간으로 명확한 경계가 존재하지 않았다. 그러나 식민주의와 국민국가의 출현으로 인해 이런 바다에 국경이 만들어지면서 영해가 탄생한 것이다. 바다를 영토라고 여기는 근대적 해양인식을 가지는 한 현재의 해양분쟁이 쉽게 해결될 가능성은 없어 보인다. 어쩌면 영해분쟁은 결국 근대국가의 재편 혹은 해체를 통해서만 근본적인 갈등을 해소할 수 있을지도 모른다. 자국 중심의 팽창 논리를 넘어선 상호 간 설득 논리를 갖추기 위해 무엇보다 소통과 공유의 사고가 필요하다. 이를 위해서는 해양에 대한 통합적·문화적 전망을 가능케 하는 인문학적 상상력이 요구된다 할 것이다.

참고문헌

1. 사료, 자료집

『四庫全書』
『籌辦夷務始末』
『清史稿』
『清實錄』
『清會典』
『高宗實錄』
『舊韓國外交文書(日案)』
『舊韓國外交文書(清案)』
『陰晴史』
『李鴻章全集』
『清季外交史料』
『清季中日韓關係史料』
『清光緖朝中日交涉史料』
『統理交涉通商事務衙門日記』
민영환 지음, 조재곤 편역,『海天秋帆 - 1896년 민영환의 세계일주』, 책과함께, 2007년
박정현 외 8인 지음,『중국 근대 공문서에 나타난 韓中關係:『清季駐韓使館檔案』解題』,
    한국학술정보, 2013년
유길준 지음, 허경진 옮김,『西遊見聞: 조선 지식인 유길준, 서양을 번역하다』, 서해문집,

2004년

알프레드 세이어 마한 지음, 김주식 옮김, 『해양력이 역사에 미치는 영향』 1, 책세상, 1999년

최광식 외 4명, 『한국해양사 자료집』 제4권 근현대편, 해상왕장보고기념사업회, 2004년

한국학문헌연구소 편, 『萬國公法』 한국근대법제사료총서1, 아세아문화사 영인본, 1981년

韓國學文獻硏究所 編, Martin(丁韙良) 譯, 『公法便覽』(영인본), 아세아문화사, 1981년

韓國學文獻硏究所 編, Martin(丁韙良) 譯, 『公法會通』(영인본), 아세아문화사, 1981년

韓國學文獻硏究所 編, Martin(丁韙良) 譯, 『萬國公法』(영인본), 아세아문화사, 1981년

姜鳴 編著, 『中國近代海軍史事日誌(1860-1911)』, 三聯書店, 1994

權赫秀 編著, 『近代中韓關係史料選編』, 世界知識出版社, 2008

本社, 『晚淸國際會議檔案』(共十冊), 廣陵書社, 2008

上海市航海學會 主編, 『中國近代航海大事記』, 海軍出版社, 1999

薛典曾·郭子雄 編, 『中國參加之國際公約滙編』, 商務印書館, 1937

聶寶璋 主編, 『中國近代航運業資料』第二輯(1895-1927)上·下冊, 中國社會科學出版社, 2002

聶寶璋 主編, 『中國近代航運業資料』第一輯(1840-1894)上·下冊, 上海人民出版社, 1983

蘇小東 編著, 『中華民國海軍史事日誌』, 九州圖書出版社, 1999

孫光圻 主編, 『中國航海史基礎文獻彙編』第1卷, 第2卷, 第3卷, 總17冊, 海洋出版社, 2007, 2009, 2012

楊志本 主編, 『中華民國海軍史料』, 海洋出版社, 1986

汝玉虎·黎烈軍 譯注, 『近代海軍海防文選譯』, 巴蜀書社, 1997

吳汝綸 編, 『李文忠公全集』7冊, 文海出版社, 1962

王鐵崖 編, 『中外舊約章彙編』, 三聯書店, 1957

魏源, 『魏源集』(上冊), 中華書局, 1983

劉傳標 編, 『中國近代海軍職官表』, 福建人民出版社, 2004

張俠·楊志本·羅澍偉·王蘇波·張利民 合編, 『淸末海軍史料』, 海洋出版社, 1982

褚德新·梁德 主編, 『中外約章彙要』, 黑龍江人民出版社, 1991

鍾叔河 主篇, 『走向世界叢書』第1輯(第1~10冊), 岳麓書社, 1985

朱維錚 主編, 『郭嵩燾等使西記六種』, 三聯書店, 1998

中國史學會 編, 『洋務運動』(中國近代史資料叢刊), 上海人民出版社, 1961

中國史學會 編, 『中法戰爭』(中國近代史資料叢刊), 新知識出版社, 1955

中國史學會 編, 『中日戰爭』(中國近代史資料叢刊), 新知識出版社, 1961

中國史學會 編, 『中日戰爭』(中國近代史資料叢刊續編), 中華書局, 1989

中國社會科學院經濟硏究所 編, 『中國近代航運史資料』第一輯(1840-1895)上冊, 上海人民出版社, 1983

中央硏究院近代史硏究所 編, 『中美關係史料』2冊, 中央硏究院, 1968

中央研究院近代史研究所 編,『中法越南交涉檔』, 中央研究院, 1983
中央研究院近代史研究所 編,『清季中日韓關係史料』, 中央研究院, 1972
陳悅 主編,『北洋海軍珍藏圖片集』, 文匯出版社, 2011
陳悅 編著,『辛亥·海軍: 辛亥革命時期海軍史料簡編』, 山東畵報出版社, 2011
陳天錫 主編,『西沙島東沙島成案滙篇』, 商務印書館, 1982
漢語大詞典編纂委員會·漢語大詞典編纂處,『漢語大詞典』5, 漢語大詞典出版社, 1990
韓振華 主編,『我國南海諸島史料滙編』, 東方出版社, 1988
香港中國語文學會,『近現代漢語新詞詞源詞典』, 漢語大詞典出版社, 2001
黃月波·于能模·鮑釐人 編,『中外條約彙編』, 商務印書館, 1935
黃鴻釗 主編,『中葡澳門交涉史料』第1,2輯, 澳門基金會出版, 1998
(美)丁韙良,『花甲憶記: 一位美國傳教士眼中的晚清帝國』, 廣西師範大學出版社, 2004
(美)丁韙良 譯,『萬國公法』(영인본), 上海書店出版社, 2002
(美)惠頓 著,『萬國公法』, 上海書店出版社, 2002
(美)惠頓 著,『惠頓萬國公法』, 司法省藏收, 明治15年 6月
(英)赫德,『步入中國淸廷任途: 赫德日記(1854-1863)』, 中國海關出版社, 2003
(英)赫德,『赫德日記: 赫德與中國早期近代化(1863-1866)』, 中國海關出版社, 2004
(日)藤田隆三郎,『海上萬國公法』, 博文館, 1894年

2. 연구서

(1) 국문

강봉룡,『바다에 새겨진 한국사』, 한얼미디어, 2005년
곡금량 편저, 김태만 외 옮김,『바다가 어떻게 문화가 되는가』, 산지니, 2008년
구선희,『한국근대 대청정책사 연구』, 혜안, 1999년
권석봉,『청말 대조선정책사연구』, 일조각, 1986년
권혁수,『19世紀末 韓中 關係史 硏究』, 백산자료원, 2000년
권혁수,『근대 한중관계사의 재조명』, 혜안, 2007년
김성준,『배와 항해의 역사』, 혜안, 2010년
김세민,『한국 근대사와 만국공법』, 경인문화사, 2002년
김영구,『한국과 바다의 국제법』, 효성출판사, 2002년
김영운 외,『항해와 표류의 역사』, 솔출판사, 2003년
김용구,『세계관 충돌과 한말 외교사, 1866-1882』, 문학과지성사, 2001년
김용구,『만국공법』, 소화, 2008년
김재승,『한국근대 해군창설사: 구한말 고종시대의 근대식 해군과 군함』, 혜안, 2000년
김한규,『天下國家』, 소나무, 2005년
나애자,『한국근대해운업사연구』, 국학자료원, 1998년

다이앤 머레이 지음, 이영옥 옮김, 『그들의 바다: 남부 중국의 해적, 1790~1810』, 심산, 2003년
마루야마 마사오·가토 슈이치 지음, 임성모 옮김, 『번역과 일본의 근대』, 이산, 2000년
모모로 시로 엮음, 최연식 옮김, 『해역아시아사 연구 입문』, 민속원, 2012년
백영서 외, 『동아시아 근대이행의 세 갈래』, 창비, 2009년
손태현, 『한국해운사』, 위드스토리, 2011년
안드레 군더 프랑크 지음, 이희재 옮김, 『리오리엔트』, 이산, 2003년
유중민, 『중국 근대 해양방어 사상사』, 한국해양전략연구소, 2013년
윤광운·김재승, 『근대조선 해관연구』, 부경대학교 출판부, 2007년
이근우 등, 『19세기 동북아 4개국의 도서분쟁과 해양 경계』, 동북아역사재단, 2008년
이문기 등, 『한중일의 해양인식과 해금』, 동북아역사재단, 2007년
이민효, 『해상무력분쟁법』, 한국학술정보, 2010년
이병조·이중범 공저, 『국제법신강』(개정판), 일조각, 2008년
이에인 딕키 외 지음, 한창호 옮김, 『해전(海戰)의 모든 것』, Human & Books, 2010년
쟝팅푸 지음, 김기주·김원수 옮김, 『淸日韓外交關係史』, 민족문화사, 1991년
전윤재·서상규, 『전투함과 항해자의 해군사』, 군사연구, 2009년
정진술 외 공편, 『다시 보는 한국해양사』, 신서원, 2007년
주강현, 『제국의 바다, 식민의 바다』, 웅진씽크빅, 2005년
주경철, 『문명과 바다』, 산처럼, 2002년
주경철, 『대항해시대: 해상 팽창과 근대 세계의 형성』, 서울대학교출판부, 2008년
주완요 지음, 손준식·신미정 옮김, 『대만: 아름다운 섬 슬픈 역사』, 신구문화사, 2003년
진순신, 『청일전쟁』, 세경, 2006년
최광식 외 5명, 『한국무역의 역사』, 해상왕장보고기념사업회, 2004년
최덕수 외, 『조약으로 본 한국근대사』, 열린책들, 2010년
카를로 M. 치폴라 지음, 최파일 옮김, 『대포 범선 제국』, 미지북스, 2010년
페데리코 마시니 지음, 이정재 옮김, 『근대 중국의 언어와 역사』, 소명출판, 2005년
하우봉 외, 『조선과 유구』, 도서출판 아르케, 1999년
하우봉 외 5명, 『해양사관으로 본 한국사의 재조명』, 해상왕장보고기념사업회, 2004년
한국해로연구회 편, 『해양의 국제법과 정치』, 도서출판 오름, 2011년
호사카 유지, 『일본제국주의의 민족동화정책 분석』, 제이앤씨, 2002년
홍성구 외 4인, 『근대 중국 대외무역을 통해 본 동아시아』, 동북아역사재단, 2008년

(2) 중문

姜鳴, 『龍旗飄揚的艦隊: 中國近代海軍興衰史』, 上海交通大學出版社, 1991
曲金良 主編(本卷主編 閔銳武), 『中國海洋文化史長篇(近代卷)』, 中國海洋大學出版社, 2013
曲金良 主編, 『中國海洋文化研究』, 文化藝術出版社, 1999

郭松義·張澤咸,『中國航運史』, 文律出版社, 1997
郭衛東,『不平等條約與近代中國』, 高等教育出版社, 1993
丘宏達 主編,『中國國際法問題論集』, 臺灣商務印書館, 1972
邱文彥 主編,『海洋與臺灣: 過去現在未來, 海洋文化與歷史』, 胡世圖書, 2003
歐陽跃峰,『李鴻章幕府』, 岳麓書社, 2001
歐陽宗書,『海上人家: 海上漁業經濟與漁民社會』, 江西高校出版社, 1998
鞠德源,『日本國窃土源流: 釣魚列嶼主權辯』, 首都師範大學出版社, 2001
南京鄭和研究會 編,『走向海洋的中國人』, 海潮出版社, 1996
盧建一,『閩臺海防研究』, 方志出版社, 2003
唐建光 主編,『大航海時代』, 金城出版社, 2001
戴寶村,『近代臺灣海運發展: 戎克船到長榮巨舶』, 玉山社, 2000
戴寶村,『臺灣的海洋歷史文化』, 玉山社, 2011
戴一峰,『近代中國海關與中國財政』, 廈門大學出版社, 1993
厲聲·李國强 主編,『中國邊疆史地研究綜述』, 黑龍江教育出版社, 2002
呂實强,『中國早期的輪船經營』, 中央研究院近代史研究所, 1976
林崇墉,『沈葆楨與福州船政』, 聯經出版社, 1984
林玉茹,『清代臺灣港口的空間結構』, 知書房, 1996
馬大正 主編,『中國邊疆經略史』, 中洲古籍出版社, 2000
馬幼垣,『靖海澄疆: 中國近代海軍史事新詮』, 聯經, 2009
樊百川,『中國輪船航運業的興起』, 四川人民出版社, 1985
傅昆成,『南海的主權與礦藏: 歷史與法律』, 幼獅文化事業公司, 1983
復旦大學歷史係 等編,『近代中國的國家形象與國家認同』, 上海古籍出版社, 2003
史滇生 主編,『中國海軍史概要』, 海潮出版社, 2006
徐萬民·李恭忠,『中國引航史』人民交通出版社, 2001
徐鴻儒 主編,『中國海洋學史』, 山東教育出版社, 2004
石源華 等著,『近代中國周邊外交史論』, 上海辭書出版社, 2006
孫光圻,『中國古代航海史』, 海軍出版社, 2005
辛元歐,『中外船史圖說』, 上海書店, 2009
安京,『中國古代海疆史綱』, 黑龍江教育出版社, 1999
楊國禎,『瀛海方程: 中國海洋發展理論和歷史文化』, 海洋出版社, 2008
楊國楨 主編,『海洋與中國叢書』總8冊, 江西高校出版社, 1998-1999
楊國楨 主編,『海洋中國與世界叢書』總12冊, 江西高校出版社, 2004-2005
楊金森·范中義,『中國海防史』上·下冊, 海洋出版社, 2005
楊文鶴,『海洋與近代中國』, 海洋出版社, 2014
楊志本 主編,『中華民國海軍史料』, 海洋出版社, 1986
呂實强,『丁日昌與自强運動』, 中研院近史所專刊, 1972
汝玉虎·黎烈軍 譯註,『近代海軍海防文選譯』, 巴蜀書社, 1997
呂一燃 主編,『南海諸島: 地理·歷史·主權』, 黑龍江教育出版社, 1992

呂一燃 主編,『中國海疆歷史與現狀研究』, 黑龍江教育出版社, 1995

葉風美,『失守的國門: 舊中國的海關』, 高等教育出版社, 1993

王家儉,『魏源對於西方的認識及其海防思想』, 臺大文史哲叢書, 1964

王家儉,『李鴻章與北洋艦隊: 近代中國創建海軍的失敗與教訓』, 三聯書店, 2008

王家儉,『中國近代海軍史論集』, 文史哲出版社, 1984

汪敬虞 主編,『中國近代經濟史』上冊, 人民出版社, 1998

王宏斌,『晚清海防地理學發展史』, 中國社會科學出版社, 2012

王宏斌,『晚清海防: 思想與制度研究』, 商務印書館, 2005

王宏斌,『清代前期海防: 思想與制度』, 社會科學文獻出版社, 2002

王文兵,『丁韙良與中國』, 外語教學與研究出版社, 2008

王如繪,『近代中日關係與朝鮮問題』, 人民出版社, 1999

王爾敏,『弱國的外交』, 廣西師範大學出版社, 2008

王爾敏,『中國近代思想史論續集』, 社會科學文獻出版社, 2005

王朝彬,『中國海疆炮臺圖志』, 山東畫報出版社, 2008

王中江,『近代中國思維方式演變的趨勢』, 四川人民出版社, 2008

王鐵崖 等,『近代中國的條約制度』, 湖南師範大學出版社, 1995

汪暉,『現代中國思想的興起』, 三聯書店, 2004

又吉盛清 著·魏廷朝 譯,『日本殖民下的臺灣與沖繩』, 前衛, 1997

熊月之,『西學東漸與晚清社會』, 上海人民出版社, 1994

劉利民,『不平等條約與中國近代領水主權問題研究』, 湖南人民出版社, 2010

劉中民 等著,『國際海洋政治專題研究』, 中國海洋大學出版社, 2007

劉中民 等著,『中國近代海防思想史論』, 中國海洋大學出版社, 2006

劉禾,『跨語際實踐』, 三聯書店, 2002

劉禾,『帝國的話語政治』, 三聯書店, 2009

尹新華,『晚清中國與國際公約』, 湖南人民出版社, 2011

儀名海,『中國與國際組織』, 新華出版社, 2004

李國強,『南中國海研究: 歷史與現狀』, 黑龍江教育出版社, 2003

李金明,『南海爭端與國際海洋法』, 海洋出版社, 2004

李德元,『明清時期海內移民與海島開發』, 廈門大學出版社, 2006

李士豪·屈若騫,『中國漁業史』, 臺灣商務印書館, 1980

李育民,『近代中國的條約制度』, 湖南師範大學出版社, 1995

李育民,『近代中外條約關係趨論』, 湖南人民出版社, 2011

李育民·李傳斌·劉利民,『近代中外條約研究綜述』, 湖南人民出版社, 2011

李治亭,『中國漕運史』, 文津出版社, 1997

李澤錦,『中國近代海軍史話』, 新亞出版社, 1965

李海生·譚力 編著,『邊疆危機』, 上海書店出版社, 2002

李花珍,『晚清駐歐使節與海軍近代化』, 福建師範大學碩士學位論文, 2003

林滿紅,『晚近史學與兩岸思維』, 麥田出版, 2002

林明德, 『袁世凱與朝鮮』, 中央研究院近代史研究所, 1984

林學忠, 『從萬國公法到公法外交』, 上海古籍出版社, 2009

張勁草 等, 『林則徐與國際法』, 福建人民出版社, 1990

張耀光 編著, 『中國邊疆地理(海疆)』, 科學出版社, 2001

張耀華 編著, 『圖說舊中國海關歷史』, 中國海關出版社, 2005

張煒·方堃, 『中國邊疆通史叢書: 中國海疆通史』, 中州古籍出版社, 2003

張鐵牛·高曉星, 『中國古代海軍史』, 解放軍出版社, 1993

張澤南·張璐, 『海疆縱覽』, 海潮出版社, 2004

張澤咸, 『中國航運史』, 文律出版社, 1997

張海峰 主編, 『鴉片戰爭與中國現代化』, 中國社會科學出版社, 1991

張洪祥, 『近代中國通商口岸與租界』, 天津人民出版社, 1993

張后銓, 『航運史話』, 社會科學文獻出版社, 2000

田濤, 『國際法輸入與晚清中國』, 濟南出版社, 2001

田汝康, 『17-19世紀中葉中國帆船在東南亞洲』, 上海人民出版社, 1957

程道德 主編, 『近代中國外交與國際法』, 現代出版社, 1993

趙淑敏, 『中國海關史』, 中央文物供應社, 1982

曹永和, 『臺灣早期歷史研究』, 聯經出版公司, 1979

曹永和, 『臺灣早期歷史研究續集』, 聯經出版公司, 2000

鍾叔河, 『從東方到西方-走向世界叢書敍論集』, 岳麓書社, 2002

鍾叔河, 『走向世界-近代中國知識分子考察西方的歷史』, 中華書局, 2000

周婉窈, 『海洋與殖民地臺灣論集』, 聯經出版公司, 2012

中國航海學會, 『中國航海史』(近代航海史), 人民交通出版社, 1989

中國海洋發展史論文集編輯委員會 主編, 『中國海洋史發展史論文集』1-10, 中央研究院
    三民主義研究所, 1984-2008.

陳孔立, 『臺灣學導論』, 博揚文化, 2004

陳國棟, 『臺灣的山海經驗』, 遠流出版公社, 2005

陳國棟, 『東亞海域一千年』, 遠流出版公社, 2005

陳詩啓, 『中國近代海關史』, 人民出版社, 2002

陳詩啓, 『中國近代海關史』(晚清部分), 人民出版社, 1993

陳詩啓, 『中國近代海關史』(民國部分), 人民出版社, 1999

陳詩啓, 『中國近代海關問題初探』, 中國展望出版社, 1987

陳悅, 『近代國造艦船誌』, 山東畫報出版社, 2011

陳悅, 『清末海軍艦船誌』, 山東畫報出版社, 2012

陳悅, 『北洋海軍艦船志』, 山東畫報出版社, 2009

陳悅, 『陷沒的甲午』, 鳳凰出版社, 2010

陳在正, 『臺灣海疆史』, 揚智文化, 2003

陳在正, 『臺灣海疆史研究』, 廈門大學出版社, 2002

陳貞壽, 『圖說中國海軍史』, 福建教育出版社, 2002

陳鴻瑜,『南海諸島主權與國際衝突』, 幼師文化事業公司, 1987

蔡建,『晚清與大韓帝國的外交關係(1897-1910)』, 上海辭書出版社, 2008

戚其章,『晚清海軍興衰史』, 人民出版社, 1995

戚其章,『國際法視角下的甲午戰爭』, 人民出版社, 2001

戚其章,『北洋艦隊』, 山東人民出版社, 1981

戚俊杰·郭陽 主編,『北洋海軍新探』, 中華書局, 2012

戚海瑩,『北洋海軍與晚清海防建設』, 齊魯書社, 2012

叢子明·李挺,『中國漁業史』, 中國科學技術出版社, 1993

鄒振環,『西方傳教士與晚清西史東漸』, 上海古籍出版社, 2007

包遵彭,『中國海軍史』, 海軍出版社, 1951年, 1970年增訂

包遵彭,『清季海軍教育史』, 國防研究院, 1969

鮑中行 編著,『中國海防的反思: 近代帝國主義從海上入侵史』, 國防大學出版社, 1990

何勤華·李秀清,『外國法與中國法』, 中國政法大學出版社, 2003

韓振華,『南海諸島史地研究』, 社會科學文獻出版社, 1996

韓振華 主編,『南海諸島史地考證論集』, 中華書局, 1981

海軍軍事學術研究所 編,『甲午戰爭與中國近代海軍』, 中國社會科學出版社, 1990

海軍史研究室 編,『近代中國海軍』, 海潮出版社, 1994

許毓良,『清代臺灣的海防』, 社會科學文獻出版社, 2003

胡立人·王振華 主編,『中國近代海軍史』, 大連出版社, 1990

洪燕,『同治年間『萬國公法』在中國的傳播和應用』, 華東師範大學碩士學位論文, 2006

黃剛,『中華民國的領海及其相關制度』, 臺灣商務印書館, 1973

黃麗生 編,『東亞海域與文明交會』, 國立臺灣海洋大學海洋文化研究所出版, 2008.

黃順利,『海洋迷思: 中國海洋觀的傳統與變遷』, 江西高校出版社, 1999

走向海洋節目組 編著,『走向海洋』, 海洋出版社, 2012

中國人民保衛海疆鬪爭史 編寫組,『中國人民保衛海疆鬪爭史』, 北京出版社, 1979

(美)馬士,『中華帝國對外關係史』(1918년 제1권, 1926년 제2,3권), 上海書店, 2000

(美)魏爾特 著, 陸琢成 等譯,『赫德與中國海關』, 廈門大學出版社, 1993

(日)江日昇,『臺灣外紀』, 臺北世界書局, 1985

(日)濱下武志,『近代中國的國際契機: 朝貢貿易體系與近代亞洲經濟圈』(1990年), 中國社
　　會科學出版社, 1999

(日)濱下武志,『中國近代經濟史研究: 清末海關財政與開放港口市場區域』, 東京大學東洋
　　文化研究所, 1989

(日)松浦章,『明清時代中國與朝鮮的交流: 朝鮮使節與漂着船』, 樂學書局, 2002

(日)松浦章 著·卞鳳奎 譯,『東亞海域與臺灣的海盜』, 博揚文化, 2008

(日)松浦章 著·卞鳳奎 譯,『日治時期臺灣海運發展史』, 博揚文化, 2004

(日)松浦章 著·卞鳳奎 譯,『清代臺灣海運發展史』, 博揚文化, 2002

(日)松浦章 編著,『近代東亞海域經貿交流史』, 博揚文化, 2013

(3) 일문

加藤周一・丸山眞男 校注, 『飜譯の思想』, 岩波書店, 1991

岡本隆司, 『近代中國と海關』, 名古屋大學出版會, 1999

犬塚孝明, 『海國日本の明治維新』, 新人物往來社, 2011

大林太良 編, 『海人の傳統』, 中央公論社, 1987

桃木至郎 編, 『海域アジア史研究入門』, 岩波書店, 2008

白石隆, 『海の帝國』, 中公新書, 2000

浜下武志, 『東アジア世界の地域ネットワーク』, 山川出版社, 1999

浜下武志, 『朝貢システムと近代アジア』, 岩波書店, 1998

山口和雄, 『日本漁業史』, 生活社, 1948

山本博文, 『鎖國と海禁の時代』, 校倉書房, 1995

上田信, 『海域, 蜃氣樓王國の興亡』, 講談社, 2013

上田信, 『海と帝國, 明淸時代』 中國の歷史 09, 講談社, 2005

石原道博, 『倭寇』, 吉川弘文館, 1964

若林正丈, 『臺灣』, ちくま新書, 2001

外間守善, 『沖繩の歷史と文化』, 中公新書, 1986

羽原又吉, 『日本漁業經濟史 上・中1・中2・下卷』, 岩波書店, 1956

原田禹雄, 『琉球と中國: 忘れられた冊封使』, 吉川弘文館, 2003

原暉三, 『日本漁業權制度槪論』, 杉山書店, 1935

長節子, 『中世國境海域の倭と朝鮮』, 吉川弘文館, 2002

田中健夫, 『倭寇之勘合貿易』, 至文堂, 1961

田中健夫, 『倭寇: 海の歷史』, 講談社, 2012

田中健夫, 『東アジア通交圏と國際認識』, 吉川弘文館, 1997

田中彰, 『近代國家への志向』 제18권, '日本の近世' 시리즈, 中央公論社, 1994

佐藤愼一, 『近代中國の知識人と文明』, 東京大學出版會, 1996

中村質 編, 『鎖國と國際關係』, 吉川弘文館, 1997

中村治兵衛, 『中國漁業史研究』, 刀水書房, 1995

川島眞, 『中國近代外交の形成』, 名古屋大學出版會, 2004

村上衛, 『海の近代中國』, 名古屋大學出版會, 2013

村田忠禧, 『尖閣列島・釣魚島問題をどう見るか』, 日本僑報社, 2004

片山邦雄, 『近代日本海運とアジア』, 御茶の水書房, 1996

豊見山和行・高良倉吉 編, 『琉球・沖繩と海上の道』, 吉川弘文館, 2005

馮靑, 『中國海軍と近代日中關係』, 錦正社, 2011

戶高一成, 『海戰からみた日淸戰爭』, 角川書店, 2011

横井勝彦, 『アジア海の大英帝國: 一九世紀海洋支配の構圖』, 同文館出版, 1988

(4) 영문

Edward V. Gulick, *Peter Parker and the Opening of China*, Harvard University Press, 1973

Henry Wheaton, *Element of International Law*, Oxford, The Clarendon press; London, H. Milford, 1936

Jane Kate Leonard, *Wei Yuan and China's Rediscovery of the Maitime World*, Harvard University Asia Center, 1984

Ralph R Covell, *W. A. P. Martin: Pioneer of Progress in China*, Christian University Press, 1978

Richard N. J. Wright, *The Chinese Steam Navy 1862-1945*, Chatham Publishing, 2000

W.A.P. Martin, *The Awaking of China, Doubleday*, Page and Company, 1907

3. 연구논문

(1) 국문

강문호, 「李鴻章, 伊藤博文과 19세기말 동아시아 국제질서의 변화」, 『동학연구』 제26집, 2009년

강봉룡, 「해양인식의 확대와 해양사」, 『역사학보』 제200집, 2008년

강진아, 「(서평)『近代中國と海關』 岡本隆司(名古屋大學出版會, 1999년 1월)」, 『동아시아역사연구』 제5집, 1999년

구범진, 「'韓淸通商條約' 일부 條文의 해석을 둘러싼 韓-淸의 외교 분쟁」, 『대구사학』 제38집, 2006년

구선희, 「조선의 근대화를 막은 '조청상민수륙무역장정'」, 『내일을 여는 역사』 9호, 2002년

권혁수, 「조공관계체제 속의 근대적 통상관계」, 『동북아역사논총』 28호, 2010년

김강녕, 「동북아의 해양분쟁과 한국의 안보」, 『군사논단』 제29호, 2001년

김경민, 「남사군도와 중, 일 분쟁 가능성」, 『社會科學論叢』 제14집, 1995년

김문기, 「19세기 조선과 청의 어업분쟁」, 『19세기 동북아 4개국의 도서분쟁과 해양 경계』(동북아역사재단), 2008년

김문기, 「기후, 바다, 어업분쟁: 1882~1910년간 조청어업분쟁의 전개」, 『중국사연구』 제63집, 2009년

김성준, 「알프레드 마한(A. Mahan)의 해양력과 해양사에 관한 인식」, 『한국해운학회지』 제26호, 1998년

김용구, 「서양국제법이론의 조선전래에 관한 소고」, 『태동고전연구』 제10집, 1993년

김용구,「조선에 있어서 만국공법의 수용과 적용」,『서울대학교 세계정치』제23호, 1999년

김용구,「중국 학계의 국제법 연구 동향」,『서울대학교 세계정치』제21호, 1997년

김원모,「19세기 韓英 航海文化交流와 朝鮮의 海禁政策」,『文化史學』제21호, 2004년

김응종,「서평: 주경철,『대항해시대: 해상팽창과 근대 세계의 형성』(서울대학교출판부, 2008) 폭력은 근대 유럽의 상품인가?」,『서양사론』제97호, 2008년

김정기,「兵船章程의 强行(1882.2)에 대하여」,『한국사연구』제24호, 1979년

김종원,「朝·中商民水陸貿易章程에 대하여」,『역사학보』제32호, 1966년

김창경,「중국 고전문헌에 보이는 '바다(해)' 의미」,『동북아문화연구』제12집, 2007년

김춘식,「독일제국과 바다」,『대구사학』제91집, 2008년

김현수,「해리 파크스(H.S.Parkes)와 이홍장(李鴻章)」,『영국연구』제15호, 2006년

김희신,「駐朝鮮使館의 화교 실태조사와 관리」,『명청사연구』제34집, 2010년

따지야나 심비르체바,「1907년 헤이그 평화회의의 개최과정과 성격」,『한국독립운동사연구』제29집, 2007년

마에다 테쓰오,「해상교통사상의 역사와 현재」,『바다의 아시아』6권 '아시아의 바다와 일본인', 다리미디어, 2005년

모테기 도시오,「중국과 바다」,『바다의 아시아』5권 '국경을 넘는 네트워크', 다리미디어, 2005년

민덕기,「동아시아 해금정책의 변화와 해양 경계에서의 분쟁」,『한일관계사연구』제42집, 2012년

민덕기,「중·근세 동아시아의 해금정책과 경계인식」,『한일관계사연구』제39집, 2011년

박기수,「근대 중국의 海關과『中國舊海關史料(1859-1948)』」,『사림』제37호, 2010년

박정현,「1882-1894년 조선인과 중국인의 갈등 해결방식을 통해 본 한중관계」,『중국근현대사연구』제45집, 2010년

박정현,「근대 중국의 해양인식과 영유권 분쟁」,『아세아연구』제48권 제4호, 2005년

박혁순,「19세기 후반 중국 지역권의 경제적 동향」,『근대 중국연구』제1집, 2000년

박혁순,「19세기 후반 중국 해관통계자료에 대한 재검토」,『대구사학』제99집, 2010년

朴薫,「琉球處分期 琉球지배층의 自國認識과 國際觀」,『歷史學報』제186집, 2005년

서인범,「서평:『海域世界の環境と文化』(吉尾寬編, 東アジア海域叢書 4, 汲古書院, 2011)」,『동국사학』제50집, 2011년

안철수,「청말 양무파의 대외정책과 청류파의 대응」,『중국인문과학』제47집, 2011년

우인수,「조선 후기 해금정책의 내용과 성격」,『한중일의 해양인식과 해금』(동북아역사재단), 2007년

이광린,「한국에 있어서의 만국공법의 수용과 그 영향」,『동아연구』제1집, 1982년

이근관,「동아시아에서의 유럽 국제법의 수용에 관한 고찰―『만국공법』의 번역을 중심으로」,『서울국제법연구』9권 2호, 2002년

이수열,「서평:『바다의 제국』(시라이시 다카시, 선인, 2011),『역사와 경계』제80권, 2011년

이영학,「개항 이후 일제의 어업 침투와 조선 어민의 대응」,『역사와 현실』제18권, 1995년

이은자,「'訴訟'안건을 통해 본 청일전쟁 이후(1895-1899) 韓中關係 연구」,『중국근현대사연구』제38집, 2010년

이은자,「19世紀末 在朝鮮 未開口岸의 淸商密貿易 관련 領事裁判案件 硏究」,『동양사학연구』제111집, 2010년

이은자,「淸末 駐韓 商務署 組織과 그 位相」,『명청사연구』제30집, 2008년

이재석,「한청통상조약 연구」,『대한정치학회보』19집 2호, 2011년

이정태,「중,일 해양영토분쟁과 중국의 대응」,『대한정치학회보』, 제13집 제2호, 2005년

이철호,「동아시아 공간에 있어 해양과 대륙」,『세계정치』제26집 2호, 2005년

이한기,「한국 및 일본의 개국과 국제법」,『학술원 인문과학논문집』제19집, 1980년

이한기,「한국과 일본의 국제법발달에 대한 약간의 비교적 고찰」,『대한국제법학회논총』제20권 1-2호, 1975년

林滿紅,「양안(兩岸) 역사 관계의 오해와 이해」,『주변에서본 동아시아』, 문학과지성사, 2004년

임지현,「고구려사의 딜레마: '국가주권'과 '역사주권'의 사이에서」,『근대의 국경 역사의 변경』, 휴머니스트, 2004년

임형석,「한자 박물지(113), 瀚海」,『국제신문』2009년 5월 13일자.

장노순,「중국과 동북아시아 해양분쟁: 스프라틀리군도와 센카쿠·댜오위다이 분쟁을 중심으로」,『세계지역연구논총』제21집, 2003년

장학근,「舊韓末 海洋防衛政策: 海軍創設과 軍艦購入을 中心으로」,『史學志』제19집, 1985년

정태섭·한성민,「開港 후(1882-1894) 淸國의 治外法權 행사와 朝鮮의 대응」,『한국근현대사연구』제43집, 2007년

제성호,「구한말 만국공법의 인식과 수용: 급진개화파 인사를 중심으로」,『박병호교수화갑기념(2) 한국법사학논총』, 1991년

조병한,「淸末 海防體制와 中越 朝貢關係의 변화」,『역사학보』제205집, 2010년

조병한,「海防體制와 1870년대 李鴻章의 洋務運動」,『동양사학연구』제88집, 2004년

조세현,「1880년대 北洋水師와 朝淸關係」,『동양사학연구』제124집, 2013년

조세현,「근대 중국 해양 관련 개념의 형성과 바다 이미지의 변화」,『동북아문화연구』제29집, 2011년

조세현,「萬國公法과 청말의 해양분쟁」,『중국사연구』제78집, 2012년

조세현,「'萬國公法'에 나타난 해양 관련 국제법」,『역사와 경계』제80집, 2011년

조세현,「중외조약을 통해 본 근대 중국의 해양 경계」,『역사와 경계』제74집, 2010년

村上衛,「十九世紀中葉華南沿海秩序의重編: 閩粤海盜與英國海軍」,『중국사연구』제44집, 2006년

최덕규,「러일전쟁과 한국문제(1895-1905)」,『서양사학연구』제23집, 2010년

최장근,「일본영토의 변천과정과 영분분쟁의 현황」,『日本語文學』제30집, 2005년

최희재, 「1874-5年 海防·陸防論議의 性格」, 『동양사학연구』 제22집, 1985년

카노 마사나오, 「오키나와, 주변으로부터의 발신」, 『주변에서 본 동아시아』, 문학과지성사, 2004년

테사 모리스-스즈키, 「근대 일본의 국경 만들기: 일본사 속의 변방과 국가·국민 이미지」, 『근대의 국경 역사의 변경』, 휴머니스트, 2004년

하마시타 다케시, 「바다에서 본 아시아: 해국 중국의 등장과 새로운 주변 내셔널리즘」, 『바다의아시아』 5, 다리미디어, 2005년

하마시타 다케시, 「동양에서 본 바다의 아시아」, 『바다의아시아』 1, 다리미디어, 2003년

하세봉, 「최근 중국학계의 해양사 연구: 지적 성격을 중심으로」, 『2014년 제5회 전국해양문화학자대회 자료집(2)』(발표문), 목포대 도서문화연구원 등, 2014년

하세봉, 「한국의 동아시아 해양사 연구」, 『동북아문화연구』 제23집, 2010년

한상희, 「서평: 김용구저, 『만국공법』(소화, 223쪽, 2008)」, 『서울국제법연구』 제16권 1호, 2009년

한임선, 「한국해양사 연구의 현황과 전망」, 『동북아문화연구』 제21집, 2009년

홍성구, 「청조 해금정책의 성격」, 『한중일의 해양인식과 해금』, 동북아역사재단, 2007년

황은수, 「개항기 한중일 정기 해운망과 조선상인의 활동」, 『역사와 현실』 제75권, 2010년

(2) 중문

高新生, 「海防的起源與海防概念研究述評」, 『中國海洋大學學報』, 2010年 第2期

高黎平, 「中國近代國際法飜譯第一人: 丁韙良」, 『延安大學學報』, 2005年 第2期

郭淵, 「晚淸政府的海洋主張與對南海權益的維護」, 『中國邊疆史地研究』, 2007年 第3期

郭淵, 「從『東方雜誌』看晚淸政府對西沙島的主權交涉」, 『浙江海洋學院學報』, 2008年 12月

郭淵, 「晚淸政府的海權意識與對南海諸島的主權維護」, 『哈爾濱工業大學學報』 10-1, 2008年 1月

郭淵, 「從近代國際法看晚淸政府對南海權益的維護」, 『求索』, 2007年 第2期

郭衛東, 「近代外國兵船攫取在華航行權的歷史考察」, 『社會科學研究』, 1998年 第2期

吉辰·陳峰, 「咸豊同治年間武裝輪船初探」, 『唐都學刊』, 2008年 5月

都樾·王衛平, 「張謇與中國漁業近代化」, 『中國農史』, 2009年 4月

杜繼東, 「釣魚島等島的歷史和現狀」, 『中國海疆歷史與現狀研究』, 黑龍江敎育出版社, 1995年

柳賓, 「國際法的輸入與中國外交近代化的起步」, 『天津社會科學』, 2001年 第1期

方堃, 「赫德與阿思本艦隊事件」, 『天津師大學報』, 1994年 第1期

本刊編輯部, 「日本著名學者井上淸先生談釣魚島歷史及主權歸屬問題」, 『民國檔案』, 1997年 第3期

傅德元, 「丁韙良『萬國公法』飜譯藍本及意圖新探」, 『安徽史學』, 2008年 第1期

史春林, 「九十年代以來關於國外海權問題研究述評」, 『中國海洋大學學報』, 2008年 第5期

史春林, 「淸末海權意識的初步覺醒」, 『航海』, 1998年 第1期

聶寶璋,「十九世紀中葉中國領水主權的破壞及外國在華輪運勢力的擴脹」,『中國經濟史研究』,1987年 第1期

盛邦和,「海運, 海商, 海軍, 海權」,『福建論壇』,2010年 第6期

蘇全有·常城,「對近代中國海洋史研究的反思」,『大連海事大學學報』,2011年 第6期

宋承榮·張慶山,「日本殖民漁業對旅大水產資源的獨霸與掠奪」,『遼寧師範大學學報』, 1997年 第5期

楊國楨,「關於中國海洋史研究的理論思考」,『海洋文化學刊』,2009年 第7期

楊國楨,「從涉海歷史到海洋整體史的思考」,『南方文物』,2005年 第3期

楊國楨,「海洋世紀與海洋史學」,『東南學術』,2004年 增刊

楊國楨,「海洋人文類型: 21世紀中國史學的新視野」,『史學月刊』,2001年 第5期

楊國楨·周志明,「中國古代的海界與海洋歷史權利」,『雲南師範大學學報』,2010年 第3期

楊澤偉,「近代國際法輸入中國及其影響」,『法學研究』,1999年 第3期

楊紅星·池子華,「近年來中國紅十字運動研究綜述」,『河北大學學報』,2009年 第4期

呂一燃,「日商西澤吉次掠奪東沙群島資源與中日交涉」,『中國邊疆史地研究』,1994年 第3期

呂一燃,「清季中葡關於澳門的交涉和中國人的反侵略鬥爭」,『黑龍江社會科學』,1999年 第5期

呂曉勇,「日本近代海防思想與海軍近代化」,『軍事歷史研究』,2004年 第1期

吳密察,「1895年'臺灣民主國'的成立經過」,『臺灣史論文精選(下)』,玉山社,1996年

王秀英,「近代中國海權意識的覺醒」,『遼寧青年管理幹部學院學報』,1999年 第3期

王榮國,「嚴復海權思想初探」,『廈門大學學報』,2004年 第3期

王維檢,「普丹大沽口船舶事件和西方國際法傳入中國」,『學術研究』,1985年 第5期

王維檢,「林則徐翻譯西方國際法著作考略」,『中山大學學報』,1985年 第1期

于醒民,「"阿思本艦隊事件"始末」,『社會科學戰線』,1988年 第3期

袁灿興,「晚清參與1899年海牙保和會始末」,『五邑大學學報』,2011年 5月

袁灿興,「清末兩次"保和會"參與之前後」,『蘭州學報』,2011年 4月

劉利民,「試論外國軍艦駐華特權制度的形成與發展」『貴州文史叢刊』,2010年 第4期

劉保剛,「論晚清士大夫公法觀念的演變」,『浙江學刊』,1999年 第3期

劉新華,「略論晚清的海防塞防之爭」,『福建論壇』,2003年 第5期

劉超,「略述19世紀末20世紀初中國的紅十字活動」,『淮南師範學院學報』,2004年 第2期

尹新華,「國際公約與清末新政時期的中外關係」,『求索』,2011年 12月

李强華,「晚清海權意識的感性覺醒與理性匱乏」,『廣西社會科學』,2011年 第4期

李恭忠,「"中國引水總章"及其在近代中國的影響」,『歷史檔案』,2000年 第2期

李恭忠,「晚清的引水業和引水人」,『浙江海洋學院學報』,2005年 第1期

李國強,「近10年來釣魚島問題研究之狀況」,『中國邊疆史地研究』,2002年 第1期

李國強,「新中國海疆史研究60年」,『中國邊疆史地研究』,2009年 第3期

李國華,「近代列強攫取在華沿海和內河航行權的經過」,『史學月刊』,2009年 第9期

李斌,「李鴻章與晚清海權」,『歷史教學問題』,1994年 第6期

李勝渝,「中國近代國際法探源」,『四川教育學院學報』, 2001年 第7期

李抱宏,「國際公之初次輸入中國問題」,『外交研究』, 1939年 第6期

張杰,「從『河殤』到『走向海洋』-中國紀錄片的觀念革新與文化追求」,『信陽師範學院學報』, 2013年 第1期

張麗·任靈蘭,「近五年來中國的海洋史研究」,『世界歷史』, 2011年 第1期

張植榮,「日本有關釣魚列嶼問題研究述評」,『中國邊疆史地研究』, 2002年 第1期

張煒,「中國海疆史研究幾個基本問題之我見」,『中國邊疆史地研究』, 2001年 6月

張仁善,「近代中國的海權與主權」,『文史雜誌』, 1990年 第4期

蔣廷黻,「國際公法輸入中國之起始」,『政治學報』(清華大學), 1933年 第6期

張曉林,「馬漢與海上力量對歷史的影響」,『軍事歷史研究』, 1995年 第3期

田濤,「19世紀下半期中國知識界的國際法觀念」,『近代史研究』, 2000年 第2期

田濤,「滿清國際法輸入述論」,『天津社會科學』, 1999年 第6期

田濤,「阿拉巴馬號案與晚清國人的國際法印象」,『天津師範大學學報』, 2002年 第3期

田濤,「丁韙良與"萬國公法"」,『社會科學研究』, 1999年 第5期

鄭劍順·張衛明,「近代國際法與中法馬江戰役」,『學術月刊』, 2005年 第6期

丁光泮,「試論北京同文館對近代國際法的飜譯與教學」,『西華師範學報』, 2005年 第4期

程鵬,「西方國際法首次傳入中國問題的探討」,『北京大學學報』, 1989年 第5期

程鵬,「清代人士關於國際法的評論」,『中外法學』, 1990年 第6期

丁留寶,「漁業史研究綜述」,『石家莊經濟學院學報』, 2012年 第5期

趙寶愛,「試論中法戰爭中的國際法問題」,『煙臺師範學院學報』, 2001年 第9期

曹永和,「多族群的臺灣島史」,『歷史月刊』, 1998年 10月

周偉嘉,「海洋日本論的政治化思潮及其評析」,『日本學刊』, 2001年 第2期

周益鋒,「"海權論"東漸及其影響」,『史學月刊』, 2006年 第4期

周益鋒,「海權論的傳入和晚清海權」,『唐都學刊』, 2005年 第7期

周秋光,「晚清時期的中國紅十字會述論」,『近代史研究』, 2000年 第3期

朱慧,「百年中國海上法之演變」,『廣州航海高等專科學校學報』, 2010年 12月

中國第二歷史檔案館,「陸徵祥出席海牙保和會奏折兩件」,『民國檔案』, 2000年 2月

陳詩啓,「中國海關與引水問題」,『近代史研究』, 1989年 第5期

陳在正,「1874年日本出兵臺灣所引起之中日交涉及其先后」,『中國海疆歷史與現狀研究』, 黑龍江教育出版社, 1995年

陳在正,「扭曲中日"北京專條"的各種說法應加辨明」,『中國海疆歷史與現狀研究』, 黑龍江教育出版社, 1995年

陳正權,「突發事件與政府外交: 1908年"二辰丸案"的思考」,『吉林廣播電視大學學報』, 2010年 第6期

戚其章,「甲午中日海上角逐與制海權問題」,『江海學刊』, 2002年 第4期

戚其章,「琅威理與北洋海軍」,『近代史研究』, 1998年 第6期

戚其章,「魏源的海防論和朴素海權思想」,『求索』, 1996年 第2期

鄒振環,「京師同文館及其譯書簡述」,『出版史料』, 1989年 第2期

皮明勇, 「晚清海戰理論及其對甲午海戰的影響」, 『安徽史學』, 1995年 第2期
皮明勇, 「海權論與清末海軍建設理論」, 『近代史研究』, 1994年 第2期
何勤華, 「『萬國公法』與清末國際法」, 『法學研究』, 2001年 第5期
何瑜, 「淸代海疆政策的思想探源」, 『淸史硏究』, 1998年 第2期
夏泉, 「試論晚淸早期駐外公使的國際法意識」, 『江西社會科學』, 1998年 第10期
韓小林, 「洋務派對國際公的認識與運用」, 『中山大學學報』, 2004年 第3期
韓興勇・于洋, 「張謇與近代海洋漁業」, 『太平洋學報』, 2008年 第7期
許華, 「海權與近代中國的歷史命運」, 『福建論壇』, 1998年 第5期
黃鴻釗, 「淸末民初中葡關於澳門的交涉和新約签訂」, 『中國邊疆史地研究: 澳門專號』,
    1999年 第2期

(3) 일문

佳吉良人, 「明治初期におけるの國際法導入」, 『國際法外交雜誌』76卷, 1978
高橋公明, 「朝鮮外交秩序と東アジア海域の交流」, 『歷史學研究』573, 1987
高橋公明, 「中世東アジア海域における海民と交流」, 『名古屋大學文學部研究論集』, 史學
    33, 1987
藤田明良, 「東アジアにおける海域と國家」, 『歷史評論』575, 1998
藤田明良, 「日本中世史における近年の東アジア海域研究について」, 『朝鮮史研究會會』,
    106, 1992
安岡昭男, 「日本における萬國公法の受容と適用」, 『東アジア近代史』第2號, 1999
野太典, 「東アジアの華夷秩序と通商關係」, 『講座日本史1』, 東京大學出版會, 1994
田岡良一, 「西周助"萬國公法"」, 『國際法外交雜誌』71卷 1號, 1972
田中健夫, 「東アジア通交關係の形成」, 『岩波講座世界歷史』9, 1970
荒野太典, 「東アジアのなかの日本開國」, 『近代日本の軌跡1 明治維新』, 吉川弘文館,
    1994
荒野泰典, 「海禁と鎖國」, 『アジアのなかの日本史』II外交と戰爭, 東京大學出版會, 1992

용어 찾아보기

ㄱ

가이세이쇼開成所 125
가정대왜구嘉靖大倭寇 31
가젤Gazelle호 157
강남제조국江南製造局
    95, 102, 167, 201, 209,
    226, 251
강소호 195
강의剛毅(Ryeshitelni)호
    339, 340, 341
강절어업공사江浙漁業公司
    367
강제호 259, 335, 423
강화도 사건 27, 156, 177,
    179, 181, 184, 475
거문도 사건 399, 428, 429
거아拒俄운동 380
건승建勝호 235
견정堅定(Staunch)호 211
경원經遠호 220, 221, 256,
    433
경청 349
경파鯨波호 350, 351

고군산도 사건 464
고사불사高士佛社 170
고승高陞호 247, 249, 251,
    252, 253, 254, 255
곤고金剛 408
공북拱北 409
관독상판官督商辦 118,
    121, 452
관동주수산조합본부사무소
    關東州水產組合本部事務
    所 370
관리동사도위원회管理東沙
    島委員會 390
관음교 사건 232, 233, 234,
    237, 246
광갑호 256
광금호 360
광동감계유지총회廣東勘界
    維持總會 383
광동수사 211, 217, 224,
    343, 408
광동호 194, 195
광을廣乙호 249, 250, 252,
    434

광제廣濟호 443
광주호 103
국제해관세칙출판연맹
    305
금릉내군기소金陵內軍機所
    102
기연해방영畿沿海防營
    414
기창공사旗昌公司 246
기창양행旗昌洋行(Russell
    & Co.) 104, 105, 107,
    111
기창윤선공사旗昌輪船公司
    104, 105, 106, 107, 119

ㄴ

나가사키 사건 225, 248,
    430, 431
나니와浪華호 249, 250,
    251, 252, 253, 254, 439
남양대신南洋大臣 206,
    213, 407

남양수사南洋水師 203,
204, 216, 333, 337, 342,
343, 415, 421, 431
남양어업공사南洋漁業公司
293
남양총공사南洋總公司
367
남양 해군 205, 206
내원來遠호 220, 221, 258
니시쿄마루西京丸 256
닛신日進 408

ㄷ

다쓰마루二辰丸 사건 28,
294, 295, 326, 364, 376,
377, 378, 379, 380, 381,
383, 478
대고구大沽口선박 사건
27, 151, 156, 157, 161,
162, 166, 169, 268, 475
대만 사건 170, 176, 204,
208, 223, 229, 475, 476
대만건성臺灣建省 176
대만도사臺灣島史 23
대만봉쇄 238, 240
대만출병 45
대영윤선공사大英輪船公司
104, 110
대청도 사건 464
데스탱D'Estaing 235
동남호보東南互保 337
동문관 125, 134, 166
동사도東沙島분쟁 28, 294,
364, 385, 478
동양수사 204
동양 해군 205
동정책東征策 416
두석운수豆石運輸 108,

109
뒤콰이-트루인Duguay-
Trouin 234
등영주登瀛洲호 409

ㄹ

레이Lay-오스본Osborn
함대 27, 95, 188, 192,
195, 199, 200, 201

ㅁ

마강해전馬江海戰 216,
221, 229, 231, 232, 234,
236, 237, 238, 243, 244,
245
마쓰시마松島호 255, 256
만국상무공의萬國商務公會
303
만국항업회萬國航業會
310, 311
만년청萬年靑호 102
만주滿洲(Manjur)호 338,
339, 341
만창윤선공사萬昌輪船公司
111
메두사Medusa(魔女)호
103
메리우드Lady Mary
Wood(瑪麗伍德)호
104, 110
메이지마루明治丸 409
목단사牧丹社 사건 45, 170
무주지無主地 145, 146,
158
무해無害통항권 77, 139
미국범태평양윤선공사美國

汎太平洋輪船公司 111
미국태평양우윤공사美國太
平洋郵輪公司 110
미부美富호 122
미운湄雲호 403

ㅂ

반미 보이콧운동 380
발해만渤海灣 어업분규 사
건 28, 364, 369, 371
백령도 청국인 살상 사건
445
밸러랫Ballarat호 195
법국우윤공사法國郵輪公司
110
변강사지연구중심邊疆史地
研究中心 23
병인양요 177, 178, 181
보순寶順호 93
보제普濟호 423
복건수사福建水師 203,
216, 229, 232, 234, 235,
236, 244, 245
복성福星호 118, 235, 301
복주선정국福州船政局 95,
102, 201, 202, 203, 208,
218, 224, 226, 232, 236,
250, 335
복주선정학당 203
복파伏波호 235, 360
복해福海호 368
볼타Volta호 235, 245
봉천어업공사奉天漁業公司
371, 372
부유富有호 441, 442
북경호 194, 195
북부만北部灣 문제 269,
270

북양대신北洋大臣 202,
399, 402, 405, 406, 407,
412, 413, 440
북양수사北洋水師 22, 28,
203, 204, 211, 212, 213,
215, 216, 217, 222, 223,
224, 225, 330, 398, 399,
400, 401, 402, 403, 407,
410, 411, 413, 414, 415,
418, 419, 420, 422, 423,
424, 429, 430, 432, 433,
453, 469, 477
북양영무처北洋營務處
404
북양해군北洋海軍 28, 187,
224, 225, 227, 229, 250,
257, 258, 330, 331, 332,
333, 335, 336, 337, 343,
353, 398, 400, 433, 476
불칸 조선소Vulcan
Shipyard 218, 250
비경飛鯨호 249
비응飛鷹호 334, 360, 389
비전선飛剪船(Clipper
Ship) 98, 99, 100, 105,
106, 115
비정飛霆호 334
비호飛虎호 241
비홍飛鴻호 350, 351

ㅅ

사략선私掠船 142, 151,
152
삼문만三門灣 336
상군湘軍 193, 197
상승군常勝軍 197
상해네트워크 452
상해윤선항업공사 105

상해인수공사上海引水公司
65
서장중 사건 462
선견포리船堅砲利 188,
190, 191
성항소륜공사省港小輪公司
(Hongkong & Canton
Steam Packet Co.) 103
세계보호해선회의世界保護
海線會議 303
세창양행世昌洋行 451,
455
소선무역小船貿易 55, 56
손작민 사건 462
수에즈운하Suez Canal
100
순양함대巡洋艦隊 348,
349
스카우트Scout호 91
시박사市舶使 40
신미도 사건 447
신미양요 177, 178, 179

ㅇ

아스콜드亞斯柯德(Askold)
호 340
아카기赤城호 256
아카미스마루明光丸호
169
아키츠시마秋津洲호 249,
250, 252, 339
알파Alpha호 89
암스트롱조선소Armstrong
Shipbuilding Co. 211,
212, 401
애로Arrow호 96
애인愛仁호 249
앨라배마阿拉巴馬호 사건

27, 156, 162, 163, 166,
167, 168, 169, 475
양무揚武호 221, 235, 245
양위揚威호 214, 215, 256,
316, 399, 401, 402, 403,
404, 406, 408, 409, 410,
421, 422, 423, 426, 428,
430, 433
여항감계유지분회旅港勘界
維持分會 384
연병처練兵處 344
연해칠성어업공사沿海七省
漁業公司 367
영국해양윤선공사英國海洋
輪船公司 111
영녕永寧호 119
영상永翔호 351
영성永星호 118
영중연합해군함대 194,
195, 199
영청永淸호 119
영풍永豊호 351
예신藝新호 235
오대신출양五大臣出洋
343
오순澳順호 301, 302
외적세무사제도外籍稅務士
制度 68
요시노吉野호 249, 250,
251, 256
용단龍湍호 350, 351
용위龍威호 224
운요雲揚호 179, 180, 182,
403
웅악성 어업분규 372
워싱턴회의 304, 396, 307
원양어업단遠洋漁業團
371
웰즐리Wellesley호 189
위원威遠호 249, 402, 403,

408, 422, 423, 430, 431
위해해전威海海戰 249,
  255, 258, 434
유구琉球 표류민 사건 27,
  156, 170, 172, 175, 181,
  184
윤선초상국輪船招商局 84,
  85, 118, 119, 120, 123,
  246, 255, 400, 440, 441,
  451, 452
이돈伊敦호 118, 121, 122
이로하마루伊呂波丸 사건
  168, 169
이명진李明進 선박 사건
  443, 445
이와키磐城호 408
이운사利運社 451, 452,
  455
이운리運호 423
이태준 사건 446
이화양행怡和洋行(Jardine
  Matheson & Co.) 94,
  103, 106, 107, 301, 451
이화윤선공사怡和輪船公司
  104, 107
일신日新호 409
임검권臨檢權 141, 150,
  151

ㅈ

자딘Jardine(查甸)호 99
장강함대長江艦隊 343,
  348, 349
전운국轉運局 451, 452
절해어업공사 368
정원定遠 219, 221, 223,
  248, 250, 256, 424, 429,
  430, 431

정원靖遠 220, 221, 242,
  248, 255, 258, 259, 334,
  335
제너럴셔먼General
  Sherman호 178
제원濟遠호 219, 249, 250,
  251, 252, 433, 434
제해권制海權 353, 354,
  355, 356, 359, 369, 476,
  477
조강操江호 102, 399, 403,
  414
조어도釣魚島 29, 260
주판서사도사무처籌辦西沙
  島事務處 392
주판해군사무처籌辦海軍事
  務處 347
중국어업유한공사中國漁業
  有限公司 366
중국호 194, 195
진동鎭東호 409
진변鎭邊호 423
진원鎭遠호 219, 221, 223,
  248, 250, 256, 424, 429,
  430, 431
진해鎭海호 403, 404, 414

ㅊ

착탄거리설 137, 265, 266
찰스 미첼Charles Mitchell
  조선소 401
책살열유기策薩列維奇호
  341
천진호 194, 195
청류파淸流派 221
청리공사淸利公司 371
초무招撫정책 86, 87
초용超勇호 214, 215, 256,

399, 401, 402, 403, 404,
  406, 408, 409, 410, 421,
  422, 423, 426, 428, 430,
  433
총리(각국사무)아문總理(各
  國事務)衙門 41, 66, 73,
  109, 116, 118, 128, 129,
  130, 131, 134, 157, 159,
  160, 161, 165, 167, 168,
  171, 174, 175, 176, 178,
  179, 181, 196, 198, 199,
  205, 206, 210, 211, 212,
  216, 231, 234, 243, 268,
  283, 296, 304, 305, 307,
  308, 310, 312, 317, 335,
  386, 404, 407, 417, 421,
  422, 423, 426, 428, 432,
  443, 464
총리해군대신 217
총해방사總海防司 213
치원致遠호 220, 256, 433
칠성어업공사七省漁業公司
  294

ㅋ

콜로라도Colorado호 111
쿠릴열도Kuril Islands 분쟁
  29

ㅌ

태고양행太古洋行
  (Butterfield & amp;
  Swire) 104, 106
태고윤선공사太古輪船公司
  104, 106, 119, 120
태안泰安호 403, 409, 421,

463

태평양우윤공사 111

토화판운권土貨販運權 53,
56, 57, 58, 59

통령아문統領衙門 335

통리각국사무아문統理各國
事務衙門 441

통리교섭사무아문統理交涉
事務衙門 450, 451

툴레Thule호 195

트리온판테Triomphante호
235

특랍사라니特拉斯羅尼호
341

ㅍ

파탄Pathan호 사건 259,
312

평안平安호 241

평원平遠호 224

포모사Formosa(美麗島)
172

포브스Forbes(福士)호 98

폭풍우暴風雨(Grozovoi)호
340

풍도해전豊島海戰 247,
249, 252, 434

ㅎ

하문호 194, 195

해관총세무사海關總稅務士
66, 68, 70, 128, 130, 193,
200, 232, 241, 302, 307,
309, 378, 401

해군부海軍部 216, 344,
351

해군아문海軍衙門 122,
187, 217, 223, 247, 306,
332, 345, 351, 433

해군처 331, 345

해권론海權論 332, 352,
354, 356, 357, 359, 361,
476

해금정책 16, 36, 37, 38,
40, 45, 362, 412, 435,
439

해기海圻호 334, 337, 345,
349, 351

해단海壇호 309, 310

해방논쟁 204, 216, 217,
424

해방론海防論 331, 353

해방아문海防衙門 216

해서海署 217, 336

해용海容 334, 337, 345,
351

해주 마산포 사건 463

해주海籌 334, 337, 345,
351

해천海天호 334, 337, 345

해침海琛 334, 345, 351

해탐海探호 122, 337

헤이그평화회의 28, 298,
311, 312, 313, 314, 317,
319, 320, 321, 325, 326,
475

헬레스폰트Hellespont호
107

호항護航선대 89, 90

홍콩호 103

홍해적紅海盜(Red Rover)
호 98

화기윤선공사花旗輪船公司
111

화중和衆호 122

황학黃鶴호 102

황해해전黃海海戰 229,
249, 255, 257, 433

회군淮軍 115, 197, 407,
408

후소扶桑호 410

히에이比叡 256, 408

인명 찾아보기

ㄱ

가응희賈凝禧 306
고경현高景賢 371, 372
고종 423, 426, 432
골즈워디T. R. Galsworthy
  251, 252
공친왕恭親王 130, 131,
  159, 196, 197, 205, 268
곽숭도郭嵩燾 168
광서제 346, 440
구로다 기요타카黑田淸隆
  181, 182
기영耆英 51, 55, 57, 61, 62
김옥균金玉均 421
김윤식金允植 407, 415

ㄴ

넬슨 레이Nelson Lay 193,
  194, 196, 197, 198, 199,
  200, 202
노숭광勞崇光 193

니시자와 요시지西澤吉次
  360, 387, 388, 389, 390
니콜라이 2세Nikolai II
  278, 312

ㄷ

다월S. W. Dowell 428
단방端方 388, 389
담학형譚學衡 351
당소의唐紹儀 455
당정추唐廷樞 120, 121
대보촌戴寶村 24
대원군大院君 177, 407,
  408, 409, 410
도고 헤이하치로東鄕平八郞
  252, 253
도요토미 히데요시豊臣秀吉
  172
도주陶澍 113
동순董恂 171
등세창鄧世昌 256, 409
등승수鄧承修 270

ㄹ

레프스G. von Rehfues
  157, 159, 160
렌델S. Rendel 211
로버트 하트Robert Hart(赫
  德) 66, 68, 70, 127, 128,
  193, 194, 196, 197, 199,
  200, 201, 202, 210, 211,
  212, 215, 232, 241, 308,
  378, 401
로버트슨Robertson 69
로즈P. G. Roze 177
루스벨트F. Roosevelt 320
리델F. C. Ridel 177
리처드 티머시Richard
  Timothy 318

ㅁ

마건충馬建忠 205, 246,
  404, 405, 406, 407, 408,
  409, 461

마정량馬廷亮 468
맥클리어J. P. Maclear 428
메릴M. F. Merrill 443
모리 아리노리森有禮 180, 181, 268
모창희毛昶熙 171
문상文祥 129, 130, 193
뮐러B. J. Mller 245
뮐렌도르프Mllendorff 425, 428, 441, 451
미셸 샤를Michel Charles 304
민영목閔泳穆 441, 444
민영익閔泳翊 421
민종묵閔種默 466

ㅂ

박제순朴齊純 466, 467
방백겸方伯謙 249
방정상方正祥 422
배음삼裴蔭森 224
보아소나드Boissonade 174, 182
부의溥儀 346
브란트M. Brandt 405
브래넌B. Brenan 425
브레던R. E. Bredon 240
블룬칠리J. K. Bluntschli 166, 167
빅토르 폰 셸리하Viktor Von Scheliha 209
빌헬름 2세Wilhelm II 277, 278

ㅅ

사오자沙吳仔 92
사카모토 료마坂本龍馬 168, 169
살진빙薩鎭氷 335, 337, 339, 343, 344, 345, 347, 349, 350, 351, 389
서가상徐家庠 310, 311
서건인徐建寅 205
서도徐燾 102
서세창徐世昌 372
서수붕徐壽朋 466
서승조徐承祖 431
서윤潤徐潤 120
선기善耆 347
설복성薛福成 215, 244
섭정왕 350
소에지마 다네오미副島種臣 171, 172
숙친왕 347
순친왕 217, 346
숭후崇厚 168
슈펠트R. W. Shufeldt 404
시메옹 베르뇌Simon F. Berneux 177
신헌申櫶 182
심돈화沈敦和 318
심보정沈葆楨 175, 201, 204, 206, 213, 218, 400
심순택沈舜澤 421

ㅇ

안드레 군더 프랑크Andre Gunder Frank 17
알프레드 머핸Alfred T. Mahan(馬漢) 23, 337, 353, 354, 355, 356, 357, 359, 361, 476
앤슨 벌링게임Anson Burlingame(蒲安臣) 129, 130, 162, 165, 166, 268
야나기하라 사키미쓰柳原前光 171, 172, 181
양계초梁啓超 356
양국정楊國楨 20
양대梁帶 389
양승梁勝 386
양유楊儒 314, 317
양응원梁應元 389
양조윤楊兆鋆 310
어윤중魚允中 407, 408, 440, 460, 461
엄세영嚴世永 428
에드워드 커닝햄Edward Cunningham(金能亨) 105
에머리히데 바텔Emmerich de Vattel(瓦泰爾) 127, 139, 266
엘긴Elgin 90
여서창黎庶昌 406, 407
엽조규葉祖珪 335, 337, 344
영록榮祿 335
영화英和 112, 113
오경영吳敬榮 389, 391
오대징吳大徵 273, 420, 421, 422, 423, 430
오안강吳安庚 431
오야마 이와大山岩 257
오장경吳長慶 408, 409, 410, 417, 418
오조유吳兆由 421, 422
오쿠보 도시미치大久保利通 174
오토 폰 비스마르크Otto von Bismarck 157
옹동화翁同龢 278
왕대섭汪大燮 373

왕문소王文韶 333

왕평王平 258

요석광姚錫光 344, 345, 350, 358

용굉容閎 116

울시T. D. Woolsey 166

원덕휘袁德輝 127

원보령袁保齡 407, 421, 422

원세개袁世凱 344, 346, 409, 415, 416, 421, 422, 430, 431, 432, 443, 446, 448, 452, 454, 455, 463, 464

원수훈袁樹勛 367

윌리엄 로빈슨William Robinson 285

윌리엄 마틴William A. P. Martin(丁韙良) 124, 126, 127, 129, 130, 131, 134, 162, 166, 167, 168, 267, 290, 357

윌스G. Willes 405

유곤일劉坤一 333, 342

유명전劉銘傳 175

유서분劉瑞芬 432

유석창劉錫昌 311

유세작兪世爵 167

유식훈劉式訓 382, 383, 385

육징상陸徵祥 314, 321, 322, 326

율리시스 그랜트Ulysses Grant 179

응보시應寶時 116

이노우에 요시카井上良馨 182

이매뉴얼 월러스틴 Immanuel M. Wallerstein 17

이봉포李鳳苞 213, 214, 218, 220, 354, 401

이유원李裕元 404

이준李准 392

이철준李哲浚 392

이토 히로부미伊藤博文 425, 426

이홍장李鴻章 102, 115, 118, 120, 121, 173, 179, 180, 181, 197, 199, 202, 204, 205, 206, 207, 208, 209, 210, 211, 213, 214, 215, 216, 218, 219, 220, 230, 241, 245, 246, 250, 254, 255, 268, 278, 280, 314, 333, 335, 337, 343, 353, 400, 401, 402, 403, 404, 405, 406, 407, 408, 409, 410, 411, 415, 416, 417, 418, 419, 420, 421, 422, 423, 424, 425, 426, 428, 430, 431, 432, 439, 440, 443, 445, 446, 454, 460, 461, 463

임칙서林則徐 127, 191, 266, 353

임태증林泰曾 409

ㅈ

자희태후慈禧太后 224, 335, 346

장건張騫 293, 294, 327, 360, 365, 366, 367, 368, 369, 408

장덕이張德彝 168, 318

장섭張燮 35

장수성張樹聲 407, 408, 409, 410

장음환張蔭桓 306

장인준張人駿 378, 382, 388, 389, 390, 391, 392

장지동張之洞 270, 332, 333, 342

장패륜張佩綸 221, 233, 236, 411, 416, 417, 418, 419, 420, 423

재순載洵 347, 350, 351

재풍載灃 346, 347, 350

전순錢恂 321

정벽광程璧光 349

정성공鄭成功 38, 39, 41, 145, 173

정여창丁汝昌 215, 225, 255, 257, 259, 403, 404, 405, 406, 407, 408, 409, 410, 421, 422, 423, 426, 428, 430, 431

정일창丁日昌 115, 175, 176, 203, 204, 205, 403

정화鄭和 21, 36

조병식趙秉式 467

조영화曹永和 23

조지 수어드George Seward 129

존 러셀J. Russell 105, 194

존 로저스John Rodgers 178, 179

좌종당左宗棠 102, 115, 208, 218

주복周馥 294, 343, 344, 369, 407, 408, 461

주완요周婉窈 24

증국번曾國藩 102, 115, 116, 118, 193, 197, 199, 201, 202, 399

증국전曾國荃 199

증기택曾紀澤 168, 213, 215, 244, 303, 423, 425

진수당陳樹棠 121, 441, 444, 445, 446

ㅊ

찰스 고든Charles G. Gordon 197
채현식蔡賢植 432
최아포崔阿圃 92

ㅋ

카를 베베르Karl Veber 425
케일럽 쿠싱Caleb Cushing 62, 79, 80
켐벨C. A. Compbell 210, 211, 215
코르넬리위스 판 빈케르스후크Cornelius van Bynkershoek 265
쿠르베A. A. P. Courbet(孤撥) 232, 234, 235, 236, 237, 238, 242, 243, 244, 422
크루프Krupp 208

ㅌ

토머스 링클래이터Thomas Linklater 64
토머스 워디Thomas Wade 210, 405

ㅍ

페르낭 브로델Fernad Braudel 17, 25
포스터J. W. Foster 321
프라이어J. Fryer(傳蘭雅) 167, 168, 209, 357
프레더릭 브루스Frederick Bruce 199
피터 파커Peter Parker 127, 266
필리모어R. J. Phillimore 167

ㅎ

하나부사 요시모토花房義質 406, 409
하네켄Haneken 253
하마시타 다케시濱下武志 18
하야시 곤스케林權助 377, 379
하언승何彦昇 314
하여장何如璋 176, 177, 235, 404, 417, 423
허경징許景澄 219, 304
허태신許台身 466, 467
헨리 포틴저Henry Pottinger 51, 55, 61, 74, 78, 80
헨리 휘턴Henry Wheaton(惠頓) 124, 128, 129, 130, 133, 142, 267
혁현奕譞 217, 223, 433
혁흔奕訢 159, 160, 161, 196, 205
호유덕胡維德 314, 319
화형방華衡芳 209
황가걸黃家杰 371, 372
황종영黃鍾瑛 389
후쿠자와 유키치福澤諭吉 125
휴고 그로티우스Hugo Grotius 135, 139, 265

서명 찾아보기

ㄱ

각국교섭공법론各國交涉公
　法論　167, 269
공법신편公法新編　152,
　154, 184
공법편람公法便覽　166,
　168, 230, 231, 238, 240,
　312
공법회통公法會通　166,
　230, 231, 238, 240, 252,
　269, 312
국제법　127, 139, 266
국제법 원리Elements of
　International Law　124,
　128, 129, 130
국조유원기國朝柔遠記
　389
국풍보國風報　385
근대세계체제론The
　modern world-system
　17

ㄷ

대공보大公報　316
대국굴기大國堀起　21
대만사와 해양사臺灣史與海
　洋史　23
대만의 해양역사문화臺灣的
　海洋歷史文化　24
대명회전大明會典　37
대청률大淸律　131
대청회전大淸會典　37
덕국해군조의德國海軍條議
　205
동방잡지東方雜誌　293,
　364, 379, 384, 391
동서양고東西洋考　35

ㄹ

리오리엔트Reorient　17

ㅁ

만국공법萬國公法　27, 124,
　125, 126, 127, 128, 130,
　131, 132, 133, 134, 135,
　136, 138, 139, 140, 141,
　143, 145, 146, 147, 149,
　150, 151, 152, 153, 155,
　157, 158, 159, 160, 161,
　162, 166, 168, 169, 170,
　171, 172, 173, 174, 175,
　180, 181, 182, 230, 231,
　233, 237, 238, 239, 240,
　245, 247, 252, 260, 267,
　272, 312, 428, 475
민립보民立報　385

ㅂ

바다의 아시아海のアジア
　18, 19
방해신론防海新論　209
방해절요防海節要　210

법국해군직요法國海軍職要
205
북양해군장정北洋海軍章程
218, 223, 248, 343, 433

ㅅ

서양사정西洋事情　125
서학고략西學考略　167
설문해자說文解字　32
신민총보新民叢報　356
신보申報　120, 316, 372

ㅇ

아동시보亞東時報　356
영사수책領事手冊　128
예경禮經　182
외교보外交報　290, 291,
　292, 298, 324, 325, 357,
　364
일본아동협회회보日本亞東
　協會會報　290
일본해군설략日本海軍說略
　205

ㅈ

자유해론　135, 265
조선당朝鮮檔　437, 439
주의해방절籌議海防折
　205, 206

주해군급의籌海軍急議
　345, 358
주해방응판사의籌海防應辦
　事宜　205
주향해양走向海洋　21, 22
중국 해양문화사장편中國海
　洋文化史長篇　22
중국 해양발전사 논문집
　23
중국강해험요도지中國江海
　險要圖志　389
중국이 참가한 국제공약회
　편中國參加之國際公約匯
　編　298
중외구약휘편中外舊約彙編
　52
중외일보中外日報　316

ㅊ

청계외교사료淸季外交史料
　298
청계주한사관당안淸季駐韓
　使館檔案　437, 444, 449,
　461
청말해군사료淸末海軍史料
　331
청안淸案　437, 439, 443,
　444, 449, 461

ㅍ

펠리페 2세 시대의 지중

해와 지중해 세계The
　Mediterranean and the
　Mediterranean World in
　the Age of Philip II　17

ㅎ

하상河殤　22
해국도지海國圖志　127
해군　295, 357
해권의 1812년 전쟁에 대한
　영향　355
해권이 역사에 미치는 영향
　353, 354, 355, 356
해권이 프랑스대혁명과 제
　국에 미친 영향　355
해방책요海防策要　210
해상권력사론　353
해양과 근대 중국海洋與近
　代中國　22
해양과 식민지 대만논집海
　洋與殖民地臺灣論集　24
해양과 중국총서　20
해양문화연구총서　24
해양문화학간　24
해양중국과 세계총서　20
해역아시아사 연구 입문
　19
해전신의海戰新義　210,
　354
해전지요海戰指要　210
향산순보香山旬報　384
화북잡지華北雜誌　356

조약 및 법령 찾아보기

ㄱ

각해구인수총장各海口引水
　總章 66
간명조관簡明條款 231,
　232
감분동계약기勘分東界約記
　272, 273
강화도조약 183, 403, 439,
　458
공해어업장려조례公海漁業
　獎勵條例 369
광주만조계조약廣州灣租界
　條約 283, 335
교오조계조약膠澳租界條約
　276, 277, 278, 335, 365
국외중립조규局外中立條規
　293
국제분쟁화해조약 324
국제포획물심판소의 설립에
　대한 조약 323, 326
국제해관세칙출판연맹조약
　國際海關稅則出版聯盟條
　約 304, 305

ㄴ

남경조약南京條約 51, 56,
　57, 62, 71, 74, 83, 88,
　191, 285, 458
내항행선장정內港行船章程
　275

ㄹ

런던 해양법회의 선언 326
런던 해전법 선언 297

ㅁ

마카오 감계협상 364, 381,
　382, 384, 385, 478
망하조약望廈條約 51, 53,
　55, 57, 62, 68, 71, 75, 79,
　80, 81, 83, 134, 266

ㅂ

벌링게임조약蒲安臣條約
　161, 162, 268
병선왕래상하장정兵船往來
　上下章程 415
병원선에 관한 조약 319,
　320, 326
보호중외선척우험장정保護
　中外船隻遇險章程 73
복주전선합동福州電線合同
　243
북경속증조약北京續增條約
　272
북경전조北京專條 175,
　210
북경조약北京條約 52, 81,
　83, 285
북양해군장정北洋海軍章程
　218, 223, 248, 343, 433
북양해방수사장정北洋海防
　水師章程 215

ㅅ

사이공조약 183

상선법 300

상선을 전선으로 개조하는
　조약 322

상해항외적인수원관리장정
　上海港外籍引水員管理章
　程 65

상해항인수장정上海港引水
　章程 64

속의계무전조속의界務專條
　269, 270

속의면전조약부관속의緬甸
　條約附款 54

속정여대조지조약續訂旅大
　租地條約 280

수상실사양선장정酬賞失事
　洋船章程 72

시모노세키조약馬關條約
　54, 260, 274, 276, 351,
　370

신축조약辛丑條約 337

ㅇ

아이혼조약璦琿條約 272

여대조지조약旅大租地條約
　279, 280, 335

연대조약煙臺條約 275

영중연합함대장정英中聯合
　艦隊章程 197

영해관할권법 266, 289

오구통상장정五口通商章
　程: 해관세칙 62, 64, 78,
　300

위싱턴조약 167

원양어업장려법 374

유관인선우험구호有關人船

遇險救護 73

유엔해양법조약 20

육지전례조약 313, 315,
　317

윤선왕래상해조선공도합약
　장정輪船往來上海朝鮮公
　道合約章程 441

윤선왕래상해조선합약장정
　속약輪船往來上海朝鮮合
　約章程續約 441

윤선장정오조輪船章程五條
　198, 199

이십사관二十四款 128

인수장정引水章程 66

ㅈ

자동촉발해저수뢰조약
　323

적십자조약 298, 311, 313,
　315, 316, 318, 319, 322,
　326

전시 해군 포격 조약 323

전쟁 발생 시 적국 상선의 지
　위조약 322

전척향항계지전조展拓香
　港界址專條 283, 285,
　335

정조위해위전조訂租威海
　專條 279, 282, 335

제네바에서 원래 논의된 원
　칙을 해전에 적용하는 조
　약 313, 315, 316, 317,
　318, 319, 322

제물포조약 411, 418

조독(수호)통상조약 406

조미(수호)통상조약 183,
　405, 436, 470

조미(수호)통상조약 405,

449

조선봉천변민교역장정朝鮮
　奉天邊民交易章程 461

조영(수호)통상조약 405,
　436, 449, 471

조일수호조규 183, 436,
　470

조일통상장정朝日通商章程
　453, 464

조일통어장정 464

조진어업공사판법條陳漁業
　公司辦法 366

조청(상민수륙)무역장정朝
　淸(商民水陸)貿易章程
　399, 411, 412, 413, 414,
　415, 436, 438, 439, 442,
　444, 448, 452, 455, 457,
　459, 462, 464, 469, 470,
　477

중화민국 영해 범위를 3해리
　로 하는 명령 295

ㅊ

창건윤선수사조관創建輪船
　水師條款 203

천계령遷界令 38, 39

천진조약天津條約 52, 53,
　54, 58, 65, 69, 72, 73, 74,
　75, 76, 81, 83, 94, 266,
　300, 425

청덴마크통상조약 58

청러밀약淸俄密約 280

청멕시코 통상조약 264,
　286, 287, 289, 478

청미속증조약淸美續增條約
　161, 268

청일수호조규淸日修好條規
　171, 173, 174, 181

청한통어장정清韓通漁章程
373

ㅌ

통상행선속약通商行船續約
275
통행충돌방지신장 302

ㅍ

파리(해전)선언 147, 148,
149, 299
평화중재조약 313, 314,
317
포츠머스조약 281

ㅎ

한일통어장정韓日通漁章程

466
한청통상조약韓淸通商條約
436, 455, 456, 457, 466,
472, 477
항해교통장정航海交通章程
304
항해충돌방지장정航海避碰
章程 28, 297, 298, 304,
305, 306, 307, 308, 309,
310, 475
해군부잠행관제대강海軍部
暫行官制大綱 351
해군처시판조규海軍處試辦
條規 345
해도진압법海盜鎭壓法 96
해방장정海防章程 212,
213
해상법에 관한 선언 139,
147, 299
해상충돌방지장정 300
해선법초안海船法草案
311
해선피팽장정海船避碰章程

73
해양수사장정海洋水師章程
176
해저전선을 보호하는 장정
保護海底電線章程 303
해전 시 중립국의 권리와 의
무에 관한 조약 324, 326
해전 중 포획권 행사를 제한
하는 조약 323
행선방비팽당조관行船防備
碰撞條款 301
헌법대강憲法大綱 347
헤이그평화조약 298
호문조약虎門條約 51, 55,
63, 67, 78, 79, 80, 83
황포조약黃埔條約 52, 53,
57, 63, 68, 72, 80, 83,
266
회수동사도조관回收東沙島
條款 390

천하의 **바다**에서 국가의 **바다**로

해양의 시각으로 본
근대 중국의 형성

1판 1쇄 펴낸날 2016년 2월 19일

지은이 | 조세현
펴낸이 | 김시연

펴낸곳 | (주)일조각
등록 | 1953년 9월 3일 제300-1953-1호(구 : 제1-298호)
주소 | 03176 서울시 종로구 경희궁길 39
전화 | 734-3545 / 733-8811(편집부)
733-5430 / 733-5431(영업부)
팩스 | 735-9994(편집부) / 738-5857(영업부)
이메일 | ilchokak@hanmail.net
홈페이지 | www.ilchokak.co.kr

ISBN 978-89-337-0705-0 93910
값 35,000원

* 지은이와 협의하여 인지를 생략합니다.

* 이 도서의 국립중앙도서관 출판예정도서목록(CIP)은
서지정보유통지원시스템 홈페이지(http://seoji.nl.go.kr)와
국가자료공동목록시스템(http://www.nl.go.kr/kolisnet)에서
이용하실 수 있습니다. (CIP제어번호 : CIP2016002731)